제 3 판

인간의 마음과 행동

성균관대학교 응용심리연구소

한덕웅 이정모 전겸구 손정락
김정남 김교헌 도경수 성한기
탁진국 서용원 강혜원 이종구
강혜자 이경성 이민규 최훈석 지음

博 英 社

제 3 판 머리말

지난 개정판을 낸 후 2년 만에 다시 본문에 새로운 내용을 보완하고 수정을 거쳐서 제3판을 마련하였다. 이번에는 저자들이 서로 읽고 지적한 부분들을 참고하고 독자들의 반응을 살려서 여러 장들에서 내용이 추가되고 또한 읽기 쉽도록 수정도 이루어졌다. 또한 특히 국내에서 최근까지 연구된 결과들도 다시 보완하였다.

이번 제3판 역시 제1판을 간행하면서 제시한 이 책의 목표들에 더욱 가까워지기 위한 시도라고 볼 수 있다. 그러나 아직도 이 목표들에 이르려면 저자들은 물론이고, 가르치시는 교수님들, 그리고 배우는 사람들의 비판과 아울러 좋은 의견이 필요하다. 각 장에 대해서 좋은 의견이 있으시면 이 책의 맨 첫 면에 실린 각 장 집필자의 e-mail로 그 뜻을 전달해 주시면 다음 개정판에 반영하려고 한다.

그간 이 책을 교재로 사용하신 교수님들, 학생들과 독자, 그리고 짧은 기간에 또다시 개정판을 내기로 결정한 박영사에 감사한다.

2004년 2월

집필자들을 대신하여

한 덕 웅 적다

개정판을 내면서

이 책을 처음 발간한 후 독자들의 반응이 좋았다. 독자들의 뜻을 살리려고 비록 짧은 기간이 지났지만 제1판을 다시 인쇄하기보다 개정판을 마련하기로 하였다. 이 개정판에서 보완하거나 수정한 내용은 다음과 같다. 먼저 새로운 장으로 '인간은 사물을 어떻게 지각하는가?'를 추가하였다. 또한 본문을 다시 손질하였다. 그리고 국내외에서 한국이나 외국의 심리학자들이 한국인을 대상으로 수행한 연구들을 보완하였다. 그러므로 이 개정판에서는 저자들이 제1판 머리말에서 제시한 목표들에 더 가까워지려고 노력했다.

비록 저자들이 개정에 애를 쓰기는 했으나 이 개정판에도 다시 수정하고 보완해야 할 부분들이 남아 있다. 앞으로도 독자들의 의견을 겸허하게 받아들여서 계속해서 더 나은 책이 되도록 노력하려고 한다.

이 개정판을 만드는 과정에서도 경상대학교 이민규 교수의 수고가 많았다. 또한 박영사는 좋은 책을 만들려는 뜻에서 이익에 연연하지 않고 때가 이른 개정판을 내도록 허락하였다.

이 책을 사용하신 교수님들, 독자들과 아울러 박영사에 감사의 말씀을 드린다.

2002년 2월

집필자들을 대신하여

한 덕 웅 적다

머 • 리 • 말

지금까지 국내에서 심리학자들이 집필하거나 번역한 심리학개론이 이미 30여 종에 이른다. 이 상황에서 한 권을 더 세상에 내놓으려면 그럴 만한 필요성이 있어야 한다. 이 책은 대학에서 교양으로 심리학을 가르치는 교수분들이나 처음 공부하는 학생들이 자주 겪는 어려움들 가운데 다음 몇 가지를 개선하는 데 목표를 두었다.

첫째, 고등학교를 졸업한 사람이면 교양으로 심리학을 이해할 수 있도록 학술용어와 원리들의 소개를 제한하여 이해하기 쉽게 설명하려고 했다.

둘째, 이 책을 사용하여 강의를 듣는 학생이나 혹은 혼자 공부하는 사람이 흥미를 느껴서 스스로 더 공부하고 싶다는 의욕을 지니도록 호기심을 자극하려고 했다. 간결하고, 이해하기 쉽고, 재미있으면서 중요한 내용이 담긴 교양 심리학 책을 만들고자 했다. 사실 심리학은 조금만 잘 가르치고 배우면 매우 재미있고 유용한 학문이다. 심리학이 잘 보급되지 못한 한국의 현재 상황에서는 흥미와 동기를 유발하는 일이 매우 중요하다. 어느 저자인들 이 사실을 가볍게 생각했겠는가? 이 책에서는 이 요구를 충족시키기 위해서 또 다른 시도가 필요하다고 보았다.

셋째, 한국사회에서 심리학자들이 한국인을 대상으로 연구한 결과들을 될 수 있는 대로 많이 소개하려고 했다. 국내에서 최근에 발간되는 심리학개론들에서는 국내 연구의 소개가 점차 늘고 있다. 그러나 아직도 심리학을 공부하려는 사람들이 바라고 있는 수준에는 미치지 못한다. 이 책에서는 국내 연구들이 비록 세부 주제를 다룬 경우에도 간략하게 소개하여 독자들이 더 공부할 수 있도록 자극하려고 했다.

넷째, 한국문화에 잘 조화되는 이론, 접근법 및 연구의 결과들을 소개하려고 애썼다. 심리학에는 특히 문화의 영향을 크게 받는 분야들이 많다. 그러므로 독자들은 한국 사람들의 성격, 사회행동, 건강행동, 이상행동, 소비행동 혹은 조직행동이 과연 서양문화에서처럼 동일한 원리로 이해할 수 있는지 의문을 지닐 수 있다. 이 책에서는 한국문화에 적합한 이론과 연구는 어떠해야 하는지 독자들이 따져볼 기회를 갖도록 했다.

다섯째, 심리학은 실생활에서 여러 방면에 활발하게 적용되는 유용한 학문이다. 이 사실을 전달하기 위하여 각 장과 별도로 독립된 장도 마련하여 응용분야들을 소개하였다.

지금까지 이 책을 만드는 취지를 간략히 정리해 보았다. 이 책을 출간하기에 앞서 강의록을 마련하여 이미 강의에 사용해 본 바 있다. 이 때 학생들의 반응이 좋은 점을 알 수 있었다. 이제 다시 수정하여 출간하게 되었지만 이 여러 목표들이 잘 충족되었다고 판단하기는 이르다. 장차 이 책을 사용하시는 교수분들과 학생들의 의견을 반영하여 개정판부터 이 출간취지를 더 잘 살리도록 노력하고자 한다. 독자의 기탄 없는 비평과 좋은 의견을 간절히 요청한다.

이 책은 모두 17개장으로 구성되어 있다. 대학에서 이 책을 한 학기 교재로 사용할 경우에는 교수와 학생들이 관심을 많이 갖는 주제들을 가려내어서 10개 장쯤 다루면 적절하리라고 본다.

이 책을 준비하는 과정에서 여러 사람들이 한여름의 무더위를 무릅쓰고 고생했는데 이들에게 감사한다. 먼저 이민규 박사는 바쁜 가운데 이 책의 편집을 맡아서 관리하는 데 수고가 많았다. 성균관대학교 대학원 심리학과 석사과정에 재학중인 학생들의 수고도 많았다. 이지현은 강의록과 이 책을 엮는 두 차례 과정에서 귀찮은 일을 많이 했다. 그리고 이화영, 임은영, 박주화, 김수민, 박성진, 조화영, 김민정은 이 책에 실린 사진들을 마련하고 참고문헌과 찾아보기를 정리하는 일을 맡아서 고생했다. 이들 모두에게 감사한다.

이 책을 간행하는 박영사의 안종만 회장님과 이구만 차장님, 그리고 짧은 기간에 훌륭한 책을 만드시느라 수고하신 편집부의 심성보 과장과 여러 선생들에게도 감사의 말씀을 드린다.

2001년 8월

집필자들을 대신하여

한 덕 웅 적다

각 장의 집필자와 전자우편(e-mail) 주소

각 장에 대한 독자의 의견을 e-mail로 보내주시면 고맙겠습니다.

제1장 심리학이란 어떤 학문인가?	[한 덕 웅] dwhahn@skku.edu
제2장 뇌와 마음은 어떻게 연결되는가?	[이 정 모] jmlee@skku.edu
제3장 학습이란 무엇인가?	[이 종 구] gooya@daegu.ac.kr
제4장 인간은 사물을 어떻게 지각하는가?	[도 경 수] ksdo@skku.edu
제5장 어떻게 기억하는가?	[이 정 모] jmlee@skku.edu
제6장 인간의 언어 사용	[강 혜 원] kang0491@dreamwiz.com
제7장 인간의 사고와 문제해결	[도 경 수] ksdo@skku.edu
제8장 인간은 어떤 과정을 거쳐서 발달하는가?	[이 경 성] seonga@skku.edu
제9장 인간의 동기와 정서 심리	[강 혜 자] hjkang@mail.chonbuk.ac.kr
제10장 인간의 심리와 지능의 측정	[탁 진 국] tak@kw.ac.kr
제11장 사람마다 성격은 어떻게 다른가?	[김 교 헌] kyoheonk@cnu.ac.kr
제12장 대인관계에서의 인간의 심리와 행동	[성 한 기] hgseong@cu.ac.kr
제13장 집단에서 인간행동은 어떻게 나타나는가?	[최 훈 석] choi@management.uottawa.ca
제14장 인간의 사랑과 성 심리	[손 정 락] jrson@moak.chonbuk.ac.kr
제15장 스트레스와 신체건강	[전 겸 구] kyum_chon@byu.edu
제16장 인간의 심리장애와 치료	[이 민 규] rmk92@chol.com
제17장 조직생활에서 심리학의 응용	[서 용 원] suh0491@dreamwiz.com
제18장 일상생활에서 심리학의 응용 분야	[김 정 남] kimcn@nongae.gsnu.ac.kr

차　례

제 1 장　심리학이란 어떤 학문인가?

제2장 뇌와 마음은 어떻게 연결되는가?

제3장 학습이란 무엇인가?

제 4 장 인간은 사물을 어떻게 지각하는가?

제 5 장 어떻게 기억하는가?

제 6 장 인간의 언어 사용

제 7 장 인간의 사고와 문제해결

제 8 장 인간은 어떤 과정을 거쳐서 발달하는가?

제 9 장 인간의 동기와 정서 심리

제10장 인간의 심리와 지능의 측정

제11장 사람마다 성격은 어떻게 다른가?

제12장 대인관계에서의 인간의 심리와 행동

제13장 집단에서 인간행동은 어떻게 나타나는가?

제14장 인간의 사랑과 성 심리

제15장 스트레스와 신체건강

제16장 인간의 심리장애와 치료

제17장 조직생활에서 심리학의 응용

제 1장

심리학이란 어떤 학문인가?

1. 심리학의 정의
2. 인간의 마음이란 무엇인가?
3. 현대 서양심리학의 역사적 흐름
4. 인간의 마음과 행동을 어떤 관점에서 연구하는가?
5. 심리학은 어떻게 연구하는가?
6. 심리학의 전문 분야
7. 심리학과 문화

◆ 생각해 볼 문제

한국에서도 이제는 대학생은 물론이고 일반 교양인들에게도 심리학이 가장 알고 싶어 하는 매력있는 학문이 되었다. 그러나 심리학에 매력을 느껴서 공부하려는 사람들을 오랜 동안에 걸쳐서 많이 만나서 대화를 나누어 본 필자의 경험에 의하면 심리학이 무엇을 어떻게 연구하는 학문인지 오해하는 경우가 많았다. 심리학을 잘 공부하려면 무엇보다도 개인마다 심리학에 관해서 지니고 있는 선입견들 가운데 근거없는 생각들은 버리고 기본 지식에 어긋나지 않는 방향에서 창의적으로 사고하는 일이 중요하다.

이 장에서는 심리학이 무엇을 어떻게 연구하며 심리학을 공부하면 어떤 영역에서 어떻게 활용할 수 있는지 알아보기로 한다. 먼저 현대 심리학이 무엇을 연구의 대상으로 삼아서 어떤 관점에서, 어떤 방법으로 연구하고, 일상생활에는 어떻게 활용되는지 알아본다. 이를 위해서 심리학의 정의, 마음의 개념, 서양심리학의 간략한 역사, 심리학의 접근법, 그리고 심리학 연구법을 다룬다. 이어서 심리학이 다른 주변학문들과 어떻게 연결되어서 현재 어떤 전문 분야들에서도 심리학이 연구되고 응용되는지 알아보기로 한다. 다음으로 현재 북미대륙의 심리학 분야와 비교해서 한국 심리학자들이 어떤 곳에서 전문가로 활동하고 있는지 미국과 비교하여 현황을 살펴본다. 이 장의 끝 부분에서는 현대 심리학이 북미대륙에서 이루어진 연구들로부터 영향을 크게 받고 있는 점을 고려하여 문화에 따라서 심리학이 어떻게 달라질 수 있는지 알아본다. 여기서는 문화에 따라서 심리학 원리가 어떤 측면에서 어떻게 달라지는지 검토하고, 서양과 달리 동양이나 한국에서는 인간의 심리 현상과 행동을 어떻게 이해하고 연구하는지 간략히 살펴보게 된다.

1. 심리학의 정의

사람들이 심리학에 관해서 지니고 있는 잘못된 오해는 대부분 심리학에서 연구하는 내용과 방법을 잘 모르는 데서 생긴다. 심리학이 무엇을 어떻게 연구하는 학문인지 간략하게 알아보려면 심리학자들이 대체로 심리학을 어떻게 정의하는지 살펴보면 짐작할 수 있다. 교과서에서는 대개 심리학이 인간의 마음과 행동을 과학적으로 연구하는 학문이라고 정의한다. 이 정의를 보면 인간의

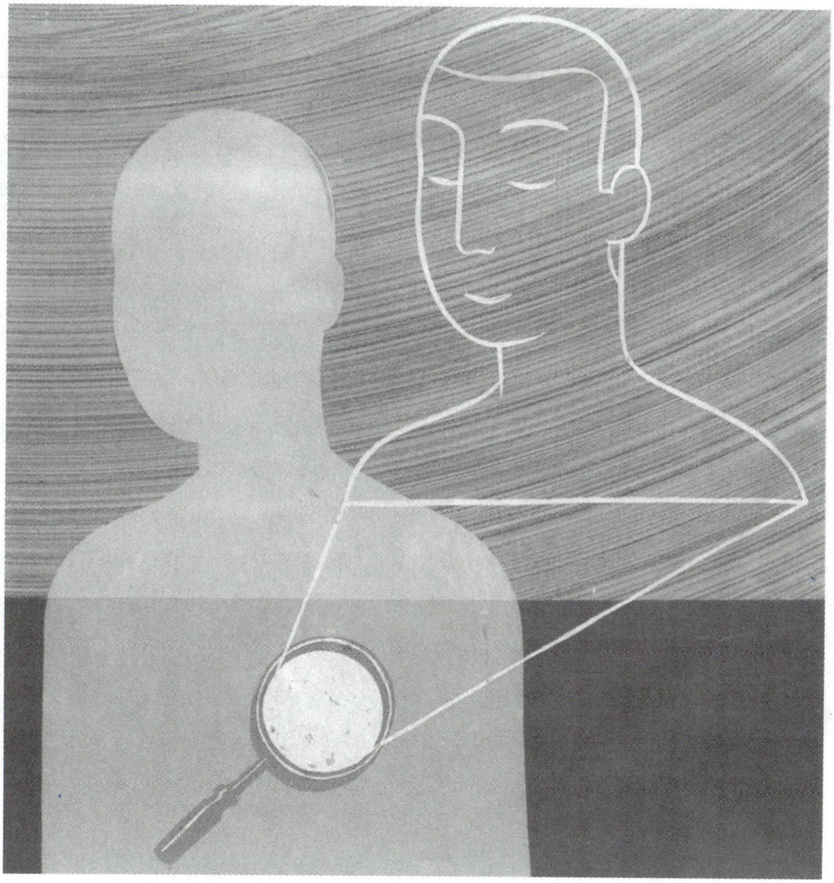

심리학이란? 인간의 마음과 행동을 과학적으로 연구하는 학문이다.

마음과 행동이 심리학에서 연구하는 내용이 되고, 과학적으로 연구하는 학문이라는 부분은 심리학 연구의 방법임을 알 수 있다.

그렇다면 심리학에서 다루는 인간의 마음과 행동이란 무엇인가? 사실 이 질문에 잘 대답할 수 있다면 당신은 심리학에 관해서 자기 나름대로 정리된 관점을 이미 지니고 있다고 볼 수 있다. 이 장을 공부하기에 앞서 먼저 당신이 이 질문에 대해서 어떻게 생각하는지 대답해 보시기 바란다. 그 다음에 당신의 생각이 과연 다음 절부터 시작하는 현대 심리학의 관점들과 비교해서 어떤 점에서 어떻게 다른지 읽으면서 생각해 보기로 하자.

2. 인간의 마음이란 무엇인가?

인간의 마음을 이해하려는 욕망은 동서양이나 시대를 구별할 필요가 없이 오래 전부터 끈질기게 계속되었다. 어떤 사람은 다른 상대방의 마음을 이해해서 서로 행복한 인간관계를 이루려고 한다. 그리고 또 다른 사람은 타인들의 마음을 이해하여 이익을 얻기 바라기도 한다. 그러므로 인간이 마음을 연구한 역사 역시 지구에 인간이 생존한 이후부터 계속되었다고 볼 수 있다. 그러나 현대 심리학이 발전되기 시작한 시점을 기준으로 생각하면 오래 전부터 현재까지 시대마다 인간의 심리를 이해하고 연구하는 관점에서 큰 변화를 보이게 된다.

서양에서 심리학을 부르기 위해서 사용하는 사이콜로지(psychology)란 용어를 보면 인간의 마음에 관해서 희랍시대 서양 사람들이 어떤 생각을 지녔는지 짐작할 수 있다. 이 단어는 희랍어에서 어원을 찾을 수 있는데 요즘 말로 옮기면 영혼 혹은 마음을 의미하는 푸시케(psyche)를 연구하는 학문(logy)이란 뜻을 지닌다. 이 말에서 희랍인들이 인간의 마음이란 영혼을 의미한다고 이해했음을 알 수 있다. 그리고 이들은 이 영혼이란 개념의 뜻으로 인간이 알 수 없는 초자연적 존재이지만 인간의 신체에 깃들게 되면 마음과 아울러 모든 활동을 지배한다고 생각했다.

만약 마음을 이와 같이 초자연적 현상이라고 생각하게 되면 우리가 경험하는 마음의 내용과 아울러 활동을 연구하기 위해서 과연 초자연의 실체가 무엇인지 알아내야 한다. 다시 말하자면 연구의 방법이라는 측면에서 인간의 영혼이라는 초자연적 실체에 접근할 수 있는 방법을 지녀야만 인간의 심리를 연구할 수 있게 된다. 그런데 과연 이러한 연구 방법이 있는가? 그리고 만약 누가 이러한 연구 방법이 있다고 주장한다면 과연 이 방법이 과학적이라고 누구나 인정할 수 있는가? 현재도 심리학을 이해하지 못하는 사람들이 흔히 생각하듯이 인간으로서 영혼처럼 초자연의 영향을 정확하게 감지할 수 있다면 얼마나 좋겠는가? 독특하게 겪은 신비한 체험, 심령술, 혹은 무속에 의존해서 초자연이 심리에 미치는 영향을 알 수만 있다면 얼마나 재미있을까? 심리학을 배우고 싶어하는 사람들 가운데는 이와 유사한 방법으로 인간의 마음을 연구할 수 있다고 기대하는 사람들도 상당수에 이른다. 그러나 요점부터 말해서 심리학에서는 이러한 관점과 달리 인간의 마음과 행동에 관한 주장들 가운데 객관성 있게 입증할 수 있는 내용을 다룬다.

현대 심리학은 인간의 마음을 초자연이나 신비적 관점에서 이해하는 주장들과 크게 다르며, 연구의 방법 역시 크게 다르다. 심리학을 처음 공부하는 수많은 학생들 가운데 심리학에서 배울 내용이나 연구 방법에 관해서 이와 같이 잘못된 기대를 지니기 때문에 현대 심리학을 공부하면서 실망을 느끼는 학생들도 많다. 한 마디로 말하자면 이처럼 생각하는 학생들이 흔히 기대하고 있는 이른바 심령과학, 무속, 독심술, 전생체험, 영적 체험 등에 관해서는 과학을 다루는 심리학에서는 더 배울 내용이 거의 없다.

그렇다면 심리학에서 인간의 마음과 행동에 관해서 과연 무엇을 배울 수 있을까? 이 질문에 대해서 현대 심리학이 과학으로 발전된 시점부터 심리학자들이 역사적으로 인간의 마음과 행동에 대해서 어떤 관점을 보였는지 간략하게 살펴보면 대답하기가 쉬워진다.

3. 현대 서양심리학의 역사적 흐름

먼저 현재 심리학에서 중요하게 연구하고 있는 내용을 알아보기 위해서 현대 시점에 이르기까지 서양심리학이 발전된 역사에 따라서 간략히 살펴보기로 한다.

(1) 구조주의

현대 서양심리학의 기반을 쌓은 학자로는 흔히 1879년 독일의 Leipzig 대학에 설립한 심리학 실험실을 공인받은 Wundt를 든다. 그는 인간의 마음을 연구하기 위하여 사람들이 감정을 느끼고, 지각하고, 사고하고, 의욕하는 등 의식 현상들이 어떤 내용들로 어떻게 구성되어 있는지 알아내고자 했다. 그리고 이 과제를 연구하는 방법으로는 인간이 주관적으로 경험하는 의식의 내용을 스스로 관찰하는 내관법(introspection)을 사용했다. 이 연구법으로 인간의 마음을 구성하는 의식이 어떤 요소들로 구성되는지 알아내고자 했다. 인간 의식의 구성 요소를 알아낸다는 의미에서 이 관점을 구조주의(structuralism)라고 부른다. 사실 내관법은 심리학이 과학으로 성립되기 이전에도 서양 철학자들이 인간의 마음을 연구할 때 자주 사용한 바 있다. 그러나 Wundt는 실험실에서 객관적으로 인간의 의식 현상을 다루기 시작했다는 점에서 철학자들과 구별되는 연구 방법을 사용하기 시작했다. 예를 들면 Wundt는 불빛을 달리 변화시키는 데 따라서 사람들이 지각하고 반응하는 시간이 어떻게 달라지는지 알아보는 감각 연구도 다루기 시작했다.

(2) 행동주의

인간의 마음을 과학적으로 연구하려면 인간이 경험하는 의식의 구조나 기능을 다루어서는 안 된다고 반대한 학자가 미국의 Watson이다. 1913년 그는 심리학이 과학이 되려면 인간의 마음이 외부로 표출되어 나타나서 누구나 객관적으로 관찰할 수 있는 행동을 연구해야 한다고 주장했다. 이 관점은 행동주의(behaviorism)라고 부른다. 이 관점은 적어도 2차대전 시점까지 미국심리학의 발전에 큰 영향을 미쳤다.

이 장의 첫머리에서 심리학을 인간의 마음과 행동을 과학적으로 연구하는 학문이라고 정의했다. 이 정의 가운데 마음의 일부로서 Wundt가 의식을 연구하기 시작했다면 Watson의 행동주의는 심리학이 연구해야 할 내용으로 인간의 행동을 포함시키는 데 큰 영향을 미쳤다.

(3) 형태주의

미국에서 행동주의가 발표된 시점인 1912년에 독일에서는 Wertheimer, Koffka, Köhler 등에 의해서 형태주의 심리학(Gestalt psychology)이 대두되었다. 이 학파에서는 인간의 심리를 이해하려면 인간이 경험을 형성하는 과정에서 사물이나 사건을 전체 형태로서 지각하는 과정이 어떤 원리에 따르는지 연구해야 한다고 주장했다. 예를 들어서 우리가 보는 전광판의 그림이나 글자들은 객관적으로 보면 매 시간마다 위치를 달리하여 나타나는 점들로 구성되어 있다. 그러나 우리는 여러 점들로 지각하지 않고 일정한 시간 동안 점들이 전체로서 만들어내는 심상 형태를 문장이나 그림으로 지각하게 된다. 이처럼 인간이 경험하는 지각 현상은 객관적 현실이 아니어서 실제로 제공된 구성 요소들을 모두 합친다고 하더라도 알 수 없다. 다시 말해서 인간의 마음을 연구하면서 여러 부분들이 각각 무엇으로 구성되어 있는지 알려고 해서는 심리 현상을 알 수 없다. 이 관점에서 형태주의에서는 자극들이 전체로서 어떻게 조직화되어서 경험되는지 원리를 알아내야 한다. 요약해 보면 형태주의심리학에서는 인간이 마음에서 경험하는 요소들이 무엇인지 묻지 않고 사물이나 사건을 통해서 전체를 조직화하여 형태를 지각하고 해석하는 원리를 알아내려고 한다.

또한 인간은 사건이나 사물을 지각할 때 객관적 환경에서 제공되는 자극 요소들을 있는대로 수동적으로 받아들이는 존재가 아니다. 인간은 지각하는 주체로서 인간이 지니는 인지 자세에 따라서 지각의 원리를 사용하여 능동적으로 지각한다고 주장한다. 이 형태주의 관점은 후에 인지심리학의 발전에 큰 영향을 미쳤다.

(4) 정신분석

Freud가 제안한 정신분석에서는 인간의 마음을 이해하려면 의식이 아니라 무의식의 세계를 연구해야 한다고 주장했다. 그의 주장에 따르면 인간의 의식은 마음을 구성하는 작은 부분에 불과하고 오히려 무의식이 마음에서 중요하고 큰 부분을 차지한다고 주장했다. 그는 인간이 의식하지 않는 동안 나타나는 꿈이나 실수 등을 통해서 마음에 나타나는 무의식을 잘 해석해야만 인간의 마음을 알 수 있다고 보았다. 초기 정신분석이론에서는 신생아기부터 전 생애 동안 지니게 되는 성적 욕망이 의식에서 용납되지 못하기 때문에 무의식의 세계를 이루게 되므로 이 무의식을 이해해야만 인간의 마음을 알 수 있다고 가정했다. 그리고 이 무의식의 세계는 꿈의 내용을 해석하거나 무의식의 세계를 언어로 표현하는 자유연상(free association)의 방법으로 연구할 수 있다고 주장했다.

Freud의 정신분석은 그 당시까지 심리학에서 우세하게 영향을 미쳤던 관점과 달리 심리학의 연구 대상을 의식에 한정시키지 않고 무의식까지 확장하도록 만드는 계기를 마련했다. 그러나 현재 시점에서 보면 Freud가 제안했던 정신분석이론은 현대 심리학에서 임상심리 등 일부 분야를 제외하면 큰 영향력을 지니지 못한다. 그럼에도 불구하고 심리학을 처음으로 공부하려는 사람들 가운데 정신분석에 지나치게 흥미를 느낀 나머지 현재 심리학에서 중요한 이론이나 연구에 소홀한 이들도 상당수에 이른다.

현재도 심리학에서 인간의 마음에서 무의식 현상을 연구한다. 그러나 이 연구들에서는 대부분 의식하지 못하는 자동기억이나 수면과 같은 무의식 과정을 연구할 때조차 정신분석의 관점을 떠나서 연구하는 경우가 많다. 예를 들면 의식하지 못한 채 꿈꾸는 현상을 연구하기도 하고, 학습, 기억 혹은 수행 등을 연구할 때 의식적으로 꼼꼼하게 심사숙고하지 않고 무의식적이고 자동적으로 정보처리하는 과정을 알아내려는 연구들이 많은데, 현재 이 분야는 정신분석과 관계없이 독립되게 연구한다고 볼 수 있다.

(5) 정보처리접근

1950년대 미국에서 컴퓨터공학이 발전되면서 인간이 경험하는 심리현상을 컴퓨터를 사용하여 모의상황에서 재현할 수 있다는 관점이 제시되었다. 다시 말하면 인간의 심리과정 역시 컴퓨터의 정보처리체계(information processing system)와 유사하다고 가정하여 연구하려는 관점이 대두되었다(예: Simon). 이 정보처리 관점으로 보면 인간의 복잡한 심리과정은 외부에서 정보가 입력된 후 최종적으로 심리 경험이 출력되는 일련의 연결된 단계를 거치면서 작동한다고 볼 수 있다. 먼저 사물이나 사건을 감지하는 인간의 감각과정은 정보의 입력(input)을 의미하고, 이어서 입력된 정보가 변환되어서 저장되면 기억과정이며, 그 후 기억이 나타나는 현상은 기억을 불러일으키는 단서에 의해서 반응으로서 출력(output)된 결과라고 볼 수 있다.

정보처리접근은 60년대 이후 인간의 감각, 지각, 기억, 추론 등을 연구하는 인지심리학의 발전에 크게 영향을 미쳤다.

지금까지 이 절에서는 현대심리학이 과학으로 발전한 이후 인간의 마음에서 어떤 내용을 어떤 방법으로 연구해 왔는지 간략히 살펴보았다. 이 부분에서 다룬 내용은 다음 몇 단면들로 요약해 볼 수 있다. 초기에는 인간의 마음 가운데 의식을 대상으로 구조와 기능을 다루었다. 그 후 인간의 마음을 연구하려면 의식만을 다루어서는 안 된다는 주장들이 서로 다른 여러 관점에서 제안되었다. 그 가운데 하나는 인간의 마음과 행동을 이해하려면 의식보다 무의식이 중요하다고 보는 관점이고, 다른 하나는 의식이나 무의식이 아니라 인간의 행동을 연구해야 한다는 관점이었다. 그 후에 대두된 정보처리의 초기 관점에서는 의식 가운데 지각과 기억 현상에 연구의 초점을 맞추었다. 그러나 최근에는 무의식적 정보처리 과정과 아울러 심리과정이 행동으로 연결되는 경로도 연구할 수 있게 되었다. 그러므로 현재는 인간의 의식, 무의식 및 행동이 모두 심리학의 연구 영역으로 포괄됨으로써 심리학이 과학으로 정립된 초기에 비해서 연구 영역이 크게 확장되었고 연구의 방법도 다양하게 변화되었음을 알 수 있다.

4. 인간의 마음과 행동을 어떤 관점에서 연구하는가?

인간의 마음과 행동을 이해하고, 설명하고, 예측하고 혹은 응용하기 위하여 연구하려고 할 때 어떤 관점에서 어떤 측면에 초점을 맞추어서 접근하는 방식이 가장 효과적일까? 예를 들어서 인간의 기억이나 범죄행동을 연구하려면 어떻게 연구하는 방법이 가장 효과적일까? 심리학자들은 심리 현상들을 연구하기 위하여 자신이 좋아하는 접근법을 취하게 된다. 심리학자들이 연구에서 선택하는 접근법에 따라서 연구의 내용과 방법이 서로 달라지게 된다. 이 절에서는 심리학 연구에서 자주 사용되는 여러 접근법들 가운데 중요한 접근법들을 간추려서 정리하기로 한다. 당신이 인간의 마음과 행동을 이해하려고 할 때 다음 접근들 가운데 어떤 접근을 선호하는지 생각하면서 이 절을 공부하기로 하자.

(1) 신경생리학적 접근

이 접근은 인간의 마음과 행동을 생물학적 관점에서 연구한다. 그러므로 인간의 마음과 행동을 연구하기 위하여 뇌를 포함하는 신경계, 염색체, 내분비계, 면역체계 등에서 어떤 현상이 나타나는지 알아내려고 한다. 이 신경생리학적 접근은 동물이나 인간의 학습 · 동기 · 정서 · 기억 · 사회행동 · 정신장애 등을 연구하는 데 많이 사용되었다.

신경생리학적 접근을 취하는 연구들에서는 인간의 마음과 행동이 신경생리적 요인들에 의해서 영향을 받는다고 가정한다. 그러나 이 관점을 크게 두 종류로 나누어 볼 수 있다. 그 가운데 전통적 생리심리학에서는 신경생리학적 원인에 의해서 나타나는 심리 현상을 연구한다. 예를 들면 태어날 때부터 부모로부터 물려받은 신경생리적 요인들이 개인의 심리와 행동에 미치는 영향을 연구하기도 한다. 또한 교통사고로 인한 뇌의 손상 등에서 보는 바와 같이 후천적 신경생리 요인에 의해서 학습 · 기억 · 사고 · 동기 · 정서 등에서 심리 경험이 어떻게 변화되는지도 연구한다. 지금까지 설명한 이 연구들은 인간의 신경생리적 요인들이 심리와 행동에 어떤 영향을 미치는지 알아내려고 한다.

그러나 이와 달리 신경생리학적 접근에서는 다른 한편으로 특히 최근에 심리적 요인들이 원인이 되어서 결과적으로 신경생리적 과정에 미치는 영향을 연구하기도 한다. 이 관점에서 이루어지는 연구들은 심리생리학적 접근이라고 부르기도 한다. 이 관점에서 이루어지는 연구의 예를 들면 신체건강과 관련해서 심한 스트레스나 우울을 오랜 동안 경험했을 때 이 스트레스나 우울의 경험이 면역체계와 신체질병에 미치는 영향을 연구하기도 한다.

신경생리학적 접근은 인간의 심리와 행동을 신경생리적 기반에서 연구함으로써 심리학의 자연과학적 기반을 확고하게 구축하는 데 기여하였다. 그러나 이 접근이 자연과학의 원칙에 충실하는 데 효과적이라고 하더라도 실제 연구에서는 사용하기 어려운 제한점도 있다. 예를 들면 인간의 뇌 기능이나 약물이 미치는 심리적 효과를 신경생리학적 접근으로 연구하기 위하여 뇌에 자극을 가하거나 유독한 약물을 사용하여 인간을 대상으로 실험하기 어려운 경우도 많다. 이 경우에는 동물을 대상으로 연구하는 방법을 사용하기도 한다. 그러나 이 경우에는 동물을 대상으로 연구한 결과가 인간에게 어느 정도 타당성이 있는지 알기 어려워서 적용하는 데도 한계가 있다.

(2) 행동적 접근

행동주의에서는 심리학을 과학으로 발전시키려면 누구나 객관적으로 관찰할 수 있는 행동을 연구의 대상으로 삼아야 한다고 주장했다. 그리고 행동을 연구하는 방법으로는 어떤 자극 조건이 원인이 되었을 때 이 자극으로 인해서 어떤 행동 반응이 나타나는지 알아본다. 이 관점은 일정한 자극이 주어진 조건에서 어떤 행동이 나타나는지 연구한다는 의미에서 자극-반응(S-R) 심리학이라고도 한다.

이 관점에 따르면 인간의 모든 행동은 특정한 자극들에 대한 반응으로서 습득된 결과이다. 이 관점에서 보면 비록 인간이 다른 동물과 다르지만 자극 상황에 대하여 반응한 결과로서 행동이 습득된다는 원리는 인간과 동물에게 동일하게 적용된다. 그러므로 인간의 행동들은 모두가 환경의 산물이다. 예를 들어서 범죄행동의 원인도 근본적으로는 그 범죄를 저지른 사람이 과거부터 생활해 온 나쁜 환경 때문이다. 그러므로 이 논리에 따라서 사회에서 범죄행동을 줄이려면 범죄의 개연성이 높은 사람들이 당면하고 있는 사회적이거나 물리적으로 나쁜 환경을 개선해야 한다. 그리고 사회환경을 개선하기 위하여 행동주의의 학습 원리를 응용하고자 했다.

행동적 접근은 1960년대까지 미국 심리학에서 다른 접근법들과 비교할 수 없을 정도로 영향력이 컸다. 또한 현재에도 세계에서 다른 지역과 비교해 보면 행동의 연구를 중요시하는 미국 심리학의 한 특징을 형성하는 데 기여했다.

그러나 행동적 접근은 인간이 환경에 수동적으로 반응하는 존재라고 가정하기 때문에 인간의 능동적이고 주체적인 능력을 과소 평가했다는 비판을 받는다. 현재는 심리학에서 인지과정을 부정하는 급진적 행동주의는 크게 주목을 받지 못하고 인간의 심리과정을 포함시켜서 연구하는 인지적 행동주의의 관점으로 대치되었다.

(3) 인지적 접근

인지적 접근은 행동적 접근과 대비시켜서 설명하면 이해하기 쉽다. 인지적 접근에서는 인간이 외부의 객관적 환경에 수동적으로 반응하는 존재라고 보는 행동주의에 반대한다. 인간은 외부의 객관적 자극을 받아들이는 단계부터 기억하는 단계에 이르기까지 인지과정을 구성하는 원리에 따르게 된다. 또한 사람마다 지니는 인지적 틀이 다르다고 가정한다. 때문에 비록 객관적으로 동일한 자극이더라도 개인에 따라서 달리 지각하고 해석한다고 가정한다. 그러므로 동일한 환경 자극이더라도 사람마다 지각이 달라지고 따라서 반응 역시 달라지게 된다. 예를 들면 학교 앞의 동일한 환경이더라도 사람이나 시간에 따라서 어떤 때는 책방이나 음식점에 주의가 집중되어서 주변의 다른 건물들은 지각하거나 기억하지 못하기도 한다.

인지적 접근을 대표하는 인지심리학은 인간이 지각하고, 기억하고, 사고하는 모든 정신 과정에서 정보를 처리할 때 어떤 원리들이 작용하는지 연구한다. 인지적 접근은 1960년대 이후 인간의 인지과정을 컴퓨터에 비유하여 일종의 정보처리체계 관점으로 제안된 이후 급속하게 발전되었다.

최근까지 인지적 관점은 인지심리학은 물론이고 심리학의 여러 분야에 광범하게 영향을 미쳤다. 특히 컴퓨터의 발전에 힘입어서 인간의 뇌 기능에 관한 심리학의 연구 결과를 컴퓨터공학에 연결시켜서 연구하는 인공지능(artificial intelligence, AI) 분야도 크게 발전되었다. 그뿐만 아니라 최근에는 인지접근의 심리학이 주축이 되고 인간의 인식과정을 연구하는 여러 학문 분야들이 함께 작업하는 인지과학(cognitive science) 분야에 이르기까지 연구의 영역을 넓혔다.

(4) 정신분석적 접근

이 접근에서 인간의 심리를 연구하기 위하여 의식을 다루는 데 반대했다는 사실은 이 장의 앞 부분에서 살펴본 바 있다. Freud는 인간의 마음과 행동을 이해하려면 인간의 행동을 지배하는 무의식 과정을 연구해야 한다고 주장했다. 정신분석의 관점에서 보면 인간의 무의식은 인간이 태어날 때부터 지니는 본능적 충동으로 이루어져 있다. Freud는 인간이 태어나면서부터 청년기까지 성장하면서 가정과 사회에서 이 본능적 충동이 적절하게 충족되지 못하고 억압되면 성격이 정상으로 형성되지 못하고 정신적 장애가 나타난다고 주장했다. 특히 그는 출생 후 어린 시절에 본능적 충동을 충족시키거나 억압한 경험이 성인기의 심리와 행동을 결정한다고 주장했다. 이 주장은 심리적 결정론이라고 부르는데, 아동기 이후 심리의 성장과 변화의 가능성을 부정했다는 측면에서 여러 학자들로부터 비판을 받았다.

Freud의 정신분석적 접근은 무의식을 심리학의 연구 영역에 편입시키는 데 기여하였다. 그러나 그가 무의식의 연구 기법들로 제안한 자유연상이나 꿈의 분석은 객관성 있게 입증할 수 있는 근거가 없다는 이유로 비판을 받았다. 정신분석적 접근은 Freud 이후 신정신분석학파의 등장을 통해서 사회심리 요인의 중요성을 강조하는 방향으로 변모되었다. 현재 심리학에서 정신분석적 접근법은 성격 및 이상심리를 연구하는 분야를 제외하면 직접 연구되는 경우가 드물고 이론적 통찰력만을 제공하는 기능을 지닌다고 볼 수 있다.

(5) 인본주의적 접근

인본주의적 접근에서는 인간의 존엄성과 가치를 존중하는 관점에서 개인이 주관적으로 경험하는 심리 현상을 연구하려고 한다. 이 접근은 인간의 심리를 기계론적 관점에서 연구하는 행동적 접근과 아울러 인간이 본능의 노예라고 이해하고 아동기 이전에 인간의 심리가 결정된다고 보는 정신분석적 접근을 모두 반대한다. 이 두 접근에 모두 반대한다는 의미에서 인본주의적 접근을 제3의 심리학이라고 부르기도 한다. 또한 인간의 마음이나 행동을 대상으로 삼아서 객관적으로 연구하는 접근법에도 반대한다.

이 접근에서는 동기와 감정을 지니고 자기에 대해서도 일정한 관점을 지니는 인간이 현재 이 곳에서(here and now) 자기를 생생하게 경험하는 심리 현상을 이해하는 데 연구의 목표를 둔다. 이 접근은 이와 같이 인간이 경험하는 심리를 연구할 때 현상학의 관점을 지니기 때문에 현상학적 접근 혹은 현상학적 심리학이라고 부르기도 한다.

인본주의적 접근을 대표하는 학자로는 Maslow와 Rogers를 들 수 있다. 이들은 인간마다 서로 다른 욕구와 자기에 대한 관점을 지니는 점이 중요하다고 본다. 그러므로 인간의 심리를 연구하려면 개인마다 지니는 욕구와 자기에 대해서 지니는 관점을 이해해야 한다고 본다.

인본주의 심리학자들은 인간이 사회환경에서 타인들로부터 방해를 받지 않는 한 스스로 성장할 수 있는 자기실현의 동기를 태어날 때부터 지닌다고 주장한다. 그러므로 인간이면 누구나 성장하면서 정상적 발달을 저해하는 외부 인간환경에 당면하지만 않는다면 정신적 장애 없이 자기가 추구하는 방향으로 성장하여 자기실현을 이룰 수 있는 잠재력을 지닌다고 주장한다.

인본주의적 접근은 인간이면 누구나 지니는 성장의 잠재력, 인간의 고유한 가치, 그리고 개인의 복지를 강조하는 측면에서 인본주의 사상을 반영하고 있다. 그러나 심리학의 연구 방법으로 인간의 주관적이고 현상학적 경험을 강조하기 때문에 연구의 결과를 객관성 있게 입증할 수 없다고 비판받기도 한다.

지금까지 이 절에서는 심리학을 연구할 때 여러 학자들이 자주 사용하는 접근법들을 다섯 가지로 나누어서 살펴보았다. 심리학의 전문 연구 분야에 따라서 이 가운데 한 접근만을 적용하는 경우도 있다. 그러나 인간의 마음과 행동을 연구하는 데 한 가지 접근법만을 배타적으로 사용하게 되면 심리 현상을 이해하고 설명하는 데 한계를 지니기 쉽다. 그러므로 심리학자들은 전문분야에 따라서 하나의 접근법으로 연구를 수행하더라도 하나 이상의 접근법으로 얻은 연구의 성과들을 연결시켜서 상호보완적으로 이해하는 태도를 취하는 경우가 많다.

5. 심리학은 어떻게 연구하는가?

(1) 상식과 심리학

심리학을 처음 공부하는 사람들이 보이는 반응을 분석해 보면 심리학에서 배우는 내용이 자신이 이미 알고 있었던 지식이나 상식과 같다고 생각해서 실망하는 이들도 많다. 그러나 이러한 반응은 대부분 심리학이 인간의 마음과 행동에 관한 원리를 어떤 방법으로 연구하여 알아내는지 잘 모르기 때문에 생긴 잘못된 판단인 경우가 많다. 한 마디로 말해서 이른바 상식은 과학적 방법으로 연구해서 얻는 심리학의 원리나 지식과는 다르다. 이 절에서는 먼저 심리학의 지식과 원리가 이른바 상식과 비교해서 어떤 점에서 차이가 나는지 살펴보기로 한다.

심리학이 인간의 마음과 행동을 다루는 만큼 인간의 마음 · 뇌 · 기억 · 성격 · 인간관계 · 사회행동 등 심리학에서 자주 연구하는 내용에 대해서도 여러 사람들이 공통으로 진실이라고 믿고 있는 이른바 상식들이 많다. 사실 이른바 상식들 가운데는 심리학 지식으로 공인받지 못하면서도 많은 사람들이 진실이라고 믿고 있는 내용들도 많다. 먼저 다음에 이른바 상식으로서 제시되는 각 문장들에 대해서 당신이나 주변 사람들이 과연 얼마나 옳거나 그르다고 생각하는지 각각 대답해 보라.

> 인간의 뇌는 좌반구와 우반구의 기능이 다르다. 혈액형에 따라서 성격과 적성이 다르다. 천재들은 대체로 건강이 나쁘다. 처음 받은 정보는 기억이 잘 된다. 마지막으로 받은 정보가 기억이 잘 된다. 여러 사람이 함께 모여서 집단으로 의사결정하게 되면 모험적인 결정이 나온다. 여러 사람이 함께 모여서 집단으로 의사결정하게 되면 보수적인 결정이 나온다. 성격이나 태도가 유사한 사람들이 서로 친하게 사귀게 된다. 성격이나 태도가 상반되어서 서로 보완이 되는 사람들이 서로 친하게 사귄다. 공격적이고 파괴적 내용을 담은 TV를 많이 보면 행동이 포악해진다. 공격적이고 파괴적 내용을 담은 TV를 많이 보면 마음이 정화되어서 행동이 덜 공격적이 된다. 어릴 때 어머니가 생리적 욕구를 충족시켜 주기 때문에 아기가 어머니를 사랑하게 된다. 어릴 때 어머니가 신체적 접촉을 통해서 안락감을 제공하기 때문에 아기가 어머니를 사랑하게 된다. 바라는 행동을 계속하도록 만들려면 행동이 나타날 때마다 보상해 주어야 된다. 바라는 행동을 계속하도록 만들려면 그 행동이 나타날 때 가끔 보상해 주면 된다.

앞에서 제시한 예들은 여러 사람들로부터 인간의 심리에 관한 상식이라고 간주되어서 자주 들을 수 있는 내용들이다. 이 가운데는 여러 사람들이 공통으로 진실이라고 믿고 있는 내용도 많다. 또한 이 예들 가운데는 상반되거나 서로 모순되는 내용들도 함께 나란히 제시되고 있다. 상식과 관련해서 심리학의 연구 결과들을 보면 진실이 아닌 명제를 진실이라고 믿고 있거나 아직 검증되지 않은 가설을 진실이라고 믿는 경우도 많다.

심리학에서는 이른바 상식과 달리 심리학자들이 과학적 연구라고 공인하는 절차를 거쳐서 진실이라고 입증된 경우에만 지식으로 인정하게 된다. 이와 대조되게 이른바 상식이란 진실로서 어느 정도나 입증되었는지 가리지 않고 여러 사람들이 진실이라고 믿고 있는 내용들이 모두 포함된다. 그러므로 인간의 심리와 행동에 관해서 여러 사람들이 지니고 있는 수많은 상식들이 심리학 지식으로서 입증되지 못한 경우도 많다. 달리 말해서 심리학 지식과 달리 상식들은 과학적 심리학 연구를 통해서 입증된 수준으로 보면 일정하지 않고 서로 다르다.

또한 일상생활에서 어떤 심리 현상이 실제로 자주 나타나서 상식이 심리학 지식과 일치된다고 하더라도 심리학의 원리와 상식이 구별되는 점이 중요하다. 상식에서는 그 이유를 설명하지 못한다. 그러나 심리학은 어째서 그 현상이 나타나는지 이유를 설명하는 점이 다르다. 다시 말해서 어떤 상식이거나 혹은 상식과 상반되는 가설이 심리학 연구를 통해서 입증되는 경우도 많다. 이 경우에는 대부분 심리학 연구가 이루어지기 이전과 달리 어떤 원인이나 이유 때문에 그 심리 현상이 나타나는지 설명할 수 있게 된다. 그러므로 심리학의 원리들은 심리학자들이 공인하는 방법을 사용해서 진실임을 검증하고 그 원리가 나타나는 원인과 과정을 설명할 수 있다는 점에서 상식과 다르다.

(2) 사전 예측과 사후 설명의 정확성

사실 심리학에서 배우는 내용들 가운데 누구나 이미 한 번쯤은 생각해 본 적이 있는 것들이 많다. 이 때문에 처음에 심리학을 공부하면서 자신이 대부분

심리학의 오해 인간의 마음과 행동에 관한 원리를 어떻게 연구하는지를 잘 모르기 때문에 심리학에 대한 오해가 생긴다.

미리 알고 있었다고 생각하여 흥미를 잃는 학생들도 많다. 그러나 이러한 생각은 대부분 판단의 오류 때문에 나타난다. 앞 절에서 예를 통해서 살펴본 바와 같이 어떤 심리 현상을 기술한 내용들이지만 과연 어떤 주장이 심리학에서 인정되는 진실인지 판단하기 어려울 정도로 상반된 경우도 많다. 그러므로 이처럼 상반된 주장들에 대해서 자신의 생각대로 먼저 사전에 대답해 보고 그 후에 심리학의 원리를 배우게 되면 흥미를 잃지 않고 공부할 수 있다. 이와 같이 각 주제에 따라서 먼저 자신의 생각대로 결과를 예측하고 심리학 지식과 비교하게 되면 자신의 예측이 틀린 경우를 흔히 볼 수 있다. 그러나 자신이 진위를 가릴 수 없었던 경우에도 사전에 정답을 예측해 보지 않은 채 과학적 연구를 거쳐서 얻은 심리학 지식을 접하게 되면 그 때에는 이전부터 자기 역시 그렇게 생각했다고 믿는 현상이 나타난다. 이 현상은 사전에 예측하는 경우에 적중한 비율이 낮은 사실과 대조되기 때문에 사실을 확인한 후에 사전예측의 정확도를 과대추정한다는 의미에서 사후의 통찰력이라고 부르기도 한다.

심리학에서 공부할 주제에 관해서 사전에 질문하고 응답해 보지 않아서 나타나는 이 현상들을 자주 경험하면 심리학이 재미없는 학문이라고 생각할 수 있다. 이 태도는 심리학을 공부하는 자세로는 좋지 않다. 그러므로 이런 경우를 피하려면 각 주제별로 심리학 지식을 배우기에 앞서 자신이 믿는대로 판단해 보고 공부한 후에는 자신의 판단이 심리학의 연구 결과와 실제로 어느 정도 일치되는지 알아보는 태도가 중요하다. 이와 같은 태도를 지니게 되면 자신의 생각이 틀린 경우에도 그 이유를 생각해 볼 수 있기 때문에 심리학에 재미를 느끼면서 즐겁게 공부할 수 있다.

(3) 심리학의 연구법

심리학이 인간의 마음과 행동을 과학적으로 연구하는 학문이라고 정의하였다. 그렇다면 어떻게 연구하는 방법이 과학적인가? 상식과 달리 심리학의 원리들은 심리학자들이 공인하는 절차를 사용해서 연구하였을 때만 인정된다. 심리학자들이 공인하는 연구 절차는 심리학을 전공으로 공부하거나 심리학의 연구 결과를 응용하려는 사람들이 연구의 타당성을 평가하려면 반드시 배워야 한다. 그러나 이 연구 절차가 매우 다양하고 상당히 엄격하기 때문에 여기서는 기본 정신을 배우기로 한다.

심리학자들이 심리와 행동을 연구할 때 과학의 기준으로 강조하는 점은 객관성이다. 이 객관성의 기준으로 보면 어떤 한 사람이 주관적으로 경험한 현상을 과학적 지식으로 인정할 수 없다. 예를 들어서 어떤 사람이 자신이 지니고 있는 취미나 태도가 비슷한 사람을 친구로 사귀게 된 경우를 들어보자. 이 경우에 취미나 태도가 유사한 사람들이 친구가 된다는 과학적 원리를 증명했다고는 볼 수 없다. 왜냐하면 다른 상황에서는 자신이 어떤 친구를 사귀게 될지 알기 어렵고 또한 다른 사람들도 취미나 태도가 유사한 사람이면 좋아해서 친구로 사귀게 되는지 알 수 없기 때문이다.

그러므로 심리학에서는 인간의 심리나 행동에 관해서 진술하고 있는 가설이 진실인지 아닌지 검증하는 절차를 사용하게 된다. 먼저 앞에서 예로 든 현상을 검증하기 위해서 가설로 정리해 보면 다음과 같다: 자신과 취미나 태도가 유사한 사람일수록 호감을 느끼고 친구가 된다. 이 가설이 진실인지 검증하기 위해서 심리학에서는 몇 가지 방법을 사용한다. 이 방법들 가운데 실험법과 조사연구법이 자주 사용된다.

먼저, 실험법은 흔히 실험실에서 사용된다. 실험이란 실험자가 어떤 심리 현상에 관한 가설을 세울 때 원인이 된다고 가정하는 상황을 실제로 조성해 놓은 후에 결과로서 나타난다고 예언한 현상이 실제로 일어나는지 검증하는 방법이다. 앞에서 든 예를 들면 실험을 통해서 타인이 자신과 취미나 태도가 유사하다고 알게 되면 다르다고 알게 되었을 때보다 그 타인에게 호감을 더 보이고 더 친해지는지 알아볼 수 있다. 이때 취미나 태도가 유사하다는 정보는 원인요인으로서 호감이나 친해지는 결과를 초래한다고 가정하고 조작한 요인이다. 실험에서 이처럼 원인으로 결과에 영향을 미친다고 가정된 요인을 독립변인이라고 부른다. 그리고 이 독립변인에 의해서 초래된다고 가정되는 결과요인을 종속변인이라고 부른다. 이 이름은 독립변인에 종속해서 나타나는 요인이라는 의미로 붙여졌다.

실험법은 가설에서 설정한 독립변인과 종속변인만을 다루고 그 이외의 요인들이 영향을 미치지 못하도록 만든 상황에서 수행된다. 그러므로 최종적으로 얻은 종속변인의 측정치가 독립변인의 영향 때문인지 알 수 있다. 따라서 실험법은 독립변인이 원인이고 종속변인이 결과인지 두 변인들의 인과관계를 추론하기 좋은 방법이다. 그러나 현실 세계에서는 이 두 변인들 이외에 다양한 변인들이 인간의 심리와 행동에 영향을 미친다. 그러므로 실험법은 독립변인들 이외에 다른 변인들의 영향을 이해할 수 없다는 한계를 지닌다.

현실 세계에서 볼 수 있는 여러 요인들의 영향을 동시에 알아보려고 할 때 심리학에서는 조사연구법을 많이 사용한다. 조사연구법은 연구에서 알아보고자 하는 변인들의 상호관련성을 주로 질문지를 사용하여 얻은 조사 자료를 분석하여 검증하는 방법이다. 이 방법에서는 대체로 질문지에 포함된 문항들에 대해서 응답자의 자기보고 반응을 얻는 기법을 자주 사용한다.

심리학 연구에서 많이 사용하는 조사연구법은 개인이 경험하는 주관적 생각이나 정서처럼 인간의 미묘하고 복잡한 마음을 알아낼 수 있다는 장점을 지닌다. 그러나 원인이 되는 요인과 결과요인이 진실로 인과관계를 이루는지 알기 어렵다는 한계를 지닌다. 그러므로 조사연구법으로 얻은 연구의 결과들은 변인들간의 인과관계보다 단지 상호관련성을 나타내 주기 때문에 상관연구법의 일종이라고 볼 수 있다. 이와 같은 이유 때문에 조사연구는 어떤 심리 현상에 관해서 연구가 많이 이루어지기 이전에 인과관계를 추론하기 위한 목적으로 자주 수행된다. 그러므로 조사연구가 진척되어서 인과관계에 관한 가설이 수립되면 실험연구법을 사용하여 이 가설의 진위를 검증하는 경우가 많다. 또한 최근에는 조사연구로 얻은 자료를 사용하여 변인들의 인과관계를 알아보는 통계적 분석기법들도 개발되었다.

한편 심리학 연구에서는 가설을 지지하는 결과를 얻었다고 하더라도 상황과 방법을 달리해서 연구를 반복하여 동일한 결과를 얻어야만 공인받을 수 있다. 이 반복검증의 기준은 자연과학 분야의 연구들과 동일하다.

6. 심리학의 전문 분야

(1) 심리학의 전문 연구 분야

심리학자들이 연구나 실제 생활에 응용하는 전문 분야들은 매우 넓다. 심리학이 인간의 심리와 행동을 연구하는 학문이기 때문에 심리학의 전문분야들은 인간을 연구하는 다른 수많은 학문들과 연결되어 있다. 먼저 심리학에 어떤 전문 분야들이 있는지 심리학의 주변 학문과 연결시켜서 영역별로 정리한 [그

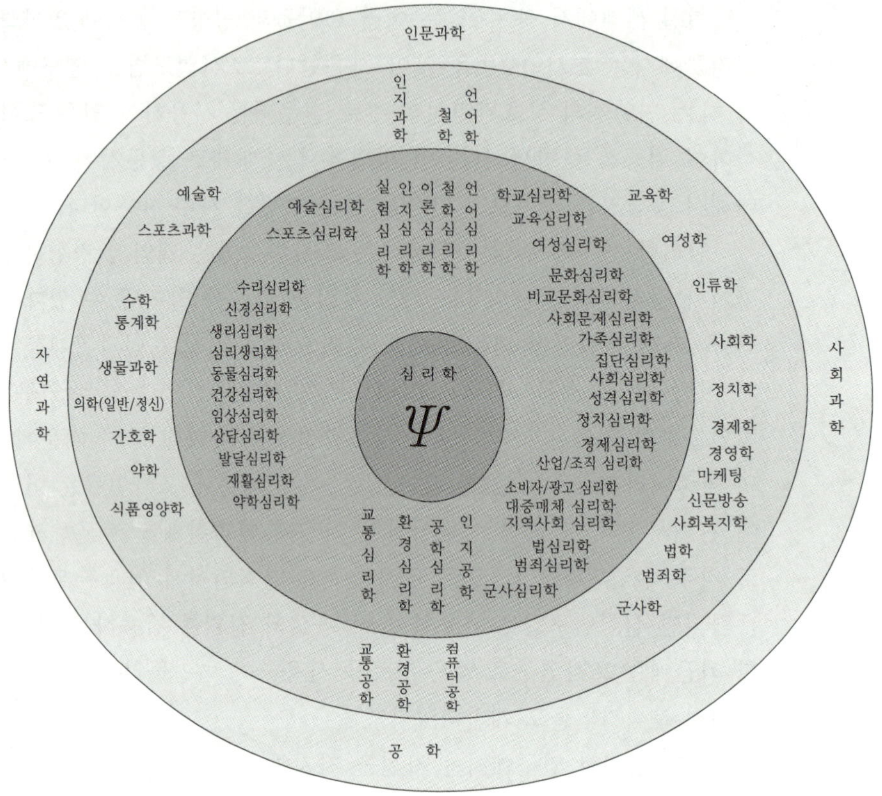

[그림 1-1] 심리학의 전문 분야와 주변 학문의 연결

림 1-1]을 살펴보자. [그림 1-1]에는 중요한 심리학의 전문 분야들만을 가려내어서 2차원 평면에 그려 넣었기 때문에 전문 분야들간의 상호 연결이 잘 표시되지 않는 한계가 있다.

심리학의 전문 분야들이 많다는 사실은 미국심리학회를 살펴보아도 잘 알 수 있다. 미국심리학회는 1892년 창설된 이후 2001년 현재 50개 이상의 산하학회들이 설치되어서 활동하고 있다. 다음 [표 1-1]에서 2001년 현재 미국심리학회에 소속된 산하학회들을 볼 수 있다.

한편, 한국심리학회는 1946년에 창설된 후 59년이 되는 2004년 현재 사단법인 한국심리학회에 11개 산하학회들을 두고 있다. 한국심리학회에 소속해 있는 산하 11개 분과학회들로는 ① 실험심리학회, ② 사회 및 성격심리학회,

[표 1-1] 미국 심리학회의 분과

1. 일반심리학	2. 심리학 교수법	3. **실험심리학**
5. 평가, 측정 및 통계	6. **행동신경과학 및 비교심리학**	7. **발달심리학**
8. **성격 및 사회심리학**	9. **사회문제심리학**	10. 예술심리학
12. **임상심리학**	13. 자문심리학	14. **산업 및 조직심리학**
15. 교육심리학	16. **학교심리학**	17. **상담심리학**
18. 공익심리학	19. 군사심리학	20. 성인발달과 노화
21. 응용실험 및 공학심리학	22. 재활심리학	23. **소비자심리학**
24. 이론 및 철학심리학	25. 행동의 분석	26. 심리학사
27. 지역사회심리학	28. 심리약리학 및 약물남용	29. 심리치료
30. 심리최면	31. 주(州)정부심리학	32. 인본주의심리학
33. 정신지체 및 발달장애	34. 인구 및 환경심리학	35. **여성심리학**
36. 종교심리학	37. 아동, 청년 및 가족치료	38. **건강심리학**
39. 정신분석	40. 임상신경심리학	41. 법심리학
42. 개업심리학자	43. 가족심리학	44. 동성애심리학
45. 소수인종심리학	46. 매체심리학	47. 운동 및 체육심리학
48. 평화심리학	49. 집단심리와 집단치료	50. 중독심리학
51. 남성 및 남성성 심리학	53. 임상아동심리학	54. 소아과심리학
55. 약리치료심리학		

주. 이 학회들 가운데 4, 11, 21, 31, 42 및 52의 6개 산하학회들은 활동이 정지되었다. 굵은 글자로 나타낸 분과들은 국내에도 산하학회가 설치되어 있는 학회들이다.

③ 발달심리학회, ④ 임상심리학회, ⑤ 상담심리학회, ⑥ 산업 및 조직심리학회, ⑦ 사회문제심리학회, ⑧ 건강심리학회, ⑨ 여성심리학회, ⑩ 소비자 및 광고심리학회, ⑪ 학교심리학회가 설치되어 있다. 한국심리학회에 속해 있는 산하학회들은 아직 11개로서 산하학회가 49개나 되는 미국심리학회와 비교하면 한국에는 아직 장차 더욱 활발하게 연구하고 응용해야 할 개척 분야들이 많이 남아 있음을 알 수 있다.

사단법인 한국심리학회는 한국사회에서 심리학자들이 전문가로서 일할 수 있는 직업을 개척하고 전문 인력을 양성하기 위하여 산하 학회별로 각종 심리전문가와 심리사를 육성하는 제도를 설치하여 운영하고 있다. 2004년 현재 사단법인 한국심리학회가 승인하는 각종 심리전문가와 심리사 자격제도를 운영하고 있는 산하 학회들을 정리하면 [표 1-2]와 같다.

[표 1-2] 사단법인 심리학회에서 운영하는 전문가 자격제도

산하 주관학회	자격제도
임상심리학회	임상심리전문가, 임상심리사
상담심리학회	상담심리전문가, 상담심리사
발달심리학회	발달심리전문가, 발달심리사
건강심리학회	건강심리전문가, 건강심리사
산업 및 조직심리학회	산업심리전문가, 산업심리사
사회 및 성격심리학회	범죄심리전문가, 범죄심리사

주. 각종 자격증을 얻는 데 필요한 교육 및 수련과 연수 내용은 산하학회마다 다소 차이가 있기 때문에 이에 관한 자세한 정보는 심리학회 홈페이지(www.koreanpsychology.or.kr)나 각 산하학회에서 얻을 수 있다.

(2) 심리학자들은 어떤 곳에서 일하는가?

심리학자들이 직업으로 전문 지식을 활용하여 일하고 있는 곳은 연구 분야만큼이나 다양하다. 석사학위를 지녔거나 이와 유사한 수준으로 심리학에서 전문적 훈련을 받은 사람들이 종사하는 기관에 따라서 한국심리학자들과 미국심리학자들이 근무하고 있는 곳을 비교하여 분류해 보면 [표 1-3]과 같다. 이 표에서 한국심리학자들의 직장별 백분율은 전체 회원 2,538명(2004년 1월 기준) 가운데 2001년까지 직장이 확인된 회원 1,068명의 자료를 분석한 결과이다. 한국심리학회 회원들로서 2001년에 학위가 확인된 1,453명 가운데 박사학위를 획득한 회원(565명, 38.9%)과 석사학위를 지닌 회원(744명, 51.2%)이었다. 2004년 1월 현재 석사 이상의 학위를 지닌 회원이 모두 1,647명(90.1%)이다.

이 표에서 한국심리학자들이 일하는 곳을 보면 몇 가지 현상을 알 수 있다. 우선 한국에서 심리학으로 석사학위 이상을 획득하고 회원이 된 사람들의 수가 최근 10년 동안 4배 가까이 급속히 증가되었다. 장차 한국사회에서 심리학의 요구가 더 높아지리라고 예상되므로 회원의 급속한 증가 추세는 앞으로도 일정한 기간 동안 지속되리라고 전망된다. 둘째, 한국에서는 현재까지 심리학자들이 대학에서 종사하는 비율이 높다. 셋째, 한국 자료 가운데 사설 연구기관이나 개인의 개업에서 보는 바와 같이 최근 심리학 전공자들이 일하는 곳이 다양화되고 있다. 한국에서 심리학자들이 일하는 곳이 다양해지는 이 현상

[표 1-3] 한국 및 미국 심리학자들이 일하는 곳

근무처	한국		미국		
	1990년 (438명)	2001년 (1,068명)	1977년 (33,652명)	1981년	1987년 (56,378명)
대학(교수, 강사, 연구원) (※ 교수)	58.9% (213명 48.6%)	61.1% (399명 27.4%)	51.3%	47.7%	41.0%
병원, 진료소, 보건소, 상담소	12.3%	17.4%	16.0%	23.9%	12.7%
기업, 정부기관, 공공단체	16.0%	9.8%	17.0%	13.0%	10.3%
개인개업/사설연구기관		8.3%	10.8%	14.7%	25.3%
기타(대학원, 유학 포함)	12.8%	3.3%	4.9%	0.7%	4.7%

주. 미국 1977년도 및 1987년도 자료는 Pion(1991)의 자료를 인용하였고, 미국 1981년도 자료는 Stapp와 Fulcher(1981), 그리고 한국 1990년도 자료는 최정훈 외(1995)에서 재인용하였다. 한국 2001년 자료는 필자가 2001년 2월 직장이 확인된 회원을 기준으로 작성했다.

역시 장차 더욱 가속화되리라고 예상된다.

7. 심리학과 문화

이 절에서는 문화가 인간의 심리에 어떤 영향을 어떻게 미치는지 간략히 살펴보기로 한다. 이 주제를 공부하기에 앞서 당신은 과연 한국인의 심리와 행동이 미국인의 심리와 행동과는 어느 정도 유사하고 어떤 점에서 서로 다르다고 보는지 생각해 보라.

심리학의 연구는 여러 문화에서 이루어지고 있다. 여러 문화에서 수행한 연구의 성과들을 보면 문화에 상관없이 여러 문화에서 일관되게 발견된 보편적 현상도 있지만 문화에 따라서 서로 다른 결과를 얻은 경우도 많다.

여기서 문화에 관계없이 보편적으로 나타나는 심리 현상과 차별적으로 나타나는 현상을 예를 들어서 간략히 제시해 보자. 여러 정보를 제시할 때 제시하는 순서에 따라서 기억하는 수준이 달라지는 현상은 문화와 상관없이 보편적으로 나타난다. 구체적으로 말하자면 제시된 정보들 가운데 처음이나 마지막에 제시되는 정보들은 다른 위치에서 제시되는 정보들보다 훨씬 잘 기억된다.

그러나 문화의 영향을 크게 받는 사회심리학이나 성격심리학과 같은 기초 심리 분야를 포함해서 응용심리 분야들 가운데 이루어진 연구들을 보면 문화에 따라서 심리학의 원리가 다르다는 사실도 알 수 있다. 예를 들면 이른바 집합주의 문화에서 생활하는 사람들은 다른 사람들이 보이는 행동에 따르는 동조행동이 개인주의 문화에서보다 높았다. 그러므로 집합주의 경향이 높은 한국문화에서도 한국인들이 조직생활이나 소비행동에서 서양 사람들보다 다른 사람들의 영향을 많이 받게 된다. 또 다른 예를 들면 다른 사람들과 함께 집단으로 과제를 수행하게 되면 혼자 과제를 수행할 때보다 수행량이 떨어지는 사회적 태만 현상에서도 문화에 따른 차이가 나타났다. 동양인들은 서양인들과 비교하여 집단으로 수행하면 개인으로 수행할 경우보다 수행 수준이 저하되는 현상이 나타날 수는 있지만 저하된 수준이 낮거나 때로는 차이가 없었다. 이 연구 결과들로부터 어떤 심리 현상들은 문화에 따라서 차이를 보임을 알 수 있다.

심리학과 문화 심리학에서 문화와 심리의 관계를 다루는 연구가 각광받기 시작하였다.

서양심리학이 북미대륙의 심리학을 중심으로 크게 발전되었기 때문에 최근까지 심리학 연구는 서양 사람들을 대상으로 많이 이루어졌다. 그러나 1980년대 이후 북미나 서양이 아닌 제3세계의 여러 지역에서도 심리학이 연구되면서 문화와 심리학의 관련성을 다루게 되었다(참조: Price & Crapo, 1999). 그리고 각 문화에서 나타나는 심리 현상들을 다루는 연구들도 많이 이루어졌다(국내: 한덕웅, 1994, 1996, 2003; 최상진, 2000; 조긍호, 2000, 2003; 인도: Kao & Sinha, 1997; 중국: Bond, 1996).

그러므로 최근에는 문화에 따라서 심리학의 원리가 다를 수 있는지 알아보는 연구들이 많아졌다. 이 관점에서 이루어지는 연구들에서는 문화에 따라서 차이를 보이는 결과를 얻으면 그 이유를 심리학적으로 설명하려고 한다.

한국심리학회가 1946년에 창설되어서 한국에 서양심리학이 도입되기 시작한 이후 현 시점까지 한국의 심리학계는 서양심리학 가운데 미국심리학의 관점과 연구법을 주로 채택해 왔다. 그러나 서양이나 동양에서 모두 문화에 따라서 서로 다른 심리와 행동을 보이는 현상들이 보고되면서 최근에는 한국문화에서 볼 수 있는 한국인들의 심리를 연구하려는 추세가 대두되었다.

심리학의 문화보편성과 문화특수성: 최근까지 대부분 북미대륙을 중심으로 수행된 심리학 연구의 결과가 문화와 사회에 상관없이 세계 여러 지역에서 보편적으로 적용될 수 있는 일반적 현상인지 의문이 제기되었다. 이 심각한 질문에 대한 심리학자들의 반응은 다음과 같은 여러 형태로 나타났다.

(1) 심리학에서 **비교문화연구**가 활발하게 이루어지기 시작하였다. 이 연구들에서는 대체로 북미대륙을 위시해서 심리학의 연구가 활발한 지역에서 발견한 심리 현상들을 다른 문화권에서도 비교하여 연구함으로써 두 문화 이상의 문화권에서 보편성이 입증되는지 알아보고자 한다.

이 비교문화 연구들은 북미대륙에서 나온 심리학 이론이나 연구 결과가 문화보편성을 지닌다고 암묵적으로 가정하는 북미대륙의 심리학자들에 의해서도 많이 수행되었다. 이들의 연구는 북미대륙의 심리학 이론들이 문화보편적임을 입증하는 데 초점을 맞추었다고 볼 수 있다.

그러나 북미대륙 이외 지역에서 심리학자들이 비교문화연구를 수행하는 태도는 이와 다르다고 볼 수 있다. 특히 아시아나 아프리카와 같이 이른바 심리학의 제3세계에서는 북미대륙의 심리학 이론들이 각 문화에서 어느 정도 타당성이 있는지 평가하는 데 초점을 맞춘다. 그러므로 문화의 차이를 보이는 연구 결과를 해석하고 논의할 때도 문화에 따라서 고유한 현상들에도 관심을 보인다.

비교문화연구를 수행하는 관점에서 보면 인간의 심리가 문화에 따라서 차이를 보이기도 한다. 그러나 이 접근법은 심리학의 이론과 지식이 세계에서 어느 정도 보편성을 지니는지 평가하고 새로운 연구 영역을 확대하는 데 크게 기여하고 있다. 이 방면의 연구 결과들을 몇 주제에 초점을 맞추어서 개관한 국내 저술로는 한국심리학회에서 간행한 책들을 보면 한국문화와 비교한 결과를 볼 수 있다(한국심리학회, 1994; Yoon & Choi, 1994).

(2) 문화심리학 연구가 촉진되었다. 문화심리학에서는 문화에 따라서 인간의 심리와 행동이 서로 달리 형성된다고 가정한다. 또한 각 문화권마다 문화가 형성되고 발전된 역사와 지정학적 배경도 독특하다. 그러므로 각 문화의 역사적 배경에서 인간의 심리와 행동을 설명하는 심리학 연구가 중요하다고 본다.

문화심리학의 관점을 취하는 심리학자들 가운데 일부는 다양한 문화에서 볼 수 있는 심리 현상들을 이해하고 설명하기 위하여 문화보편적인 개념들을 발굴하여 문화심리학을 수립할 수 있다고 주장하기도 한다. 이 관점에서 수행되는 연구들은 대부분 주로 북미대륙에서 개발한 심리학의 개념들을 사용하여 각 문화에 적합한 문화심리학 이론들을 제안하고, 연구를 통해서 이 이론들을 검증하고자 한다. 이 관점은 이전 연구들에서 이미 개발한 개념과 이론을 사용하기 때문에 각 문화권에서 볼 수 있는 특수한 심리 현상들도 잘 설명하는 경우에만 유용하다고 볼 수 있다.

한편 문화심리 분야에서 이른바 토착심리학의 접근법이 대두되었다. 이 접근법에서는 각 문화마다 인간의 심리와 행동을 설명하는 언어와 개념이 달리 형성되었으므로 학술용어 역시 달리 사용되어야 한다고 본다. 이 접근법에서는 특정한 문화에서 인간의 마음과 행동을 설명하기 위하여 흔히 사용하는 심리학 개념들을 발굴하여 그 문화에 적합한 특수한 이론을 제안하여야 한다고 주장한다. 그러므로 한국문화에서 한국인의 심리와 행동을 이해하고 설명하려면 서양심리학보다 동양이나 한국사상 혹은 한국의 전통문화에서 현대심리학 이론으로 사용하기에 적합한 학술용어들을 발굴하여 연구하여야 한다고 주장한다.

한국에서 이루어진 문화심리학과 토착심리학 방면의 연구들을 예를 들어서 설명해 보자. 조선시대 한국성리학에서는 중국과 달리 인간의 심성과 행동을 설명하는 사상을 제안하여 심리학 영역에서 크게 공헌한 바 있다. 다시 말해서 조선시대에 정통 심리학은 한국유학의 심리학이었다. 한국유학에 근거를 두는 이 전통사상에서는 인심과 도심, 음과 양, 이(理)와 기(氣), 4단과 7정, 성실(誠)과 경건함(敬) 등 서양심리학에서 볼 수 없는 학술용어들을 사용한 바 있다(참조: 한덕웅, 1994, 1996). 그러므로 한국인의 심성과 행동을 연구할 때 이 개념들과 아울러 한국인들이 공통으로 지니고 있는 문화심리들을 현대 용어로 개발하기도 하였다(한덕웅, 2003).

또한 한국사회에서는 사람들이 일상생활에서 인간의 심리와 행동을 설명할 때 정(情), 한(恨), 체면(體面), 의리(義理), 효도(孝道) 등의 용어들을 자주 사용한다(참조: 최상진, 2000). 이 개념들은 대부분 의미로 보면 다른 문화에서도 비슷한 현상을 찾을 수 있겠지만 한국에서 이 개념들이 내포하는 뜻을 다른 문화에 정확하게 전달하려면 대응되는 학술용어들을 찾을 수 없다. 따라서 한국문화에서 한국인의 심리와 행동을 잘 설명하려고 이 개념들을 심리학의 학술용어로 잘 가꾸어서 연구하기도 한다.

이른바 토착심리학자들은 문화의 상대성을 중요하게 본다는 관점에서는 문화심리학자와 유사하지만 연구 방법에서는 이들과 다른 접근법을 취한다.

극단적으로 토착심리학의 관점을 취하면 각 문화마다 고유한 학술용어들을 사용하는 심리학을 추구할 수 있으므로 각 문화 안에서는 현실에 적합한 학술적 정보소통을 이룰 수 있다. 그러나 토착심리학은 각 지역을 넘어서 여러 문화에서 공통으로 나타나는 인간의 보편적 심리와 행동을 설명하는 일반이론으로는 한계가 있다.

전반적으로 말하자면 한국에서 심리학을 연구하면서 서양심리학의 접근법과 연구 방법이 지니는 한계를 극복하여 한국문화와 연결지어서 다루려는 시도는 이제 막 시작된 단계라고 볼 수 있다. 장차 한국에서 이 방면의 연구들의 더 활발하게 수행되면 한국에서 이루어진 심리학의 지식과 이론이 세계보편성과 문화특수성의 측면에서 각기 어떻게 다른지 알아낼 수 있다.

◆ 생각해 볼 문제

1. 현대 심리학은 연구의 대상과 방법을 중심으로 어떻게 정의되는가?
2. 과학적 심리학은 상식과 어떤 점에서 서로 다른가?
3. 인간 심리와 행동을 이해하는 심리학의 연구법은 보통 사람들의 경험이나 판단과 어떤 점에서 다른가?
4. 감각 이외의 지각이나 운동, 그리고 여러 유형의 심령술은 심리학과 어떤 점에서 서로 구별되는가?
5. 심리학에는 응용분야가 광범한데, 그 이유는 무엇 때문인가?
6. 심리학을 공부하면 과연 사람들의 마음과 행동을 더 잘 이해할 수 있는가? 어째서 그런가?
7. 당신은 심리학의 접근법들 가운데 어떤 접근법에 관심을 갖는가? 그 이유는 무엇인가?
8. 당신은 한국인의 심리와 행동이 미국이나 일본 사람들과 비교해서 어떤 점에서 서로 유사하거나 다르다고 생각하는가? 그리고 어떤 이유로 문화에 따른 차이가 생겼다고 생각하는가?

제 2 장

뇌와 마음은 어떻게 연결되는가?

1. 마음과 뇌의 연결 역사: 희랍시대에서 20세기 중엽까지
2. 뇌의 구조
3. 신경심리 연구방법
4. 분할뇌(split-brain) 연구
5. 신경심리학 연구 분야: 개관
6. 뇌손상과 인지 기능의 이상
7. 맺는 말

◆ 생각해 볼 문제

마음과 몸의 관계 문제는 고대 희랍시대 이래로 마음에 대하여 관심을 가진 사람들에 의해 끊임없이 던져 온 물음이다. 이 문제가 19세기에 들어와 다시 마음과 두뇌와의 관계의 문제로 개념화되면서, 20세기에 이르러 뇌가 마음의 작용을 어떻게 가능하게 하는지에 대한 구체적 연구가 이루어졌다. 이 장에서는 뇌와 마음의 관계에 대하여 심리학자들과 신경생리학자, 신경생물학자들이 연구하여 온 내용들을 살펴보기로 한다.

1. 마음과 뇌의 연결 역사: 희랍시대에서 20세기 중엽까지

(1) 데카르트의 송과선

마음의 자리가 몸에서 어디이냐에 대한 생각은 희랍시대에서 중세기까지는 심장을 중심으로 전개되었다. 물론 뇌가 마음과의 관계에서 중요한 위치를 차지함을 인식한 선구자들도 있었다. 선사 이전에도 이미 생존을 위해 뇌를 중요히 여겼던 증거가 있으며, 이집트의 의사들의 기록에 의하면 그들이 많은 뇌질환에 대해 잘 알고 있었음을 알 수 있다. 그러나 이후의 학문을 지배했던 아리스토텔레스는 심장을 마음의 자리라고 보았고, 뇌는 흥분한 심장에서 데워진 피나 체액을 식히는 냉각장치, 축적기로 보았다. 이후 이러한 관점이 17세기의 데카르트까지 지속되었다.

17세기에 들어 각종 기계의 발달은 뇌가 기계와 같은 작용을 한다는 생각이 형성되게 하였다. 이러한 생각이 데카르트에게서 기계로서의 몸과, 이와는 독립적인 마음에 대한 이분법적 관점으로 재구성되었다. 데카르트는 뇌가 마음의 기능에서 중요한 역할을 담당하고 있음을 인정하였다. 특히 그는 송과선[1]이라는 작은 부위를 통해 마음과 몸이 상호 작용한다고 주장하였다.

데카르트 이후에 뇌는 연구자들의 주의를 더 받게 되었다. 17, 18세기를 거치면서 뇌 연구자들은 전통적인 송과선과 뇌실[2]에 초점을 맞춘 관점에서 벗어나서 뇌에 대한 더욱 구체적인 시각을 가지기 시작하였다. 그러나 1800년대까지는 뇌는 일반적으로 과학적 관심의 대상이 되지 못하였다. 이러한 경향을 전환시킨 것이 Gall의 골상학 연구이다.

(2) Gall의 골상학과 뇌기능 국재론

독일의 의사 F. J. Gall(1758–1828)은 뇌의 좌우 반구의 섬유들이 교차하여

---

1) 송과선[松菓腺]: 제3뇌실(腦室)의 후부에 있는 작은 구상(構想)의 내분비기관, 7세까지 발달하여 성장을 촉진하다가 점차 없어짐.

2) 뇌실[腦室]: 두개골 안에 있는 뇌의 빈 곳(이 안에 뇌척수액이 차 있음).

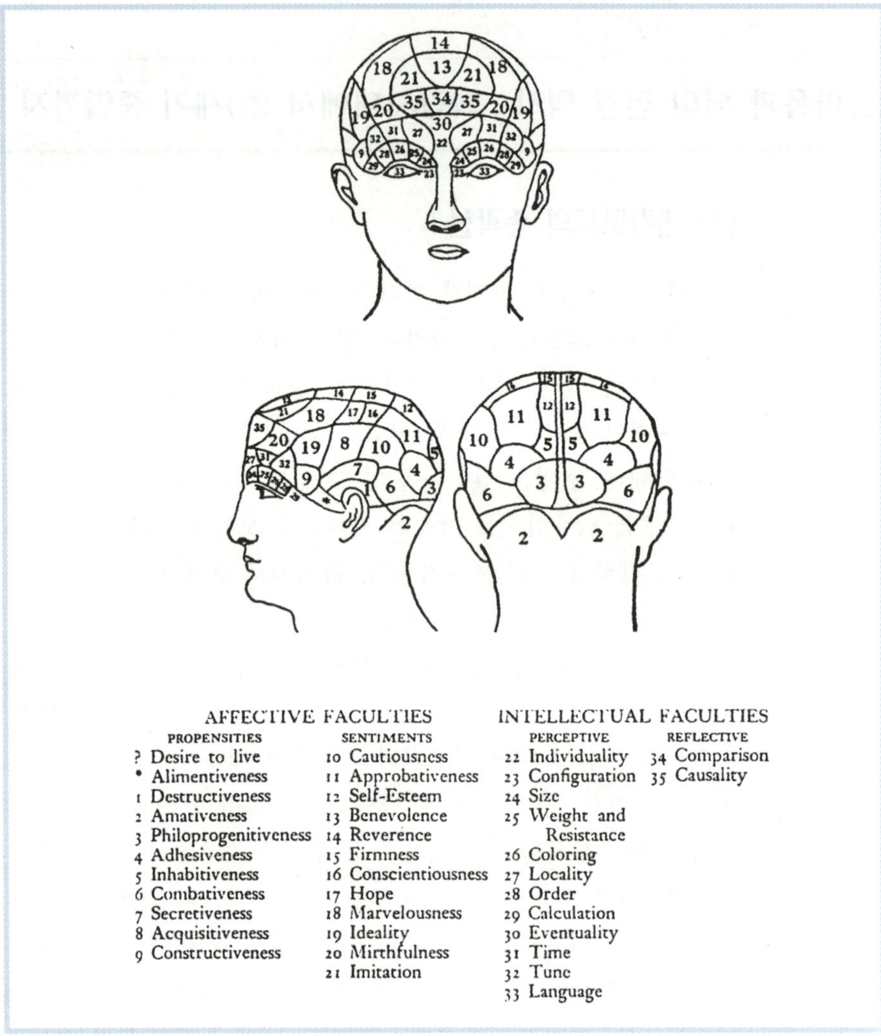

[그림 2-1] 18세기 골상학에서 본 뇌기능 분할

신체부분으로 연결됨을 발견하였고 여러 유형의 사람들 사이의 뇌의 유사성과 차이를 연구하였다. 그러한 관찰을 바탕으로 그는 서로 다른 심적 기능이 뇌의 서로 다른 부분에 국재(편재)되어 있다는(localized) 이론을 제기하였다([그림 2-1] 참조). 그는 27개 이상의 심적 기능을 각각 담당하는 뇌의 각 부위 지도를 임의적으로 작성하여 제시하기도 하였다: 연애감정 담당 부위, 자존심 담당 부위, 희망 담당 부위 등. 그리고 그는 두개골의 모양이나 크기와 같은 물리적 차원을 측정하여 심적 기능과 연결시키려 하는 시도를 하였다. 이러한 시도는 일반인들의 관심을 끌었고 뇌가 마음 기능의 핵심적 자리임과, 뇌의 기능이 분화되어 편재되어(localized) 있다는 관점을 부각시키는 데는 성공하였다. 그러나 그의 접근은 불충분한 관찰 증거로부터 과다하게 일반화한 것이어서 경험적 검증을 할 수 없는 잘못된 접근이었다. 그의 뇌지도는 논리적으로 문제점이 있었다. 그 까닭은 뇌의 각 부위에 담당 심적 기능을 할당하기에 앞서 전제되어야 할 것은 심적 기능을 분류하는 분류체계가 논리적으로 타당하냐의 문제이다. 이러한 기준이 없었던 것이다.

이후 프랑스의 Flourens는 뇌의 부분들이 Gall이 지적한 기능들을 담당하지 않는다는 증거를 보였다. 반면 P. Broca는 "Tan"이라는 말밖에 못하는 환자의 연구를 통해 좌측전두엽 부분이 실어증 관련 부위임을 발견하였다. 이 부분이 현재 Broca 영역이라고 불리는 언어관련 영역이며 이 영역이 손상되면 언어로 말하는 데 장애를 보이는데 이를 표현성 실어증(expressive aphasia)이라 한다. 이후 C. Wernicke은 좌반구의 측두엽과 두정엽 부위가 접경을 이루는 부분에서 말의 이해를 담당하는 영역(Wernicke 영역)을 발견하였다. 이 영역이 손상되면 남이 한 말을 알아듣고 이해하는 데 장애를 보이게 되며, 이를 수용성 실어증(receptive aphasia)이라 한다. 이와 같이 서서히 뇌의 부위별 기능에 대한 연구가 발전하였다.

(3) 뇌기능의 분산론

19세기에는 뇌기능 국재론이 연구의 중심이었지만, 20세기에 들어와서는 또 다른 전환점을 맞았다. K. S. Lashley는 행동주의 심리학 연구의 전형인 동물 미로학습 연구를 통해서 뇌기능의 국재화에 반대되는 연구 결과들을 발견하였다. 미로학습을 한 쥐들의 뇌를 절제한 결과, 뇌부위에 따른 학습 수행 능력의 손상이 발견된 것이 아니라, 뇌 손상량에 비례하여 학습 수행 정도가 달라진다는 것을 발견하였다. 학습된 경험의 내용이 뇌의 특정 부위에 저장된 것이 아니라 뇌 전역에 균등 분산 저장되어 있을 것이라는 입장을 지지하는 결과이었다.

그렇다면 국재화적 입장과 전체적 입장의 어느 것이 맞는가? 어느 한 입장이 맞고 다른 입장이 틀릴 가능성도 있으나, 그 동안 축적된 경험적 증거에 의하면 그럴 가능성은 희박하다. 양쪽 입장을 지지하는 경험적 증거들이 모두 있는 것이다. 문제는 그들이 제시하는 증거들이 어떤 것이냐, 그 증거를 어떻게 해석할 것인가의 문제이다. 국재적 입장이 어떤 유기체, 어떤 행동 그리고 어떤 발달 시기의 경우에만 맞는 반면, 전체적 입장은 다른 경우에 맞을 가능성이 가장 크다.

잠정적인 결론을 내린다면, 여러 심적 기능이 두뇌의 특정 영역(예를 들어 감각영역, 운동영역)에 국재화되어 있지만, 일차적 처리 이후의 처리는 다른 여러 장소에서 진행된다고 볼 수 있다. 그리고 사고, 학습, 기억 같은 고차정신과정들은 중복적으로 처리되며 뇌의 전 부위에 분산되어 처리된다고 할 수 있다. 두뇌의 손상이 항상 기능의 감소로 이어지지는 않고, 뇌의 다른 부분들이 그 기능을 대치/대행, 보상한다는 것은 이러한 가능성을 지지하여 준다.

2. 뇌의 구조

신경계의 구조를 간단히 설명하면 다음과 같다. 중추신경계와 말초신경계

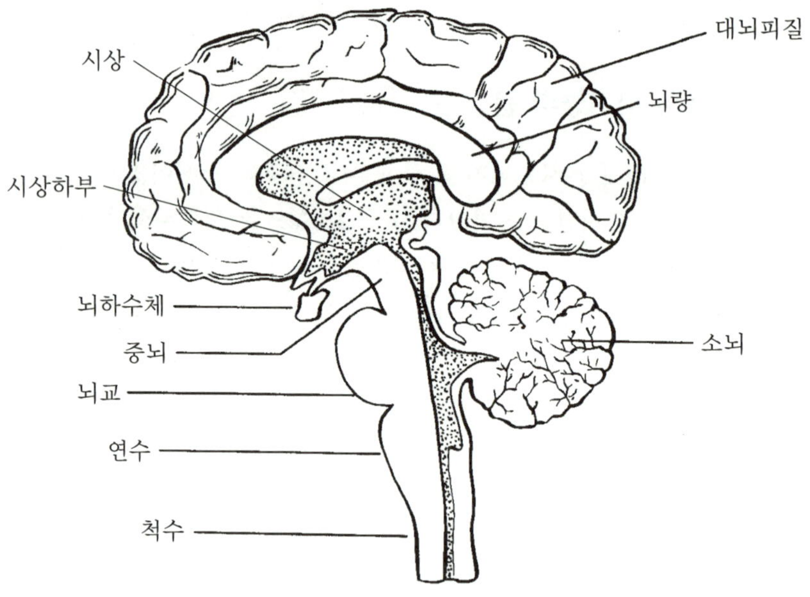

[그림 2-2] 뇌의 조직

로 나뉘어지는데, 중추신경계는 뇌와 척수가 속하며, 말초신경계는 기타 감각 및 운동을 담당하는 말초신경 기관인 감각계와 운동계가 속한다. 뇌는 다시 뇌간(연수, 뇌교, 중뇌), 소뇌, 간뇌, 대뇌피질로 나뉘어진다([그림 2-2] 참조).

신경 세포들은 시냅스라고 일컫는 곳에서 서로간의 정보를 주고받는다. 시냅스는 신경 전달 물질이라는 특수한 화학 물질에 의해 정보가 소통되며, 1.5 Kg 미만의 인간의 뇌 속에 무려 500조 개나 들어 있다. 이 시냅스는 후천적 경험에 의해 그 수가 더 늘어나기도 하고, 연결의 모습이 변화하기도 한다. 효율적으로 정보를 정리하고 저장하는 능력은 시냅스의 연결이 어떤 연결이냐에 달려 있다.

(1) 말초신경계: 감각계, 운동계

1) 감 각 계

감각계란 외부의 자극을 능동적으로 받아들이는 신체기능부를 말한다. 여기에는 시각과 청각 그리고 촉각 등이 포함되며 기본적으로 수용기(주위나 조직 내의 변화를 감지할 수 있고 자극을 전달하는 기능을 가진 감각기관)에 의해서 입력된다. 수용기의 종류는 체외 환경에 대해 작용하는 외수용기(exteroceptors)와 눈과 귀와 같이 멀리 떨어진 곳에서 오는 자극을 감지하는 원격수용기(teleceptors)로 나뉜다. 수용기를 통해 들어온 정보들은 말초신경계를 통해 중추신경계까지 연결된다. 뇌에는 성격이 다른 수용기를 지니는 12개의 신경이 존재한다. 이들은 냄새나 시각 감각통제와 밀접히 관련을 가진다.

2) 운 동 계

근육의 수의적 운동을 관장하는 체계이다. 대뇌피질의 운동영역에 해당하는 영역에서 시작해 전각세포까지 연결되는 긴 신경세포에 의해 이루어진 신경세포들의 축색이 모여 피질척수로를 만든다. 이는 운동계를 지배한다.

(2) 중추신경계: 뇌-뇌간, 소뇌, 간뇌, 대뇌피질/척수

1) 뇌 간

연수(medulla oblongata)와 뇌교(pons), 중뇌(midbrain)로 이루어진 뇌의 아랫

부분에 해당되는 곳을 말한다. 연수는 혈압조절, 호흡률조절과 같은 생명조절 체계들을 관장한다. 뇌교는 연수의 바로 앞부분으로 양쪽 소뇌를 연결해 주는 제 4 뇌실에 걸려 있는 다리라고 말할 수 있다.

2) 소　뇌

연수 위쪽, 제 4 내실 위쪽의 막대모양의 부분이다. 이 영역은 해부학적으로 3 부위로 나뉘고 복잡한 조절기능과 환류(feedback) 기능을 수행한다. 평형을 유지하고 근육의 강도와 긴장도를 조절 및 협조작용을 하며 공간감각과도 관련이 있다. 컴퓨터와 그 기능의 형식이 같다고 할 수 있다.

3) 간　뇌

간뇌는 중뇌의 문위 쪽에 위치하며 시상상부, 시상, 시상하부, 시상밑핵을 포함하는 영역이다. 시상(thalamus)은 중계자로써의 역할과 조정중추로써 작용한다. 시상의 상실에 의한 증상을 시상증후군이라 하는데, 이때 나타나는 증상들은 시상이 대뇌피질과의 연관성과 감각신경계와의 관련을 잘 보여준다. 시상하부(hypothalamus)는 쇠고삐모양의 구조인 수강에 있는 신경원의 집단이다. 시상하부는 모든 자율신경계의 중추로 신체의 모든 자율 기능을 수행하고 수분대사와 열대사를 주관한다. 또 호르몬 분비와 관련된 명령 체계를 가진다. 시상하부는 기억에 관여하는 해마와 정서와 관련된 편도핵 변연계를 포함한다.

4) 대뇌피질(cerebral cortex)

뇌를 덮고 있는 2–3mm 두께의 막을 신피질이라 부른다. 진화적으로 가장 최근의 것이며 상대적으로 취약하고 침해받기 쉬운 부분이라 할 수 있다. 신피질은 4개의 구역으로 나뉘는데 그 기준은 중심열(central fissure)과 Sylvius 열(fissure of Sylvius)이다. 중심열 앞이 전두엽(frontal lobe), 두정후두열(parieto-occipital fissure) 앞쪽이 두정엽(parietal lobe), 뒤가 후두엽(occipital lobe), Sylvius 열 아래 뒤쪽이 측두엽(temporal lobe)이다. 뇌의 좌측 반구와 우측 반구를 연결하고 있는 신경 다발을 뇌량(corpus collosum)이라고 한다.

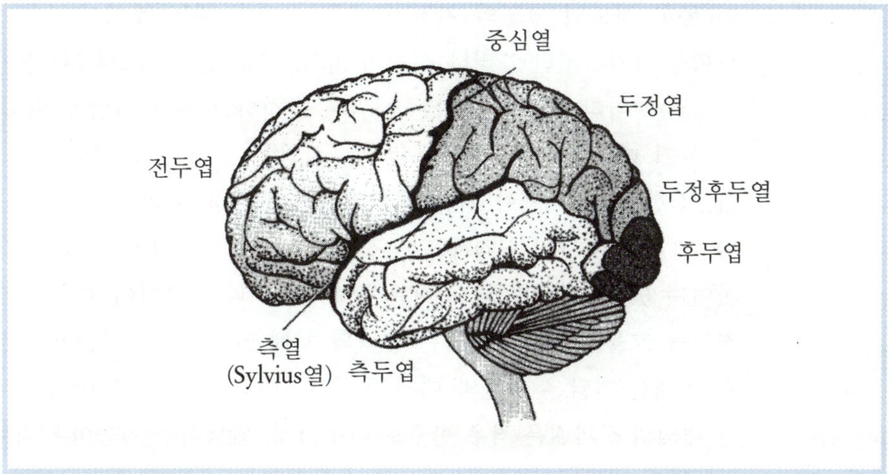

[그림 2-3] 대뇌피질의 외부구조

(3) 뇌의 기능 요약

언어, 사고 등의 인간의 인지적 능력은 다른 동물들과는 달리, 고도로 발달된 구조와 기능을 지닌 뇌에 의해서 가능하다. 회백색의 커다란 해면과 비슷한, 별로 크지도 않고 울퉁불퉁하게 생긴 인간의 뇌가 이것을 구성하고 있는 세포들간의 정교한 생화학적, 전기적 과정에 의해, 최첨단의 컴퓨터도 따라오

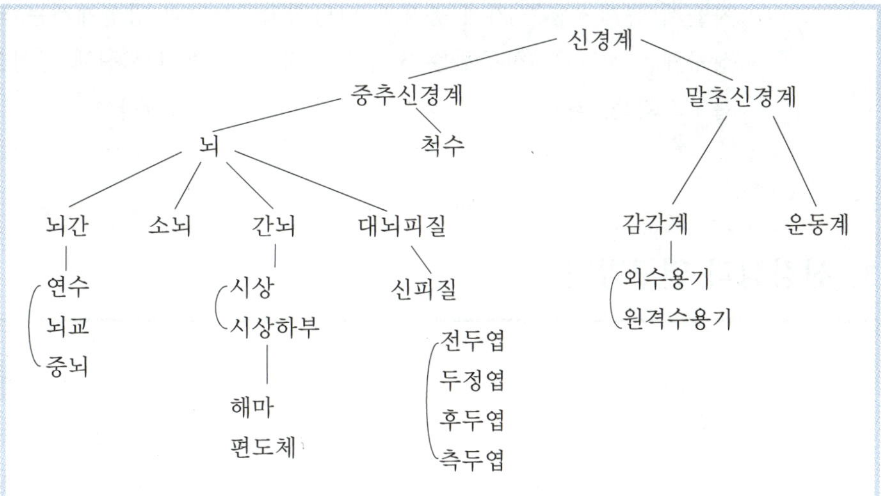

[그림 2-4] 뇌의 구조도

지 못할 정도의 고도의 지적 과제를 수행해 내는 것이다. 뇌는 신체 체중의 1/40을 차지하지만 그러나 신체의 피와, 포도당과 산소의 1/5을 사용한다.

흔히 머리가 좋다고 하는 사람은 둔하다고 하는 사람에 비해 뇌의 부피가 더 크기 때문일 것이라고 생각하는 사람들이 많다. 그러나 사실은 그렇지 않다. 심한 정신 지체아 가운데는 정상인에 비해 뇌의 부피가 더 큰 사람도 있다. 그러나 이들의 신경세포는 정상인에 비해 그 크기가 더 작고 더 엉성하게 짜여져 있다. 머리가 더 좋다는 것은 뇌 부피의 크기에 좌우되는 것이 아니라 정보를 효율적으로 처리하는 능력의 차에 달려 있다. 인간이 동물보다 지적으로 우세한 까닭은 인간의 대뇌의 신피질이 더 잘 발달되어 있기 때문이다. 인간 대뇌의 신피질은 좌우 반구로 나누어져, 담당하는 기능이 각각 서로 다르다.

뇌의 대뇌피질은 감각정보를 수용하고 처리하며, 사고, 언어, 기타 인지적 정보처리, 운동 계획 등의 일을 담당한다. 뇌 앞쪽의 전두엽은 고차 정신과정, 운동 통제 등을 담당하고, 위쪽의 두정엽은 몸 감각 등을, 옆쪽의 측두엽은 청각 등을, 뒤쪽의 후두엽은 시각 등을 담당한다. 이들 부분을 제외한 대뇌피질 영역은 연합영역으로 대뇌피질의 75%를 차지하는데 전두엽의 연합영역은 문제해결 · 계획 · 판단 등을, 측두엽의 연합영역은 언어 등을 담당한다. 그리고 기저핵은 운동체계에 관련된 기능을, 변연계는 학습 · 정서 · 동기를, 해마는 학습 · 기억을, 편도체는 공포 · 분노 · 공격 등의 정서를 담당한다. 한편 간뇌의 시상은 감각 정보를 뇌의 각 부분에 전달 연결하며, 시상하부는 내분비계 · 자율계 통제 · 생존 기제 통제를 담당하고, 간뇌의 망상체계는 의식 · 주의를, 상구체는 시각을, 하구체는 청각을 담당한다. 소뇌는 신체 균형을, 연수는 호흡 · 소화를, 뇌교는 신경 정보 연결과 의식을 담당한다.

3. 신경심리 연구방법

뇌의 구조 및 기제와 심적 과정을 연결하는 방법으로 여러 방법이 발전하였다. 이러한 방법들은 이전의 심리학자들의 전통적 방법만으로는 밝힐 수 없던 현상들을 밝혀주거나, 심리학자들이 가정했던 개념이나 이론들의 경험적 타당성을 제공해 주어서 심리학의 발전에 새로운 변화를 가져오고 있다.

신경과학과 심리학에서는 이전에는 신경섬유 절단이나, 색소 주입, 단일 세포 기록법, 단순한 뇌파(EEG) 검사법에 의해 신경구조의 특성과 심리 과정 및 구조의 특성을 연결하려 했었지만, 최근에는 컴퓨터를 활용한 신경생리 연구 기법의 개발로 인지과정 및 구조와 신경생물적, 신경생리적 구조와 메커니즘을 연결하는 연구방법의 급속한 발전이 이루어지고 인지심리학 및 인지과학 연구의 새로운 지평을 열고 있다. 인지신경심리학자들은 컴퓨터단층 촬영법(CAT, CT: Computerized Axial Tomography), 양전자방출단층 영상기법(PET: Positron Emission Transaxial Tomography), 기능성자기공명 영상기법(functional Magnetic Resonance Imaging) 등의 신경생리적 감지 기법을 사용하여 정상인이나 뇌손상자의 뇌에서 뇌의 혈류, 신진대사량의 변화를 측정하며, 뇌파측정 방법을 사용하여 제반 심리현상과 신경계의 관계를 연구하고 있다.

(1) 컴퓨터단층 촬영법 (CAT, CT: Computerized Axial Tomography)

이 방법은 X-ray 촬영과 같은 방식을 사용한다. 다른 점은 X-ray가 3차원의 물체를 2차원의 영상으로 구성하는 데 반하여, 컴퓨터단층 촬영법은 2차원으로 얻은 여러 개의 두뇌 영상을 3차원 영상으로 재구성할 수 있다는 것이다. 피검사자의 두개골을 중심으로 촬영기계(scanner)가 180도 회전하며 X-ray 광선을 투사하며, 뇌의 부분들에 대하여 수많은 축의 단층을 회전 촬영하고, 이를 복잡한 수리적 분석에 의해 재구성하여 최종 영상을 얻는다. 촬영을 위해서 한 개의 X-ray 투사기가 있으며 이 투사기의 반대편에 위치한 한 개의 감지기가 필요하다. 검사하는 방법은 환자를 촬영기계와 연결된 테이블 위에 눕게 하고 머리를 도너츠 형태의 촬영기에 넣게 하고, X-ray를 투사하는 기구가 두개골을 중심으로 회전하며, 각 위치에서 X-ray를 약간 방출한다. 그러면 뇌의 조직이 이를 흡수하게 되고, 흡수된 양은 신경섬유의 밀도에 따라 달라진다. 흡수되지 않은 X-ray는 뇌를 통과하여 반대편 탐지기에 기록된다. 이러한 기록에 의하여 단층 촬영이 이루어진다. 이때 한 위치에서의 스캔이 끝난 후, 다음 위치로 움직여 여러 각도에서 반복하여 스캔 촬영하게 된다. 촬영이 끝나면 단층 촬영된 뇌의 단층별 2차원 영상을 컴퓨터가 분석 종합하여 3차원 영상으로 구성한다. X-ray 밀도의 아주 작은 차이도 탐지하여 수리적으로 처리된 영상을 구성하기에, 뇌에 이상이 생긴 부분이 있는가, 뇌에 피의 엉킴이나 응고가 있는가, 그리고 종양이나 두개골의 골절이 있는가 등을 알 수 있다. 이러한 측정법은 두뇌의 기능적 활동을 영상화하지는 못하지만 병 원인에 의한 해부학적 구조의 변화를 관찰할 수 있다.

(2) 자기공명 영상기법(MRI: Magnetic Resonance Imaging)

이 방법은 X광선을 사용하지 않고도 뇌의 전자기장(電磁氣場)에서 수소원자 핵을 중심으로 수소원자의 밀도와 주변 섬유들과의 상호작용을 탐색하여 인지과정의 변화를 연구한다. 이 기법은 뇌의 생물적 구조의 작은 변화에도 민감한 것으로 밝혀졌다. 절차는 환자를 자기장을 발산하는 원통형의 장치에 머리 또는 온몸을 넣게 하고, 이 강한 자기장 영역에 짧은 radio wave를 체계적으로 투사시킨다. 이때 높은 자기장 안에서 특정방향으로 정렬하였던 몸 속의 원자들의 회전축이 radio wave의 충격으로 일제히 쓰러졌다 일어나는 현상이 발생한다. 이때 국소적인 자기장의 변화가 형성되는데 바로 이러한 변화가 두개골 주변을 둘러싸고 있는 탐지기들에 탐지된다. 이후 컴퓨터가 그 결과를 분석하고 3차원 영상을 구성하게 되는 방법인데, CAT보다 정밀하고 정확하며, 뇌의 작은 구조적 변화도 탐지 가능하다(공간해상도 1mm 정도). 따라서 개인의 뇌구조의 세부 특성을 파악할 수 있을 뿐 아니라, 개인의 인지 특성과 개인의 뇌의 비정상적 특성과 관련성을 파악할 수 있다. 이 방법 역시 컴퓨터 단층촬영법처럼 뇌의 해부학적 구조에 대한 영상을 제공하지만, 기능적인 방법을 제공하지는 못한다.

(3) 양전자방출단층 영상기법 (PET: Positron Emission Transaxial Tomography)

이 방법은 뇌의 구조적 측면의 변화보다는 기능적 측면의 특성을 측정한다. 이 기법은 혈관 속에 방사선을 방출하는 무해한 물질을 소량 주입하여, 뇌의 각 부분에서의 이 화학물질의 흡수 정도, 활용하는 정도를 훑어보아(주사; scan)하여 측정하고, 그 결과로 뇌의 각 부분에서의 신진대사 양에 대한 지도(metabolic maps) 영상을 획득하여, 두뇌의 활동에 대한 진단을 한다. 일반적으

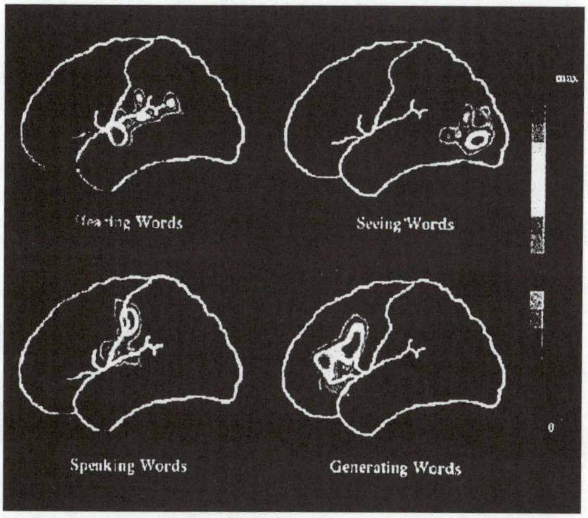

[그림 2-5] 뇌의 PET 촬영결과 영상 예

로 뇌활동에는 에너지가 필요한데, 이때 혈류의 증가를 통하여 뇌가 사용하는 에너지인 포도당이 공급된다. 뇌의 어떤 부분에서 혈류가 가장 많이 증가하였는가를 수분공급의 증가나 포도당 신진 대사의 증가로 측정할 수 있다. 이때 물이나 포도당에 극소량의 방사선을 방출할 수 있는 처리를 하면 몸 속에 주입되어 방출하는 방사선의 탐지로 뇌의 어느 부분에 혈류가 증가하였는지, 포도당의 흡수가 증가하였는지 탐지가 가능하다. 이때 얻은 영상을 컴퓨터를 통하여 영상화하여, 특정 시점에서(어떤 심리적, 인지적 과제를 수행하면서) 뇌의 어떤 부위가 가장 많이 관여되어 활동하는가를 파악하는 것이 가능하다. 각종 일반적 자극을 제시하여, 인지적 과제를 수행할 때에(주의, 운동, 감각자극에 반응, 의사결정, 독서 등) 뇌의 어느 부분이 가장 활동적인가 하는 것을 탐지하여 준다. 양전자 방출 단층 영상방법은 다른 방법보다 뇌의 생리적 기능에 대해 더 명료한 결과를 보여 준다. 그러나 공간 해상도, 또는 시간 해상도가 다음에 설명할 기능성자기공명법보다는 떨어진다. 그 외에도 단점으로는 굉장히 비싸고, 방사성반응 물질은 급격히 소멸되기에 각 실험 시간이 상당히 짧다는 것이다. 이러한 단점에도 불구하고 PET기법은 특정 전달물질의 대사를 영상화할 수 있으며 촬영중에 금속성의 기구를 자유자재로 사용하는 것이 가능하다는 장점을 가지고 있다.

(4) 기능성자기공명 영상기법 (fMRI: functional Magnetic Resonance Imaging)

뇌의 활성화 양상을 측정하는 방법으로 위에 언급한 PET 이외에 fMRI기법이 있다. 이는 PET와 달리 가장 우수한 공간/시간 해상도를 가진 영상법으로, 위에 언급한 자기공명영상법과 그 촬영 원리가 유사하다. 그러나 이때 조직 속의 수소원자의 차이를 측정하여 구조적 영상을 획득하는 것이 아니라 두뇌가 활동할 때 산소수준(BOLD; blood oxygen level dependent) 신호를 반복 측정하여 뇌의 기능적 활성화를 측정하는 것이다. 뇌의 특정 부위에 활동이 증가하여 신진대사가 증가하면 그 특정 조직의 모세혈관으로 혈류공급이 증가된다. 이때 혈류 속에 산소와 결합한 헤모글로빈의 비율이 과다하게 증가된다. 이 헤모글로빈은 산소를 빼앗긴 주변 조직의 헤모글로빈에 비하여 높은 신호강도를 가지는데, 바로 이 차이를 탐지한 신호가 BOLD 신호이다. 이를 2차원 영상으로 구성하고, 다시 3차원 영상으로 재구성하여 원하는 두뇌부위의 활성화 양상을 측정하는 방법이 fMRI 방법이다. 전체 두뇌를 1회 측정하는 것이 단기간 이루어지므로(1-3초), 동일한 인지과제를 수행하는 한 주기 동안(약

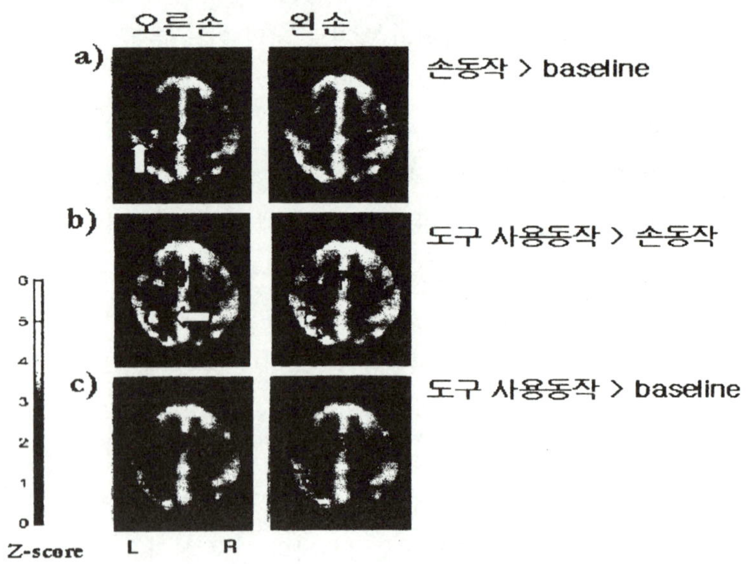

[그림 2-6] 뇌의 fMRI 영상 예

20–30초 정도) 다수의 반복측정이 가능한 fMRI 신호는 공간 해상도와 시간 해상도가 가장 높은 영상을 구성할 수 있다. fMRI 연구에서는 알아보고자 하는 심리적(특히 인지적) 요소를 포함하고 있는 실험과제와 비교과제를 교대로 반복해서 수행하는 동안 신호를 측정하여 이를 재구성하여, 두 과제 주기의 차이를 비교함으로써 특정 인지적 처리과정에 관여하는 두뇌 영역을 관찰할 수 있다. 좌우 맨손을 사용할 때와 도구 사용할 때의 뇌의 활동 부위에 대한 fMRI 영상의 예가 [그림 2–6]에 주어져 있다. 최근에는 다음에서 설명할 ERP와 유사한 '사건관련 fMRI'(event–related fMRI)방법을 사용하여 실험과제 실시 내의 시간 변화에 따른 차이를 연구하기도 한다.

(5) 전기생리학적인 측정기법

한편 이전부터 많이 활용되어온 다른 연구기법 중의 하나가 뇌파 또는 뇌전위(腦電位) 등을 측정하는 전기생리학적 기법이다. 뇌파 측정 기법에는 뇌에서 자발적으로 일어나는 뇌전위의 변화를 측정하는 방법과, 특정 사건에 따른 변화를 측정하는 방법이 있다. 뇌파 측정 기법은 전통적으로 사용해 오던 방법인 일반 뇌파(腦電圖: EEG(electro–encephalogram)) 측정기법으로서 이는 수면과 의식의 수준 및 유형, 정서적 변화 등의 측정에 사용되고 있다. 이것으로부터 발전된 BEAM(Brain Electrical Activity Mapping) 기법은 뇌파의 보다 상세한 양적 분석을 가능하게 해준다. 예를 들어 깨어 있는 뇌와 수면 중 뇌의 활동 차이, 단순 문제를 풀 때와 복잡한 문제를 풀 때의 차이, 또는 친숙한 문제를 풀 경우와 낯선 문제를 풀 때의 차이 등을 탐색하는 것이다. 이런 자극하에서 뇌의 어떤 부분들이 다른 부분에 비해 보다 더 활동적인가, 어떠한 모양의 뇌파가 도출되는가에 따라 해당 부위의 인지 기능에 대해 다른 결론을 도출하는 것이다.

뇌파 측정의 다른 한 부류는 사건 관련 전위 측정기법(ERP: averaged Evoked Response Potentials; Event Related Potentials)으로서, 동일한 자극을 반복 제시하고 뇌에서 일어나는 전위의 평균을 획득하여 측정치를 얻는 기법이다. 일반적으로 이 방법은 피험자에게 자극을 주고(빛을 비추거나, 신호를 들려주거나, 문장을 읽거나 들려주거나, 운동반응을 유발하게 하는 등), 그 관련 사건에 따라 일어나는 뇌파의 전기적 변화를 시간 경과상에서 측정하여 이를 평균화하여 전체적 패턴을 파악한다. 이 기법은 시간 경과상의 두뇌활동의 특성을 반영하여 인지과정에 대한 정보를 제공해 준다. 대체로 자극을 제시한 이후 초기의 ERP들은 자극의 물리적 특성을, 후기의 ERP들은 피험자의 인지적 처리과정의 특성을 반영한다고 본다. 자극 제시 후의 정보처리 과정상에서 개인의 주의, 기대 등의 인지적 정보처리의 미세한 차이가 이러한 ERP들을 사용하여 측정되어진다.

4. 분할뇌(split-brain) 연구

인간의 대뇌 신피질은 주름이 져 있으며, 언뜻 보기에 좌우의 두 반구는 비슷한 크기와 모양으로 보인다. 그러나 자세히 관찰하면 좌측 반구가 우측 반구보다 더 크며, 두 반구의 기능이 동일하지 않다는 것을 알 수 있다. 이런 사실은 심리적 기능 각각이 뇌 반구 어느 한쪽에 편포되었다는 중요한 사실을 시사해 준다. 뇌의 기능이 중요하다는 사실은 특히, 뇌가 손상된 후에 잘 발견된다. 뇌의 어느 한 부위가 손상되면 이 부위가 담당하는 기능에 장애가 온다.

1960년대에 신경심리학자들은 간질병 환자에게서 뇌의 좌반구와 우반구를 연결하는 거대한 백질 섬유 다발인 뇌량을 절단하여 좌우 뇌의 기능이 분할되어 있음을 알게 되었다. 이 연구의 대표적 연구자가 R. Sperry 교수이다. 그는 좌뇌의 언어기능 지배 특성을 간질병 환자들에게서 재확인하였다. 그는 이 연구 업적으로 노벨상을 받았다.

대뇌 신피질의 좌우 두 반구가 서로 다른 기능을 담당하고 있다는 사실은 이 두 반구를 연결하는 뇌량(腦梁)이라고 하는 신경 연락망이 차단된 환자들의 관찰에서 발견된다. 이렇게 좌-우 두 개의 뇌 반구 사이가 차단되어 기능적으로 연결이 끊어진 뇌를 분할뇌(分割腦)라고 한다. 심한 간질 발작을 보이는 환자의 뇌에서 뇌량에 의한 좌우뇌 연결을 끊으면 한쪽 반구에서 일어난 발작이 다른 쪽 반구로 진행되는 것을 막을 수 있다. 이렇게 하면 간질 발작은 완화시킬 수가 있지만 두 반구는 기능상 고립되어 각기 독립적으로 작용하게 된다.

모든 사람의 경우에 두 눈으로부터의 시신경은 서로 교차한다. 그런데 뇌량이 절단된 환자에게 하나의 그림을 제시하면, 오른쪽 시야에 제시된 그림은

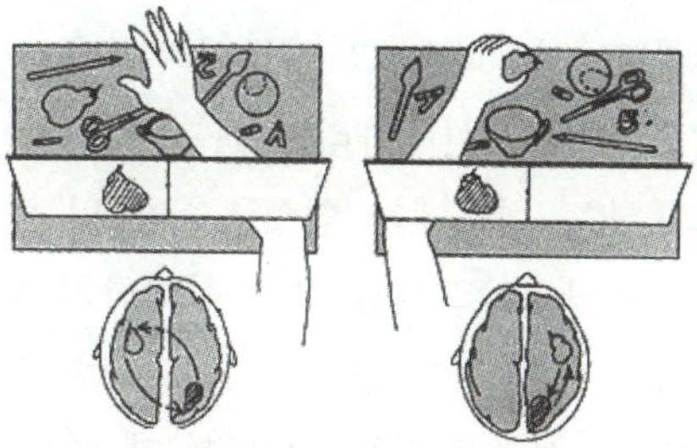

[그림 2-7] 분할 뇌기능의 연구 모습

왼쪽 뇌반구로, 왼쪽 시야에 제시된 그림은 오른쪽 뇌반구로 간다. 뇌량이 절단된 환자를 스크린 앞에 앉힌 후에, 왼손을 스크린 밑으로 내밀게 하고, 스크린 중앙에 있는 한 점만을 고정하여 응시하도록 한다. 이때 스크린의 왼쪽 편에 '열쇠'라는 단어를 1/10초 정도 제시한다. 그리고 나서 지금 본 자극을 스크린 뒤쪽에 있는 물건들 가운데에서 골라내게 한다.

이러한 실험 결과, 분할뇌 환자들은 우측 시야에 들어온 자극(따라서 좌측뇌에서 정보처리함)이 무엇인가는 쉽게 말하였지만, 좌측 시야(따라서 우측뇌에서 정보처리)에 들어온 자극에 대하여는 그 대상의 이름을 말하지 못하였다. 그럼에도 불구하고 왼손은 그 대상을 정확히 집어낼 수 있었다.

두 개의 그림을 절반씩 잘라서 좌우 반쪽씩 조합하여 붙인 그림을 보여준

[그림 2-8] 분할뇌 연구의 복합그림 재료

실험에서([그림 2-8] 참조) 분할 뇌 환자는, 무엇을 보았느냐는 질문에는 '경찰을 보았다'고 대답하고 그 얼굴의 특징을 말로 묘사했지만, 여러 그림들 중에서 보았던 그림을 선택하라고 하면 범죄자 그림을 선택하였다. 즉, 말로 답하기를 요구하는 질문에는 언어중추가 있는 좌반구가 보았던 그림을 보았다는 답이 나왔던 반면, 그림을 보고 선택하기를 요구하는 질문에는 공간지각, 예술적 능력 등을 담당하는 우반구가 보았던 그림이 선택되었다. 이 환자들은 반쪽짜리 그림 두 개가 조합된 것을 본 게 아니라 좌우가 같은 한 그림을 보았다고 잘못 인식하고 있었던 것이다.

이외에 다른 반응 이상의 현상도 관찰되었다. 좌우뇌 기능의 이러한 차이는 정상인에게서도 뇌의 좌반구와 우반구가 서로 다른 역할을 함을 시사한다. 정상인에게 있어서 오른손잡이들의 95%의 경우 좌반구에 언어 기능이 있는 반면, 왼손잡이의 경우에는 60-70%만이 좌뇌에 언어 기능이 있는 것으로 알려져 있다.

이와 같은 현상들의 연구를 통하여 인간의 좌-우반구가 각기 담당하는 심리적 기능이 서로 다름이 확인되었다. 즉 좌측 반구는 수학, 언어, 과학, 저술

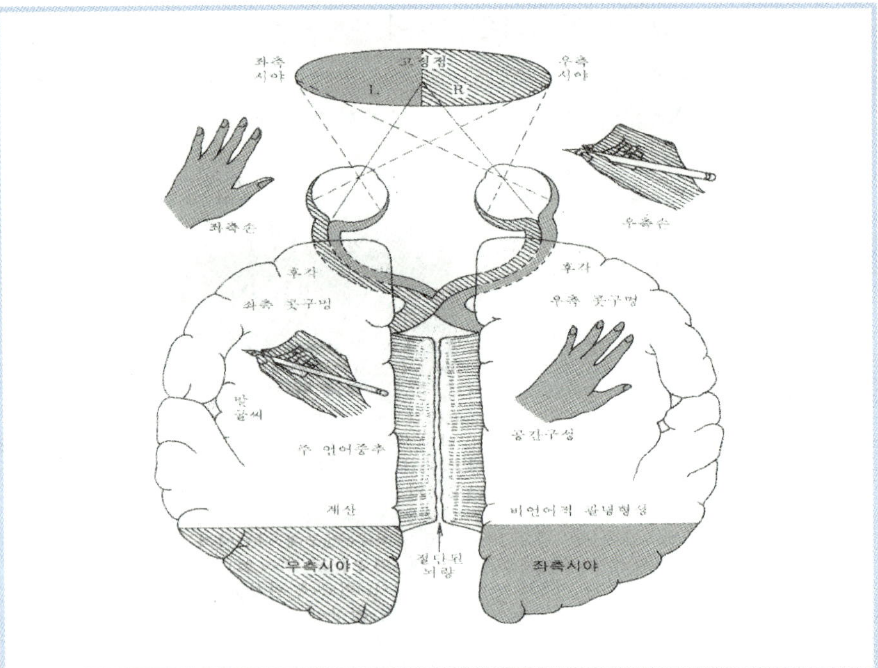

[그림 2-9] 좌우뇌 반구의 기능의 국재화

또는 논리적인 기능을 담당하며, 반면에 우측 반구는 음악, 미술, 조각, 무용, 사물의 지각, 환상과 같은 예술적이며 직관적인 기능을 담당한다는 것이다([그림 2-9] 참조). 좌측 반구에 손상이 오면 이 반구가 주로 담당하는 기능, 즉 언어 장애, 수학이나 과학적 사고의 바탕인 논리적 기능이나 분석적 기능에 심각한 장애가 생긴다. 우측 반구에 손상이 생기면 언어나 논리적 사고력에는 별 장애가 없고, 예술적 이해 능력이나 직관력에 있어서 심한 장애가 생긴다. 그러나 최근에는 좌 · 우측 뇌가 각기 반대편 반구의 기능의 일부도 할 수 있다는 연구 결과들이 나오고 있다.

5. 신경심리학 연구 분야: 개관

신경심리학의 주요 연구주제는 뇌의 해부학적 구조의 탐색이 아니라, 뇌의 각 부분이 어떠한 기능적 전문화와 기능적 조직화를 이루고 있는가 하는 뇌 기능 지도의 탐색이다. 따라서 좌우 뇌반구의 기능 분화와 통합의 기제(mechanism)가 연구되고, 지각적 특질의 탐지와 지각적 형태 재인의 신경기제, 운동 행동의 조직과 분화 그리고 통제의 기제, 학습의 생화학적 변화 기제와 학습에 의한 신경적 가소성(plasticity; 손상 후 자발적 복구 가능성)의 기제, 기억의 기제, 주의와 의식의 신경적 기제, 그리고 언어, 사고, 정서 등의 신경적 · 기능적 구조와 기제 등이 주요 연구주제가 된다.

물론 정상인과 뇌손상환자의 인지신경적 특성이 모두 연구된다. 이외에도 신경계의 진화와 인지의 진화 관계에 대한 연구와 계산신경과학(computational neuroscience) 연구도 진행된다. 후자는 인지심리학에서 인지과정에 계산적 모델을 적용하여 시뮬레이션 하던 방법과 마찬가지의 방법을 신경체계 과정에 적용하여 정보처리 과정을 분석하는 계산적 모델을 구성하는 접근이다. 특정 연결주의 모델과 같은 인공모델의 신경과정을 탐구하는 것이 그 한 예이다.

심리학의 여러 분야에서 그 동안에 이루어진 신경심리학 연구 결과들의 일부를 요약하면 다음과 같다.

시지각 연구 분야에서 형태인식(재인)에서의 인지심리학적 계산적 모델의 신경학적 검증, 부분과 전체 정보처리의 상호의존성의 신경학적 이해, 감각기관에는 이상이 없으나 대상인식에 실패하는 실인증(agnosia)의 다양성과 정보처리적 특성의 이해, 얼굴 인식 정보처리 메커니즘의 독특한 지위 확인 등이 이루어졌다.

주의 분야에서는 선택적 주의가 뇌의 어떤 구조에서 일어나며, 언제 선택이 일어나는가에 대한 이해, 공간위치 정보 중심 주의와 대상정체 중심 주의 분할/상호작용 기제의 이해, 주의를 주고 떼는(engage-disengage) 과정과 관련하여 신경구조의 개념 도입, 그리고 손상된 뇌에서 일부 시야의 자극 및 특정 범주 자극에 대한 무시(hemineglect) 현상의 이해 등이다.

주의 연구의 대표적 심리학자인 M. Posner는 전통적 인지심리학자에서 인지신경심리학자로 전환한 대표적 심리학자로서, 인지행동적 연구를 위한 실험과제를 개발하였으며, 신경학적 연구 결과에 바탕한 주의 이론을 제시하고, 이를 또한 인지행동적 측면과 신경학적 측면을 연결하여 검증하였다.

Posner 등이 연구한 뇌무시(hemineglect) 현상의 연구 결과는 다음과 같다. 우뇌 두정엽 손상자들은 왼쪽 시야에 제시된 물체들이 마치 존재하지 않는 것처럼, 즉 무시하는 경향이 있음이 발견되었다. 이전 위치의 대상에서부터 주의를 떼는 과정에 문제가 생겨서 무시 현상이 나타났던 것이다. 또한 중뇌의 상소구가 손상된 환자들은 이미 주의를 준 한 위치에서 다른 위치로 주의를 이동시키는 과정이 크게 장애를 보였다. 이와는 달리 시상의 시상침이 손상된 환자들은 손상된 부위의 반대편에 표적이 제시되었을 때 매우 느린 탐지반응 시간을 보였다. 이 결과는 주의를 몰입시킴에 있어서 장애를 겪고 있음을 보이는 것이다. 이러한 연구 결과는 두정엽은 주의를 떼는(disengage) 과정에, 시상은 공간적 대상에 대한 주의를 증대시키는 과정과 관련 있음을 시사한다.

언어 분야에서는 실어증의 다양한 유형의 발견에 초점을 두었던 신경학적 연구와, 언어능력은 정상인데 인지능력이 손상된 증후의 연구, 언어를 주로 담당한다는 좌뇌 내의 앞-뒤 부분간의 기능의 차이 규명, 시각적 어휘 자극에서부터 기억내 의미 자료에 접근하는 신경적 통로의 분할 및 상호작용의 이해, 그리고 우뇌의 맥락적 정보처리 역할의 중요성 이해 등이다.

기억 분야에서는 기억상실증에 대한 신경과학 모델과 인지심리학 모델의 통합 시도, 단일한 체계가 아닌 다원적 체계로서의 기억 모델에 대한 인지심리학적-신경과학적 통합적 모형의 발전, 의식이 안 되는 기억 체계 특성의 이해, 사실(what)에 대한 기억과 기술(how-to)에 대한 기억의 차이에 대한 이해, 해마가 장기기억 저장고가 아닐 가능성의 확인과, 어떤 기억이 뇌의 특정 장소에만 저장되지 않고 여러 곳에 중복되어 분산저장될 가능성에 대한 탐구, 컴퓨터의 RAM과 같은 작업기억에 대한 이해 등이다.

행위를 계획, 집행하는 집행기능(executive function) 연구 분야에서는 전두엽의 손상과 관련하여, 소위 '자유의지'에 관련된 자발성, 반복-집착성, 주의 및 마음갖춤새를 바꾸거나 적응 전략을 모니터링, 수정하는 등 기능의 신경적, 정보처리적 특성들이 밝혀지고 있다.

정서에 관한 신경심리적 연구는 정서를 심리학 연구 주제에서 거의 배제했던 이전과는 달리 인지심리학에 정서 연구를 부활시키는 데에 결정적 역할을 하였다. 대뇌피질과 피질하 구조 사이의 일반적 정서 경험 및 정서적 의사소통에서의 얼굴 표정 표현 및 이해의 중요성과 우뇌가 이 기능을 담당하는 특성 규명 등의 연구가 이루어졌다. 정서에 대한 이러한 신경심리적 연구들은 인지심리학으로 하여금 이러한 연구 결과와 기존의 동기-정서심리학에서 제기된 개념과 이론을 통합하여 새로운 이론적 모형을 형성하게끔 촉진하고 있다.

사고와 관련하여 신경과학적 연구는 괄목할만한 어떤 자료나 이론을 내어놓고 있지 못하다. 좌우뇌 기능의 차이, 주의, 작업기억, 언어이해 등과 관련하여 사고의 신경학적 기초가 연구되고 있으나, 심리학에서 도입하여 사고이론 구성에 구체적으로 적용할 만한 것은 아직 없는 것 같다. 대체로 논리적 추리가 좌뇌에서 우수하나 암묵적 추론, 맥락적 추론, 말과 글의 의미 추론 등은 우뇌가 더 우월한 것 같다는 정도이다. 뇌손상자의 경우 특정 범주 대상을 인식, 기억 못하는 현상이 발견되었지만 이것이 사고과정과 연결된 이론적 모델로 발전되지는 못하였다.

뇌 좌우반구의 기능은 과연 다른가?

R. Sperry 등의 연구이래, 좌우뇌 기능 차이의 연구는 초기에는 좌우뇌가 각각 어떤(what) 다른 질의 정보를 담당하는가를 밝히는 데 초점이 주어졌었다. 이러한 연구들이 아직도 계속되고 있지만, 최근의 초점은 그보다는 좌우뇌가 정보를 어떻게(how) 달리 처리하는가를 밝히는 데에 더 초점이 모아지고 있으며, 한 쪽 뇌에는 특정 기능이 있는데 다른 쪽 뇌에는 없다는 점의 강조보다는 한 인지기능(예: 언어이해)의 여러 측면, 즉 여러 정보처리 양식을 좌우뇌

가 어떻게 분담하여 상호 보완하는가에 주의를 환기시키는 연구들이 이루어지고 있다.

예를 들어 시각적 처리에 있어서, 위계적으로 조직된 그림자극(예: 작은 원들의 연결이 만들어낸 큰 삼각형)을 제시한 결과, 좌뇌는 시간적 관계성에 강조를 두고 단편적, 분석적으로 처리하며, 세부 측면에 강조를 두어 처리한다는 것이 밝혀졌다. 반면, 우뇌는 공간적 관계에 특별한 강조가 주어지며 형태적으로 총체적으로 정보처리한다는 것이 부각되고 있다. 우측뇌 손상환자들이 자극을 총체적으로 처리하지 못하지만 부분적 정보처리에는 이상이 없고, 좌측뇌 손상환자들은 전체적 형태 처리에는 이상이 없으나 부분적 정보처리에 이상이 있다는 결과들이 보고되었다. 이와 같은 결과들은 좌우뇌가 시지각 정보를 처리함에서 달리 작용함을 보여준다. 숲과 나무의 관계에서 우뇌는 '숲' 중심으로, 좌뇌는 '나무' 중심으로 처리한다고도 볼 수 있다. 좌뇌는 단계적으로 처리하나, 우뇌는 전체모양 중심으로 처리한다던지, 우뇌는 새로운 것의 정보처리에, 좌뇌는 친숙한 정보처리에 더 잘 반응한다던지, 우뇌가 복잡한 정보를 더 잘 통합하며, 언어처리에 있어서 언어표현의 억양과 운율에 더 민감하고, 맥락과 정서적 적절성 중심의 처리를 한다는 등, 그리고 공간정보 처리를 우뇌만 담당하는 것이 아니라 좌뇌도 담당하는데, 좌뇌는 두 점 사이의 범주적 관계(위 · 아래 · 좌 · 우 등의 관계) 결정을 담당하고 우뇌는 두 점 사이의 좌표적(거리) 공간관계 중심으로 처리한다는 것 등은 모두 '어떻게' 처리하느냐에서의 차이와, 하나의 인지과제 수행에서 좌우뇌의 상호작용, 공조의 중요성을 부각시키고 있다. 물론 이러한 좌우의 차이가 절대적이고 불변적이 아니라, 과제의 성질, 피험자들의 경험, 기존의 전략 등의 여러 변인에 의해 달라질 수 있음도 보고되고 있다.

6. 뇌손상과 인지 기능의 이상

뇌손상에 따라 생기는 심리적, 특히 인지적 기능의 이상의 예들을 살펴보면 다음과 같다.

(1) 주의와 뇌무시

환경에 있는 많은 자극 중에서 일부만을 인지하는 것을 주의라고 하는데, M. Posner 교수 등의 연구에 의하면 주의과정에는 뇌의 신경활동의 활성화 측면이 개입되는 부분과 신경활동의 억제가 개입되는 양 측면을 모두 포함한다는 것이 드러났다. 또한 주의 전담 특정 뇌 부위가 별도로 따로 있어서 홀로 작용하는 것도 아니며, 그렇다고 하여 뇌 전체가 모두 관여하는 것도 아니라는 것도 드러났다. 이러한 주의에 대한 인지신경과학적인 연구의 일환으로 뇌손상 환자의 주의 특성을 연구하는 과정에서 신기한 현상이 발견되었다. 바로 뇌(편측)무시(hemi-neglect) 현상이다. 이 현상은 손상된 두정엽의 반대 측 시야의 대상들에 대하여 환자들이 마치 그 시야 세계가 존재하지 않는 듯이 반응하는 현상이다.

예를 들어 우측뇌 두정엽 손상자들은 왼쪽 시야에 제시된 물체들이 마치 존재하지 않는 것처럼, 지각을 하지도 반응을 하지도 못하여, 무시하는(의도적이 아님) 경향이 있음이 발견되었다. 환자들에게 왼쪽과 오른쪽 시야에 서로 다른 대상을 눈앞에 제시하여 보여주면 왼쪽 대상은 보지 못하였고, 간단한 물건을 주고 그것을 그리라고 하면 오른쪽만 그렸고, 거울을 보면서 얼굴의 오른쪽 면만 수염을 깎거나 화장을 하였다. 심지어는 식탁의 접시 위의 음식도 오른쪽 것만 먹기에, 그 환자는 접시 오른쪽 음식을 먹고 나서는 회전의자를 식탁 오른쪽으로 회전하여(왼쪽으로의 회전이란 상상할 수도 없었다) 반대편으로 옮겨서 안 먹은 왼쪽 음식을 (다시 오른쪽이 되었으니) 마저 먹는 '식사 전략'까지 개발하여야 했다.

이러한 뇌무시 현상은 좌반구 두정엽 손상시에는 거의 일어나지 않았는데, 이에 대하여 진화 초기에는 좌우뇌의 기능 분화가 일어나지 않아서 좌뇌도 우뇌도 좌우 시야 대상 모두를 공간 표상할 수 있었는데, 진화 과정에서 인간의 좌뇌가 언어 기능에 특수화되면서 좌뇌의 공간표상 기능은 우측 시야만으로 제한되었기 때문이라고 설명하기도 한다.

(2) 실인증(失認症; agnosia)

우리의 일상생활은 무수한 대상을 인식함으로써 가능하다. 흔히 우리는 이러한 대상 인식이 자동적으로 당연하게 이루어지는 것처럼 생각하지만 그것은 오해이다. 뇌의 여러 부분이 상당히 많은 복잡한 단계를 거쳐서 정보처리함으로써 비로소 대상을 인식할 수 있으면 뇌의 어느 부분이 손상되면 이러한 기능 수행에 문제가 생긴다. 뇌손상으로 인해 대상을 제대로 지각하지 못하는 증상을 실인증이라고 한다. 실인증에는 여러 유형이 있다.

1) 통합실인증

좌우 양측 후두엽이 손상되고 일부 측두엽이 손상된 환자는 대상 인식에서 독특한 양상을 보인다. 이 환자에게 따로 한 장의 그림이나 물건을 제시하면 대상을 바로 알아 맞췄고, 그 대상을 복사하여 그리는 데에도 문제가 없었고, 두 개의 모양이 같은 대상을 찾아내는 것도 잘 하였다. 그런데, 대상을 두 개 이상(흔히 다른 종류의 대상을) 포개어 놓거나 하면 대상을 전혀 알아맞히지 못하였다. 포개어 제시된 대상을 그리라고 하면 두 대상 각각을 전체로 그리는 것이 아니라 부분 윤곽을 조각, 조각씩 힘들게 그리는 것이었고, 그려 놓고도 그 대상이 무엇인지를 알아맞히지 못하였다.

이 환자는 대상을 전체 모양 중심으로 파악하는 것이 아니라 현저한 특성을 지닌 부분중심으로 파악하고 후에 이를 통합하는 전략을 사용하는 것이었다. 따라서 대상이 두 개 이상이 포개어진 형태로 제시될 때에는 그 부분들에서 의미있는 통합된 전체를 파악해 내지 못한 것이다. 부분들을 한 의미덩이로 묶기와 의미가 통하는 전체의 부분으로 할당하여 통합하는 기능이 손상된 것이다.

2) 청각실인증

뇌손상을 당하고 난 후 어떤 의미 있는 소리를 구별 못하는 경우가 있다. 소리의 높낮이, 동물의 울음, 사람의 말은 제대로 인식하는데도 불구하고, 멜로디를 전혀 인식하지 못하여 애국가를 알아차리지 못하고, 초등학교 때 배운 동요나 자기가 좋아하던 팝송 곡조도 인식 못하며, 두 음이 같은 멜로디인지 알아차리지 못하는 경우가 있다. 청각기관에 아무런 이상이 없는데도 그런 증상이 나타난다.

3) 시각실인증

시각 기관과 시신경전도로가 정상인데도 불구하고 대상을 인식 못하는 증후인 시각실인증에는 여러 유형이 있다. 시각적 실인증이 있는 사람은 예를 들어 강아지를, 약간 갈색이나 희고 아래쪽에는 네 개의 짧은 원통이 있고, 한쪽에는 삼각형 모양과 같은 것이 달려 있고 다른 쪽에는 가는 뾰족한 원통이 수평으로 있고, 끊임없이 움직이는 무엇이라고 기술하지만 그것이 머리와 꼬리가 달린 강아지로 인식하지는 못한다. [그림 2-10]과 같은 그림을 제시하면 이것이 무엇에 관한 것인가를 지각하지 못하고 약 30분이 걸려서야 겨우 그림의 부분을 이야기할 뿐이다. 보이는 대상을 그리라고 하면 부분 중심으로 그리고 전체적 통합성이 결여된 그림을 그리는 데 그친다. 물론 이와는 달리 그림을 정상인과 같이 정확하게 그리지만 그려놓은 그림이 무엇인지를 모르는 경우도 있다. 이외에도 대상의 모양은 전체를 통합적으로 지각하지만 그 대상의 이름이나 의미를 생각해 내지 못하는 증상도 있다.

[그림 2-10] 실인증환자들이 인식하지 못한 그림 예: 산을 바라보는 사람으로 지각

4) 범주특수적 시각실인증

뇌의 좌측 두정엽과 관련 부분이 손상된 환자의 경우, 특정 범주 대상을 인식하지 못하는 경우가 있다. 이러한 증후를 범주특수적 시각실인증이라고 하는데, 이 경우, 환자는 가위, 시계, 의자 등 각종 무생물인 도구들은 90% 제대로 인식하는데 개, 소, 새, 물고기 등의 생물은 제대로 인식하지 못하였고

겨우 6% 수준에서 맞추었을 뿐이었다. 동물의 그림을 보여주면 그 모양을 전체나 부분을 잘 따라 그리고 색칠할 수 있는데도 불구하고 그 그림 동물의 이름을 말하라고 하면 못하였다. 쥐와 개의 그림을 주고 더 큰 동물을 가리키라고 하면 우연 수준에서 맞출 뿐이었다. 다른 뇌손상 환자의 경우는 그 반대로, 생물은 제대로 인식하는데 무생물을 제대로 인식 못하는 경우가 있다. 일반적으로 생물을 인식 못하는 경우가 더 두드러진 경우다.

이러한 범주특수적 시각실인증 사례는 대상인식을 하는 인간의 뇌가 대상의 범주 중심으로 전문화되어 있다는 것을 시사한다. 무생물과 생물이 뇌에서 따로 따로 처리된다는 해석이다. 그러나 과연 그런가 하고 의문을 던지는 학자들은 단순히 무생물, 생물의 차이가 아니라는 이론을 제시하였다. 즉 생물보다 무생물을 손으로 조작할 가능성이 많아서 무생물에 대해서는 조작 체험이 기억의 보조정보로 사용될 수 있기에 더 잘 인식한다고 설명하기도 하고, 생물보다 무생물이 더 단순하고 상호 유사성이 적기 때문에 인식이 쉽다고 설명하기도 한다.

5) 얼굴실인증

범주특수적 실인증의 가장 두드러진 현상 중의 하나가 얼굴실인증이다. 후두엽 손상 환자 중에는 다른 일반 대상의 지각은 아주 정상적인데 친숙한 얼굴인식은 전혀 못하는 경우가 있다. 거울에 비친 자신의 얼굴도, 아내의 얼굴도, 주치의의 얼굴도 못 알아보는 경우다. 이러한 얼굴실인증 사례는 뇌에 얼굴 인식 담당 전문 부위가 있을 가능성을 탐색하게 하였고, 측두엽의 한 부위에서 얼굴인식에 전문화가 되어 있을 가능성이 연구되었다. 또 얼굴인식과 일반 대상 인식의 담당 부위나 처리 기제가 다를 가능성에 대한 연구가 계속 진행되고 있는데, 이러한 연구들은 얼굴인식이 부분-기반 정보처리와 전체-기반 정보처리의 두 기제가 독립적으로 분리되어 있고 독특한 양상으로 상호작용하는 것일 가능성을 제기하고 있다. 과연 어떤 뇌정보처리 기제 특성에 의해 이러한 범주특수적, 특히 얼굴특수적 시각실인증이 일어나는가는 앞으로 흥미있는 연구 결과를 내어 놓으리라 본다. 시각실인증에는 이외에도 연상적 실인증, 통각적 실인증 등 여러 유형이 있으나 생략한다.

(3) 실행증(失行症; apraxia: 운동신경 장애증)

전두엽과 양측, 특히 좌측 두정엽의 손상으로 인하여 행동의 부분들이 하나로 통일되지 못하는 증후이다. 즉, 손이나 발에 문제가 있는 것이 아니라 운동에의 명령 신호와 부분 명령들을 조직화하는 신경중추에 이상이 생긴 때문이다. 이 환자들은 예를 들어 바지를 입을 때에 한 가랑이에 두 발을 계속 다 넣으려고 한다. 담배에 불을 붙일 때에 성냥이 불붙은 다음에도 계속 그어대거나 엉뚱한 곳으로 성냥불을 갖다 대는 행동을 한다. 이러한 현상은 환자들이 어떤 행동을 하여야 하는지는 알지만 부분들의 행동을 계획하거나 연결하거나 통합하거나 의미있는 한 목표로 조직하는 체계가 뇌에서 손상되었음을 보여주는 것이다. 연구들에 의하면 두정엽이 바로 이러한 행위에 대한 계획을 구체적 행위로 계획하고 연결, 제어하는 센터임을 시사하고 있다.

(4) 기억상실증(amnesia)

기억 담당 뇌 부분의 손상으로 인해 기억이 상실되는 경우이다. 이러한 환자들은 그 증상이 다양한데, 어떤 환자의 경우는 재학습(relearning)이 곤란하여, 예를 들어 오디오 기기를 켜는 방법조차 기억하기 어려워한다. 다른 환자의 경우는 상황에 적절한 행동과 관련된 지식을 기억해 내기 곤란하여, 예를 들어 물건을 살 때에 언제 돈을 지불해야 하는지도 잊어버린다. 그 외에 생각의 조직화가 잘 안되고, 여가를 즐기지 못한다. TV를 보아도 스포츠 내용들의 줄거리와 연관성을 기억 못하기 때문에 스포츠 중계를 이해하지 못하며, 기억하지도 못한다. 또한 공간적 기억이 곤란하여 잘 아는 건물 내의 길을 찾기 곤란해하기도 하고, 다른 경우는 다른 사람들의 얼굴과 이름을 기억 못하여 대인관계가 곤란한 사람도 있고, 생각한 내용을 즉시 말하지 못하기에 대화를 못하는 사람의 경우도 있다. 두뇌가 손상되기 이전 사건들을 기억 못하는 후진성 기억상실증 환자가 있는가 하면, 두뇌 손상 이후에 생기는 새 경험들을 기억하거나 학습하지 못하는 진행성기억상실증 환자들도 있다.

이러한 모든 뇌손상 환자들의 이상 증상은 우리의 일반적인 인지 기능이 자동적으로, 그리고 당연히 주어지는 것이 아니라, 뇌의 담당 부분과 다른 부분들의 연결에 의해 이루어지는 것임을 알려 준다.

이외에도 뇌의 좌측 반구의 손상으로 인해 말을 하지 못하거나 언어를 이해하지 못하거나 글을 쓰지 못하는 이상 증상인 실어증(aphasia), 뇌의 좌측 반구의 일부에 이상이 있는 경우에 읽기(소리내어 읽기, 읽으며 이해하기)와 쓰기가 모두 장애를 보이는 경우인 실독증(失讀症; alexia), 뇌의 언어중추 이상으로 일어나는 독서장애인 난독증(dyslexia) 등이 있다. 이러한 이상 현상들에 대하여는 다른 장에서 다룰 것이다.

이러한 모든 뇌손상 환자들의 행동적, 심리적 기능의 이상 증후는 우리의 일반적인 행동과 심리적 기능이 자동적으로, 당연히 주어지는 것이 아니라, 뇌의 담당 부분과 많은 다른 부분들의 적절한 그리고 밀접한 연결에 의해 이루어지는 것임을 보여 주며, 각각의 과정에서의 관련 신경정보처리 기제들이 특수화되어 있음을 시사한다. 뇌의 각 부위가 정상적으로 작동하지 않는다면, 대상에 대한 주의도, 대상의 인식도, 적절한 기억의 인출도, 그 상황에 대한 적절한 반응 행동도 이루어 낼 수 없음을 보여 주는 것이다.

7. 맺는 말

마음과 몸의 연결성의 물음 자체는 오랜 역사를 지니고 있지만, 둘 사이의 밀접한 연결성의 인식, 또는 마음을 몸의 속성 특성으로 완전히 환원시킬 수 있다는 관점의 재부상은 지난 1세기 동안 급격히 이루어졌다. 80년대에 이루어진 신경심리학의 새 출발은 바로 이러한 변화를 반영한 것이었다.

지난 20-30년 사이의 많은 발견들은 신경심리학, 더 나아가 심리학과 신경과학 사이의 관계가 상호 영향적임을 보여 주었다. 그 동안의 연구에 의하여, 주의 · 지각 · 학습 · 기억과 같은 기초적 인지과정으로부터 언어와 사고와 같은 고차 인지과정까지 인지과정과 신경적 활동 사이에 뚜렷한 대응이 있음이 발견되었다. 또한 신경과학에서 사용하는 방법 · 개념 · 이론 등이 심리학에 유입되고, 역으로 심리학의 개념 · 방법 · 이론, · 보는 틀이 신경과학의 내용들을 변화시켜 왔다. 심리학에서 사용되는 개념들인 흥분 · 억제 · 식역 · 일반화 · (신경, 지식)망 · 모듈 등의 개념들은 신경과학적 연구의 바탕으로부터 도출되었거나, 신경과학적 구조나 기제를 전제로 하여 그 이론적 · 방법론적 · 설명적 의미를 지니게 되는 개념들이다. 또한 역으로 심리학이 신경과학에 제공해 준 방법 · 개념 · 이론들도 많다. 신경과학 연구에서 뇌 신경생리/생물적 특성을 관찰하는 방법과 함께 사용하는 행동측정법, 인지기능 측정법은 학습심리학과 인지심리학이 100여 년을 거쳐서 발전시켜 온 방법이며, 신경과학 연구에서 사용하는 개념들인 기억인출, 작업기억, 암묵적 기억, 자동적 주의, 주의채널, 지각채널 등의 개념은 인지심리학에서 온 것이다. 앞으로의 심리학자들과 신경과학자들의 뇌 연구는 심리학의 모습을 크게 바꾸어 놓으리라 본다.

◆ 생각해 볼 문제

1. 뇌의 기능이 특정 영역에 집중되어 있다는 국재론과 전체 영역에 골고루 분산되어 있다는 분산론을 지지하는 증거는 무엇이며 이를 어떻게 통합해 볼 수 있는가?
2. 시상은 어떻게 감각기관의 중간정거장 역할을 하는가?
3. 전두엽, 두정엽, 측두엽, 후두엽에 분화된 기능은 무었이며, 이 중 전두엽의 연합영역이 대뇌피질의 75%나 차지하는 이유는 무엇인가?
4. 대뇌의 좌우반구가 서로 다른 기능을 담당한다는 것으로 볼 때 분할뇌 환자들은 두 개의 의식으로 분리되어 있다고 할 수 있는가?
5. 대뇌의 해부학적 구조를 보여주는 신경심리 영상기법과 대뇌의 기능적 측면을 보여주는 영상기법의 장단점은 무엇인가?
6. 기억의 종류에 따라 대뇌에 저장되는 장소가 다른가?
7. 감각기관에는 이상이 없지만 대뇌 손상으로 인해 발생되는 실인증에는 어떠한 종류가 있으며 그 특징은 무엇인가?

제 3 장

학습이란 무엇인가?

1. 학습이란 무엇인가
2. 고전적 조건형성
3. 도구적 조건형성
4. 인지학습
5. 관찰학습

◆ 생각해 볼 문제

인간이 만물의 영장이라고 불리는 이유는 장기적인 진화과정을 거쳐 이루어진 생득적 능력과 단기적인 적응기제인 학습능력 때문이다. 이 장에서는 경험이나 연습에 의한 행동상의 변화로서 학습을 다룬다. 학습 내용은 TV나 가스렌지를 켜는 것 같은 단순한 학습에서 소설을 쓰거나 미적분 문제 풀기, 예법이나 인간관계 기술 등 복잡한 것에 이르기까지 매우 다양하다. 학습 연구자들은 다양한 학습과정을 두 가지 기본적인 연합학습원리로 설명하려 하였는데 이들은 고전적 조건형성과 도구적 또는 조작적 조건형성으로 불린다. 이 장에서는 두 가지 조건형성원리와 이의 활용 그리고 조건형성원리보다 더 고차적인 학습과정을 설명하는 인지학습과 관찰학습이론을 다루고 있다.

1. 학습이란 무엇인가

인간이 생존하기 위해서는 환경변화에 적응해야 한다. 사람들은 환경변화에 적응하기 위해 유전적 진화와 학습이라는 수단을 사용해 왔다. 유전적 진화의 예를 한 가지 들어보기로 하자. 열대지방에서는 피부색이 검어야 강한 햇볕의 위험으로부터 보호받을 수 있지만 햇볕이 약한 극지방에서는 피부색이 흰 사람이 햇볕을 많이 흡수함으로써 비타민 D의 부족을 해소할 수 있다. 환경에 맞는 특성을 가진 사람은 생존에 유리하기 때문에 오래 살면서 자식을 많이 낳을 수 있고 이렇게 아주 많은 세대를 거치게 되면 대부분의 사람들이 변화된 신체특성을 지니게 된다(김기석, 1990). 유전적 진화과정은 사람뿐만 아니라 모든 유기체가 겪는 과정이다.

이러한 진화과정은 신체적 특성뿐만 아니라 행동적 적응에서도 나타난다. 가령 성미가 고약해서 아무 동물에게나 대드는 토끼는 일찍 잡혀먹힐 가능성이 크지만 겁이 많고 조심스러워 잘 도망다니는 토끼는 생존율이 높을 것이고 수세대 후에는 대부분의 토끼들이 이러한 행동특성을 지니게 될 것이다. 행동특성이 어떻게 유전되느냐에 대해 생물학적으로 뚜렷한 증거를 찾아내기는 어렵다. 그러나 미국에서 태어난 백인계 유아는 중국계 유아에 비해 훨씬 성미가 급하고 구속되는 것을 싫어하는 등의 인종간 비교 연구에서 보면 행동특성도 유전될 수 있음이 뚜렷이 나타난다.

그런데 환경변화에 대응하기 위한 수단으로서의 유전적 진화는 변화가 수세대에 걸쳐 일어나는 것이기 때문에 대응의 속도가 너무 느려 요즘 같은 급격한 변화의 시기에 유전적 진화에만 의존해서는 생존하기 어렵다. 또 유전적 진화는 먼 조상들의 세대에서 생존에 도움을 준 신체적 또는 행동특성이기 때문에 현재의 환경에는 전혀 도움이 안될 수도 있다. 따라서 현재의 빠른 환경변화에 대응할 수 있는 수단을 필요로 하는데 이것이 곧 학습(learning)이다.

학습이란 경험에 의한 비교적 영속적인 행동의 변화이다. 여기서 경험이란 각자가 수동적으로 겪거나 능동적으로 참여한 사건들을 말한다. 질병, 부상, 연령증가에 따른 신체적 성숙 등도 행동을 변화시키지만 이러한 변화는 학습으로 보지 않는다. 이와 함께 약물이나 피로 등 일시적인 변화도 학습의 범주에 포함하지 않는다. 경험에는 직접적인 경험은 물론 다른 사람의 행동을 관찰하거나 책이나 대중매체에서 접한 간접 경험도 포함된다.

경험에 의한 행동의 변화는 유기체가 처한 환경에서의 경험에 의한 것이기 때문에 대부분의 행동은 환경과의 연관성을 지닌다. 따라서 환경(자극)과 그에 따른 행동(반응)간의 연관성이 학습의 주요 연구주제가 된다. 학습에는 TV의 전원 스위치를 켜는 것과 같은 단순한 것도 있지만 노래나 악기연주, 소설을 쓰거나 미적분 문제 풀기, 예법이나 인간관계 기술 등 복잡한 것도 매우 많다. 그러나 학습 연구자들은 삼라만상이 원소 주기율표에 나와 있는 소수의 원소로 이루어지듯 복잡한 학습활동들도 소수의 기본적인 학습원리로 이루어진다고 보고 이 원리를 밝히려고 노력해 왔다. 가장 기본적인 학습의 원리는 사건이 시·공간적으로 근접하여 반복적으로 나타나면 두 사건들 사이에 연관성이 있다는 것을 학습한다는 것이다. 두 사건간의 연관성을 학습하는 것을 연합학습(associative learning)이라고 하는데 크게 두 종류가 있다. 그 하나는 황색 신호등과 적색 신호등간의 연관성과 같은 두 자극간의 연관성을 학습하는 것인데 이를 고전적 조건형성(classical conditioning)이라고 한다. 다른 하나는 세배하는 행동(반응)과 그 행동에 따르는 결과(자극)간의 연관성을 학습하는 도구적 또는 조작적 조건형성(instrumental or operant conditioning)이다.

2. 고전적 조건형성

1849년 러시아의 한 작은 마을에서 태어난 I. P. Pavlov는 St. Petersburg대학에서 생리학을 전공하였는데, 특히 소화의 생리학에 깊은 관심을 가졌다. 그는 개의 볼을 수술하여 침이 분비되는 관들 중에서 하나를 바깥으로 빼내 튜브를 연결하여 침을 받아냄으로써 침의 분비를 쉽게 측정할 수 있게 하였다. 이러한 측정방법을 통해 Pavlov는 침의 분비가 입 속의 점막에 음식이 접촉하게 될 때마다 일어나는 자동적이고 생득적인 반사적 반응임을 발견하였다.

이러한 실험을 계속 반복하는 도중에 Pavlov는 이상한 현상을 발견하였다. 개들은 음식이 입에 들어 있을 때만 침을 흘리는 것이 아니라 다른 때도 침을 흘리는 것이었다. 음식이 없을 때 침을 흘리는 것이 아무 때나 나타나는 것이

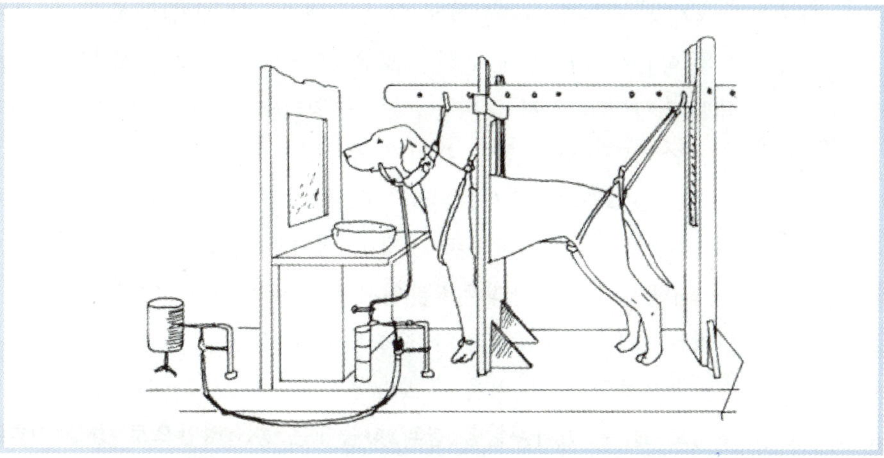

[그림 3-1] Pavlov의 고전적 조건형성 실험장치

아니라 Pavlov가 다가올 때, 발자국 소리가 날 때, 개밥그릇을 볼 때 등 특정한 자극이 있을 때만 나타났다. 개가 발자국 소리와 같은 자극과 음식간의 연합(연관성)을 형성한 것이다. Pavlov는 뇌 속에 새로운 연결(연합)이 형성되는 방식을 연구할 수 있다는 흥분에 사로잡혀 이미 그를 세계적으로 유명하게 만들었고 노벨상까지 받게 해 준 소화의 생리학에 관한 연구를 중단해 버렸다. 이후 그는 새로운 자극과 음식을 짝지어 제시하여 두 자극이 연합되는 방식 연구에 몰두하였다.

(1) Pavlov의 고전적 조건형성 과정

개의 입에 음식을 넣어 주면 자동적으로 침을 흘리게 된다. 음식이 입에 들어갈 때 이를 목구멍으로 넘기고 소화를 시키기 위해 침을 흘려야 하는 것은 학습 경험이 필요하지 않는 생득적인 반사적 반응이다. Pavlov는 음식에 의해 자동적으로 유발된 침 분비 반응을 무조건반응(unconditioned response: UR)이라고 불렀다. 그 이유는 음식이 침 분비 반응을 유발하는 것은 선천적이어서 이전의 특별한 훈련상황이 필요치 않다는 의미에서이다. 이와 마찬가지로 음식은 훈련 없이도 반응을 유발하는 자극이라고 해서 무조건자극(unconditioned stimulus: US)이라고 불렀다. 무조건자극이 무조건반응을 유발하는 데는 학습경험이 필요하지 않다. 그렇다면 학습경험에 의해서는 어떤 현상이 나타나는가?

가장 전형적인 조건형성의 예는 Pavlov의 제자인 Anrep(1920)의 실험이다. 개를 학습시키지 전에 우선 새로운 자극(예: 종소리나 불빛)이 무조건자극인 음식과 연합되어 있지 않다는 것을 증명하기 위하여 개에게 종소리만을 들려주고 종소리만으로는 침을 흘리지 않는다는 사실을 확인한다. 그 다음에 종소리와 음식을 짝지어 제시하는 데 종소리를 5초간 들려주고 2초 후에 음식을 준다. 종소리와 음식을 한번 짝지어 제시하는 것을 한번의 시행(trial)이라고 한다. 시행간의 시간간격은 5분에서 35분 사이였다. 10번의 짝짓기 시행마다 한 번씩은 음식 없이 종소리만 30초 들려주고 침을 분비하는지를 측정하였다. 종소리만으로도 개가 침을 흘렸다면 이는 종소리와 음식간의 연관성을 학습한 증거로 볼 수 있다. 실험 결과 처음에는 종소리만으로 침을 전혀 흘리지 않던 개가 10, 20, 30회 짝짓기 시행에서 침의 양이 급격히 증가하고 30회 이후에는 더 이상 증가하지 않아 30회의 시행으로 종소리-음식의 연합이 완전히 이루어짐을 알 수 있다.

종소리를 듣고 침을 흘리는 반응은 학습된 반응으로 이를 조건반응(conditioned response: CR)이라고 한다. 조건반응이 유발되기 위해서는 특정 조건이 선행되어야 하기 때문에 이런 이름이 붙여졌으며, 조건반응을 학습된 반응 또는 획득된 반응이라고도 부른다. 조건반응을 유발하는 자극인 종소리를 조건자극(conditioned stimulus: CS)이라고 한다. CS(종소리) 제시만으로 CR(침)을 분비시키는 CS와 US(음식)간의 짝짓기 절차를 Pavlov식 조건형성 또는 고전적 조건형성 절차라고 한다.

(2) 고전적 조건형성의 주요 현상들

1) 조건반응의 획득

조건자극(CS)만 제시해도 조건반응(CR)이 나타난다는 것은 CS와 US간의 연합, 즉 학습이 일어났음을 의미한다. 조건형성의 강도는 조건반응의 양으로 판단한다. 다양한 요인이 조건형성의 강도에 영향을 주는데 가장 기본적인 것이 CS-US 짝짓기의 빈도, 근접성(CS-US간의 시간간격), CS와 US의 강도 및 CS-US의 수반성(contingency) 등이 있다. CS-US의 짝짓기(pairing) 빈도가 많을수록 CR의 양은 당연히 증가한다.

가) CS-US의 근접성

CS-US 연합이 형성되기 위한 두 번째 조건은 CS-US의 근접성인데 4가지 다른 시간 배열이 있다. 흔적(trace) 조건형성은 CS가 제시되었다가 사라진 후 US가 제시되는 경우이다. CS-US 연합이 형성되려면 사라진 CS에 대한 머릿속에 남아 있는 흔적과 US간의 연결이 이루어져야 한다. 일상생활에서 많은 예를 찾을 수 있는데 벨소리가 울린 후 전철의 전동차가 나타나는 것을 보고 벨소리-전동차간의 연합을 형성하는 것이 한 예이다. 지연(delay) 조건형성은 CS가 먼저 제시된 후 US가 제시되는데 US가 제시될 때까지 CS가 지속되어 US가 있는 동안에는 CS와 중첩된다. 번개 불이 번쩍이고 있는 동안에 천둥이 치는 경우가 이에 해당한다. 흔적 조건형성과 지연 조건형성 모두 학습에 효과적인데 이 중에서도 지연 조건형성이 가장 효과적인 것으로 알려져 있다. 지연의 정도는 학습과제에 따라 다소 다르지만 동물학습 연구결과 CS 개시와 US 개시 사이의 지연간격이 0.5초일 때 가장 학습이 잘 이루어지며, 흔적 조건형성의 경우 CS의 사라짐과 US 개시 사이에 0.5초 이상의 시간 간격을 두는 것이 좋은 것으로 알려져 있다. 그러나 2초 이상의 간격이 있으면 연합이 거의 형성되지 않는다.

동시(simultaneous) 조건형성은 CS와 US의 시작과 종료가 동일한 경우이다. 앞의 두 가지 조건형성 방식에 비해 조건형성의 강도가 매우 약하다. 후행(backward) 조건형성은 US 다음에 CS가 제시되는 경우이다. Pavlov가 개를 대상으로 실험실에서 후행 조건형성을 시도해 보았으나 거의 연합이 이루어지지

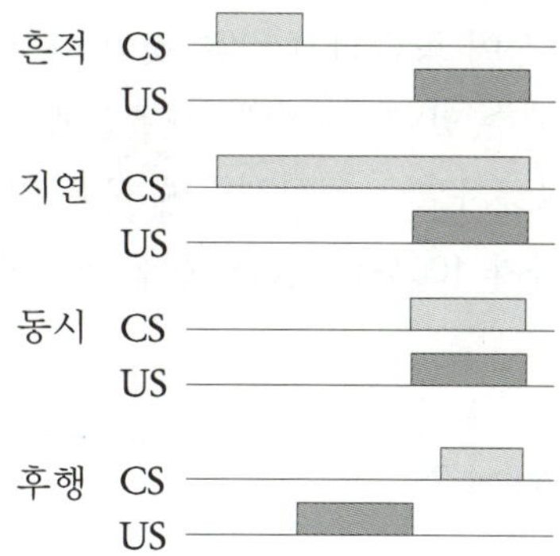

[그림 3-2] CS와 US의 시간배열

않는 것으로 나타나 후행 조건형성도 가능하긴 하지만 연합의 확률은 매우 낮다. 이러한 사실로 보아 CS와 US가 근접해서 제시된다고 해서 연합의 강도가 동등한 것은 아니다. 조건형성이 이루어지기 위해서는 CS가 US보다 먼저 제시되어야 한다. 최적의 근접성 조건은 CS가 US 개시 0.5초 전에 시작되고 US가 종료될 때까지 남아 있는 지연조건형성이다.

나) 자극 강도

자극의 생생함이나 강도에 따라 연합의 정도는 다르다. 특정 CS에 뒤따르는 US의 강도, 즉 보상이나 처벌이 클수록 CS-US의 연합이 더 잘 형성된다. CS의 강도도 연합형성에 영향을 주지만, US의 강도에 비해 약하다. 한편 강도가 다른 두개의 CS(CS1+CS2)와 US를 조건형성시키고 나서, 두 개의 CS를 동시에 제시하거나 강한 CS만을 제시했을 때는 조건반응을 유발하지만 약한 CS만 제시하면 조건반응을 거의 유발하지 않는다. 그 이유는 강한 자극이 약한 자극의 효과를 차폐(overshadowing)시켰기 때문이다.

다) CS-US 수반성(contingency)

수반성이란 CS가 있을 때와 없을 때 US가 출현하는 상대적 비율이다. CS-US의 짝짓기 빈도가 높을수록 학습이 잘 된다. 그러나 여러 시행 중에 CS 또는 US만 제시하는 시행과 CS와 US가 동시에 제시되는 시행이 뒤섞일 수 있다. CS와 US가 동시에 제시되는 시행이 10회라고 하더라도 총 20회 중에서 10회이냐 총 50회 중에서 10회이냐에 따라, 즉 시행 중에서 CS와 US가 동반되는 시행의 비율이 어느 정도이냐에 따라 학습의 정도는 다르게 된다. CS가 있을 때 5회 US가 따랐고 CS가 없을 때도 US가 5번 일어났다면, CS의 유무와 US가 나타나는 것과는 무관하기 때문에 조건반응이 잘 나타나지 않는다. 이는 CS-US간의 연관성이 학습되지 않은 것이 아니라 CS와 US가 연관성이 없음을 학습한 결과로 볼 수 있다. 예컨대, 사무실에서 일주일간 전화가 5통이 왔는데 모두 친구들이 교통사고로 전화했다면 다음 전화 받기가 꺼려질 것이다. 그러나 이 5통의 전화가 100통의 전화 중에 뒤섞여 있었다면 전화벨 소리가 무섭지 않을 것이다.

2) 조건반응의 소거

조건형성의 가장 중요한 역할은 행동을 환경에 적응시키는 데 있다. "늑대야"라는 비명과 늑대의 출현이 연합되어 있으면 "늑대야"라는 소리에 대피하거나 곤경에 처한 사람을 구하러 달려갈 것이다. 그러나 "늑대야"라는 소리만 있고 더 이상 늑대가 나타나지 않는다면 점차 조건반응이 사라질 것이다. 조건형성된 개에게 US 없이 CS만 여러 번 제시하면 조건반응이 점차 사라지게 되는데 Pavlov는 이를 소거(extinction)라고 불렀다.

보통은 학습한 것을 잊어 먹지 않으려고 한다. 그런데 단지 몇 차례 US를 제시하지 않았다고 CR이 사라져 버리는 것은 어떤 적응적 가치가 있는가? 어릴 때 성깔 있는 고약한 개에게 몇 번 물린 후 공포조건형성이 되었다고 하자. 성장하면서 꼬리를 흔들고 물지 않는 개를 여러 번 접했는 데도 공포반응이 소거되지 않는다면 매우 피곤한 삶이 될 수 있다. 따라서 이전에는 비록 적응적 가치가 있는 반응이었다고 하더라도 환경이 변하여 이제는 오히려 부적응적인 반응은 소거되는 것이 생존에 더 유리할 것이다. 그러나 소거가 적응적 가치가 있다고 하더라도 반복된 연합과정에 의해 확립된 CS와 US간의 연결이 단지 CS만 몇 번 제시한 것으로 지워질 수 있는 것인가? Pavlov는 곧 그렇지 않음을 개의 행동관찰을 통해 알게 되었다. 소거가 완료된 후 2시간 정도의 시간이 지난 후 CS를 다시 제시하였을 때 소거된 반응이 갑자기 다시 나타났다. 이러한 현상을 자발적 회복(spontaneous recovery)이라고 하는데 다시 연속해서 CS만 제시하면 CR은 사라지게 된다. 그러나 자발적 회복을 보이는 것 자체는 소거된 후에도 CS와 US가 여전히 연결되어 있음을 시사한다.

CS만을 연속 제시해도 CS와 US간의 연결이 파괴되지 않는다는 것이 사실이라면 소거를 어떻게 설명할 수 있는가? Pavlov는 이를 억제성 연결의 발달로 설명하였다. CS와 US의 짝짓기는 CS와 US간의 흥분성 연결을 확립하게 하지만 CS만 제시하면 CS와 US간의 억제성 연결을 발달시키게 된다. 억제성 연결이 강해지면서 반응이 나타나는 것을 점차 막게 되고 흥분성 연결과 억제성 연결의 강도가 같게 되면 조건반응이 유발되지 않게 된다. 그러나 흥분성 연결보다 억제성 연결이 약하기 때문에 억제성 연결의 쇠퇴가 더 빠르고 이로 인해 시간이 지나면 자발적 회복이 나타나게 된다.

3) 자극일반화와 변별

일생 동안 살아가면서 접하게 되는 환경자극은 무수히 많다. 각 자극에 적절히 반응하기 위해서는 자극들간의 작은 차이도 인식해야 하지만 비슷한 자극을 묶어서 동일한 반응을 해 주기도 해야 한다. 매일 다른 옷을 입고 헤어스

타일을 바꾸고 나타나도 같은 사람으로 받아들임과 동시에 사소한 표정변화의 차이를 예민하게 구별하여 반응해야 할 때가 있다. 일반화와 변별은 조건자극을 변형시켰을 때 나타나는 두 가지 다른 유형의 반응 패턴이다.

가) 자극일반화

CS와 US의 연합학습 후에 CS뿐만 아니라 CS와 유사한 다른 자극에 대해서도 조건반응이 유발된다. Pavlov는 1,000Hz의 종소리(CS)와 음식(US)을 조건형성시켰다. 조건형성 후 개는 1,000Hz의 소리뿐만 아니라 900Hz나 1,100Hz에 대해서도 침을 흘렸는데 Pavlov는 이 현상을 일반화(generalization)라고 불렀다. 우리는 살아가면서 완전히 동일한 자극을 두 번 마주치기는 어렵다. 친한 사람의 모습도 조명이나 보는 각도에 따라 달라지지만 동일한 자극으로 받아들이는 것은 적응에 매우 필요한 기능이다.

나) 자극일반화와 공포조건형성

1920년 행동주의의 창시자인 Watson과 Raynor는 유아의 공포조건형성을 연구하였다. Albert는 평상시 잘 울지 않는 약간은 둔감한 아이였다. 실험 초기에 Albert에게 흰쥐를 보여주었는데 Albert는 쥐를 가지고 놀려고 하였다. 조건형성과정에서 쥐를 제시함과 동시에 강한 공포를 유발하는 큰 소리를 들려주었다. 일곱 번의 조건형성 시행 후 쥐(CS)만 제시했을 때 Albert는 곧바로 울기 시작하였고 몸을 급하게 뒤로 틀어 어른이 잡을 수도 없을 만큼 빨리 구석으로 기어갔다. 이러한 공포반응은 쥐뿐만 아니라 토끼나 모피 코트에도 일반화되었다.

Watson의 공포조건형성 실험

다) 의미일반화

인간에게는 단어의 의미에 따라 반응의 일반화가 나타나기도 한다. Lacey와 그의 동료들은(1955) '옥수수' 같은 단어와 전기 쇼크를 짝지어 제시하여 옥수수만 제시해도 심장박동률이 증가하도록 조건형성시킨 결과 옥수수뿐만 아니라 소, 쟁기, 트랙터 등 농사와 관련된 단어들도 CR을 유발하는 것으로 나타났다. 2차 대전 중 미국인에게 '일본인'이란 단어는 잔인하고, 비열한 적군이라는 불쾌한 단어와 짝지어져 '일본인'이라는 단어만으로도 부적 정서반응을 일으키게 되었다. 이러한 정서반응은 일본인뿐만 아니라 중국인이나 동양인에게도 일반화되어 편견의 형성에 중요한 역할을 하기도 한다.

라) 변 별

먹는 버섯과 독버섯을 구별하거나 자신과 다른 사람의 휴대폰 소리를 구별하는 등 유사한 자극에 대해 다르게 반응하는 것도 살아가는 데 아주 중요하다. 전형적인 변별학습 실험은 두 가지 CS를 사용한다. 1,000Hz의 소리(CS+) 뒤에는 음식을 주고 900Hz의 소리(CS-) 뒤에는 음식을 주지 않는다. 이 실험의 결과는 [그림 3-3]에 제시되어 있다. 그림에서 보는 것과 같이 실험 초기에 개는 CS+에는 조건반응을, CS-에는 일반화된 반응을 보이면서 두 자극 모두에 반응하였다. 그러나 시행이 거듭되면서 점차 CS+에만 조건반응을 보이게 된다. 개는 변별학습과정을 통해 유사한 두 자극에 다르게 반응하는 것을 학습하게 된다.

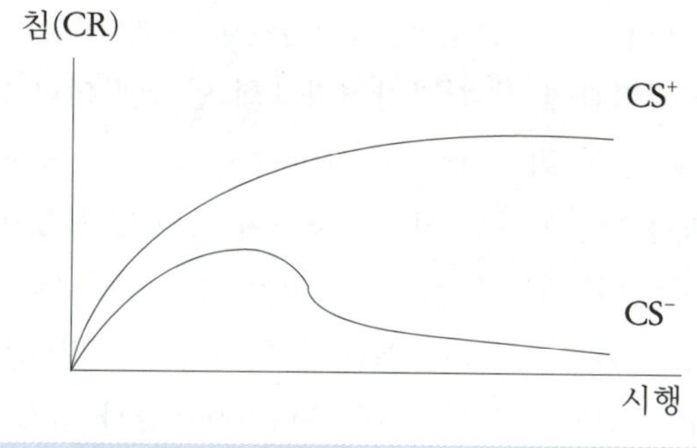

[그림 3-3] 변별학습과정

4) 고차 조건형성

중성적인 자극은 무조건 자극과 짝지어짐으로써 조건자극화된다는 것이 고전적 조건형성의 기본원리이지만 반드시 무조건자극이어야 하는 것은 아니다. 무조건자극 대신 이미 조건형성된 CS와 짝지어 제시해도 무조건자극과 짝짓는 것과 동일한 효과가 나타난다. 종소리(CS1)와 음식을 조건형성시키고 나서 중성적인 불빛(CS2)과 종소리를 여러 번 짝지어 제시하면 불빛에도 침을 흘리게 된다. 이와 같이 어떤 자극을 이미 조건형성된 CS와 짝짓는 절차를 고차 조건형성(higher-order conditioning)이라고 한다.

5) 미각혐오학습

음식의 섭취는 생존에 필수적이지만 가끔은 생존을 위협하기도 한다. 동물에게 해로운 음식을 피할 수 있는 생득적인 능력이 있으면 아주 유용하겠지만 대개는 학습에 의해 습득된다. Garcia(1955)는 쥐를 대상으로 미각혐오에 관한 연구를 수행하였다. 쥐는 그냥 수돗물보다 사카린이 함유된 물을 더 좋아한다. Garcia는 쥐에게 사카린이 든 물을 마시게 한 후 감마광선에 노출시켜 수 분 후에 구토하게 하였다. 이후 쥐들은 단맛의 물을 혐오하게 되었고 혐오의 정도는 감마선이 강할수록 더했다.

Garcia의 미각혐오에 관한 연구결과는 고전적 조건형성의 다른 연구들과 매우 중요한 차이를 지닌다. 우선 Garcia는 모든 근접한 사상들은 연합된다는 Pavlov의 입장에 도전하였다. 어떠한 근접한 사상들도 연합된다면, 맛이나 냄새와 마찬가지로 소리나 시각단서와 질병도 연합이 되어야 하는데 거의 그렇지 않은 것 같다. 또 미각혐오는 CS와 US가 단 한 번의 짝지움으로 조건형성되었으며 CS와 US간의 시간간격이 수분 이상이었음에도 조건형성되었다. 음식과 질병간에 긴 시간간격과 1회 연합에 의한 학습은 생존에 매우 중요하다. 음식을 잘못 먹어 간신히 살아난 동물이 그 음식을 회피하는 것을 20~30번 먹어 봐야 학습한다면 생존가능성이 거의 없을 것이다. 음식을 잘못 먹은 효과는 수시간 이후에도 나타날 수 있기 때문에 음식 먹은 직후에만 병이 나게 하는 음식만 회피하는 동물 또한 생존 가능성이 떨어진다. 또 쥐에게서 질병은 미각과 주로 연합이 이루어지지 다른 자극들과 쉽게 연합이 이루어지는 것은 아니다. 종별로 다소 다르다지만 특정한 자극만이 질병과 연합되는 것 또한 생존에 중요한 역할을 한다. 만약 쥐가 새소리를 듣는 순간 배탈이 나서 이 두 자극이 조건형성된다면 새소리가 날 때마다 도망 다니다가 탈진해 죽을 가능성이 더 클 것이다.

사람들의 음식회피는 특정음식과 그 음식과 관련이 없는 우연한 질병(예: 회를 먹고 나서 독감이 심하게 걸린 경우)이 짝지어져 그 음식을 회피하게 되는 경우가 많다. 치료과정에서 미각혐오가 학습되는 부작용도 있다. 암을 치료하기 위해 방사선이나 화학요법을 사용하는데 이들 모두 심한 멀미나 구토가 뒤

따른다. 이로 인해 치료 전에 먹었던 음식이 구토와 연합되어 그 음식을 회피하게 된다. 암 환자들에게 충분한 영양섭취가 중요하기 때문에 화학치료 이전에 환자가 보통 먹는 음식이 아닌 다른 음식을 먹게 함으로써 비록 그 음식은 회피하게 되더라도 보통 먹는 음식에는 미각혐오가 학습되지 않게 하는 것이 중요하다.

(3) 고전적 조건형성의 응용

거의 완벽하게 통제된 실험실에서 그것도 한번에 하나의 자극만이 있는 실험에서 나온 조건형성 원리들을 복잡한 현실상황에 적용할 수 있는가? 고전적 조건형성의 대표적인 응용은 행동치료와 광고의 예에서 찾아볼 수 있다. 행동치료에서는 환자의 심리적 상태보다는 행동이 환경에 의해 결정된다는 것을 강조한다.

1) 행동치료

가) 역조건형성

Watson과 Rayner는 조건형성된 공포를 제거하기 위해 공포자극을 즐거움을 주는 자극과 연합시킬 것을 제안하였다. 한 자극에 대해 즐거움과 공포가 동시에 유발될 수는 없기 때문에 즐거움을 유발시킬 수만 있다면 공포는 억제될 것이다. Mary Cover Jones(1924)는 인간에게 처음으로 역조건형성 기법을 적용하였다. 토끼를 두려워하는 Peter라는 소년이 음식을 먹는 즐거운 활동을 하고 있을 때 토끼를 보여 주었다. 단, 처음부터 토끼를 Peter에게 안겨준 것이 아니라 처음에는 아주 멀리서 보여 주고 점진적으로 토끼를 Peter 쪽으로 이동시켰다. 그 결과 Peter는 토끼에 대한 공포에서 완전히 벗어나게 되었고, 토끼와 함께 놀려고 시도하였다.

나) 체계적 둔감화

역조건형성이 효과적이긴 하지만 공포대상을 직접 다루어야 한다는 부담이 있다. Wolpe는 역조건형성 기법과 유사하지만 상상만으로 치료가 가능한 체계적 둔감화(systematic desensitization)라는 치료법을 개발하였다. 우선 공포증 환자는 이완훈련을 하게 된다. 공포자극은 혐오 정도에 따라 위계적으로 배열한다. 공포자극을 실제로 제시하지는 않고 가장 공포유발이 낮은 자극을 상상한 후 이완을 시도하는데, 상상한 공포자극에 대해 완전히 이완시킨 후 혐오 정도가 약간 더 높은 자극 순으로 가장 공포감을 주는 자극까지 진행한다. Paul(1969)의 연구에서 체계적 둔감화 치료를 받은 학생의 85%가 대중 앞에서의 공포감이 호전되었다.

다) 혐오치료

혐오치료(aversion therapy)란 어떤 공포를 제거하기 위해 조건형성원리를 이용하는 것이 아니라 해로운 상황을 피하게 하기 위해 공포를 학습시키는 치료방법이다. Raymond(1964)는 담배끊기를 원하는 14세 소년에게 담배를 피우기 전에 아포모르핀 주사를 놓아 담배를 피우면 수분 후 강한 구역질이 나게 하였다. 치료 후 며칠간은 담배 피우고 싶은 충동은 느끼지만 시도할 때마다 구역질을 느껴 담배를 제대로 피우지 못하였고, 2개월 후 다시 시도해 보았으나 어지러워 담배를 피우지 못하게 되었다.

그러나 단 한번의 혐오치료로 모든 해로운 행동이 제거되는 것은 아니다. 치료가 중단된 후 다시 빠져드는 경우도 많이 보고되고 있다. 이는 학습자들이 치료상황에서는 해로운 자극이 뒤따르지만 일상상황에서는 아무렇지 않다는 변별학습 탓으로도 볼 수 있다. 따라서 혐오치료가 효과적이려면 치료상황뿐만 아니라 일상상황에서도 가끔은 해로운 자극이 뒤따라야 하며, 치료 후 격려의 기회를 제공하고 유혹에 대처하는 훈련도 병행되어야 한다.

2) 광고와 조건형성

광고주는 상표(CS)와 정적 자극(US)을 짝지움으로써 정적 자극에 따른 반응이 광고하는 상표에도 그대로 나타나기를 원한다. Gorn(1982)은 광고의 배경음악의 효과를 연구하였는데, 한 집단의 피험자들에게는 중립적인 자극인 펜의 광고를 보면서 좋아하는 음악을 듣게 하였고, 다른 한 집단은 펜의 광고를 보면서 싫어하는 음악을 듣게 한 후 원하는 펜을 하나 가져 가게 하였는데, 좋아하는 음악과 연관된 펜을 더 선호한 반면, 싫어하는 음악과 연관된 펜은 회피하는 것으로 나타났다. Smith와 Engel(1968)은 자동차 옆에 서 있는 매력적인 여자가 자동차의 평가에 강하게 영향을 준다는 것을 발견하였다. 실험 후 평가자들은 여자가 자동차 평가에 전혀 영향을 주지 않았다고 보고하였으나 우리가 자각하건 자각하지 못하건 조건형성은 광고는 물론 일상생활 전반에 중요하게 영향을 주는 것으로 보인다.

그러나 고전적 조건형성이 잘 이루어지지 않는 상황도 염두에 두어야 한다. 가령 최수종이라는 배우(조건자극)가 드라마의 좋은 배역(태조 왕건)과 연합되어 사람들은 이 배우에게 호감을 가질 수 있다. 이런 이유로 특정제품과 드라마 출연 복장을 한 최수종과의 연합을 시도하는 경우가 많지만 이미 강하게 조건 형성된 배역 때문에 새로운 연합이 방해되는 경우가 많다. 미국의 경우 드라마 배우는 특별한 주의를 끌기 위한 목적 이외에는 광고에 이용되지 않으며 현재 방영되는 드라마가 있을 때는 더욱 그렇다(홍성태, 1994).

3. 도구적 조건형성

어떤 행동을 하게 하는 가장 명확한 방법 중의 하나는 그 행동을 보상해 주는 것이다. 부모는 아이가 착한 행동을 하면 칭찬해 주고, 학교에서는 성적이 좋은 학생에게 장학금을 주며, 회사에서는 영업실적이 높은 사원에게 보너스를 지급하며 승진시키기도 한다. 그러나 인간이 수행하는 대부분의 행동이 보상과 연계되어 있음에도 불구하고 행동을 변화시키려는 시도가 쉽지는 않다. 공부하는 행동에는 단기적으로는 장학금, 장기적으로는 좋은 직업 같은 강력한 보상이 따르는데도 열심히 공부하게 하기가 쉽지 않다. 흡연자와 알콜중독자는 건강과 장수와 같은 강력한 보상이 주어지는데도 음주와 흡연습관을 거의 버리지 못하고 있다. 이처럼 보상의 효과가 명확한 듯하면서도 생각처럼 그렇게 간단하지는 않다. 행동 뒤에 따르는 결과에 의해 행동이 강화되거나 약화되는 것, 즉 행동과 결과 사이의 관련성을 학습하는 것을 도구적 조건형성(instrumental conditioning)이라고 한다. '도구적'이란 행동이 어떤 결과를 야기시킬 것인지를 결정하는 하나의 도구(또는 수단)가 됨을 의미한다.

(1) Thorndike와 도구적 조건형성

19세기 말 많은 사람들은 자신이 키우는 개나 고양이가 비록 말은 못하지만 인간처럼 문제를 생각하고 논리적인 결론에 도달한다고 믿었다. 지금도 동물의 지능을 과장하여 오히려 사람보다 뛰어나다고 믿고 있는 사람들이 많다.

Thorndike는 동물 지능에 관한 이러한 믿음이 충직한 개를 묘사한 소설이나 아주 가끔 놀랄만한 행동을 보인 극단적인 사례이지 보통의 동물에 관한 이야기는 아니라고 보았다. 실제로 수십 킬로미터 떨어진 옛집을 찾아가는 개는 아주 예외적인 개이고 나머지 개들은 수백 번도 더 길을 잃어버리고, 집을 못 찾고 길에서 한숨짓는 고양이가 수천 마리인데도 사람들은 예외적인 한 마리의 행동으로 동물의 지능이 매우 높다고 생각한다.

Thorndike는 동물의 지능을 객관적으로 연구하기 위하여 동물에게 새로운 문제를 반복해서 제시하고 매번 수행을 측정하고 수행이 증진되는가를 확인하였다. Thorndike가 행한 가장 유명한 실험은 고양이를 대상으로 한 문제해결 실험이다. 고양이를 Thorndike의 문제 상자 안에 넣고 고양이가 볼 수는 있지만 발이 닿지 않는 곳에 먹이를 두었다([그림 3-4] 참조). 고양이는 페달을 밟거나 페달과 연결된 쇠사슬을 잡아 당기면 상자의 문이 열리고 음식을 먹을 수 있다. 고양이는 틈새를 비집고 나가려 하고 틈으로 발을 내밀거나 상자를 발톱으로 긁거나 물어뜯었다. 그러다가 우연히 페달을 밟거나 사슬이 당겨져 문이 열리고 먹이를 먹게 된다. 문제상자에 고양이를 넣고 나서 빠져 나올 때까지를 한 시행으로 간주한다. 그 다음 시행에 다시 고양이를 상자 속에 넣으면 또다시 문이 열리는 것과는 무관한 동작을 하게 되는데 이런 시행이 반복됨에 따라 무관한 동작은 줄어들게 된다. 마침내는 상자에 넣자마자 고양이는 곧바로 페달을 밟고 밖으로 나오게 된다.

Thorndike에 의해 관찰된 사실은 고양이가 추리(reasoning)에 의해 문제를 해결하는 것이 아니라 이런저런 온갖 시도를 해보는 와중에 우연히 올바른 행동이 포함된다는 것이다. 또 올바른 행동 이후에 보상을 받고도 올바른 행동과

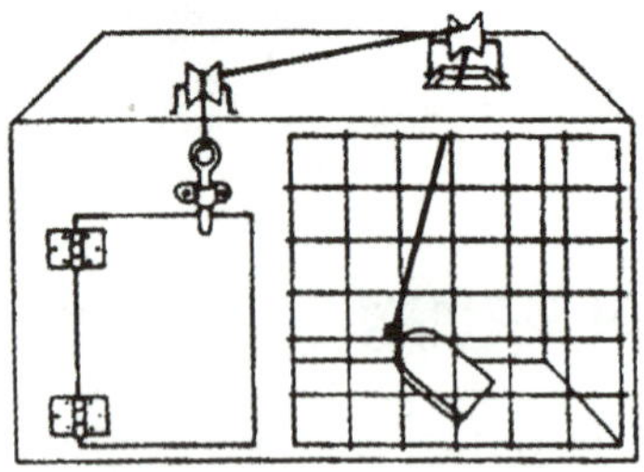

[그림 3-4] Thorndike의 문제상자

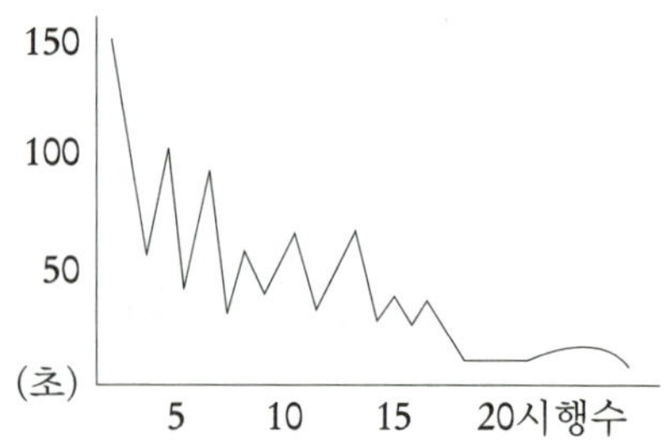

[그림 3-5] 시행에 따른 문제상자 탈출 시간

보상 사이의 연합이 곧바로 형성되는 것이 아니라 시행을 거듭하면서 올바른 행동은 보다 쉽게 일어나게 되며 쓸모없는 행동은 줄어들게 된다([그림 3-5] 참조). 결국 동물학습이 추상적인 지적 활동의 결과가 아닌 수많은 시행착오를 거듭하면서 이루어진다고 볼 수 있다.

병아리의 미로 학습과 고양이 실험 후 Thorndike는 반응 후 보상(만족스런 결과)이 오면 그 반응이 반복되는 경향이 있고, 반응 후 불만족스러운 결과가 오면 반응이 사라지는 경향이 있다고 보았다. 반응이 일어날 확률은 그 반응이 환경에 미치는 효과(결과)에 달려 있다고 해서 Thorndike는 이 현상을 효과의 법칙(law of effect)이라고 불렀다.

(2) Skinner와 조작적 조건형성

Thorndike에 의해 도구적 조건형성의 기초가 확립된 후 Skinner는 수많은 실험을 통해 학습과 행동에 관한 지식의 폭을 크게 넓혔다. Skinner의 초기 실험에서는 미로를 사용하였으나 시행 때마다 쥐를 들어 출발상자에 도로 갖다 놔야 하는 등 번거로운 점이 많아 쥐의 행동과 보상간의 관계를 자동적으로 측정할 수 있는 스키너상자(Skinner box)라고 하는 장치를 제작하였다. [그림 3-6]의 스키너상자는 상자 속에 레버가 달려 있고, 쥐가 레버를 누르면 음식통에서 먹이알이 상자 속의 먹이통에 떨어지게 되어있다. 또 레버를 누를 때마다 반응이 누적되어 기록되는 누적기록기(cumulative recorder)가 부착되어 있다. 스키너상자가 고안된 후 실험이 매우 간편해졌다.

스키너상자 속의 쥐 또한 Thorndike의 고양이처럼 처음에는 여러 행동을 보이지만 훈련이 진행됨에 따라 레버 누르기가 빨라지게 된다. Skinner는 레버 누르기와 같은 반응을 조작(operant) 반응이라고 불렀는데 그 이유는 쥐들이 환경을 변화시키기 위해 환경에 조작을 가했기 때문이다. 또 그는 적절한 조작행동을 습득하는 절차를 조작적 조건형성(operant conditioning)이라고 불렀다. Skinner는 반응률을 증가시키는 먹이를 보상(reward)이나 만족스러운 결과로 부르지 않고 반응을 강화시킨다는 의미로 강화물(reinforcer)이라고 불렀으며, 행동을 강화시키는 절차를 강화(reinforcement)라고 불렀다. 반면 행동을 약화시키는 절차를 처벌(punishment)라고 불렀다. 강화 절차에는 정적 강화(positive reinforcement)와 부적 강화(negative reinforcement)가 있고 처벌은 혐오적인 자극

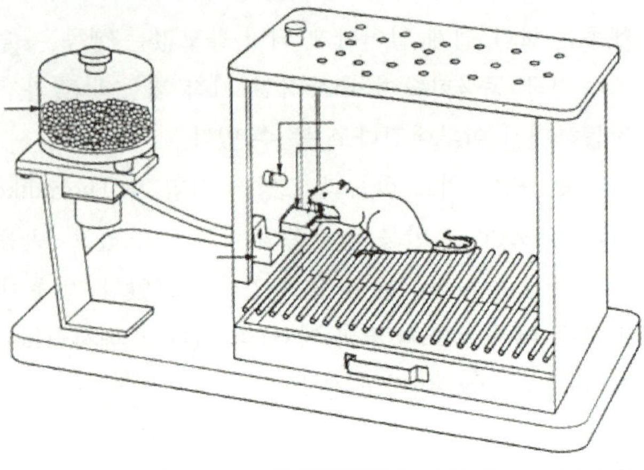

[그림 3-6] 스키너상자

제시와 반응대가(response cost)가 있다.

정적 강화는 먹이와 같이 보통 동물이 찾는 것으로 반응 뒤에 이것이 주어지면 반응의 빈도가 증가된다. 부적 강화는 전기쇼크나 고통같이 동물이 피하려고 하는 자극이 반응 뒤에 제거되거나 감소됨으로써 반응빈도를 증가시키는 절차이다. 반응 뒤에 혐오자극을 줌으로써 반응률을 약화시키는 처벌의 대표적인 예가 잘못된 행동에 대한 매이다. 반응대가는 반응 뒤에 바람직한 것을 제거함으로써 반응률을 약화시키는 절차로 규칙을 어긴 죄수에게 자유시간을 박탈하는 것이 이 예에 해당한다.

(3) 도구적 조건형성의 주요 현상

고전적 조건형성의 주요 현상들은 도구적 조건형성에서도 마찬가지로 나타난다.

1) 반응-강화 연합의 획득

도구적 조건형성이 이루어지는 데 영향을 주는 요인들도 고전적 조건형성에 영향을 주는 요인들과 매우 유사하다. 예외적인 경우도 있으나 시행착오학습에서 보았듯이 강화가 주어지는 시행 수는 연합의 획득에 가장 기본적인 요인이다. 이 이외에 R(반응)-S(자극 또는 결과)의 근접성, R-S의 수반성, 반응 및 결과의 특성, 박탈수준 및 학습자의 특성이 도구적 조건형성에 영향을 준다.

가) R-S의 근접성

반응과 결과 사이의 시간 간격은 그 결과가 강화물이건 혐오적이건 도구적 조건형성에 강력한 영향을 주는데 간격이 짧을수록 학습은 더 빨리 이루어진다. 반응과 결과 사이의 시간 간격이 길어지면 중간에 다른 행동이 끼어 들게 되고 강화가 원래 강화시키려는 행동이 아닌 다른 행동을 강화시킬 가능성도 있고 강화받기 이전에 산출한 수많은 행동들 중에서 어느 것이 강화를 받게 하였는지 도무지 알 수 없기 때문에 특정반응과 결과간의 학습이 일어나지 않을 수 있다.

Phillips(1968)의 비행 청소년에 관한 연구에서 일일숙제를 완성하는 데 대해 주말에 강화받는 것과 당일에 강화를 받는 조건을 비교하였다. 강화물은 취침시간의 연장이었다. 숙제를 완성한 비율은 주말 강화조건이 0%였고, 당일 강화조건은 50%로 나타났다. 일반적으로 공부에 대한 강화물은 매우 긴 지연시간 이후에 나타나는 반면, 영화보기나 당구치기에 대한 강화물은 즉각적으로 나타난다. 학생들이 공부보다는 당구에 열중하는 것은 어떤 행동이 매우 큰 결과를 산출한다는 것을 알고 있다고 하더라도 즉각적 만족을 가져다 주는 다른 행동의 유혹에 저항하기 어렵기 때문이다.

나) R-S 수반성

반응과 강화간 또는 반응과 처벌간의 대응 정도가 클수록 반응률은 증가하거나 감소할 것이다. 아동이 자기 방을 청소하는 것에 대해 80% 강화받는 것이 30% 강화받는 것보다 청소하는 행동이 나타날 가능성은 더 높을 것이다.

다) 반응특성

심장박동이나 혈압 같은 불수의적 행동은 고전적 조건형성에 의해 변경될 수 있다. 물론 도구적 조건형성에 의해 학습될 수 있다는 부분적인 연구결과도 있으나 아무리 좋은 강화물을 제공해 주어도 혈압이나 심장박동 같은 불수의적 반응에 대한 도구적 조건형성은 어렵고, 공차기, 공부하기 또는 자전거 타기 등 수의적 행동을 학습하는 것이 더 쉽다. 물론 수의적 행동 중에서도 난이도는 분명히 존재한다.

라) 결과특성

일반적으로 큰 강화물과 강한 처벌이 학습을 증진시키는 것으로 알려져 있다. 그러나 아주 큰 강화나 처벌은 정서 유발이나 주의의 폭에 영향을 주어

학습을 방해한다는 연구 결과도 많다. Thorndike는 효과의 법칙을 이야기하면서 만족이 클수록 반응과 그 반응이 나타난 상황간의 연합을 촉진시킨다고 주장하였다. 그러나 Crespi(1942)는 강화의 주된 효과가 학습에 있는 것이 아니라 행동에 동기를 부여하는 데 있음을 증명하는 실험을 수행하였다. Crespi는 직선 주로를 달려가도록 쥐를 학습시켰다. 실험조건은 목표상자에 먹이가 1알, 16알, 256알이 있는 조건으로 20회 시행을 실시한 결과 강화의 양이 많을수록 주행속도가 빨라졌다. 20회 시행 이후 세 집단 모두에게 16알의 먹이를 제공한 결과는 [그림 3-7]과 같다. 처음 256알을 받은 조건(강화가 줄어든 조건)은 속도가 급격히 줄어들었고, 처음 1알을 받은 조건(강화가 증가된 조건)은 급격히 빨라졌다. 효과의 법칙에 따르면 256-16알 조건의 쥐도 여전히 강화가 주어지는 상황이었기 때문에 속도가 빨라지거나 이전과 동일해야 할 것이다. 수행이 감소되었다는 사실은 강화의 양의 주된 효과가 동기화임을 시사한다.

그런데 동기 부여는 주의에 영향을 미치게 되는데, 강한 강화는 행동에 강하게 동기부여를 하고 이는 주의 집중도를 증가시키게 된다. 과제가 단순하면 집중된 주의는 학습을 촉진시킨다. 그러나 복잡한 과제를 수행할 때 큰 강화로 인해 한두 자극에 고도로 주의를 집중하는 것은 다양한 단서를 고려하지 못해 오히려 수행을 방해할 수 있다. 따라서 자녀를 공부시키고자 할 때 과제가 쉽다면 큰 강화물이 학습을 돕겠지만 과제가 어렵다면 오히려 수행을 방해할 수도 있다.

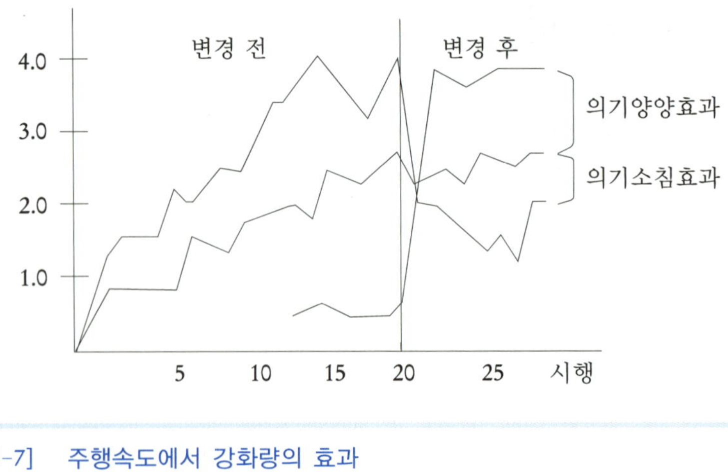

[그림 3-7] 주행속도에서 강화량의 효과

2) 일반화와 변별

노란색 원판쪼기를 해서 먹이 강화를 받은 비둘기들은 조건형성 후에 노란색 원판을 가장 많이 쪼았으나 다른 색깔의 원판도 쪼아 한 상황에서 학습한 것이 다른 상황에 일반화됨을 보여 주었다. 만약 아이가 애완용 개를 쓰다듬는 것에 대해 강화를 줄 경우 다른 개들도 쓰다듬으려고 할 것이다. 그러나 이웃집의 큰 개는 사납기 때문에 부모가 이웃집 개에 접근하는 것에 대해 강화하지 않거나 제재를 가하게 되면 개의 크기에 따라 변별반응을 보이게 될 것이다.

3) 소　거

도구적 조건형성에서 소거는 이전에 강화받았던 행동에 더 이상 강화물이 뒤따르지 않을 때 그 행동이 제거되는 것을 말한다. Williams(1959)가 보고한 한 사례는 생후 1년 반 동안 심하게 아팠던 남자아이에 관한 것이다. 이 아이는 병이 다 나은 후에도 부모가 자신에게 관심을 보이지 않으면 크게 울어댔고 잠드는데도 부모가 옆에 있지 않으면 심하게 울어 잠들기까지 30분에서 2시간 정도 소요되었다. Williams는 아이의 짜증내는 행동은 강화(부모의 관심)를 받았기 때문으로 보고 부모들에게 자기 전에 아무리 울어도 그냥 무시할 것을 권했다. 첫날 45분간 사납게 날뛰고 울었으나 그 다음날부터 울음이 사라졌고 일주일 이후부터는 곧바로 잠이 들어 학습된 반응이 소거되었다. 비강화가 학습된 반응을 약화시키는 이유는 비강화 시행 자체가 기대했던 강화물이 중단되는 일종의 처벌일 수 있기 때문이다.

4) 조　형

도구적 조건형성은 여러 행동 중에 바라는 행동을 강화함으로써 그 행동을 유지시키는 방법을 사용한다. 그런데 새롭게 원하는 행동이 있다면 마냥 그 행동이 나타나기를 기다려야 하는 것인가? Skinner는 바라는 행동에 근접한 행동을 강화함으로써 완전히 새로운 반응이 나타나게 하였는데 그는 이 방법을 조형(shaping)이라고 불렀다. 가령 쥐로 하여금 레버를 코로 강하게 누르게 하고자 한다면 레버 쪽으로 코를 향하는 행동에 강화를 주고 레버 쪽으로 코를 향하게 된 후에는 목표행동에 보다 근접한 행동, 즉 레버에 코를 갖다대는 행동에만 강화를 준다. 그 다음엔 레버를 코로 약하게 누를 때, 그 다음엔 강하게 누를 때 순으로 강화를 주는데 보통은 수분 만에 목표행동을 이끌어 낼 수 있다. 아동의 부적절한 행동 중에서도 조형에 의해 형성된 것이 많다. 어떤 아동은 자신의 요구가 거절될 때 울거나 아주 난폭한 행동을 하는데 이는 점차 긴 시간을 아이들에게 대항하다 지쳐 항복하게 되는 부모에 의해 조형된 것일 가능성이 높다.

5) 미신적 행동

야구선수가 100원 짜리를 주워 바지 뒷주머니에 넣고 경기에 나갔는데 홈런을 쳤다면 그 다음부터는 늘 뒷주머니에 100원 짜리를 넣고 경기에 나갈 것이다. 어떤 반응 뒤에 우연히 강화물이나 처벌이 뒤따랐다면 이 강화와 처벌의 효과는 어떻게 나타날 것인가? Skinner(1948)는 스키너상자에 비둘기를 넣고 비둘기의 행동과는 무관하게 매 15초마다 음식을 주었다. 그 결과 비둘기들은 강화가 주어지기 전에 일정한 행동 패턴을 보였는데 한 마리는 원을 그리며 계속 돌고, 다른 한 마리는 바닥에 머리를 비볐고, 또 다른 한 마리는 머리를 계속 쳐드는 행동을 보였다. 비둘기들은 강화물이 반응과 무관하게 주어졌음에도 각기 이상한 의식을 행하는 것을 학습하였다. Skinner는 이러한 행동을 미신적 행동(superstitious behavior)라고 불렀는데 이는 비둘기들이 자신의 행동과 강화물간의 관계가 없는데도 그렇게 믿는 것처럼 행동했기 때문이다.

인간의 일상에서도 우연적 강화(adventitious reinforcement)에 의한 미신적 행동을 자주 관찰할 수 있다. 볼링 선수는 공을 던지고 난 후 몸을 비틀어 공의 방향을 틀 수 있는 것처럼 행동하며, 어떤 노름꾼을 굴뚝을 등지고 앉으려 한다. 우연히 빨아놓은 양말이 없어 빨지 않은 양말을 신고 이긴 투수는 다음 번에도 빨지 않은 양말을 신으려 하며, 악수하고 나서 진 경험이 있는 축구 감독은 시합 전에 누구와도 악수하지 않는다. 그러나 인간의 미신 중 많은 것은 행동이 너무 복잡하여 우연한 강화의 산물로 보기 어려운 것도 많다. Herrnstein(1966)은 복잡한 미신적 행동이 우연적 강화에 의해 조형되는 것 같지는 않으나 우연적 강화에 의해 유지될 수는 있다고 주장하였다.

미신적 행동이 강화를 얻어내는 데는 효과적이지 않다는 것은 분명하다. 그러나 미신적 행동은 통제할 수 없는 사건에 대한 통제의 환상을 주며 이것이 개인을 정서적으로 안정시키기도 하고 어려운 시기에 집단이 단합하도록 돕기도 하는 순기능적 역할을 하기도 한다. 이것이 통제할 수 없는 사건이 빈번한

항해와 같은 위험 직업에 종사하는 사람들에게 미신적 행동이 많이 나타나는 이유이기도 하다.

(4) 강 화

1) 강화의 유형

가) 일차적 강화물

원하는 행동을 이끌어 내기 위해 강화절차를 사용하려면 우선 효과적인 강화물을 제공해야 한다. 초기 연구에서 사용한 강화물은 대부분 먹이나 물과 같은 생존에 필요한 자극이었고 이들은 특별한 학습경험 없이도 행동을 강화시키는 자극으로 이러한 강화물을 일차적 강화물(primary reinforcer)이라고 한다. 그러나 일차적 강화물이 반드시 생존과 관련되어 있는 것은 아니다. 원숭이에게 30초간 밖을 내다볼 수 있는 기회, 즉 시각적 감각자극을 강화물로 제공했을 때도 반응이 강하게 나타났다. 또 어떤 활동이 적정 수준 이하로 제약받으면 그 활동이 강화물의 기능을 담당할 수 있다. 따라서 사람들에게 자유시간을 줬을 때 그들이 하는 활동은 강화물로 이용할 수 있다.

나) Premack의 원리

Premack은 강화의 상대성을 주장하면서 더 있음직한 반응들이 덜 있음직한 반응들을 강화할 수 있을 것으로 보았다. 사람들에게 자유롭게 활동하게 했을 때 특정 활동에 종사하는 시간의 양이 많다면 그 활동을 선호하는 것으로 볼 수 있다. 더 선호하는 활동은 덜 선호하는 활동을 강화하기 위해 사용할 수 있다. 다른 말로 출현 빈도가 높은 활동들은 출현 빈도가 낮은 활동들을 강화시킬 수 있는데 이를 Premack의 원리라고 한다.

편식 습관을 고치기 위해 Premack의 원리를 이용할 수 있다. 예컨대 음식을 자유롭게 먹게 했을 때 김치보다는 감자를, 감자보다는 아이스크림을 많이 먹는다면 김치를 먹게 하기 위해 감자나 아이스크림을 강화물로 이용할 수 있고 감자를 먹게 하기 위해 아이스크림을 강화물로 이용할 수 있다. Homme(1963) 등은 유치원 선생님의 말을 잘 듣지 않는 아동들의 쉬는 시간에 하는 활동이 뛰어다니며 소리 지르기, 선생님의 회전의자를 끌고 다니기, 플라스틱 컵 던지기 등임을 관찰하였다. 그는 선생님의 지시에 따르는 행동 뒤에 강화물로 수분간 뛰어다니며 소리지를 수 있게 하거나 선생님의 회전의자를 끌고 다니게 하였다. 그 결과 아이들의 행동이 완벽하게 통제되었다.

다) 이차적 강화물

이차적 강화물이란 경험을 통해 강화의 성질을 획득한 강화물이다. 침팬지에게 자판기에 토큰을 넣음으로써 건포도를 빼먹도록 훈련시키고 나면 다른 일을 시키기 위해 토큰을 강화로 사용할 수 있다. 아주 어린아이에게 지폐는 그냥 종이에 불과하다. 그러나 돈으로 사탕이나 장난감을 교환할 수 있다는 것이 학습되면 돈을 강화물로 사용할 수 있게 된다. 칭찬, 애정, 주의 등은 생득적인 강화물이기도 하지만 경험에 의해서도 크게 영향을 받기 때문에 사회적 강화라는 범주로 분류하기도 한다. 사회적 강화는 물질의 주고받음 같은 번거로움이 없고 행동을 통제하는 데 강력한 효과를 지니기 때문에 효용가치가 매우 높다.

2) 부분강화계획

모든 반응에 강화를 주는 것을 연속강화(continuous reinforcement)라고 하는데 실생활에서 연속강화가 주어지는 경우는 아주 드물고 대부분의 행동은 부분적으로 강화된다. 부분강화계획(partial reinforcement schedule)은 크게 반응의 수에 따라 강화가 주어지는 비율계획(ratio schedule)과 시간 경과에 따라 강화가 주어지는 간격계획(interval schedule)으로 구분된다. 두 가지 강화계획은 강화가 주어지는 요건이 고정되느냐 아니면 변화되느냐에 따라 다시 세분된다.

가) 고정간격계획(fixed interval schedule)

고정간격 강화계획은 강화 후 일정기간이 지나서 산출한 첫번째 올바른 반응에 강화가 주어지는 것으로 봉급과 같은 시간 급여제가 대표적인 예이다. 고정간격계획하에 강화를 줄 경우 [그림 3-8]에서와 같이 피험자는 강화 직후에는 반응을 별로 하지 않고 그 후 점차 증가하다가 다음 강화 직전에 반응률이 최고조에 이름을 알 수 있다. 대부분의 대학에서 정해진 기간에 중간과 기말시험을 치르는데 이는 반응률 그래프에서 알 수 있듯이 학생들을 공부하게 하는 방법으로는 가장 부적절한 방법일지도 모른다. 대부분의 학생들은 시험 친 후 전혀 공부하지 않다가 시험 전날이나 시험 치러 오면서 허겁지겁 공부한다.

나) 고정비율계획(fixed ratio schedule)

고정비율 강화계획하에서는 고정된 반응수에 따라 강화가 주어지는데 [그림 3-8]에서와 같이 피험자는 강화 후 잠깐 쉬고 꾸준히 반응하는 패턴을 보인다. 반응수에 따라 받는 것이 결정되는 능력 급여제가 이에 해당하는데 고정간격계획에 비해 반응률이 훨씬 높다.

다) **변화간격계획**(variable interval schedule)

강화 후 평균적으로 일정기간이 지나서 강화가 주어지는 계획으로 시간간격은 매번 무선적으로 바뀌게 된다. 이 계획하에서는 빠르지는 않지만 꾸준히 반응하는 패턴을 보인다([그림 3-8] 참조). 심리학개론 시험을 한 학기에 네 번을 치되 시험 날짜가 불규칙할 경우가 매월 마지막 주에 고정적인 경우보다 더 꾸준한 학습행동을 이끌어 낼 수 있다.

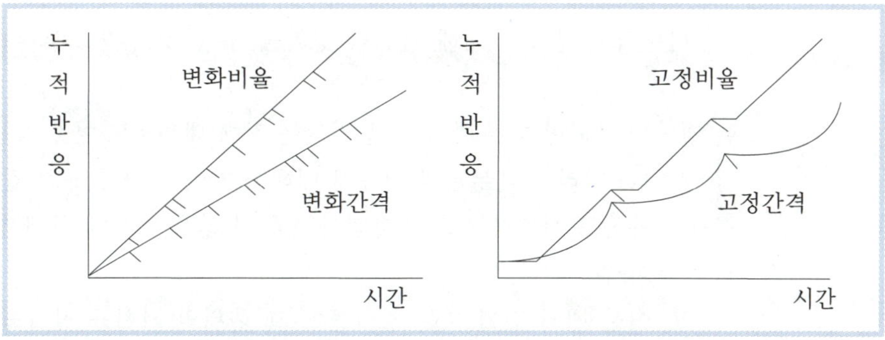

[그림 3-8] 부분강화계획의 반응패턴

라) **변화비율계획**(variable ratio schedule)

평균적으로 정해진 반응수 뒤에 강화를 주되 강화를 받는 반응의 수는 무선적으로 바뀌게 된다. 실력이 비슷한 사람 셋이 고스톱을 칠 경우 평균적으로는 세 번에 한번을 따게 되지만 반드시 세 번 만에 한번씩 따게 되는 것은 아니다. 대부분의 노름은 변화비율계획에 따라 강화가 주어진다.

마) **부분강화의 효과**

반응을 가장 빨리 그리고 많이 이끌어내는 강화절차는 물론 연속강화이다. 그러나 모든 행동에 강화를 주는 것은 현실적으로 대단히 어렵고 또 강화를 주지 않을 경우 소거가 빨리 일어난다는 단점이 있다. 그러나 부분강화를 사용하여 반응이 확립될 경우 한참 후에 다음 강화가 주어질 때까지 반응이 지속될 가능성이 높은데 이를 부분강화 효과라고 하며 변화계획일 때 소거가능성이 더 낮다. Lewis와 Duncan(1956)의 연구결과 강화가 주어지는 확률이 낮을수록 강화를 주지 않을 때 소거가 덜 일어난다. 그렇다면 변화비율계획과 변화간격 계획 중 어느 것이 더 좋은가? 비둘기를 대상으로 한 실험결과 변화비율계획이 변화간격계획보다 3배로 더 많은 반응을 이끌어내는 것으로 나타났다. 그러나 두 계획 모두 지속적인 반응을 이끌어내지만 반응의 지속성은 변화간격계획이 더 강하다. 따라서 높은 반응률로 지속적인 반응을 이끌어내고자 할 경우에는 변화비율계획이, 낮지만 꾸준한 반응을 지속적으로 이끌어내고자 할 경우에는 변화간격계획이 더 효과적이다.

(5) 강화의 대안

바람직한 행동에 대해 물질적 강화를 주는 것이 반드시 바람직하지만은 않다. 거실에서 장난감 놀이를 한 후 정돈하는 것에 대해 1,000원의 보상을 주는 것이 반복되면 다른 집안 일을 거드는 것에 대해서도 아동은 돈을 요구하게 될 것이다. 따라서 대부분의 행동에 대해 칭찬이나 관심 표현 같은 사회적 강화를 이용하고 사회적 강화의 효과가 신통치 않을 경우에 한해서 물질적 강화의 사용이 권고된다.

또 어떤 행위 뒤에 주는 강화물이 그 행위의 가치를 떨어뜨릴 수 있다는 견해도 있다. Lepper, Green과 Nisbett(1973)은 강화가 아동의 그림 그리기 행동에 어떠한 영향을 주는지를 알아보기 위한 실험을 실시하였다. 아동들이 쉽게 사용할 수 있는 곳에 그림도구를 두고 3시간 동안의 자유시간을 주고 그림 그리기의 기저시간을 측정하였다. 그런 후에 한 집단의 이동들에게는 '여러분이 그림 그리는 것을 보고 싶은 분이 방문하시는데 이때 그림을 그리면 금별과 리본으로 장식된 상장을 받을 것이다'라고 말해 주었고(보상집단), 다른 집단(통제집단)의 아동들에게는 보상을 언급하지 않았다. 1~2주 후 그림도구에 쉽게 접근할 수 있는 자유시간을 주었을 때 통제집단의 아동들은 기저시간과 동일한 시간을 그림 그리기에 보냈으나 보상집단의 아동들은 그 시간의 반 정도만 그림을 그렸다. 어떤 행위에 강화가 주어지고 나면 다음엔 강화를 얻기 위해 그 행위를 하게 된다. 이는 강화가 행동을 통제하게 되는 상황인데 통제된다는 느낌은 대체로 혐오적이어서 자유로운 상황에서는 그 행동을 더 이상 하지 않게 될 가능성이 높아진다.

1) 모 델 링

모델링은 관찰학습(observational learning)이라고도 하는데 인간이나 동물 학습에 강력한 영향을 주는 학습의 한 형태이다. 뱀의 공격을 한번도 받은 적이 없는 원숭이가 뱀을 보고 무서워하는 다른 원숭이를 관찰함으로써 덩달아 뱀을 무서워하기도 하며, 아동들은 교사나 친구의 행동이나 연예인의 의상을 따라 입기도 한다. 물론 관찰하는 모든 행동을 모방하지는 않으며 또 할 수도 없다. 대개는 모델을 좋아하거나 존경할수록, 그리고 힘이 클수록 그 모델을 더 모방하는 경향이 있다. 또 모델이 어떤 행동을 했을 때 그 행동이 강화를 받게 되면 차후에 그 행동이 나타날 가능성은 더 커지게 된다. 부모나 교사가 아동에게 바라는 행동이 있다면 아동 앞에서 그런 행동을 보이는 것이 가장 효과적이다. 윗물이 맑아야 아랫물도 맑다는 말에는 모방의 의미가 내포되어 있다.

2) 자기통제

강화를 주어 자기 방에서 공부하는 행동을 확립했다면 강화를 주지 않을 경우 소거될 가능성이 높다. 또 강화는 타인에 의해 자신의 행동이 통제된다는 좋지 않은 느낌을 들게 하기도 한다. 이의 대안으로 외부 강화에 의존하기보다 스스로 강화를 줌으로써 자신의 행동을 통제하도록 훈련하는 방법이 있다. 공부시간을 늘리기 위해 자기통제 기법을 이용한 Goldiamond(1965)의 방법을 소개하면 다음과 같다. 우선 공부를 할 수 있는 방을 찾은 후 공부시간에 대한 목표를 설정하고, 목표에 도달하면 스스로에게 강화를 준다. 이 강화는 커피 한잔 또는 친구와의 잡담이 될 수도 있다. 목표에 도달하면 목표를 점진적으로 증가시킨다. 진전사항에 대해 기록하는 것 또한 목표 달성에 대단히 효과적이다. 여기서 가장 중요한 점은 책상에서 공부할 때 통제할 수 없는 잡생각이 든다면 주저 없이 책상을 벗어나는 게 좋은데 이는 책상과 오로지 공부만 연합되게 하기 위함이다.

(6) 처 벌

처벌은 인간이나 동물의 행동을 통제하기 위해 가장 오래 전부터 그리고 가장 보편적으로 사용해온 방법이다. 처벌(punishment)이란 반응 뒤에 혐오적인 자극을 줌으로써 반응률을 감소시키는 것을 말하는데 청소를 안하고 도망간 아동을 때림으로써 도망가는 행동을 줄이는 것이 처벌의 예이다. 부적 처벌(negative punishment)은 강화를 주지 않음으로써 반응률을 떨어뜨리는 것으로 강화를 회수하는 것(용돈 회수, TV 시청금지 등)이 그 예이다. 처벌이 행동 억제를 위해 때로 적절하기도 하지만 부정적인 효과가 매우 많다.

매우 강한 처벌은 처벌한 반응을 억제하지만 신경증이나 공포감 같은 해로운 결과를 보이기도 한다. 공부하지 않는 행동에 대해 강한 처벌을 할 경우 노력은 하겠지만 동기 증가에 따른 주의 협소화로 인해 과제 수행이 더 나빠질 수 있으며 이는 실패와 처벌이 계속 순환될 가능성을 증가시킨다. 이러한 과정이 반복되면 학습된 무력감으로 인해 할 수 있는 능력을 지니고 있다고 하더라도 시도조차 하지 않게 될 가능성이 있다. 또 처벌 자체가 모방될 위험이 있다. 처벌자가 영향력이 있을 경우 처벌자의 행동을 모방할 가능성이 매우 높다.

강화를 회수함으로써 처벌하는 것 또한 반응을 감소시키는 데 효과적이기는 하지만 좌절감과 분노를 일으키며 이어 공격 행동이 나타나는 등의 부작용이 뒤따른다. 자판기에서 커피가 나오지 않은 경우 동전 넣기 행동이 소거되기도 하지만 자판기를 발로 차거나 동전 투입구에 이물질을 쑤셔 넣는 등의 정서반응을 보이는 것이 그 예이다.

그러나 모든 처벌이 심각한 부작용을 가져오지는 않으며 처벌 외에 별다른 대안이 없는 상황도 있다. 아이가 위험한 행동을 할 때 즉시 그만두게 할 유일한 방법이 처벌밖에 없을 수도 있다. 그런 상황에서 처벌이 보다 효과적이려면 바람직하지 않은 행동을 억제시킬 만큼은 처벌이 강해야 한다. 아동에 대한 약한 처벌은 효과도 별로 없으려니와 약한 처벌에 순응하여 나중에 처벌의 강도를 높여도 처벌의 효과를 무력화시킬 수 있다. 그렇다고 해서 필요 이상으로 강하게 처벌하는 것은 윤리적으로도 그리고 실용적으로도 바람직하지 않다. 처벌의 효과에 영향을 주는 또 다른 변수는 행동과 처벌 사이의 지연과 행동과 처벌의 수반성이다. 주인이 외출한 사이에 쓰레기들을 뒤져 집안을 엉망으로 만든 개를 불러서 때린다면 '쓰레기통 뒤짐-매'의 연합이 형성되는 것이 아니라 '주인이 다정하게 부름-매'의 연합이 형성될 가능성이 높다. 또 비둘기 실험에서 특정 행동 모두를 처벌하는 것은 그 반응을 억제시켰지만 어떨 땐 처벌하고 어떨 땐 처벌하지 않으면 그 행동이 잘 억제되지 않는 것으로 나타났다. 따라서 처벌이 효과적이려면 처벌다워야 하며(적정 강도), 가능한 한 즉각적이고 일관되게 가해져야 한다. 단, 어떤 처벌방법을 동원하건 처벌의 효과는 그리 강하지 않으며 어렵지만 가급적이면 강화를 이용하는 것이 더 효과적이다. 아동이 수업시간에 산만한 것에 대해 처벌하기보다는 주목하는 것에 강화를 주는 것이 바람직하지 않은 행동을 억제시키고 바람직한 행동을 이끌어내는 데 더 효과적이다.

(7) 도구적 조건형성의 응용

강화의 원리는 대부분의 교육장면과 교도소 등의 시설에서 폭넓게 사용되어 왔으며 최근 기업에서 연봉제, 인센티브 등의 봉급체계를 논의하는데서도 핵심적인 문제로 제기되고 있다. 여기서는 교육 장면에서 일어날 수 있는 강화원리의 몇 가지 응용 측면을 살펴보고자 한다.

1) 교실에서의 강화

교사들에게서 가장 고민스러운 문제는 수업에 주의하지 않고 떠들고 돌아다니는 아동들일 것이다. 한 아이가 공부는 거의 않고 떠들고 다른 애들을 방해하고 덜그럭거리기만 계속한다면 어떻게 할 것인가? 이런 상황에서 교사들은 수십 번도 더 처벌해 보았을 것이고 그 때마다 효과가 신통치 않음도 알고 있을 것이다. 또 아동이 다시 떠들 때 교사는 노려보지만 이 아동에게는 그것이 처벌이 아니라 강화(관심의 표현)로 받아들여질 수도 있다. 이러한 상황에서는 나쁜 행동은 철저히 무시하고 단 1분이라도 적절한 행동을 보일 때 칭찬하는 것이 이 아동의 행동을 고치는 데 가장 효과적이다. 그러나 이러한 절차를 사용하는 데는 초기에 상당한 주의를 요한다. 초기에는 보조교사(관찰자)를 두어 아동이 강화의 요건을 충족시키면 신호를 보내 즉시 강화할 수 있도록 해주는 것이 좋다. 어느 정도 행동이 향상되면 교사 혼자로도 충분히 관찰 가능해진다.

2) 스포츠 교습

모든 운동이 연습만 많이 한다고 수행이 두드러지게 좋아지지는 않는다. 올바른 자세로 연습하는 것이 무엇보다 중요하다. 한 번의 강사 시범 후 그 기억을 토대로 밤새 연습할 경우 그릇된 자세를 수백 번 반복할 가능성이 높다.

Allison과 Aylon(1980)은 테니스 교습 과정에서 정확한 자세에 대해서는 즉시 칭찬하여 강화하고 잘못된 자세는 즉시 잘못된 점에 대한 피드백을 제공해 본 결과 이전의 시범을 보인 후 혼자 연습하게 한 것에 비해 월등한 수행 향상을 가져오게 하였다. 주의 깊게 관찰하고 즉각적인 피드백을 주는 것이 처음에는 매우 많은 시간을 잡아먹지만 장기적으로는 훨씬 많은 시간을 단축해 준다.

3) 토큰경제

강화의 원리를 충실히 사용했는 데도 효과가 별로 없다는 보고도 많다. Hall, Lund와 Jackson(1968)은 '선행은 강화하고 악행은 무시하라'고 권고한다. 그러나 학생의 공격적 행동을 무시했더니 계속 공격적이게 되더라고 교사들은 불평한다. 그런데 강화의 효과가 없다고 보고한 교사들의 행동을 면밀히 검토해 본 결과 대개는 강화가 즉각적이지 않고 일관되지 않게 사용하는 것으로 나타났다. 또 다른 문제는 칭찬이나 주목 같은 사회적 강화물이 특정 아동에겐 전혀 강화로 작용하지 않는다는 것이다. 그렇다고 해서 사탕이나 장난감 등의 강화물을 들고 다니면서 바람직한 행동을 강화하기도 어렵다. 이에 대한 대안적 방법이 토큰으로 강화를 주는 방법이다. 이 토큰은 나중에 사탕이나 장난감, 외출 등의 강화물과 교환할 수 있다. 청소년 비행치료에 토큰 강화를 이용하였을 때 매우 효과적인 것으로 나타났다.

4. 인지학습

조건형성 연구에서는 학습을 단순하고 기계적인 학습원리에 따라 이루어지는 매우 수동적인 과정으로 본다. 그러나 우리는 길을 잘못 들어 헤매더라도, 즉 강화 없이도 그 도로를 학습하며 한번도 가본 적이 없어도 추론으로 목적지에 가기도 한다. 또 경험해 본 적이 없는 문제도 논리적 추론을 통해 해결하기도 하는데 이런 경우 연합학습이론가들이 무시했던 복잡한 사고과정이 개입된다. 복잡한 수학문제의 해결방법이나 자동차의 고장원인을 찾아내는 것 등을 학습하는 과정은 단순한 조건형성 원리로 설명하기 어렵다. 이에 대한 설명은 Tolman이나 Köhler 등 일부 학자들이 주장한 인지학습(cognitive learning)

또는 내적 학습(internal learning)으로 불리는 학습이론으로 가능하다.

1) 통찰학습

통찰(insight)이란 문제 상황에서 문제의 요소들을 재구성함으로써 갑작스럽게 문제 해결이 이루어지는 현상을 말한다. 독일 심리학자 Wolfgang Köhler는 가장 영리한 침팬지인 Sultan을 데리고 여러 가지 간단한 실험을 하였다. Sultan을 우리에 가두고 바나나를 손이 닿지 않는 곳에 두었다. Sultan이 바나나를 먹기 위해서는 도구를 사용해야만 했다. Sultan은 몇 번 팔을 내미는 동작을 보이다가 곧 막대를 집어 바나나를 끌어들이는 데 성공했다. 머리 위에 바나나를 달아두면 막대로 쳐서 떨어뜨렸다. 바나나를 더 높이 달아두면 5m나

[그림 3-9] 상자를 쌓아 바나나를 따먹는 침팬지

되는 장대를 똑바로 세워놓고 잽싸게 장대를 타고 올라가 장대가 넘어지기 전에 바나나를 따먹기도 했다. 침팬지는 여러 개의 도구들을 조합 또는 조립하여 사용하기도 하였다. 바나나를 높이 매달아 놓고 바닥에 큰 상자들을 놓았을 때 상자들을 4단으로 쌓아 그 위로 올라가 바나나를 따먹었다. 더욱 놀라운 것은 Sultan을 우리에 가둬놓고 우리 밖에 두 개의 대나무 막대와 바나나를 두었을 때의 문제해결 방식이다. 두 막대 중 어느 것도 바나나를 끌어당길 만큼 길지는 않았다. Sultan은 두 막대를 번갈아 가면서 바나나를 끌어당기려고 여러 번 시도하였으나 실패하고 포기하는 듯 하였다. 그러나 곧 두 막대를 유심히 살펴보다가 가는 막대를 긴 막대 구멍에 넣어 연결한 후 바나나를 끌어당겨 먹었다.

Köhler는 침팬지가 S-R 연합에 의해 상자를 쌓는 것 같은 반응을 학습한 것이 아니라 문제 상황에 대한 내적 표상(representation)이나 어떤 원인이 어떤 결과를 가져오게 한다는 지식 또는 어떤 행동이 어떤 결과를 산출한다는 기대들을 학습한다고 보았다. Köhler는 이에 대한 증거로 다음과 같은 점들을 제시하였다. Köhler는 Thorndike의 시행착오 학습과는 사뭇 다른 관찰결과를 보고하였다. 침팬지는 맹목적인 시도와 실패를 거듭한 것이 아니라 처음엔 다소 불필요한 시도를 하지만 곧 가만히 앉아 눈과 머리만 움직이다가 문제 해결이 갑자기 이루어진다는 점이다. 또 한번의 정확한 반응이 산출되고 나면 그 다음에 동일한 상황에서는 곧바로 문제 해결이 이루어진다. 통찰학습에 대한 보다 확실한 증거는 원래 과제에서 학습한 것을 다른 과제로 쉽게 전이(transfer)시킬 수 있었다는 점이다. 단순덧셈 '2+3'을 배운 아동이 '3+2'의 답도 쉽게 산출하듯 침팬지도 유사한 문제에 대해 쉽게 해결할 수 있었다. 바나나가 달린 방에 상자와 막대를 모두 치워버렸을 때 침팬지는 책상이나 사다리를 가져와 바나나를 따먹었으며 방에 타고 올라갈 수 있는 대상이 아무 것도 없을 경우 Köhler를 끌고 가 Köhler의 등을 타고 올라가 바나나를 따먹으려 하였다.

이상의 증거를 토대로 Köhler는 동물학습이 기계적인 연합과정에 의해 이루어진다는 개념을 배격하였다. 그는 동물이 그런 과정보다는 보다 지능적으로 학습하며 상황을 수동적으로만 받아들이기보다는 능동적으로 재구조화함으로써 문제 해결을 위한 일반적인 통찰을 습득한다고 보았다. 또 학습법칙이 모든 종에 걸쳐 동일하게 적용된다는 연합학습이론가의 입장에 반하여 영장류에게서는 보다 고등의 학습과정이 있다고 주장하였다.

2) 잠재학습

행동주의자들은 학습이 자극-반응의 연합에 의해 이루어진다고 주장하지만 인지심리학자는 학습은 새로운 기대가 형성되는 것이라고 주장한다. 자극-반응 견해에서 학습되는 것은 선행하는 어떤 근육 운동과 보상 또는 보상이 주어지는 당시의 여러 자극들간의 연합이다. 따라서 학습되는 것이 근육 반응이라면 반응이 일어나지 않을 경우 학습도 일어나지 않아야 한다. 그러나 인지이론가들은 학습에 결정적인 것은 반응 자체가 아니라 사건들간의 관계를 파악할 기회를 주느냐의 여부라고 주장한다.

Mcnamara, Long과 Wike(1956)는 오른쪽 목표상자에 음식이 들어 있는 T형 미로를 가지고 실험을 실시하였다. A집단의 쥐는 스스로 미로를 돌아다니다 목표상자에 도달하면 음식을 주었고 B집단의 쥐는 수레에 실어 A집단의 쥐가 다닌 것과 똑같이 끌고 다니다 목표상자에서 음식을 주었다. 훈련 후에 양 집단의 쥐를 똑같이 출발상자에 넣고 목표상자로 달리게 해 본 결과 오른쪽 목표상자에 정확하게 간 쥐의 비율은 두 집단이 거의 동일하게 나타나 수레를 타고 다닌 쥐들은 도구적 반응을 수행하지 않았음에도 학습이 일어났음을 알 수 있다.

Tolman은 새로운 환경에 노출된 동물들은 환경 속의 여러 가지 세부 특징의 위치와 특징들간의 연결통로를 포함하는 환경에 대한 지도와 같은 표상을 뇌 속에 형성할 것이라고 주장하고 이런 표상을 인지도(cognitive map)라고 불렀다. Tolman과 Honzik(1930)는 보상 없이 10일간 흰쥐를 복잡 미로를 달리게 한 후 11일째 목표상자에 먹이를 놓았을 때 목표상자에 이르기까지의 오류수는 급격히 감소하였고 도달시간이 급격히 빨라졌다. 이는 보상 없이도 미로 학습이 가능함을 보여 준다. 즉 보상이 없어서 학습되지 않은 것이 아니라 학습은 되었으되 행동을 동기화해 줄 보상이 없어서 학습한 것이 잠재적이고 표출되지 않았을 뿐이다. 이를 잠재학습이라고 한다.

이러한 증거는 동물들이 상당한 정도의 공간지식을 가지고 있다는 것을 시사해 준다. Tolman과 Honzik(1930)는 [그림 3-10]과 같은 미로에서 쥐를 훈련시켰다. 미로는 출발상자에서 목표상자에 이르기까지 3가지 경로 중 어떤 경로로도 들어갈 수 있도록 하였다. 나중에 쥐는 최단 경로인 경로 1을 가장 선호하게 된다. 이후 Tolman과 Honzik가 A 지점에서 경로 1을 차단해 본 결

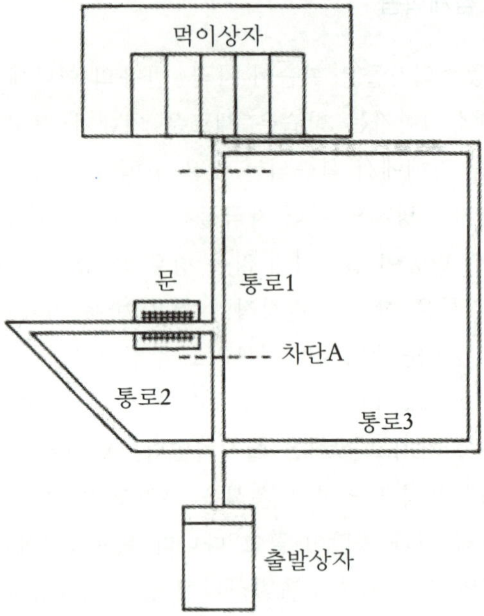

[그림 3-10] Tolman과 Honzik의 미로

과 91%의 시행에서 쥐들은 경로 2를 선택하였다. A 지점을 차단하여 쥐가 경로 2를 택하게 된 실험결과는 인지도와 S-R 이론 모두에 의해 설명될 수 있다. 경로 2가 경로 3보다 반응 뒤에 더 빨리 강화가 주어지기 때문에 경로 1의 대안으로 경로 2가 선택되는 것은 당연하다.

Tolman과 Honzik는 이 두 가지 이론을 구분하기 위하여 B 지점을 차단해 보았다. S-R 이론에 따르면 경로 1이 막혔기 때문에 쥐를 출발상자에 다시 놓았을 경우 경로 2를 선택해야 할 것이다. 그러나 쥐가 미로에 대한 전반적인 인지도를 형성하고 있다면 지점 B가 막혀 있다는 것은 경로 1과 경로 2 모두가 차단되었음을 인식하고 경로 3을 선택해야 한다. 피험동물의 93%는 첫번째 검사사행에서 경로 3을 선택하였다.

이상에서 제시된 인지도와 같은 개념은 동물에게도 고차적인 정신과정이 있을 수 있다는 것을 시사한다. 학습은 행동변화 이외에도 직접 관찰할 수는 없으나 기대나 내적 표상의 형성 등까지도 포함하는 것으로 보이며 이런 유형의 학습이 고등 영장류뿐만 아니라 실험실의 쥐에게서도 나타나는 것으로 미루어 대부분의 동물에게서 나타나는 보편적 특징이라고도 볼 수 있다.

5. 관찰학습

조건형성 이론에서는 기본적으로 직접 경험으로부터의 학습을 전제로 하고 있다. Pavlov의 개는 CS와 US가 주어질 때 직접 침흘리는 반응을 함으로써, Skinner의 쥐는 강화를 얻기 위해 지렛대를 직접 누르는 반응을 함으로써 S-R간의 연합을 학습하였다. 그러나 Albert Bandura로 대표되는 사회학습이론가들은 실제 수행하거나 직접 보상받지 않고도 다른 사람에게 일어나는 것을 보거나 이야기를 듣고도 학습이 이루어진다는 점에 주목하였다. 관찰에 의한 학습을 사회학습(social learning), 관찰학습(observational learning), 모방학습(modeling) 또는 대리학습(vicarious learning)이라고도 한다. 수많은 청소년들은 좋아하는 연예인의 행동과 복장을 모방하며 TV를 보고 모방범죄를 일으키기도 한다. 미국에서 TV의 담배 광고를 금지시켜 버린 것도 멋있는 폼으로 담배 피는 행동이 쉽게 모방될 것이라고 보았기 때문이다.

그러나 사람들이 관찰하는 모든 사람의 모든 행동을 모두 모방하는 것은 아니다. 모방이 일어나려면 우선 모델에 주의집중을 해야 한다(주의과정). 모델이 유명하거나 매력적일 때 또는 전문성이 있을 때 주의가 더 끌리고 이에 따라 모방이 더 잘 일어난다. 둘째는 모델의 행동을 흉내내기 위해서는 관찰한 모델의 행동을 기억해야 한다(파지과정). 셋째는 운동재생 과정으로 모방행동이 나타나려면 인지적 표상이 신체적 운동으로 전환되어야 한다. 학습이 되었다고 하더라도 행동으로 전환시킬 신체적 능력을 갖추고 있지 못하면 모방행동이 나타나지 않는다. 넷째는 동기화 과정이다. 사람들은 모델관찰을 통해 많은 것을 학습하였다고 하더라도 행동을 드러낼 필요가 없을 때는 굳이 드러내지 않는다. 모방행동의 유발 가능성은 실제적 또는 상상적 보상에 의해 결정된다. 사회학습이론에서는 학습과 수행을 뚜렷이 구분하며 행동상의 변화가 전혀 없더라도 학습이 이루어질 수 있음을 강조한다.

Bandura(1965)는 실험을 통해 직접 강화를 받지 않고도 행동을 학습할 수 있으며, 학습이 되었어도 수행으로 나타나지 않을 수 있음을 입증하였다. Bandura는 보육원생 66명을 22명씩 세 집단으로 나누고 한 명씩 영화를 보여주었다. 영화의 내용은 성인이 플라스틱 보보 인형에게 길을 비키라고 명령을 하고 비키지 않는 보보 인형에게 주먹으로 코를 때리고 밀치고 발로 차는 등의 공격행동을 하는 것으로 되어 있다. 여기까지는 66명 모두 동일하게 보았다. 이후 22명의 모델-보상 조건의 아동은 공격행동을 한 성인에게 다른 사람이 나타나 과자와 음료수를 주면서 칭찬하는 장면을 추가로 보았다. 모델-처벌 조건의 아동들은 공격행동을 한 성인에게 다른 사람이 나타나 꾸짖고 때리는 등의 장면을 추가로 보았다. 세 번째 조건은 후속 장면이 없는 조건으로 보상이나 처벌 장면을 보여 주지 않는 조건이다(결과 없음 조건). 영화를 보여 주고 난 직후 아동들은 따로 따로 보보 인형을 포함한 많은 장난감이 있는 방으로 데려가 혼자 놀게 하고 행동을 관찰하였다. 그 결과 모델이 보상받는 것을 관찰한 아동들이 처벌받는 것을 관찰한 아동들보다 보보 인형을 공격하는 횟수가 더 많은 것으로 나타났다. 이에 더하여 모델이 보상이나 처벌을 받지 않은 조건의 아동들의 공격행동이 보상받은 조건의 아동과 유사하게 나타나 공격행동을 관찰하는 것 자체가 모방적 공격행동을 유발할 가능성이 높다는 것을 보여 준다.

Bandura는 세 조건의 아동들의 학습 정도를 측정하기 위해 아동들이 영화를 보고 10분간 장난감방에서 논 후에 영화에서 나왔던 모델이 보보 인형에게 한 행동이나 말을 그대로 하면 보상을 주겠다고 약속하였다. 그 결과 세 조건의 아동들이 거의 비슷한 공격행동을 보였다. 이러한 결과들은 세 조건의 아동들의 학습한 양은 동일하지만 행동으로 나타나는 데는 강화가 중요한 역할을 하는 것으로 보인다.

모델이 강화 또는 처벌을 받거나 아무 것도 받지 못하는 것은 학습이 일어나는 데 필요하지는 않지만 중요한 정보를 제공해 준다. 강화나 처벌은 해도 될 행동이냐 하지 말아야 할 행동이냐에 관한 정보를 제공하며 어떤 행동 뒤에 어떤 결과가 올 지에 대해 예견하게 해준다. 관찰 학습이론은 행동뿐만 아니라 가치관, 태도 등이 타인에게 어떻게 전수되는지까지도 이해하게 해 준다.

◆ 생각해 볼 문제

1. 환경에의 적응기제로서 진화와 학습의 역할은 무엇인가?
2. 고전적 조건형성의 강도에 영향을 주는 요인들은 무엇인가?
3. 소거의 의미와 역할은 무엇인가?
4. 임상장면에서 고전적 조건형성원리의 활용과 한계점은 무엇인가?
5. 아동의 행동 수정을 위한 강화원리의 가장 바람직한 사용방법은?
6. 고전적 조건형성과 조작적 조건형성의 유사점과 차이점은 무엇인가?
7. 문제행동을 고치기 위해 처벌과 강화를 가장 적절하게 혼합하여 사용하는 방법은?
8. 학습과 수행 그리고 강화간의 관계는?
9. 모방에 영향을 주는 변인들은?

제 4 장

인간은 사물을 어떻게 지각하는가?

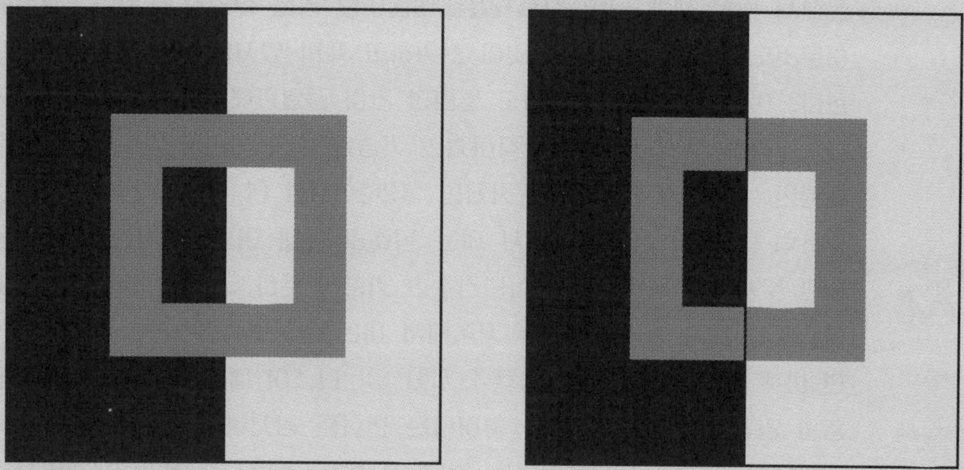

1. 자극의 탐지와 변별
2. 감각과정
3. 지각과정: 지각조직화와 대상지각
4. 지각항등성과 지각의 발달
◆ 생각해 볼 문제

산에서 밤을 새게 되면 칠흑 같은 어둠이란 말을 실감하게 된다. 처음에는 아무것도 보이지 않는다는 것이 신기하고 재미 있지만 곧 무서워지기 시작한다. 어디서 부스럭 소리라도 들리면 간이 콩알만해지고, 가슴이 두근거린다. 다행히 그 소리가 점점 작아지면 가슴을 쓸어 내리며 안도의 한숨을 내쉬지만, 그 소리가 점점 더 커지면 불안은 점점 더 극에 달한다. 그러다가 부스럭 소리가 나던 방향에서 아는 목소리가 내 이름을 부르는 것을 듣게 되면 무서움은 사라지면서 십년감수한 기분이 든다. 똑같은 일이 밝은 대낮에 일어났다고 생각해 보자. 저쪽에서 아는 얼굴이 다가오는 것을 보게 되면 밤에 겪었던 그런 무서움을 느끼지 않는다. 이 예는 우리가 시각과 청각 등의 감각을 통해 주위에서 일어나는 변화를 감지하고, 그 변화의 정체가 무엇인지 파악해서 생활한다는 것을 잘 보여 준다. 즉 어떤 물체인지, 그 물체는 나로부터 얼마나 떨어져 있는지, 그 물체가 나를 향해 오는 것인지 멀어져 가는 것인지 등을 파악해서 살아간다는 것을 잘 보여 준다.

이 장에서는 우리가 주위의 대상들을 어떻게 지각하는지에 대해 알아보게 된다. 첫번째 절에서는 자극들의 차이를 어떤 식으로 구분해서 지각하는지에 대해 알아본다. 두 번째 절에서는 우리는 감각수용기를 통해서 외부 자극을 받아들이는데 이들 수용기들은 어떤 구조와 특성을 가지는지, 그리고 시각과 청각 등의 감각에는 어떤 특징적인 현상이 있는지 알아본다. 세 번째 절에서는 지각의 원리인 지각 체제화와 대상지각에 대해 알아본다. 마지막으로 이런 지각 능력이 생득적인지, 아니면 경험을 통해서 획득되는 것인지에 대해 알아본다.

1. 자극의 탐지와 변별

우리가 일상생활을 해 나가는 것은 외부에 어떤 자극이 있는지 알기 때문에 가능한데, 우리에게 주어지는 자극들은 그 종류도 다양하고 강도도 천차만별이다. 그런데 우리는 어떤 자극이 주어졌는지, 그 자극의 강도가 얼마인지 쉽게 구분한다. 즉, 불빛이 있는지, 그리고 얼마나 밝은지, 무슨 소리가 들리는지, 얼마나 그 소리가 큰지 등을 잘 구분한다. 이 절에서는 어떤 자극이 있는지 감지하기 위해서는 어느 정도 이상의 강한 자극이 주어져야 하는지, 그리고 차이를 느끼려면 어느 정도나 강도의 차이가 있어야 하는지, 나아가 자극의 물리적인 강도와 우리가 느끼는 강도 사이에 어떤 법칙성이 있는지에 대해 알아본다. 이런 문제를 다루는 분야를 심리학에서는 정신물리학(psychophysics)이라고 한다.

(1) 절대역과 신호탐지이론

눈이나 귀와 같은 감각기관에 자극이 주어진다고 해서 우리가 그 자극을 모두 알아챌 수 있는 것은 아니다. 자극의 강도가 어느 정도 이상이라야 탐지할 수 있다. 우리가 탐지할 수 있는 이 최소한의 강도를 그 자극에 대한 절대역(absolute threshold)이라 한다. 절대역은 자극의 종류에 따라 다르다. 빛의 경우 맑은 날 깜깜한 밤이면 30마일 밖에 있는 촛불을 탐지할 수 있고, 소리의 경우 아주 조용한 방이라면 20피트 떨어진 곳의 시계 바늘 움직이는 소리를 탐지할 수 있다(Galanter, 1962).

절대역이 작다는 것은 그 감각에 예민하다는 것이지만, 감각기관이 예민할수록 더 좋은 것은 아니다. 소리를 예로 들어보자. 만약 공기분자가 고막에 부딪히는 소리까지 우리가 탐지할 수 있을 정도로 사람의 청각이 예민하다면 어떨까? 아마도 우리는 너무나도 혼란스러워서 살기 어려울지도 모른다. 이 경우 사람의 말은 귀가 울릴 정도로 커서 듣기 어려울지도 모른다.

그럼 우리는 절대역보다 강도가 큰 자극은 모두 탐지할 수 있을까? 종래에는 아무 소음이 안 들리는 방이나 아주 맑은 밤처럼 이상적인 경우라면 그럴

것이라고 생각했다. 즉 자극의 강도만이 우리가 어떤 자극을 탐지할 수 있느냐 여부를 결정한다고 생각했다. 그러나 신호탐지이론(signal detection theory)을 주장하는 사람들은 이 생각이 틀렸다고 주장한다. 신호탐지이론에서는 우리가 자극을 탐지하느냐 못하느냐는 단순히 자극의 강도만으로 결정되는 것이 아니라 판단하는 사람이 어떤 결정기준을 채택하느냐에도 영향을 받는다고 주장한다(자극의 탐지와 변별에 대한 자세한 내용은 Goldstein, 1999을 참조할 것).

X선 사진을 판독하는 경우 같은 사진을 놓고도 다르게 판단할 수 있다. 다른 검사자료들을 놓고 볼 때 종양이 있을 가능성이 많다고 생각하는 의사는 환자의 X선 사진에 무언가 밝은 부분이 있으면 종양이 있다고 볼 가능성이 있다. 반면에 다른 자료들을 볼 때 종양이 있을 가능성이 낮다고 생각하는 의사는 환자의 X선 사진에서 확실하게 다른 부분이 있지 않는 한 종양이 있다고 판단하지 않을 가능성이 있다. 같은 사진을 보고 두 의사가 다른 판단을 내린다면 이는 자극의 문제가 아니라 판단자의 문제이다. 즉 어떤 판단기준을 사용하느냐의 차이라고 보아야 할 것이다. 판단하는 사람이 무엇을 기대하느냐, 그에 대해 아는 것이 많으냐, 경험이 많으냐 등에 따라 다른 판단기준을 적용할 수 있다. 신호탐지이론을 주장하는 사람들은 의사들이 종양이 있느냐는 판단을 할 때와 마찬가지 과정이 사람들이 자극이 있는지 판단하는 경우에도 관여한다고 주장한다. 즉 자극이 있느냐 없느냐는 판단도 자극의 강도만으로 결정되는 것이 아니라 판단자가 어떤 판단기준을 채택하느냐의 영향도 받는다는 것이다.

나아가 이들은 판단의 차이가 자극의 강도 차이에서 비롯된 것인지, 아니면 판단자의 판단기준이 다른 것에서 기인한 것인지 구별하는 방법도 제안하였다. 판단을 할 때 우리는 두 가지의 판단 오류를 범할 수 있다. 자극이 없는데 자극이 있다고 잘못 판단할 수도 있고(이를 오경보 false alarm라고 한다), 자극이 있는데 이를 탐지하지 못할 수도 있다(이를 탐지실패 miss라 부른다). 신호탐지이론에 따르면 이 두 종류의 오류를 얼마나 범하느냐를 가지고 자극의 강도 차이가 얼마인지, 그리고 어떤 판단기준이 사용되었는지 수치로 계산할 수 있다.

(2) 차이역과 정신물리학 법칙

자극이 있느냐 없느냐는 판단 외에도 우리는 자극의 강도에 대해서도 구분한다. 어느 사과가 더 큰지, 어느 벨소리가 더 요란한지 등을 판단한다. 정신물리학자들은 두 자극이 다르다고 판단하는 데 필요한 최소한의 강도의 차이를 가리키는 차이역(difference threshold 또는 just noticeable difference)이라는 개념을 이용하여 두 자극의 차이를 감지하는 현상을 설명하려 한다. 즉 두 자극의 강도의 차이가 차이역보다 크면 두 자극이 다르다고 판단할 것이고, 그 차이가 차이역보다 작으면 같은 크기라고 판단할 것이다. 절대역에서와 마찬가지로 차이역도 자극의 종류와 속성에 따라 다르다.

그런데 차이역의 크기는 비교하려는 자극, 즉 기준자극의 강도에 따라 달라진다. 무게 판단의 차이역을 알아보기 위한 가상적인 실험을 하나 생각해 보자. 무게는 다르지만 크기가 같은 저울추들을 만든다. 그리고 아무 추(이 추가 기준자극이 되는 셈이다)나 하나 들어 본 다음 다른 추를 들어보게 해서 처음 추보다 무거운지, 가벼운지, 아니면 차이가 없는지 판단하게 한다. 만약 기준자극이 100g이었을 때 차이역이 5g이었다면 이는 104g의 추는 100g의 추보다 무거운지 가벼운지 구분하지 못하지만 105g의 추는 100g의 추보다 무겁다고 판단한다는 의미이다. 그렇다면 기준자극을 1,000g으로 올리면 차이역은 얼마일까? 이때의 차이역은 5g이 아니라 50g이 된다. 이 예는 차이역은 기준자극 강도의 일정 비율에 해당한다는 것을 보여주는데, 이 관계를 주장한 사람이 독일의 정신물리학자 Weber이다. Weber는 여러 속성의 차이역들을 알아보고 이를 토대로 기준자극과 차이역의 비는 일정한 관계가 있다고 주장했는데, 이를 Weber의 법칙이라고 한다. 물론 판단하는 자극의 속성에 따라 그 비는 변하는데, 그 비를 Weber 소수(Weber fraction)라고 한다. 최근 연구를 보면 Weber의 법칙이 모든 자극 강도에서 적용되지는 않는다. 이 법칙은 절대역보다 충분히 큰 강도에서만 적용된다.

독일의 정신물리학자 Fechner는 차이역의 개념을 이용하면 자극의 물리적 강도와 느끼는 강도 사이의 관계를 간단한 식으로 정리할 수 있다고 주장하였다. 즉 자극 강도와 느끼는 강도간에는 대수(log)함수적인 관계가 있다고 주장하였다. 이후 미국의 심리학자 Stevens는 자극의 물리적 강도와 느끼는 강도 사이의 관계는 지수함수(power function)적인 관계이며 이 관계는 물리적인 자극의 강도뿐만 아니라 죄의 중한 정도와 같은 심리 · 사회적인 속성에도 적용될 수 있다고 주장하였다.

2. 감각과정

(1) 감각의 일반적 특성

우리는 주변에서 일어나는 일들에 대해 판단하고 그 판단에 맞게 반응한다. 무언가가 다가오고 있다고 판단하면 무서워하고, 위험하지 않은 상황이라고 판단하면 안도의 한숨을 내쉬는 수동적인 반응을 하기도 하고 능동적으로 대처하기도 한다. 즉 나에게 위협이 되는 물체라고 판단하면 그 물체로부터 멀어지려고 뛰어가는 행동도 하게 된다. 이런 반응의 출발점은 외부에 무언가 자극이 있다는 것, 즉 무언가 변화가 있다는 것을 알아채는 것인데, 외부에 자극이 있다는 것을 탐지하는 것은 감각수용기(sensory receptor)가 있어서 가능하다.

우리에게 주어지는 외부 자극은 아주 다양하다. 그렇지만 우리가 외부의 모든 자극에 대해 지각하지는 않는다. 감각기관에서 수용해 주지 않는 자극에 대해서는 지각할 수 없다. 사람의 경우 일반적으로 빛, 소리, 촉각, 맛, 냄새 등 오감이라고 부르는 감각에 의지해서 살아간다. 이 감각들은 감각수용기를 통해 각기 주위환경으로부터 그에 상응하는 에너지를 탐지한다.

그럼 수용기가 하는 역할은 무엇일까? 사람의 몸 속에서 정보처리는 신경세포와 시냅스를 통해서 일어나는데, 신경세포와 시냅스에서는 주로 전기의 형태로 정보들이 전달되거나 처리된다. 그런데 외부에서 주어지는 자극들은 그 에너지의 형태가 각기 다르다. 시각의 경우는 빛에너지, 청각의 경우는 고막에의 압력변화라는 기계적인 에너지, 그리고 냄새와 맛의 경우는 화학적 에너지의 형태를 띤다. 따라서 이 정보들을 사람이 이용하려면 외부 자극의 에너지를 신경이 이해할 수 있는 전기에너지의 형태로 변환(transduction)해야 하는데, 바로 이 작업이 감각수용기에서 일어난다.

감각수용기에서 일어나는 가장 중요한 작업이 에너지 형태의 변환이지만, 자극의 변화를 잘 지각하게 하기 위한 여러 가지 일들이 감각수용기를 전후해서 일어나게 된다. 자극을 잘 받아들이게 감각기관을 자극이 있는 쪽으로 향하게 하고, 감각기관에서 처리하기 좋게 자극의 강도를 증폭시키는 일 등이 감각수용기에 앞서 있는 다른 기관들을 통해 일어나게 된다. 또한 감각수용기에서는 자극 속성에 따라 다른 수용기 세포가 반응을 한다든가 자극 유형에 따라 일련의 수용기 세포들이 활동양상을 달리해서 어떤 자극이 주어졌는지 우리가 구분할 수 있는 근거를 제공해 준다(이런 과정을 부호화라고 한다). 아울러 변화하는 자극에 대해 더 잘 반응하기 위해 감각수용기 세포들간에 시간적, 공간적 상호작용이 일어나기도 한다. 대비와 순응이 이런 상호작용의 대표적인 현상이다. 시각에 대해 알아보고, 이어서 청각과 기타 감각에 대해 알아본다.

(2) 시각 수용기관의 구조와 특성

어떤 물체가 어디에 있는지, 그리고 그 물체가 움직이고 있는지를 판단하는 것이 생존에 아주 중요한데, 이런 판단을 할 때 가장 많이 의존하는 정보가 시각정보이다. 시각정보처리는 주위의 물체에서 반사되거나 투과되는 빛에너지에서의 차이를 눈에서 받아들이는 데에서 시작한다. 사람의 눈의 구조는 [그림 4-1]에 나와 있는데, 망막, 각막, 수정체, 홍채 등이 시각정보처리와 관련해서 특별히 중요한 역할을 한다. 이 중에서 빛에너지를 전기에너지로 변환시키는 시각수용기는 망막에 있는 원추체와 간상체이고, 나머지 각막, 수정체, 홍채 등은 시각수용기에 최적의 자극이 주어지게 하기 위한 역할을 맡는다. 원

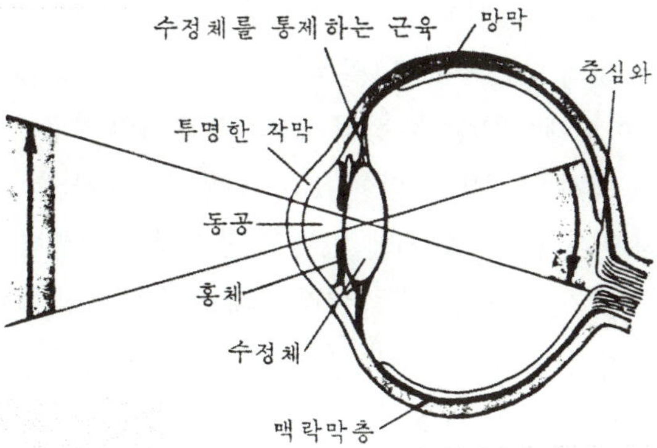

[그림 4-1] 눈의 구조(Wald, 1950에서 개작)

추체와 간상체에 대해 다루기에 앞서 각막, 수정체, 홍채가 하는 역할에 대해 잠시 알아보기로 하자.

우리 눈에 들어오는 빛 자극은 광원에서 직접 들어오는 빛보다는 주위 물체에서 반사되거나 투과된 빛들이다. 그런데 이들 물체들은 거리와 크기가 다를 뿐만 아니라 이들에서 나오는 빛을 받아들일 망막의 크기는 아주 작다. 따라서 망막에 이 물체들의 상이 잘 맺히게 해 주는 보조도구가 있어야 하는데, 각막과 수정체가 이 역할을 한다. 각막은 볼록한 형태를 취해서 멀리서 오는 빛들을 수렴시키는데 그 굴곡된 형태가 고정되어 있어서 물체와의 거리에 상관없이 일률적으로 빛을 굴절시킨다. 최근 유행하는 각막 레이저 수술은 레이저를 이용해 각막의 일부를 덜어내서 각막의 굴곡률을 줄여 주는 수술로서, 말하자면 돋보기의 배율을 낮춰 주는 수술이다. 각막이 거리에 상관없이 일률적으로 빛을 굴절시키면 수정체가 우리가 보려는 물체의 거리에 따라 다시 빛을 굴절시켜 준다. 즉 가까이 있는 물체를 볼 때는 수정체가 두꺼워지고, 반대로 멀리 있는 물체를 볼 때는 수정체가 얇아지면서 물체의 상이 망막에 또렷하게 맺히게 해 준다. 이와 같은 수정체의 기능을 수정체의 조절작용(accommodation)이라 한다.

홍채는 우리 눈에 들어오는 빛의 양을 조절하는 기능을 한다. 우리는 아주 눈부실 정도로 햇빛이 강한 한낮에도 물체를 볼 수 있지만 어둑어둑한 새벽이나 저녁에도 물체를 볼 수 있다. 이는 빛의 양에 따라 동공의 크기가 달라지기 때문에 가능한데 홍채가 동공의 크기를 조절한다. 즉 밝을 때에는 동공의 크기를 줄여서 가능한 한 적은 양의 빛이 들어오게 하고, 어두울 때에는 동공을 최대한으로 확장시켜 보다 많은 빛이 눈에 들어오게 해서 전체적으로 눈에 들어오는 빛의 양이 비교적 일정한 범위 안에 있게 해 준다.

이렇게 각막과 수정체, 그리고 홍채의 도움을 받아 물체의 최적의 상이 망막에 맺히게 되면 망막에 있는 수용기세포가 빛 에너지를 전기적 에너지로 변환시킨다. [그림 4-2]에 있듯이 망막에는 원추체와 간상체라는 두 종류의 수용기 세포가 있는데, 이들은 자극의 밝기와 색상 등에 관한 정보를 시각정보처리기관에 전달해 주는 역할을 한다. 여기서 우리는 왜 수용기 세포가 두 종류인가 하는 의문을 가질 수 있다.

홍채에 대해 설명할 때에 나왔듯이 우리 눈에 주어지는 빛의 양은 그 범위가 엄청나다. 그런데 우리는 빛 자극을 통해 물체가 어디에 있는지, 움직이는

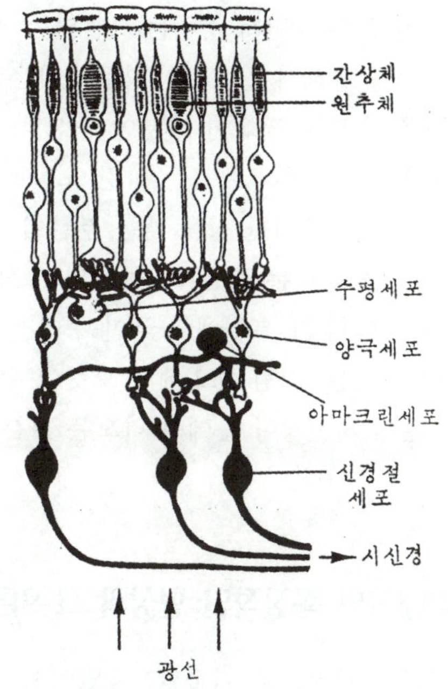

[그림 4-2] 망막의 구조(Corea, Porac & Ward, 1978에서 개작)

지에 대해서도 알아내야 하고, 또 그것이 무엇인지도 알아내야 하는데, 이들을 파악하는 데 필요한 정보의 수준이 다르다. 어디에 있는지 그리고 그것이 움직이는지 여부는 밝기의 차이가 조금만 있어도 대충 파악할 수 있지만 그 물체가 무엇인지를 파악하려면 그보다 훨씬 더 세밀한 정보가 필요하다. 따라서 한 종류의 수용기만으로 이 두 가지 목적을 달성하기란 쉽지 않다. 다행히도 사람의 눈에서는 서로 다른 반응특성을 가진 원추체와 간상체라는 두 종류의 수용기 세포가 있어서 이 두 가지 목표를 달성한다. 원추체는 색채와 세밀한 부분까지 구분할 수 있는 대신, 빛의 밝기에는 민감하지 않는 반응특성을 보이고, 간상체는 색채 등은 구분하지 못하지만 원추체에 비해 훨씬 약한 밝기의 빛 자극에 대해서도 반응한다.

망막에 두 가지 유형의 수용기 세포가 있고 이들의 기능이 다르다는 것을 일상생활에서 쉽게 확인할 수 있다. 어둑어둑한 야영장에서 무언가가 움직이는지는 알겠는데 그게 무엇인지는 모르겠던 경험이 있을 것이다. 만약 한 가지 수용기 세포만 있다면 무언가 움직이는지 보았다면 그게 무엇인지도 알아야 한다. 아니면 움직이는 것이 있다는 것도 몰라야 한다. 그러나 무언가 움직이는 것이 있는 줄은 알면서 정체는 모른다는 것은 움직임의 파악과 정체의 파악이 다른 경로를 통해서 일어나기 때문이라는 것을 잘 보여 준다.

망막에서 설명이 필요한 부분이 중심와(fovea)와 맹점(blind spot)이다. 망막의 가운데에는 중심와라 부르는 약간 오목한 부분이 있는데 이 부분에는 원추체만 있으며 가장 세밀한 상을 맺는 부분이다. 우리가 어떤 물체를 잘 보기 위해 고개나 눈을 돌리는 것은 그 물체의 상이 중심와에 맺히게 하려는 행동이다. 맹점은 망막의 그 부위에 자극이 주어져도 우리가 그 자극을 지각할 수 없는 부분이다. 이는 [그림 4-2]에서 보듯이 수용기 세포가 망막의 가장 뒤에 위치하기 때문에 시신경이 눈에서 나오는 부분에는 수용기 세포가 없는데, 맹점이 바로 그 부위이다.

(3) 시각에서의 특징적인 현상과 그 이론

빛 자극은 파장으로 기술할 수 있어서 진폭과 파장이라는 성분으로 나눌 수 있는데, 일반적으로 진폭, 즉 빛의 강도에 대한 지각이 밝기이고, 파장에 대한 지각이 색이다. 그러나 뒤에 나오는 대비 현상에서 볼 수 있듯이 이 관계가 절대적인 것은 아니다. 우리가 지각하는 빛은 파장이 400nm에서 700nm 사이의 빛인데, 원추체에는 세 종류의 색수용기 세포가 있어 이들 빛에 대해 선별적으로 반응한다. 장파장세포는 558nm의 파장(말하자면 빨강색)에 대해 가장 민감하게 반응하고, 중파장세포는 531nm 정도의 파장(초록색)에 대해 가장 민감하게 반응하고, 단파장세포는 419nm 정도의 파장(파랑색)에 대해 가장 민감하게 반응한다(Bowmaker & Dartnall, 1980). 여기서 한 가지 말해 둘 것은 색채 지각은 이 정보를 토대로 해서 일어나는 것이지 원추체에서 색채 지각이 완료되는 것은 아니라는 점이다. 이제 순응, 대비, 그리고 색채 지각에 대해 알아보도록 한다.

순　응　같은 색의 물건을 밝은 태양 밑에서 볼 때와 백열전구 밑에서 볼 때는 색이 조금 다르게 느껴진다. 그러나 우리가 백열전등이 켜져 있는 가게 속에서 조금 있게 되면 모든 물건이 태양 밑에서 보던 때와 똑같은 색으로 보인다. 이를 색순응(chromatic adaptation)이라 한다.

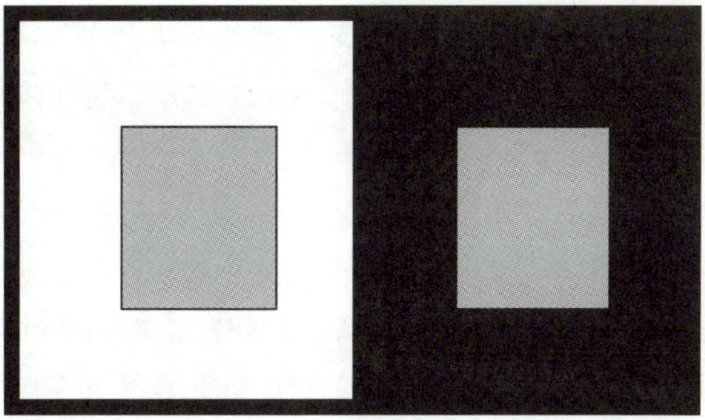

[그림 4-3] 명도대비

대 비 시간적으로나 공간적으로 변화가 있다는 것은 무언가 다른 것이 있거나 다른 일이 일어나고 있다는 것을 알려 주는 중요한 단서일 수 있는데, 이런 부분에 대해서 사람의 감각체계는 민감하게 반응한다. 흰 책상 위에 빨간 사과와 검은 표지의 책이 있다고 해 보자. 책상 표면에 대한 사과의 윤곽선과 책의 윤곽선은 어떤 물체가 있다는 것을 알려 주는 중요한 정보인데, 대부분의 경우 다른 물체가 있게 되면 밝기나 색 등이 달라지게 된다. 이 예에서도 사과와 책의 윤곽부분은 책상의 표면과 색과 밝기에서 아주 큰 차이가 있다. 그렇지만 책상 표면의 각 부분들은 밝기나 색이 별로 다르지 않다. 대비현상은 공간적으로 인접한 표면들간에 밝기나 색채에 차이가 나거나 시간상으로 인접한 시점 사이에 큰 변화가 있는 부분을 더 두드러지게 지각하는 현상을 가리킨다.

[그림 4-3]에 있는 명도대비(brightness contrast)가 대표적인 대비현상이다. [그림 4-3]에 있는 두 개의 그림에서 가운데 부분의 회색을 보자. 종이에 구멍을 뚫어 다른 부분을 가리고 가운데 회색부분만 보면 두 개의 밝기가 같다는 것을 알 수 있다. 그런데 종이를 치워버리면 왼쪽 회색이 오른쪽 회색보다 밝아 보인다. 즉 둘러싸고 있는 부분과 둘러싸인 부분의 차이를 더 두드러지게 지각하는 경향을 알 수 있다. 명도대비는 신경세포들간의 억제에 의해 일어나는 것으로 간주되고 있다.

색채지각 시지각에서 두드러진 것 중의 하나가 색채지각이다. 색을 볼 수 있기 때문에 흑백으로 볼 때보다 물체들을 더 잘 식별할 수 있고, 어떤 과 일이 충분히 익었나 등을 판단할 수도 있다. 우리 주변에는 색채지각과 관련한 여러 현상들이 있다. 정상적인 색채지각을 하는 사람들은 약 700만 가지의 색을 구분할 수 있다(Bruce & Green, 1990). 그런데 색채지각에 결함이 있는 색맹인 사람들은 색을 제대로 보지 못한다. 가장 흔한 색맹인 적녹색맹인 경우 적색과 녹색을 보지 못하고, 세상을 청색과 황색의 조합으로 본다. 왜 이 사람들은 적색이나 녹색만을 못 보는 것이 아니라 적색과 녹색을 못 보는 것일까? 초등학교 시절 우리는 색을 띤 조명을 겹쳐 비추어서 여러 가지 색을 만들었던 경험이 있다. 왜 노란 빛과 파란 빛을 겹쳐 비추면 흰색이 보일까? 또 빨간 색을 오래 보고 나서 눈을 돌려 흰색을 보게 되면 잠깐 동안 흰색이 있는 부분에서 흐린 초록색을 보게 되는 색채잔효(color aftereffect) 현상도 많이 경험했다. 왜 흰색에서 초록색을 보게 되는 것일까?

이런 여러 가지 현상들은 사람들이 어떤 과정을 거쳐 색을 보게 되는가에 대해 여러 가지 정보를 준다. 사람들의 색채지각에 관한 이론으로는 삼원색설(trichromatic theory of color vision)과 대립과정설(opponent-process theory of color vision)의 두 가지 이론이 널리 받아들여지고 있다. 삼원색설은 원추체에 있는 세 가지 색 수용기들의 상대적인 활동 양상에 따라 여러 가지 색을 경험하게 된다고 보는 이론이다. 이는 우리가 색을 혼합해서 여러 가지 색을 만들어 내는 색 혼합현상을 잘 설명해 준다. 또한 색채 지각 결함의 원인을 상당 부분 설명할 수 있다. 즉 원추체에는 세 가지 유형이 있는데, 색맹인 사람들의 대부분은 이 세 가지 색수용기 세포 중 한 가지가 없는 경우이다. 그러나 삼원색설만으로는 색채지각과 관련된 모든 현상을 설명하지는 못한다.

색채 대비나 색채잔효 현상도 삼원색설로는 설명하지 못한다. 왜 빨간색을 보다가 흰색을 보면 초록색이 보이는지를 세 가지 색수용기 세포의 상대적인 활동만으로는 설명할 수 없다. 이 부분을 대립과정설이 잘 설명한다. 대립과정설에서는 시각체계 안에 적-녹체계, 청-황체계, 그리고 흑-백체계의 세 체계가 있는 것으로 상정한다. 이 세 체계는 세 가지 색수용기 세포들로부터 선별적으로 시냅스가 이루어지는 것으로 가정하는데, 각 체계마다 두 색이 대립적으로 작용한다고 본다. 그리고 이 세 체계의 활동의 결과로 색을 지각하게 된다고 본다. 여기서 대립적으로 작용한다는 말은 같은 체계에 속한 두 색 중 한 색에 해당하는 부분이 많은 흥분을 하면 다른 색은 억제된다는 의미이다. 즉 어떤 색이 빨간색으로 보이느냐 초록색으로 보이느냐는 적-녹체계에서 어느 색이 더 강하게 흥분하느냐에 달린 것이라는 것이다. 색채잔효의 경우 계속해서 빨간색을 보면 적-녹체계에서 적색이 피로해지게 된다. 그러다 흰색을 보게 되면 적-녹체계는 녹색 부분이 덜 피로해져 있기 때문에 초록의 잔색을 보게 된다.

여기서 한 가지 반드시 언급해야 할 점은 삼원색설과 대립과정설이 하나가 옳고, 다른 하나는 그른 것이 아니라 시각 처리과정중 각기 다른 단계에서 영향을 미친다는 점이다. 즉 수용기 수준에서는 삼원색설이 주장하는 방식으로 처리가 일어나지만, 그 이후의 단계에서는 대립과정설이 주장하는 방식으로 처리가 진행된다는 것이다. 이런 두 가지 방식의 처리는 시냅스를 통해 시냅스전 신경세포가 가지지 않던 반응특성을 시냅스후 신경세포가 갖게 되는 전형적인 예이다. 색채 지각과 관련해서 한 가지 언급할 것은 색채 지각과 색이름 사용과는 별개일 수 있다는 점이다. 즉 색을 어떤 이름으로 부르느냐는 색채 지각 외에 언어를 통한 의사소통의 효율성이라는 것이 고려되기 때문에 문화 등에 따라 색채명 체계가 달라질 수 있다. 우리 말의 색채 이름 체계에도 최근 표준규격이 제정되었다(국가표준 산업규격: 물체색의 색이름 KS A 0011).

(4) 청각과 기타 감각

시각과 청각은 주로 외부의 물체들에 대한 감각이다. 즉 어떤 물체가 주위에 있는지, 얼마나 떨어져 있는지, 움직이는지에 대한 정보를 처리한다. 그에 반해 나머지 감각들은 신체 주변이나 신체에 직접적으로 가해진 자극에 대한 감각이다. 후각은 내 주변 가까이에 있는 물체에 대한 감각이고, 미각과 피부감각은 자기 몸에 주어진 물체나 자극에 대한 감각이다. 마지막으로 전정감각은 몸의 균형에 관한 감각이다. 이제 이들에 대해 알아보기로 한다.

1) 청각과 음높이 지각

우리는 소리를 통해서도 무엇이 어디에 있는지, 그리고 그것이 움직이는지를 알 수 있다. 물체의 움직임은 공기의 진동을 초래하는데, 내이의 와우각(cochlea)에 있는 모세포(hair cell)가 공기의 진동이라는 기계적 에너지를 전기에너지의 형태로 변환한다. 귀에도 청각 수용기인 와우각의 모세포에서 에너지의 변환이 잘 일어날 수 있게 자극의 수집과 증폭을 도와 주는 보조기관들이 있다. 귀의 구조는 [그림 4-4]에 보여지는데, 귓바퀴, 고막, 중이의 청소골, 난원창 등이 자극의 수집과 증폭을 도와 준다. 귓바퀴는 특정한 방향에서 오는 소리가 더 잘 수집되도록 해 주는 기능을 하는데, 우리가 소리를 잘 들으려고 고개를 돌리는 행동이 이를 잘 보여 준다. 중이에 있는 세 개의 작은 뼈인 청소골들은 자극의 에너지를 증폭시켜 준다. 소리가 와우각 속의 액체를 진동시키면 이 진동 때문에 와우각 속의 모세포가 굽혀지게 되면서 청각신호가 발생하는데, 공기의 진동을 증폭시키지 않으면 와우각 속의 액체가 충분한 정도로 진동할 수가 없다. 이 문제를 중이의 청소골이 해결해 준다.

그럼 와우각 속에서는 어떻게 공기의 진동이라는 기계적 에너지를 전기에너지로 변환하게 되는 것일까? 와우각 속에는 와우각을 상하로 나누어 주는 기저막(basilar membrane)이 있는데, 외부의 소리 자극이 와우각의 입구인 난원창에 전달되면 이 진동이 기저막을 따라 기저막이 상하로 움직이면서 그 위에 있는 모세포가 와우각의 벽과 닿아 꺾이게 된다. 이 때 모세포에서 전기 에너지, 즉 청각 흥분이 발생하게 된다.

시각에서는 빛의 진폭과 파장이 각기 밝기와 색과 밀접한 관련이 있는데, 청각에서는 진폭과 주파수가 각기 소리의 크기와 높이와 관련을 갖는다. 이 중에서 사람들이 많은 관심을 가진 부분이 어떤 과정을 거쳐 소리 자극의 주파수에서 음의 높이(pitch)를 듣게 되는가 하는 점이다. 저주파는 낮은 소리로 듣고, 고주파는 높은 소리로 듣는다는 점에서 음높이 지각의 출발점을 기저막에

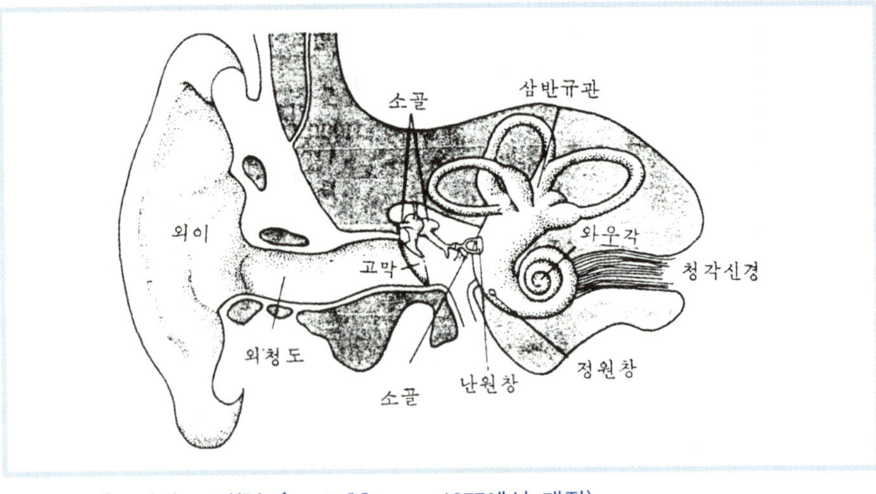

[그림 4-4] 귀의 조직(Lindsay & Norman, 1977에서 개작)

서 찾아볼 수 있는데, 음높이에 관한 장소이론(place theory)이 바로 이런 생각이다. 즉 기저막의 어느 부위에서 가장 큰 전기적 활동이 일어나느냐에 따라 소리의 높이가 부호화된다는 생각이다. 그 논리는 간단하다. 기저막은 소리가 주어지면 진동을 하는데, 주파수에 따라 1주기의 길이가 다르므로 가장 크게 진동하는 1/2주기의 위치가 주파수에 따라 다르다는 것이다. 장소이론은 고주파의 소리, 즉 높은 소리에 대해서는 잘 설명하지만, 저주파, 즉 낮은 소리에 대해서는 설명하기 어렵다. 저주파의 소리를 듣는 문제는 연사이론(volley theory)이 해결해 준다. 연사이론은 기본적으로 신경세포가 1초에 몇 번 흥분하느냐를 토대로 음높이 지각이 일어난다고 보는 입장을 따른다. 그러나 하나의 청신경의 흥분 빈도를 가지고 음높이 지각이 일어나는 것이 아니라 몇 개의 청신경이 하나의 처리단위가 되어 이 단위에서 1초당 몇 번이 흥분이 일어났는지를 토대로 음높이 지각이 일어난다고 연사이론에서는 설명한다. 이 두 설명은 단독으로는 음높이지각을 설명하지는 못한다. 장소이론은 저주파의 소리 지각을 설명하기 어렵고, 연사이론은 고주파의 소리 지각을 설명하기 어렵다. 심리학자들은 이 두 기제가 공동으로 작동한다는 주장을 받아들이고 있다.

2) 신체의 균형에 대한 감각

우리는 눈을 감고도 우리 몸이, 보다 엄밀하게 말하면 우리 머리가, 어느 쪽으로 기울어져 있는지 판단할 수 있다(이를 전정감각 vestibular senses이라고 부른다). 일반적으로 균형감각은 귀의 내이에 있는 세 개의 반규관(semicircular canals)에서 담당하는 것으로 알려져 있다. 즉 서로 직각의 관계로 위치한 세 개의 고리 반쪽같은 모양으로 생긴 반규관이 있는데, 이 관 안에는 액체가 들어 있어서 머리가 어느 쪽으로 기울어져 있는지를 알려 준다.

그러나 신체의 균형에 관한 정보가 전적으로 내이의 반규관에서의 정보, 즉 전정감각에만 의지하는 것은 아니다. 눈을 감으면 몸의 균형을 잡기 아주 어려운 것을 보면 균형감각이 시각의 영향도 받는 것을 부인할 수는 없다. 배멀미는 시각정보와 전정감각 정보가 일치하지 않을 때 일어나는 것이다.

3) 후각과 미각

시각과 청각 외에 냄새로도 주변에 있는 물체나 물체의 상태에 대해 판별할 수도 있다. 우리가 외출했다 돌아와서 문을 여는 순간 이상한 냄새가 나면 그 냄새가 무엇인지 판단해서 조처를 취한다. 예를 들어 가스냄새가 난다면 즉시 창문을 열어 환기를 시키고 집안에서 불을 사용하지 못하게 애들을 단속한다. 실제로 도시가스는 가스 누출을 탐지할 수 있도록 일부러 냄새를 혼합시킨다.

음식 냄새를 맡고 군침이 돈다든가, 썩은 음식 냄새가 나는 음식은 버린다든가 하는 외에 사람들이 일상생활에서 냄새에 의존하는 일은 별로 많지 않다. 그러나 사람들은 10,000가지 이상의 냄새를 구분할 수 있으며, 냄새를 통해서 기억을 되살리기도 한다.

후각에 대한 연구는 시각이나 청각에 비해 초보적인 단계에 지나지 않는다. 현재까지 알려진 것은 화학물질의 분자가 비강의 후각상피에 있는 후각 수용기인 후각세포(olfactory cell)에 접촉하게 되면 전기적 흥분이 발생하며, 사람에는 약 1,000개 유형의 수용기 세포가 있는데, 이들은 각기 몇 종의 냄새에 대해서만 반응을 하는 것 같다는 정도이다(Buck & Axel, 1991).

마지막으로, 사람들이 일상생활에서 냄새에 의존하는 일은 별로 많지 않지만, 다른 동물들은 페로몬이라는 물질을 분비해서 같은 종간의 상호 의사소통에 사용하는 일도 많다.

미각은 혀에 있는 미뢰(taste bud)에 수용기 세포가 있는데, 맛을 통해 해로운 음식을 탐지하는 생존적 가치를 지닌 것으로 알려져 있다. 후각과는 달리 미각은 수용기 세포의 종류를 단지 몇 개의 기본적인 유형으로 나눌 수 있는 것으로 알려져 있다. 즉 쓴맛, 단맛, 신맛, 짠맛의 네 종류가 기본적인 맛으로 간주되고 있는데, 각기 혀의 특정 부위에 수용기가 몰려 있다. 쓴맛은 혀의 뒷부분에, 신맛은 혀의 옆부분에, 단맛은 혀의 끝에, 그리고 짠맛은 혀의 앞부분에 수용기가 있어 혀의 다른 부위에서는 그 맛을 못 느낀다. 예를 들어 설탕을 혀의 뒷부분에 놓으면 단맛을 전혀 느끼지 못한다. 나아가 이 수용기들은 뇌의 피질에 투사될 때 각기 다른 부위로 투사되는 것으로 알려져 있다.

시각에서 시간적, 공간적인 상호작용을 말했었는데, 미각에서도 이와 비슷한 현상이 나타난다. 시간적으로도 순응이 나타나서 단것을 계속 먹으면 단맛을 더 이상 느끼지 못하기도 한다. 또 시간상 대비도 나타난다. 사탕을 먹고 쓴 약을 먹으면 더 쓰게 느껴지지만, 반대로 쓴 약을 먹고 사탕을 먹으면 사탕이 더 달게 느껴진다.

4) 피부감각

뜨거운 주전자에 손을 대는 순간 우리는 화들짝 놀라 손을 떼고 곧 이어 화끈거리는 통증을 느낀다. 그런데 노인이 되면 피부감각이 무뎌져서 뜨거운 아랫목에 누워 있다 화상을 입는 경우도 종종 있게 된다. 이 예에서 보듯이 우리는 우리 몸에 가해진 자극이 어떤 유형인지 재빨리 파악해야 위험에서부터 스스로를 보호할 수 있고 생존할 수 있게 된다. 그럼 이런 피부감각은 몇 가지로 나눌 수 있을까? 일반적으로 피부감각을 아픔(통각), 눌림(압각), 따뜻함(온각), 차가움(냉각)의 네 가지 유형으로 나누는데, 이 네 가지 기본 피부감각은 각기 다른 수용기 세포를 통해서 수용되고, 뇌의 피질로 투사될 때에도 다른 부위로 투사된다. 따라서 어느 수용기 세포에서 흥분이 일어났는지, 뇌 피질의 어느 부위에 있는 신경세포가 흥분했는지를 알면 어떤 자극이 주어졌나를 구분할 수 있게 된다.

네 가지 기본적인 피부감각 중에서 사람들의 관심을 가장 많이 끈 것은 통각이다. 한 가지 이유는 다른 피부감각보다 통각 때문에 병원을 찾는 사람이 많다는 현실적인 이유 때문이다. 또 다른 이유는 감정상태, 상황에 대한 지각, 문화권 등에 따라 통증을 느끼기도 하고, 전혀 통증을 느끼지 못하기도 하기 때문이다. 치과에서는 약간의 자극만 주어져도 상당한 통각을 경험하지만 전쟁에서 부상당한 군인들의 상당수는 별로 통증을 느끼지 않는다고 한다. 자기가 살아 있다는 안도감이 상처에서 오는 통각을 차단하는 듯이 보인다. 이런 현상들은 통각이 피부 등에 있는 통각 수용기에서 흥분이 일어난다고 해서 자동적으로 통각이 경험되는 것이 아니라 뇌의 특정 부위에 의해 통각 수용기에서 온 정보가 통제될 수 있다는 것을 보여 준다. 또한 뇌에서는 진통기능을 하는 엔돌핀(endorphin)이라는 물질을 자생적으로 분비하는데, 엔돌핀이 통각의 조정기능과 관련되었을 가능성도 있다(통각에 관한 부분은 Wall & Melzack, 1989를 참고할 것).

통각과 관련해서 생각해 볼 수 있는 것이 침의 진통효과이다. 동양의학에서 사용하는 침술은 통증을 줄여 주는 효과가 있는데, 한 가지 가능한 이유는 침을 맞을 때의 따끔한 자극이 다른 부위에서 오는 통각을 차단하는 것이다. 물론 침의 진통효과에 대해서는 다른 이유도 생각할 수 있다. 엔돌핀과 길항작용을 하는 물질인 날록손을 미리 주사하면 침을 맞아도 진통효과가 나타나지 않는다는 연구는 침을 놓으면 엔돌핀이 분비될 가능성이 있다는 것을 보여 준다.

3. 지각과정 : 지각조직화와 대상지각

지금까지 감각기관에 주어지는 자극이 어떻게 수용되고 부호화되는가에 대해 알아보았다. 그럼 우리는 감각수용기에서 수용된 정보에서 어떻게 물체의 정체 등을 알게 되는 것일까? 망막의 어떤 부위에 빨간 색이 있다는 것에서 어떻게 사과라는 물체가 책상 위에 있다는 것을 알게 되는 것일까? [그림 4-5]를 보자. 이 그림에서 우리는 두 개의 기둥을 보는데, 뒤의 기둥은 앞의 기둥에 가려 윤곽선의 일부가 없는데도 기둥으로 본다. 감각기관을 통해 주어지지 않은 정보를 추가해서 기둥을 본 것이다. 이번에는 [그림 4-6]에 있는 네커의 육면체(Necker's cube)를 보자. 이 그림은 두 가지로 보인다. 흐리게 칠해진 부분이 앞으로 튀어나온 육면체로도 보이지만, 그 부분이 가장 뒷부분인 육면체로도 보인다. 하나의 물리적 자극에 대해 두 가지 이상의 지각을 한 것이다. 이 예들은 감각기관을 통해 수용한 정보를 수동적으로 처리해서 그 자극의 정체나 위치 등을 파악하는 것이 아니라 지각자가 능동적으로 정보를 종합하고 빠진 정보를 채워넣어서 구성한 결과를 지각한다는 지각과정의 특징을 잘 보여준다.

정보들을 종합하고 구성한다는 것은 감각 정보들을 조직화해서 지각이 일어난다고도 표현할 수 있다. 이런 지각조직화(또는 지각체제화 perceptual organi-

[그림 4-5] 뒤의 물체를 일부분이 가려진 물체로 본다

zation)는 감각기관에서 수용된 정보를 조합하는 과정뿐만 아니라 지각의 모든 과정에서 영향을 미치지만 감각기관을 통해 들어온 낱개의 감각정보들을 보다 큰 덩어리로 집단화해서 지각하는 지각집단화 현상과 집단화한 덩어리 중 한 부분을 물체로 보는 전경-배경 분리현상에서 이 특징이 잘 드러난다.

지각집단화와 전경-배경분리

1) 지각집단화

우리가 물체를 보면 그 물체의 상은 하나의 수용기 세포에만 맺히는 것이 아니라 많은 수용기 세포에 걸쳐 맺힌다. 그런데 우리는 낱개의 밝은 점들을 보는 것이 아니라 통합된 하나의 물체를 본다. 이는 한 물체에 속한 정보들을 하나의 덩어리로 묶는 과정이 있기에 가능할 것인데, 게스탈트 심리학자들이 어떤 정보들이 집단화되느냐에 대한 원리들을 제안하였다. 이 원리들을 지각집단화(perceptual grouping)의 원리라고도 부르는데, 이는 어떤 부분(요소)들이 하나의 집단으로 묶일 수 있는지에 대한 기술적인 원리들이다. 참고로 게스탈트 심리학자들은 지각 전반에 대해 전체는 부분의 합 이상이며 우리는 부분들을 먼저 지각하고 전체를 지각하는 것이 아니라 전체를 먼저 처리한다고 주장하였는데, 지각집단화는 이 주장의 일부이다. 지각 처리의 원리에 대한 이들의 주장이 옳으냐 그르냐에 대해서는 아직도 논란이 있지만, 이 책에서 다루기에는 전문적이라서 여기서는 다루지 않는다. 그럼 게스탈트 심리학자들이 제안한 대표적인 지각집단화의 원리들에 대해서 살펴보자.

단순성(simplicity) 우리가 어떤 형태를 보게 되면 가장 단순한 형태로 지각한다는 원리이다. 아래 그림을 사각형 뒤에 겹쳐진 원으로 보는 경향이 사각형과 팩맨 형태로 보는 경향보다 훨씬 강한데, 이는 사각형과 원이라는 해석

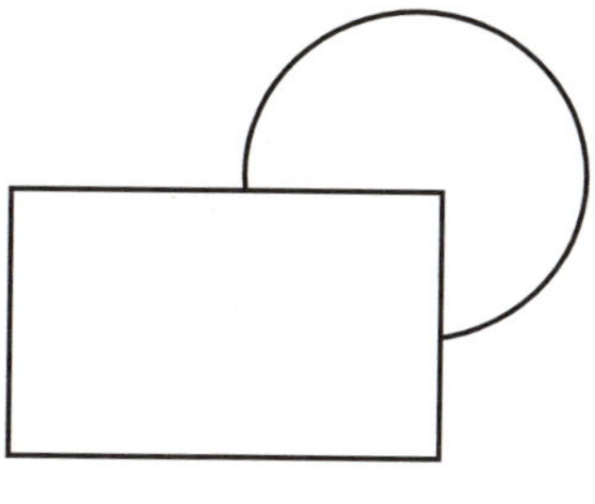

이 사각형과 팩맨이라는 해석보다 단순하기 때문이라는 것이다. 이 원리는 좋은 형태(prägnanz, good form)의 원리라고도 불리는데, 게스탈트 심리학자들은 이 원리가 지각 집단화의 가장 기본적인 원리라고 생각한다. 그러나 단순하다, 좋은 형태라는 것을 판단할 기준이 무엇이냐는 문제는 명확하지 않다.

근접(proximity) 가까이 있는 요소들이 하나의 집단으로 묶인다는 원리이다. 그 결과 우리는 아래 그림을 여러 개의 점들이 일렬로 있다고 보기보다는 두 개씩 묶인 점들이 여러 쌍 있는 것으로 보게 된다. 근접의 원리는 타악기에서 리듬을 지각할 때에도 잘 드러난다.

유사성(similarity) 형태나 색 등이 유사한 요소들이 하나의 집단으로 묶인다는 원리이다. 아래 그림에서 우리는 원과 사각형이 섞여 있는 수직선을 보기보다는 각기 원과 사각형으로 구성된 수평선들을 보는데, 이것이 유사성에 의한 집단화의 좋은 예이다.

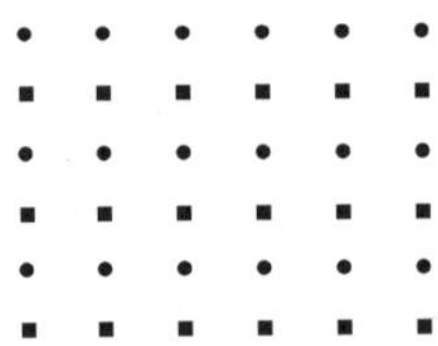

닫힘(closure) 연속되지 않고 개방된 형태보다 연속되고 닫힌 형태로 본다는 원리이다. 아래 그림에서 우리는 세 모서리를 보기보다는 하나의 삼각형으로 보는 경향이 강한데, 이는 우리가 연결되고 닫힌 형태로 해석하는 경향을 잘 보여 준다.

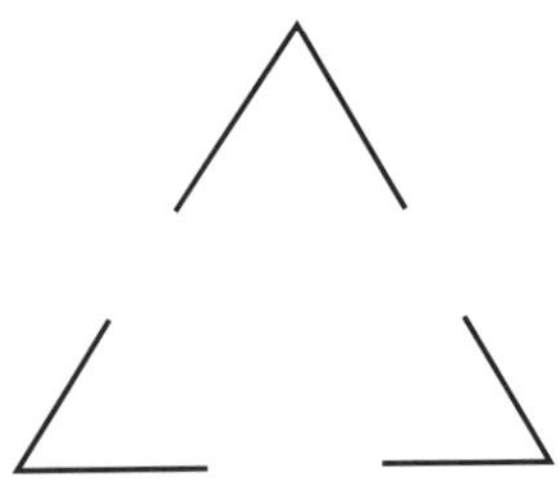

집단화의 원리로 제안된 것은 이외에도 아주 많아서, 여기서 그 목록을 다

열거할 수 없다. 지각집단화에서 중요한 것은 우리가 주어지는 지각의 요소들을 낱개로 처리하기보다는 보다 큰 하나의 단위로 묶어서 처리한다는 점이다.

2) 전경-배경 분리

지각이 수동적인 과정이 아니라 지각하는 사람이 구성하는 것이라는 점을 잘 보여주는 또 다른 현상이 전경-배경 분리인데, 이는 가역적 형태(reversible figure)에 대한 지각에서 아주 잘 드러난다. 가역적 형태란 [그림 4-6]의 루빈의 컵처럼 두 가지 이상의 해석이 가능한 형태를 의미한다. 예로 든 루빈의 컵은 포도주 잔으로도 보이지만 마주 보고 있는 두 사람의 옆얼굴로도 보인다. 여기서 물체로 보는 부분—그것이 컵이건 사람의 얼굴이건 상관없이—을 전경(figure)이라 하고, 나머지 부분을 배경(ground)이라 하는데, 전경과 배경이 나뉘어지는 윤곽선을 사람들은 전경에 속하는 것으로 본다. 즉 사람들은 자기들이 물체로 보는 부분은 경계가 정해져 있다고 보지만 물체로 보지 않는 부분은 그 물체의 뒤에서 계속 연장되어 있다고 본다. 이는 가역적 형태를 무엇으로 보느냐는 우리가 자극의 일부분을 물체로 보고 나머지 부분은 배경으로 보는 체제화가 일어난 결과라는 것을 의미하는 것이다.

뿐만 아니라 사람들은 전경에 속한 부분에 대해서는 세밀하게 처리하지만, 배경에 속한 부분에 대해서는 덜 정밀하게 처리하는 특징도 보여 준다(Weisstein & Wong, 1986).

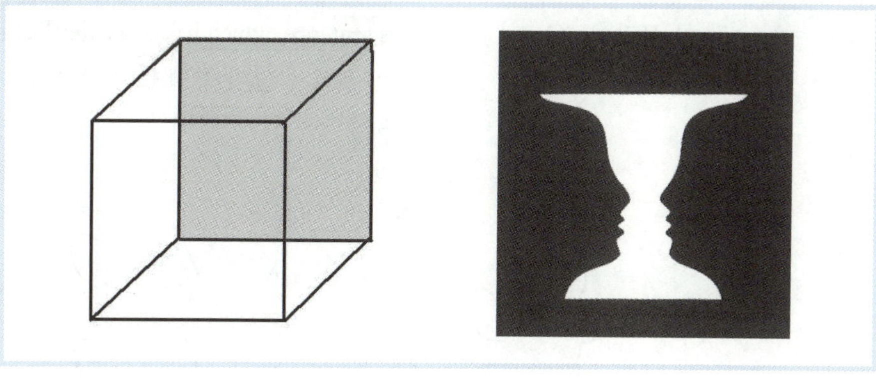

[그림 4-6] 네커의 육면체와 루빈의 컵

3) 상향처리와 하향처리

지각집단화는 감각기관을 통해 들어온 정보를 토대로 지각이 일어난다는 것을 시사하는 것으로 해석될 수 있다. 그러나 우리가 형태나 물체를 지각할 때에는 감각기관을 통해 들어온 감각정보에만 의존하지는 않는다. 이전에 주어진 정보나 동시에 제시되는 다른 자극들이 제공하는 맥락, 대상에 관한 지식 등도 지각에 영향을 미친다. 감각정보나 이를 처리한 정보에 의해 지각이 일어나면 그 처리를 상향처리(bottom-up process) 또는 자료주도적 처리(data-driven process)라 하고, 자극이 주어진 맥락이나 일반적인 지식 등의 영향을 받는다면 그 처리를 하향처리(top-down process) 또는 개념주도적 처리(conceptually-driven process)라 하는데, 지각에 관한 논쟁 중의 하나가 어떤 지각과정이 상향처리이냐 하향처리이냐에 관한 것이다.

Palmer(1975)의 연구는 맥락이 지각에 영향을 미치는 예를 잘 보여 준다. Palmer는 [그림 4-7]에 있는 것처럼 귀나 코 등의 윤곽그림을 보여 주고 그 그림이 무엇인지 대답하게 하였다. 한 조건에서는 A에서처럼 그 부분의 윤곽그림만 주고 답하게 하였고, 다른 조건에서는 얼굴 전체의 윤곽그림을 주고 답하게 하였는데, 얼굴이라는 맥락이 주어진 경우에는 아주 쉽게 각 부분을 알아보았으나, A에서처럼 맥락이 없는 경우에는 어려움을 겪었다. 지각에서 하향처리가 일어난다는 것은 말이나 글의 지각에서도 잘 드러난다. 여러분은 "Ca_ yo_ re_d t_is _en_en_e, w_ic_ ha_ ev_ry _hi_d l_tt_r m_ss_ng?"이라는 문장을 보면 곧 이 문장이 "Can you read this sentence, which has every third letter missing?"이라는 것을 파악할 수 있다. 이는 우리가 말이나 글을 지각할 때 자극으로 주어

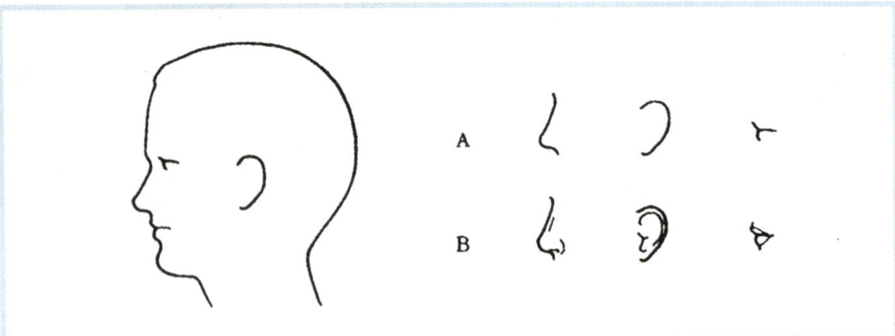

[그림 4-7] 맥락효과를 보여 주는 Palmer(1975)의 실험자극

지는 정보 외에 다른 정보의 도움을 받는다는 것, 즉 하향처리가 일어난다는 것을 잘 보여 준다.

이것으로 지각과정의 대표적인 기본 원리에 대해 알아보았다. 이제는 지각에서의 중요한 세 가지 문제, 즉 어떤 물건이(대상 인식) 어디에 있으며(깊이 지각), 어디로 움직이는지(운동지각)에 대해 알아보기로 한다.

4) 대상 인식

지각집단화와 전경-배경 분리가 물체의 정체를 파악하는 데 중요한 부분일 수는 있지만 이것만으로 물체의 정체를 파악하는 과정 즉 대상 인식 과정을 설명하지는 못한다. 물체의 정체를 파악하려면 비슷하거나 가까이 있는 요소들을 하나로 묶고, 그것이 전경인지 배경인지 분리하는 것 이상의 과정이 필요한데 이 부분에 대해 게스탈트 심리학은 구체적이고 만족스런 설명을 제공하지 못하였다. 대상 인식 과정을 설명하는 대표적인 접근법은 정보처리적인 접근법이다. 정보처리접근은 컴퓨터로 어떤 일을 수행하려면 몇 개의 처리 단계를 거치는 것처럼 인간의 인지과정을 몇 개의 단계로 나누어 설명하는 접근법이다. 대상 인식과 관련해서는 감각정보에서 물체를 구성하는 기본단위인 세부특징(feature)을 추출한 다음 이들을 조합해서 물체의 정체를 파악한다는 세부특징 분석모형이 널리 받아들여져 왔다. 가장 전형적인 모형이 글자지각과정에 관해 Selfridge(1959)가 제안한 복마전모형(pandemonium model)인데, 이 모형에서는 망막에 맺힌 상에서 세부특징을 추출한 다음 어떤 세부특징이 있는지를 파악하면 글자의 정체를 알 수 있다고 제안하였다. 예를 들어 영어 대문자 T를 보면 수직선, 수평선, 그리고 직각이라는 세부특징을 추출할 수 있는데, 이 조합은 다른 어떤 글자보다 영어 대문자 T와 가장 일치도가 높으므로 T로 재인하게 된다는 것이다. 구체적인 내용은 다르지만 이후에 나오는 모형들도 기본적인 생각은 이와 유사하다(예; Treisman, 1988). 한글 지각에서도 세부특징 분석모형이 잘 들어맞는다(김민식 · 정찬섭, 1989; 김정오 · 김재갑, 1992).

세부특징 분석모형들은 대부분 글자나 도형과 같은 2차원의 형태 재인에 관한 모형이었으나, Marr, Biederman 등은 어떤 단계들을 거쳐 3차원의 물체를 재인하느냐에 관심을 가졌다. 특히 Biederman은 부분적이고 불완전한 정보를 가지고 신속하게 물체의 정체를 파악하는 과정을 설명하려 하였다. 비록 무엇을 형태나 물체의 기본단위로 보느냐는 점에서는 다르지만, Biederman(1987)의

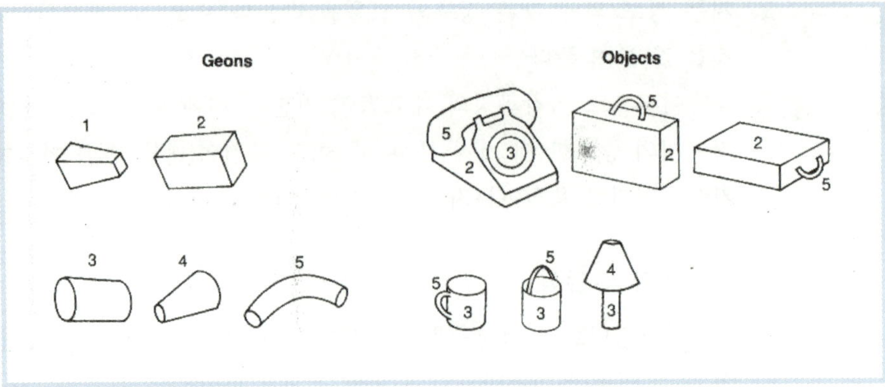

[그림 4-8] geon과 geon들로 만들어진 물체(Biederman, 1987에서 개작)

성분재인이론(recognition by components: RBC 이론)도 기본적인 생각은 세부특징 모형과 크게 다르지 않다고 볼 수 있다. 2차원의 글자재인에 관한 모형인 복마전 모형에서는 수평선, 수직선 등을 세부특징으로 상정하였지만, 성분재인이론에서는 블록, 원기둥, 원뿔, 고리 등 3차원의 물체 36개를 기본 단위로 상정하고 이들을 geon(geometric ion을 합쳐 만든 말)이라 명명하였다. 성분재인이론에서는 어떤 geon들이 있으며, 이들이 어떤 공간적인 관계로 조합되어 있느냐로 물체가 표상되는 것으로 가정하는데, 이 방식으로 표상하면 우리가 일상생활에서 구분할 수 있는 모든 물체들을 구분하고도 남는다는 것이다. 예를 들어 [그림 4-8]에서 원기둥에 고리가 옆으로 붙으면 컵이 되지만 원기둥에 고리가 위로 붙으면 통이 된다. 아울러 성분재인이론에서는 물체를 구성하는 geon 중 일부만 제공되어도 물체의 정체를 파악할 수 있다는 것도 보여 주었다.

5) 깊이지각

우리는 물체가 무엇인지뿐만 아니라 그 물체가 어디에 있는지에 대해서도 지각한다. 이런 공간적인 위치파악에 관한 연구 중에서 특히 사람들의 관심을 끈 부분은 우리가 어떻게 망막에 맺힌 2차원의 상에서 3차원을 보며 거리를 지각하느냐 하는 점이다. 이를 심리학에서는 깊이지각(depth perception)이라 부르는데, 많은 심리학자들은 물체의 3차원적 정보를 알려 주는 단서들인 깊이단서(depth cues)를 이용해서 깊이지각이 가능한 것으로 보고 있다.

사람들이 3차원의 지각을 하는 데 가장 중요한 단서로 꼽히는 단서가 양안부등(binocular disparity)이다. 양안부등이란 두 눈에 맺히는 상이 다르다는 것인데, 다음을 따라 해보면 쉽게 확인할 수 있다. 두 눈을 뜨고 한 손을 쭉 뻗어서 엄지손가락이 창문과 일치하게 하라. 이제 눈을 움직이지 말고 한쪽 눈으로만 보라. 왼쪽 눈으로 볼 때와 오른쪽 눈으로 볼 때 상이 다른 것을 경험할 것이다. 즉 한쪽 눈에서는 여전히 엄지손가락과 창문이 일치하지만, 다른 쪽 눈에서는 엄지손가락이 창문과 일치하지 않는다. 이 차이는 두 눈이 떨어져 있기 때문에 생기는데, 물체와의 거리에 따라 양안부등의 정도가 다르다. 따라서 양안부등의 정도를 가지고 물체와의 거리를 판단할 수 있다. 입체영화는 이 원리를 이용한 것이다.

그러나 우리는 한 눈만으로 물체를 볼 때에도 물체와의 거리나 물체간의 상대적 위치를 파악한다. 이는 한 눈에 주어지는 상에도 많은 깊이 단서가 있다는 것을 보여 준다. 이 단서들을 단안단서라 하는데, 풍경화를 그리는 화가들이 그림을 그릴 때 사용했기 때문에 그림단서라고도 부른다. 선조망, 중첩, 상대적 크기, 결 기울기 등이 대표적인 단안단서이다. 곧게 뻗은 고속도로를 보면 멀어질수록 길이 좁아지는 것처럼 보이는데, 이것이 선조망이다. 또 같은 크기의 물체 중에 하나가 다른 것보다 크게 보인다면 우리는 크게 보이는 물체가 더 가까이 있다고 생각하는데, 이는 상대적 크기라는 단안단서가 사용된 좋은 예이다. 그리고 두 개 이상의 물체가 앞뒤에 있게 되면 뒤에 있는 물체는 앞에 있는 물체에 의해 일부분이 가려져서 보이지 않는데, 이를 중첩이라 한다. 마지막으로 풀밭이나 자갈길처럼 비교적 같은 요소들로 표면이 구성된 경우 거리가 멀어질수록 이 요소들이 좀더 조밀하게 보이는데, 이를 결의 기울기라고 한다. 거리에 관한 세 번째 유형의 단서는 움직임을 통해서 주어진다. 우리가 움직이면 가까이 있는 물체는 빠른 속도로 망막에서 상이 이동을 하지만, 멀리 있는 물체는 완만한 속도로 상이 이동한다. 이를 운동시차라고 하는데, 이 정보도 거리에 대한 정보를 제공한다.

6) 운동지각

어떤 물체가 움직이는지, 그리고 나에게로 다가오는지 멀어지는지를 판단하는 것은 생존에 아주 중요하다. 공이 내 쪽으로 날아온다든가, 차를 타고 가는데 앞차가 갑자기 서는 경우 빠르게 대응하지 않으면 생존에 큰 위협이 될 수 있는데, 이런 경우 그 물체가 시야에서 점점 더 커지는 것을 경험하게 된다. 이런 현상적인 경험은 망막에서 상이 이동하기 때문에 운동지각이 일어나는 것으로 생각하게 만들 수 있다. 그러나 망막에서의 상의 이동이 운동지각의 전부는 아니다. 가현운동(apparent movement)의 경우 망막에서 상이 이동하지 않고 단순히 시차를 두고 점멸하기만 해도 물체가 움직이는 것으로 지각하기도 한다. 그런가하면 망막에서 상이 움직여도 물체가 움직이지 않는 것으로 지각하기도 한다. 우리는 사람을 찾을 때 두리번거리며 고개를 좌우로 돌리는데, 그러면 주위에 있는 물체들의 상은 망막에서 이동하게 된다. 그러나 이 경우 정상인들은 주위의 물체가 움직인다고 지각하지 않는다. 이 두 가지 예는 운동지각이 망막에서 상이 이동하는 것에서만 비롯되는 것이 아니라는 것을 보여준다. 그 대신 이 예들은 시차를 두고 나타나는 점들을 어떻게 조직화하느냐, 그리고 물체들간의 상대적인 이동을 어떻게 해석하느냐에 따라 운동을 지각한다는 것을 보여 준다.

가현운동 좌우로 배열된 두 개의 조그만 전구가 1/10초나 2/10초의 시간간격을 두고 하나가 켜졌다 꺼지면 다른 전구가 켜졌다 꺼지기를 반복하면 사람들은 하나의 점이 움직이는 것으로 지각한다. 두 개의 전구가 순차적으로 점멸하는 것이라서 실제로는 움직이는 것이 아닌데도 외견상 하나의 불이 움직이는 것처럼 보이므로 이런 운동을 가현운동이라 한다. 가현운동은 점멸하는 자극들의 거리와 시차가 적당한 조건일 때에만 나타나는데, 이는 좀전에 보인 점이 바로 다음에 나온 점들 중 어떤 점과 같은 점이라고 대응되는 경우에만 가현운동이 지각된다는 것을 보여 준다. 즉 시차를 둔 상대적인 이동이 하나의 물체로 조직화될 수 있을 때 운동지각이 일어날 수 있음을 시사한다. 가현운동은 영화의 기본원리이며, 움직이는 듯이 보이는 네온사진이나 이발소 표시등도 가현운동을 이용한 것이다. 가현운동은 전체는 부분의 합이 아니라는 게스탈트 심리학자들의 주장에 아주 중요한 역할을 했다.

유도된 운동 달이 뜬 맑은 밤에 하늘을 보면 달이 하늘을 가로질러 가는 듯이 보인다. 또 차를 타고 가다 건널목에 서 있는데 옆의 차가 움직이면 내가 탄 차가 뒤로 가는 듯이 느껴진다. 이런 운동현상을 유도된 운동이라 한다. 실제로는 움직인 것이 아니지만 다른 물체의 운동에 의해 운동지각이 유도되었다는 뜻이다. 일반적으로 유도된 운동은 둘러싸고 있는 큰 물체보다 둘러싸인 작은 물체에서 관찰되는데, 이는 망막상에서의 상대적인 이동을 어떤 물체의 이동으로 보느냐는 지각의 구성적인 특징을 보여주는 좋은 예이다.

4. 지각항등성과 지각의 발달

(1) 지각항등성

사람의 지각에서 아주 두드러진 현상 중의 하나는 감각기관에 주어지는 자극은 거리나 위치, 조명 상태 등에 따라 달라도 비교적 일정하게 자극의 정체를 파악해 낸다는 점이다. 검은 종이는 밝은 대낮에 보든 흐린 날 보든 검은색으로 보이며, 빨간 사과는 형광등 아래서 보든 백열등 아래서 보든 빨간색으로 보인다. 또 나하고 얘기를 하다 헤어져서 걸어가는 친구의 모습은 망막에 맺혀지는 상의 크기는 작아지지만 계속 같은 크기로 보인다. 이와 같은 현상을 지각항등성(perceptual constancy)이라 한다. 보다 구체적으로 조명상태가 변하는 것에 상관없이 물건의 밝기와 색을 항등적으로 지각하는 밝기항등성(lightness constancy)과 색채항등성(color constancy), 거리에 상관없이 같은 크기로 지각하는 크기항등성(size constancy), 그리고 보는 각도 등에 상관없이 같은 형태로 보는 형태항등성(shape constancy) 등이 있다. 지각항등성의 생존적 가치는 새삼 물어볼 필요가 없을 것이다.

그럼 어떻게 해서 항등적인 지각이 일어나는 것일까? 밝기항등성과 크기항등성에 대해서 알아보기로 하자. 밝기항등성은 표면의 밝기지각이 표면에서 반사되어 나오는 빛의 양에 의해서 결정되는 것이 아니라는 것을 잘 보여 준다. 같은 물체라 하더라도 물체의 표면에서 반사되어 나오는 빛의 양은 조명의 종류나 양에 따라 달라진다. 따라서 밝기항등성은 표면에서 반사되어 나오는 빛의 양이 아닌 다른 정보가 밝기지각에 중요하다는 것을 시사한다. 그럼 조명이 달라져도 변하지 않는 정보로는 어떤 것이 있을까? 이는 밝기항등성이 언제 사라지는지를 찾아 보면 알 수 있다. 차단막을 이용해서 주변의 다른 부분은 보지 못하게 하고 하나의 표면만을 보게 하면 밝기항등성이 사라지고, 그 표면에서 반사되어 나오는 빛의 양에 따라 밝기를 지각한다. 그러나 인접한 다른 표면들이 같이 보이게 하면 놀랍게도 밝기항등성이 나타난다. 이는 인접한 표면들에서 반사되어 나온 빛의 양의 비율이 밝기항등성의 중요한 요인임을 보여 주는 것이다. 즉 조명이 어떠하든 일반적으로 인접한 표면들에서 반사되어 나오는 빛의 양의 비율은 비교적 일정할 것이고, 이를 토대로 밝기지각이 일어나는 것임을 보여 준다. 이를 요약하면 다음과 같다. 밝기지각은 조명에 상관없이 일정한 값을 갖는 물체 표면의 반사율에 관한 지각으로 볼 수 있는데, 다른 표면들이 인접해 있어야 표면의 반사율을 알 수가 있다는 것이다.

크기항등성은 어떻게 설명할 수 있을까? 한 가지 가능한 설명은 인접한 물체들간의 상대적인 크기를 고려하는 방법이다. 그러나 하나의 물체만이 제시되어 상대적인 크기를 고려할 수 없는 상황에서도 물체의 거리에 대한 단서들이 주어지면 크기항등성은 관찰된다. 따라서 다른 설명이 필요한데, Helmholtz는 망막의 상의 크기와 물체의 지각된 거리를 고려해서 물체의 크기를 지각한다고 제안하였다. 물론 이 과정을 사람들이 의식하지는 못하기에 Helmholtz는 무의식적 추론을 통해 크기지각 등이 일어난다고 제안하였다. 한편 Gibson과 같은 심리학자들은 크기항등성적인 정보가 이미 환경 속에 있기 때문에 무의식적 추론이 필요없다고 주장하였다. 이제까지 살펴본 것처럼 지각항등성 현상은 지각의 종류에 따라 구체적인 기제는 다르지만 다른 물체들과의 관계와 같은 정보를 토대로 해서 지각이 일어난다는 것을 보여 준다.

(2) 지각 발달

심리학에서 주요한 논쟁 중의 하나는 환경과 유전 논쟁이다. 즉 어떤 능력이나 특성이 생득적인 것인지 아니면 경험을 통해 획득되는 것인지에 대해 심리학자들간에 많은 논란을 벌여왔다. 특히 지각능력이 생득적이냐는 문제는 지각이 지식의 출발점일 수 있다는 점에서 아주 의미하는 바가 크다. 결론을 미리 말하자면 지각의 종류에 따라 지각능력이 출현하는 시기가 다른 것 같다. 예를 들어 깊이지각에서 단안단서보다 양안부등 단서를 더 일찍 이용하는 것 같다. 지각능력이 생득적이냐는 논쟁에서 한 가지 유의할 사항은 태어날 때 모든 감각기관이 완전히 성숙한 것은 아니라는 점이다. 여기서는 깊이지각과 크기지각에 관한 내용들에 대해 알아보기로 한다.

깊이지각이 생득적일 가능성이 높다는 것을 보여 주는 고전적인 연구가 시각절벽(visual cliff)을 사용한 Gibson과 Walk(1960)의 연구이다. 시각절벽은 실제로는 낭떠러지가 아니지만 깊이단서를 이용하면 커다란 상자의 반은 푹 빠져 있는 것처럼 보이게 만든 도구이다. 즉 상자의 위에 커다란 유리판을 깔아 바닥으로 떨어질 염려가 없게 만들었는데, 상자의 반에는 바둑판 무늬를 유리판 바로 밑에 붙이고, 나머지 반에는 3피트 아래에 같은 무늬를 붙였다. 그리고 유리판의 가운데에 나무판을 놓아 얕게 보이는 곳과 깊게 보이는 곳을 갈라놓았다. 이제 이 나무판에 6개월 된 유아를 올려 놓고 엄마가 어느 한쪽에서 아기를 부르고, 아기가 엄마에게 기어오는지 알아보았다. 엄마가 얕아 보이는 곳에서 부를 때는 엄마에게 기어갔으나, 깊어 보이는 곳에서 부르면 기어가지 않았다. 유아들이 생후 6개월이어서 이 결과는 깊이지각 능력이 생득적이라는 것을 결정적으로 보여 주지는 못한다. 이들은 태어나자마자 움직일 수 있는 다른 동물들을 가지고도 연구를 하였는데, 모든 동물들이 깊어 보이는 쪽으로는 건너려 하지 않았다. 이는 깊이에 대한 지각이 아주 일찍부터 가능하다는 것을 보여 주는 것이었다. 이후의 연구들은 깊이단서별로 유아들이 깊이를 지각하는지 알아보았는데, 앞에서 이미 말한 대로 깊이단서의 종류에 따라 단서를 구분하는 것으로 보이는 시기는 달랐으나 상대적으로 늦게 사용되는 그림단서에 대한 구분도 생후 7개월 정도면 가능한 것으로 나타났다.

크기지각에서는 유아들이 망막의 상의 크기로 크기를 판단하는지, 아니면 물체의 거리도 고려하는지를 알아보았다. McKenzie, Tootel 및 Day(1980)는 아이들이 오래 본 물체에 대해서는 점점 덜 보는 경향이 있다는 점을 이용해서 6개월 된 유아가 크기항등성적인 지각을 하는지 알아보았다. 먼저 유아들에게 60cm 거리에 있는 사람 머리 모형을 더 이상 보지 않을 때까지 보게 하였다. 이어서 한 집단의 아이들에게는 같은 크기의 모형을 30cm 떨어진 곳에 놓고 유아들이 얼마나 이 모형을 쳐다보는지 조사하였다. 다른 집단의 유아들에게는 30cm 떨어진 곳에 크기가 처음 모형의 반인 모형을 놓고 유아들을 관찰하였다. 크기항등성적인 지각을 한다면 크기가 작은 모형을 보게 한 둘째 집단의 유아들이 모형을 더 오래 쳐다볼 것이고, 크기항등성적인 지각을 못하고 망막의 상의 크기에만 의존해서 크기를 지각한다면 첫째 집단의 유아들이 더 오래 볼 것으로 예상할 수 있는데, 둘째 집단의 유아들이 모형을 더 오래 쳐다보았다. 즉 적어도 생후 6개월이면 크기항등성적인 지각을 하였다. 이 결과들을 놓고 깊이지각과 크기지각 능력이 생득적이냐 아니냐를 단정지을 수는 없지만 학습의 결과로 설명하기에는 아주 어린 시기에 이미 상당한 정도의 지각능력을 가지고 있음을 보여 준다.

◆ 생각해 볼 문제

1. 어떻게 하면 차이역을 이용해서 자극의 강도와 느끼는 강도간의 관계식을 만들 수 있을까 생각해 보자.
2. 사람의 눈을 사진기와 비교하는 경우가 많다. 수정체의 조절작용에 해당하는 일이 사진기에서는 어떻게 일어나는지 생각해 보자.
3. 세 가지 수용기가 어떻게 시냅스하면 적녹체계가 만들어질 수 있을지 생각해 보자.
4. 색채지각과 음높이 지각에 대한 설명은 어느 점에서 비슷하고, 어느 점에서 다른지 생각해 보자.
5. 배멀미는 시각정보와 전정감각 정보가 일치하지 않을 때 일어나는 것이다. 그렇다면 배멀미를 하지 않으려면 어떻게 하는 것이 좋을지 한번 생각해 보자.
6. 어머니가 잠시 자리를 비워서 우는 아이에게 엄마 냄새가 밴 옷을 주면 아이가 어떤 반응을 보일지 한번 생각해 보자.
7. 지각집단화의 원리는 실제 물건들의 어떤 물리적 특성과 관련되어 있을지 생각해 보자.
8. 본문에서 입체 영화는 양안부등을 이용한 것이라 했는데, 어떻게 하면 입체를 보게 되는지 그 구체적인 방법에 대해 생각해 보자.

제 5 장

어떻게 기억하는가?

1. 기억의 본질
2. 기억의 구조
3. 기억과정
4. 망　　각
5. 일상적 기억의 실제
6. 기억의 구성적 특성: 기억을 좋게 하는 길
7. 기억 연구의 응용

◆ 생각해 볼 문제

인간에게 기억이 없다면 과거도 현재도 없게 되며, 경험을 통해 새로운 각종의 기술이나 능력을 새로 습득할 수도 없으며, 습득하였다 하더라도 이를 사용할 수도 없을 것이다. 우리에게 기억이 없다면 매일 보는 사람의 얼굴도 알아볼 수 없게 될 것이며 우리 자신이 누구라는 사실도 모른 채 살아가게 될 것이며 가장 초보적인 일상생활도 할 수 없을 것이다. 이렇게 중요한 기억은 과연 어떻게 이루어지는가? 기억한다는 것은 무엇을 어떻게 하는 것인가? 기억에는 어떤 종류가 있는가? 망각은 왜, 어떻게 일어나는가? 망각을 방지하고 기억이 잘 되도록 하려면 무엇을 어떻게 해야 하는가? 또 연령이 많아짐에 따라 기억이 과연 나빠지는가? 나빠진다면 무엇이 나빠지는가? 기억을 잘하는 사람과 못하는 사람의 차이는 무엇인가? 이 장에서는 이러한 물음들을 심리학 실험 연구 결과들을 근거로 하여 하나씩 살펴본다.

1. 기억의 본질

(1) 기억이란 무엇인가: 기억에 대한 관점의 변화

기억에 대한 심리학적인 관점들은 역사적으로 계속 변화하여 왔다. 희랍시대 이래 1960년대까지 오랫동안 인류가 지녀온 기억에 대한 첫번째 관점은 밀랍(wax)비유이다. 이 관점에서는 인간의 기억을 밀랍 같은 것에 낙인을 찍듯 무언가 흔적을 남기는 것으로 비유하여 생각하였다. 따라서 기억이 잘되고 안되고는 강한 기억 흔적을 남겼느냐에 달려 있으며, 시간이 경과되면 이러한 흔적이 약화되어 기억이 희미해진다는 것이었다.

1960년대를 전후하여 대두된 두 번째 관점은 기억을 창고, 저장고, 또는 저장 위치에 비유하는 생각이었다. 이 입장은 기억을 컴퓨터에 비유하여, 기억해야 할 사건이나 대상이 그대로 복사되어 기억 저장고의 일정한 위치에 저장되고, 후에 필요하면 이 저장고의 주소를 찾아 꺼낸다는 생각이었다. 이 입장에 의하면 기억이 잘 안되는 다른 이유의 하나로 저장고 내에서 탐색의 실패를 들

기억 인간에게 기억이 없다면 과거도 현재도 없으며 경험을 통해 새로운 각종 기술이나 능력을 습득할 수도 없고 습득한 정보를 사용할 수도 없다.

고 있다.

세 번째 관점은 기억을 구성으로 보는 관점이다. 인간의 마음은 수동적인 거울이 아니라 능동적인 것이어서, 기억할 때에 수동적으로 자극을 복사하여 저장하였다가 되꺼내는 것이 아니라 기억해 넣을 때에도 기억하는 사람의 지식 등에 의하여 원래의 자극 대상과는 달리 구성하여 넣고 또 되꺼낼 때에도 새로 재구성하는 것이라는 관점이다.

기억의 관점이 달라짐에 따라 기억에 대한 설명은 달라졌다. 기억에 대한 현재까지의 심리학적 설명의 주류를 이루고 있는 것은 둘째 관점인 컴퓨터 유추의 관점과 셋째 관점인 능동적 구성 과정으로서의 기억의 관점을 결합한 것이다. 이 관점은 정보처리적 접근(information processing approach)로서, 인간의 마음을 하나의 정보처리체계(information processing system)로 본다. 정보처리적 접근의 인지심리학은 인간이 어떻게 환경자극을 처리하여 정보를 추출, 저장, 활용하는가의 문제를 중심으로 인간의 마음을 연구하려 한다(Atkinson & Shiffrin, 1968). 환경자극에 대하여 인간이 어떠한 정보처리적 조작을 가하였는가에 따라서 그 자극 정보에 대한 기억이 달라질 것이라고 보는 것이다.

(2) 기억의 구성적 특성

동일한 사건 현장을 여러 사람들이 동시에 목격했다. 그 후 몇 달 뒤에 그들 모두 법정의 증인으로 나서게 되었고, 증언을 요구받았다. 그들은 같은 장소, 같은 시각에 동일한 사건을 목격했음에도 서로 다른 내용의 증언을 하는 경우가 있다. 마찬가지로 같은 교실에서, 같은 선생님으로부터, 같은 내용을 배웠는데도 학생들마다 기억하는 내용이 서로 다르다. 왜 그럴까?

인지 심리학자들은 다음과 같은 기억 실험을 하였다. 한 집단의 사람들에게 일련의 그림 자극과 그 그림을 나타낼 수 있는 이름A를 함께 제시해 주고, 다른 집단의 사람들에게는 같은 그림 자극과 다른 이름B를 함께 제시해 주었다. 어느 정도 시간이 지난 후, 이들에게 앞에서 제시해 주었던 그림들을 기억해 내어서 그리도록 하였다. 그 결과, 똑같은 그림 자극을 보았음에도 불구하고 그림에 어떤 이름이 주어졌는가에 따라 기억된 내용이 상당히 달랐다(Bower, Karlin, & Dueck, 1975). 이러한 현상은 기억이란 자극 대상에 대해 있는 그대로를 사진처럼 찍어 두었다가 필요할 때 고스란히 되꺼내는 수동적 과정이 아

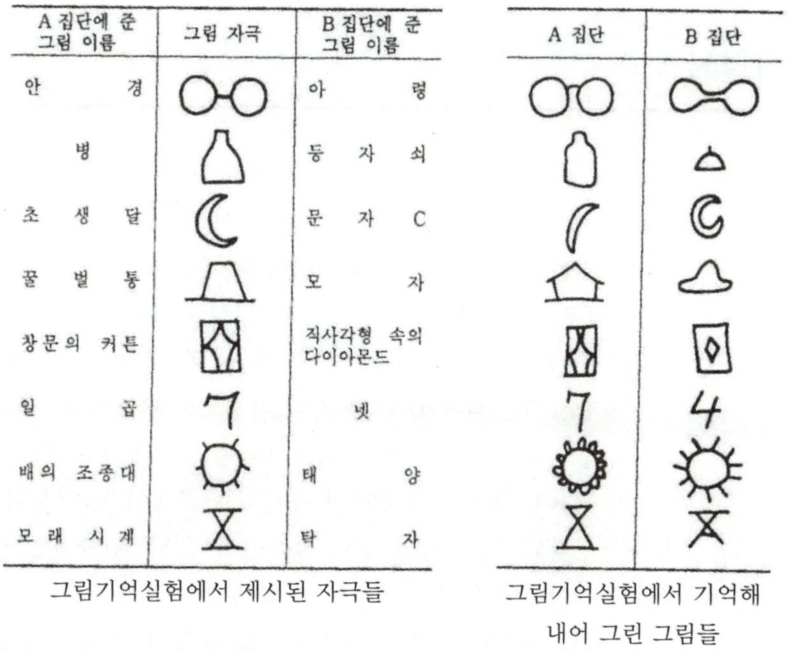

출처: 고등학교 심리학, 장현갑 · 이정모 · 정찬섭 · 오경자 · 조긍호 · 곽금주(지음), 서울: 대한교과서주식회사, p.70.

[그림 5-1] 그림기억실험에서 제시된 자극과 기억해 낸 그림의 예

니라, 스스로의 지식을 적용하여 어떤 스케치를 구성해서 저장고에 넣었다가 인출시에는 다시 재구성하여 꺼내는 능동적 과정임을 의미한다. 즉, 자극 대상이 똑같다고 해서 누구나 똑같은 사진을 찍어 기억에 저장했다고 그대로 되꺼내는 것이 아니라, 그 보다는 자극 대상에 대해 개인마다 자기 나름대로의 각색된 해석 내용, 즉 자기 나름대로의 스케치(기억 표상)를 만들어 장기 기억에 저장하고, 또 꺼낼 때에도 새롭게 스케치를 재구성하여 만들어 낸다고 볼 수 있다. 되꺼낼 때에 그 스케치가 얼마나 찾기 쉬울 것인가, 그리고 얼마나 재구성이 잘 될 것인가 하는 문제는 장기 기억에 넣을 때 어떻게 부호화하여 넣었는가에 달려 있다(Craik & Lockhart, 1972). 부호화 당시 재미있었다든가, 주의를 많이 기울였다든가 또는 많은 정교화가 가해진 것일수록 기억이 잘 된다는 것은 결국 자신의 독특한 스케치(기억 표상)가 효율적으로 잘 되어 있다는 의미이다. 이는 일반적 지식이 많을수록 또 기억 전략에 대한 지식이 많을수록 기억을 잘한다는 '지식의 빈익빈 부익부'의 원리가 기억에서 작용함을 시사한다.

2. 기억의 구조

기억은 두 가지 의미를 지니고 있다. 하나는 각종 대상이나 사건에 대한 지식을 쌓아 두는 저장고로서의 의미이며, 다른 하나는 '기억에 저장해 넣고 저장된 것을 꺼낸다'는 과정의 의미이다.

기억구조는 저장 기간의 길이와 의식되는가 여부에 따라 크게 감각기억, 단기기억, 장기기억으로 나눌 수가 있다. 과정으로서의 기억은, 부호화(획득), 파지(저장), 인출(되꺼냄)의 세 기억 과정으로 나누어 볼 수 있다. 부호화란 외부에서 들어오는 자극 내용을 정보화하여 기억에 넣는 과정이며, 파지(把持)란 이렇게 기록된 정보를 보유하여 유지하는 과정이다. 저장되는 정보는 자연 소멸되어 망각되거나 간섭을 받아 망각될 수 있다. 인출이란 필요한 정보를 저장고에서 찾아내어 우리가 의식할 수 있게 하는 과정이다.

기억의 구조와 과정들 그리고 이들 사이의 정보의 흐름을 그림으로 간략히 표현하면 [그림 5-2]와 같다.

[그림 5-2]에서와 같이 기억은 몇 개의 구조로 구분된다. 기억은 저장 기간의 길이와 정보가 의식되는가 여부에 따라 학자에 따라 달리 구분되는데, 저장기간 또는 의식 여부에 따라 일반적으로 감각기억, 작업(단기)기억, 장기기억으로 크게 나누어진다. 감각기억은 순간적으로 대상을 감각적 이미지 형태로 기억하는 것이며, 작업기억은 주어진 자극에 대해 주의를 기울여 정보처리(생각)를 하는 동안의 작업대와 같은 역할을 하는 기억이며, 단기기억이란 작업기억을 포함하여 비교적 짧은 기간 동안 우리가 현재 기억을 유지하고 있는 동안의 기억이며, 장기기억은 우리가 계속 의식하고 있지는 않지만 분명히 어

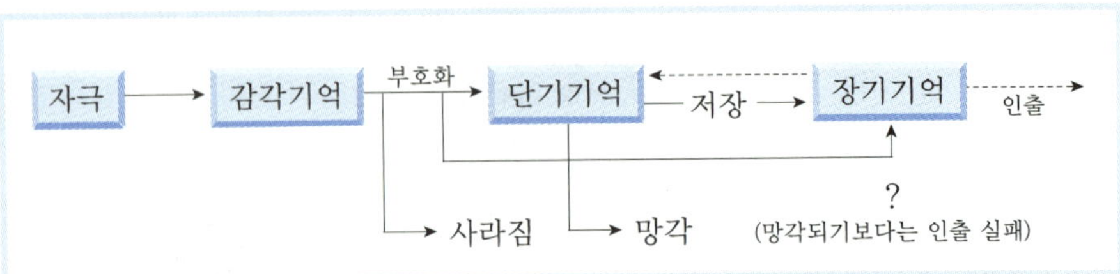

[그림 5-2] 기억의 구조와 과정 그리고 이들 사이의 정보의 흐름

기억의 구조와 과정 기억은 각종 대상이나 사건에 대한 지식을 쌓아두는 저장고로써의 의미와 기억에 저장하고 저장된 내용을 꺼내는 과정의 의미가 있다.

떤 정보가 저장고 속에 오랫동안 남아 있어서 후에 이를 되꺼낼 수 있는 기억이다.

저장된 내용으로서의 기억은 정보의 유형에 따라, 무엇이 어떠하다(what)에 대한 기억인 서술적 기억과, 자신의 체험에 대한 기억인 일화기억, 그리고 무엇을 어떻게 하는가(how)에 대한 기억인 절차기억으로 나뉘어진다. 정보처리체로서의 인간의 마음이 자극에 대한 정보를 기억에 저장한다는 것은 자극 자체(예: 사랑하는 이의 얼굴 자체)를 저장하는 것이 아니라 표상(예: 사랑하는 이에 대한 이미지)을 저장한다. 각종 자극에 대한 정보들이 부호화되어 기억에 저장되는 것을 표상(表象: representation)이라 한다. 사물에 대한 정보가 부호, 상징의 형태로 재표현되어 저장되는 것이다. 무엇을 안다, 기억한다는 것은 이렇게 저장된 표상간의 연결성을 찾거나, 어떤 표상을 꺼내는 것, 그리고 새로운 표상을 만들어 내는 것을 의미한다.

감각기억, 단기(작업)기억, 장기기억의 각각에서 기억이 어떠한 방식으로 이루어지는가를 살펴보면 다음과 같다.

1) 감각기억

인간에게 들어오는 자극 정보들은 감각기관을 통하여 들어온다. 감각 기관에 들어온 자극 내용은 번개칠 때에 보인 내용처럼 극히 짧은 시간에 감각기억에 기억되다가 순간적으로 사라진다. 따라서, 그 내용을 기억 속에 좀더 유지시키려면 주의를 기울여 정보가 몇 초 동안 더 지속되게 해야 한다. 일반적으로 감각기억에 들어온 자극은 시각, 청각 등의 지각적 특질이 그대로 보유되나 이 보유 시간이 매우 짧아 시각적 감각기억은 그 지속 기간이 0.25초 정도이며 청각적 감각기억은 4초 정도에 지나지 않는다. 이들은 곧 뒤이어 들어오는 다른 감각적 자극에 의해 차폐되거나 대치된다.

2) 단기(작업)기억

어떤 자극에 대해 주의를 기울임으로써 그 자극 내용이 잠시 동안 우리의 의식 속에 머무르게 될 때, 그 자극 내용이 정보로서 단기기억에 있다고 본다. 의식 속에 머무르는 내용은 수초 내에 망각되어 버리거나 장기기억으로 넘어가게 된다. 따라서 단기기억은 새로운 경험 내용을 장기기억으로 보내기 위하여 거쳐가야 할 일차적 작업대라 할 수 있다. 이러한 의미에서 다소 수동적 의

[그림 5-3] 작업대로써의 단기(작업)기억

미의 기억체계로서의 단기기억이라는 용어를 사용하기보다는, 활동중인 기억으로써 그리고 각종 인지과정을 통제하는 중앙통제적 작업대로써 작업기억이라고 부르기도 한다.

전화를 걸기 위해 수첩에서 전화번호를 찾아 마음 속으로 되뇌이며 전화를 걸어 보니 통화중이다. 잠시 기다렸다가 다시 전화를 걸려고 수화기를 들었으나 국 번호는 떠오르는데 나머지 네 자리 숫자가 잘 떠오르지 않는다. 전화번호들이 단기기억에 잠시 머물었다가 사라진 까닭이다. 이는 단기기억이 몇 초밖에 계속되지 않는 임시적인 기억임을 뜻한다. 시험 준비를 위해 책을 읽으며 공부했다. 공부한 내용이 제대로 이해가 되었다면 이는 단기기억을 거쳐 장기기억에 저장된다. 다음 날 시험 문제를 받아 들고, 그 전날밤에 공부한 내용 중에서 해답을 생각해 내어 답을 쓴다. 답을 쓰는 순간 머리에 떠오르는 내용들은 장기기억에서 다시 꺼내어져 단기기억에 머무르게 되는 것이다. 이는 단기기억이 한 시점에서 활동적으로 진행되고 있는 사고의 내용들임을 의미한다.

단기기억에 자극 정보가 머무르는 시간은 평균적으로 3내지 5초, 길어야 30초 이내이다. 단기기억에 들어온 정보를 마음 속에서 적극적으로 되뇌이지 않으면 그 정보는 단기기억에서 곧 사라져 버린다. 단기기억은 처리 기억용량이 제한되어 있다. 단기기억에서 한번에 다룰 수 있는 용량은 7개 내외라고 한다. '7205292124917368……'과 같은 긴 숫자를 제시하고, 즉시 기억해서 말해 보라고 하면 대개 첫머리의 일곱자 내외를 정확히 기억하지만 나머지는 잘 기억해 내지 못한다.

이러한 제한된 기억용량을 극복하는 부호화 처리과정의 하나는 되뇌임(rehearsal)이다. 능동적으로 자극을 되뇌이면 정보를 작업기억에 유지할 수 있다. 일단 들어온 정보가 마음 속으로 되뇌이지 않을 때 얼마나 빨리 사라지는가를 숫자들을 제시하여 실험해 보았더니 처음에는 급격히, 그리고는 완만히 감소하는 망각곡선이 얻어졌다(Murdock, 1961). 자극 정보가 작업 기억에 들어온 지 3초만에 50%가 사라지고 18초가 되면 95% 이상이 기억에서 탈락됨을 알 수 있었다. 작업 기억에서 망각되지 않고 제대로 부호화 처리가 이루어진 내용은 장기기억으로 넘어간다. 다른 한 방법은 덩이짓기라는 방법이다. 덩이짓기란 낱개 자극들을 몇 개씩 의미 있는 단위로 묶어 부호화하는 방법이다. 위의 숫자를 '학생의 생년월일 (72, 05, 29), 학년, 반, 번(2, 12, 49), 키, 몸무게(173, 68)' 등의 의미를 주어 덩이로 묶어 기억하는 것이 덩이짓기 책략이라고 할 수 있다.

시각적인 자극들은 시각적 덩이로 묶어 기억할 수도 있다. 바둑의 고수들은 현재 진행중인 바둑판을 단 몇 초만 보고서도 그 바둑판에 배열되었던 흑백의 바둑돌들을 그대로 기억해 내어 다른 바둑판에 옮겨 놓을 수가 있다. 이것은 고수들의 단기기억 용량이 초보자들의 단기기억 용량보다 더 크기 때문이 아니다. 다만, 그들은 잘 아는 정석의 모양을 쉽게 알아보고, 정석 모양을 중심으로 한 바둑돌들의 배열된 상태를 시각적으로 덩이지을 수 있기 때문이다. 그렇지만 정석이 아닌 무질서한 형태로 이 바둑돌을 늘어놓았을 때, 이것을 기억하여 다른 바둑판에 그대로 옮겨 놓는 과제에서 고수나 초보자나 별 차이를 보이지 않는다. 단기기억에 들어온 정보는 적극적으로 마음 속으로 되뇌이지 않으면 자연적으로 약화되어 소멸되거나, 새로 들어오는 다른 정보에 의해 간섭을 받아 밀려나서 탈락되고 만다. 간섭에서는 먼저 들어온 정보가 후에 들어온 정보에 의해 밀려날 수도 있고, 또 후에 들어온 정보가 오히려 밀려날 수도 있다. 단기기억에서 간섭을 받아 밀려나거나 망각되거나 하지 않고 제대로 부호화 처리가 이루어진 내용은 장기기억으로 넘어간다.

기억의 작업대인 작업기억은 기본적으로 다음의 3개의 구조를 갖고 있다고 본다(Baddeley, 1990): ① 시각적 자극이 입력되면 이를 잠시 유지하면서 처리하는 시공간 스케치판(칠판), ② 소리 자극이 입력되면 이를 잠시 유지하는 조음회로(소리 정보를 반복 공회전하며 통제하는 처리기), 그리고 ③ 이들을 관장하면서 작업기억 내의 모든 정보처리를 주의 · 통제하며, 판단과정을 시작하고, 미래 행동을 계획하며, 장기기억에 정보를 보내거나 인출하는 작업을 총괄하는 중앙집행기. 이 세 개의 처리구조가 함께 작용하여 기억작업대의 작업이 이루어진다고 본다([그림 5-4] 참조). 이 중에서 가장 중요한 것이 중앙집행기로써 이 중앙집행기의 처리 작업이 잘 이루어지느냐, 용량이 크냐에 따라 기억과 인지능력이 좌우된다.

기억용량의 한계의 문제는 처리자원의 문제로 개념화할 수 있다. 처리자원의 문제는 다음과 같이 비유하여 생각할 수 있다. 작업장에서 작업대가 작아서(기억용량이 작아서) 새로 들어오는 물건이 옛 물건을 밀쳐내고, 그래서 옛 물건들이 처리되지 못하는 것(망각되는 것)이 아니라, 작업대의 용량은 충분한데 짧은 주어진 시간에 일을 할 작업자 수가(심적 자원) 부족하여 시간 내에 처리를 못하여 옛 물건이 처리가 안된 채 밀려난다(망각)고 비유할 수 있다. 즉

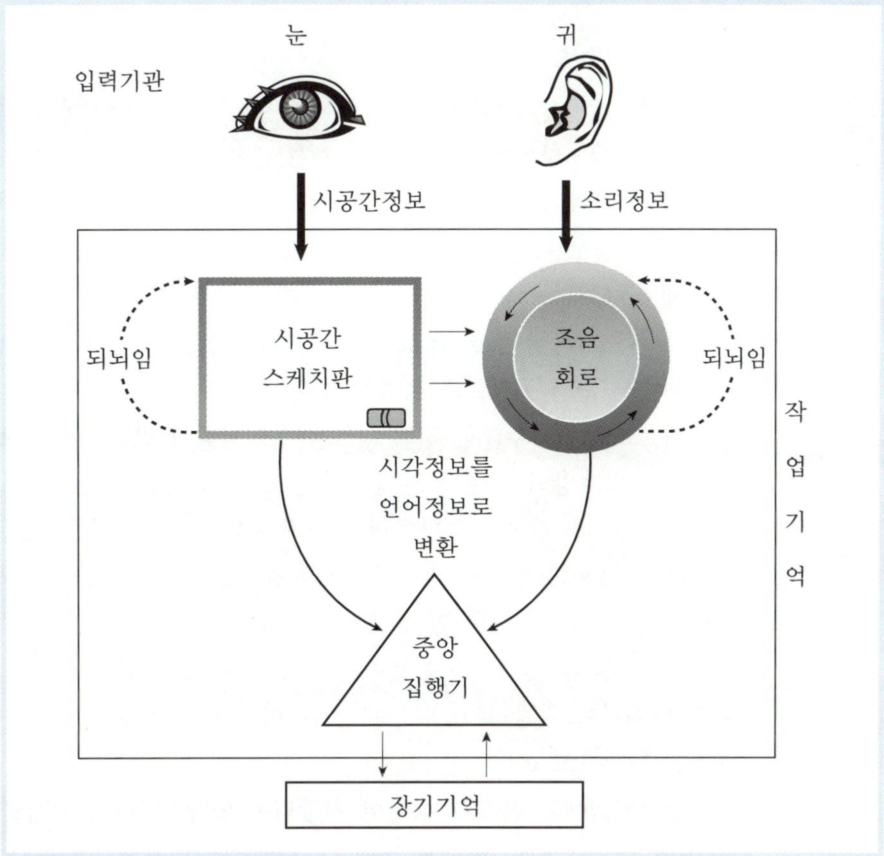

[그림 5-4] 작업기억 모형

심적 처리자원이 충분하지 않아서 망각이 일어난다는 것이다. 특히 이러한 문제는 주의를 요하는 여러 개의 작업을 동시에 해야할 경우에 드러난다. 기억력이 좋은 사람들은 대부분 이 처리자원(기억용량)이 크거나 처리자원 할당을 효율적으로 하는 사람이라 할 수 있다. 처리자원의 제한성을 극복하는 한 방법은 어떤 종류의 처리를 반복 연습을 통해 자동화하는 방법이다. 자동화된 처리는 전체 처리자원에 부담을 주지 않는다. 보통사람들은 타자를 하면서 전화 내용을 다 기억 못하나, 노련한 타자수들은 타자를 하면서도 동시에 다른 것을 이해하고 기억해 내는 것이 그 예이다.

3) 장기기억

보통 '기억이 좋다' 또는 '기억이 나쁘다'라고 이야기할 때의 기억이 바로 장기기억이다. 장기기억이란 온갖 경험 내용이 두뇌에 비교적 영구적으로 저장되며, 기억해 낼 필요가 없는 한 의식하지 못하고 지내는 기억이다. 장기기억에 있는 정보를 인출하게 되면 그 정보는 의식 안으로 들어와 단기기억에 머무르게 된다.

그렇다고 하여 어떤 정보를 장기기억이라는 시간-공간적 창고에서 단기기억이라는 작업 공간으로 옮기는 것은 아니다. 그것은 하나의 비유에 지나지 않는다. 그보다는 수많은 전기 회로들이 연결되어 있는 회로망으로 비유할 수 있다. 이 회로망의 어떤 부분에 전기를 흐르게 하면 네온사인처럼 그 부분에 불이 들어오고, 전류를 차단하면 꺼지게 된다고 하자. 전류를 흐르게 하여(즉, 의식 또는 주의가 주어져) 불이 들어온 경우를 작업(단기)기억, 전류가 흐르지 않아 불은 켜지지 않았지만 잠재적 가능성을 지닌 채 있는 경우를 장기기억으로 비유해 볼 수 있다. 즉 활동중이냐 아니냐의 차이일 뿐이다. 장기기억의 용량은 단기기억과 달리 거의 무제한적이며 한번 저장된 기억들은 대부분 영구적으로 남는다고 본다.

장기기억에는 온갖 지식들이 저장되어 있다. 이러한 지식들은 여러 유형의 부호, 즉 지각적 · 의미적 등의 다원적 부호로 저장되어 있다. 각종 사물에 대한 일반 지식, 각종 기술 지식, 언어적 개념과 용법에 대한 지식, 각종 심상(心象)들, 자신의 감정들, 개인적인 경험 내용 등이 저장되어 있다.

가) 일화기억과 의미기억

Tulving(1972)은 기억 내용을 중심으로 장기기억을 먼저 일화기억과 의미기억으로 나누었다. 일화기억이란 개인이 경험하는 각종 사건들, 일화들에 대한(그리고 그들 사이의 관계에 대한) 기억이다. 일화기억은 계속하여 새로운 일화 경험이 쌓이기 때문에 이전 일화들은 비교적 쉽게 변화되고 망각된다. 그러나 전에 일어난 사건들을 자주 생각하거나 하는 경우가 흔하기 때문에 일화기억은 다른 기억에 비해 자주 인출 연습이 이루어져 기억이 잘된다. 한편 의미기억이란 일화적 경험이 쌓이고 이것이 추상화되어 이루어진 개념적 일반지식의 기억이다. 이 지식은 각종 어휘, 언어적 개념들, 일반 세상사들 등에 대한 지식이다. 이는 우리가 대상의 의미를 인식하고 사고를 하기 위해 필수적인 지식이다. 이러한 의미기억은 일화기억처럼 쉽게 변하거나 망각되지 않으며 비교적 영구적으로 남아있다고 본다. 기억에서 일어나는 각종 정보처리는 우리가 의미기억에서 각종 지식정보, 즉 의미기억을 효율적으로 인출하여 사용할 수 있기에 가능한 것이다.

이러한 두 유형의 기억이 분리되어 존재한다는 것은 우리의 직관으로도 생각이 가능하지만, 경험적 증거들이 있다. 오토바이 사고를 당한 어떤 남자는 좌측 전두엽과 우측 두정엽을 손상당하였는데, 그는 읽고 쓰고 대상을 지각하며 자기 가족 별장이 있음을 기억하며 그것이 어디에 있음도 기억한다. 그러나 그 곳에 간 경험은 하나도 기억 못한다. 자기가 승용차가 있고, 차종, 제조년도도 알지만 차를 타고 간 일화들은 전혀 기억 못한다. 사람들의 두뇌를 PET 스캔 방법으로 두뇌부위의 혈류측정(rCBF)을 한 결과, 일화기억을 처리할 때에 관련되는 두뇌 부분과 일반지식, 즉 의미기억을 처리할 때에 관련되는 두뇌 부분이 다르게 나타났다. 이는 두 유형의 기억이 다른 두뇌에 의해 달리 처리됨을 지지해 주는 것이다.

나) 절차기억

Squire(1986)는 Tulving의 분류에 절차적 지식을 첨가하여, 정보의 내용이 서술적(what knowledge)이냐 절차적(how knowledge)이냐를 중심으로 다음과 같이 기억내용의 유형을 분류했다.

절차지식은 의미지식 기억이나 일화지식 기억과는 다른 형태로 저장되며, 꺼낼 때에도 흔히 의식되지 않으며 자동적으로 인출된다. 글을 읽는 기술기억, 숟갈질하기 기술기억 등이 그 예이다. 이러한 절차기억이 존재한다는 것은 일부의 기억 상실증 환자에게서 뚜렷이 나타난다. 두뇌에 손상을 입어 기억상실증이 된 어떤 사람의 경우에, 기술학습과 절차학습 능력은 손상이 안되었으나 일반 의미지식 사실과 일화기억은 손상된 예가 있다. How에 대한 지식과 What에 대한 지식이 두뇌의 서로 다른 부분에서 처리되고 기억됨을 시사해 주는 것이다. 최근에는 이러한 절차 지식이 암묵적 기억(implicit memory)의 하나로서 연구되고 있다.

그런데 기억에 정보들이 조직화되어 저장된다 할 때, 도대체 어떠한 형태로 저장되는 것일까? 의미 정보들은 명제 형태로 저장되는 것일까? 각종의 심상(imagery)은 어떻게 저장될까? 그리고 언어적 개념적 정보가 저장될 때에 개념과 개념들의 관계성, 개념의 하위 의미들은 어떻게 저장될까? 이러한 문제

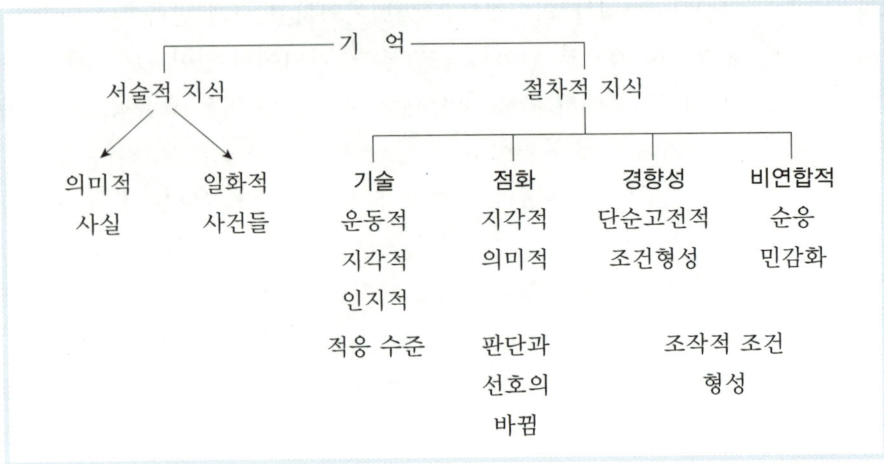

[그림 5-5] 기억내용의 유형 분류

가 지식표상의 문제를 연구하는 인지심리학자와 인공지능학자들의 중심물음이다. 여러 가지 연구 결과에 의해 드러난 것은 개념적 지식은 사전의 내용과 같은 형태로 저장되지는 않는다는 것이다. 그보다는 오히려 백과사전식으로 그리고 가장 전형적인 사례 예를 중심으로 조직화되어 저장된다는 것이다(Rosch, 1973).

기억은 하나의 거대한 정보 그물과 같은 구조를 이루고 있고 이 그물의 마디들에 정보가 저장된다고 본다. 기억에 정보가 저장될 때에는 아무렇게나 저장된다기보다는 체계적으로 잘 연결되고 조직화되어 저장된다고 볼 수 있다. 예를 들어 일화적 경험은 시간계열 중심으로 저장되고, 일반지식은 의미적 범주 중심으로 조직화되어 저장되고, 무엇을 어떻게 하는가에 대한 지식은 마치 컴퓨터 프로그램처럼, 'if 어떤 조건이 충족되면, then 어떤 조처(행위)를 취하라'는 형태로 조직화되어 저장된다고 할 수 있다. 어떤 사물을 이해한다는 것은 장기기억에서 그와 관련된 개념 마디와 관계들의 적절한 의미구조를 찾는 것이다.

3. 기억과정

과정으로서의 기억은 부호화(encoding: 약호화), 저장(또는 파지) 그리고 인출의 세 기억 과정으로 나누어 볼 수 있다. 부호화란 외부에서 들어오는 자극 내용을 정보화하여 기억에 넣는 과정이며, 저장이란 이렇게 기록된 정보를 보유하여 유지하는 과정이다. 저장된 정보는 망각될 수도 있고 영구히 보존될 수도 있다. 인출이란 필요한 정보를 저장고에서 찾아내어 우리가 의식하거나 반응할 수 있게 하는 과정이다.

장기기억은 거의 무제한의 용량을 가지고 있으며, 일단 어떤 정보가 저장되면 그것이 거의 영구적으로 남는다. 그런데도 어떤 내용은 기억이 잘 안 되거나 아주 망각되어 버린다. 왜 어떤 정보는 기억이 잘 되고 어떤 정보는 잘 기억되지 않을까? 이것은 장기기억의 부호화 과정, 인출과정 그리고 망각과정의 특징을 중심으로 설명할 수 있다.

(1) 부호화(encoding)

기억 처리과정은 부호화→저장→인출의 3단계로 나뉘어진다. 이 중에서 부호화 과정은 정보가 지각체계나, 작업기억에서 처리가 이루어질 때 이루어진다. 작업기억에서 장기기억으로 정보를 부호화하여 넣는 과정은 크게 되뇌임(암송)과 정교화 과정(살붙이기 과정)으로 나누어 볼 수 있다. 되뇌임이란 자극 내용들간의 새로운 연결이나 새로운 정보를 추가하지 않은 채 기계적으로 반복하여 되뇌이어 기억하는 것이다.

1) 되뇌임(rehearsal)과 정보처리의 양

단순히 수동적으로 보거나 듣거나 하며 기억에 들인 총시간이 중요한 것이 아니라 그 시간, 그 횟수에 어떠한 처리를 했는가가 중요함이 드러났다. 수동적으로 받아들이기보다는 되뇌임이라도 하는 것이 기억을 좋게 하지만, 단순한 정보 유지 위주의 되뇌임은 기억 정도에 영향을 주지 않음이 드러났다. 정교화적 부호화를 해야 자극정보가 작업기억에서 장기기억으로 전이되며 기억이 잘된다는 것이다.

2) 정교화(elaboration)와 처리 깊이(depth of processing)

정교화 과정은 주어진 자극에 대해 우리가 알고 있는 지식을 동원하여 내용을 첨가하여 살을 붙이고, 가다듬고, 관련 내용을 의미 있게 조직화하는 등의 과정 일체를 가리킨다. 자극 요소들 사이의 새로운 의미적 연결 관계를 발견하는 것, 배경에 놓인 함축적 의미를 추론하여 찾는 것, 각종의 기억술을 적용하는 것 등이 정교화 처리에 속한다. 정교화의 결과로 기억이 잘되느냐의 여부는 어떠한 정교화가 이루어졌는가에 달려 있다.

정교화가 어떻게 기억을 좋게 하는가에 대하여 제기된 이론이 '처리 깊이(depth of processing)'이론이다. Craik 등에 의해 제시된 이 이론의 요점은, 어떠한 자극에 가하여진 정보처리의 수준 또는 깊이가 깊을수록 그 자극은 더 잘 기억된다는 것이다(Craik & Lockhart, 1972). 다시 말하여, 기억이 잘된다는 것은 자극에 대하여 가하여진 정보처리적 분석수준의 결과로써 보며, 분석처리 수준이 깊을수록 보다 다양하고 또렷하며 지속적인 기억 흔적이 남게 되어서 그 자극은 기억이 잘 된다는 것이다. 무엇이 깊은 수준의 분석수준이냐에 대하여는 여러 주장들이 있지만, 정보처리의 깊이라는 것은 입력된 자극대상을 받아들여 의미를 분석하고 처리하기 위해 우리의 장기기억에서 동원한 각종 단위의 정보의 양으로 개념화할 수 있다. 어떤 것이 기억이 잘되고 안 되는 것은 그것을 정보처리함에 있어서 동원된 지식의 총량에 의해 결정될 것이라고 상정할 수 있다. 또한 단순한 양을 넘어서 생각한다면, 동원된 정보들이 조직화된 정도와 조직화의 결과가 어떠한 수준의 명제, 주제로 이루어졌는가도 함께 고려해야 할 것임을 시사한다.

그러면 이러한 처리깊이면 충분한가? 이외에도 기억하여야 할 내용을 자기와 관련지어 기억하면 좋다는 것이 경험적으로 입증되었다. Rogers, Kuiper와 Kirker(1977)는 피험자들에게 40개의 형용사를 제시하고 질문에 답하게 하였다. 질문은 네 가지 유형으로 나뉘어졌다. 가) 단어에 대문자가 있느냐?(시각적 구조 평가) 나) 다른 *x*라는 단어와 운률이 맞는가(음운적 평가)? 다) *x*라는 단어와 의미가 같은가?(의미적 평가) 라) 이 형용사가 당신을 기술하는 형용사인가?(자기 관련 평가). 이들 유형은 가)에서 라)로 가면서 더 깊은 처리를 요구하는 조건들이었다. 그 결과 처리 깊이 수준이 깊어질수록 회상기억이 더 좋았으며 자기 관련 처리가 가장 기억이 좋음이 드러났다. 이는 자기 관련의 부호화 처리가 가장 깊은 수준의 처리임을 시사하는 것이다.

(2) 인출과정

장기기억에 아무리 좋은 정보가 많이 들어 있더라도 필요한 때에 꺼낼 수 없다면 쓸모 없는 일이다. 그런데 장기기억에서 정보를 꺼내는 인출과정은 그리 단순하지 않다. 신문을 읽으며 각 단어의 의미를 장기기억에서 인출하는 것 같은 단순한 경우는 거의 자동적으로 이루어진다. 그러나 시험 문제를 앞에 놓고 그 해답을 기억에서 인출하는 과정과 같은 경우는 상당히 복잡하다.

일반적으로 인출은 저장고에서 기계적으로 되꺼내는 것이 아니라, 주어진 단서들을 근거로 하여 찾아내야 할 정보를 장기기억에서 탐색하고, 확인하고 또 재구성하여 꺼내는 복잡한 과정이다.

Ratcliff와 McKoon(1988)은 이러한 인출과정의 복잡성을 물리적 현상에 유추하여 다음과 같이 기술하고 있다. 각종의 기억 내용이 여러 다른 주파수의 소리굽쇠들(A, B, C, D, …)의 형태로 두뇌에 들어 있고, 인출할 때에 주어진 단서정보(C_i)는 특정 주파수에 해당된다고 가정해 보자. 그렇다면, 인출과정은 진동하는 단서(C_i)와 유사한 주파수를 가진 기억 소리굽쇠들(C_j…)에서의 동조적인 진동을 유발시키는 것으로 생각되어질 수 있다. 인출 시의 단서자극이 목표 기억정보에 대해 동조적인 진동, 즉 공명을 유발시키느냐 그렇지 못하느냐는 둘 사이의 주파수의 유사성에 달려 있게 된다. 두 정보 사이의 공명의 정도가 크면 클수록(better match) '찾던 기억 내용이다'는 반응쪽으로, 정도가 작으면 작을수록 '아니다'는 반응쪽으로 기울어져 결정이 내려질 것이다. 이러한 결정은 확률적으로 이루어질 것이다. 이러한 관점에서 보면 기억을 해낸다는 것은 복잡한 통계적 결정과정에 의한다고 볼 수 있다.

이러한 복잡한 인출과정이 인출 단서가 불충분하여 기억 내용의 인출이 실패할 수도 있다. 잘 외웠던 이름이나 날짜가 그것을 사용해야 할 때에는 혀끝에서 맴돌기만 하고 생각이 나지 않다가 시간이 지난 후에야 생각나는 경우가 있다. 이러한 사례들과 심리학 실험 결과들은 장기기억에서의 성공적인 인출과정이 다음과 같은 특성을 지녀야 함을 보여 준다.

첫째로, 기억 인출이 성공하기 위해서는 충분한 인출 단서가 있어야 한다.

연극 배우가 연극 도중에 대사를 잊어버렸을 때에 막 뒤에서 그 대사의 한두 단어만 불러 주어도 나머지 대사가 쉽게 떠오를 수가 있다.

둘째로, 부호화하여 기억해 넣을 때의 단서와 인출해서 꺼내려 할 때의 단서가 합치될수록 좋다. 동네에서는 친하게 이름을 부르며 지내던 친구의 이름이 시장 한복판에서 그를 만났을 때 갑자기 떠오르지 않는 경우가 있다. 그러나 그 이튿날 동네에서는 바로 이름이 생각난다. 또 슬픈 경험은 슬픈 기분에서 더 잘 기억난다는 현상도 있다. 이러한 예들은, 기억할 때와 인출할 때의 물리적 환경 상태, 언어적 맥락, 자신의 신체적, 정서적 상태 등의 단서가 동일하거나 유사해야 기억이 잘 된다는 '부호화 합치성'(encoding specificity) 원리를 보여 준다(Tulving & Thompson, 1973).

셋째로, 목표정보를 인출하기 위한 인출 단서가 다른 인출 단서나 기억 내용과 간섭이 적을수록, 또 인출이 용이할수록 좋다. 기억해 내야 할 정보가 다른 것과 구별이 잘 되는 명료한 내용으로 저장될수록, 그리고 인출단서 자체의 기억과 재생성이 다른 정보와의 유사성으로 인해 간섭을 받지 않도록, 그리고 보다 잘 조직화된 덩어리로 저장되어 있을수록 그 정보를 탐색하여 인출하기가 쉽다.

(3) 기억관리 과정: 초기억과정(meta-memory process)

장기기억의 처리과정을 이야기하자면 기억 자체의 처리 과정들을 모니터하는 과정을 논하지 않을 수 없다. 이 과정은 작업기억을 바탕으로 하여, 자신의 기억 처리가 어떠한 수준에 이르렀는가를 점검하고 대처하는 처리를 한다. 즉 기억처리과정 관리지식(메타 기억지식)은 기억의 정보처리 과정들 전체를 통제 · 조절 · 관리하는 관리적 절차지식, 즉 초-인지적 지식이다. 기억 능력이 좋은 사람들은 이러한 정보처리 관리 지식이 잘 짜여져 있다.

4. 망　각

장기기억에서 왜 망각이 일어나는가에 대한 여러 이론이 제기되어 왔다.

이 이론들 중에서 가장 두드러진 세 이론을 중심으로 장기기억에서의 망각의 원인을 살펴보자.

(1) 쇠퇴이론

쇠퇴 또는 부식(decay)이론이라 하는 이 이론에 의하면 일단 기억흔적이 형성된 후에 기억흔적을 담당하는 신경체계의 변화에 의해 망각이 이뤄진다고 본다. 기억흔적의 신경세포들은 활용이 안되면 화학적 변화에 따라 점진적으로 쇠퇴해 간다고 본다. 그러나 이 이론은 심리학 실험에 의해 반박되었다. 만약 이 이론이 맞다면, 활용되지 않은 정보에 대한 기억은 단순히 학습 후 경과된 시간의 함수로 망각되어야 하지, 학습 후 일정한 기간이 낮이었느냐 아니면 밤이었느냐에 따라 달라지지 않아야 한다. 그런데 심리학 실험결과, 일정한 자료를 학습하고 경과한 일정한 기억 보유기간이 낮이었을 경우가 밤이었을 경우보다 회상하는 정도가 떨어졌다. 이는 망각이 단순히 시간경과에 따른 신경계의 자연쇠퇴현상이 아니라 다른 자극에 의한 간섭에 의해 일어날 가능성을 시사해 준다.

(2) 간섭이론

Loftus(1977)는 재판을 위해 원고나 피고나 증인을 재판 이전에 예비 심문하는 과정에서 변호사나 검사가 질문에 도입했던 내용이 이들의 기억을 변화시킨다는 것을 실험을 통하여 밝혔다. 후속 질문이 원래의 기억 내용의 기억을 떨어뜨린 것이다. 그렇다면 새 정보가 옛 정보를 완전히 대치한 것일까? 그런 것은 아닌 것 같다. 새 추가 정보가 이전(옳은) 정보를 대치하거나, 변화시킨다고 하기보다는, 옛 정보의 인출을 더 어렵게 해서 기억이 잘 안 된다는 것이 간섭이론이다. 즉 유사한 자극정보를 새로 학습하면 이것과 옛것과 간섭이 일어나 망각을 일으킨다는 것이다. 일반적으로 일화기억은 쉽게 간섭의 영향을 받아 망각되나, 의미기억, 즉 일반지식에 대한 기억은 간섭의 영향을 덜 받는 것으로 밝혀졌다.

(3) 단서 의존적 기억(망각)이론

위의 두 기억이론은 망각을 기억 손실로 생각한 것이다. 그러나 정보처리 이론에서는 망각이란 단지 그 정보의 인출 실패에 지나지 않는다고 본다. 장기기억에 한번 저장된 정보는 영구적으로 저장되며, 기억이란 본질적으로 구성해 넣고 또 재구성해 내는 역동적인 구성과정이라 한다면, 장기기억에서의 망각이란 인출 실패, 즉 기억해 내려 할 때에 주어진 또는 스스로 생성해 내는 인출 단서들이 이전에 목표자극을 부호화(학습)했을 때의 단서들과 일치하지 않기 때문에 일어나는 현상이라 할 수 있다. 이러한 이론을 단서 의존적 기억 또는 단서 의존적 망각이론이라 한다.

단서 의존적 기억이론은 Tulving과 Thompson(1973)에 의해서 '부호화 특수성 이론'으로 처음 등장하였고 후에 이 이론은 '부호화 합치성 원리'라는 이론으로 발전하였다. 부호화 합치성 이론은 인출단서와 학습(부호화)단서가 같아야 기억이 잘된다고 본다. 부호화할 때에 활용되었던 단서들이 인출할 때에 다시 제시되어야 회상이나 재인이 가능하다는 것이다. 즉 〈단서-기억할 내용〉의 관계가 학습(부호화)할 때에 기억에 저장되어 있어야 하고 인출할 때에 이 단서들이 다시 제시되거나 생성되어야 한다는 것이다.

이러한 원리를 잘 보여 준 실험이 Godden과 Baddeley(1975)의 실험이다. 그들은 수중잠수부들에게 40개의 단어를 물 속이나 모래사장에서 학습하게 한 후에, 기억검사를 같은 환경 아니면 반대 환경에서 실시하였다. 그 결과 학습

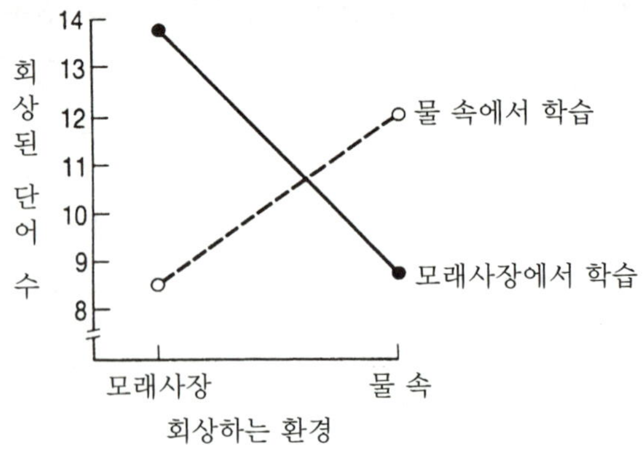

[그림 5-6] 환경에 따른 잠수부들의 기억량

과 검사를 같은 환경에서 한 사람들이 단어를 훨씬 더 많이 회상하였다([그림 5-6] 참조). 부호화(학습) 시와 인출(기억검사) 시의 환경(단서)이 같을수록 기억이 잘 되는 것이다.

5. 일상적 기억의 실제

(1) 용량과 기억의 지속

장기기억에서는 수많은 것이 오랫동안 상세히 기억된다. 예를 들어 초등학교 1학년 때 담임선생님 이름이 무엇인가 하고 물으면 답하는 사람들이 상당히 있다. 또한 섬광적 기억(flashbulb memory)이라는 것도 있다. 오래 전이지만 짤막한 시간에 이루어진 중요한 놀라운 사건을 생생하게 기억하는 것이다. 개인에게 중요한 사건들이나, 김일성의 죽음의 뉴스를 들었을 때의 상황, 대구 지하철 참사 사건 등에 대하여 우리는 생생한 기억을 지닐 수도 있다. 그렇다면 우리는 우리가 경험한 내용들을 얼마나 오래, 그리고 얼마나 잘 기억하고 있는가?

Bahrick과 Babrick(1975)은 대학생들의 고교 동기생에 대한 기억을 다음과 같이 연구하였다. 대학생들을 피험자로 하여 고교동기생 이름 및 사진기억을 졸업 후 3.3개월에서 48년 시점에서 조사하였다. 기억과제는 동기생 이름을 자유회상하거나, 사진을 재인(recognition)하거나(동기생 사진+무관련자 사진 중에서), 이름만 재인하거나(동기생 이름+무관련자 이름 중에서), 짝 맞추기 검사를 하거나(이름→사진; 사진→이름), 이름 단서 회상을 하거나(사진→이름 회상) 했다. 이 경험적 연구 결과, 얼굴(사진)은 34년간 90% 기억(재인)되고, 이름은 15년간 기억되고 그 이후는 기억 정도가 감소하였다. 그리고 기억의 좋고 나쁨은 부호화 정도, 즉 옛날 그 친구와의 함께 한 경험의 양과 질에 의존함이 드러났다.

Bahrick 등은 계속하여 제 2외국어에 대한 기억을 살펴보았다. 제 2외국어를 배운 지 50년의 기간에 대하여 조사한 결과, 시초 3년간은 급격히 기억량이 감소하고 이후에는 약 30년간 감소 없이 안정선이 유지되며, 25년이 경과한 후부터는 독해력이 다소 떨어지나 외국어를 학습한 것은 비교적 오래 남음이 발견되었다.

Shepherd 등(1967)은 기억하기 쉬운 사진들(광고 사진) 612개를 피험자가 제시 속도를 스스로 조절하게 하여 보게 한 재인 검사를 한 결과 다음과 같은 결과를 얻었다. 자극 제시 직후에는 재인 기억이 96.7% 정확했고, 2시간 후는 99.7% 정확했으며, 3일, 7일, 120일 후에는 80%, 70%, 50% 등의 높은 기억을 보였다.

(2) 자서전적 기억

자서전적 기억이란 자기 자신의 과거 역사에 대한 기억이다. 이 기억은 자기 자신의 독특한 기억이란 점과 자신의 성격 및 자아개념을 반영한다는 점에서 중요하다. 우리는 자신에게 일어났던 자서전적 사건들에 대해 모든 것을 골고루 잘 기억하는 것이 아니라 선택적으로 특정 사건들만을 기억한다. 우리는 개인적 사건들을 무차별하게 모두 기억하는 것이 아니라 특정사건만 그리고 흔히 감각적 인상만 선택적으로 기억한다. 자전적 기억의 확실성이나 신뢰성을 점검하는 방법은 주로 가족들의 증언을 통해 한다. 심리학 연구에 의하면 개인의 기억과 가족들에 의한 주변 사건 기억의 확인 사이의 상관관계는 그 개인적 사건의 사실에 대해서는 r=.88이고 개인이 보였던 감정이나 태도에 대하여는 그 상관이 r=.43이다. 사건 자체에 대한 기억은 비교적 정확하나, 그 당시에 느꼈거나 보였던 감정이나 태도는 개인 자신이 어느 정도 왜곡해 기억하고 있다고 할 수 있다.

Rubin(1986)은 어른들의 자전적 기억의 특성을 연구한 결과 다음과 같이 기술하고 있다. 어른들은 젊었을 때(어릴 때)의 일을 최근의 일보다 더 잘 기억한다. 어릴 때, 젊었을 때의 일들을 더 잘 기억하는 이유는 기억한 일들이 지난 몇십 년간 겪은 일들 중에서 개인적으로나 사회적으로나 중요성이 있었기 때문에 잘 기억하는 것이다. 그러한 사건들은 주로 자기자신의 위신, 역할, 성격, 능력 등을 규정하는 사건들이 대부분이다. 그리고 이러한 사건들은 자신은 잘 기억하지는 못하지만 과거 수십 년의 삶 속에서 이런 저런 형태로 빈번히 인출하여 기억해 낸 사건들이 대부분이다. 이에 비해 중년기와 그 이후의 사건들을 잘 기억하지 못하는 이유는 나이 들어서 일어나는 사건들은 대부분 사건들이 안정적, 고정적, 반복적인 사건들이다. 그래서 이들 사건들이 서로 비슷하니까 융합되어서 저장되기 때문에 서로간에 구별이 잘 안되고 상호 유사성에 의한 간섭 효과를 가져와 기억이 잘 안 되는 것이다. 아주 어릴 때의 사건들의 기억이 잘 안 되는데, 이것은 전혀 다른 이유에서 기억이 잘 안되는 것이다. 그것은 기억의 본질이 현재 사건을 기존의 지식에 의해 해석하고 구성하는 것, 개인적 역사에 통합하는 것인데, 4세 이전에는 이러한 통합능력도, 조직화된 개인의 역사나 자아개념도 형성되어 있지 않았기 때문에 충분한 기억 흔적을 남길 수 없었으며, 후에 활용할 수 있는 회상 단서들이 함께 기억되지도 못했던 까닭이라고 할 수 있다.

(3) 행위 실수

Reason(1979)은 35명의 성인들에게 일상에서의 실수를 기록하라고 하여 수집된 실수들을 분류한 결과 다음의 4유형이 있음을 파악하였다.

1) 반복 실수

이미 행위를 했는데도 잊어버리고 다시 하는 경우이다. 식후에 이를 두 번 닦는 경우나 시동이 걸려 있는 차에 시동을 다시 거는 예가 해당된다. 이는 이미 행위를 실행했음을 저장하기에 실패한 것인데 실수의 약 40%가 이에 해당한다.

2) 목표 변경

원래 의도했던 목표 행위를 잊고 다른 목표로 전환하는 것이다. 이런 경우는 실수 행위의 20%를 차지하는데 친구네 집에 간다고 차를 몰고 가다보니 직장으로 가고 있는 경우가 그 한 예이다.

3) 생략과 순서 바꾸기

어떤 일련의 행위를 생략하거나 순서를 뒤바꾸는 경우로 실수행위의 20%를 차지한다. 차를 끓인다고 가스렌지에 물주전자를 올려놓고는 가스불 점화를 잊어버리거나 물을 주전자에 붓지 않고 렌지 위에 먼저 올려 놓는 것이 그 한 예이다.

4) 혼동과 혼합

하나의 행위와 관련된 대상을 다른 행위와 관련된 대상과 혼동하는 경우나 한 계열의 행위와 다른 계열의 행위를 혼동하는 것으로 전체 실수 행위의 16%를 차지한다. 화분에 물을 준다면서 나뭇가지 자르는 가위를 들고 가는 경우나 세수만 한다면서 칫솔에 치약을 짜놓는 경우가 그 예이다.

이러한 행위 실수들은 대부분 상당히 오랫동안 습관적으로 해오고, 많이 연습되고 일상적으로 하는 행위에서 주로 일어난다. 이 행위들은 오랜 습성에 의해 기계적으로 자동적으로, 의식의 관여가 별로 없이 일어난다. 그런데 자동적인 행위도 결정적 시점에서는 이따금 주의를 해야 한다. 이 주의가 주어지지 못하면 행위의 실수가 일어나는 것이다. Reason은 이러한 행위의 실수는 작업기억에서 주의를 잘못 할당하기 때문에 일어난 것이라고 보았다.

(4) 미래 계획의 기억(prospective memory)

우리가 일상에서 흔히 겪는 기억 실패의 한 예는 미래 계획의 망각이다. 미래에 대한 기억이란 미래에 어떤 행위를 할 계획을 기억하는 것이며 또 실제로 어떻게 무슨 행위를 할 것인가를 기억하는 것이다. 동시에 미래의 행위는 미래의 어떤 특정한 시점에서 일어나기 때문에 언제 행위할 것인가를 기억하는 것도 포함된다. 미래 계획의 기억은 순수한 미래의 기억이 아니라 과거와 현재의 제반 지식에 기초한 미래에 대한 기억이다. 그러나 과거 회상적 기억과는 여러 면에서 차이가 있다.

미래 계획은 외적 자극에 대해 학습된 기억이 아니라 스스로 생성한 내용을 기억한다는 점에서 과거 사건 기억과는 부호화 과정부터 다르다. 또한 과거 사건 기억의 인출은 정확히 회상하느냐의 문제이지만, 미래 계획의 인출은 계획을 적시에 적절히 행동하느냐의 문제이다. 미래 계획의 기억이 과거 사실 기억보다 어려운 까닭은 현재 다른 일들을 수행하면서, 미래의 계획을 장기기억 내에서 최소한 일정한 활성화 수준을 유지시키며, 동시에 목표 시점까지 시간 경과를 모니터링해야 한다는 것이다. 이것은 작업기억에 상당한 정보처리 부담을 준다. 많은 경우에 시간 모니터링이 작업기억에서 중단되었기에 계획 실행에 실패한다. 이를 극복하는 가장 좋은 방법은 수첩에 적는다든지, 손바닥에 쓴다든지 하는 외적 기억보조도구를 사용하는 것이다. 다른 좋은 방법은 행위를 수행해야 할 시점의 외적 환경맥락의 어떤 단서에 계획을 연상시켜 놓거나 또는 그 시점의 자신의 다른 일상적 행위(단서)와 연관되도록 관련 행위들의 기억을 재구성해 놓는 것이다(Cohen, 1989). 이때의 그 단서는 두드러진 단서이어야 한다. 그렇지 않으면 일상적 처리를 하여 계획이 기억되지 않아서 실패하게 된다.

(5) 현실성 점검

집을 나서서 가던 주부가 생각하기에 가스렌지 스위치를 잠그고 온 것 같기도 하고, 잠갔다는 것이 단지 잠가야겠다고 생각만하고 나온 것 같기도 한 경우가 있다. 어떤 생각이 자신의 혼자 생각인지 누구한테 들은 말인지, 실제로 그 사람에게 그런 말을 자기가 했는지 구별이 안될 때가 있다. 따라서 우리는 같은 행위를 반복하여 한다. 이미 잠긴 가스렌지를 다시 잠그러 가고, 이미 한 이야기를 같은 사람에게 다시 한다. 실제는 행위를 안 했는데 실제로 했다고 생각할 경우는 큰 문제가 생길 수 있다.

이 현상은 어떤 행위의 현실성에 대한 시간적 기억이 확실하지 않은 것이다. 스스로 마음 속으로 생각했던 내용의 기억 표상과 실제 외적 사건의 기억 표상에 대한 시간적 표지가 확실하지 않은 것이다. 실상 어떤 기억 표상이란 순수한 외적 사건이 그대로 기억되는 것이 아니라 자기 스스로 생성한 내용이 첨가된 것이다. 따라서 현실성의 혼동이 생기는 것은 자연스런 현상이다.

노인들 기억에서 문제되는 것의 하나는 그들이 신체적, 특히 시각적 능력의 저하로 인해, 실제로는 대상이 보이는데도 불구하고 찾지 못하는 것이다. 그러나 더 중요한 이유는 찾으려는 사람의 기억 속에 형성된 찾는 대상의 표상(정면에서 제대로 놓였을 때 보이는 표준적 모습에 대한 심상)과 실제로 놓여 있는 대상의 모양(가려져 있거나, 이상한 위치에, 옆으로 뉘여 있는 모양) 사이에 차이가 많아서 감각기억이나 작업기억에서 이 둘을 비교하여 합치되는 것으로 판정을 내리지 못하는 까닭이다. 어떤 장소에 둔 물건을 잘 기억하려면 상당히 융통성 있는 표상을 형성해야 하며 행위기억에 대한 정확한 시간 표지가 부여되어야 할 것이다. 이는 앞에서 이야기한 '보다 많은 맥락적 단서와 간섭을 덜 받는 명료한 단서'에 기초한 부호화를 전제로 한다

6. 기억의 구성적 특성: 기억을 좋게 하는 길

기억을 잘하기 위하여는 정보 처리자의 기억에 각종 지식이 풍부히 저장되어 있고 또 처리자가 이를 잘 활용할 수 있어야 한다. 지식(의미기억, 일화기억)이 풍부하고 잘 조직화 되었을수록 또 기억 활용절차(절차기억)에 대한 지식이 좋을수록 기억을 잘한다. '지식의 빈익빈 부익부'의 원리가 기억에서 작용한다.

기억 능력이 태어날 때부터 좋은 사람이 따로 있는 경우는 드물다. 그 보다는 성장하면서 알게 모르게 여러 가지 기억방법을 많이 습득하였고, 그 사용방법을 의식적으로나 무의식적으로 많이 연습하여 기억방법이 자동화된 사람이 기억력이 좋은 사람일 뿐이다. 적절한 기억방법들이 충분히 자동화된 사람들은 낱개 사물들을 기계적으로 암기하는 데에 별로 시간이 들지 않으며, 따라서 보다 깊은 이해와 창의적 사고를 위해 쓸 시간을 더 많이 지닐 수 있게 된다. 그러므로 그들은 추리와 이해 등이 요구되는 복잡한 내용도 쉽게 이해하고 더 잘 기억하게 된다.

기억방법에는 여러 가지가 있다. 첫째 방법은 심상(心像)을 떠올려서 정교화하는 방법이다. 심상은 비교적 구체적 사물을 떠올리게 하여 정교화 효과와 인출 단서 효과를 가져다 준다. 심상법의 하나는 '장소법'이다. 집과 학교 사이에 있는 주요 건물들은 우리가 잘 알 수 있는 대상이다. 기억해 내야 할 학과목 내용들을 이 주요 건물에 차례로 연결하여 심상을 떠올려 기억하면 복잡한 순서들도 쉽게 기억된다.

쉬운 내용들의 단순한 순서의 기억은 이러한 방법들로 쉽게 이루어진다. 그러나 좀더 복잡한 내용이나 추상적 내용들의 기억 방법으로는 미흡하다. 이러한 경우에는 둘째 방법인 조직화 방법, 즉 덩이짓기 방법이 유용하다. 관련된 내용들끼리 묶어 덩어리를 만들고, 이렇게 만들어진 덩어리들을 묶어 다시 한 단위 윗 수준의 덩어리들을 만드는 방식으로, 이들 덩어리들을 계층적으로 이어서 계층적 그물의 형태로 조직하여 기억하는 것이다. 그러면 후에 맨 윗 덩어리만 기억해 내어도 나머지가 자연히 따라서 인출되므로 이 방법은 인출 단서 효과를 지니고 있다고 볼 수 있으며, 전체가 커다란 한 덩어리로 묶여서 저장되므로 기억 부담을 줄여 주는 효과를 지닌다고 볼 수 있다.

셋째 방법은 능동적인 인출 연습이다. 심리학 실험에 의하면, 어떤 내용을 공부할 때 전체 시간 중 80%를 기억해내기(인출) 연습에 투자한 학생들이, 그저 반복적이고 수동적으로 읽으며 공부한 학생들보다 3배나 기억을 더 잘 했다고 한다. 인출 연습이란 수동적 반복이 아니라, 기억 속의 내용을 더듬어 갈 때 무엇을 인출의 출발 단서로 삼을 것인가? 그로부터 다른 내용을 어떻게 찾아 가야 하는가? 그래도 꺼내어지지 않는 내용, 즉 더 정교화하고 해석하여 학습해야 할 내용은 어떤 것인가? 등에 관련된 인출 전략을 짬으로써 인출을 효과적이고 자동적으로 할 수 있게 하는 것을 말한다. 기억을 잘 하느냐 못 하느냐의 결정적 요인은 인출 단서가 있느냐, 또 그것이 기억이 나느냐, 좋은 인출 단서이냐에 달려 있다. 무엇이 좋은 인출 단서인지는 앞에서 설명하였다.

효율적인 기억방법으로 PQ4R법을 들 수가 있다. PQ4R법이란 학습하기 전에 전체 줄거리와 요점들을 제목을 중심으로 훑어보고(preview), 본문을 읽어 나가기 전에 스스로 질문을 만들어 보고(question), 읽어 가면서(read) 이 질문에 대한 답을 스스로 생각해 보고, 또 부분의 내용들이 전후의 내용과 독자 자신의 다른 지식과 어떻게 연결될 수 있는가를 생각해 보고(reflect), 읽은 후 자신이 던진 물음에 대한 해답과 글의 요점을 되뇌어 보고(recite)—이때에 물음들이 인출 단서의 역할을 한다—마지막으로 전체를 총괄적으로 다시 정리하는(review) 학습방법을 말한다.

이 밖에도 효율적인 학습을 위하여는 집중학습과 분산학습의 적절한 배합이 필요하다. 비슷한 내용을 계속 학습하고 기억할 때에는 앞에서 학습한 것이 뒤에 학습한 것을 억제하게 된다. 그러나 앞의 것과 뒤의 것이 수학과 영어처럼 질적으로 다른 내용의 것을 학습하면 억제가 줄어들어서 학습과 기억의 능률이 올라간다.

7. 기억 연구의 응용

복잡한 현대 삶에서 기억의 효율화, 최적화의 요구는 어느 시대보다 증가되고 있으며, 이에 따라 기억 연구 결과들은 다양한 분야에서 인간의 정보처리의 효율화와 삶의 편리성을 위하여, 또는 더 상위 수준에서 적용되고 있다. 전화체계나 컴퓨터 체계, 시청각 기기의 제작 등에서 인간공학적 측면에서 사람들이 이러한 기기를 효율적으로 사용하며 정보처리할 수 있도록 기억연구 결과들이 적용되고 있다. 또한 회사원 등의 일반인을 위한 기억술의 개선과 이를 위한 인지적 상담에 기억연구가 적용되고 있으며, 이를 넘어서 학교를 비롯한 각종 교육기관에서 여러 유형의 지식과 기술을 사람들이 효율적으로 습득, 유지, 활용할 수 있도록 하는 방법의 도출과 훈련에 기억연구의 결과들이 적용되고 있다. 그리고 임상 장면에서는 치매 환자를 비롯한 인지적 장애자들의 인지적 재활의 문제와 관련하여 그들의 인지적 장애, 특히 기억의 부담을 경감시키거나 회복시키는 재활 프로그램의 설계와 적용에 기억연구가 적용되고 있다. 조금 다른 측면에서의 기억연구의 적용은 흔히 법적 장면과 연결되어 이루어지고 있다. 재판에서 증인이 증언한 내용의 신빙성 문제 그리고 아동의 회상 및 증언 내용, 특히 억압되었던 아동기의 정신적 외상 경험의 진실성 문제와 관련하여 기억연구 결과들이 응용되고 있다.

◆ 생각해 볼 문제

1. 부호화시의 조작 중 기억을 효율적으로 만들 수 있는 방법들을 생각해 보시오.
2. 기억구조모형의 제한점으로 들 수 있는 것은 무엇인가?
3. 단기기억과 장기기억을 구조적 구분이 아닌 방식으로 구분한다면 어떻게 구분할 수 있을까?
4. 일화기억과 의미기억이 기억저장고로 구분되지 않고도 구별될 수 있는 방식은 어떤 것이 있을 수 있는가?
5. 처리깊이 이론과 부호화합치성 이론의 특징들을 설명하시오.
6. 효율적인 기억단서에는 어떤 것들이 있겠는가?
7. 어떤 기억은 금방 소멸되지만 어떤 기억은 20년이 지나도 유지된다. 이들의 차이로 들 수 있는 것은?
8. 이 장의 내용을 PQ4R의 방법으로 정리해 보시오.

제 6 장

인간의 언어 사용

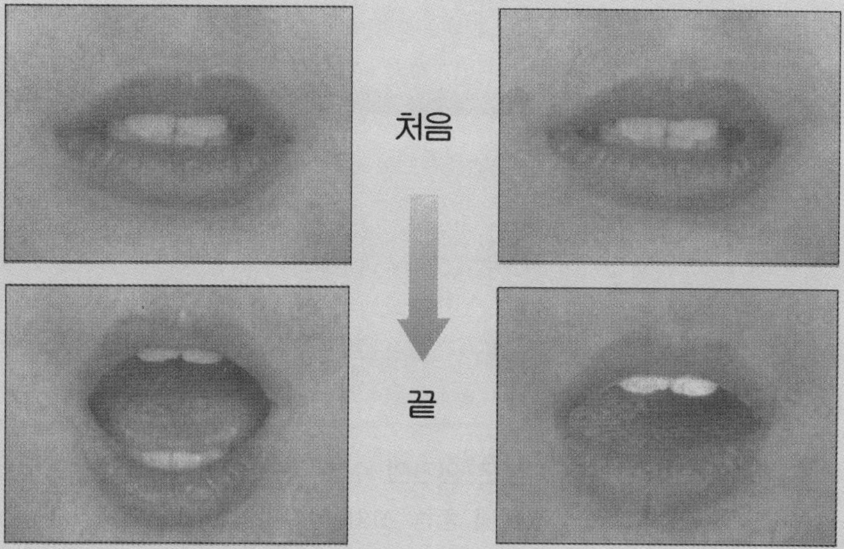

〈ㅑ〉 〈ㅕ〉

1. 인간의 언어능력
2. 언어의 특성과 구조
3. 언어의 이해과정
4. 언어의 획득과정
5. 언어와 사고의 관계
6. 동물 언어

◆ 생각해 볼 문제

언어, 사고, 그리고 지능은 인간의 수행 가운데 가장 복잡한 종류의 정신활동을 포함하고 있기 때문에 종종 고차 정신과정(higher mental process)이라고 불린다. 이 세 영역은 서로 밀접한 관련성을 갖고 있다. 그 중에서도 언어는 사람들이 일상생활에서 상황을 해석하고 문제를 해결하고 의사소통을 하는 방식에 있어서 중심이 된다. 인간은 언어를 사용하여 서로 의사소통을 하고 영향을 주며 언어를 통하여 지식을 전수하고 문화를 발전시켜 나아간다. 인간의 지적능력 중에서 가장 두드러진 것이 언어능력이기에 우리는 여러 가지 궁금증을 갖지 않을 수 없다. 인간은 어떤 규칙에 따라 언어를 사용하는가? 인간의 언어는 어떠한 특성을 지니고 있는가? 인간이 언어를 이해하며 또 표현해 낼 수 있는 것은 어떤 심리적 과정에 의한 것인가? 어린 아이들의 언어는 어떤 단계를 거쳐 발달하는가? 언어와 사고의 관계는 무엇인가? 동물에게도 언어가 가능한가? 이 장에서는 이러한 궁금증에 관한 심리학자들의 설명과 연구결과들을 소개할 것이다.

1. 인간의 언어능력

인간의 언어능력은 당연한 것인가? 우리가 자유롭게 구사하는 언어능력도 자세히 살펴보면 자연적으로 구사할 수 있는 당연한 능력만은 아니라는 것이 드러난다. 언어능력은 일반적으로 대뇌의 왼쪽 반구에 있는 언어중추에 의해 지배된다고 본다. 이 언어중추에 이상이 있으면 실어증(失語症; aphasia)이 나타난다. 프랑스의 신경해부학자인 Broca는 좌측 전두엽에 손상을 입은 사람들이 발성기관에 이상이 없는데도 불구하고 단어를 제대로 발음하지 못하며 잘 아는 이름도 말하지 못하는 등 언어의 산출에 문제가 있음을 밝혔다. 이 환자들은 말이 자주 길게 끊어지고 접속사를 생략하는 등의 특징을 보이는데, 이런 증상을 Broca 실어증이라고 한다.

그 후 독일의 신경학자 Wernicke는 좌측 측두엽에 손상을 입은 사람들은 반대로 언어산출보다는 언어를 이해하는 데 문제가 있음을 밝혔다. 이 환자들은 말을 반복해서 들어도 문장의 의미를 이해하지 못하거나 말을 하더라도 단

인간의 언어능력 언어는 사람들이 일상생활에서 상황을 해석하고 문제를 해결하며 의사소통을 하는 중요한 수단이다.

어는 정확히 말하지만 뜻이 통하지 않는 문장을 내어 놓는 특징을 보이는데, 이런 증상을 Wernicke 실어증이라고 한다. 최근 연구를 보면, Broca영역이 손상되면 문법적으로 복잡한 문장을 이해하지 못하는 것으로 밝혀져서, Broca영역은 문법을 사용하여 문장을 이해하는 데에도 관여하는 것으로 밝혀졌다(Stromswold 등, 1996).

한편 난독증(難讀症; dyslexia)인 사람들은 대뇌의 언어중추에는 이상이 없는데도 불구하고 글을 제대로 읽지 못한다. 바로 전에 읽은 음절이나 단어를 즉시 망각하기 때문이거나 글과 낱자들의 조합을 제대로 하지 못하는 원인으로 인하여 글자를 보면서도 읽지는 못한다.

이러한 현상들은 인간이 말과 글을 이해하고 표현할 수 있다는 것이 자동적으로 당연히 행할 수 있는 능력은 아니라는 것을 보여 준다. 이는 인간이 말을 배우는 과정을 살펴보아도 드러난다. 우리가 잘 알고 있다시피 어린아이들은 말을 배우는 데에 상당한 시일과 시행착오를 거치며, 특정 시기를 놓치면 언어를 배우기가 상당히 어렵거나 불가능하다.

2. 언어의 특성과 구조

인간의 언어사용능력은 인간의 능력 가운데서도 가장 상위의 인지능력에 속한다. 언어를 갖는다는 것은 '인간답다'라는 것과 필연적 관계가 있기 때문에 심리학자들은 언어의 본질에 대해 깊은 흥미를 느껴 왔다. 특히 언어심리학자들은 언어의 두 가지 특성, 즉 어떤 특정한 언어만이 갖고 있는 언어 특수성(specificity)과 모든 인간 언어에 공통되는 보편성(universality)을 밝힘으로써 언어를 통한 인간 마음의 특성을 이해하고자 노력해 왔다.

(1) 인간 언어의 특성

언어는 정보, 사고, 감정 등을 표상하고 전달하는 데 사용되는 규칙-지배적인(rule-governed) 상징체계이다. 물론 동물들도 의사소통 수단으로서의 신호체계를 갖고 있다. 예를 들어 벌은 꽃가루가 있는 위치를 찾아내면 다른 벌들에게 알려 주기 위해서 복잡한 춤을 춤으로써 그 방향을 가리켜 준다고 한다. 그러나 춤을 통해 전달되는 벌의 정보는 거의 항상 동일한 것으로, '여기서부터 Y방향으로 X의 거리에 꽃가루가 있다'에 불과할 뿐이다. 동물의 의사소통은 음성이나 단어와 유사한 어떤 것은 갖고 있지만 규칙에 따른 복잡한 문장은 갖고 있지 못하다. 다음에 열거된 인간 언어의 주요특징을 통해 인간의 언어체계와 다른 종(種)들이 사용하는 자연적 의사소통체계간에 커다란 차이를 파악할 수 있다.

첫째, 인간 언어는 창의적(creative)이다. 인간의 언어산출은 단순히 들었던 문장을 반복하는 것이 아니라 환경에서 주어지는 언어자극들 속에서 어떤 규칙을 찾아내어 그것을 토대로 새로운 문장을 생성해 내는 보다 적극적인 인지과정이다. 사람들은 특별히 애쓰지 않고도 새로운 문장을 무한히 만들어 내서 사용할 수 있다. 일생 동안 동일한 문장을 말하는 경우가 매우 적으며, 비록 특정한 문장을 반복하더라도 적어도 부분적으로는 새로운 문장이기 쉽다. 언어의 창의성은 기억과 학습기제만으로는 도저히 설명되기 어렵다. 아동들이 이전에 배운 경험도 없는 문장을 산출해 내는 사실들을 통해 보더라도 인간의 언어가 단순한 모방이 아니라 스스로 찾아낸 언어규칙을 이용하여 생성해 내는 창의적인 산물임을 알 수 있다.

둘째, 인간 언어는 구조적(structural)이다. 문장은 단어들의 직선적인 단순나열이 아니라 위계적으로 구조화되어 있다. 즉 문장은 임의적으로 구성되는 것이 아니라 문법규칙(rules of grammar)이라고 부르는 일반 원리에 따라 언어 자체의 위계적 구조규칙에 맞게끔 생성되는 것이다. 우리가 어떤 언어를 안다는 것은 결국 그 언어의 위계적 구조에 대한 규칙과 처리과정을 이해하고 사용할 수 있다는 것이다. 사람들이 언어의 워계적 구조에 민감하다는 사실은 많은 실험을 통해 증명되고 있다. 사람들에게 의미성과 문법성을 변화시킨 문장들을 들려주는 경우 잘 구조화된 의미 있는 문장에 대한 기억이 가장 좋으며 특히 의미는 없지만 잘 구조화된 문장이 의미 없고 비문법적인 문장보다 기억이 좋은 것으로 나타났다.

셋째, 언어에는 의미가 있다(meaningful). 언어의 목적은 의미를 표현하고자하는 것으로 인간 언어는 단순 의미를 단어로, 복합 의미를 문장으로 표현한다. 모든 단어는 의미 있는 개념을 표현하며 사람들은 각 의미에 해당되는 단어를 배운다. 그러나 사람들이 언어로 전달하고자하는 바는 단지 사물이나 행위에 이름을 붙이는 것이 아니라 전체 사건이나 상황을 나타내려는 것이다. 따라서 사람들은 단어들을 결합시킨 문장을 통해 단어들이 어떻게 의미 있게 관련되는지를 표현하게 된다.

넷째, 언어는 참조적(referential)이다. 언어가 참조적이므로 언어행위는 마음의 내용, 즉 사고내용과 관계가 있다. 단어(이름)란 어떤 사물이나 사건, 즉 참조대상(참조물)을 가리킨다. 그러나 하나의 이름(상징)은 특정한 사물이나 사건을 가리킨다기보다는 하나의 개념을 지칭한다. 예를 들어 책이라는 단어는 여러 종류의 책을 모두 포괄한다. 대상에 대한 이름과 참조대상 자체는 직접적인 연결이나 필연적인 관계가 없다. 예를 들어 책을 지칭하기 위해서 '서적'이라고 하기도 하고 'BOOK'이라고도 할 수 있다. 결국 이름과 대상은 임의적인 관계에 불과하며 인간의 사고(참조작용)를 거쳐서 비로소 연결되어진다. 대상(참조물)은 경험 속의 사물이며 사고(참조작용)는 인간의 마음 속에서 일어나는 심리작용이다. 참조작용으로 인하여 소리의 집합, 즉 이름이 의미를 지니게 되고 그리하여 언어가 제 기능을 다하게 된다.

다섯째, 언어는 인간상호적(interpersonal)이다. 언어의 일차적 목적은 사람들간의 의사소통 기능에 있다. 이러한 언어의 사회적 목적을 달성하려면 언어를 적절하게 사용하는 규칙을 알아야 한다. 특히 일상생활의 대화에서는 자신이 전달하고자 하는 정보를 상대방이 잘 알아들을 수 있도록 조직화해서 말해야 한다. 또한 듣는 입장에서도 말하는 사람의 의도를 정확히 이해하고 그에 대응해 나가야 한다. 즉 화자(speaker)와 청자(listener)가 공유하는 의사소통 규칙을 지켜나갈 때 개인간 의사소통(inter-individual communication)이 원만히 이루어지게 된다.

(2) 언어의 구조

언어는 계층적 표상구조로 조직화되어 있다. 계층적 · 위계적 구조의 최하위 단계에 음성을 표상하는 최소단위인 음소가 있고, 다음으로 단어의 조직을 담당하는 형태소, 단어가 모여서 이루어진 구와 절, 그리고 최상위 단계에는 문장이 있다. 우리가 일상의 말에서 이들 언어 구조 자체를 거의 의식하지 못함에도 불구하고, 각 수준에 있는 언어 단위들이 특정 구조로 철저하게 조직화되어 있다는 사실은 매우 중요하다. 언어를 이해하는 것은 인간만이 가지고 있는 고등정신과정으로써, 그것은 여러 차원의 단위 정보들을 일정한 규칙에 따라 구조적으로 결합시키는 과정을 포함한다. 이러한 규칙에는 음운론, 형태론, 통사론, 의미론, 화용론이 있다.

1) 음운론(phonology)

음운론이란 언어를 분석할 때 가장 기본이 되는 소리(sound)의 구조를 말한다. 어떤 언어든 그 언어에서 사용하는 소리는 음소(phoneme)라는 소리의 최소단위에서부터 출발한다. 음소란 더 이상 잘게 분석할 수 없는 말소리의 최소 단위로 /p/, /b/, /t/와 같은 자음과 /a/, /e/, /i/와 같은 모음으로 나뉜다. 인간이 소리낼 수 있는 음소는 100개 정도이지만, 100개를 모두 사용하는 언어는 없다. 대개의 언어에서는 약 40개 정도의 음소가 사용되며, 각 언어마다 사용하는 음소가 다를 수 있다. 우리에게 영어의 "Thank you"에서 /θ/ 발음이 어려운 이유는 그것이 우리말에서 사용하지 않는 음소이기 때문이다.

모든 언어는 상이한 음소들의 집합으로 구성되어 있다. 소리는 하나하나 분리되어 습득되는 것이 아니라 소리들이 결합된 특정한 소리체계로서 습득된다. 언어의 종류에 따라 음소들의 결합방식을 규정하는 음운규칙 또한 다르다. 따라서 특정 언어를 배우려면 음소뿐 아니라 음소들이 결합되어 단어를 구성하는 방법도 학습해야 한다. 우리가 흔히 외국어를 발음하는 데 어려움을 갖는 이유는 이런 규칙에 익숙치 않기 때문이다. 흥미 있는 사실은 남자들이 음소를 발음할 때는 주로 좌반구가 활성화되는 반면, 여자들이 음소를 발음할 때는 좌반구와 우반구가 모두 활성화된다는 점이다(Shaywitz 등, 1995). 아마 이것이 언어 능력에서 여자들이 남자들보다 더 우세한 경향을 나타내는 한 이유인 것 같다(Halpern, 1997).

2) 형태론(morphology)

형태론이란 음소들을 결합하여 의미 있는 말소리나 단어를 만드는 체계를 말하며, 이때 의미나 문법적 기능을 전달하는 최소 단위를 형태소(morpheme)라고 한다. 대체로 어근, 어간, 접두사, 그리고 접미사라고 불리는 것들이다. 형태소는 혼자 독립적으로 쓰일 수 있는 것과 그렇지 못한 것이 있다. 독자적으로 하나의 단어를 이루지 못하는 형태소들은 다른 형태소와 결합하여 복합단어를 이룬다. 예를 들어 복수를 나타내는 '들'이라는 형태소는 '책'이라는 다른 형태소와 결합되어 '책들'이라는 복합어를 구성한다. 모든 언어에는 형태소 패턴에 관한 특정한 방식의 규칙이 있어서, 각 형태소는 별개의 단위로 취급되며 고정된 위치를 갖게 된다. 예를 들어 영어의 경우 과거를 나타내는 접미사 '-ed'는 동사 다음에 첨가되어야지 동사의 앞에 첨가될 수 없다

3) 통사론(syntax)

모든 언어는 단어들이 결합되어 구나 절, 문장을 형성하는 일정한 내부구조를 갖는데 이 구조를 통사라고 하며, 이때 명사나 동사 같은 서로 다른 종류의 단어들을 결합하는 규칙을 문법(grammar)이라고 한다. 예를 들어, '예쁘다 저 매우 여자는'이라는 문장은 우리말의 문법에 맞지 않는 통사구조를 갖고 있기 때문에, '저 여자는 매우 예쁘다'로 표현되어야 한다. 여기서 우리는 문법의 기본 단위가 단어들이 아니라 말의 분절들임을 알 수 있다. 우리말에서 하나의 문장은 적어도 2개의 구성성분으로 이루어지는데, 위 문장에서처럼 '저 여자는'이라는 명사구가 앞에 오고 '매우 예쁘다'라는 동사구가 뒤에 오는 것이 그것이다.

형태소로 이루어진 단어는 통사규칙에 의해 다시 복잡한 의미관계를 표상하는 구, 절, 문장 등으로 조직화된다. 언어의 구성은 위계적 구조상에서 상위로 올라갈수록 각 수준에 보다 많은 단위들이 포함된다. 실제로 소수의 음소가 고정된 순서를 가지고 형태소와 단어들로 조직화되며, 단어는 다시 무한수의 문장으로 조직화된다. 그러나 사람들은 문장 하나 하나를 배우는 것이 아니라 문장을 구성하는 일반 규칙을 획득함으로써 상위로 올라갈수록 많아지는 언어적 단위들에 효과적으로 대처할 수 있게 된다. 사람들은 어떤 문장이 잘 구조화된 단어 순서인지, 다시 말해 문법적인 문장인지의 여부를 힘들이지 않고도 판단할 수 있다. 만약 통사규칙이 없다면 언어를 배우고 이해한다는 것은 불가능한 일일 것이다.

4) 의미론(semantics)

소리와 단어, 문장구조만으로는 언어가 될 수 없으며, 언어가 소통되려면 의미가 전달되어야 한다. 앞에서 살펴본 것처럼, 언어의 의미를 전달하는 최소단위는 형태소(morpheme)이며, 따라서 형태소들이 결합하면 의미가 달라지는 경우가 많다. 예를 들어, 영어에서 행운이라는 의미의 형태소 'fortune'에

'mis-'라는 형태소가 앞에 붙으면 불행이라는 의미로 바뀐다. 우리가 흔히 동음이의어라고 부르는 다의어(ambiguous word)들은 의미에 따라 다른 형태소를 갖기도 한다. 예컨대, 우리말에서 eye라는 의미의 '눈'과 snow라는 의미의 '눈'은 다른 형태소로 쓰이는 것이다. 이런 경우에는 문맥에 따라 그 중 한 가지 의미로서 금방 그 단어를 이해할 수 있다. 예를 들어, '눈 내린 경치가 너무 멋있다'와 '눈이 아파 병원에 갔다'라는 문장에서 눈을 각각 snow와 eye라는 의미로 해석하는 데에는 아무런 문제가 없는 것이다.

한 단어의 의미는 사람들에 의해서 붙여지는 경우가 많으며, 역사적인 사건이나 장소에서 유래되는 경우가 많다. 예를 들어, 혼란 또는 아수라장이라는 의미의 영어 단어 bedlam은 16세기 영국 런던의 St. Mary of Bethlehem이라는 병원에서 정신병자들을 가두어 두었던 데에서 유래한다. 우리말의 설렁탕은 조선시대에 왕이 한해 농사를 기원하는 선농제를 지낸 후 제사고기로 국을 끓여 백성들과 함께 먹은 '선농탕'에서 유래한다.

문장의 의미는 그 문장의 통사구조와는 별개이다. 예를 들어, '무색의 녹색 아이디어가 격렬하게 잔다'라는 문장은 문법적으로는 틀린 데가 없지만 아무런 의미가 없는 반면, '먹자 빨리 저녁 금방 시작한다 연속극이'라는 문장은 문법적으로는 틀리지만 그 의미를 이해하는 데는 아무런 문제가 없다(Chomsky, 1957). 또한, 문장의 의미를 파악하는 과정은 말소리를 듣는 과정과는 다르다는 것이 밝혀졌다. Damasio 등(1996)은 PET(positron emission tomography, 양전자 방출 단층촬영법)으로 촬영한 영상을 통해 단어의 소리가 처리될 때와 의미가 처리될 때 각기 다른 뇌 영역이 활성화되는 것을 밝힌 바 있다.

5) 화용론(pragmatics)

언어는 겉으로 드러난 의미뿐만 아니라 속에 감춰진 암묵적 의미를 갖는 경우도 종종 있다. 화용론(話用論)이란 이처럼 언어가 맥락에 따라 그 쓰임새나 암묵적 의미가 달라지는 방식을 말한다. '방안이 덥네!'라는 문장은 '창문 좀 열지' 또는 '에어컨 좀 켜지'라는 권유의 의미를 갖고 있다. 이런 암묵적 의미를 이해하려면 언어뿐만 아니라 세상에 대한 지식, 의사소통에 관한 관습 등을 알고 있어야 한다. 예를 들어, 어린아이한테 '화장실이 어디 있는지 아니?'라고 물으면, '네, 알아요'라고만 답하는 아이가 있는데, 이것은 그 문장이 화장실의 위치를 가르쳐달라는 요구를 담고 있음을 아직 몰랐기 때문이다.

화용론은 우리의 추론능력에 크게 의존하며, 은유적 표현을 이해하는 데 핵심적 역할을 한다. 예를 들어, '여자의 마음은 갈대이다'라는 표현은 항상 흔들리는 갈대의 특성을 추론해야 그 암묵적 의미를 이해할 수 있다. 언어의 다른 능력들이 주로 좌반구의 활동에 의존하는 데 반해, 유머나 은유적 표현을 이해할 때는 우반구가 활성과 된다는 것이 밝혀졌다(Bottini 등, 1994).

3. 언어의 이해과정

말을 하거나 글을 쓰는 심리적 과정을 언어 산출과정이라고 하며, 말을 듣거나 글을 읽는 심리적 과정을 언어 이해과정이라고 한다. 우리가 단순하게 여기는 언어 이해과정은 상당히 복잡한 정보처리에 의해 일어난다. 우리가 말이나 글을 이해할 때 어떠한 언어적 구조가 관련되는가, 그리고 우리는 이러한 구조를 어떻게 이해하고 처리하는가 하는 언어에서의 인지적 정보처리과정을 살펴보기로 하자.

(1) 말의 이해과정

우리는 다른 사람의 말을 들을 때에, 한 문장을 구성하는 단어와 단어 사이가 분명히 끊어져 있고 낱개 음들이 구별되는 형태로 알아듣는다. 그러나 사실은 사람의 말들은 한 문장의 첫 음이 시작하여 마지막 단어의 마지막 음이 끝날 때까지 거의 중단이 안된 연속적인 말소리의 흐름이다. 모르는 외국어를 듣고 있자면 '?라 ?라'하는 소리의 연속으로만 들리는 것이 대표적 예이다. 기계로 말소리의 흐름을 기록해 보면, 어디에서 한 낱말이 시작되고 끝나는지, 어디에서 음과 음 사이에 경계가 이루어지는지 알 수 없다. 그런데도 우리는 다른 사람의 말소리에서 낱개 음들을 파악하고 단어들을 분명히 구분하여 들으며 문장으로 이해하는 것이다. 어떻게 이것이 가능한가? 그것은 우리가 각종의 음운지식, 통사지식, 의미지식 등을 사용하기 때문에 가능하다.

1) 말소리 지각

귀에 들어온 청각적 자극을 분석하여 음성단위가 파악되면 낱개 음을 지각한다. 소리 에너지 형태의 청각 신호는 귀에서 분석되어 음성 단위로 확인됨으로써 낱개 음으로 지각된다. 계속되는 말에서 단어를 파악하는 것은 복잡한 과정이다. 입술이 열린 후 성대의 떨림에서 .06초 지연되는 음성개시 시간(voice-onset time)에 의해서 /b/와 /p/ 같은 유성, 무성 자음간을 구별할 수 있다. 음소의 발음은 이웃 소리, 강세, 말의 특이성, 강조 등에 의해 영향받지만 그럼에도 불구하고 음소는 그 정체가 파악된다. 말 지각의 특성은 연속적이 아니라 범주적이다. 개별 음의 범주는 인접하여 있는 위치의 연속적인 변화에 따라 점진적으로 범주로 묶이는 것이 아니다.

말을 할 때, 실제로 하나 하나의 음향신호가 단절적인 정보로 전달되는 것이 아니다. 말에서는 계속적인 분절음들의 정보가 동일신호에 의해 동시적으로 전달되는 병렬전달(parallel transmission)의 방식을 취한다. 아마도 사람들은 상식적으로 생각하기에, 말(예: bag)을 소리 특질에 따라 세분하여(/b/ + /æ/ + /g/ ⇒ /bag/) 지각하는 것이라고 믿을지 모르지만, 심리학 연구에 의하면 전혀 그렇지 않다.

심리학 실험 결과 다음과 같은 사실들이 드러났다. 한 낱개 음을 지각하기 위해서는 이웃한 음들을 분석하여 참조해야 한다. 예를 들어 단어 'bad'의 발음 단위들인 /b/, /æ/, /d/에서 중간음 /æ/를 지각하기 위해서는 그저 /æ/ 소리만 따로 파악할 수 있는 것이 아니다. 앞뒤의 /b/와 /d/ 소리를 참작해야 한다. 다시 풀어 이야기하자면, /æ/의 소리를 파악하여 듣기 위해서는 전후의 소리정보인 /b/와 /g/ 정보를 미리 파악하는 것이 절대적이다. 마찬가지로 나중 자음 /g/에 관련된 정보 역시 앞부분의 /b/와 /æ/ 소리 정보의 지원을 받아야 파악할 수 있다. 즉 음향신호와 말 지각의 관계는 일대일의 대응관계가 아니다. 소리는 맥락 의존적이므로 동일한 /b/일지라도 /bag/의 소리인지 /beg/의 소리인지에 따라 음질이 달라지게 된다. 또한 인접단어의 소리들과 문장의 의미도 고려되어서 /æ/ 소리임이 판단된다.

Ganong에 의하면, /g/와 /k/ 사이의 음을 합성한 다음, 이 소리자극 다음에 /ift/가 오게 하면 'gift'로 파악되었고 /iss/가 오게 하면 'kiss'로 파악되었다. 다수의 실험을 통해 음운지각에서의 분석의 일차 단위는 개별 음소가 아닌 음절과 같은 음소집단인 것으로 나타났다(Liberman, 1970; Savin & Bever, 1970). 결국 소리의 기본단위는 음소이지만 심리적인 실제 단위는 이보다 더 큰 것으로 가정된다. 특히 계속되는 말에서 단어를 파악하는 것이 단어가 고립되어 있을 경우보다 훨씬 우수하다. 왜냐하면 말소리를 파악함에 있어서 사람들이 맥락정보를 사용하기 때문이다. 즉 말소리 지각은 청각 신호를 음운적 내용으로 분석하는 수동적 과정이 아니라 분석과 종합을 포함하는 능동적 과정이다.

이렇게 분석된 낱개 음들을 조합하여 낱말로 알아듣는다. 우리가 외국말을 못 알아듣는 큰 이유는 한 낱개 음이나 낱말 전후에 어떤 소리, 어떤 단어, 어떤 의미의 내용이 있었는지를 파악하지 못하기 때문이라고 할 수 있다.

2) 통사적 구문분석

낱개 음을 파악하고 이를 조합하여 지각하였다고 해서 문장이 이해되는 것은 아니다. 단어들의 의미가 파악되어야 하고, 또 단어들간의 의미적 관계가 파악되어야 하며 단어들이 통사적(문법적) 규칙에 맞게 배열되었는가가 파악되어야 한다. 주어–동사–목적어의 어순이라든가, 능동문, 수동문, 대명사, 관사, 동사의 시제 등에 대한 지식이 동원되어 문장의 통사적 구조가 이해되어야 한다. '아버지가방에들어가셨다'는 연속된 소리의 흐름을 토씨와 주부–술부에 대한 지식을 활용하여 '아버지가 방에 들어가셨다'로 이해함은 통사적 분석이다.

언어를 이해하려면 문장을 이루고 있는 단어들 간의 관계를 형성하는 통사규칙을 파악해야 안다. 문장은 단어들이 결합되어 개념적 통일체를 이루게 되는 단위, 즉 구성성분으로 이루어져 있다. 통사처리란 문장의 구성성분의 문법적 기능을 확인하여 처리하는 작업이다. 통사처리 시에 사용되는 중요한 단서로는 단어순서, 단어유목, 기능어, 접두사, 접미사, 단어의미, 운율법 등이 있다. Chomsky(1957; 1972)는 문장의 구성성분이 명사구(NP)와 동사구(VP)로 분절된다고 했지만 일반적으로는 그 처리단위를 절(clause)로 본다. Fodor와 Bever(1965)는 아래와 같은 문장을 들려주면서 *표가 있는 위치들 가운데 하나에서 찰칵하는 소리가 들리게 한 다음, 나중에 피험자들에게 문장의 어느 위치에서 소리가 들렸었는지 보고하게 했다.

* * * *

That he was happy was evident from the way he smiled.

그 결과 실제 찰칵 소리가 들렸던 *표의 위치조건과 상관없이 대부분의 피험자들이 'happy'와 'was' 사이에서 소리를 들었다고 보고했다. 이 위치는 문장의 구성성분인 주부(NP)와 술부(VP)가 나뉘는 지점이다. 즉 사람들이 문장의 구성성분인 주부를 하나의 단위로 지각하기 때문에 이 부분에 대한 구조분석이 끝나기 전에 제시되는 찰칵 소리의 지각을 구조분석 이후로 미루었음을 알 수 있다.

언어이해 시에 구성성분의 통사구조가 활용된다는 증거는 반응시간 방법론에 의해서도 입증되었다. Caplan(1972)은 피험자들에서 다음과 같은 문장을 제시한 다음 탐사단어를 제시하고 그것이 이전 문장에 있었는지 여부를 가능한 한 빨리 판단하게 했다. 문장 쌍은 다음과 같이 대비시켰다.

Now that artists are working fewer hours oil prints are rare.

Now that artists are working in oil prints are rare.

위의 두 문장조건 모두 'oil'이라는 단어가 끝에서 네 번째에 있고 그 다음에 나오는 단어들은 모두 같도록 구성되어져 있다. 그러나 전자에서는 'oil'이 문장의 마지막 구성성분인 'oil prints are rare'의 일부인 반면에 후자에서는 'oil'이 'now that artists are working in oil'의 일부이다. 실험 결과 피험자들은 전자의 문장에서 'oil'을 더 빨리 파악했다. 이 조건에서는 탐사단어가 마지막 구성성분 속에 포함되어 있어서 계속해서 기억에 활성화되어 있었기 때문이다. 이와 같이 사람들이 문장이해에 통사적 구문패턴을 사용하는 것은 분명하지만 그렇다고 통사처리가 언어이해에 필수적이라고 결론지을 수는 없다. 또한 의미처리가 일어나기 전에 반드시 통사분석이 선행되어져야만 하는 것도 아니다.

3) 의미분석

통사적 분석이 문장을 이해하는 데 필요하기는 하지만, 반드시 통사적 분석이 있어야 하며 또 의미분석 처리에 앞서서 이루어져야 하는 것은 아니다. 앞의 예에서 '아버지라는 커다란 사람이' '가방에 들어간다'는 것은 있을 수 없다는 일반 세상지식을 활용한다면 위와 같은 통사적 분석이 없어도 '아버지가 방에 들어가셨다'로 분석되어 이해될 수 있다. 또 '푸른 예절은 격렬하게 잠들었다'는 문장은 문법적으로는 규칙적이며 이상이 없다. 그러나 우리는 이 문장을 옳게 이해할 수 없다. 그 까닭은 이 문장의 의미가 우리의 일반적 의미지식에 맞지 않기 때문이다. 의미적 분석이 이해에 중요한 것이다.

사람들은 문장을 이해하기 위해서 의미 패턴을 사용한다. 때로는 단순히 단어들이 배열되는 순서를 고려해서 단어열의 의미를 파악하기도 한다. 예를 들어 영어에 익숙하지 않은 사람이 'I book want'라고 말하는 경우 이 문장은 영어의 통사규칙에는 틀리지만 상대방 미국인은 그가 전달하고자 하는 의미를 이해할 수 있다. 일상에서 사람들은 종종 이와 유사한 방식의 언어이해 전략을 사용하는 것으로 나타난다. Strohner와 Nelson(1974)은 2, 3세 아동들에게 다음과 같은 문장의 내용을 동물인형의 동작으로 표현하게 했다.

The cat chased the mouse.
The mouse chased the cat.

그 결과 아동들은 두 문장을 모두 고양이가 쥐를 쫓는 것으로 해석했다. 즉 어린 아동들은 통사 패턴보다 의미 패턴에 더 의존하는 것으로 나타났다. 대부분의 성인들 역시 엄격한 통사처리를 하기보다는 정상적인 의미가 통하는 방식으로 문장을 이해하는 것으로 보인다. 실제로 어떤 문장에서 의미 원리와 통사 원리 사이에 갈등이 생기는 경우 항상 그런 것은 아니지만 종종 의미 원리에 의존해서 문장을 해석하곤 한다. Fillenbaum(1971, 1974)은 다음과 같은 문장을 성인들에게 제시했다.

John was buried and died.

위의 문장에 대해 60% 이상의 피험자들이 예를 들어

'John died first and then was buried'

와 같은 전통적인 의미 패턴으로 문장을 바꾸었다. 결국 사람들은 합리적인 의미가 통하는 문장을 만들기 위해서 단순히 통사규칙의 적용을 넘어서서 의미론적 영향을 받고 있음을 알고 있다.

언어 이해 시에 제공되는 정보의 양이 상당히 제한적임에도 불구하고 사람들이 실제로 처리해 낼 수 있는 정보의 양은 상당히 많음이 지적되고 있다. 이러한 발견은 글 처리의 초기 단계에서부터 몇 가지 정교한 이해 형태, 즉 의미유도와 같은 기제가 적용됨을 시사한다(Rayner & Pollatsek, 1987; Rayner & Frazier, 1989). Warren(1970)에 의하면 사람들은 문장전체의 의미에 근거하여 실제로는 들리지 않았던 음을 들었다고 보고하는 것으로 나타났다. 예를 들어,

'The #eel on the ________'

과 같은 형식의 문장을 문장 끝의 줄친 부분에서 'car' 또는 'table'과 같은 단어를 넣어 제시했다. 실험 결과 # 표시 부분에서 소리를 들려주지 않았음에도 불구하고 피험자들은 'car'를 들은 조건에서는 'wheel'을 'table'을 들은 조건에서는 'meal'을 들었다고 보고했다. 이 같은 음소복원(phoneme restoration) 현상은 맥락의 의미가 하위 수준의 음운처리에까지 영향을 미침을 시사한다.

의미처리는 맥락정보가 증가할수록 효율적으로 일어날 수 있다.

'John went to the bank'

라는 문장에서 'bank'는 '강둑'과 '은행'이라는 중의성(ambiguity)을 갖는 단어이다. 그러나 만일 융자와 관련된 맥락에서 위의 문장을 접했다면 사람들은 특별한 어려움이 없이도 'bank'를 은행으로 해석할 수 있을 것이다.

4) 화용분석

일상생활의 대화에서 맥락의 파악은 말의 사전적 의미파악 그 자체보다도 중요할 수 있다. 원활한 의사소통이 일어나기 위해서는 단순히 단어의 의미만 파악하여 조합한다고 말을 이해할 수 있는 것이 아니다. '추운 날에 창문이 열려있는 것을 보고 아버지가 창가에 있는 아들을 향하여 "얘, 창문이 열렸다"고 말하니까 아들은 아무 말 없이 창문을 닫았다'는 예를 보자. '얘, 창문이 열렸다'는 문장을 문법적 구문분석만을, 그리고 낱개 단어의 의미 분석만을 아무리 해보았자, '추운데 창문이 열려 있으니 창문을 닫아라'는 뜻이 나오질 않는다. '창문을 닫아라'는 뜻으로 아들이 이해한 것은, '추운 날씨에 창문은 닫혀 있어야 한다'는 지식과, '사람들이 다른 사람에게 어떤 현상에 대해 주의를 환기

시키고 무엇을 요청할 때에는 이러한 간접화법의 표현을 한다'라는 말-행위적 지식(화용론적 지식)을 아들이 지니고 있었기에 가능한 것이다. 이 모두가 이해자가 사물에 관한 의미지식을 활용하여 언어표현의 의미를 분석하고 종합하기 때문에 이해가 이루어짐을 보여준다. 기억 내에 있는 각종 지식, 즉 낱말들의 의미 지식, 낱말간의 의미 관계 지식, 각종 사건이나 대상에 대한 종합적 일반 지식, 어떠한 상황에서 어떤 표현이 어떠한 행동이나 의도와 연관되어 있는가에 대한 지식 등이 최종 이해를 가능하게 한다. 말을 제대로 이해하기 위해서는 말하는 사람과 듣는 사람이 화용론적인 규칙에 입각해서 전달되고 있는 정보의 의미를 공유할 수 있어야 함이 필수적이다.

이해처리란 상황에 적절한 의미를 찾는 과정이다. 완전한 이해를 위해서는 통사론적, 의미론적 지식뿐 아니라 화용론적 지식이 동시에 요구된다. 즉 언어처리는 입력자극 자체의 특성에 근거한 통사적, 의미적 정보뿐 아니라 이해자의 일상지식으로부터 기대되는 말의 쓰임새(명령, 요청, 질문 등)의 화용정보의 도움에 의해서 이루어진다. 결국 언어이해는 낱개 소리와 단어의 의미와 구문을 분석하는 자료주도적인 상향처리(bottom-up process)와, 그와는 반대로 그 말이 주어지는 상황 맥락에 대한 우리의 지식이 적용되어 언어자극의 의미를 해독하는 개념주도적인 하향처리(top-down process)의 상호보완적 과정에 의해 촉진된다.

(2) 글의 이해과정

말의 이해과정과 글의 이해과정은 문장들을 분석하여, 말하는 사람 또는 글 쓴 사람의 생각을 문장들에서 추론해 낸다는 점에서, 또 지식을 활용한다는 점에서, 통사적 구문분석, 의미 분석, 화용적 분석이 이루어진다는 측면에서는 같다. 그러나 다른 점도 있다.

책을 읽을 때 우리는 자동차가 달리듯이 눈으로 글의 줄 위를 수월하게 읽어 나가는 것이 아니다. 개구리가 도약과 움추림을 반복하듯이, 우리는 한 초점에 멈춰서 응시했다가 몇 단어 건너 다음 초점으로 옮기는 동작을 수없이 반복하며 책을 읽어 나간다. 우리 눈은 안구 망막의 중심와(中心窩)에 비친 것만 자세히 볼 수 있다. 그런데 중심와의 크기는 아주 작아서 우리가 한번 응시할 때에 볼 수 있는 단어는 약 2-3개에 불과하다. 이러한 제한성을 극복하는 방법으로 우리의 눈은 1초에 약 4번씩 점프하듯이 움직인다. 따라서 우리가 1분 동안에 볼 수 있는 단어 수는 보통 500-700 단어가 된다.

그런데 우리가 실제로 책을 읽을 때에는 1분에 약 300 단어가 보통이다. 왜 그런가 하면, 독서란 단순히 글자들을 응시하고 또 눈을 움직여 점프하는 것 이상의 과정인 까닭이다. 글의 의미를 이해하는 과정, 즉 우리의 지식을 적용하여 글의 전체적 연결을 분석하고 종합해 내는 인지과정이 포함되기 때문이다.

일반적으로 말 자극을 음절이나 단어들로 분석하여 파악하는 것은 글을 지각하여 분석하는 것보다 힘들다. 왜냐하면 위에서 언급한 것처럼 말소리는 글처럼 음절과 음절 사이, 그리고 단어와 단어 사이가 뚜렷이 떨어져 있지 않고 연속된 흐름의 소리로 들리기 때문이다. 단기기억에서 곧 사라지는 이러한 연속된 흐름을 음절과 단어로 분절하여 지각하기 위해서는 글의 경우보다 더 많은 노력과 지식이 적용되어야 한다.

반면에 말을 이해할 때에는 일반적으로 글의 이해보다 더 쉽다는 이점이 있다. 왜냐하면, 말을 이해할 때에는 말을 하는 사람의 사회적 상황, 그 사람의 억양, 표정, 몸짓, 목소리 변화 등의 여러 가지 정보들이 함께 주어지기 때문이다. 이러한 정보들은 듣는 사람이 그 말을 이해하기 위해서 어떠한 관련 지식들을 이해자의 기억에서 찾아내어 적용하고 추론, 예측, 해석할 것인가 등에 대한 좋은 단서들이 된다. 즉 말의 내용과 관련된 정보들의 인출과 적용이 용이해져서 이해가 쉽게 된다.

(3) 언어 이해와 추론, 지식

일반적으로 말하여 위에서 논한 바를 종합한다면, 언어 이해란 본질적으로 의미적 해석이요 구성이라 할 수 있다. 언어 표현 자체에 의미가 있는 것이 아니라 언어 표현을 단서로 하여 이해하는 사람이 자신의 기억에서 어떠한 지식을 동원했는가가 이해 내용을 결정한다. 언어 이해는 이해자의 지식이 없으면 불가능하다.

예를 들어 다음 글을 읽으며 무슨 내용인가를 이해하려 해보자.

"그는 수많은 좌절 끝에, 하사받은 보석들을 전당포에 전당잡히고 자기 자신이 제기한 원의 이론의 타당성을 입증하기 위하여 실제로 각종의 기구를 동원하여 앞으로 나아가 폭동과 죽음의 위험을 무릅쓰고 물과 하늘만 대하면서 추진하여 원과 사각의 대립에서 원이 타당함과 재래식 신념의 부정확성을 증명하려고 결심하였고, 대중의 조롱과 비판은 무식의 소치로 보고 간과하려고 하였다."

이해가 되는가? 잘 안될 것이다. 그러면 이제 위 글의 주제가 '콜럼버스의 신대륙 탐험' 이라는 제목이었다는 것을 알고 다시 보라. 콜럼버스에 대한 역사적 지식이 있는 사람이라면 누구나 위 글을 이제 쉽게 이해할 것이다. 지식이 이해의 원천이다. 지식이 많은 사람일수록 더 깊은 이해를 얻는다.

언어 이해에서 지식의 역할과 관련된 또 다른 중요한 특성은, 언어 이해에는 반드시 추론이 들어간다는 것이다. 대명사가 무엇을 지칭하는가를 비롯하여, 문장 부분들의 의미적 관계성, 문장들이 이루는 단락들의 관계성 등을 파악하기 위해서는 단어 하나 하나의 의미를 넘어서는 추론이 필요한 것이다. 다음과 같은 예문을 생각해 보자.

"철이는 자동차에서 야유회 음식을 꺼냈다. 콜라는 미지근했다."

이 글을 읽으며 여러 가지 추론이 이루어질 수 있다. 그 중에서도 '야유회 음식에는 콜라도 포함된다'는 추론이 이루어지지 않고는 두 문장을 연결시킬 수 없다. 야유회라던가, 음식, 음료, 자동차와 햇볕 등에 대한 지식이 동원되어서 추론이 이루어져야 위 두 문장을 이해할 수 있는 것이다.

또 글을 읽을 때나 말을 들을 때에 이해하는 사람은 항상 다음에 어떠한 내용이 나올 것인가를 예측해야 빨리 이해를 할 수 있다. 주어진 언어 표현을 넘어서 여러 가지 상황적, 맥락적 관련 내용들을 예상하여 추론하기 때문에 빠른 이해가 가능한 것이다. 예상적 추론을 못한다면 우리가 보통 언어 특히 말을 이해하는 데 드는 시간의 배 이상의 시간을 들여도 제대로 이해하지 못할 것이다.

일반적으로 이해를 잘 하는 사람은 주어진 언어 자극과 관련된 내용에 대한 지식이 많고, 추론을 잘하며, 언어 자극 내용을 보다 잘 조직화할 수 있으며, 주어진 글 또는 말 내용의 종류와 난이도의 높고 낮음에 따라 다른 식의 정보처리를 하며, 또 자신이 무엇을 어느 정도나 이해했는지를 끊임없이 점검

한다. 즉 이해하는 정보처리 전략이 더 발달해 있다고 하겠다.

반면, 독서 속도가 낮고 이해력이 낮은 사람들은 글과 관련된 적절한 지식이 부족하거나, 관련 지식을 어떻게 기억에서 빨리 탐색하여 인출해야 할지 모르는 경우가 대부분이다. 그래서 책을 덜 읽게 되고, 그 결과로 지식이 더 빈약하게 되며, 다시 그 결과로 책을 더 못 읽게 된다. 그리고 자신이 어떤 부분과 어떤 수준의 내용을 이해하지 못했는지조차도 모르게 된다.

지식이 많고, 이 지식들이 체계적으로 잘 조직화되어 있는 사람은 새로운 정보를 보다 쉽게 이해한다. 새로운 정보를 쉽게 이해한다는 것은 앞으로 나타날 내용들을 미리 추론하여 예측할 수 있고, 나타난 내용을 자신의 기존의 지식 구조에 쉽게 짜 맞추어 넣을 수 있다는 것이다. 기존의 지식을 근거로 예측하는 능력이 있기 때문에 우리는 익숙한 내용의 글은 상당히 빨리 읽을 수 있고 쉽게 이해할 수 있다. 글에 나타난 단어들을 다 읽고 나서 비로소 그 단어들의 의미가 무엇인지, 또 관련된 지식이 무엇인지를 뒤늦게 찾는 것이 아니라, 미리미리 어떤 내용이 나타날 것인지를 추론하고 예상하여, 후에 제시되는 내용을 쉽게 처리할 수 있게 되는 것이다. 또 같은 글의 내용에 대해 그 의미를 해석하기 위하여 연결시켜야 하는 지식의 양과 질은, 독서력이 낮은 사람들보다도 높은 사람들이 훨씬 더 많고 조직적이다. 글을 잘 이해하는 심리적 과정이란 개념적 지식과 일반 사실에 대한 지식, 추론과 능력이 관련되는 고도의 인지과정이다.

4. 언어의 획득과정

갓난아이는 아무 말도 못하고 알아듣지도 못한다. 그러나 3-4년이 지나면 대부분의 말을 문법에 맞게 말하고 알아듣는다. 단지 어휘 실력이 부족할 뿐 모국어의 다양한 표현을 다 말한다. 어떻게 어린이들은 말을 배우는가? 또 말을 배운다는 것은 무엇을 배우는 것일까? 단순히 어른들의 여러 표현들을 기계적으로 모방하여 어떤 낱말과 낱말이 연결되는가를 배울까? 아니면 어떤 규칙을 배우고 그 규칙에 따라 자유자재로 새로운 표현을 만들어 내는 것일까? 언어능력들은 모두 선천적으로 갖고 태어나는 것일까? 아니면 후천적으로 경험을 통해 습득하는 것일까? 이러한 물음들은 언어발달을 연구하는 심리학자들이 던지는 물음들이다.

(1) 언어발달의 4단계

문화와 언어가 다르더라도 모든 아이들은 일정한 단계를 거쳐서 언어가 발달하는 것으로 알려져 있다(Pinker, 1994). 아이들은 옹알이 시기, 단일 단어 시기, 두 단어 시기, 문장 시기의 4단계를 순서대로 밟아 간다.

1) 옹알이(babbling) 시기

생후 6개월 정도가 되면 아이들은 "맘맘맘"이나 "바바바"와 같은 한 음절로 이루어진 소리를 반복하기 시작한다. 이것을 옹알이라고 한다. 옹알이는 성인들의 언어소통처럼 의미전달 기능을 한다기보다는 성대를 이용하여 소리를 만드는 연습을 하는 것으로 보인다.

2) 단일 단어(single word) 시기

생후 1년에서 1년 6개월 사이에 아이들은 대개 하나의 단어를 말하기 시작한다. 이것은 아이들의 뇌 속에 있는 선천적인 언어습득장치와 아이들이 그동안 듣고 경험한 말소리의 상호작용에서 비롯된다(Jusczyk & Hohne, 1997). 이 시기의 아이들이 말하는 단어들은 대개 "엄마, 아빠, 맘마, 멍멍" 등과 같이 어떤 대상을 지칭하는 것이거나, "먹어, 아야, 아뜨, 더" 등과 같이 어떤 행위나 동작 또는 상태를 지칭하는 것들이다. 문화권에 따라서 아이들이 처음 배우는 단어가 다르다는 증거도 있다. Nelson (1981)의 연구에 의하면, 베트남 아이들은 대상에 관한 단어보다 존칭대명사를 먼저 배우는 경향이 있다고 한다.

어떤 단어를 먼저 배우든 간에 아이들은 이때 단어의 전체 의미를 한꺼번에 학습하기보다는 일부 의미만 이해하게 된다. 이것은 아이들이 새로운 대상이나 상황을 지칭할 때 기존에 알고 있던 단어를 확대 적용하는 과잉확장(overextension)현상을 통해 알 수 있다. 예컨대, 개를 말하게 된 아이는 고양이나 돼지를 보고도 개라고 지칭하는 경우가 많다. 그러나, 아이들의 경험이 증가할수록 구체적인 속성에 따라 단어를 적절히 사용할 수 있는 제약 조건들을 학습하면서 개와 고양이를 구별하게 된다(Clark, 1993).

이 시기의 아이들이 말하는 단일 단어는 단순히 어떤 것을 지칭하는 기능보다는 하나의 문장의 기능을 하는 것으로 보인다. 예를 들어, 어린아이가 "우유"라고 말할 때는 "우유가 먹고 싶어"라는 의사를 표현하는 것이다.

3) 두 단어(two-word) 시기

2세 경이 되면 아이가 말하는 단어의 수가 폭발적으로 증가하며, 아이들은 두 개의 단어를 연달아 붙여서 말을 하게 된다. 이 시기의 말은 사람들이 전보를 칠 때 사용하는 문장처럼 조사와 같은 기능어는 생략하고 의미를 나타내는 내용어들로만 이루어진 전보문(telegraphic speech)의 특성을 보인다. 예를 들어, 아이들이 "아빠 옷"이라고 말하는 것은 "아빠의"라는 조사를 생략한 채 소유격을 나타내는 것이다. 비록 기능어들이 생략되어 있기는 하지만, 단어들을 결합시킬 때 올바른 순서를 지키는 것을 보면, 이때부터 통사구조에 관한 문법규칙들을 학습하기 시작함을 알 수 있다. 부모들은 흔히 남의 집 아이들은 벌써 문장을 말하는데 자기 아이는 엄마, 아빠도 잘 말하지 못한다고 걱정하는 경우가 있다. 그러나, 특별한 장애가 없는 한 모든 아이들은 시기의 늦고 빠름은 있어도 누구나 언어발달의 4단계를 거치므로 크게 걱정할 일은 아니다. 부모가 물론 아이에게 더 많은 말을 들려주고, 아이가 말하는 것을 격려하는 등 보다 더 자극적인 언어환경을 제공하면, 부모가 반응적이지 않은 경우에 비해 아이들이 훨씬 더 많은 단어들을 습득하고 사용하는 것으로 나타났다(Pinker, 1994).

4) 문장(sentence) 시기

아동이 3, 4세 경이 되면 두 단어를 단순히 조합하는 단계를 지나 3개에서 8개 정도의 단어를 사용하여 좀더 복잡하고 긴 문장을 말하게 된다. 이 시기의 아이들은 단어를 멋대로 조합하는 것이 아니라, 일정한 규칙을 따름을 알 수 있다. '줘(행위)-물(대상)'이라고 하기보다는 '물-줘'하며, '택시(목적)-타(행위)-하머니(행위자)'라고 잘 하지 않고 '하머니 택시 타'라고 한다. 행위를 중심으로 한 주어-술어의 문법적(통사적) 규칙에 따라 말을 하는 것이다. 때로는 문법규칙이나 의미규칙을 지나치게 적용하거나 잘못 쓴 경우가 있기는 하지만, 아이들이 언어의 구조와 문법규칙을 습득하여 그것을 적용하여 말 표현을 만들어 낸다는 것은 확실하다. 과잉 일반화(overgeneralization) 현상이 그 증거를 보여준다. 예를 들어, 영어권의 아이들은 "I went to store" 대신 "I goed to store"라고 말하거나, "feet" 대신에 "foots"라고 말하는 경우가 종종 있는데, 이것은 불규칙 동사나 명사에도 문법 규칙을 일관되게 적용하고 있음을 보여준다. 우리말에서도 이 시기의 아이들이 "햇님이" 대신에 "햇님가" 또는 "햇님이가"라고 주격 조사를 과잉 일반화하는 현상이 나타난다.

(2) 언어획득에 관한 이론들

아이들은 다른 사람들과 언어로 의사소통하는 것을 어떻게 배우게 되는가? 어떻게 생각을 응집성 있는 문장으로 변형시키는 데 필요한 많은 규칙들에 숙달되는가? 어떻게 수천 개 어휘들의 의미를 알게 되는가? 심리학자들간에는 아이들로 하여금 언어를 배우게 하는 기제에 대해 의견이 일치하지 않고 있다.

1) 모방과 강화

초기 행동주의에서는 언어가 다른 행동들과 마찬가지로 고전적 조건형성의 법칙과 자극-반응의 연결을 통해 학습되는 행동이라고 주장하였다(Watson, 1924). 그 후에 후기 행동주의자들은 이에서 더 나아가 언어획득에서의 모방이나 강화유관성의 중요성을 강조했다(Skinner, 1957; Staats, 1971; Bandura, 1971). Skinner는 언어학습이 자극-반응의 연합과 강화의 결과라고 주장했다. 사실상 아기가 주변의 소리를 모방하여 의미 없는 소리를 내더라도 부모들은 자신의 모국어에 있는 형태소와 같거나 유사한 소리에 선택적으로 보상을 주게 된다. 따라서 처음에는 인간이 낼 수 있는 모든 소리를 옹알이 할 수 있던 아기가 점차 모국어의 음소를 더 잘 인식하게 된다.

예를 들어 아기가 /ㅁ-아 ㅁ-아/ 하고 소리를 내면 엄마는 미소를 지으며 /맘마/ 하고 응답해 준다. 성인들로 하여금 다양한 문화권의 유아들의 옹알이를 판단시켜 본 결과 프랑스인들은 8개월 된 프랑스 유아의 옹알이를 다른 언어권 유아들의 옹알이와 쉽게 식별해낼 수 있었다(Boysson-Bardies 등, 1984). 옹알이 분석에서도 유아가 내는 소리와 리듬은 유아가 들었던 성인의 언어를 반영하는 것으로 나타났다. 결국 언어행위가 보상받고 조성되어 가는 과정에서 아이는 점차 부모의 언어와 연합된 특정 음소를 학습하게 되고 결국 모국어를 획득하게 된다.

2) 언어의 창조성

그러나 학습이론에서 주장하듯이 언어습득을 모방이나 강화에 의해서 설명하는 것은 매우 부적절하다. 아이들은 종종 주변에서 한번도 들어본 적도 강화받은 적도 없는 문장을 말하곤 한다. 분명 언어의 습득은 모방이나 강화 이상의 것을 수반하는 창조적 행위이다. 또한 실제로 부모들은 아이에게 특별히 모국어를 학습시키지 않을 뿐 아니라 아이가 문법적 오류가 있는 문장을 말하더라도 부모들은 대체로 잘못된 언어형태를 일일이 교정해 주지 않는다. 더구나 부모가 아동의 비문법적인 문장에 대해 명확한 교정을 주장한다 하더라도 아이에게 효과적으로 전달되는 것 같지도 않다. McNeill(1966)의 예는 이러한 측면을 잘 보여 주고 있다.

아 동: Nobody don't like me.
어머니: No, say "Nobody likes me."
아 동: Nobody don't like me.
어머니: No, say "Nobody likes me."
아 동: Nobody don't like me.
(똑같은 대화가 일곱 번 이상 반복됨)
어머니: No, now listen carefully: "Nobody likes me."
아 동: Oh! Nobody don't like me.

위에서 보듯이 아동은 주변에서 모방할 기회도 없었으며 주변으로부터 오히려 선택적 강화와 교정의 기회가 제공되었음에도 불구하고 기존의 자기방식의 말 패턴에 집착하는 경향성을 나타내고 있다. 즉 아동은 나름대로의 규칙을 가지고 있어서, 그 규칙에서 벗어나기가 어렵다.

3) 언어 습득 장치

언어획득을 생득론적 입장에서 보면 인간은 학습하지 않고도 언어를 습득할 수 있는 기제를 선천적으로 갖고 태어난다. 인간은 태어날 때부터 언어를 구성하는 말소리에 특히 민감하다고 한다. 생후 10일도 안된 신생아도 성인 언어가 허용하는 범위의 소리 주파수에 민감한 반응을 보이며, 말소리가 끊어질 때마다 입 주변의 근육을 움직이는 경향성을 나타낸다. 말소리에 맞추어 아기가 근육을 움직이는 현상은 모국어에만 제한되는 현상은 아니다. 그러나 말소리가 아닌 다른 소리에는 이 같은 반응을 보이지 않았는데, 이는 아기가 선천적으로 인간의 말소리와 다른 소리를 구별하는 능력을 갖고 태어남을 시사해 준다.

Eimas, Siqueland, Jusczyk 및 Vigorito(1971)는 아주 어린 영아들도 소리를 구별할 수 있으며 말소리를 범주적으로 지각함을 밝힌 바 있다. 이들의 실험에서는 생후 1개월에서 4개월 된 아기들에게 젖꼭지를 빨 때마다 /ba/ 소리를 들려주었다. 이런 소리를 들으면 아기들은 재미가 있기 때문에 젖꼭지를 더 빨리 빠는 반응을 보인다. 그러나, 이 소리가 계속되면 이 소리 자극에 습관화(habituation)되어 더 이상 흥미를 끌지 못하고 젖꼭지 빠는 속도도 감소하였다. 이때 실험자가 /ba/ 소리를 /pa/ 소리로 바꾸어서 들려주었더니 아기들은 다시 젖꼭지를 빨리 빠는 반응을 보였다. 이러한 결과는 영아들도 /ba/ 소리와 /pa/ 소리를 구별하여 말소리를 범주적으로 지각하고 있음을 보여 주는 결과이다. 연구자들은 이 실험의 아기들이 4개월 미만의 영아들이었기 때문에 말소리를 구별하는 능력이 선천적인 것이라고 보았다. 그러나, 4개월 동안 주변의 부모가 하는 말소리를 들었으므로 경험적인 요인을 완전히 배제할 수는 없다는 반론도 있다. 말소리를 구별하는 능력이 학습의 결과인지 선천적인 것인지를 알아보기 위해 일본의 아기들을 대상으로 유사한 실험이 진행되었다. 일본어에는 /la/와 /ra/를 구별하는 소리가 없으며, 따라서 일본 아기들은 이 두 가지 소리를 구별해서 경험할 기회가 없다. 일본 아기들에게 위와 같은 절차로 실험해 본 결과, 소리가 /la/에서 /ra/로 바뀔 때 아기들의 젖꼭지 빠는 속도가 증가하는 것으로 나타났다. 이러한 결과는 아기들이 선천적으로 모든 소리를 구별할 수 있음을 보여 주며, 더 나아가 이들이 자라면서 자기의 언어환경에서 쓰이지 않는 소리들은 무시되는 것으로 보여진다.

아동들은 들은 말을 그대로 모방하고, 강화받은 것을 반복하고, 교정해 준 것을 그대로 따르는 로보트가 아니다. Chomsky는 학습이론의 핵심인 강화원리는 단지 형태소 발달에만 영향을 끼친다고 보았다. 아동의 언어습득은 단순히 강화된 말소리, 단어, 문장 등을 반복하는 것이 아니며, 학습이론적 설명과는 달리 언어발달이 점진적이기보다는 신속하게 이루어진다. 분명 아동은 어느 시기에 이르면 입력되는 언어자극들을 자신이 이미 갖고 있던 언어기제에 의해 조직화하는 것 같다.

언어획득이 가능하려면 가능한 문법의 수를 강력하게 제한할 수 있는 특수한 선천적인 지식을 가져야 한다고 보아, Chomsky는 자연언어와 자연문법의 가능한 특징을 한정시켜 주는 '언어 보편성(language universals)' 능력을 제안했다. 그는 아동들이 언어보편성에 대한 지식을 갖고 있으므로 자연언어를 배울 수 있다고 보았다. 즉 인간의 두뇌 기제는 모든 언어에 공통적으로 내재하여 있는 문법 규칙인 '보편적 문법규칙'을 태어날 때부터 갖고 태어난다는 것이며, 그것이 구체적으로 어떤 형태로 나타나는가는 그 아이가 태어나서 노출된 특정 모국어에 의해 결정된다는 것이다. 이와 같은 인간내부에 있는 언어습득장치(language acquisition device)에 의해, 아이들은 배우지 않고도 특정시기에 이르러 모국어를 이해하고 완전한 문법적인 문장을 생성해 낼 수 있다는 것이다. 여기서 언어습득장치란 특별한 생리적 기제나 문법적 체계가 아니라 언어의 추상적 구조를 만들고 정보를 저장하는 과정에 대한 일종의 도식을 의미한다.

4) 성숙과 환경의 상호작용

분명 인간의 두뇌는 사람들이 말을 이해하고 그것을 의미있게 사용하여 인간간에 언어적으로 의사소통 하게끔 해 주는 생득적 기제를 포함하고 있는 것 같다. 그렇다고 언어가 행동주의자가 이야기 한 강화가 없이 발달된다는 증거는 없다. 아동의 사회적 상호작용에서의 언어가 담당하는 역할에 대해 분석해 본 결과, 언어를 학습하고 사용하는 것이 학습이론이 주장하듯이 강화되어짐이 드러났다.

일반적으로 성인들은 아동에게 성인에게 하는 말과는 다른 아동지향적 말(child-directed speech)을 하는 것으로 나타났다. 성인들은 아동들에게, 단어를 다른 단어들과는 따로 떼어서 말하여 주고, 보다 명료한 발음과 과장된 억양을 쓰며, 유사한 음소에 대해 조심스럽게 구분하고, 추상어나 기능어(정관사 등)를 적게 사용했다(de Villiers & de Villiers, 1978). 이러한 언어환경을 통해서 어른들은 아동의 언어를 보다 복잡한 성인의 언어형태로 이끌어가며, 아이가 문법적인 말을 하면 이에 대하여 강화를 하여 줌으로써, 아동의 언어의 정상적인 언어발달을 촉진시키는 것이 분명하다.

한편, Lenneberg는 언어발달이 개인의 생물학적 성숙과 환경의 상호작용의 결과임을 제안했으며, 외상에 의한 실어증으로부터 회복한 사례를 근거로 언어습득에서 결정적 시기가 존재함을 주장했다. 11세 이전에 뇌손상을 입은 아동들의 경우 거의 100% 언어 기능이 회복가능했던 반면에 성인의 경우는 기껏해야 60% 정도가 회복되었다. 언어습득에 생물학적인 결정적 시기(critical period; 임계기)가 있다는 사실은 언어학습에 유전적 소인이 있다는 주장을 지지해 준다. 동시에 아이들이 어떤 기간 내에 언어에 노출되지 않는다면 언어를 획득하는 능력이 심각히 제한됨을 의미하게 된다. 뒤늦게 늑대 굴에서 발견된 대부분의 야생아들의 사례를 보더라도 이들은 인간환경으로 돌아온 후에도 언어를 정상적으로 사용할 만큼 재활된 경우가 거의 없었다. 야생아나 고립된 아동들에 관한 사례들은 언어학습에서 인간과의 사회적 접촉이 필수조건임을 입증해 주고 있다. 비록 인간으로서의 유전적 소인을 지녔을지라도 결정적 시기가 지나도록 발달의 초기 과정을 동물하고만 지냈거나 언어를 사용하지 않는 사람들하고 생활한 경우 언어학습이 불가능해지며, 설혹 결정적 시기가 지나지 않았더라도 언어학습의 속도가 매우 느려지는 것으로 나타났다.

예를 들어 14세까지 인간적 환경으로부터 고립되어 사람의 소리를 거의 듣지 못한 채 학대받고 자라온 지니(Genie)라는 아이의 경우, 세상에 알려진 후 심리학자와 언어학자들로부터 집중훈련을 받았지만 정상적인 언어를 사용하지는 못했다. 물론 단어를 말하거나 어린 아이 수준의 구절을 만들 수는 있었지만, 결국 수년 간의 훈련에도 불구하고 영어 문장에서 자주 나오는 기능어, 대명사, 조동사 등에 대한 학습은 불가능했다(Curtiss, 1977). 한편 정신질환자인 부모에 의해 모든 사회적 접촉이 배제된 채 비인간적인 상황에서 키워진 이자벨(Isabelle)의 경우는 재활에 성공적인 사례이다. 그녀가 발견되었을 당시 여섯 살의 나이였으나 말은 물론 못했으며 인지발달 수준도 두 살 된 정상아보다 떨어졌었다. 그럼에도 불구하고 1년 간의 언어 훈련을 통해 같은 연령의 동급생만큼 말을 하고 정상적으로 학교에 다닐 수 있게 되었다. 그렇다면 왜 이자벨은 언어를 정상적으로 학습한 반면에 지니는 학습이 불가능했는가? 아마도 발견 당시 이자벨은 6세 불과했던 반면에 지니는 이미 사춘기에 이르러 있었다는 점을 들 수 있다. 결국 언어학습에서 나이가 중요한 요인임을 알 수 있다. 그러나 언어습득에 어느 정도 결정적인 시기가 있어서 특정 시기가 지나면 언어학습이 어려워짐은 인정되지만, 많은 심리학자들은 그것을 결정적인 시기로 보기보다는 '민감한' 기간으로 부르기를 좋아한다. 결론적으로 언어획득이란 생득적인 소인과 그러한 유전적 특성이 발현될 수 있게끔 적절한 시기에 언어환경이 제공되어질 때 비로소 정상적으로 이루어질 수 있을 것이다.

언어의 획득이야말로 아기에게서 젖을 빠는 행위와 마찬가지로 중요한 생존적 가치를 지니고 있다. 아이들은 언어를 통해 타인과 의사소통을 하고, 자신의 욕구를 충족시키며, 주위환경을 이해하고 조정해 나갈 수 있게 된다. 언어의 획득은 인지적, 사회적 영역의 발달에도 지대한 영향을 미친다. 정상아의 경우 옹알이는 사회적 성격을 띠게 되어, 어른이 반응해 오면 아이들은 더욱 옹알거리기 시작한다. 결국 옹알이는 유아의 언어적 사회화를 돕는 행동으로, 언어발달에 있어서 매우 중요한 의미를 지닌다.

아동은 분명 단순한 수동적인 언어학습자가 아니다. 언어규칙을 추출하는 과정에서 'go-ed' 등과 같은 문법적 과잉일반화를 나타낼 뿐 아니라, 언어 획득에 따라 단어들을 자신의 규칙에 맞추어 배열하는 등 언어학습에 적극적이고 창조적으로 관여한다. 또한 한번에 하나씩 학습하려고 하기보다는 자신의 언어행동을 지시하는 일반 원리를 끊임없이 추구해 나가는 것으로 보인다. 그렇지만 언어발달 초기에는 비교적 단순한 언어규칙만을 추출해 낼 수 있으므로 어느 기간 동안은 아동의 말과 이해가 언어기본(단어의 사용과 단어들을 명제의 순서대로 배열하는 규칙)에 국한된다. 접속사와 기능어의 사용이 포함되는 보다 세련된 언어 정교화(elaboration)는 뒤이어 나타난다. 분명 아이들도 규칙, 즉 문법에 따라 언어를 사용한다. 다만 그 규칙이 성인의 규칙과 다를 뿐이다.

5. 언어와 사고의 관계

언어와 사고는 어떤 관계인가? 언어 없이도 생각할 수 있는가? 언어가 사고를 결정하거나 지배하는가? 언어가 없는 동물도 사고할 수 있는가? 동물에게도 언어가 있는가? 언어가 사고를 전달하는 데 사용되므로 언어의 구조와 기능은 사고를 반영하게 된다. 사고와 언어의 작용이 깊은 관련을 갖고 있는 것은 분명하지만 언어와 사고의 연결에 대해서는 서로 다른 주장들이 제안되고 있다.

(1) 사고는 속 말: 행동주의 이론

행동주의에서는 인간을 자극-반응체계로 보며, 내적인 정신활동은 존재하지 않는다고 본다. Watson은 사고란 단순히 역하음성적 말(subvocal speech), 즉 속말에 불과하다고 주장하며, 사고를 발성기관에서의 내재적인 근육운동으로 설명하고 있다. 즉 인간의 사고는 전적으로 언어를 사용하는 것으로, 사고과정과 언어과정은 구별될 필요가 없다고 보았다. 그러나 사고중에 일어나는 마음 속으로 하는 말의 증거를 조사해 본 결과 발성기관에서의 근육활동 없이도 사고가 진행될 수 있음이 밝혀졌다(Smith 등, 1947). 사고란 단순히 암묵적 말이 아니다. 사고에 관한 행동주의적 입장은 심상이나 감정 형태로 된 사고과정을 설명해 주지 못한다. 동일한 생각도 서로 다른 언어 표현으로 나타나기도 한다. 또 언어가 없다고 볼 수 있는 동물도 분명히 사고를 하는 행동을 보인다. 그렇다면 언어와 사고는 같은 것이 아니다. 언어화되기 이전의 사고가 따로 있는 것이다.

(2) 언어 상대성 가설

언어가 사고의 내용과 사고하는 방식을 결정하는가? 아니면 사고가 언어를 결정하는가? 이에 대해 서로 다른 이론들이 제시되었다. 만약 언어가 인간의 사고와 문화를 형성한다면 어떤 언어를 사용하는가에 따라 사람들은 서로 다르게 생각할 것이다. 언어상대성 가설(linguistic relativity hypothesis)에 따르면 어떤 사람의 사고는 그가 사용하는 언어에 의해서 상대적으로 결정되어진다. 세상은 정신에 의해 조직되는 것이고, 이것은 주로 정신 속에 있는 언어체계에 의해 이루어진다. 사람들은 모국어에 의해 그어진 선을 따라서 자연을 지각한다. 우리가 현재와 같이 자연을 지각하여 그것을 개념으로 조직하고 의미를 부여하는 것은 사람들이 그렇게 조직하자고 약속했기 때문이다. Whorf(1956)는 사람들의 지각행위나 개념작용은 그 사람이 사용하고 있는 특정 언어에 의해서 영향받는다고 주장했다. 언어가 사람들로 하여금 주변 세계를 지각하고 조직하는 방법에 영향을 미치기 때문에 어떤 언어를 사용하느냐 따라 세계를 다르게 지각하게 된다고 보았다.

예를 들어 필리핀의 어떤 종족은 쌀에 대해 90가지 이상의 단어를 사용하기도 한다. 에스키모인들의 경우는 눈에 대한 명칭이 눈의 형태와 조건에 따라 7가지나 되므로 눈에 대해 한 개의 명칭밖에 갖고 있지 않은 영어권 사람들에 비해 눈에 대한 개념과 사고가 보다 복잡하다는 주장이다.

(3) 인지결정이론

그러나 언어가 사고의 원인이 된다기보다는 사물에 대한 문화적으로 서로 다른 사고가 언어적으로 서로 다른 어휘를 발달시켰을 가능성이 더 높다. 예를 들어 에스키모인들에게는 눈의 조건이 일상생활에 주는 영향이 크기 때문에 다른 문화권에서보다 눈에 대한 다양한 용어의 사용이 필요했을 것이다. 사실상 어떤 사물에 대해 하나의 명칭만 갖고 있다고 해서 반드시 그 사물의 세부적 특징을 사고할 수 없는 것은 아니다. 비록 눈에 대한 명칭이 하나밖에 없더라도 눈의 상태에 대해 매우 민감하게 지각할 수 있다. 예를 들어 영어권에서도 스키 전문가들은 눈의 상태에 따라 powder, corn, ice 등으로 분류 가능하다.

오히려 사고가 언어를 결정한다는 인지결정이론(認知決定理論)이 옳다고 볼 수 있다. 아이들은 사물을 식별하고, 범주로 묶고 관련지우는 사고 능력이 발달하기 이전에는 관련된 언어 표현과 어휘를 지니지 못한다. 또 인간의 사고는 어떤 행위자와 그 행위자의 행동의 관계를 중심으로 하여 진행되는데, 이것이 언어 표현에서의 주어와 동사 사이의 관계 양식을 결정한다. 또 에스키모인이 눈에 대해서, 그리고 아랍인들이 낙타에 대해서 보다 많은 언어 표현들을 지니게 되는 것은 그들이 생활 장면에서 부딪히는 대상에 대해 보다 세분화된 지각과 사고를 하기 때문이라고 할 수 있다. 언어는 사람들간에 의사를 소통하게 하는 도구로서 사고 양식과 사고 내용에 의해 지배를 받는다고 볼 수 있다. 결국 언어가 사고에 영향을 주는 것은 확실하지만 그 효과란 생각을 전달하는 기능이지 사람들이 생각할 수 있는 아이디어의 유형 자체를 결정하는 것은 아니라고 할 수 있다.

인간의 사고능력은 언어사용 능력보다 더 초기에 나타난다. 피아제는 최초의 사고로 비언어적인 '감각운동지능'을 들고 있다. 아동들의 경우 언어를 효과적으로 사용하기 전에 이미 복잡한 사고가 가능하다. 언어는 인지의 바탕 위에서 획득되는 하나의 도구로서, 사고 전달의 기능을 갖는다. 피아제는 언어를 단지 인지구조의 발달에 따라 출현하는 상징적 표상으로 간주했다. 사고가 비언어적이고 자폐적인 사고로부터 자아중심적인 사고를 거쳐 타인의 관점을 고려할 수 있는 논리적 사고로 진행되듯이, 언어 역시 초기 단계에서는 자아중심적 언어를 사용하다가 점차 사회화된 언어로 발달된다. 즉 인지능력이 언어를 가능하게 하는 것이지 언어를 통해 인지발달이 이루어지는 것은 아니다.

사고에서 사용하는 개념들의 범주가 언어의 범주를 결정한다는 증거가 있다. Rosch(1975)는 뉴기니아의 대니 부족을 대상으로 실험을 한 결과, 사고가 언어에 영향을 미친다는 주장을 결정적으로 지지해 주었다. 대니 부족에는 색깔에 대한 어휘가 어둡고 차가운 색깔인 'mili'와 밝고 따뜻한 색깔인 'mola'의 두 개밖에 없다. 만약 언어가 지각을 결정한다면 대니족의 경우 영어권 사람들보다 색깔을 덜 정교하게 지각해야 할 것이다. 그러나 색깔들에 관한 언어상의 차이에도 불구하고 대니족도 영어권 사람들과 매우 같은 방식으로 색깔을 지각하는 것으로 입증되었다. 11가지의 기본 색에 관한 한 사용되고 있는 언어에 상관 없이 모든 사람들에 의해 특수하게 처리된다는 사실은 언어가 사고를 결정하는 것이 아니라 사고가 언어를 결정한다는 좋은 예이다.

언어와 사고 연구에서 관심사는 그 둘간의 우위성의 문제가 아니라 상호간의 기능적 관계이다. Vygotsky는 언어와 사고는 서로 다른 뿌리를 갖고 있는 독립된 실체로서, 언어는 아동의 사회적 환경에 근거를 두지만 사고의 근원은 아동의 생물학적 발달 측면이라고 보았다. 언어와 사고는 특정 시기 이전까지는 각기 독립적으로 발달이 진행되다가 2세 경부터 상호교차하면서 서로에게 영향을 미치게 된다는 것이다. 언어와 사고를 위한 성장곡선은 '교차 그리고 재교차(cross & recross)'일 것이다. 실제로 아동이 모든 사물이 이름을 가졌다고 깨닫게 되자마자 언어와 사고는 서로 얽히게 되고 이러한 인식 이후부터 이 둘은 분리할 수 없게 된다. 언어와 사고는 공통현상에 대한 이중적 실재로서, 때로는 병렬적으로 진행되고 때로는 하나로 통합되어져 서로에게 영향을 끼친다는 것이다.

6. 동물 언어

그렇다면 이러한 언어는 인간에게만 고유한 것인가? 동물들은 언어를 습득할 수 없을까? 심리학자들은 이에 대한 대답을 얻기 위해 처음에는 동물에게 사람의 말을 가르쳐 보았지만 실패했다. 다음에는 침팬지에게 청각 장애자들이 쓰는 수화(手話)를 가르쳤다. 워슈라는 침팬지는 '나', '간지르다', '너'라는 개념을 나타내는 각 동작 표현을 조합하여 '네가 나를 간지른다'라는 수화 표현을 비롯한 몇 개의 표현들을 할 수 있었다. '님'이라는 침팬지는 자석판에 붙이는 도형들을 사용하여 125개의 상징을 학습하였으며, 이들을 몇 개 조합하여 심리학자와 대화를 할 수 있었다.

그렇다면 이 침팬지들이 인간과 같은 언어를 습득하고 사용한 것인가 하면 그렇지는 않다. 왜냐 하면, 침팬지들의 표현들은 인간 언어의 몇 가지 특징이 빠져 있다. 인간 언어의 생산성, 반복성, 순환성 등의 특징이 빠져 있다. 생산성이란, 무한한 수의 새로운 표현을 만들 수 있는 특성이며, 반복성이란, 새 문장을 만들기 위해 문장이나 구절의 끝에 다른 단어를 첨가하여 새 문장을 만드는 능력이며, 순환성이란, 한 문장 또는 한 귀절 내에 다른 문장이나 절을 내포시킬 수 있는 능력이다. 그런데 침팬지의 언어는 이런 특성이 두드러지지 않으며, 단순 모방의 경향이 강하다. 또 침팬지를 아무리 훈련시켜도 인간의 세 살 박이 아이의 언어 수준을 넘지 못한다. 동물들의 언어가 문법적 규칙성, 새로운 표현의 생성 등의 특징을 부분적으로 지니고 있으나 어른의 언어와는 차이가 있다. 이러한 연구들은 인간의 언어 능력이 얼마나 고도의 지적 능력을 요구하는 복잡하고 높은 수준의 능력인가를 잘 말해 준다. 그러나 동물 언어의 연구는 새로운 발견이 계속되고 있어서 아직 결정적인 단정을 내리기에는 이른 것 같다.

◆ 생각해 볼 문제

1. 인간의 언어는 어떤 특성을 갖고 있는가?
2. 인간은 언어를 사용할 때 어떤 규칙들을 따르는가?
3. 인간은 어떤 통사분석과정을 통해 언어를 이해하는가?
4. 언어에 담겨 있는 의미 정보는 어떤 과정을 통해 처리되는가?
5. 일상 대화의 맥락에서 화용분석이 어떻게 이루어지는가?
6. 어린 아이들의 언어는 어떤 단계를 거쳐 발달하는가?
7. 언어를 획득하는 과정은 선천적인가 아니면 경험적인가?
8. 언어는 사고에 영향을 미치는가?
9. 동물들도 언어를 습득할 수 있는가?

제 7 장

인간의 사고와 문제해결

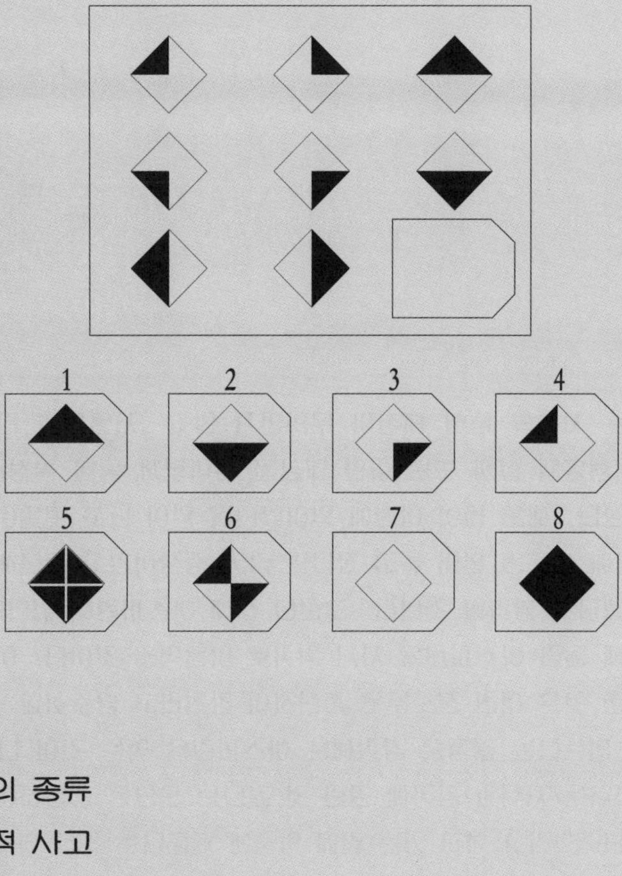

1. 사고의 종류
2. 개념적 사고
3. 논리적 사고: 추리
4. 판단과 의사결정
5. 문제해결

◆ 생각해 볼 문제

우리는 사고를 통해 대상이 무엇인지 알고, 사물들의 관계성을 파악하며, 어떤 행동을 할까 또는 어떤 대상을 선택할까 등을 결정하고, 또 문제들을 해결한다. 예를 들어 아침에 일어났더니 열이 나고 콧물이 났다고 하자. 만약 밤에 창문을 열어 놓고 잤다면 감기 증상이라고 판단해서 아스피린을 먹어야겠다고 생각할 것이다. 그런데 집에 아스피린이 없다면 학교 가는 길에 약국에 들러 아스피린을 사서 먹기로 마음먹을 것이다. 이 예에서 감기라고 판단한 것은 여러 정보들을 종합하여 감기라고 범주화한 것이다. 또 아스피린을 먹는다는 결정은 감기에는 아스피린을 먹는 것이 다른 방법보다 효과가 있다는 지식과 감기에 걸린 것 같다는 판단을 종합하여 추리하였기에 가능하다. 그리고 학교 가는 길에 약국에 들른다는 것은 아스피린을 구하기 위한 방편이다. 즉 추리, 결정, 문제해결이라는 인지적 처리가 일어났기에 가능한 것이다. 이 일련의 과정들은 목표를 지향하는 인지과정이라는 점에서 공통적이며 각 과정들은 상호 밀접한 관련을 가지고 일어난다. 이 장에서는 개념, 추리, 판단과 의사결정 그리고 문제해결에 대해 살펴본다.

1. 사고의 종류

사고 없이는 인간의 일상 생활이 유지될 수 없다. 사고를 통해 인간은 대상이 무엇인지 알고, 사물들의 관계를 파악하며, 어떤 행동을 할까 또는 어떤 대상을 선택할까 등을 결정하고, 또 여러 가지 문제들을 해결해 나아간다. 심리학에서는 사고를 다시 개념적 사고, 추리, 판단, 의사결정, 문제해결, 창의적 사고 등으로 나누어 다양한 형태의 사고들에 대해 연구한다. 아울러 심리학에서는 사고의 논리적 규칙을 밝히는 것보다 사람들이 어떻게 사고하는가를 밝혀내려고 한다.

사고에 관한 연구를 알아보기 전에 두 가지 언급할 것이 있다. 첫째, 심리학에서는 상식적 의미의 '사고'라는 개념을 가능한 한 사용하지 않으려 한다.

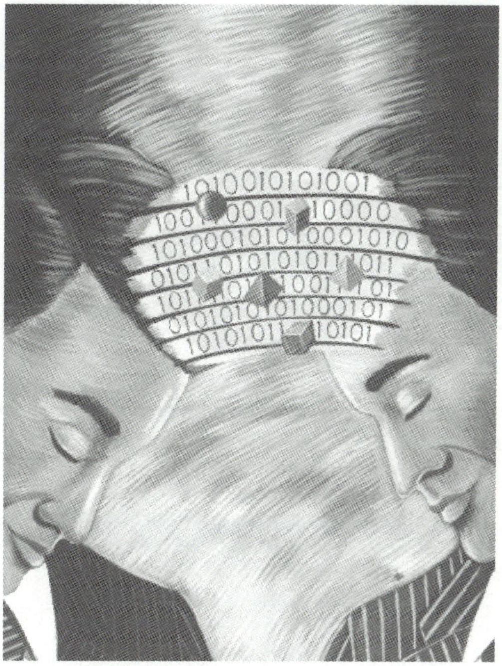

사고의 개념 인간은 사고를 통해서 대상을 식별하고 사물들의 관계성을 파악하며 사물을 평가판단하여 문제를 해결한다.

왜냐하면 일반적으로 "사고한다" 또는 "생각한다"라는 용어를 쓰는 경우 '기억해 낸다'는 개념을 비롯한 제반 인지과정들이 다 포함될 뿐만 아니라 '느낀다'는 감정적 개념까지도 포함되고 있기 때문이다. 그러나 심리학에서 연구하는 사고는 문제를 해결하는 것과 같이 어떤 것에로의 지향적 사고(directed thinking)를 중심으로 이루어진다. 자유연상이나 백일몽과 같이 뚜렷한 지향점이 없는 사고는 거의 다루지 않는다.

둘째, 흔히 사고과정은 지각, 주의, 기억 등과 같은 일차적 과정들이 먼저 끝나고, 다음에 이를 바탕으로 사고과정이 진행되는 듯이 생각하지만, 실제는 그렇지 않다. 사고 자체가 지각과 기억에 영향을 주어 지각이나 기억을 결정하는 경우들이 많다. 또한 사고 과정과 소위 하위 인지과정은 서로 명백히 독립적인 것은 아니다. 사고는 여러 인지과정들이 복잡하게 상호작용해서 새로운 심적 내용이 형성되는 포괄적인 과정이다.

앞에 기술한 것처럼 심리학에서 연구하는 사고에는 여러 유형이 있는데, 이들이 공통적으로 지니고 있는 기본 특징은 사고는 인지적이라는 것과 지식 조작 과정이라는 점이다. '사고가 인지적이다'라는 의미는 사고가 내적으로 일어나며 행동을 통해서 추론될 수 있다는 것이다. '사고가 지식 조작과정이다'라는 것은 마음 속의 조작을 통해 현재의 정보와 과거의 기억이 결합되면서 사고자의 지식을 변화시켜 나가는 과정이라는 의미이다. 이제 사고의 유형들을 차례로 살펴보기로 한다.

2. 개념적 사고

우리가 일상생활에서 접하는 사물들은 조금씩은 다르다. 앞집 강아지와 옆집 강아지는 생김새도 다르고 행동양식도 다르다. 조금이라도 다른 사물들 모두가 제각기 다른 이름을 지니고 있다면 어떻게 될까? 이를테면 이 나무는 '남가', 저 나무는 '남갸'하는 식으로 불린다면 우리는 사물들을 제대로 처리할 수 없을 것이다. 그러나 다행히도 우리는 사물들을 범주로 묶어서 생각하고 다룬다. 유사한 사물들을 그들의 공통적 특성을 중심으로 하나의 개념으로 묶어 사고한다. 즉 범주적 개념이 사고의 기본 요소로 많이 사용된다.

이러한 범주적 개념은 어떤 특성을 가지는 것일까?

범주적 개념에 대한 한 가지 생각은 '이러이러한 속성이 있으면 무엇이라 하자'고 보는 입장이다. 이 생각은 대체로 잘 들어맞는 것 같으나, 범주 개념간의 경계선이 명확하지 않은 경우에는 문제가 된다. 실제로 새 중에는 타조와 같이 걸어다니는 새도 있는가 하면, 개 중에는 송아지만큼 큰 개도 있다.

심리학 연구에 의하면 인간의 범주적 개념은 다음과 같은 특성을 지닌다(Rosch, 1973). 첫째, 대부분의 범주에서 그 범주에 속하는 것과 그렇지 않은 것을 이분법적으로 나눌 수 있도록 해 주는 경계가 분명하지 않다. '게임'이라는 개념의 범주를 생각해 보자. 이 개념 범주를 규정하기란 상당히 힘들다. 운동경기로서의 게임, 화투 게임, 사랑 게임, 정치게임, 말놀이 게임 등 게임이라는 개념이 사용되는 경우들을 살펴보면 이들 모두가 공통적으로 갖고 있는 특성을 규정하기 힘들다. 마치 대가족의 성원들의 얼굴이 서로 비슷비슷하지만 모두가 공통적인 점을 지니지는 않는 것과 같이 '게임'이라는 범주에 속한 사례들이 공통적으로 공유하는 속성은 없다. 즉 대부분의 범주에서 가족유사성(family resemblance)은 있지만, 공통적인 특성은 찾기 힘든 것이다. 그러다 보니 많은 범주에서 범주의 경계가 분명하지 않다.

둘째, 각 범주 개념은 전형적 예를 중심으로 구성되어 있다는 것이다. 예를 들어 '새'라는 개념은 '날개가 있고, 가볍고, 발이 둘 달리고, 깃털이 있고, 나는 동물'이라는 정의된 속성으로서 기억에 저장되어 있다기보다는, '새'의 전형에는 참새가 있고, 참새는 이러이러한 특징을 가지고 있으며, 그러한 특징을 지닌 것을 '새'로 간주하자는 형태로 범주 개념이 이루어져 있다는 것이다. 즉 '새'에는 타조, 닭 등도 있지만 '새'라는 범주에 속하는 여러 예들과 공통점을 가장 많이 지닌 참새가 전형으로 선택되고, 이를 중심으로 '새'라는 범주의 개념 구조가 이루어져 있다는 것이다. 한국에서도 이런 특징이 관찰되었다(신현정, 2000). 이러한 범주 개념의 형성 원리는 '새'와 같은 단순하고 구체적인 대상 개념 이외에 '민주주의', '성공의 비결' 등과 같은 추상적이고 복합적인 개념들에게도 비슷하게 적용된다고 볼 수 있다. 따라서 범주와 관련한 우리의 사고는 이분법적 사고이기 힘들다.

3. 논리적 사고: 추리

인간은 개념들과 지식을 조합하고 조작하여 사고한다. 개념들을 사용하여 수행하는 사고 중에 철학과 심리학에서 가장 많이 연구된 사고 유형이 논리적 사고 또는 추리이다. 추리란 어떤 원리나 증거와 같이 이미 알려진 것으로부터 새로운 결론을 내리거나 제시된 결론을 평가하는 인지과정을 지칭한다. 추리는 연역 추리와 귀납 추리로 나뉘어진다. 연역 추리란 이미 알려진 일반적 진술들(전제)에서부터 논리적으로 확실한 결론을 도출하는 과정으로서 전제에 없는 새로운 정보가 결론에 추가되지 않는다. 반면에 귀납 추리는 일부 사실들이나 관찰들로부터 다소 불확실한, 그러나 가능성이 있는 결론을 도출하는 과정이다. 따라서 귀납 추리는 확률적 강도를 지닌 결론을 내리는 사고과정으로, 의미 정보가 추가된다.

(1) 연역 추리

전제들로부터 논리적으로 확실한 결론을 도출하는 추리인 연역 추리를 생각해 보자. 연역 추리에 관한 심리학 연구에서 나타난 첫번째 특징은 사람들이 추리 규칙에 따라 추리하는 것같지 않다는 것이다. 흔히 연역 추리 규칙이라는 것이 있어서 진술문의 내용에 상관없이 일률적으로 추리 규칙에 따라 추리하는 것으로 생각한다. 이럴 경우 사람들은 추리의 결과가 옳은지에 대해 정확하게 판단해야 하고, 진술문의 내용에 따라 추리 결과가 달라지지 않아야 한다. 그러나 심리학 연구들을 보면 사람들이 종종 어떤 정당한 결론을 정당한 것으로 판단하지 못하거나, 어떤 부당한 결론을 정당한 결론으로 판단하기도 한다. 이는 사람들이 추리 규칙을 정확히 적용하여 추리하는 것이 아니라는 것을 보여 주는 것이다.

추리 규칙을 엄밀하게 적용하지 않는다는 것을 보여 주는 증거는 많다. 그 한 예로, 삼단논법 추리에서 사람들은 전제의 모양새에 비슷한 결론을 맞다고 하는 경향이 있다. 사람들은 전제가 부정이면 결론도 부정인 것을 맞다고 하고, 전제에 '어떤'이라는 특칭양화사가 들어 있으면 결론에도 '어떤'이라는 특칭양화사가 들어 있을 때 결론을 맞다고 판단하는 '분위기 효과(atmosphere effect)'를 보인다(Woodworth & Sells, 1935).

추리 규칙을 적용해서 추리하는 것이 아니라는 또 다른 증거는 연역 추리에서 논항의 내용(contents)이 추리에 영향을 미친다는 것이다. 추리규칙에 따라 추리한다면 논항의 내용이 달라도 추리 문제의 형식이 같으면 같은 결론이 내려진다. 그러나 사람들은 논항의 내용에 따라 결론을 다르게 내린다. 쉬운 예를 들어보자.

> 모든 사람은 죽는다.
> 소크라테스는 사람이다.
> 고로 소크라테스도 죽는다.

이 경우에는 쉽게 결론이 타당하다고 정확히 반응한다. 그러나,

> 모든 사람은 도덕적이다.
> 히틀러는 사람이다.
> 고로 히틀러는 도덕적이다.

이 경우에도 논리 규칙에 따른다면 즉각적으로 타당하다고 답하여야 하나, 사람들은 틀리다고 하거나, 오래 머뭇대다가 맞다고 대답한다.

똑같은 논리 형식을 지녔기에 두 경우 모두 결론이 틀렸다고 같은 답을 추리해야 하나, 우리는 전자는 우리가 알고 있는 지식에 비추어봐서 그럴싸하기에 타당하다고 답하고, 후자는 그럴싸하지 않기에 타당하지 않다는 정반대의 결론을 내리는 것이다.

연역 추리에 관한 연구에서 드러난 두 번째 특징은 사람들이 부정적 정보를 잘 활용하지 못한다는 것이다. 일반적으로 사람들이 긍정논법(예: p이면 q이다; p이다; 따라서 q이다)은 아주 정확하게 추리하지만, 부정논법(예: p이면 q이다; q가 아니다; 따라서 p가 아니다)은 제대로 추리하지 못한다. 추리 연구에서 긍정적 확인 편향에 의한 추리를 단적으로 보여 주는 과제가 Wason의 선택과제(selection task)이다(Wason, 1966). 이 실험에서는 피험자에게 E, K, 4, 7 의 기호가 각각 쓰여져 있는 카드와 '카드의 한 쪽 면에 모음이 있으면 다른 면에는 짝수가 있다'는 조건문장을 제시한다. 여기에서 피험자가 해야 할 것은 카

	E	K	4	7
논리적 구분:	P	not P	Q	not Q

정답: 첫째 카드: E(즉 P): If $P \rightarrow Q$; P; $\therefore$ Q 확인가능
넷째 카드: 7(즉 not Q): If $P \rightarrow Q$; not Q; $\therefore$ not P 확인가능

[그림 7-1] Wason의 선택과제

드를 뒤집었을 때 조건 문장이 참인지 거짓인지를 판단할 수 있도록 해 주는 카드가 무엇인지 선택하는 것이다.

상당수의 사람들은 틀린 답인 E와 4를 선택하였다. '짝수가 없다'는 부정적 정보를 제공하는 카드인 7을 활용하지 못하는 것이다. 이 결과는 사람들은 어떤 명제나 규칙을 반증하기보다는 규칙을 확인하는 쪽으로 사고가 확인편향(confirmation bias)되어 있다는 것을 보여 주는 것이다. 또한 일반적으로 사람들은 부정적 내용보다는 긍정적 내용의 명제들을 더 선호하며 잘 처리한다. 이 현상은 사람들에게 긍정적 정보처리가 더 쉽다는 것을 보여 준다.

이제까지 사람들이 항상 추리 규칙에 따라 연역 추리를 하는 것같지는 않다는 것을 보여 주었다. 그렇다면 사람들은 어떻게 연역 추리를 하는 것일까? 앞에서 논항의 내용이 연역 추리에 영향을 미치는 결과를 보았는데, 이 결과는 사람들이 추리하는 방식에 대해 많은 것을 말해 준다. Wason의 선택과제에서 바로 위에 주어진 문제와 똑같은 형식의 문제에 구체적인 내용을 넣어 제시하니까 결과가 달라졌다. 학생들에게 자신들이 우체국에서 일한다고 상상하도록 하고 '편지가 봉해졌다면, 편지에 50리라 우표가 있어야 한다'라는 규칙을 확인하기 위해 어느 봉투를 확인하면 되는가를 물었다. 그 결과, 이 실험에 참여한 학생 24명 중에서 22명이 정확한 선택을 하였다(Johnson-Laird, Legrenzi, & Legrenzi, 1972). 이러한 현상은 인간의 논리적 추리가 추리를 하는 상황 맥락과 경험에 따라 달라짐을 보여 준다. 즉, 사람들은 추리할 때에 주어진 문제가 특정한 내용일 때에는 구체적인 경험을 떠올리거나, 그 내용과 관련된 추리 도식을 사용하거나, 추상적 내용일 때와는 다른 심성모형을 구성하여 추리한다는 것이다. 또 추리하는 사람의 입장에 따라서도 선택과제에서 추리양상이 달라진다(도경수, 2000).

논항의 내용에 따라 추리양상이 달라질 수 있다는 것을 보여 주는 또 다른 실험 예는 추리가 항상 일어나는 것이 아닐 수도 있다는 것을 보여 준다. 피험자들에게 삼단논법 추리 문제들을 제시하고 결론이 타당한지 판단하게 하였다. 결론 명제는 1) 논리적으로 타당하든가와 타당하지 않고, 또 2) 결론 명제가 일반 상식으로 생각하여 볼 때 그럴싸하든가(믿을 만한 내용인가) 그럴싸하지 않든가 하였다. 두 요인을 조합하면 네 조건이 만들어지는데, 아주 재미있는 결과가 얻어졌다. 다음 예는 논리적으로는 타당하지만 상식과는 어긋나는 경우이다.

전제 1: "건강식품으로 비싸지 않은 것이 없다."
전제 2: "어떤 비타민정은 비싸지 않다."
결　론: "고로, 어떤 비타민정은 건강식품이 아니다."

(논리적으로는 타당하나 믿기 어려운 경우의 예)

80단어 길이의 이야기 속에 두 전제 명제를 삽입하여 제시한 후에 결론 명제를 주며 이 결론 명제가 맞는가를 판단하게 한 결과가 다음과 같았다(Evans, Barston, & Pollard, 1983).

〈결론 명제를 맞는 결론이라고 반응한 백분율〉

	믿을 만한 경우	믿기 어려운 경우
논리적으로 타당한 결론 조건	89%	56%
논리적으로 부당한 결론 조건	71%	10%

이 결과는 사람들이 삼단논법 연역 추리를 할 때에 순전히 논리적으로만 추리하는 것이 아니라, 1) 결론 내용이 일상적 경험에 비추어 보아 믿을 만한 것인가를 먼저 평가하고, 이어서 2a) 결론이 믿을 만하면 삼단논법 논리를 적용하지 않고 그대로 결론을 받아들이고, 2b) 결론이 믿을 만하지 않으면 그제야 삼단논법의 논리를 적용하여 결론의 타당성을 점검함을 보여 준다. 사람들은 논리적 합리성을 먼저 따지기보다는 자기가 알고 있는 바에 비추어 현실적 적합성을 먼저 따지는 것 같다.

(2) 귀납 추리

귀납 추리를 통하여 우리는 지식을 확장하고 불확실한 상황의 파악하고 대처 방안을 탐색하게 된다. 귀납 추리는 우리의 실제생활과 밀접하게 관련된 추리로서, 사람들이 흔히 사용하는 귀납 추리의 유형으로는 인과적 귀납 추리, 범주적 귀납 추리, 유추 추리, 가설검증, 일상적 추리 등이 있다. 인과 추리는 변수들간의 인과관계에 대한 추리이며, 범주적 추리는 새로 경험하는 예가 이미 알고 있는 어떤 범주에 속하는지(예: 이 물체가 새인가?), 또는 새로 경험하는 예가 어떤 속성을 가지는지(예: 이 물체가 새끼를 낳는가?)에 대한 추리이다. 유추 추리는 두 대상에 대한 관계를 제3의 대상에 적용하는 추리이며(예: 하늘 : 비행기=바다 : _____), 가설검증은 주어진 문제 상황에 대해 가설적 규칙을 생성하여 이것이 맞는가를 확인하는 추리이다. 이외에 일상적 추리가 있다.

인과 추리에서 사람들은 연역 추리에서와 마찬가지로 확인편향의 경향이 강하며, 두 변인이 상관이 있다는 것만으로도 인과적 관계를 확정하려는 경향이 강하고, 사례 수의 크기를 별로 참고하지 않는 경향이 있다. 가설검증 추리 연구에서는 사람들이 모든 대안을 다 고려하지 않고 확인편향에 따라 추리한다는 것이 드러났다. 예를 들어 2–4–6과 같이 세 개의 숫자로 만들어진 수열이 어떤 규칙에 의해 만들어진 것인지 알아보기 위해 사례들을 구성해서 피드백을 받게 하였는데, 사람들은 모든 가능성, 특히 자기의 가설을 반증해 주는 반례의 경우를 거의 고려하지 않고 결론짓는다는 것이 드러났다(Wason, 1960). 일상적 추리에서는 문제상황이 형식논리적 추리 상황과는 다르다는 점들(예: 개인적 관련성, 대안이 여럿일 수 있음, 비교적 고정된 해결절차가 없음 등) 때문에 추리가 편향되는 것임이 드러났다.

(3) 문화와 경험이 추리과정에 주는 영향

논리적 타당성보다는 경험에 바탕하여 추리하는 단적인 예를 문화인류학적 연구에서 살펴보자(Cole & Scribner, 1974). 이 예는, Kpelle족이 논리적 추리 능력을 지니고는 있지만, 문화사회적 환경으로 인하여 서구식 합리적 사고와는 전혀 다른 사고를 하고 있음을 보여 준다.

예

E(실험자) : 모든 Kpelle 남자들은 농부이다.
Smith씨는 농사짓지 않는다.
그러면, 그는 Kpelle족 사람인가?
S(피험자) : 나는 그 사람을 개인적으로 모른다.
따라서 그 사람에 대해 대답할 수 없다.
E : 진술된 내용만을 생각해 보자.
S : 그를 개인적으로 안다면(if), (then)질문에 대답할 수 있지만, 그를 개인적으로 모르기 때문에 대답할 수 없다.

이 예에서 보면 Kpelle족 사람들은 논리적 사고(if-then)를 할 줄 안다. 그럼에도 불구하고 문제를 '경험적 문제'가 아닌 '논리적 과제'로 생각하지 못한다.

이 연구 결과는 문화적 요인이 사고 양식을 지배하는 극단적인 예를 보인 것이다. 이 원시부족 사람들은 감각인상이나 경험에 의존하여 증거를 평가하게 훈련되었기 때문에 서구적 논리적 추리 능력을 가지고는 있으나, 일상의 추리 상황에서는 직접 경험에 바탕하여 명제의 참 여부를 추리하려 하는 것이다.

추리에 대한 인지심리학 연구들은 보통 사람들에게서 연역 추리와 귀납 추리과정이 오류가능성이 크며, 논리적 규칙을 올바로 적용한 합리적 사고가 잘 이루어지지 않는다는 것을 보여 주었다. 논리적 규칙을 적용한 논리적 사고가 대부분이고 비논리적 사고가 예외인 것이 아니라, 그 역이 현실일 수 있다는 것이다. 그렇다면 인간은 비합리적인 존재인가? 그렇지는 않다. 인간은 자기가 속한 사회환경에서의 적절성을 고려하여 타당성 여부를 판단하고자 하는 것 같다.

4. 판단과 의사결정

판단과 결정은 여러 대안들에 대해 평가하고 선택하는 과정이다. 일반적으로 판단이란 용어는 환경 자극 상황에 대한 수량적 또는 범주적 평가를 하는 경우를 가리키고, 결정이란 용어는 대안들 중에서 하나를 선택하는 경우에 주로 사용되는데, 결정 과정에 판단은 항상 개입된다. 어떤 직업을 선택할까, 어느 주식을 살까, 선거에서 누구를 뽑을까와 같은 일이 모두 결정에 해당한다. 이러한 결정 상황들 중에는 결정 행위의 결과가 즉각적, 구체적으로 오는 상황이 있는가 하면 그렇지 않은 경우가 있다. 또 결정 행위의 결과가 일어날 가능성이 확실한 경우도 있고 불확실한 경우도 있다. 또 어떤 결과가 생길지, 어떤 효용성이 획득될 수 있을지 불확실한 경우도 있으며 자신의 선택 행위의 결과를 자신이 얼마나 좋아할지를 모르는 경우도 있다.

(1) 판단에서의 편의법(발견법: heuristics)

인간이 판단하고 결정하는 데 있어서 항상 정확한 판단과 결정을 내리게 하는 고정된 규칙이 있는 것은 아니며, 올바른 추측을 할 수 있게끔 자료들이 완벽하게 제공되지도 않는다. 따라서, 우리는 주먹구구식의 불완전한 방법을 사용하여 추론하고 결정한다. 편의법(어림법, 또는 발견적 방법: heuristics)이라고 불리는 이 방법은 직관적이며, 해답에 빨리 도달하게 한다. 그러나 이 방법이 언제나 해답을 줄 수 있는 것은 아니며, 해답을 준다 해도 그것이 정확한 최선의 해답이라고 보장할 수도 없다. 그럼에도 불구하고 판단과 결정에 있어서 우리는 이 방법에 크게 의존한다. 여기서는 판단을 할 때 많이 사용되는 대표성과 가용성이라는 두 가지 편의법에 대해 알아본다(Tversky & Kahneman, 1973).

1) 대표성 편의법

흔히 사용되는 편의법 중의 하나가 '대표성 편의법'으로, 주로 어떤 사건의 발생 가능성을 판단할 때 사용되는 방법이다. 즉 사건의 발생가능성을 판단할 때 여러 자료를 참작하여 공정하게 판단하기보다는 그 사건이 속할지도 모르는 범주의 전형적인 경우와 유사한 정도에 의해 판단하는 방법이다. 다음 예를 보자.

'31세의 린다는 독신이고, 말이 많고, 아주 똑똑하다. 철학을 전공했고, 性차별과 사회정의에 관심이 많고, 반핵 데모에도 참가했었다.' 그럼 다음

세 가지 중 현재 그녀를 나타내 줄 가능성이 높은 순서대로 등수를 매겨 보라:

a) 린다는 여성 운동에 활동적이다.
b) 린다는 은행 출납계원이다.
c) 린다는 여성 운동에 활동적인 은행 출납계원이다.

이 경우, 일반인들의 답은 대체로 a > c > b의 순서를 보인다. 그러나 정답은 a > c 및 b>c이다. 왜냐하면 확률 규칙에 따르면 연접 접속사건 c의 확률은 a와 b의 동시 발생 비율과 같기 때문에 a나 b의 확률보다 같거나 더 작아야 하기 때문이다. 그런데도 사람들은 이런 연접 확률 규칙을 무시하고 린다에 대한 기술이 b보다 c의 경우를 더 잘 대표한다고 생각하여 c의 확률을 b의 확률보다 높게 판단한다.

2) 가용성 편의법

대표성 편의법과 아울러 아주 널리 사용되는 또 다른 편의법은 기억에 의존하는 수법이다. 가용성(可用性: availability) 편의법이라 불리는 이 방법은 특정 사건을 지지하는 사례들이 기억에 잘 저장되어 있는가에 따라 사건의 발생 가능성을 판단하는 것이다. 예를 들자면 사투리를 쓰는 친구가 있는 사람은 국민들이 사투리를 쓰는 비율을 실제보다 더 많은 것으로 판단하며, 최근에 아는 사람이 교통사고를 당했던 사람은 교통사고 발생률을 실제보다 높게 추정한다.

(2) 선택과 결정

선택과 결정하기 과정에는 귀납적 추리가 많이 개입된다. 선택과 결정에 대한 인지심리학적 연구 결과에 의하면 인간은 완전한 논리적 사고자가 아니다. 인간의 인지체계는 주의 용량, 작업기억 용량, 활용할 수 있는 지식의 유형 등의 한계가 있다. 나아가 제한된 시간 내에 문제를 해결해야 하는 상황적 제약도 있다. 그런데 이러한 한계를 지니고 있으면서도 매 순간마다 입력되는 수많은 자극 정보를 적절히 파악하고 처리하여 환경에 적응할 수 있어야 한다. 따라서 인간은 비논리적인 편향을 도입하여 사고의 정확성을 희생하면서라도 최대한 효율적 정보처리를 추구하는 경향이 강하다. 즉 인간은 최소한의 정보처리 시간과 노력을 들여서 최적의 결과를 도출하려 하는 '인지적 경제성'을 추구하는 인지적 절약자(Nisbett & Ross, 1980)임이 드러났다.

많은 경우 사람들은 과거의 경험에 기초를 두고 여러 대안들 가운데 최선의 것을 선택하는 귀납적인 방식으로 결론에 도달한다. 그렇다고 해서 귀납 추리에 근거한 의사결정이 쉬운 것만은 아니다. 다음 예를 살펴보자. 한 학생이 4개 대학으로부터 입학허가를 받았다고 했을 때에, 어느 대학을 갈지 어떻게 결정할 것인가? 한 가지 방법은 그가 중요하게 생각하는 차원에 부여된 가치를 기준으로 하여 대안들을 평가하는 것이다. 여기서 중요한 차원으로 교수(instruction)의 질, 학비, 집과의 거리, 사회적 기회, 명성 등이 고려되었다고 하자. 각 차원들은 다음과 같이 1에서 10점의 가치로 계량화될 수 있을 것이다. 만약 의사결정에 있어서 이 차원들이 똑같이 중요하고 점수가 정확하게 주어졌다면, 이 학생은 작은 사립대를 선택해야 한다. 그러나 이런 귀납적 방식으로 실제적인 문제를 결정하는 것은 생각만큼 간단한 일이 아니다. 실생활에서 접하는 문제들은 단순하지도 않고 수학적 분석이 불가능한 경우도 많기 때문이다.

	A (큰 사립대)	B (작은 사립대)	C (중간 국립대)	D (큰 국립대)
1. 교수의 질	9	7	6	7
2. 학비	2	3	9	7
3. 집과의 거리	4	7	8	3
4. 사교생활	8	7	3	5
5. 명성	9	10	3	4
	32	34	29	26

대안들이 여러 차원에서 비교되는 경우 사용할 수 있는 방법으로 측면제거법(elimination by aspects)이 있다(Tversky, 1972). 이 방법은 여러 가지 가능한 대안들 가운데 특정 차원에서 기준에 미달하는 매력적이지 못한 대안을 단계적으로 제거해 나감으로써 최종적인 선택을 하는 방법이다. 배우자 후보감 결정을 할 때 미모를 첫째 조건으로 하여, 미모에서 부족한 후보자들은 머리가 좋든 학벌이 좋든 돈이 많든 상관없이 무조건 제외하고, 둘째 단계로 미모에 합격한 사람 중에서 학벌을 고려하여 기준에 미달하는 사람은 제외하는 방식으

로 최종 후보를 결정해 간다면 이는 측면제거법에 의한 의사결정이다.

(3) 결정에서 나타나는 특징적인 현상들

흔히 사람들은 손실과 이득의 객관적인 크기가 같으면 심리적으로 느끼는 효용의 크기도 같을 것으로 생각한다. 그러나 사람들은 이득보다 손실에 훨씬 더 민감한 특징을 보인다. 이를 잘 보여 주는 현상이 틀효과(framing effect)라는 현상이다(Tversky & Kahneman, 1981). 사람들은 준거점을 달리하여 기술하면 동일한 상황에 대해서도 다른 선택을 하는 경향을 보인다. 즉 틀이 달라지면 선택이 달라지기도 한다.

두 개의 상황을 주고 각 상황에서 사람들이 어떤 대안을 선택하는지 알아본 Tversky와 Kahneman(1981) 등의 실험 예를 보자.

> 어떤 아시아 전염병에 대비하여 두 개의 방안이 제시되었다. 이 아시아 전염병은 600명을 죽게 할 것으로 기대된다. 어떤 방안을 택하겠는가?
>
> (제시상황 1) 방안 A를 택하면 200명을 구할 수 있다.
> 방안 B를 택하면 0.33의 확률로 600명을 구할 수 있다.
> (제시상황 2) 방안 A를 택하면 400명이 죽게 된다.
> 방안 B를 택하면 0.67의 확률로 600명이 죽을 수 있다.

사람들은 〈제시상황 1〉에서는 대부분이 방안 A를, 〈상황 2〉에서는 대부분이 방안 B를 선택한다. 〈제시상황 1〉에서는 아무 것도 안 하였을 때 600명이 죽는다는 미래 시점이 준거점이 되고, 선택의 결과는 이득으로 간주되는데, 이런 상황에서 사람들은 모험을 회피하는 경향이 강하다. 즉 0.33의 확률로 600명을 구하는 것보다 확실하게 200명을 구하는 것이 낫다고 생각한다. 〈제시상황 2〉에서는 아무도 안 죽는 경우가 준거점이 되고, 이 준거점에 비해 선택의 결과는 손실로 생각되는데, 이런 경우에는 모험을 택하는 경향이 강하다. 즉 0.67의 확률로 600명 죽을 가능성이 확실히 400명 죽는 것보다 낫다고 판단하게 되는 것이다. 이러한 현상은 선택의 결과가 이득으로 기술되느냐 손실로 기술되느냐에 따라, 즉 준거점이 무엇이었느냐에 따라 사람들은 달리 결정하는 것을 보여 준다. 방안 A와 방안 B가 동일한 결과를 가져옴에도 불구하고,

사람들은 선택 결정이 이득과 관련되면, 위험 부담을 회피하는 방향(A)으로 결정하고, 선택이 손실 중심의 내용일 때에는 위험 부담을 무릅쓴다(B)는 것이다. 이러한 결정 경향은 일상 생활에서 생명, 돈, 시간, 명예 등이 개입될 때 나타난다.

이상에서 인간 사고의 특성을 추리와 판단 및 결정 과정을 중심으로 살펴보았다. 이러한 고찰에서 일관되게 드러나는 흐름이 있다. 추리, 판단과 결정에 대한 인지심리학적 연구 결과에 의하면, 연역 추리, 귀납 추리, 판단 및 결정 과정에서 모두 오류가능성이 크며, 논리적 규칙을 올바로 적용한 합리적 사고가 이루어지지 않는 경우가 많았다. 이러한 사실들은 인간의 추리, 판단, 결정이 논리 규칙이나 규범적 규칙에 따라서 이루어지는 측면들이 있기는 하지만, 상당히 많은 경우에, 논리규칙 중심의 원리가 아닌 다른 원리에 의하여 작동되는 인지과정일 가능성을 시사하는 것이다.

5. 문제해결

우리는 살아가면서 어떻게 해야 수학의 기하 도형 문제를 풀까, 어떻게 효율적으로 공부를 할 것인가, 어떻게 성공적 삶을 살 것인가와 같은 문제들과 부딪친다. 이러한 문제들은 어떠한 심리적 과정을 통해 해결되는 것일까?

문제 해결은 여러 단계를 거쳐 이루어진다. Hayes(1989)에 따르면 문제 상황에 대한 이해부터 최종 해결에 이르기까지 다음의 여러 단계의 인지과정을 통해 문제가 해결된다.

① 문제를 확인하기
② 문제에 대한 표상
③ 해결책을 계획하기
④ 계획을 실행하기
⑤ 계획을 평가하기
⑥ 해결책을 평가하기

그렇다면 문제 해결을 쉽게 하거나 어렵게 하는 요인은 무엇인가? 심리학자들은 일정한 해결 규칙이 있는 문제들을 주로 사용한 연구들을 통해 다음과 같은 것을 밝혀 냈다.

(1) 문제해결과 표상

문제해결에서 관심을 가져야 할 문제 가운데 하나가 주어진 문제를 마음 속에서 기술하는 표상 과정이다. 문제해결에서 표상이 중요하다는 것은 벤젠의 분자식을 발견한 케쿨레(Kekulé)의 일화에서 잘 드러난다. 케큘레는 평상시에 원자가 고리의 형태로 분자를 형성하고 있는 모습을 여러 가지로 상상했다고 한다. 그러다 어느 날 꿈속에서 원자가 뱀처럼 모여 있는데 그 중 한 마리의 뱀이 자신의 꼬리를 물고 있는 전체구조가 눈앞에서 꿈틀거리고 있는 것을 보고 문제를 해결했다고 했다.

이 일화에서 보듯이 문제해결자가 사용하는 표상의 형태는 문제해결의 성패에 영향을 미치는 주요 요인의 하나이다. 그러나 어떤 표상이 적절한가 여부는 문제의 특성 문제해결자의 능력과 기술에 달려 있다. 어떤 문제해결책이 효과적이기 위해서는 문제와 문제해결자의 특성에 맞도록 표상이 되어야 한다. 결국 문제를 표상하는 방법은 다양할 수 있으며, 숙련된 문제해결자는 주어진 문제에 맞게 표상을 조절할 수 있다.

(2) 문제해결과 지식 및 관련성

문제해결은 다분히 우리의 경험과 지식에 의존한다. 특히 그러한 경험과 지식이 현재의 문제와 관련이 있느냐 여부가 영향을 준다.

1) 관련성(Relevance)

새로운 문제를 풀 때 좌절하는 요인 중의 상당 부분은 문제 해결과 관련된 문제의 부분이 어떤 면인지를 알지 못하기 때문에 생긴다. 문제 맥락 속에는 많은 대상과 관계들이 있기 때문에, 문제를 해결하기 위해서는 어떤 것이 변형되거나 배치되어야 하는지 명확하게 알지 못할 때가 있다. Duncker(1945)의 '방사선 문제'는 문제해결에서의 관련성의 중요성을 잘 보여준다.

제거시키지 않으면 악성 위암으로 죽게 될 한 환자가 병원에 갔다고 상상해 보자. 유일한 치료책은 방사선치료법인데, 너무 높은 강도를 사용하면 악성세포는 죽일 수 있지만, 건강한 세포 또한 죽이게 될 것이고, 낮은 강도를 사용하면 건강한 세포에는 해를 끼치지 않지만, 악성 세포도 죽일 수 없게 된다. 건강한 세포는 죽이지 않고 암세포만 제거시킬 수 있는 방사선 치료법을 강구하라.

이 문제를 풀려는 사람들은 문제를 푸는 데 상당한 시간을 들이고, 문제의 처음으로 되돌아가고, 최적이 아닌 해결책을 내놓는 경향이 있다. 예를 들어, 암세포에 방사선을 보내기 위해 건강한 세포를 잘라 내거나, 건강한 세포가 손상되지 않도록 화학요법을 쓸 것을 제안한다. 이러한 해결책도 가능하기는 하지만, 최적의 해결책은 아니다. 답은 낮은 강도의 방사선들을 여러 방향에서 암세포를 향해 쏘아, 암세포에서는 강한 강도의 방사선이 되게 하는 것이다. 사람들은 적어도 처음에는 이러한 해결책을 찾지 못하는데, 그 이유는 방사선 변형이 문제의 해결과 관련되어 있다는 것을 알지 못하기 때문이다. 관련 있는 적절한 부분을 알지 못하면 결국 문제를 해결할 수 없다.

2) 지식과 기능고착화

문제 해결에 영향을 주는 가장 큰 요인은 해당 문제와 관련된 지식이 있느냐, 그리고 이전에 유사한 문제를 풀던 습관이 있느냐 하는 친숙성의 문제이다. 관련된 지식이 충분히 있으면 해결 방법들을 머리에 떠올리기 쉽고, 문제를 단순화하는 등의 여러 가지 방법을 사용할 수 있다. 유사한 문제를 해결하던 방법을 기억하고 있으면 그대로 새 문제에 적용하여 쉽게 해결할 수 있다. 그러나 때로는 유사한 문제를 해결하던 친숙함이 있다는 것과 과거의 경험 지식 때문에, 틀린 해결법에 고착되거나 창의적 해결책을 생각해 내지 못하게 될 수도 있다.

문제해결을 어렵게 만드는 이러한 현상으로 기능적 고착(functional fixedness)을 들 수 있다. 이것은 대상을 친숙한 용도로만 지각하는 경향성으로 인해 사람들이 대상을 다른 방법으로 사용하기 어렵게 되는 것을 의미한다. Duncker(1945)는 '양초 문제'를 통해 기능적 고착을 설명하였다.

당신 앞에 탁자가 있고, 그 위에는 하나의 초, 몇 개의 성냥, 압핀 상자, 망치,

약간의 끈, 몇 개의 집게, 그리고 다른 물건들이 있다. 당신의 과제는 초가 안전하고 바르게 탈 수 있도록 초를 벽에 안정되게 세우는 것이다.

이 문제에서 집단1의 피험자들에게는 각 물건을 상자에 넣어서 주었고, 집단2의 피험자들에게는 물건을 상자에 넣지 않고 빈 상자와 함께 따로 주었다. 사람들은 초를 벽에 박으려고 한다거나, 끈으로 벽에 걸려고 하였으니 초가 아래쪽으로 타게 될 것이기 때문에 이 두 가지 해결책 모두 올바른 해결책은 아니다. 올바른 해결책은 압핀상자를 비우고, 망치와 압핀을 사용해서 상자를 벽에 고정시킨 다음, 초를 벽에서 떨어진 상자 위에 올려놓는 것이다. 실험 결과, 상자가 물건을 담는 용기로 활용된 집단1의 피험자들이 빈 상자로 준 집단2의 피험자들보다 문제해결에서 더 어려움을 겪었다. 집단1의 피험자들은 상자의 현재 기능—상자의 기능을 압핀을 담는 것으로서만 보는 기능—에 고착되어 있기 때문에 상자를 초가 세워질 수 있는 밑받침으로 보기는 힘들다. 기능적 고착을 벗어나기 위해서는 고려대상이 되는 각 문제영역의 기능들을 다양하게 고려해 보아야 한다. 만약 그렇게 하지 않으면, 문제와 관계 없는 기능들만이 생각나고 문제해결과 관계는 있지만 덜 자주 사용하는 기능들은 생각나지 않게 될 것이다. 요약하면, Duncker의 예는 새로운 문제에서 관계성의 중요성을 설명해 준다.

(3) 문제해결 공간과 탐색

문제를 풀어 나간다는 것은 해결을 가능하게 하는 다양한 통로가 표상된 가상의 공간, 즉, 문제공간에 대한 탐색을 통하여 이루어진다고 생각할 수 있다. 이러한 관점을 제시한 것이 Newell과 Simon(1972)이다. 이들은 문제의 실질적인 구조는 최초상태에서 시작하여 목표상태에서 끝나는 상태들의 조합으로 규정할 수 있으며, 여러 상태들이 있는 가상적 공간을 마음 속으로 탐색하는 것이 문제해결 과정이라고 보았다. 즉 문제해결행동은 상태에 변화를 일으키는 조작자를 적용하여 한 상태에서 다른 상태로 이동하는 것으로 볼 수 있는데, 한 상태에 사용할 수 있는 조작자가 여러 개 있을 수 있기 때문에 다양한 대안적인 상태들이 생겨난다는 것이다. 이렇게 하여 만들어진 가능한 상태들이 모두 포함된 전체공간이 문제공간이며, 이 공간에서 최초상태에서 목표

◎ 문제 =

"상태들의 조합": 문제공간
: 초기상태, 중간상태, 목표상태 등
조작자의 적용: 상태들간의 이동을 가능하게 하는 것

- 문제해결 = 초기 상태에서 목표 상태로 탐색하여 가는 것
- 문제해결 방안:

  수단–목표 전략 = 목표 상태와 현재 상태의 차이를 파악하여 이를 계속 줄여 나가는 것

상태로 이르는 길을 찾아내는 것이 문제 해결이라는 것이다.

그런데 주어진 문제에는 선택적인 통로가 많기 때문에, 사람들은 모든 가능한 통로들을 다 확인하고 선택하는 것도 기대하기 어렵다. 그 대신 사람들도 최초상태에서 목표상태로 효율적으로 이동하기 위하여 책략이나 발견적 방법(편의법: heuristics)을 사용한다.

사람들이 종종 사용하는 발견법은 차이감소법이다. 이 발견법에 따르면, 사람들은 여러 개의 조작자 가운데 다음 상태가 목표상태와 가장 유사해지도록 변화시키는 조작자를 선택한다. 그러나 차이감소법은 문제해결자를 헤매게 만들 수도 있다. 문제공간에서의 탐색 활동을 통하여 문제를 해결하려 할 때에 우리가 흔히 범하는 오류들 중의 하나는 문제 해결의 중간 상태와 목표 상태가 상당히 유사할 경우, 이 중간 상태에서 한 걸음 물러서는 단계를 거칠 수도 있다는 것을 생각하지 못한다는 점이다. 선교사와 식인종의 강 건너기 문제에서 사람들이 중간에 애를 먹는 것이 그러한 경우이다.

더 강력한 발견법은 수단목표분석법이다. 이 방법은 위계적인 문제해결방법이다. 1) 먼저 현재 상태와 목표 상태간의 가장 중요한 차이를 찾아내어 그 차이를 없애는 것을 하위목표로 세운다. 즉 앞서 말한 차이감소법을 이용하여 하위목표를 설정한다. 2) 그 다음 단계로 이 차이를 없애기 위한 조작자를 찾는다. 조작자를 찾은 후에는 조작자를 적용할 수 있는 조건과 현재 상태를 비교한다. 2a) 현재 상태에서 조작자를 적용할 수 있으면 조작자를 적용해서 가장 중요한 차이를 없애는데, 조작자를 적용한 다음의 상태와 목표 상태간에 차이가 없으면 문제가 해결된 것이다. 조작자를 적용한 다음에도 목표 상태와 차이가 있으면, 차이감소과정을 반복 적용하여 목표상태에 도달하는 것이다. 2b)

그러나 현재 상태에서 조작자를 적용할 수 없으면, 조작자를 적용할 수 있게 현재 상태를 변화시키는 새로운 목표, 즉 하위목표의 하위목표가 설정이 된다. 따라서 이 해결방법은 가장 낮은 수준의 하위목표를 해결한 다음 바로 위 수준의 하위목표를 해결하는 위계적인 방식으로 문제를 해결하는 방식이다.

문제해결 과정에서 난관에 부딪치지 않기 위해서는 다른 해결책과 다른 상태들의 가능성도 항상 함께 고려해야 할 것이다. 문제를 떠올리게 하는 여러 가지 방법을 생각해 보고, 해결책들을 체계적으로 열거하고, 각 해결들의 이득과 손실을 목록화하고, 각 해결들을 하나하나 체계적으로 평가하며, 기발한 해결이나 그것의 위험 부담을 무릅쓰는 태도를 가져야 할 것이다.

(4) 전문가와 문제해결

주변에서 보면 여러 상황에서 전문가들은 일반인인 초보자들과는 다르게 문제를 해결한다. 그들은 어떤 능력이 있고 어떻게 사고하는 것일까? 물리학 문제, 의료상황, 컴퓨터 프로그래밍 등의 상황에서 문제해결 방식을 연구한 심리학 연구에서 나타난 전문가와 초보자의 차이는 다음과 같다(Glaser & Chi, 1988).

초보자는 보유하고 있는 지식이 작고 분절된 단위로 저장되어 있고, 표면적 정보 중심으로 분류하고 정보처리하며, 문제를 작은 단위로 분해하여 생각하며, 자신의 문제해결과정과 사고과정 일반을 잘 모니터하지 않는다. 반면에 전문가는 잘 조직화된 큰 단위로 지식이 저장되어 있고, 문제를 기본 원리의 유사성 중심으로 분류하고 정보처리하며, 문제해결 계획을 생성하며 자신의 문제해결과정들을 계속 모니터링한다.

따라서 전문가가 된다는 것은 지식이 영역독립적(일반적)이고 적은 상태에서 영역특수적이고 많아지는 형태로 바뀌는 것이고, 무엇이 어떠하다는 식의 서술적 지식(what-knowledge)이 절차적 지식(how-knowledge)으로 변환되는 것이며, 이 절차지식을 문제해결에 적용하고, 그 과정을 통해 수정된 새로운 절차적 지식을 생성해 가는 것이며, 상당히 많은 절차적 지식(어떤 조건에서 무엇을 어떻게 할 것인가의 지식)이 자동화되는 것이며, 문제상황과 관련된 지식을 기억에서 접근하고 인출하는 것이 빠르고 큰 덩이의 정보로 인출, 처리하게 되는 것이라고 본다.

전문가들의 사고 특성을 인지과정에 대한 다른 연구 결과와 종합해 보면, 사고를 잘 하는 사람과 못 하는 사람의 특성은 다음과 같이 대비된다(이정모, 미발간원고).

(5) 문제해결과 창의성

문제해결과정에는 관련 전문지식만큼이나 창의성이 깊이 관련되어 있다. 그러나 창의성이란 매우 포괄적인 용어로서 명확하게 정의되기가 어렵다. 그러나 창의적 문제해결이라 하면 일반적으로 새롭고(novel) 유용한(useful) 해결책을 찾아내는 문제해결이라 할 수 있다.

그럼 이런 창의적 문제해결은 어떤 과정을 거쳐 일어나는 것일까? 창의적 문제해결에 관한 일화들을 연구한 Wallas(1926)에 의하면 창의적 사고의 단계적 과정은 네 단계로 나뉜다. 첫째 단계는 준비단계(preparation)로서 문제의 형성과 문제해결을 위한 초기 시도가 이에 속한다. 이 단계는 여러 각도에서 문제를 조사하는 시기로 주로 문제를 발견하고 자료를 수집한다. 둘째 단계는 부화단계(incubation)로, 본인이 의식하지 못하는 가운데 준비단계에서 얻어진 새 정보와 기존의 지식이 연결되는 과정을 통해서 정보가 재구성되어 나가는 단계이다. 마치 병아리가 알 속에서 성숙해 가는 것과 유사하게 겉으로는 모르게 진행되는 과정이다. 세 번째 단계는 해득단계(illumination)로 준비단계와 부화단계를 거쳐 문제에 대한 해답을 줄 수 있는 행운의 발상이 떠오르는 단계이다. 이때의 '아! 그렇구나' 하는 깨달음을 흔히 '아하 현상'(aha phenomenon)이라고 한다. 즉 해득단계란 문제해결을 위한 개념이 떠오르거나 해결방안이 세워지는 시기이다. 네 번째는 검증단계(verification)로 해득단계에서 발견된 아이디어의 타당성이 검증되는 단계이다. 이 과정은 창의적 사고과정의 마무리 단계로서 창의적 산물의 적합성을 검토하게 된다. 최근에는 이러한 4단계설 대신에 새로운 이론들이 제시되고 있다.

상당수의 문제들은 창의적 접근방법에 의한 해결을 요구한다. 이러한 유형의 문제해결에서 요구되는 창의성에서 가장 중요한 요소가 확산적 사고이다. 길포드(Guilford, 1967)는 사고를 지식과 논리규칙을 적용하는 사고유형인 수렴적 사고(convergent thinking)와 새로운 가능성을 찾기 위해 상상력을 확장시키는 사고유형인 확산적 사고(divergent thinking)로 구분하였다. 이 구분을 창

[표 7-1] 사고를 잘하는 사람과 못하는 사람의 특성 비교

사고를 못하는 사람	사고를 잘하는 사람
-일거 사고(one-shot thinking)	-연장된 단계적 사고
-자신의 지식 내에 존재하는 틈새를 그대로 내버려둠	-틈새를 적극 탐색하고 이를 채워넣기 위한 정보 탐색, 계속적 사고를 함
-지시를 빨리 대충 훑어보거나 건너 뜀	-지시에 대한 조직적, 체계적 파악 시도
-문제해결에서 수동적	-적극적으로 문제 해결에 착수
-문제가 어려우면 약간의 단서만 사용하여 또는 대강 추측하여 답을 함	-문제의 난이도에 따라 다른 사고 전략 사용. 가능한 한 여러 단서들을 탐색하여 활용. 대강 추측에 의한 답변 회피
-가설들을 생성하여 내지 못함	-다양한 가설들 생성하여 해결 시도
-복잡한 문제를 그 요소 부분들로 분해하지를 못함	-복잡한 문제를 계층적, 범주적으로 요소들로 분해함
-계획하지 못하고, 충동적으로 반응함	-계획에 충분한 시간을 들임, 충동적 반응 회피
-사고가 경직되어 있고, 새 아이디어에 폐쇄적	-새 아이디어에 열린 마음 항상 새로운 대안, 해석, 관점 탐색 및 수용
-자신의 사고 기술이 증진되어야 한다는 것을 깨닫지 못함 (자신의 사고 기술에 대한 모니터링하는 능력, 즉 메타인지 기능이 부족함)	-자신의 사고 기술, 전략에 대하여 계속자각하며 개선 시도(메타인지 능력 우수)
-기타 인지 전략 빈곤	-주의, 기억탐색, 이해 등의 인지적 전략 우수
-새로운 지식 학습과 사고 기술의 관련성이 괴리됨	-밀접히 연관됨
-자기통제력이 없다	-자기통제력이 높다
-지속성, 집요함이 없다.	-지속성, 끈기, 집요함이 높다.
-타인, 집단의 의견을 탐색하거나 동의를 구하지 않는다	-소속 집단, 타인의 공감, 의견을 탐색하거나 동의를 구한다.
-자기가 모른다는 것을 모름	
-어려운 어휘/용어를 사용하면 사고를 잘 한다고 생각하거나 이해를 잘 한다고 생각함	

의적 사고과정에 적용해 보면 준비단계와 검증단계에 주로 작용되는 사고유형이 수렴적 사고이고, 부화단계와 해득단계에서는 확산적 사고과정이 요구된다. 일반적으로 창의적인 사람들은 확산적 사고가 특징적이어서 문제해결을 할 때 마음갖춤새나 문화적 장애물들의 제한에 구애받지 않고 일상적이지 않는 독특한 문제해결의 가능성이나 대안을 검토할 수 있다고 한다.

창의성에 대한 관점들 창의성이 무엇이냐에 대하여 몇 가지 다른 이론들이 있다. 특성이론가들은 창의성을 개인이 갖고 있는 하나의 특성으로 보는 반면에 과정으로서 창의성을 강조하는 심리학자들은 창의성을 개인과 환경과의 상호작용의 결과로 본다. 과정으로서의 창의성을 강조하는 입장에도 여러 가지 관점이 있을 수 있다.

발달심리적 관점에서는 창의성을 일반적인 지적 발달 가운데 하나의 중요 측면으로 본다. 피아제(Piaget, 1971)는 창의성을 사고의 한 단계에서부터 다른 단계로 변화되면서 나타나는 갑작스러운 통찰(sudden insight)로 본다. 즉 창의성이란 이전에 아무런 관계가 없던 요소들을 새로운 일련의 법칙을 통해서 평형(equilibrium)으로 유지시켜 나가는 것과 관계가 있다는 것이다.

사회와 성격심리학의 관점에서 보면 창의성은 문제해결에 관련된 일련의 계속되는 사고의 단계이다. 이러한 과정에는 문제해결을 시도하는 일관되고 지속적인 동기, 다양한 정보와 관점의 획득, 다양한 아이디어와 관점을 가진 사람들간의 논쟁, 그리고 여러 가지 관점에서 문제를 조망하는 개방된 의지와 마음 등이 중요하게 간주된다. 문제해결과 관련시켜 보면 결국 창의성이란 과거의 재생이 아닌 새로운 방법으로 문제를 해결하는 방식 및 태도를 말하며, 일종의 생산적 사고(productive thinking)를 의미한다.

인지심리학적 관점에서는 창의적 사고를 특별한 과정이라기보다는 일반 인지과정의 특정 단면일 뿐이라고 생각한다. 인지심리학적 관점에서는 창의성은 일상의 인지적 과정과 여러 면을 공유하고 있는 것으로, 이 둘은 동일한 연속선상에 있다고 본다. 구체적으로 보면 일상적 사고와 창의적 사고 모두 아이디어의 생성과정과 탐색과정을 거친다. 기억에서 기존 지식을 인출하고, 단순 연합이나 연결을 형성하고, 조합하며, 기존 구조를 신 구조로 변환하며, 유추를 하는 아이디어 생성과정이 같다. 또한 새로운 속성의 탐색하고 은유적 의미를 탐색하며, 현재 생각이 지니는 실제적 · 개념적 한계를 탐색하는 것과 같은 탐색과정도 공통적이다. 즉 지식 인출, 확산적 탐색, 주어진 정보를 넘어서기,

이해의 중요성, 사전 지식의 중요성, 확률적-연상적 처리 등의 인지적 과정의 측면과 특성에서 공통적 속성을 지니고 있는 것이다.

창의적 사고는 여러 전문 분야에서 일어나는데, 이 모두가 동일한 통일적인 인지과정과 사고패턴에 의해 이루어진다고는 볼 수 없다. 여러 유형의 인지과정과 여러 시간계열상의 인지과정 단계들이 각기 다른 양상으로 전개된다고 볼 수 있다. 즉, 전문 영역에 따라, 또한 동일한 영역에서도 상황에 따라, 영역과 상황이 동일하더라도 개인의 사전지식의 특성 및 인지전략의 특성에 따라 다른 유형의 과정이 전개된다고 볼 수 있다. 즉 창의성의 인지과정이란 단일한 통일적 사고패턴이나 사고과정이라기보다는 다양한 과정들이 융통성 있게 연합된 사고형태 덩어리로 보아야 할 것이다.

◆ 생각해 볼 문제

1. 전형적인 사례들을 중심으로 범주가 표상되는 것 같다고 하였다. 전형적인 사례는 어떻게 결정되는 것일지, 우리나라 사람과 미국 사람에게 범주—예를 들어 과일 범주—는 같게 표상되어 있을지 생각해 보자.
2. 하나의 물건에 대해 여러 가지 이름이 있다. 예를 들어 어떤 물체를 배, 과일, 신고 등으로 부를 수 있다. 이 중 어떤 이름이 가장 많이 쓰이는지, 왜 그 이름이 가장 자주 사용되는지 생각해 보자.
3. '어떤 A는 B이다', '어떤 B는 C이다' 라는 두 개의 전제를 주고 결론을 내리게 하는 경우와 '어떤 대학교수는 지성인이다', '어떤 지성인은 진보주의자이다'라는 전제를 주고 결론을 내리게 할 때 사람들은 같은 형식의 결론을 내리는지 알아보자.
4. 특정한 외모를 가진 사람에 대해 그런 사람은 어떻더라는 고정관념을 갖는 경우가 많다. 그런데 이런 고정관념은 없애기가 힘들다. 고정관념도 하나의 가설이라 볼 수 있는데, 왜 고정관념은 없애기 힘든지 생각해 보자.
5. 사람들은 대안이 많으면 선택에 애를 먹는다. 예를 들어 가격과 색상이 다른 두 가지 연필 중에서 고르게 할 때는 쉽게 고르는데, 네 가지 연필을 주고 고르게 하면 애를 먹는다. 마찬가지로 속성이 많아도 선택에 애를 먹는다. 그럼 당신이 새로 나온 제품의 판촉을 해야 한다면 어떻게 하겠는지 생각해 보자.
6. 선거 때면 자기가 지지하는 후보의 득표율을 실제보다 높게 예상하는 경우를 많이 볼 수 있다. 심지어는 경험이 많은 노련한 참모조차 과다 추정을 하는 경우를 볼 수 있다. 왜 그럴지 생각해 보자.
7. Duncker가 연구할 때에 비해 지금은 방사선에 대해 사람들이 훨씬 많이 알고 있다. 그럼 지금 사람들이 Duncker 시대보다 방사선 문제를 더 잘 풀지 생각해 보자.
8. 문제를 풀 때 이전에 비슷한 문제를 풀었던 경험이 있으면 많은 경우 도움이 된다. 그러나 오히려 방해가 되는 경우도 있다. 이전에 풀었던 문제와 새로 푸는 문제가 어떤 관계일 때 그랬는지 생각해 보자.

제 8장

인간은 어떤 과정을 거쳐서 발달하는가?

1. 발달의 기초
2. 신체 · 운동기능 및 지각발달
3. 인지발달
4. 도덕성 발달
5. 언어발달
6. 성격발달
7. 사회성 발달
8. 성인기의 주요 과제와 적응

◆ 생각해 볼 문제

이 장에서는 인간의 생명이 시작되는 수정의 순간에서부터 사망할 때까지 전 생애 동안 나타나는 심리적·행동적 변화를 설명한다. 이 장은 크게 세 부분으로 구성된다. 먼저 발달의 기초에서는 유전과 환경의 영향력에 관한 논쟁, 발달의 연구방법 및 태내발달을 다룬다. 두 번째 부분에서는 발달 영역별로 발달적 변화를 다룬다. 구체적으로 신체·운동기능 및 지각발달, 인지발달, 도덕성 발달, 언어발달, 성격발달, 사회성 발달을 다룬다. 마지막으로 성인기에 주요과제인 직업과 결혼, 자녀양육이 결혼만족에 미치는 영향, 은퇴 및 자신과 배우자의 죽음을 다룬다.

모든 면에서 무력해 보이는 신생아가 어떤 과정을 통해서 유능한 성인으로 변화하는 것일까?

발달심리학(development psychology)은 인간의 생명이 시작되는 수정의 순간에서부터 사망할 때까지 전 생애 동안 나타나는 모든 변화의 양상과 과정을 연구한다. 발달적 변화에는 신장이나 체중의 증가 또는 감소와 같은 신체적 변화와 지능, 언어, 성격, 사회성 및 도덕성 등의 심리적 · 행동적 변화가 모두 포함된다.

수정에서 사망에 이르기까지의 시기를 구분하는 방식은 학자들간에 다소 차이가 있으나, 대략 출생 이전의 태내기(prenatal period), 출생 후부터 약 2세 경까지의 영아기(infancy), 2세부터 6~7세 경까지의 유아기(prechildhood), 7~8세 경부터 12~13세까지의 아동기(childhood), 12~13세 경부터 22~23세 경까지의 청년기(adolescence), 40세까지의 초기 성인기(early adulthood), 40대에서 60~65세까지의 중기 성인기 또는 중년기(middle adulthood), 60대 이후의 후기 성인기 또는 노년기(late adulthood)의 8단계로 구분할 수 있다(Irwin & Simons, 1994). 보다 근래에는 출생 후 약 1개월까지를 신생아기로 세분하기도 한다. 이 장에서는 먼저 발달연구에서 쟁점이 되는 주제와 발달심리학의 연구방법 및 태내발달을 다룬 후, 각 발달 영역별로 발달적 변화의 내용과 특징을 기술하겠다.

1. 발달의 기초

(1) 유전-환경의 영향력

오랜 세월 동안 사람들은 발달 과정에서 유전과 환경 가운데 어느 것이 더 중요한 영향을 미치는지를 논의해 왔었다. 특히 지능이나 성역할 발달과 같은 영역들은 유전과 환경의 효과에 대한 논쟁이 가장 활발하게 진행되었던 영역이다. 이 논쟁이 열기를 띠는 이유는 이 의문에 대한 답이 인간발달에 중요한 의미를 포함하고 있기 때문이다. 예를 들어 지능 발달이 대개 유전적 영향에 의해서 이루어진다면 어린이에게 풍부한 학습환경을 제공하더라도 지능의 발달에 별다른 영향을 미치지 않을 것이라는 주장이 가능해진다. 반면에 지능의 발달이 환경적 경험에 의해 좌우된다면 어린이들에게 지적 성장을 최대한 높일 수 있는 경험들을 제공하는 것이 매우 중요해진다.

오늘날 발달심리학자들은 유전과 아울러 환경의 영향을 모두 인정한다. 물론 두 요인 가운데 상대적으로 영향을 더 미치는 요인들에 대한 논쟁은 계속되고 있으나 대부분의 학자들은 유전 요인들이 특정한 행동이나 특성들에 대한 잠재력과 제약이 된다는 사실에 동의한다. 따라서 발달심리학자들은 생물학적으로 결정된 행동 패턴들이 발달에 어떤 영향을 미치며, 이러한 유전적 잠재능력이 끊임없이 변하는 환경에 의해서 어떻게 변화하는지 연구한다.

(2) 연구방법

심리학의 다른 분야와 마찬가지로 발달심리학에서도 일반적으로 심리학에서 사용되는 실험, 관찰, 조사 및 검사 등을 사용하여 연구한다. 그러나 발달연구는 다른 분야에서와는 달리 연령에 따른 발달적 변화를 고려하기 때문에 연령 변화에 따른 차이를 진단할 수 있는 특유의 연구설계를 필요로 한다. 이러한 연구설계로 횡단적 설계, 종단적 설계, 횡단-단기종단적 설계 등이 있다.

횡단적 설계(cross-sectional design)는 한 시점에서 여러 연령 집단을 동시에 표집하여 이들 집단으로부터 얻은 자료의 연령집단간 차이를 발달적 변화의 지표로 보는 연구설계이다. 예를 들어 아동기의 지능 발달을 살펴보기 위해서 5세, 7세 및 9세 아동들을 각각 50명씩 선정한 다음 이들의 지능을 측정하여 비교하는 방법이다. 횡단연구는 연령집단간의 차이를 명확하게 발달적 변화로 간주할 수 없는 제한점을 지닌다. 연령집단간의 차이가 이들이 생활해 온 시대적, 역사적 요인 등의 차이에서 비롯되었을 수 있기 때문이다. 따라서 횡단적 설계에 의한 연구 결과를 이해할 때에는 이 점을 유의해야 한다.

이 문제를 극복하는 한 가지 방법은 종단적 설계를 사용해서 연구를 하는 것이다. 종단적 설계(longitudinal design)란 한 연령집단을 표집하여 이들의 연령 증가에 따른 차이를 발달적 변화의 지표로 보는 연구 설계이다. 예컨대 아동의 지능 발달을 살펴보기 위해서 5세 아동 50명을 선정한 다음 그들이 5세, 7세, 9세가 되었을 때의 지능을 측정하여 이 결과를 비교하는 방법이다. 종단연구는 횡단연구에 비해서 연령 증가에 따른 발달적 변화를 정확하게 추적 진단할 수 있는 장점이 있는 반면에 연구기간이 길고 비용이 많이 든다는 단점이 있다. 또한 연구가 진행되는 동안에 표본의 일부가 이사하거나 사망하는 등의 이유로 추적 연구하지 못할 수 있다.

최근 이 두 설계의 장점을 살리고자 하는 목적으로 두 설계를 통합한 횡단-단기종단적 설계(cross-sectional/short-term longitudinal design)가 사용되고 있다. 이 방법은 여러 연령 집단을 단기간 동안 추적해서 발달적 변화를 살펴보는 설계이다. 예컨대 5세, 7세 및 9세 아동을 각각 50명씩 선정하여 이들이 각각 7세, 9세, 11세가 될 때까지 추적하여 조사함으로써 시대적 배경으로 인한 영향을 제거하고 연령 변화로 인한 발달적 변화만을 파악하는 방법이다. 이 설계는 비교적 짧은 기간 동안에 여러 연령집단간의 종단적 변화를 관찰할 수 있는 장점이 있다.

(3) 태내발달

1) 태내발달단계

인간의 발달은 난자와 정자가 결합하는 수정의 순간에서부터 시작된다. 남성이 한 번 사정할 때 사출되는 정액 속의 정자 수는 3~5억 개 정도로, 일단 여성의 자궁에 사출되면 그 중의 일부만이 자궁을 거쳐 난자가 있는 나팔관으로 이동하며, 대체로 이 정자들 가운데 단 하나의 정자만이 난자를 만나 수정하게 된다. 수정체는 23쌍의 염색체들을 갖고 있다. 각 쌍 가운데 하나는 어머니에게서 온 것이고, 다른 하나는 아버지에게서 온 것이다. 각 염색체는 수천 개의 유전자들을 갖고 있으며, 이 유전자에 의해서 유전정보가 전달되어 특수한 특징을 만든다. 어떤 유전자는 심장이나 뇌, 폐 등의 발달과 관계되며, 어떤 유전자는 눈 색깔, 신장과 관련된다. 성별도 유전자들의 조합에 의해서 결정된다. 구체적으로 말해서 아이들은 어머니로부터 X염색체를 받고 아버지로부터 X나 Y염색체를 받는데, 그 조합이 XX면 여자가 되고, XY면 남자가 된다.

수정체가 모체의 자궁 내에서 성장하는 약 280일의 기간을 태내기라 하는데, 태내기는 크게 배란기, 배아기, 그리고 태아기의 세 단계로 구분된다. 배란기(the period of ovum)는 남성의 정자와 여성의 난자가 만나 수정이 이루어지는 순간부터 시작되며, 이후 수정체가 빠른 세포분열을 하면서 자궁벽에 착상하기까지 2주의 시기를 말한다. 수정체의 겉부분은 태반과 탯줄이 되고, 안쪽 부분은 배아로 발달하게 된다.

배아기(the period of embryo)는 수정체가 자궁벽에 착상한 이후의 시기로 수정 후 3주에서 8주까지의 기간을 말한다. 이 시기 동안에 자궁 내 태반이 완전히 발달하며, 탯줄을 통해서 배아에게 영양분과 산소가 공급되고 동시에 배아에게서 발생한 분비물이 배출된다. 배아기 동안 두 팔, 두 다리 및 얼굴을 갖게 되며, 뇌, 심장 등 중요 신체기관과 신경계가 형성된다. 8주쯤 되면 배아는 대략 2.5cm, 무게는 약 14g 정도가 된다. 이 시기에 신체의 주요기관이 형성되기 때문에 모체의 영양 결핍이나 질병, 약물 등은 배아에게 치명적인 영향을 미칠 수 있다.

3개월 이후에서 출산 이전까지의 기간을 태아기(the period of fetus)라 하는데, 이 기간 동안 각 신체 기관의 구조가 정교화되고 기능이 원활해진다. 3개월이 되면 성구별이 가능해지며, 대체로 4개월 말이 되면 산모가 태동을 느낄 수 있게 된다. 7개월 경에는 태아의 호흡이 스스로 가능해지기 때문에 이 시기에 태아가 미숙한 상태로 태어나더라도 의료적 도움을 받으면 생존이 가능하다. 8개월 이후 태아는 신경계가 성숙되고 피하지방이 형성되어 인간다운 모습을 지닌다.

2) 태내발달을 저해하는 요인

태아가 발달해 가는 산모의 자궁은 꽤 안전한 곳이지만, 모체가 건강하지 못하거나 조건이 부적절할 때에는 태아의 건강에 해가 미치거나 생명이 위협받을 수도 있다. 태아의 발달을 저해하는 여러 가지 요인들을 살펴보기로 하자.

유전적 영향 모든 태아의 2~5%는 심각한 출산 결함을 가지고 태어나는데, 이 결함의 주원인은 잘못된 유전자나 염색체들 때문이다. 가장 흔한 염색체 이상으로는 다운증후군(Down's syndrome)을 들 수 있다. 다운증후군은 임신 순간에 수정체가 한 개의 염색체를 더 받아서 총 47개의 염색체를 가진 수정체가 되어서 생기는 기능 이상으로, 신체적 장애와 지적 장애를 수반한다.

산모의 연령 종래에는 23~28세까지를 임신하기에 가장 적합한 연령으로 보았으나 최근에는 30~34세 사이의 산모에게서 태어난 아기도 발달상의 문제가 없는 것으로 알려지고 있다. 한편 17세 미만의 임산부는 20대의 임산부에 비해 태아의 사망률이 2배 이상 높고, 저체중아나 미숙아를 출산할 가능성도 높다. 35세 이상의 초산부도 문제를 일으킬 가능성이 높다. 예컨대 다운증후군(Down's syndrome)은 20대 임산부에게서는 1,500명 출산에 1명 꼴로 거의 나타나지 않는 반면, 30세는 885명에 1명, 35세는 365명에 1명, 40세는 태아 109명당 1명, 45세는 32명당 1명 꼴로 나타나서 산모의 연령이 높을수록 증가한다(D'Alton & Decherney, 1993). 노산의 경우에는 이란성 쌍생아나 기타 행동장애를 보이는 아기들의 출산 가능성도 높기 때문에 태아의 정상성 유무 검진이 필수적이다.

산모의 영양상태 태아는 출생 시까지 성장에 필요한 모든 영양분을 어머니를 통해 섭취하기 때문에 산모의 영양 상태는 태아발달에 결정적 영향을 미치는 요인이 된다. 산모의 영양이 부족하면 태아의 발달과 성장이 늦어지며, 심각한 장애를 초래할 수 있다. 특히 뇌기관이 형성되는 임신 초기에 산모의 영양 결핍은 태아의 뇌 발달에 큰 지장을 초래한다. 산모의 영양부족은 유산과 사산의 가능성도 높아지게 한다. 예를 들어 산모의 영양 부족으로 태아의 발육 상태가 저조하여 2.5kg 이하의 저체중아를 출산한 경우, 정상아에 비해서 7배나 높은 사망률을 보인다. 따라서 산모는 임신중에 영양소를 골고루 섭취하는 것이 매우 중요하다.

산모의 질병 태아에게 영구적으로 영향을 줄 수 있는 산모의 질병으로 당뇨병, 고혈압, 풍진, 매독 등을 들 수 있다. 먼저 산모가 당뇨병이 있는 경우, 체중 4kg 이상의 거대아를 출산할 가능성이 높으며, 당뇨병을 조절하지 못할 경우 거대아를 분만하는 과정에서 난산으로 인해서 태아가 뇌손상을 입거나 사망할 수 있다.

임산부의 고혈압도 태아의 발달지체와 자궁내 사망을 초래할 위험이 높고, 각종 합병증을 유발할 수 있다. 또한 풍진과 같은 각종 바이러스나 결핵이나 매독과 같은 박테리아, 어머니가 고양이 배설물이나 덜 익은 고기를 먹을 경우 감염될 수 있는 주혈원충병(toxoplasmosis)과 같은 기생충 감염은 태반을 통하여 태아에게 감염되는데, 태아의 발달을 저해하고 선천성 기형아를 출산하는 원인이 될 수 있다.

약물 · 알콜 · 흡연 산모가 섭취하는 약물은 태아발달에 치명적 영향을 미칠 수 있다. 또한 산모가 임신 기간 동안에 알콜을 많이 섭취한 경우에는 태아알콜증후(fetal alcohol syndrome)를 보이는 아기를 출산하거나 사산할 가능성이 높다. 태아의 뇌는 알콜의 유해성에 민감하기 때문에 태아알콜증후를 지닌 아기의 80% 이상이 뇌 발달이 제대로 이루어지지 않아 뇌가 작고, 지능지수가 65~70 정도 되는 정신지체가 되는 경우가 많다. 또한 느린 성장을 보이며, 신체 기형 등의 장애를 보이게 된다.

산모의 흡연 또한 태아에게 부정적 영향을 미친다. 흡연하는 산모는 임신 중 유산할 가능성이 높고, 아기를 낳더라도 영 · 유아기 때 사망할 가능성이 높다. 그리고 흡연하지 않는 산모에 비해 태아의 태내 성장이 지체되고, 저체중아를 출산할 가능성이 두 배나 높다. 또한 임신 기간 동안 하루에 10개비 이상의 담배를 피운 여성에게서 태어난 아기는 비흡연 여성에게서 태어난 아기에 비해 아동기 동안에 암에 걸릴 위험이 50%가 더 높으며, 아동이 집중력 저하, 과잉활동성 학습장애, 사회적 부적응, 낮은 지능지수와 학업성적 및 뇌 기능의 이상 등을 나타낼 가능성이 높다(박성연 역, 1993).

방사능 및 환경오염 산모가 방사능에 노출된 경우 태아는 사산, 기형, 뇌손상을 일으킬 가능성이 높고, 돌연변이를 출산할 가능성도 높아진다. 특히 임신 3개월 이내에 X-ray 촬영을 통해 태아가 반복적으로 라디움에 노출되면 지각장애를 보일 가능성이 높다.

최근에는 환경오염도 태아에게 유해한 영향을 미치는 환경이 되고 있다. 예를 들어 어머니가 수은에 오염된 물고기나 납이 함유된 농산물 및 중금속에 오염된 음식물을 섭취한 경우 태아가 체중미달되거나 신체 기형, 뇌신경 발달 장애의 위험이 높은 것으로 나타났다.

산모의 정서상태 산모의 정서상태 또한 아기에게 영향을 미친다. 예를 들어 임신 동안 정서적 긴장을 경험한 산모의 아기들은 지나치게 성급하고 활동적이며 섭식과 소화문제를 지녔다(Sontag & Wallace, 1934). 또한 불안수준이 높은 산모의 아기들은 불안수준이 낮은 산모의 아기들보다 더 잘 보채는 경향을 보였다(Ottinger & Simmons, 1964).

위에서 살펴본 여러 가지 질병이나 유해 요인이 태아의 발달에 영향을 미치게 되는 과정에는 태아의 민감성, 산모의 신체 조건, 그리고 태아가 질병이나 유해 요인에 노출되는 시기와 같은 몇 가지 변수들이 중요하게 작용한다. 그 중에서도 가장 중요한 변수는 노출 시기로서, 특히 태아의 각 기관이 형성되고 있는 시기가 가장 취약하며 상대적으로 각 기관이 이미 형성된 이후나 형성되기 전에는 동일한 질병이나 유해 요인에 대해서도 위험이 다소 적다(Bootzin, Brower, Crocker, & Hall, 1991).

2. 신체 · 운동기능 및 지각발달

(1) 영아기와 아동기

1) 뇌의 발달

출생시 신생아는 신체의 크기에 비해 머리 부분이 커서 신장의 1/4 정도가 되나 뇌의 무게는 성인이 되었을 때의 무게의 25%에 불과하다. 그러나 뇌는 출생 후 2년 동안 태내기와 함께 일생 중 가장 빨리 발달해서 1세 경에는 성인 뇌 무게의 66%, 2세에는 75% 정도로 발달한다. 뇌의 각 부위의 발달을 시기별로 살펴보면 출생 시에는 각성, 반사기능, 소화, 배설 등 주로 생물학적인 기능을 담당하는 뇌간과 중뇌가 먼저 발달해 있다. 6개월 경에는 대외 피질부의 감각 영역과 운동 영역의 발달이 이루어지고, 이는 출생 후 2년 내에 성인의 수준에 도달한다. 이 발달들로 인해 의도적인 운동이 가능해지면서 생득적인 반사기능이 사라지게 된다.

2세 이후 유아는 머리의 비율이 적어져서 신체의 비율은 성인과 흡사해진다. 유아기가 끝나는 6세 경에는 뇌발달도 성인 뇌의 90%까지 완성된다. 뇌의 피질부는 주로 언어 이해 기능을 담당하는 좌반구와 시공간적 정보 및 비언어적 소리 정보를 처리하는 우반구로 기능이 분화된다. 이와 같은 좌 · 우반구의 기능 분화는 매우 일찍 시작되어 3세 경에는 대부분 완성된다.

최근에 뇌신경계의 생리적 변화가 인지발달과 관련되어 있다는 연구결과들이 발표되고 있다. 이 가운데 시냅스 밀도에 관한 연구 결과를 살펴보면 다음과 같다. 신경계는 뉴런(neuron)으로 구성되어 있는데, 뇌만 해도 약 1,000억개의 뉴런이 있다. 한 뉴런과 다른 뉴런의 연결부위를 시냅스라고 하는데, 시냅스를 통해서 신호가 다른 뉴런으로 전달되게 된다. 시냅스 연결은 출생 후 2년까지 과생성되었다가 점차로 불필요한 시냅스는 소멸되고 필요한 시냅스만 선택적으로 보존되어 7세 경에는 성인의 수준에 도달하게 된다(Greenough, Black, & Wallace, 1987). 과생성된 시냅스 중 어느 연결이 선택적으로 유지되느냐의 여부는 환경적 경험에 의존된다. 즉, 시냅스 연결은 환경적 경험에 의해 선택적으로 보존되는데 이는 초기 경험이 인지발달에 중요한 영향을 미침을

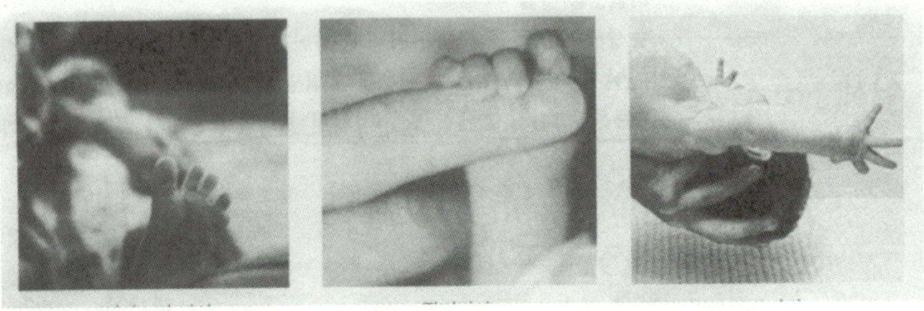

영아의 반사 여러 가지 반사

시사하는 결과이다.

2) 반사기능의 발달

신생아는 외부의 자극에 즉각 대응할 수 있는 20여 가지의 반사능력을 가지고 태어난다. 이러한 반사 능력은 뇌간에 의해 통제되는 무의식적인 운동으로, 신생아의 신경학적인 정상성 여부를 판단하는 중요한 근거로 사용되며(김태련 등, 1992), 반사들 대부분은 생존에 중요한 기능을 한다. 예를 들어 신생아들은 자신의 얼굴에 닿는 물체 쪽으로 머리를 돌리는데 이를 찾기반사(rooting reflex)라 하며, 이 반사는 생후 초기 생존에 필요한 젖이나 음식에 접근하도록 하는 기능을 한다. 또한 신생아들은 자신의 입술에 닿는 것을 빠는 빨기반사(sucking reflex) 능력을 지니고 태어난다. 이외에도 신생아들은 신생아의 손에 막대기와 같은 물체를 쥐어주면 강하게 쥐는 잡기반사(grasping reflex), 발바닥을 간지르면 발가락을 부채살처럼 펴는 바빈스키반사(Babinski reflex), 큰 소리가 나거나 몸이 불안정하게 되어 놀라면 등을 구부리고 손과 발을 앞으로 뻗는 모로반사(Moro reflex) 등을 보이는데, 이 반사들은 대체로 출생 후 첫 몇 달만에 사라지며 더 복잡하고 조직화된 행동으로 대치된다.

3) 신장과 체중의 발달

출생시 신생아의 평균 신장은 약 50cm이며, 체중은 약 3~3.5kg이다. 출생 후 2년 동안 영아는 급속하게 성장한다. 신장은 1년 후 출생 시의 약 1.5배가 되며, 2년 후에는 성인 신장의 약 1/2로 성장한다. 또한 체중은 1년 후에는 세 배, 2년이 되면 성인 몸무게의 20% 정도가 된다(조복희 등, 1994).

2세 이후 신체적 급성장이 다시 일어나는 청소년기까지 신장과 체중의 성장 속도는 점차 완만해진다. 6세 경에 신장은 출생시의 약 2배가 되고, 체중은 18~19kg로 출생시의 약 6배가 된다. 학령기 동안 신장은 사춘기 전까지 1년에 평균 5.5cm 정도 성장하며, 체중은 1년에 평균 2.7kg씩 증가한다. 10~12세 전까지는 남아가 여아보다 크나, 10~12세에서는 여아가 남아보다 크다. 체중 역시 11~13세 사이에 여아가 남아보다 더 많이 나간다. 학령기 후기에는 신체적 성숙이 이루어질 수 있는 준비를 갖추는 데 발달 속도가 빠른 아동은 학령기 후기에 제2차 성징이 나타나기도 한다.

4) 운동기능의 발달

생후 첫 몇 년 동안 운동발달은 신체적 성장과 더불어 뼈, 근육 및 신경조직이 성숙하면서 이루어지기 때문에 정상적인 발달은 신경계의 정상성을 나타내주는 중요한 지표가 된다. 초기 운동발달은 크게 자기 몸을 움직여 이동하는 이행 운동 발달과 눈과 손의 협응 기능의 발달로 구분할 수 있다. 이행 운동의 발달은 고개들기(1개월), 뒤집기(3~4개월), 앉기, 기어다니기, 일어서기(1살), 걷기, 뛰기의 순서로 진행된다. 이렇게 유전적으로 정해진 생리적 성장과정-걷기 전에 서고 뛰기 전에 걷는 것-에 따라서 성장하는 것을 성숙(maturation)이라 부른다. 눈과 손의 협응도 점차 발달하여 3개월경이면 사물을 보고 손을 뻗으며, 12개월이 되면 엄지와 집게 손가락을 이용하여 물건 잡기가 가능해진다. 24개월이 되면 비록 음식을 많이 흘리기는 하지만 혼자서 숟가락으로 밥을 먹을 수 있게 된다. 이런 운동 발달에는 개인차가 있어서 어떤 아기는 평균보다 더 빨리 발달하기도 하고, 어떤 아기는 더 늦게 발달하는 경우도 있으므로 몇 개월 정도의 차이는 정상으로 본다.

유아기가 되면서 유아들은 대근육 운동능력이 발달하여 행동량이 급속하게 증가한다. 5~6세 경에는 멀리뛰기도 가능하며, 공을 던지고 잡는 것도 잘한다. 줄넘기도 할 수 있다. 소근육도 점차 발달하여 3세 경에는 숟가락과 젓가락을 사용하는 일이 가능해진다. 그러나 숟가락과 젓가락을 자유자재로 사용하려면 7~8세가 되어야 한다. 5~6세 경에는 혼자서 옷을 벗고 입는 것이 가능하다. 유아기는 유연성, 균형 및 협응기능 등 모든 면에서 향상을 보인다. 유아기에 운동 기능을 연습할 충분한 기회가 없다든지 부모가 다칠 것을 두려워하여 운동을 못하게 하면 운동발달이 지체될 수 있다.

아동기에는 유아기에 배운 운동 기능이 더욱 발달되는데, 장난감이나 기구를 사용하는 것보다 자신의 신체를 이용하는 활동을 더 즐긴다. 또한 달리기, 줄넘기, 자전거 타기, 수영 등 에너지를 발산하는 여러 가지 활동을 즐긴다. 보행 능력도 현저하게 발달하여 보행 속도는 10세 경에 성인의 90% 수준에 다다른다. 유아기에는 성숙과 학습의 상호작용에 의해서 운동발달이 이루어지는 데 비해서 아동기에는 성숙 요인보다는 학습 요인에 의해서 영향을 많이 받는다.

5) 지각발달

지각(perception)은 감각기관에 들어온 자극을 정확하게 인식하고 변별하는 과정을 의미한다. 이러한 지각 능력이 생존과 적응에 중요한 의미를 갖는데, 근래에 알려진 바로는 생후 1년 사이에 대부분의 중요한 지각 능력이 거의 발달한다. 따라서 이 절에서 다루어지는 지각발달의 내용은 주로 영아기의 지각 발달에 관한 것이다.

신생아들은 성인만큼 예민하게 지각하지는 못하지만 보고 들으며, 냄새맡거나 맛을 느낄 수 있다. 시각 능력은 가장 덜 발달된 상태로 태어나긴 하지만, 신생아들도 자신의 시야 내에서 윤곽이 있는 물체, 움직이는 물체를 선호하며, 안면표정 예컨대 혀를 내밀거나 웃는 모습을 변별하고 이를 모방할 능력을 갖고 있다. 따라서 매우 어린 아이조차 양육자의 안면 표정에 나타나는 정서와 기분에 반응할 수 있으며, 이러한 능력은 사회적 상호작용 기술의 기초가 된다. 4, 5개월 경에는 색깔 변별이 가능하며 2, 3차원의 물체를 인식하고 형태를 파악할 수 있다.

신생아들은 3일 만에 자기 어머니의 음성을 알 수 있으며(DeCasper & Fifer, 1980), 모국어와 외국어를 구분할 수 있다(Jusczyk & Derrah, 1987). 청각적 능력은 출생 후 얼마되지 않아 곧 성인의 수준에 도달한다. 미각과 후각은 출생 초기에 대부분 발달해서 단맛, 쓴맛 그리고 짠맛을 구분할 수 있고 유쾌한 냄새와 불쾌한 냄새를 구분할 수 있다(Steiner, 1979).

생후 초기 영아들은 깊이지각 능력도 있다. 시각벼랑(visual cliff)을 사용한 실험에서 6개월된 영아는 어머니가 부르면 어머니에게로 기어오다가 시각절벽 앞에서 기어오는 것을 중단하고 멈추게 되는데, 이는 영아에게 깊이지각 능력이 있음을 보여 준다(Gibson & Walk, 1960).

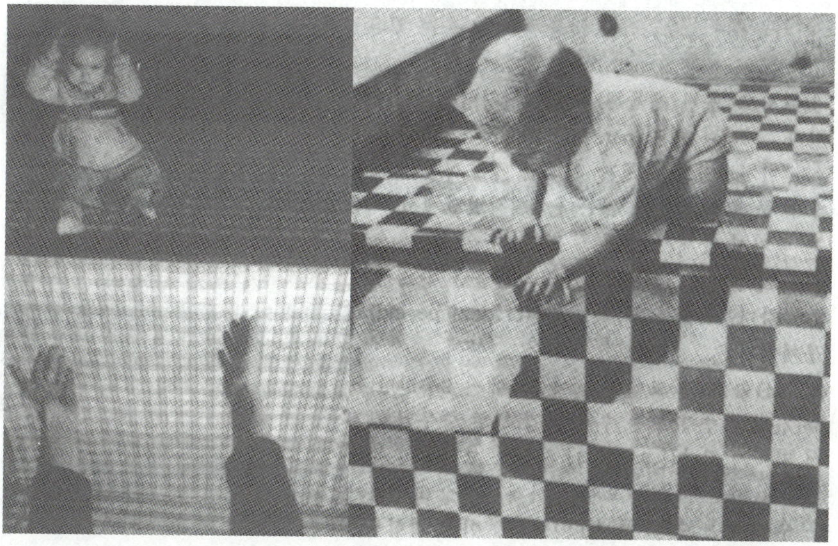

시각벼랑실험 시각벼랑실험은 영아에게 깊이지각능력이 있음을 보여 준다.

(2) 청년기의 신체 및 성의 발달

청년기를 맞은 청년들은 신장과 체중이 급속히 증가한다. 신장과 체중의 급속한 증가는 소녀의 경우 대개 10세, 소년은 12세 경에 시작되며, 이후 7년 이내에 대부분의 청년들은 자신의 성인 신장의 98%에 이른다

청년기 동안에는 신장과 체중의 증가와 더불어 성기관이 성숙하여 남성은 남성다운 체형, 여성은 여성다운 체형으로 변모한다. 이러한 성적 성숙은 성장급등 시작 후 약 1년 뒤에 나타나며, 완전하게 성숙하는 데는 양성 모두 대략 4년이 걸린다. 소년들은 고환과 음경이 커지고 음모와 턱수염이 나며 변성이 되고, 정자를 생산하게 됨에 따라 몽정을 경험한다. 15세 경의 소년들 가운데 절반 가량이 정자를 생산할 수 있게 된다(Chumlea, 1982). 여자의 경우는 유방이 발달하고 자궁과 질이 커지고 음모가 나며, 초경을 경험한다.

신체 발달의 시기는 개인마다 차이가 있는데, 이러한 개인차는 청년들이 자아상을 형성하는 데 그리고 다른 사람들이 그들을 대우하는 데 중요한 영향을 미친다. 성장급등과 성적 성숙을 일찍 경험한 소년은 보통의 성숙자나 늦은 성숙자에 비해서 긍정적인 자아개념을 갖으며(이춘재, 오가실, 정옥분, 1991),

또래들에게 더 인기가 있다. 반면에 성숙이 늦은 소년들은 주변 사람들로부터 무시당하기 쉽다. 이 결과로 이들은 자신에게 만족하지 못하며 자존심도 낮고 안정적인 자기상을 유지하지 못한다(Adams & Gullota, 1983). 이러한 경향은 비록 시간이 지날수록 약화되기는 하나 성인기 초기까지도 지속된다(Jones, 1965; Peskin, 1967, 1973).

여자들의 경우에는 성숙시기에 따른 결과가 일관성이 없다. 어떤 연구에서는 성숙시기가 빠른 소녀나 늦은 소녀가 보통의 소녀에 비해서 우울 수준이 높다는 결과를 보이기도 하고 빠른 성숙을 보인 소녀가 자신감 수준이 높다는 연구 결과도 있다. 한편 소녀들은 자신의 신체를 매력적으로 여기는지의 여부, 특히 체중에 대한 만족도가 전반적 자기 평가나 자기상에 영향을 미치는 것으로 나타났다.

(3) 성인기의 신체발달

19세에서 30세 사이에 대부분의 사람들은 신체적 조건이 절정에 이른다. 즉 신체적 힘은 최대가 되고, 심장 혈관계는 가장 강해지며, 시력은 가장 예민해진다. 그러나 30대 초반에서부터 점진적이고 불가피한 쇠퇴를 보이기 시작한다(Hendricks & Hendricks, 1977). 대부분 처음에는 변화가 작아서 중년기에 이르기 전까지는 두드러지게 부각되지는 않는다. 그러나 점차 노화 증상을 보이게 된다. 이러한 노화과정은 모든 사람에게서 진행되는데, 노화과정의 속도는 개개인에 따라서 다르다. 초기 성인기에 흡연과 음주를 통제하고 규칙적인 운동을 하는 등 좋은 생활습관을 형성하는 일은 후기 성인기의 건강유지와 노화 방지에 필수적이다.

중기 성인기에 가장 뚜렷하게 감퇴가 느껴지는 두 가지 기능이 시각과 청각이다. 시력의 감퇴는 대체로 40~49세 사이에 나타나며, 청력의 감퇴는 40세 경에 시작된다. 중년기에는 피부의 탄력도 줄어들고, 주름과 흰머리, 체중 증가, 그리고 배가 나오기 시작한다. 생식능력에서도 변화를 보이는데 이 때문에 이 시기를 갱년기(climacteric), 즉 생식기관의 기능저하를 뜻하는 시기로 부른다. 이 시기 동안 여성은 체내에서 형성되는 주된 여성호르몬인 에스트로겐의 양이 급격히 줄어들어서 유방과 생식기의 세포조직, 자궁 등이 서서히 줄어들기 시작하고, 월경기간도 줄어서 마침내 폐경을 경험한다. 폐경을 전후하여 여러 가지 갱년기 증상이 나타나는데 얼굴의 홍조, 식은땀, 만성적 피로감, 메스꺼움, 그리고 심장박동의 증가를 보인다. 이러한 신체적 증상과 함께 우울, 초조, 불안 등의 심리적 증상들도 나타난다. 중년 남성들도 남성호르몬인 테스토스테론이 점차 감소하여 성욕감퇴와 심리적인 의욕감퇴, 불안, 초조 등의 갱년기 장애를 경험할 수 있다. 그러나 남성호르몬의 감소는 50대 이후 1년에 1% 정도로 미미하다(Santrock, 1995). 따라서 남성들의 갱년기 증상은 생리적이라기보다는 쇠퇴를 지각하는 심리적 반응에 기인된 것으로 보인다.

노년기의 노인들은 신체적 노화가 더욱 두드러진다. 시력과 청력이 감퇴되어 백내장을 보이거나 보청기를 사용하는 사람들이 증가하며, 미각 및 후각에서도 점진적인 감퇴가 계속 진행된다. 특히 후각 능력이 급격하게 감퇴하여 이전에 좋아하는 음식도 맛있게 먹지 못하는 경우가 많다. 또한 혈액순환이 느려지며 혈압이 상승하고 폐의 산소 보유량이 적어서 활동하는 데 더 힘이 든다. 뇌의 무게도 약 10%가량 감소하는데 이는 주로 대뇌피질부 뇌세포의 손상 때문으로 알려지고 있다. 뇌세포의 손상은 대체로 세포 수가 줄어드는 것이 아니라 세포의 위축 때문에 나타난다. 이러한 신체적 변화는 후기 성인기를 맞은 누구에게나 일어나는 변화로 이러한 변화에 어떻게 반응해 가느냐가 중요하다. 노인에 대해서 긍정적 태도를 갖는 사회 분위기가 조성되어 노인 자신이 자신의 가치를 인정하고, 노화로 인한 질병이 통제될 수 있다고 생각하여 적극적으로 대처하며, 운동이나 식생활에 주의할 경우 노화로 인한 변화에 잘 적응할 수 있다.

3. 인지발달

인지(cognition)란 일반적으로 사고의 능력을 의미하는데, 넓은 의미에서는 사고 이외에도 지각, 기억, 지능 및 언어 등을 포함하는 정신과정으로 보기도 한다. 따라서 인지발달이란 다양한 인지 기능 또는 능력들의 복합적인 발달과정으로 볼 수 있다. 이 절에서는 아동의 인지발달에 관하여 가장 영향력 있는 이론인 Piaget이론을 살펴보고, 이 이론에 대한 비판들을 살펴본다.

(1) Piaget의 인지발달이론

Piaget는 스위스 태생의 심리학자로 60여 년에 걸쳐 인간의 인지발달에 관한 연구를 했다. 특히 자신의 세 자녀를 포함하여 여러 아동들을 오랫동안 관찰하면서, 아동이 성숙해 감에 따라 사고 및 추론 등의 인지 능력이 몇 개의 단계를 거치면서 발달해 간다는 인지발달이론을 발전시켰다.

Piaget가 제시하는 첫 단계는 감각운동기(sensorimotor stage)로 생후 2년까지의 시기이다. 감각운동기 동안 영아는 자신의 감각 · 지각 및 반사기능을 자신의 신체적 활동과 통합하는 능력을 발달시켜 간다. 예를 들면 수많은 시행착오 행동을 통해서 자신과 떨어져 있는 물체(인형, 막대기 등)를 잡으려면 손을 얼마나 뻗어야 하는지 알게 되며, 책상 위의 그릇을 밀면 어떤 현상이 일어나는지 알게 된다. 또한 이 단계에서 영아는 대상영속성(object permanence)개념을 획득한다. 대상영속성이란 물체가 보이지 않더라도 여전히 존재함을 의미하는데 이 개념은 생후 7, 8개월 경에 비로소 획득된다. 예를 들어 생후 약 7개월 이전의 아이는 가지고 놀던 공을 넓은 천으로 엎어서 가리면 곧 공에 대한 흥미를 잃고 더 이상 찾으려 하지 않는다. 이와는 달리 대상영속성 개념을 획득한 생후 10개월 정도의 아동은 천 아래에 숨겨진 공을 찾으려고 한다.

유아기는 전조작기(preoperational stage)에 해당한다. 이 시기에 아동들은 외부 세계의 물체 혹은 대상을 내적으로 표상하는 능력이 더욱 발달되며, 사물 또는 대상을 나타내기 위해 단어를 사용할 수 있게 된다. 그러나 이 시기의 아동들은 아직 체계적이고 논리적으로 사고하는 능력은 결여되어 있다. Piaget는 '논리적으로 사고하는 능력'을 일컬어 조작(operation)이라는 용어로 표현하는데, 이 시기의 아동들은 아직 조작 능력이 발달하지 못했다는 의미에서 "전조작기"라고 한다(Jaffe, 1998).

이 시기의 아이는 실제와 실제가 아닌 것을 완전하게 구분할 수 없으며, 자기중심적이다. 자기중심적인 경향 때문에 사물이나 사건을 대할 때 자신의 관점에서만 볼 뿐 타인의 관점이나 견해를 이해하지 못한다. 예를 들면 전조작기의 아동은 자신의 눈을 천으로 가리면 타인도 자신처럼 볼 수 없을 것이라고 생각한다. 또한 이 시기의 아동은 어떤 대상 혹은 물체의 겉모양이 변해도 그 본질은 변화하지 않는다는 보존개념(conservation)이 없다(Mussen, Conger, Kagan, & Huston, 1990). 예를 들어 이 시기의 아이는 동일한 크기의 컵에 든 물을 서로

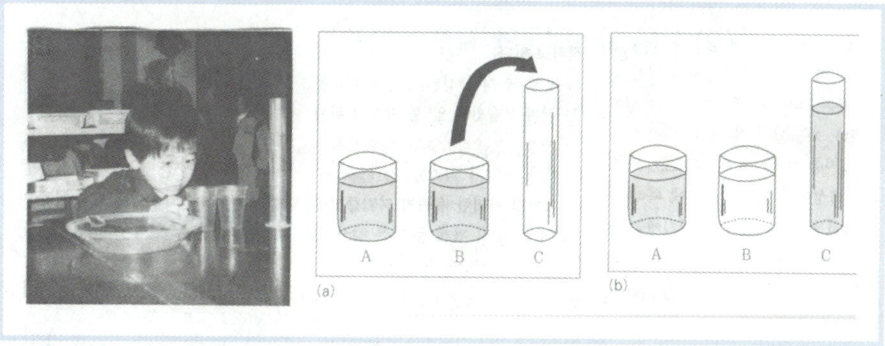

액체량 보존개념실험 전조작기 아동은 보존개념이 확립되어 있지 않다.

모양이 다른 컵에 옮겨 담았을 때에도 그 양이 변화하지 않는다는 사실을 알지 못하고, 높이가 더 높은 컵에 있는 물이 더 많다고 생각한다.

Piaget이론에서 아동기는 구체적 조작기(concrete operational stage)에 해당한다. 학교 생활이 시작되면서 아동들은 자기중심적 사고에서 벗어나 다른 사람의 입장을 고려할 수 있게 되고 수나 양, 무게 등 다양한 유형의 보존개념을 획득하게 된다. 또한 논리적 조작을 할 수 있는 능력이 발달하게 되어 높이, 무게 등의 차원을 기초로 하여 물체들을 배열할 수 있게 된다. 일련의 행동들에 관한 내적 표상도 가능해서 학교나 친구 집에 가는 경로를 그림으로 그릴 수 있게 된다. 이와 같은 인지적 특징들은 구체적 조작기의 아동이 논리적으로 문제에 접근해 갈 수 있음을 나타내는 것이다. 그러나 구체적 조작기의 아동들이 보이는 이러한 능력은 다루고 있는 구체적 상황에 국한되며 가설을 설정하여 문제 해결에 접근하거나 추상적 사고를 하지는 못한다.

Piaget의 이론에서 청년기는 형식적 조작기(formal operational stage)에 해당한다. 이 시기의 청년들은 현재 직접 처해 있는 구체적 상황을 넘어서서 죽음, 자유, 종교, 민주주의, 미래 사회의 전망 등과 같은 추상적 문제들에 대해서 논리적으로 사고할 수 있게 된다(Jaffe, 1998). 이러한 능력으로 인해 세상에 대해 여러 가지 가설을 세워 문제를 해결해 갈 수도 있다. 그러나 청년기의 이러한 사고는 다분히 이상적이어서 많은 청년들이 자신이 도출한 결과와 일치하지 않는 것들을 비판하고, 자신의 이상주의에 집착하여 사회를 변화시키고자 한다. 청년들은 또한 가능한 여러 가지 대안을 생각하거나 비유와 은유도 가능하다.

(2) Piaget 이론에 대한 비판

Piaget의 이론은 인지발달에 관한 광범위한 시각을 제공해 왔으며, 아동의 사고와 문제 해결에 관한 연구에 지대한 영향을 끼쳐왔다. 그러나 다른 한편으로는 Piaget의 이론에 대해 몇 가지 비판이 제기되고 있다.

먼저 Piaget가 설정한 것처럼 최종적인 인지발달은 15, 16세 경의 청년기에 완성되는 것이 아니라 그 이후 성인기에도 가능하기 때문에 이에 대한 새로운 단계를 설정해야 한다고 주장한다. 또한 보존개념도 구체적 조작기 이전에 형성될 수 있으며, 발달이 항상 고정된 순서로 진행되지 않는다는 비판도 제기된다. 즉 이전 단계로 후퇴할 수도 있다는 것이다.

한편 정보처리적 접근을 취하는 학자들은 Piaget의 단계 이론과는 달리 인지발달이 뚜렷한 단계를 거쳐 이루어지는 과정이 아니라 계속적으로 진행되는 비단계적인 과정으로 설명한다. 이들은 인간의 인지능력을 컴퓨터에 비유하며, 정보 혹은 지식, 그리고 이러한 정보를 기억하는 데 이용되는 방략들이 아동이 발달해 감에 따라 점진적으로 증가하게 된다고 본다(Kail & Wicks-Nelson, 1993).

다른 한편, 구소련의 심리학자였던 Vygotsky는 아동의 인지발달에서 사회적 상호작용의 중요성을 강조한 학자로서 아동들은 그들이 속한 사회적 세계와 계속적으로 상호작용하는 과정에서 그 문화의 여러 가지 상징체계와 언어를 능동적으로 사용할 수 있게 되며, 그 과정에서 사회적 세계로부터 영향을 받거나 영향을 미친다고 보았다(Bootzin et al., 1991). 이러한 Vygotsky의 견해는 아동의 인지능력을 발달시키는 과정에서 부모, 교사 등의 협동이나 지지가 중요하게 작용할 수 있다는 점을 시사해 주고 있다.

(3) 성인기의 인지기능 변화

Piaget는 청년기와 성인기 사고가 본질적으로 같은 것으로 본다. 그러나 대부분의 인지발달이론가들은 성인의 사고가 청년들과 다르다고 본다. 성인들은 지식의 획득보다는 여러 가지 사회적 문제를 해결하기 위해 지식을 응용하는 방법을 익힌다. 또한 청년들은 사회적 환경에 대해서 그리고 문제해결 상황에서 형식적이며 다소 고정된 사고를 보이는 반면 성인들은 각 상황에 맞는 복잡한 사회적 추리를 한다(Zabrucky, Moore, & Schultz, 1987).

과거에는 노년기 동안 지능, 기억, 언어, 문제해결 등 거의 모든 영역에서 지적 능력의 감퇴가 일어나는 것으로 여겨져 왔다. 기억력에서의 감퇴를 나타내는 연구 결과들을 보면 일련의 낱말이나 문장을 재인하거나 회상하게 하는 실험연구(Guttentag, 1985)나 일상경험과 밀접하게 관련되어 있는 과제-예컨대 물건이름, 친숙한 사람 이름이나 얼굴-를 회상하게 하는 연구(Cohen, 1988; West, 1986) 모두에서 기억력이 초기 성인기에 비해 명백하게 감소하였다. 노년기에 기억감퇴가 일어나는 원인은 대체로 세 가지 요인으로 설명한다. 첫째, 중추신경계의 손상 등 생물학적 요인, 둘째, 중요한 정보에 주의를 할당하는 능력의 결함과 정보를 처리하는 인지적 역량의 감소, 마지막으로 경험, 동기, 성격요인들이 기억능력의 감퇴에 영향을 미칠 수 있다.

한편 1980년대 이후에는 노년기 특유의 긍정적인 인지적 능력을 찾아내는 데 초점을 두고 있다. 예를 들어 Schaie(1983, 1989)는 지적 능력의 영역을 구분하여 연령에 따른 변화를 살펴보았다. 그 연구결과에 의하면, 노년기의 수리능력은 50세 경까지 유지되다가 이후부터 감퇴하는 반면, 언어능력은 대체로 70세까지 지속되거나 증가한다. 한편 공간능력은 초기 성인기부터 감퇴가 시작된다. 그러나 공간능력의 경우 성차가 있어서 남성들의 경우 전 생애를 걸쳐 일관성 있게 지속되었다.

4. 도덕성 발달

무엇이 옳고 그른가를 판단하는 능력, 자신의 행동에 대해서 죄의식을 느끼는 것, 타인을 도와 주는 행위 등은 모두 도덕성이다. 도덕성의 발달은 부모나 주변사람들의 훈육방식과 그들의 행동을 관찰한 결과를 내면화함으로써 얻어지게 된다. 도덕성 발달이론 중 가장 영향력이 큰 인지발달이론에서는 도덕성을 상황별 행위의 적합성과 그 이유에 대한 추론능력으로 정의하였다. 도덕성 발달과 관련된 두 이론을 살펴보기로 한다.

(1) Piaget의 도덕성 발달이론

도덕성 발달이론을 최초로 제안하고 이에 관한 연구를 가장 먼저 진행한 학자는 Piaget다. Piaget는 아동의 도덕발달이 세 단계를 거쳐서 이루어진다고 주장하였다. 첫번째 단계는 규칙이나 질서에 대한 도덕적 인식이 전혀 없는 단계이다. 두 번째 단계는 도덕적 실재 단계(moral realism stage)로서, 이 단계에서는 행위의 옳고 그름을 외적인 준거와 행위의 결과에 의해 판단한다. 예를 들어 어머니를 도우려다 15개의 컵을 깬 아이가 찬장 속의 꿀을 꺼내 먹으려다 1개의 컵을 깬 아이보다 더 나쁘다고 판단한다. 세 번째 단계인 도덕적 자율단계(moral autonomy stage)에서 아동은 행위의 결과와 의도를 함께 고려할 수 있게 되어 비록 결과가 덜 심각하더라도 의도가 나쁠 때에는 그 행동이 더욱 비도덕적이라고 판단하게 된다. Piaget는 도덕적 실재단계로부터 도덕적 자율단계로의 이행이 8~9세 사이에 이루어진다고 주장한다.

(2) Kohlberg의 도덕성 발달이론

Piaget를 이어서 연구를 확장시킨 학자는 Kohlberg로서, 그는 도덕적 갈등 상황에서의 개인의 판단과 추론 내용을 분석하여 도덕성 발달단계이론을 발전시켰다. 예를 들어, Kohlberg는 암으로 죽어가는 아내를 구하기 위해 약국에 간 남편이 자신이 구할 수 없는 비용을 요구하는 약국의 약을 몰래 훔친다는 가상적 이야기를 아동들에게 제시하였다. 그런 다음 이러한 남편의 행동이 옳은지의 여부와 그렇게 판단한 이유를 묻고, 이에 대한 아동들의 판단과 추론을 분석하였다. 연구 결과를 토대로 도덕 발달이 인습 이전, 인습, 인습 이후의 세 수준에 따라 이루어진다고 제안하였다. 이 세 수준은 각각 두 개의 하위단계를 포함한다(Davis & Palladino, 1997). Kohlberg는 이 도덕발달단계들이 보편적이며 불변적인 순서로 진행된다고 보았다.

인습 이전 수준(pre-conventional level) 4세에서 10세 사이의 아동들이 보이는 도덕발달 수준으로, 1단계에서는 처벌을 피하기 위해서(벌과 복종 지향), 2단계에서는 보상 또는 강화를 받기 위해서(개인적 보상 지향) 타인들에 의해 만들어진 규칙이나 기준에 따라 행동한다.

인습 수준(conventional level) 10세에서 13세 아동들이 보이는 도덕발달 수준으로, 이 수준에서는 가정 · 사회 등 집단의 기대를 따르는 것이 그 결과와는 상관없이 가치를 지닌다고 판단한다. 구체적으로 3단계에서는 옳은 행동이란 타인을 기쁘게 하거나 타인으로부터 인정받는 행동이라고 판단하기 때문에 타인의 기대에 부합하고자 한다(대인관계 조화 지향). 나아가 4단계에서는 자신의 의무를 다하고 법과 질서를 따르는 것이 옳다고 판단하게 된다(법과 질서 지향). 많은 청년기와 성인기 사람들이 이 수준에 해당된다.

인습 이후 수준(post-conventional level) 이 수준에서는 도덕적 가치나 권위가 개인이나 집단의 권위와는 관계 없이 그 자체로서 타당성을 가짐을 깨닫게 된다. 이 수준에 도달하는 시기는 개인에 따라서 차이가 있으며 이 수준에 도달하지 못하는 사람도 있다. 5단계에서는 옳은 행동이란 사회 전체가 합의한 기준에 따르는 행동이라고 판단한다. 개인의 권리를 중요시하며 합리성에 따라 법과 규칙 등의 사회적 기준이 바뀔 수 있다고 생각한다(사회계약 지향). 나아가 6단계에서는 도덕성이란 양심에 따라 이루어지는 결정이라고 보아서 타인들의 생각이나 법의 제약과는 관계 없이 자신이 선택한 도덕 원리에 따라 행하는 행동이 옳은 행동이라고 판단한다(보편적 도덕원리 지향). Kohlberg는 예수나 석가모니와 같은 소수의 성인만이 6단계에 도달하게 된다고 보았다.

(3) Kohlberg이론에 대한 비판

Kohlberg의 이론은 대표적인 도덕발달이론으로 평가받고 있다. 그럼에도 불구하고 그의 견해는 몇 가지 점에서 비판을 받고 있다. 먼저 이야기의 내용 자체가 미국의 중 · 상류층을 중심으로 구성된 것이기 때문에 문화적으로 편향되어 있다(이관용 · 김기중 · 김재갑 · 이태연, 1990)는 비판을 받는다. 둘째, 도덕발달의 순서가 보편적으로 나타난다는 주장과는 달리 많은 문화권에서 단계 5와 단계 6의 도덕판단수준이 발견되지 않는다는 점이 비판으로 제기된다(Walker & Taylor, 1991). 셋째, Gilligan은 Kohlberg가 남성들만을 대상으로 연구하여 이론을 발전시켰는데 도덕상황에 대한 남성들과 여성들의 판단 양식이 같지 않다고 비판하였다. Gilligan은 남성들은 도덕성에 대해서 절대적인 관점을 보이며 또한 타인들의 권리를 방해하지 않는 것에 대해 관심을 기울이는 반면, 여성들은 관계 및 행동이 이루어지는 맥락에 더 많은 관심을 갖는다고 주장하였다(Gilligan, Lyons, & Hanmer, 1990). 이러한 견해와 비판을 수용한다면 Kohlberg의 견해를 모든 문화권의 남녀 모두에게 일반화시키는 것은 문제가 있다.

5. 언어발달

(1) 언어획득과정에 관한 이론들

언어획득에 대한 심리학자들의 견해는 크게 세 가지 입장으로 구분된다. 하나는 언어행동이 강화의 결과라고 보는 행동주의적 입장이다. 행동주의적 입장에서는 고전적 조건형성이나 조작적 조건형성의 학습원리로 언어획득과정을 설명하고 있다. 고전적 조건형성으로 언어획득과정을 설명한 바에 따르면 언어획득은 특정 언어와 한 무조건 자극을 결합한 결과에 의해 이루어진다. 예를 들어 아이가 난로에 손을 갖다 대려고 할 때마다 "뜨거워"라고 말해 주면, "뜨겁다"라는 단어의 의미가 난로라는 무조건 자극과 결합되어 학습된다는 것이다. 조작적 조건형성으로 언어 획득과정을 설명하면(Skinner, 1957), 언어획득은 아이의 언어표현을 주변 사람들이 강화해 준 결과로 얻어진다. 예를 들어 아이가 "엄마"를 부를 때마다 칭찬을 받게 되면 이 결과로 정확한 언어표현을 하게 된다는 것이다. 한편 사회학습이론가들은 언어획득이 모방에 의해서 이루어진다고 보았다. 즉 아이가 성인을 모방하거나 흉내냄으로써 언어획득이 이루어진다는 것이다.

이러한 학습이론들은 여러 심리학자들에게 비판을 받았다. 예를 들어 모든 문화권의 아동들이 공통적으로 생의 일정기간 내에 빠른 속도로 언어를 획득하는 점, 다양한 단어들을 연결해서 문법적으로 정확하고 창의적인 문장을 구사해내는 점 등은 단순하고 기계적인 학습이론으로는 설명하기 어렵다. Chomsky (1968)를 비롯한 여러 학자들은 인간의 언어구조가 단편적인 학습에 의해 획득되기에는 지나치게 복잡하다는 점에 주목하고, 인간은 태어날 때 언어획득장치(language acquisition device)를 갖추고 태어난다고 가정하였다. 이 장치를 통해서 일정한 규칙을 적용해 나가면서 새롭고 독자적인 언어를 구성해 나간다는 것이다. 이러한 언어심리학적 접근은 언어사용의 창의성이나 보편성을 설명해 주면서 학습이론에 대한 훌륭한 대안으로 평가되고 있다. 그러나 강화와 모방 역시 언어획득과정에서 중요한 영향을 미치고 있음이 분명하다.

(2) 언어발달과정

영아기에는 의사소통의 수단이 되는 언어를 습득하게 되면서 타인과 기본적인 언어적 상호작용이 가능해진다. 언어 발달의 기반을 형성하게 하는 옹아리는 2~3개월부터 시작된다. 옹아리는 성인과의 접촉을 통하여 자신이 소속된 집단에서 자주 쓰이는 소리로 점차 바뀌어가게 된다. 옹아리가 거의 끝나는 6개월경에는 자기 스스로 소리를 만들어 반복하는 자기소리 모방이 시작되고, 9개월경부터 주변 사람들의 말소리를 의식적으로 모방하기 시작한다. 12개월 전후로 영아는 하나의 단어나 어휘로 자신의 의사를 표현하며, 18~20개월 사이에 영아는 두 개의 단어를 사용하여 문장을 만들게 되는데, 이 시기의 영아가 사용하는 언어는 '엄마, 맘마'처럼 조사나 접속사가 생략된 핵심적 단어로만 구성되어 있는 것이 특징이다.

2~4세에 세 단어 이상을 사용하는 다어문 시기에 들어가게 되며, 6세 경부터는 문법 규칙을 익히는 동사 숙달기에 들어간다. 3세 말까지 유아들은 의도적으로 문법을 가르치지 않아도 문장의 기본 구조를 자연스럽게 습득하여 문법에 맞게 표현을 하게 된다. 그러다가 4세 이후에는 6~8개의 단어로 결합된 완전한 문장을 구사할 수 있게 되고, 복잡한 구문도 정확하게 사용할 수 있게 된다.

6. 성격발달

(1) Freud의 성격발달이론

Freud는 성적 에너지인 리비도(libido)가 집중적으로 표출되고 만족을 얻는 신체 부위의 변화에 따라 심리성적 발달단계(psychosexual stage)를 구분하였다.

각 단계에서 리비도가 추구하는 욕구가 적절히 충족될 때 아동은 정상적인 성격발달을 이룰 수 있으나, 욕구가 지나치게 충족되거나 좌절되면 그 단계에 고착된다고 생각하였다. 특정 단계에 고착되면 나이와 상관없이 그 단계에서 리비도가 추구하는 욕구에 계속 집착하게 되므로 성격발달의 퇴행이 일어나게 된다고 주장하였다. Freud가 설정한 각 단계별 성격발달의 특징을 살펴보자.

먼저 구강기(oral stage)는 생후 1년 6개월까지의 시기이다. 구강기 초기에는 주로 빠는 행위를 통해서, 후기에는 씹거나 깨무는 행위를 통해서 쾌감을 얻는다. 이 시기에 욕구가 적절히 충족되지 못하면 구강기 고착성격을 갖게 된다. 초기에 고착되는 경우 음식에 대한 지나친 집착, 과도한 흡연 및 음주, 타인에 대한 과한 의존을 보이기 쉽고, 후기에 고착되는 경우 타인에 대한 비난이나 분노를 보이기 쉽다.

두 번째 단계인 항문기(anal stage)는 3세까지의 시기로, 초기에는 배설을 통해서 쾌감을 얻으며 후기에는 배변훈련을 통해서 변을 보유했다가 배설하는 과정을 통해서 쾌감을 얻는다. 항문기에 고착되면 지저분하고 어지럽히는 행동을 보이거나 고집이 세고 완고하며, 인색한 성격을 보일 수 있다.

세 번째 단계는 남근기(phallic stage)로 7세까지를 말하며, 성기에 대한 자극을 통해서 쾌감을 얻는다. 이 시기에 아동은 자신의 이성 부모를 향한 성적 애정을 보이는데 남아의 경우 어머니에 대한 애정을 외디프스 콤플렉스(Oedipus complex)라 하고, 여아의 아버지에 대한 애정을 엘렉트라 콤플렉스(Electra complex)라 한다. 어머니에 대한 애정을 가진 남아는 아버지를 경쟁자로 여기는데 아버지가 자신에 비해서 막강하기 때문에 자신이 아버지와 대적하는 경우 자신의 성기를 거세할 수 있으리라는 거세 불안을 느끼게 된다. 따라서 거세되지 않고 어머니의 애정을 얻기 위해 아버지에게 동일시(identification)하며 아버지를 닮아가게 된다. 반면 여아는 자신에게 남근이 없다는 사실에 실망하고 남근선망(penis envy)을 보인다. 여아는 거세불안이 없으므로 어머니를 두려워 할 이유가 없으며 따라서 이를 해소하기 위한 동일시 기제가 나타나기 어렵다. Freud도 여아가 콤플렉스를 극복하는 과정을 설명하기 어렵다는 사실을 인정한다. Freud의 남근기 성격발달과정에 대한 설명은 성적 편견을 보이는 점에서 비판의 대상이 되고 있다.

잠재기(latency stage)는 초등학교 시기로 7세에서 12세까지를 말한다. 이 시기에 아동은 심리성적 욕구는 억압되고 대신 새로운 환경에 적응하기 위한 지식과 기술을 학습하는 데 초점을 둔다.

성기기(genital stage)는 사춘기 이후의 시기로, 이 시기는 성호르몬의 분비로 2차 성징들이 나타나는데 심리성적 욕구가 이성에게로 향하게 되어 이성과의 성행위를 통해서 쾌감을 얻는다.

Freud의 이론은 그의 동료 및 제자들에 의해 계승·발전되었다. 후기 Freud학파(post-Freudian)로 불리는 이들의 이론은 Freud 이론과 상당 부분을 공유하지만 이와 다른 특징들도 지닌다. 이 이론들 가운데 Erikson의 이론을 살펴본다.

(2) Erikson의 심리사회적 발달이론

Erikson의 심리사회적 성격발달이론은 Freud이론에서 발전되었다. 그러나 Erikson은 Freud와 달리 자아가 경험하는 위기와 극복과정이 성격발달의 주요인으로 생각하며, 전 생애를 통해서 발달(life-span development)이 이루어진다고 보았다. 그는 발달을 8단계로 구분하였다. 각 단계마다 개인에게 사회적 요구가 부과되는데, 이 요구는 하나의 위기(crisis)로서 이 위기를 성공적으로 해결하면 긍정적 성격으로 발달하게 되나 해결하지 못하면 부정적 성격을 낳게 된다. 8단계에서 얻게 되는 성격특성들을 단계별로 살펴본다.

신뢰감 대 불신감 출생 후 1세까지의 시기로 이 시기에 부모로부터 적절한 보살핌을 받아 기본적인 욕구가 충족된 아동은 자신과 주변에 대해 신뢰감을 형성하나, 욕구좌절로 인한 부정적 경험이 많은 아동은 불신감을 갖게 된다.

자율성 대 수치감 2세까지의 시기로, 이 시기에는 배변훈련 등을 통해서 최초로 자기통제가 가능해진다. 이러한 자기통제를 통해서 기본적 자신감을 갖게 되면 자율성이 형성되며, 과도한 외부의 통제로 인해서 통제능력을 상실하게 되면 자신에 대한 수치와 회의에 빠져들게 된다.

주도성 대 죄의식 3세에서 7세 사이의 아동은 자신의 활동을 계획하고 목표를 세우며 이를 달성하고자 노력한다. 또래 집단과 더불어 놀이활동에 참여하면서 자기주장을 보이고, 경쟁에 몰입하고, 이러한 과정에서 때로 좌절을 경험하기도 한다. 이 시기에 자기주도적 활동이 성공하게 되면 주도성을 확립하게 되나, 실패의 경험이 많으면 주도성은 위축되고 자기주장에 대해서 죄의식을 갖게 된다.

근면성 대 열등감　7세에서 12세 사이의 아동은 학교에서 내주는 여러 과제들에 주의를 기울이고 성실히 과제에 임하는 과정에서 근면성을 획득하게 된다. 그러나 이 시기의 아동들이 학교에서나 가정에서 자신에게 주어진 일에 적절한 성취를 느끼지 못하면 열등감에 빠져들게 된다. 따라서 작은 성취에도 아동을 격려하고 칭찬하는 부모의 태도가 중요하다.

정체감 대 혼미　청년기 동안 청년들은 "나는 누구인가"에 대한 답을 구하고자 노력하는데, 이 과정에서 긍정적인 자기평가와 부정적인 자기평가 사이에서 갈등하고 이를 극복해 가는 과정을 경험한다. 이러한 위기 상황에서 자신의 가능성을 탐색하고 발견하며 일부분은 포기하고 체념해 가는 과정을 통해서 자신의 한계를 인정하고 수용해서 자아정체감을 확립하거나, 자신에 대해 절망하고 안정된 정체감을 형성하지 못하는 정체감 혼미를 경험할 수 있다.

친밀감 대 고립감　초기 성인기에는 결혼상대로서 애정을 나눌 수 있는 사람 또는 사회생활에서 우정을 나눌 수 있는 사람들과 친근한 관계를 가지느냐 여부가 중요하다. 이 시기에 친밀성을 획득하지 못하는 사람들은 지나치게 자기의식적이며 자신의 사회적 행동과 적응에 대해서 걱정하고 불안해 하기 때문에 오히려 원만한 사회적 상호작용을 이루지 못함으로써 고립감에 빠져들게 된다.

생산성 대 침체감　중기 성인기는 자녀를 낳아 기르고 다음 세대에게 자신의 전문적 기술과 능력을 전수함으로써 생산성을 획득한다. 그리고 그렇지 않은 경우 침체감을 갖게 된다. 특히 자신의 부모역할에 대해 느끼는 만족도는 중기 성인기 성격발달에 중요한 역할을 한다.

자아통합 대 절망감　노년기는 죽음을 앞두고 자신의 삶을 통합하고 점검해야 하는 시기이다. 과거의 모든 과오, 실패, 결점, 절망 등을 인정하고 이를 수용함으로써 자아통합을 이룰 수도 있고, 그렇지 못한 경우 절망할 수 있다. 우리나라 노인들의 경우, 자녀와의 애정적 결속이 노년기 자아존중감에 중요한 영향을 미친다(김은주, 1994).

7. 사회성 발달

인간은 가족의 일원으로, 그리고 사회의 한 구성원으로서 많은 인간관계를 맺으면서 살아가게 된다. 인간이 태어나서 처음으로 갖게 되는 타인과의 접촉은 그를 돌보아 주는 사람, 흔히 어머니와의 관계에서 시작된다. 어머니와의 일차적 사회적 관계는 시간이 경과해 가면서 형제 및 친구로 확대되고, 학교에 들어가면서부터는 학교 친구, 선생님, 이웃 그리고 점차 다양한 사회 성원들과의 관계로 확대된다. 이 절에서는 사람이 다른 사람과 관계를 맺는 기초가 되는 애착 이론과 특징을 살펴보고, 아동기와 청년기, 성인기에 이루어지는 주된 사회화의 특징을 살펴보겠다.

(1) 영아기의 부모에 대한 애착

애착(attachment)이란 출생 후 1년여 동안 아이와 돌보아 주는 사람과의 사이에 발전하는 긍정적인 정서적 유대를 말한다. 애착은 아동기와 이후 시기의 사회적 관계까지 중요한 영향을 미치는 가장 중요한 사회적 발달이다.

기러기나 오리와 같은 하등동물들은 태어나서 처음 본 움직이는 대상을 졸졸 따라다니는 이른바 각인(imprinting) 현상을 보인다. 하등동물에게 각인 현상이 나타나는 이유는 먹이 공급 때문일 것이다. 인간의 경우, 애착 형성에 작용하는 주요인은 무엇일까? Harlow는 이를 알아보기 위해서 흥미로운 한 실험을 실시하였다. 그는 새끼 원숭이들을 어미와 격리한 후, 철사로 만든 대리모와 두터운 담요로 만든 대리모가 있는 방에 두었더니, 새끼 원숭이들이 담요로 된 대리모와 대부분의 시간을 보낸다는 사실을 발견하였다. 이러한 경향은 철사 대리모에게 젖병을 매달아 수유를 시켰을 때에도 나타났다. 이 연구는 음식만으로는 애착을 일으키기에 불충분하며, 신체접촉을 통해서 얻게 되는 편안함이 중요함을 시사한다.

이 결과는 인간의 유아에게도 동일하게 적용된다. Field 등(1986)은 신체접촉이 미성숙 유아의 신체적 성장에 놀랄만한 영향을 미친다는 것을 발견하였다. 이들의 연구에서 일부 미숙아들은 병원 치료만을 받고, 다른 미숙아들은

Harlow의 실험에 사용된 철사대리모와 담요대리모(Shaffer, 1993에서 인용)

이 치료에 부가하여 하루 45분씩 약 10일 동안 손으로 마사지를 받았다. 그 결과 마사지를 받은 유아는 거의 50% 이상의 몸무게가 증가하였으며, 다른 집단의 유아에 비해 평균 6일 먼저 퇴원하였다.

한편 아이들은 양육자의 양육 방식에 따라서 양육자에게 다른 유형의 애착을 보인다(Ainsworth, 1979). 예를 들어, 아이의 요구에 민감하고 신속하게 반응해 주고 보다 많은 사회적 자극을 주는 경우, 아이는 양육자에게 안정애착(secure attachment)된다. 반면에 아이가 보내는 신호보다 양육자 자신의 감정이나 기준에 의거해서 아이를 양육할 경우, 아이들은 양육자에게 양가감정을 갖게 된다. 양육자가 아이에게 무관심할 경우, 아이는 양육자에게 정서적 유대감을 갖지 않으며 이를 회피형(avoidence)이라 한다.

양육자와의 안정애착 여부는 이후 발달에 중대한 영향을 미친다. 예를 들어, 자기 어머니에게 안정애착된 아이들은 자신을 가치 있는 존재로 보게 되며(Bowlby, 1973), 사회적으로, 정서적으로 더 유능하고 더 협동적이다(Holms, 1994). 애착은 이후 친구나 배우자를 선택하는 과정이나 관계의 만족에도 중대한 영향을 미친다.

(2) 유아기와 아동기의 사회화

1) 부모의 훈육

부모는 아동기에도 여전히 사회적 발달에 중요한 영향을 미친다. 부모는 아동이 경험하게 되는 환경을 결정할 뿐 아니라, 중요한 사회적 행동을 직접 가르치며 아동이 관찰을 통해서 배울 수 있는 모델이 된다.

Hoffman에 따르면, 부모의 훈육방식은 힘의 행사나 사랑의 철회 그리고 타이르기로 구분된다. 힘의 행사는 아동의 행동을 통제하기 위해서 보상이나 벌을 사용하여 위협하는 것을 의미한다. 사랑의 철회란 아이의 잘못된 행동을 보고 아이에게 차갑게 대하거나 거부하는 행동을 말한다. 타이르기는 아이의 행동과 그 결과가 타인에게 미치는 결과에 대해서 생각할 수 있도록 말로써 풀어나가는 것이다. Hoffman은 타이르기 방법을 가장 선호하였으며, 이 방법은 아동의 공감능력을 기르는 데 도움이 된다고 보았다.

2) 놀이행동

영아기에는 사회적 관계가 부모나 가족에 한정되었으나 유아기에는 형제 및 또래 친구 등 가족 이외의 사람들까지로 확장된다. 유아는 놀이를 통해 또래와 사회적 관계를 맺고 즐거움을 경험한다.

유아 초기의 놀이는 비교적 독립적이다. 그들은 나란히 앉아 있기는 하나 상대방보다 장난감에 더 많은 주의를 기울인다. 그러나 그 후에 아동들은 놀이 동안에 서로 역할을 바꾸어 보기도 하는 등 보다 적극적으로 상호작용한다. 놀이를 통해서 아이들은 타인의 관점을 취하고 타인의 생각과 감정을 추론하는 것을 배운다. 또한 자기를 능가하는 상대를 때리지 않거나 예의를 지키기 등 상황에 적절하게 반응하는 법과 자신의 정서를 표현하는 법을 배운다(Fox, 1994).

3) 학교생활

학교생활이 시작되면서 아동은 학교 친구나 교사와 새로운 관계를 맺게 되어 사회생활의 영역이 질적 · 양적으로 변화되고 확장된다. 초등학교 저학년 시기에는 유아기적 특징이 남아 있기 때문에 성인에게 의존하는 경향이 있으며, 수평적인 또래 관계보다는 수직적인 관계에 의존하여 부모나 교사의 말에 순종한다. 그러나 고학년에 접어들면서는 성인 의존에서 벗어나 또래와의 관계가 생활에서 큰 비중을 차지한다. 또래와의 집단 활동을 통해 아동은 대인관계를 배우고, 우정과 적대감을 표현하고 처리하는 방법을 배우게 된다. 즉 또래는 사회적 모델로서 그리고 사회적 행동에 대한 강화자로서 중요한 역할을 한다.

(3) 청년기: 자신에 대한 발견

1) 과도기로서의 청년기

예전에는 청년기를 일반적으로 불안정과 강렬한 정서의 시기로 정의하였다. 예를 들어, 청년연구를 체계적으로 시작한 최초의 학자인 Hall은 청년기를 '질풍노도(storm and stress)' 시기라 정의했으며, Freud와 그의 추종자들도 청년기를 엄청난 갈등, 불안, 긴장의 시기로 보았다. 그러나 현재 심리학자들은 모든 청년들이 고전적인 묘사대로의 과정을 거치는 것은 아니며, 큰 소란없이 청년기를 통과하는 청년들이 대부분이라고 본다(Steinberg, 1993). 이는 청년기가 완전히 평온하다는 의미는 아니다. 청년들은 정체감 탐색의 과정에서 자기 부모로부터 독립하려는 시도와 부모에 대한 의존 사이에서 어느 정도 긴장을 경험한다. 특히 우리나라의 경우 대학입시 준비로 인한 시달림을 받는데 이와 같은 스트레스들이 가정에서의 긴장을 가중시킬 수 있다.

2) 자아정체감 형성

아동기를 큰 어려움 없이 보내 온 아동이라도 청년기로 접어들면 자신과 관련된 다양한 갈등과 고민을 갖기 시작한다. Erikson은 이를 정체감의 위기라 부르고 있다. 정체감(identity)이란 자기 자신의 독특성에 대한 안정된 느낌을 말하는 것으로, 대부분의 심리학자들은 정체감의 위기를 극복하고 정체감을 형성하는 것을 청년기 동안에 이루어야 할 주요 발달과업으로 든다(Craig, 1992).

Marcia는 Erikson의 정체감 위기에 대한 이론을 바탕으로 정체감의 유형을 구분하였다. Marcia는 청년들이 안정된 정체감을 획득하기 위해서 노력하는데, 모두 안정된 정체감을 획득하게 되는 것은 아니라고 설명하고 있다. 일부는 자신이 추구하는 목표를 개인적으로 선택하는 데 성공하기도 하고(정체감 획득, identity achievers), 어떤 청년들은 충분한 자아정체감의 탐색 없이 지나치게 빠른 결정을 내린다(유질처분, foreclosure). 이들은 대체로 부모가 제공한 정체감을 대안의 검토 없이 수용한다. 이들은 청년기를 매우 안정적으로 보내는 것 같으나 대부분 뒤늦게 정체감 위기를 경험한다. 또 다른 청년들은 여러가지 대안들과 선택들을 탐색하면서 정체감 획득을 유보하는데(지불유예, moratorium) 불확실한 상태에 머무르기 때문에 한동안 특정 과업에 관여하지 못한다. 마지막으로 일부 청년들은 정체감을 획득하지 못한 채 살아가기도 한다(정체감 혼미, identity diffusion). 정체감 혼미 상태는 청년 초기에 가장 보편적이지만, 일정한 직업을 갖지 못하거나 지속적으로 일하지 못하는 성인들에서도 찾아볼 수 있다.

Marcia가 제안한 정체감의 유형 구분에 따라 우리나라 중·고·대학생 666명을 분류한 연구에 의하면(김형태, 1989), 중학생의 14%, 고등학생의 21%, 대학생의 39%가 정체감을 획득한 것으로 나타났다. 대학생의 경우 17%는 혼미, 19%는 유질처분, 25%는 지불유예 상태였다. 서구와 마찬가지로 우리나라에서도 부모가 자녀를 인정하고 수용하는 정도가 높고, 자녀의 자율성을 인정하며, 가족 상호작용이 높을수록 정체감 획득 또한 높다(송설희, 1993).

3) 사회적 관계

청년들에게 있어서 또래나 친구들은 정서적 친밀성에 대한 욕구를 충족시켜 주는 동시에 다른 문화적 가치의 수용 여부를 확인시켜 줌으로써 정상적인 청년발달에 중요한 역할을 한다. 그러나 또래나 친구들의 영향력은 청년들과 가족간의 관계에 따라서 달라진다(Walker & Green, 1986). 강한 가족 유대감을 가진 청년들은 그와 유사한 친구들을 사귀는 경향이 있으며, 서로간에 자신의 기술을 개발하고 세련되게 할 뿐만 아니라 대인문제에 대한 충고도 해 준다. 이러한 청년들은 도덕적 문제나 장래에 대한 의문점에 대해 부모에게 계속해서 도움을 청하게 된다(Wilks, 1986). 반면에 강력한 가족 유대감이 없는 청년들은 종종 그들의 자존심을 높이거나, 공통적으로 품고 있는 반사회적인 생각을 실현시키기 위해 친구들에게 보다 더 의존한다.

(4) 노년기의 사회적 관계

절친한 친구를 가지는 것은 노년기에서 매우 중요하다(Larsen, Mannell, & Zuzark, 1986). 가족 성원과의 관계는 의존적이고 피보호적인 기능을 강조하는 반면, 친구는 개방성과 상호성에 의해 특징지어지는 즐거움과 친분을 제공한다. 다른 사람으로부터 자신이 가치 있다고 여겨지는 사람들은 스스로를 더 잘 돌보며 더 건강하다(Cutrona, Russell, & Rose, 1986).

8. 성인기의 주요 과제와 적응

(1) 직업과 결혼

초기 성인기의 중요한 과제는 직업 선택과 결혼이라 할 수 있다. 직업의 유무는 경제적인 도움 이외에도 인생의 만족에 긍정적 영향을 미치며, 특히 자신의 성격, 흥미 및 적성에 맞는 직무에 종사하느냐가 만족에 중요한 영향을 미친다. 따라서 자신의 성격이나 흥미 및 적성에 맞는 직업을 선택하는 것이 중요하다.

초기 성인기의 다른 중요한 과제인 결혼 또한 전반적 인생의 만족을 결정하는 중요한 요인이다. 대체로 결혼한 사람들은 미망인, 이혼한 사람, 독신자들에 비해서 더 만족한 생활을 한다(Campbell, 1976). 그러나 결혼에 대한 만족은 결혼 지속 기간에 따라서 다르며, 성별에 따라서 다르다. 예를 들어 남성들은 퇴직 몇 년 동안이 가장 불만족스럽고, 여성들은 부모로서의 기간이 가장 불만족스럽다고 보고한다(Rollins & Feldman, 1970). 결혼의 시기 또한 결혼 만족과 안정성에 영향을 미친다. 둘다 10대이거나 늦은 결혼인 경우는 덜 안정적이다. 10대의 경우, 덜 성숙했거나 결혼에 대한 준비가 결여되기 쉽고, 나이든 사람들은 유사한 생활양식을 가진 상대를 만나기가 쉽지 않기 때문이다(Bitter, 1986). 결혼 만족에는 갈등해결 능력, 감정이입 능력, 의사소통 기술, 평등한 태도, 강한 감정적 유대, 그리고 공유하는 시간의 양과 질 등 많은 요인들이 영향을 미친다(Argyle & Furnhaum, 1983; Lewis & Spanier, 1979; Retting & Bubolz, 1983).

(2) 자녀양육에 따른 결혼생활의 만족

자녀의 출산은 결혼생활에서 중요한 전환점이 된다. "남편"과 "아내"는 각각 "아버지"와 "어머니"가 된다. 자녀 양육에는 상당한 시간과 주의와 정력이 요구된다. 이 때문에 부모들은 자신의 직업과 가정에 대한 책임 사이에서 갈등하기 쉽다. 오늘날에는 아버지들이 예전보다 자녀와 많은 시간을 보내기는 하나 그럼에도 불구하고, 어머니들이 가사일과 육아에 가장 큰 책임을 지고 있다. 결과적으로 어머니들은 다른 기간보다 육아기간 동안 더욱 결혼생활에 불만족해 한다.

일단 자녀들이 집을 떠나면, 많은 부모들은 새롭게 결혼만족을 느낀다. 나이든 부부들을 대상으로 한 연구에서 50% 이상은 자신의 결혼이 시간이 지남에 따라 좋아졌다고 보고했으며, 그러한 응답을 한 대부분의 사람들이 말년의 결혼생활이 가장 좋았다고 느꼈다(Stinnett, Carter, & Montgomery, 1972).

(3) 성 행 동

성 행동 또한 성인기 동안 변하는데, 대부분 영구적인 배우자하고만 특별한 관계를 가지게 된다. 결혼한 사람들은 나이가 듦에 따라 성교나 기타 신체적 애정 표현의 횟수가 줄어드는 경향이 있다. 그럼에도 불구하고 대부분의 부부는 성에 대해 관심이 있으며, 적어도 한 달에 평균 몇 번은 성교를 계속한다. 한 조사에 따르면, 결혼한 부부의 1/3이 자신의 성생활을 매우 좋은 것으로 평가했고, 다른 1/3은 좋은 것으로, 그리고 나머지 1/3은 좋지 못하다고 평가했다(Broderick, 1982).

노인들의 경우 더 늦게 반응하고 성적으로 덜 적극적이긴 하나 대부분의 노인들이 성을 즐기며 오르가즘에 다다른다. 그러나 몇몇 노인들은 성에 흥미가 없어야 한다고 생각해서 성적 충동을 부인하기도 하고, 일부는 가능한 상대가 없어서 성에 대한 흥미를 잃기도 한다. 건강이 좋지 못한 점도 성적 활동을 제한하는 요인이다.

(4) 은 퇴

은퇴(retirement)는 노년기에 적응해야 할 중요한 발달과업이다. 은퇴에 대한 성공적인 적응 여부를 결정하는 중요한 요인들로는 직업에 대한 이전의 태도, 은퇴기대, 은퇴준비도 및 은퇴방식을 들 수 있다(Horn & Meer, 1987). 건강, 감원 등으로 인한 강제 은퇴는 은퇴 적응을 해치는 가장 큰 부정적 요인이며, 은퇴 이후의 활동 계획과 재정적 준비는 은퇴 이후의 적응에 가장 중요한 준비사항들이다.

우리나라에서 일반기업체의 퇴직을 앞둔 50~54세 성인들을 대상으로 퇴직에 대한 심리적 불안을 살펴보았다. 그 결과, 한국의 노인들은 소외감과 같은 심리적 문제보다 생계나 자녀교육이 더욱 큰 불안 요인이었다(김향은 · 정옥분, 1992). 또한 은퇴한 노인들을 대상으로 한 연구 결과를 보면, 서구의 연구결과와는 달리 우리나라의 은퇴한 노인들은 은퇴에 대해서 부정적인 태도를 갖고 있으며, 은퇴로부터 스트레스를 크게 받고, 생활만족도에 부정적 영향을 미치는 것으로 나타났다. 이러한 부정적인 영향은 생활수준이 낮고, 건강상태가 나쁘며, 노후 설계가 잘 되어 있지 않을수록 높았다(김혜경, 1988; 지연경, 1990).

(5) 자신과 배우자의 죽음

통계청의 발표에 따르면 한국인의 평균 수명은 지난 1999년을 기준으로 할 때, 남자가 71.7세, 여자가 79.2세였다. 노인들은 죽음에 대해서 어떻게 생각할까? 약 10%의 노인들을 제외한 대부분의 노인들이 죽음을 당연한 사실로 수용하고 있다. 이러한 결과는 노인이 다른 연령층보다도 죽음의 공포가 적다는 사실을 의미한다. 미국에 거주하는 한국 교포 200명을 대상으로 한 김태련의 연구(1988)에서 나타난 결과를 보면, 죽음을 긍정적으로 수용하는 노인일수록 자신의 과거 삶을 의미 있었다고 평가하고, 현재 생활에 만족감을 가지며, 불안수준도 낮았다. 또한 미래의 생활에 대해서도 밝게 전망하고, 자신의 건강상태를 좋다고 평가하며, 내세가 있다고 믿는 경향을 가지고 있었다. 죽음에 대한 생각에는 남녀 노인들간에 차이가 있는데 남자는 죽음을 인생의 종착역, 영원한 휴식으로 보는 반면 여자는 내세의 시작, 신의 부름으로 생각하였다.

한편 배우자의 죽음은 성인기에 직면하는 가장 심각한 도전이 될 수 있다.

남녀 모두 처음에는 배우자의 죽음을 믿지 않다가 다음에야 망연자실해진다. 그 이후 이러한 상실감은 생활 곳곳에 영향을 미치며 이 영향은 심각하다. 적응기 동안 보호와 지원을 해 줄 수 있는 친밀한 친구의 존재는 배우자 상실에 대한 적응에 필요한 시간의 양을 다소 감소시키나, 대체로는 매우 오랜 시간을 필요로 한다(Lowenthal & Haven, 1968). 남자들은 그들 스스로를 돌봐오지 않았었기 때문에 배우자의 상실로부터 훨씬 더 많은 고통을 당한다. 그러나 홀아비보다는 미망인이 더 많기 때문에 남자들은 재혼할 가능성도 아주 높다.

◆ 생각해 볼 문제

1. 횡단적 설계, 종단적 설계, 횡단-단기종단적 설계를 설명하시오.
2. 태내발달을 저해하는 요인들을 설명하시오.
3. 청년기의 신체발달이 적응에 미치는 영향에 관해서 논하시오.
4. 중기 성인기 이후의 노화과정을 설명하고, 노화의 속도를 늦추는 데 기여하는 여러 가지 방책들에 관해서 논하시오.
5. Piaget의 인지발달단계이론을 설명하고 이 이론에 대한 비판점과 대안이론들에 관해서 논하시오.
6. Kohlberg의 도덕성 발달이론을 설명하시오.
7. 언어획득 과정에 관한 심리학자들의 견해를 설명하시오.
8. Freud와 Erikson의 성격발달이론을 각각 설명하고, 두 이론의 주된 차이점에 관해서 논하시오.
9. 애착이 이후의 대인관계에 미치는 영향을 논하시오.
10. 자녀양육이 결혼생활에 미치는 영향에 관해서 논하시오.
11. 은퇴가 은퇴 이후 개인의 삶에 미치는 영향에 관해서 논하시오.

제 9 장

인간의 동기와 정서 심리

1. 동기이론
2. 대표적 동기들
3. 정 서
4. 정서의 표현

◆ 생각해 볼 문제

배고픔이나 갈증을 해소하고 싶은 욕구, 성욕을 충족시키고 싶은 욕구, 모르는 것을 알려고 하는 욕구, 사랑을 나누려는 욕구 및 자신이 원하는 바를 이루려고 하는 성취 욕구 등 인간의 욕구나 욕망은 그 종류가 매우 다양하다. 심리학에서 욕구나 욕망에 관한 연구는 "동기(motivation)"라는 주제하에서 다뤄지고 있다. 동기는 행동을 활성화시키고 목표를 지향하도록 하며 그 행동을 지속시키게 하는 욕구나 욕망이다. 예컨대 성취 동기가 높은 사람은 낮은 사람보다 성취 지향적 행동을 더 활발하게 지속할 것이다. 동기와 마찬가지로 정서도 행동을 활성화시키고 행동의 방향 설정에 영향을 준다. 예컨대 분노는 공격행동을 유발할 수 있다. 정서(emotion)는 생리적 활성화, 표현 행동 및 의식적 경험을 포함하는 유기체의 반응이다. 동기와 정서는 인간의 행동에 영향을 준다는 점에서 유사성이 있지만 차이점도 있다. 즉, 동기는 흔히 내부로부터 촉발되며 동기화된 행동은 환경 내의 특정 대상에 지향이 되는 반면, 정서는 외부자극으로부터 유발되며 정서반응은 대개 그 자극에 지향된다. 그러나 이러한 구분이 절대적인 것은 아니며, 이들 각각의 구체적 작용은 매우 복잡하다. 이 장에서는 인간행동에 중요한 역할을 하는 몇 가지 동기들을 살펴보고, 또한 정서와 정서의 표현방식들을 다룬다.

1. 동기이론

동기는 행동을 활성화시키고 목표를 지향하도록 하며 그 행동을 지속시키게 하는 욕구나 욕망이다. 동기화된 행동을 설명하는 것과 관련된 몇 가지 이론이 영향력을 행사해 왔는데, 즉 본능이론, 추동감소이론, 최적각성이론 및 유인이론이다. 이들 각각을 살펴보기로 한다.

(1) 본능이론

본능이란 유기체가 특정 상황에서 특정 방식으로 행동하도록 소인을 만드는 타고난 생물학적 힘이다. 동물의 행동은 흔히 본능에 귀속되어 설명되었으며, Darwin의 진화론의 영향으로 20세기 초에는 인간의 모든 행동들을 본능으로 분류하는 것이 유행하였다. 심지어 어떤 학자는 인간의 본능 목록을 5,800여 개로 제시하기도 하였다. 본능론을 주장했던 심리학자인 McDougall은 인간의 모든 사고와 행동이 학습과 경험에 의해 수정될 수는 있지만 기본적으로는 유전받은 본능의 결과라 주장하였다.

정신분석학자인 Freud도 본능론을 주장하였다. 그에 의하면 인간에게는 기본적으로 두 가지 강력하고 무의식적인 본능이 있는데, 하나는 성행동으로 표현되는 삶의 본능이고, 다른 하나는 공격행동의 토대가 되는 죽음의 본능이다. 이 두 가지 본능이 인간의 다양한 행동을 결정한다는 것이다.

본능론은 철학에서 17, 18세기까지 유지되어 온 인간에 대한 이성적 관점, 즉 인간은 이성적이고 합리적으로 사고하고 행동하는 존재라는 관점과는 정반대의 견해를 취한다. 본능론은 인간의 행동은 타고난 생물학적 힘에 의해서 지배되며, 본능이 시키는 바에 따라 기계적으로 움직인다는 관점을 취하였다.

그러나 본능으로 인간의 사고와 행동을 설명하는 데는 한계가 있다. 첫째, 본능론은 인간의 행동 원인이나 이유를 구체적으로 설명하기보다는 단순히 그것들을 명명하는 수준에 머문다. 특히 설명하려는 행동을 그 행동으로부터 추론된 본능으로 다시 설명하려는 순환론의 모순에 빠진다. 매우 다양하고 복잡미묘한 인간의 행동들에 대해 그에 대응하는 수많은 본능들을 가정하더라도,

특정 행동이 특정 본능 때문에 행해졌다는 것은 그 행동이 유전된다는 것 이외에 별다른 의미를 설명해 주지 못한다. 둘째, 특정 행동이 본능의 성질을 지니려면, 그 행동은 모든 종(種)에서 그리고 모든 문화에서 고정된 형태를 지녀야 하고, 학습되지 않은 것이어야 한다. 그러나 실제로 인간행동에서 어떤 생득적 경향이 있기는 하지만 모든 행동이 다 생득적인 것은 아니며, 인간의 행동은 대개 생리적 욕구와 심리적 욕구 및 환경 요인 등의 복합적 영향을 받는다. 또한 본능의 문화적 차이도 존재한다. 예컨대 문화인류학자들은 일부 본능들(예: 공격 본능)이 모든 문화에서 발견되지는 않음을 지적하였다.

이러한 한계로 인해서 본능론이 유기체의 동기를 충분히 설명하는 데는 실패했지만, 그렇다고 해서 본능이 행동의 동기를 설명하는 데 완전히 쓸모없는 개념은 아니다. 조류의 각인 행동, 연어의 출생지 회귀 본능, 유아의 여러 가지 반사행동 그리고 돕기 행동, 공격행동, 성행동 등과 같은 사회적 행동들에서 생물학적 요인들이나 진화가 영향을 준다는 유력한 증거들이 많이 있다.

(2) 추동감소이론

동기화된 행동을 설명하는 개념으로서 본능론이 약화되면서, 본능론은 추동감소이론(drive-reduction theory)으로 대체되었다. 추동(推動, drive, 충동이라고도 함)은 음식이나 물 부족 등의 신체적 긴장 결과로 생기는 배고픔이나 갈증 같은 심리적 긴장이나 흥분 상태이다. 즉 생리적 조직의 결핍 상태인 요구(need)의 심리적 결과가 바로 추동이다. 일부의 예외가 있기는 하지만, 생리적 흥분이 증가하면 심리적 추동이 일어난다. 추동감소이론은 어떤 생리적 요구가 흥분된 심리적 상태를 유발하고, 이것이 유기체에게 그 요구를 감소시키는 행동을 하도록 추진시킨다는 것이다. 유기체는 요구를 만족시키기 위해서 어떤 행동을 함으로써 추동을 감소시키려 한다.

추동감소의 생리적 목표는 동질정체(homeostasis), 즉 신체적으로 일정한 내적 상태를 유지하려는 것이다. 우리의 체온 조절 체계나 혹은 음식 및 갈증 조절 체계들은 동질정체의 원리에 따라 작동한다. 예컨대 우리 몸에서 수분이 부족하면 세포는 탈수에 따른 물의 필요성을 감지하고 갈증을 느끼도록 긴장을 조성하며 이에 따라 우리는 물을 마시게 된다. 유사하게, 추우면 몸을 따뜻하게 하려 하고 배가 고프면 음식을 찾아 먹는다. 그러한 행동을 함으로써 신체적 긴장 상태를 감소시키고 균형된 신체 상태를 유지하는 것이다.

(3) 최적각성이론

앞에서 기술한 추동감소이론도 인간의 동기화된 행동을 설명하는 데 한계가 있다. 인간의 행동에는 동질정체를 유지하기 위한 것 이상의 행동이 많다. 즉 추동감소의 경향이 있기는 하지만, 그것이 모든 동기화된 행동을 다 설명할 수 있는 것은 아니다. 사람들은 자극이 없거나 권태로우면 오히려 긴장과 각성이나 흥분을 증진시키는 활동을 추구한다. 사람들은 추리소설을 읽거나 공포영화를 보거나, 혹은 놀이 공원에서 높은 수준의 흥분을 유발하는 오락 기구들을 이용하기도 하고, 기타 여러 가지 새로운 도전을 찾는다. 이러한 행동은 각성이나 흥분을 감소시키기보다는 오히려 증가시키는 경향이 있다. 즉, 우리는 생리적 요구들이 충족되어 있는 상황에서도 자극을 경험하려는 충동이 있다. 자극이 없으면 지루함을 느끼고 어떤 최적 수준으로 각성이나 흥분을 증가시키는 방법을 찾는다. 자극이 지나치게 많으면 각성이 높아지고 각성을 감소시키는 방법을 찾는다. 요컨대 최적각성이론은 사람들은 각성이 너무 높으면 그것을 감소시키려 하고 너무 낮으면 그것을 증가시킴으로써 최적의 각성 상태를 유지하려는 경향이 있다고 본다.

(4) 유인이론

우리의 행동은 내적 추동을 감소시키고 최적수준의 각성을 유지하려는 욕구에 의해서 동기화되기도 하지만, 유인(誘引, incentive)에 의해서도 영향을 받는다. 유인이란 특정 대상에 대한 접근이나 회피를 유도하는 외적 자극을 지칭한다. 접근을 유도하는 외적 자극을 정적 유인이라 하고, 회피를 유도하는 외적 자극을 부적 유인이라 한다. 예를 들면, 어떤 사람이 방금 식사를 해서 배가 부르지만, 맛있어 보이는 음식을 보면 곧바로 식욕이 상승하여 또다시 섭식을 할 수도 있다. 한편 자신에게 고통이나 괴로움을 주는 자극이나 대상은 회피 행동을 유발할 것이다.

이러한 외부자극, 즉 유인에 대한 반응은 개인적 학습 경험의 영향을 받는다. 학습에 의해서 아이스크림이 맛있다거나 어떤 종류의 사람에게 호감이 간다거나 혹은 어떤 자극들은 싫다는 것을 알게 되고 그러한 학습의 결과로 특정 외부자극에 대한 행동이 유발된다. 분명히 우리의 많은 행동은 내적 결핍 상태나 충동에 의해서뿐 아니라 외부 환경자극인 유인들에 의해서도 동기화될 수 있다.

(5) 동기의 위계

어떤 욕구들은 다른 욕구들보다 우선성이 더 높다. 우리에게 음식과 물에 대한 욕구가 충족되면 성취 동기와 같은 다른 동기가 우리의 행동을 활성화시키고 방향을 지시할 수 있다. 그러나 식욕이 충족되지 않으면 배고픔을 해소하려는 욕구가 최우선적이 될 것이다. 음식이 박탈되는 상황이라면 성취 욕구는 사라질 것이다.

Maslow(1970)는 이러한 우선 순위를 욕구의 위계로 기술하였다. [그림 9-1]에 Maslow가 주장하는 욕구 위계서열을 제시했다. 각 욕구 단계들에 대해 좀더 자세히 알아보기로 하자.

① 생리적 욕구들은 인간의 생물학적 생존에 필수적인 것으로 공기, 물, 음식, 잠 등에 대한 욕구들이며 대부분의 현대 문화권에서는 어느 정도 충족되

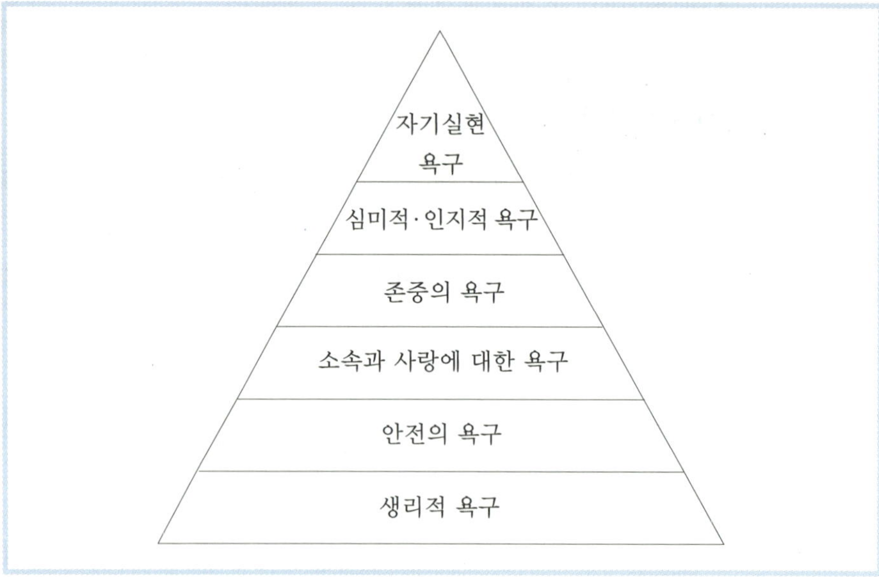

[그림 9-1] Maslow의 욕구 위계서열

는 경향이 있다. 생리적 욕구들이 지배할 때 다른 욕구들은 존재하지 않는다. 굶주리는 사람에게는 안전이나 사랑 혹은 존중이 중요치 않다. 그러나 일단 욕구가 충족되고 나면 그것으로 만족하지 않고 다른 새로운 욕구가 발생한다.

② 안전의 욕구는 안전과 안정, 의존과 보호, 구조와 질서, 법 및 한계 등에 대한 것이다. 정돈과 조직화, 확실성과 예측가능한 세상에 대한 욕구로 부모에 대한 의존성이 높은 유아기와 아동기 혹은 질병이나 사고 혹은 노화 등으로 안전이 위협을 받는 시기에 더욱 중요해진다. 안전 욕구를 저해하는 요소로는 부모의 불화나 죽음, 전쟁이나 범죄, 급속한 사회적 변화 등을 들 수 있고, 이에 대한 사회적 대응물로는 직업제도나 저축, 보험 및 종교를 들 수 있다.

③ 소속과 사랑의 욕구는 생리적 욕구와 안전의 욕구가 충족되고 나면 강해지는 것으로, 타인들과 관계를 맺고 사랑하고 사랑받고 싶어하는 욕구다. 친구나 애인, 배우자, 자녀 등이 필요해지고 이웃이나 직장동료 집단 등에 소속감을 느끼고 싶어한다. 현대사회는 유동성의 증가로 이 욕구를 충족시키기가 점점 어려워지는 경향이 있다. 이혼의 증가, 친밀한 가족관계의 붕괴, 개인주의화 및 도시화 등의 결과로서 사람들은 흔히 외로움과 소외감을 경험한다. Maslow는 많은 정신병리가 이 욕구의 좌절에 기인한다고 보았다.

④ 존중의 욕구는 자기자신과 타인으로부터 존중받고 싶어하는 욕구다. 자기존중의 욕구는 강해지고 유능해지려는 노력과 자유와 독립의 추구로 나타나며, 남들로부터 인정과 존중받고 싶어하는 욕구는 흔히 명예와 지위추구로 나타난다. 이 욕구가 잘 충족되면 자신감이 생기고 자신이 세상에서 쓸모 있고 필요한 존재라는 느낌을 갖게 되는 반면, 좌절되면 열등감과 무력감 혹은 부적절감 등이 생긴다. 존중의 욕구는 자신의 입장에서 가치를 인정할 수 있는 능력과 자질이 바탕이 된 성취와 행동에 대해 남들로부터의 인정과 존경을 받을 때 가장 잘 충족된다. 겉으로의 명예나 인기만으로 이 욕구가 채워지지 않는다. 자기가 스스로를 존중하고, 인정하지 못하는 경우, 사회적으로 명예와 지위를 얻고도 늘 심한 열등감에 시달릴 수도 있다.

⑤ 심미적 및 인지적 욕구는 진선미(眞善美)에 대한 추구라 할 수 있으며, 자기실현의 욕구는 자신의 잠재력이나 자기다움을 실현하고 자기답게 되고자 하는 욕구에 해당한다. 자기실현의 욕구는 자신의 본성에 충실한 것이라 할 수 있다. 이때 재능이나 잠재력이 꼭 예술적이거나 지성적인 것만을 의미하지 않는다. 음식을 하거나 남을 잘 돌보는 일 또한 얼마든지 창의적인 것이 될 수

있다. 흔히 자기실현의 욕구에 알고 싶고 이해하고 싶은(인지적) 욕구와 아름다움, 질서, 단순함, 조화, 완성 등을 추구하는(심미적) 욕구들도 포함시킨다.

Maslow의 욕구 위계는 다소 임의적이다. 더욱이 그러한 욕구의 순서가 보편적으로 고정되어 있는 것은 아니다. 기본적 욕구들을 다 충족시키지 않고서도 위대한 성취를 해낸 사람들이 있다. Maslow의 결론은 주로 역사적 인물, 생존해 있는 유명인 및 그가 존경했던 친구들을 포함하여 그가 "자기실현"하였다고 믿고 있는 사람들을 관찰한 것에 기초를 두고 있다. 그의 접근법이 비과학적이라는 비난을 받기도 하지만, 그럼에도 불구하고 실제 세계에서 Maslow의 이론은 정상적이고 건강한 사람들을 동기화시키는 요인이 무엇인가에 대한 사고의 틀을 제공해 주고 있다.

2. 대표적 동기들

인간 행동의 동기는 매우 다양하다. 배고픔이나 갈증을 해소하려는 동기는 신체 내적인 생물학적 상태에 의하여 특히 영향을 받으며 생존에 절대적인 영향을 미친다. 성행동은 종족 보존에 필수적이지만, 내적 상태뿐 아니라 학습 및 외부 환경 단서 등 사회적 영향을 받는다. 한편 활동, 호기심과 탐색 및 접촉의 욕구 등은 내적인 생물학적 상태보다는 외부 자극에 의해서 더 많이 동기화된다. 그런가 하면 소속 동기, 공격 동기, 권력 동기, 성취동기 등은 인간의 사회관계에서 중요한 역할을 하는 학습된 사회적 동기들이다. 이러한 여러 동기들 중, 여기에서는 기본적 동기인 섭식 동기와 성 동기, 그리고 보다 고차적 동기인 소속 동기와 성취 동기를 살펴보기로 한다.

(1) 섭식 동기

우리는 배가 고프면 음식을 먹는다. 만약 배가 고픈데 음식을 먹을 수 없다면, 굶는 시간이 길어질수록 음식의 필요성은 증가할 것이다. 그러나 신체의 음식 필요성과 먹고 싶다는 심리적 욕구가 반드시 일치하는 것은 아니다. 즉 대개는 배고픈 상태에서 식욕이 발동하지만, 음식을 실컷 먹어 배부른 상태에서도 먹고 싶은 심리적 욕구가 생길 수 있다. 또는 이와 반대로 드물기는 하지만, 신체가 음식을 필요로 하는 상태에서도 먹고 싶은 욕구가 전혀 유발되지 않을 수도 있다.

인간의 많은 경험들처럼 섭식 행동은 생리적 기제와 학습 기제의 영향을 받지만, 기본적으로는 동질정체 유지라는 생리적 조절 기제의 영향을 많이 받는다. 섭식 동기는 주로 뇌의 시상하부(hypothalamus)에 의해서 조절되는 것으로 알려져 있으며, 기타 십이지장과 간에서도 조절기제가 작동하는 것으로 알려져 있다. 먼저, 섭식 동기의 생리적 조절기제를 살펴보기로 한다.

한 번 식사하고 난 후 다음 식사 때까지, 혹은 어떤 날부터 다음 날까지의 섭식 조절을 의미하는 단기적 조절은 대뇌 시상하부에 있는 두 개의 중추에 의해서 통제되는 것으로 알려져 있다. 하나는 외측 시상하부(lateral hypothalamus, LH)로서, 새로운 에너지원이 필요한 경우에 섭식 행동을 시작시키는 역할을 하는 기아 중추(hunger center)이다. 만일 이 중추가 손상되면 섭식 행동을 개시시키는 기능이 작동하지 않기 때문에 음식이 필요해도 먹지 않게 될 것이다. 다른 하나는 복내측 시상하부(ventromedial hypothalamus, VMH)로서 에너지 섭취가 충분할 때 섭식 행동을 종료시키는 포만 중추(satiety center)이다. 이 중추가 손상된다면 섭식 중단 기능이 원활하게 작동하지 않기 때문에 섭식을 억제하지 못할 것이다. 동물 실험 결과에서 실제로 이러한 현상이 발견되었다. 복내측 시상하부가 손상된 쥐는 폭식을 하여 체중이 정상 상태의 2배까지 증가하는 극단적 비만에 이르렀고, 외측 시상하부가 손상된 동물은 먹지도 마시지도 않아 죽을 지경에 이르렀다(박소현 · 김문수 역, 2001).

1950년대 이래 학자들은 이 두 중추가 어떤 기능을 수행하는지에 대해 보다 많은 것을 알게 되었다. 시상하부에는 당(glucose)에 민감한 수용기들이 있으며, 이것이 혈액 속의 당량 수준을 관리하는 것 같다는 것이다. 혈당 수준이 낮아지면 기아중추에 있는 신경이 자극되고 반대로 포만중추의 작용은 억제된다. 신체가 에너지원을 흡수함에 따라 혈액 속의 지방 수준이 증가하는 것도 동일한 효과를 가지고 있는 것같이 보인다. 그러나 후속 연구들에 의하면 뇌에 당 수용체가 존재한다는 증거는 확실하지만, 외측 시상하부와 복내측 시상하부는 섭식 행동뿐 아니라, 여러 가지 행동들에 관련이 있고 둘 중 어느 한 부위의 손상은 행동상의 복잡한 변화를 일으키며, 먹거나 먹지 않는 행동은 그 중 일부에 지나지 않는다는 것이 밝혀졌다(박소현 · 김문수 역, 2001). 이어서 단기조절의 말초기제들이 연구되었다. 요점은 섭식 행동의 단기적 조절은 당 민감성 체계에 의해서 이루어지되 그 수용기는 뇌와 아울러, 십이지장이나 간(肝) 혹은 이 둘 모두에 존재할 수 있다는 것이다.

이러한 섭식 기제가 섭식 행동의 단기적 조절을 한다. 그러나 섭식 행동의 장기적 조절기제가 있어서 체중을 안정적으로 유지하도록 섭식을 조절한다. 대부분의 사람들은 자신이 이상적으로 선호하는 체중은 아닐지라도 장기간에 걸쳐 꽤 일정한 체중을 유지한다. 신체는 자기 자신의 지방 저장고를 관리하고, 지나친 지방을 저장하게 되는 일이 없이 정상적 활동을 유지하는 데 꼭 필요한 에너지를 제공해 줄 수 있는 음식 섭취를 조정하는 방법을 가지고 있는 것으로 보인다.

섭식 욕구가 생물학적 필요성에서만 생기는 것은 아니다. 외부 자극이 섭식 행동에 영향을 줄 수 있다. 맛있는 느낌을 주는 음식 냄새나 음식 모양 등의 후각 및 시각 단서는 언제든 식욕을 일으킬 수 있다. 또한 습관에 의해서도 식욕이 발동될 수 있다. 시계를 보다가 평상시의 식사시간임을 알게 되면 갑자기 배가 고프다는 생각이 들 수 있다. 섭식 욕구는 정서의 영향을 받을 수 있다. 배가 고파 식사를 하는 중에 어떤 일로 기분이 나빠진다면 식욕이 없어질 수도 있다. 이런 경우에 동기는 정서의 영향을 받는다. 강한 행복감, 슬픔, 분노 등의 정서도 식욕을 느끼지 않게 하는 경향이 있다. 사회적 분위기도 섭식 동기에 영향을 미친다. 배가 부르지만 예의상 먹는 상황도 있고, 배가 고프지만 상황 때문에 섭식이 억제되기도 하며, 혼자 먹을 때보다는 여럿이 먹을 때 더 많이 먹는다. 또한 배고플 때 반응하는 방식은 각 개인의 경험, 학습 및 사회적 조건형성에 의해 달라진다. 문화마다 식사에 소비하는 시간, 먹는 음식의 종류나 양의 차이가 있다. 한편, 섭식 조절에서 대부분의 사람들에게 동질정체의 과정이 작용하지만, 동질정체로부터 이탈되는 경우도 있다. 오늘날 많은 사람들이 비만증으로 고민하고 있는데, 비만증은 적정 체중의 30% 이상 초과로 정의된다. 남녀 양성에서 실제 비만은 거의 유사하게 발생되지만, 자신이 비만이라는 심리적 지각은 여성들에게 더 흔하다. 비만은 당뇨, 고혈압, 심장병을 일으키는 건강을 위협하는 요인이다. 비만증의 원인으로는 흔히 유전요인, 과식 및 운동 부족 등을 들 수 있다. 유전 요인으로서, 비만인은 정상인보다 지방세포수가 더 많고 세포의 크기도 더 크다. 지방세포의 수는 2세 경에 이미 결정된다. 비만인들은 식이요법을 하더라도 지방세포수는 감소하지 않고 세포의 크기만 줄어든다. 또한 심리적 혹은 사회적 이유들로 과식하여 칼로리가 과다 섭취되기 때문에 비만이 될 수 있다. 적절한 운동을 하지 않음으로써 칼로리 소비가 제대로 되지 않는 것도 비만의 한 원인이다.

(2) 성 동기

성욕은 종(種)의 생존에 필수적이다. 성욕도 신체 내의 생물학적 조건(호르몬과 뇌의 기제)과 외적 요인(학습된 환경자극과 학습되지 않은 환경자극)에 의해서 영향을 받는다. 먼저 내적인 생리적 요인들을 살펴본 후에 외적 요인이 성행동에 미치는 영향을 살펴보기로 한다.

성적으로 흥분하고 반응하는 방식은 신경계와 혈류의 호르몬 수준 둘 다에 의해 내적으로 조절된다. 그러나 성행동에 미치는 호르몬의 영향은 하등동물에서 고등척추동물로 갈수록 적어진다. 즉 하등동물의 성활동은 주로 호르몬에 의해 통제되고, 암컷의 생식주기에 따라 영향을 받지만, 인간의 경우에는 호르몬 이외에 여러 환경 단서나 공상에 의해서도 성적 흥분이 일어날 수 있다.

호르몬은 여러 가지 내분비선이 혈액 속으로 분비해 놓은 화학적 심부름꾼인데, 뇌의 시상하부를 통해서 성적 흥분에 영향을 준다. 순환계는 호르몬을

성 동기 성욕은 신체 내의 생물학적 조건과 외적 요인에 의해서 영향을 받는다.

여러 신체 부위로 운반하여 그 부위에서 작용하도록 한다. 여성은 남성보다 성호르몬의 영향을 덜 받는데, 에스트로겐의 생산이 절정에 달하는 배란기에 성욕이 약간 더 높아지며, 남녀 모두에게 있어서 성욕에 주된 영향을 미치는 호르몬은 테스토스테론이다. 남녀에서 테스토스테론 수준이 감퇴하면 성욕이 감소되고 과다하면 성욕이 높아진다. 그러나 자연적인 매일의 혹은 월별 호르몬 변화가 인간의 성욕에 큰 영향을 주지는 않는다. 호르몬 변화는 일부의 성적 자극에 대한 반응이기도 하다. 예를 들어 이성과 단 둘이 대화하면서 사회적으로 흥분되면 테스토스테론 수준이 증가하기도 한다.

이처럼 단기간의 정상적 호르몬 변화가 성욕에 큰 영향을 주지는 않지만, 일생 동안 큰 호르몬 변화는 성욕에 더 큰 영향을 준다. 예컨대 사춘기의 성욕은 이 시기의 성호르몬의 급증에 따라 증가하며, 성인기의 전형적 성교 빈도는 성호르몬 수준의 감소에 따라 줄어든다.

신경계도 성욕 조절에 영향을 준다. 성행동의 신경적 통제는 복잡하지만, 남성의 발기, 골반 운동 및 사정과 같은 몇 가지 기본적 반사는 뇌의 통제가 필요없이 척수 수준에서 통제된다. 상해로 인한 하반신 불수 환자(척수가 뇌에서 잘린 사람)는 여전히 이러한 반사운동을 할 수 있는 능력이 있다. 그러나 대부분의 성적 흥분과 복잡한 성행동의 조절은 뇌의 시상하부에서 일어난다.

이처럼 호르몬 수준만이 성적 동기를 전적으로 결정하는 것은 아니다. 인간의 경우에는 심리적 영향이 생리적 요인에 못지 않게 중요하다. 가치관과 같은 학습 요인이 성적 반응에 영향을 줄 수 있다. 특히 성적 흥분의 초기 단계에서는 경험과 학습의 영향을 많이 받는다. 인간의 성욕을 활성화시킬 수 있는 자극의 수는 거의 무한하다. 사람들은 환상, 그림, 단어 그리고 자기가 보거나 만지거나 혹은 듣는 모든 것에 대하여 성적 반응이 일어날 수 있다. 성적 반응은 또한 과거의 학습 및 사회적 경험, 성 경험, 영양 상태, 정서(특히 성적 상대에 대한 감정) 및 문화, 연령 등의 영향을 받는다.

인간의 성욕을 유발할 수 있는 자극은 다양하지만, 남녀는 성적으로 상이한 방식으로 흥분하는 경향이 있다. 남성은 시각단서에 흥분하는 반면 여성은 촉감에 더 반응적이다. 남자는 성 상대의 나체를 보는 것만으로도 발기할 정도로 흥분하는 반면, 여자가 동일한 흥분 상태에 이르기 위해서는 신체를 애무받아야 할 필요가 있다. 또한 노골적으로 선정적인 재료들을 접하는 것이 남녀 모두에게 흥분을 유발하지만, 대체로 남성들은 즉각적으로 흥분이 일어나는

데 비해서 여성의 흥분 속도는 느리다(Morris, 1988).

한편, 성적 흥분은 유쾌할 수도 있지만 괴로울 수도 있다. 개인적 이유들로 인해서 성적 흥분이 괴로운 사람들은 성적 흥분을 유발하는 자극에 대한 접촉을 피하는 경향이 있다. 그리고 성적으로 노골적인 재료들은 부정적인 효과를 낼 수 있다. 예컨대 강요된 성행동을 즐기는 여자들에 대한 장면 및 묘사는 여자들에게 강간을 즐기는 욕구가 있다는 오해를 시청자들에게 증가시키는 경향이 있고, 여자들에게 해를 입히려는 남자 시청자들의 의도를 증가시킬 수 있다. 또한 성적 매력이 풍부한 남녀에 관한 묘사와 이미지는 자신의 성 상대와의 관계를 평가절하시킬 수 있다(홍대식, 1998).

(3) 소속 동기

우리는 가끔 바쁜 일상에서 벗어나 혼자만의 시간을 가지고 싶어하기도 한다. 그러나 사회적 동물로서의 인간은 대체로 자신에게 중요한 타인들과 함께 있으려는 친애 및 소속 동기가 있으며 특정인들과는 매우 친밀한 관계를 가지려 한다. 사람들이 함께 지내고 소속관계를 가지려는 이유는 무엇인가? 친밀한 소속관계를 갖는 것의 이점은 무엇인가?

소속 욕구는 인간의 생존률을 높이는 기능을 해 왔다. 아동의 보호자에 대한 애착은 강력한 생존의 동기로 기능하며, 친밀한 소속관계를 형성한 성인들은 자녀를 생산하고 함께 지내면서 자손이 성숙하도록 돕는 경향이 있다. 혼자서 적과 싸우는 것보다 여럿이 힘을 합치는 경우처럼, 집단에서의 협동도 생존을 향상시킨다.

타인들과 함께 있으면, 불안이나 공포가 감소되는 효과도 있다. 쥐, 원숭이 혹은 인간은 불안한 상황에 처하면 불안해 하지 않는 같은 종의 성원이 함께 있을 때 두려움이 감소된다(Morris, 1988).

소속 욕구는 우리의 사고와 정서에 영향을 준다. 우리는 자신의 실제적 관계와 이상적으로 바라는 관계에 관해 생각하면서 많은 시간을 보낸다. 바라는 친밀한 관계가 이루어지면, 흔히 긍정적 정서를 경험한다. 그렇지 못한 경우에는 실망이나 슬픔을 경험한다. 사랑에 빠진 사람들은 상대의 행복을 위한 생각에 몰두한다. 행복은 가정 가까이에 있는 경우가 많다.

소속 욕구의 충족은 자존감을 상승시킨다. 우리가 중요한 사람들에게 관여되고 수용되고 사랑받고 있다고 느끼면 자존감이 높아진다. 자존감은 우리가 얼마나 가치있고 수용된다고 느끼는가에 관한 것이다. 그러므로 우리의 사회적 행동의 대다수는 소속을 증가시키는 목적이 있다. 사회적 수용을 받고 거부를 피하기 위해, 우리는 대체로 집단기준에 동조하고 호의적 인상을 주려 한다. 소속 욕구들이 많은 긍정적 관계와 집단을 형성하는 원인이 되지만, 한편 소속 욕구는 위험한 결과를 가져오기도 한다. 예컨대 소속 욕구의 결과로 조직폭력배 집단, 광신도 집단, 위험한 국수주의 등이 야기될 수도 있다. 어떤 집단에 소속되느냐에 따라서 개인의 사고와 감정과 행동은 많은 영향을 받는다.

소속의 동기 인간은 사회적 동물로서 자신에게 중요한 다른 사람들과 함께 있으려는 친애 및 소속 동기가 있다.

대부분의 경우, 친숙성은 호감을 만들고 우리는 호감을 느끼는 사회적 유대가 깨지는 것에 저항한다. 학교를 졸업한다는가, 혹은 하계 캠프와 같은 단기간의 소속관계라도 해체시에 사람들은 섭섭해 한다. 소속 관계를 유지하기 위해 사람들은 전화를 하고, 편지를 쓰고, 재회를 한다. 소속 관계의 해체는 괴로움을 가져올 수 있다. 혼자 있는 것이 두려워 정서적 혹은 신체적으로 학대당하면서도 그 관계에 머무는 경우처럼, 어떤 경우에는 애착이 병리적인 부정적 관계를 유지하게 할 수도 있다.

사회적 유대를 위협하거나 깨는 것이 있을 경우, 부정적 정서가 우리를 압도한다. 따라서 아동의 경우 단시간의 고립은 효과적인 처벌이 될 수 있다. 성인의 경우도 사회적 따돌림(왕따)은 매우 고통스러울 수 있다. 이러한 것은 개인의 소속 욕구를 위협하는 것이다. 사람들은 흔히 사회적 따돌림에 기분이 울적해지고, 그들의 수용을 회복하려는 시도를 하며, 그것이 비성공적인 경우에는 위축이 된다. 불안, 질투, 고독 및 죄책감은 모두 소속 욕구의 위협이나 붕괴에서 야기된다. 별거나 이혼처럼 부정적 관계가 깨지는 경우에도 사람들은 고통을 받는다. 그러한 이별 후에는 흔히 고독과 분노가(때로는 이전 상대와 가까이 하고 싶은 이상한 욕망도) 경험된다(Myers, 2001).

친밀한 소속 관계의 유지는 건강 및 수명과 상관이 있다. 친밀한 관계로부터 지지를 느끼는 사람들은 사회적 지지가 부족한 사람들에 비해서 건강이 더 좋고 심리적 장애의 위험이 더 적으며 수명도 더 길다(Berkman & Syme, 1979; Brown & Harris, 1978; Lynch, 1977; Stroebe & Stroebe, 1983). 예컨대 결혼한 사람들은 애착대상이 없는 사람들보다 우울, 자살 및 조기 사망의 위험이 더 적다. 이 모든 증거는 Baumeister와 Leary(1995)의 "인간은 기본적으로 그리고 보편적으로 소속 욕구에 의해 동기화되어 있다"는 주장을 확증한다.

(4) 성취 동기

사람들은 기본 욕구가 충족되면 정도 차이는 있지만, 자신의 능력을 드러내고 목표에 도달하려는 동기가 있다. 성취 동기가 높은 사람들은 어떤 특징이 있고 왜 그러한 욕구를 갖는가?

식욕이나 성욕과는 달리, 어떤 욕구들은 신체적 욕구 충족과 관련성이 적은 것으로 보인다. 자기 분야에서 최고의 기록을 가지고 있는 운동선수는 자신의 기록을 갱신하려 하며, 백만장자들은 더 많은 돈을 모으려 하고, 권력자들은 더 많은 권력을 잡으려는 동기가 있는 듯 하다. Murray(1938)에 의하면 성취 동기는 중요한 성취를 하려 하고, 기술이나 아이디어를 숙달하려 하고, 통제를 하려 하고 그리고 높은 기준에 신속하게 도달하려는 욕망이다. 사회적 동기로서의 성취동기는 대체로 성취를 많이 할수록 더 높아지는 것 같다.

성취 동기는 어떻게 측정하거나 평가할 수 있는가? 배고픈 사람은 음식에 대해서, 외로운 사람은 사랑에 관해서 공상을 많이 한다. 이와 마찬가지로 성취 동기가 높은 사람들은 성취에 관한 생각을 많이 할 것이다. 이러한 원리에 따라서 McClelland(1958)가 개발한 주제통각검사(Thematic Apperception Test, TAT)는 피험자들에게 다양한 그림이 있는 여러 장의 검사지들을 한 장씩 제시하면서, 각 그림에 대한 이야기를 자유롭게 만들어보도록 요구한다. 이 검사에 대한 반응, 즉 피험자가 만든 여러 개의 이야기를 통해 일관성 있게 드러나는 성취 관련 주제들을 통해 성취 동기 점수를 산출한다.

성취 동기가 높은 사람들은 어떤 특징이 있는가? 대부분의 학습된 동기들과 마찬가지로 성취 동기의 개인차는 광범하다. 심리학자들은 검사와 개인력을 토대로 성취 동기가 높은 사람들의 몇 가지 특징을 발견하였다. 이들은 경쟁 상황에서 최선을 다하며 학습 속도가 빠르고 자신이 설정한 높은 수행 기준에 따라서 살려는 욕구가 강하다. 또한 자신감과 책임감이 강하고 외부의 사회적 압력에 저항적이며, 부나 명예욕의 영향을 덜 받는다. 그들은 대체로 원기왕성하고 목표를 방해하는 일들을 허용하지 않는다. 그러나 한편으로 그들은 쉽게 긴장을 함으로써 심리적 원인이 있는 것으로 보이는 두통이나 궤양 같은 신체장애들에 취약하다.

성취 동기의 출처는 무엇인가? 성취의 잠재력이 유사한 사람들간에 성취 동기의 차이가 있다. 그 이유는 무엇인가? 성취 동기가 높은 아동들의 부모는 흔히 자녀들의 성공에 칭찬과 보상을 주는 경향이 있다(Vallerand & others, 1997). 그러한 부모들은 자녀의 성취를 자신의 성취와 동일시하며 학교에서 잘하는 것을 고무시키고, 자녀의 성취에 대해 환희를 표현한다.

학자들은 그러한 아동들이 보이는 높은 성취 동기는 정서적 및 인지적 근거가 있다고 본다. 그들은 성취와 긍정적 정서를 연합시키는 경향이 있다. 또한 아동이 자신의 성취를 자신의 능력과 노력에 귀인시키는 것을 학습함에 따라 기대가 높아진다(Dweck & Elliott, 1983). 아동들에게 간단한 언어 지시를 통해서 과제 관여가 내적으로 귀인되도록 유도해 주어도 그들의 동기가 지속된다는 것이 실험적으로 증명되었다(Cialdini & others, 1998).

한편 학업 상황이나 직장 등에서 두 가지 유형의 성취동기가 작용한다. 즉 내재적 동기와 외재적 동기이다. 내재적 동기(intrinsic motivation)는 행동 그 자체를 효과적으로 하려는 욕망이다. 내재적으로 동기화된 사람들은 즐거움, 흥미, 자기표현 혹은 도전을 추구하면서 일이나 놀이에 접근한다. 외재적 동기(extrinsic motivation)는 약속된 외적 보상을 얻기 위해서 혹은 처벌의 위협을 피하기 위해서 행동을 수행하려는 욕망이다. 연구 결과들에 의하면, 대체로 과도한 외적 압력과 유인은 과제에 대한 내재적 동기를 감소시킬 수 있다(Ryan, 1980). 대체로 외재적 동기보다는 내재적 동기가 성취를 더 많이 자극하는 것으로 알려져 있다. 따라서 아동이 어떤 활동을 미래에도 장기적으로 하기를 바란다면, 그 활동 자체를 최선을 다해 즐기도록 하는 것에 초점을 맞추는 것이 효과적이다.

성취에 대한 내재적 동기의 이점 때문에, 그것을 육성하는 방안들이 모색되어왔다. 많은 연구 결과들이 시사하는 공통적 방법이 있다. 첫째, 도전적이고 호기심을 자극하는 과제를 제공하는 것이 중요하다(Malone & Lepper, 1986). 둘째, 외재적 보상으로 지나치게 통제를 함으로써 사람들의 자결성(자기결정)을 훼손하지 않아야 된다(Deci & Ryan, 1987). 외재적 보상은 누군가를 통제하는 방식("피아노를 치면 용돈을 주마")과 성공에 대한 정보를 주는 방식("정말 훌륭하구나. 축하한다!")의 두 가지로 사용된다. 흔히 통제적 보상은 외재적 동기로 작용하며 통제가 사라질 경우 활동에 대한 흥미도 없어지기 쉽다. 이에 비해 정보적 보상은 내재적 동기를 향상시키는 효과가 있다. 따라서 아동 양육을 비롯한 다양한 교육이나 성취 관련 상황들에서 통제를 자제하고, 정보적 보상을 효과적으로 사용하여 내재적 동기를 고취시키는 일이 성취 행동을 증진시키는 길이다(Myers, 2001).

3. 정　　서

우리는 매일 다양한 종류와 강도의 정서를 경험한다. 동기와 유사하게 정서도 행동을 활성화시키고 행동의 방향 설정에 영향을 준다. 이러한 정서의 속성에 따라서 많은 광고 제작과 구매 행동이 이루어지고 있다.

정서란 무엇인가? 원래 정서(emotion)라는 단어는 한 곳에서 다른 곳으로 이동한다(움직인다)는 의미였다가 나중에는 물리적 움직임 혹은 동요를 의미하게 되었다. 이후 이 용례가 더 확장되어 사회적 혹은 정치적 동요를 포함하게 되었고, 마침내 어떤 개인에게 있어서 동요된 상태 혹은 각성된 상태를 의미하기에 이르렀다. 따라서 정서라는 개념은 어떤 사람이 한 상태에서 다른 상태로 움직여졌다(변화되었다)는 의미를 지니고 있다(박소현 · 김문수 역, 2001). 예컨대 기쁨에서 슬픔의 상태로 변하는 것이다. 그러나 현재에 이르기까지 정서 연구자들은 정서 개념에 대한 정의를 시도해 왔지만 아직 공통적으로 수용되는 정의는 없다. 그 이유는 정서가 매우 다양한 측면을 포함하고 있는 데 기인할 수 있다. 여기에서는 Myers(2001)의 정의에 따라서, 정서를 생리적 활성화, 표현 행동 및 의식적 경험을 포함하는 유기체의 반응으로 정의한다.

다양한 정서 반응 정서는 생리적 활성화, 표현행동 및 의식적 경험을 포함하는 유기체의 반응으로 정의된다.

(1) 정서의 종류

인간이 경험하는 기본 정서의 종류에 대해서는 학자들마다 견해 차이가 있다. 예컨대 Watson은 사랑, 분노 및 두려움의 3가지 정서를 언급하였고, Ekman은 얼굴 표정이 보편적 정서들을 나타내 줄 것이라 생각하고 여러 가지 표정 사진을 찍어 여러 문화권의 사람들에게 이를 확인하게 한 후, 행복, 슬픔, 분노, 두려움, 놀람 및 혐오의 6가지 기본 정서를 언급하였다. Plutchik

(1980)은 동물과 인간은 여러 가지의 적응 행동을 동기화시키는 데 도움이 되는 8가지 범주의 1차적 정서를 경험한다고 주장하였다. 두려움, 놀람, 비애, 혐오, 분노, 예기, 기쁨 그리고 수용 등은 서로가 방법은 다르지만 모두 우리가 환경의 요구에 적응하는 데 도움이 된다. 예를 들면 두려움은 도주와 관련이 있는데 도주는 동물들을 적으로부터 보호해 주는 기능을 한다.

Plutchik 모형에 의하면 이 정서들은 서로 조합하여 보다 더 광범위한 정서 경험을 유발한다. 예컨대 기쁨과 수용이 혼합되어 사랑이, 놀람과 비애가 혼합되어 실망이 경험된다. Plutchik이 구분한 대표적 정서도 각각 그 강도가 다르다. 일반적으로 정서가 강할수록 그것은 행동을 보다 많이 동기화시킨다. Plutchik이 정서에는 8개 기본 범주가 있다고 주장했지만 각 범주 내의 정서 강도들이 다르기 때문에 우리가 경험하는 정서의 범위는 매우 확대된다. 인접한 정서들일수록 멀리 떨어져 있는 정서들보다 더 유사하며, 인접 정서들이 혼합되어 그와 관련된 새로운 정서가 경험된다.

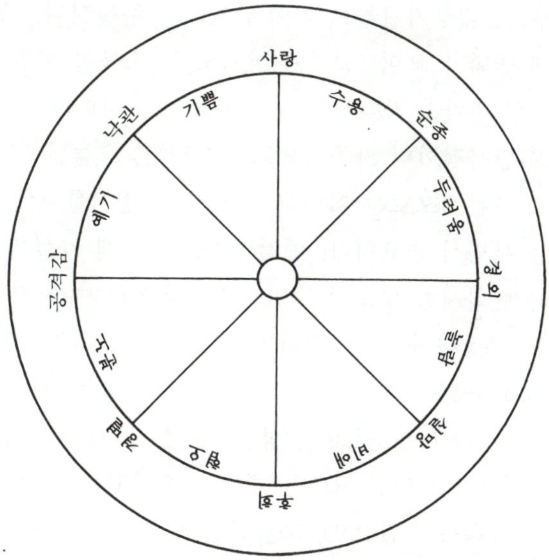

주: 그가 만든 情緒 "環"에서 서로 이웃해 있는 정서들은 정반대에 있거나 멀리 떨어져 있는 것보다 서로가 더 유사하다. 인접한 정서들을 조합하면, 새로운 것이지만 관련되어 있는 정서를 일으킨다. 예컨대, 비애와 놀람이 조합되면 실망을 일으킨다.

[그림 9-2] Plutchik의 8가지 기본 정서 범주

이처럼 기본 정서의 종류는 학자마다 혹은 연구방법에 따라서 다르게 구분되고 있지만, 대체로 우리가 경험하는 수많은 정서들은 쾌-불쾌의 차원과 활성화(흥분)의 두 차원을 중심으로 분포되어 있다(강혜자 · 한덕웅, 1994; Russell, 1979).

(2) 정서의 이론

정서 경험의 유발 과정은 무엇인가? 1880년대에 미국의 심리학자 William James는 정서 자극에 대한 신체의 반응이 정서 경험에 선행한다고 제안하였고 이 시기에 덴마크의 생리학자 Carl Lange도 유사한 주장을 하였다. 이 두 사람의 유사한 견해를 James-Lange 정서이론이라고 한다. 이 이론에 의하면 자극은 우리 체내에서 생리적 변화를 일으키며 정서는 이러한 신체적 변화의 결과이다. 즉 신체 부위의 변화와 자율신경계의 흥분이 정서를 결정한다는 것이다. 만일 우리가 무서운 자극을 접하게 된다면 그러한 자극에 대한 지각은 근육, 피부 및 내장기관들로 하여금 변화를 유발한다. 즉 심박률은 더 빨라지고, 호흡에 변화가 오며, 얼굴이 상기되고, 소름이 끼칠 것이다. 두려움이란 정서는 이러한 변화를 자각하는 것에 지나지 아니한다. 이 모든 것들은 순간적으로 그리고 반사적이며 자동적으로 일어난다. 오늘날 정서에 관한 이러한 견해는 적어도 부분적으로는 옳다고 인정된다. 정서를 경험하는 데 말초신경적 신체변화는 분명히 중요하다. 예컨대 안면피드백 가설에서는 현재의 정서가 얼굴 표정을 변화시킬 수도 있지만, 얼굴 표정의 변화 자체가 정서를 변화시킬 수 있다고 주장하며 이는 실험적으로 검증이 되었다(Laird, 1974; Strack, Martin, & Stepper, 1988).

그러나 James-Lange 정서이론은 생리학자 Cannon(1929)에 의해서 비판을 받았다. 그의 비판 요지는 정서에 수반되는 신체 변화가 서로 구별될 수 있을 만큼 독특하지 않으며, 자율신경적 흥분은 정서 경험들을 구분짓기에 너무 느리고, 약물 등을 사용하여 흥분을 인위적으로 유발해도 진정한 정서가 유발되지 않는다는 것이다. 그는 Bard와 함께 새로운 이론을 제안하였다. Cannon-Bard 정서이론은 정서와 신체 반응은 동시에 일어난다는 것이다. 즉 우리가 무서운 자극을 접한다면 달리면서 동시에 무서워하는 것이지, 어느 반응이 다른 반응을 선행하지 않는다는 것이다. 그러나 극단적으로 위급 상황에 처하는 경우 등에서는 응급 대처 행동을 하고 난 후에 정서가 경험되기도 한다. 따라서 외부자극이나 상황과 신체변화 및 그에 대한 해석, 즉 인지활동을 고려하는 것이 필요하다.

어떤 자극이나 상황에 대한 해석이나 평가는 확실히 정서의 경험에 영향을 준다. 인지심리학자들은 이 아이디어를 확대시켜서 상황에 대한 지각이나 판단이 정서 경험에 필수적이라고 주장한다(Lazarus, 1982). 정서에 대한 인지이론인, Schachter와 Singer(1962)의 2요인 정서이론은 정서는 특정 자극에 의한 생리적 흥분과 그 흥분에 대한 명명(인지적 평가)의 2요인에 의해서 결정된다고 주장하며 이러한 주장을 뒷받침하려는 일부 연구들이 수행되어 왔다. 이와 관련된 연구들의 결론을 요약하면, 어떤 자극적 사건이 대체로 자율신경적 흥분과 인지적 평가를 일으키며, 지각된 흥분과 인지적 평가는 독립적으로 경험되는 것이 아니라 흥분이 인지적 평가에 귀인되고, 흥분과 인지적 평가가 정서 경험의 강도를 결정하는데 때로는 인지적 평가 단독으로도 정서 경험의 질을 결정할 수 있으며, 흥분이 정서 구별에 도움을 줄 수도 있지만 흥분의 역할은 인지적 평가의 역할보다 작다는 것이다.

앞에서 제시된 정서 이론들은 정서의 요소들이 서로 어떻게 관련되어 있는지를 알려 준다. 각 이론은 어느 정도 지지를 받아왔지만, 이 이론들은 확실히 정서 과정을 지나치게 단순화한 것이다. 자율신경계의 흥분과 인지적 평가의 요소들은 하위 요소들을 포함하는 복잡한 사상들이며 이들 하위 요소들이 모두 동시에 발생하는 것은 아니다.

한편, Izard(1971)는 인지적 정서이론의 몇 가지 전제를 비판하였다. 인지이론가들은 유아들은 아직 모든 정서에 수반되는 생리적 각성을 해석하는 것을 배우지 못했기 때문에 독특한 정서를 경험하지 않는다고 믿는 경향이 있다. 그러나 Izard는 유아들도 Plutchik의 여덟 가지 기본 정서와 대단히 유사한 10개의 기본적이고 독특한 정서들을 가지고 태어난다고 생각하고 있다. 이러한 기본 정서를 경험하는 능력은 생득적이며, 정서는 유아나 성인이 생존하는 데 도움이 되기 때문에 오랜 세월을 통하여 진화해 왔다고 본다. 예컨대 혐오감은 위험할 수 있는 대상을 제거하게 한다.

또한 Izard는 인지가 개입하지 않고서도 정서가 경험될 수 있다고 주장한다. 예컨대 고립이나 고통의 상황에서는 특유한 양식의 표정과 신체자세를 취하게 된다고 본다. 이러한 반응양식은 학습한 것이 아니며, 의식적 사고와는 완전히 독립적인 신경계 활동의 결과이다. Izard의 입장에서 보면 James–Lange 이론은 정서 경험이 신체 반응에서 생긴다고 주장하기 때문에 본질적으로 옳다. 그러나 James-Lange는 말초 반응을 강조한 데 비해, Izard는 정서 경험에 있어서 얼굴과 신체 자세가 중요함을 강조한다. 이제 정서의 표현적 측면을 살펴보기로 한다.

4. 정서의 표현

우리 대부분은 자기 이미지를 보호하고 사회적 관행에 동조하기 위하여 자기의 정서를 어느 정도까지는 감춘다. 그러나 대부분의 경우 우리는 언어적 및 비언어적 표현을 통해서 자신의 정서를 전달하고 또한 타인의 정서를 감지한다.

(1) 언어적 표현

타인들의 정서는 그들에게 무엇을 느끼고 있는지를 물어봄으로써, 즉 그들의 언어적 표현을 통해 알 수 있다. 그러나 실제로 언어적 표현은 개인의 실제 정서를 반영할 수도 있지만, 그렇지 못하고 위장된 정서를 반영할 수도 있다. 예컨대 당신이 친구의 카메라를 고장낸 경우, 친구가 이마를 찡그리며 "괜찮아, 고치면 되지 뭘"하고 말한다면 그의 언어적 메시지는 분명히 부정적인 것이 아니지만, 당신은 그의 표정에서 그 말이 그의 진짜 감정이 아님을 안다. 만약 그 친구가 "내가 몹시 아끼는 카메라인데, 고장나서 기분이 좋지 않구나" 라고 말한다면 이것은 그 순간의 그의 정서를 정확하게 보고하는 것으로 생각될 것이다.

여러 가지 이유로 인해 우리는 자신의 정서를 정확하게 보고할 수도 없고 보고하려고도 하지 않는다. 성장 과정에서 감정을 함부로 드러내지 말라는 것을 학습해 오기도 한다. 어떤 상황에서는 자기의 정서가 무엇인지를 정확히 모를 때도 있다. 정서를 자각하는 경우라도 우리가 느끼는 정서의 정도를 감소시킬 수도 있다. 예컨대 기말 시험이 겁나면서도 "별로 걱정 안돼"라고 말하는 것과 같다. 또한 정서를 전적으로 부정해 버릴 수도 있는데 특히 부정적인 정서일 때 그러하다. 어떤 사람의 마음을 상하게 하지 않기 위해서 혹은 그 사람이 윗사람이거나 권력자이기 때문에 우리가 어떤 사람을 좋아한다고 말할 때처럼, 예의상 혹은 자기보호를 위해 거짓 정서를 보고할 수도 있다.

이유가 무엇이든, 사람들의 언어적 표현이 그의 정서를 정확히 잘 반영하는 것은 아니다. 따라서 정서를 더 잘 이해하기 위해서는 정서의 다른 단서, 즉 비언어적 단서를 이해할 필요가 있다.

(2) 비언어적 표현

"행위는 말보다 더 크게 말한다." 사람들은 자기가 이해하거나 의도하는 것 이상으로 신체로써 보다 더 설득력을 가질 때도 있다. 우리는 얼굴 표정, 신체 자세, 목소리 및 신체적 거리를 통하여 다른 사람에게 많은 정보를 전달한다. 사실 신체는 말과 모순되는 정서적 메시지를 보낼 때도 있다.

얼굴 표정은 가장 분명한 정서 전달의 주요 수단이다. 우리는 상대방의 얼굴 표정을 관찰함으로써 그의 정서 상태에 대해 많은 것을 알 수 있다. 대부분의 얼굴 표정들은 학습된 것이 아니라 생득적인 것이다. 날 때부터 장님이거나 농아인 사람도 정서를 표현하는 데 정상인과 같은 얼굴 표정을 사용한다. Darwin은 대부분의 동물들이 같은 양식의 얼굴 근육운동을 공유하고 있음을 관찰하였다. 예컨대 개, 호랑이 및 인간은 모두 심하게 화가 나면 이를 드러낸다. Darwin은 또한 표현행동은 사회적 기능뿐 아니라 기본적인 생물학적 기능도 한다고 주장하였다. 정서가 진화사를 갖고 있으며 우리의 생물학적 유전의 일부로서 문화권에 걸쳐서 추적될 수 있다는 그의 견해는 정서표현에 대한 많은 현대 연구들의 기초가 되고 있다.

그러나 얼굴 표정으로 쉽게 인식되는 정서가 있는가 하면, 얼굴 표정만으로 쉽게 표현되거나 감지되기 어려운 정서들도 있다. 예컨대 Thompson과 Meltzer(1964)의 연구에 의하면, 대부분의 사람들은 사랑, 두려움, 결의 및 행복의 감정은 쉽게 표현을 하지만 고통, 혐오 및 조소는 표현하기가 훨씬 더 어려웠다. 이러한 감정들은 또한 다른 사람에게도 감지되기가 더 어렵다.

Ekman, Friesen 및 Ellsworth(1972)는 행복, 흥미, 놀람, 두려움, 슬픔, 분노 및 혐오(경멸)의 정서를 나타내는 일곱 가지의 주요한 얼굴 표정이 있음을 발견하였다. 이들 얼굴 표정 정보의 대다수는 입과 눈썹을 통해서 전달된다. 입술의 양 끝이 위로 올라갔는지, 아래로 쳐졌는지에 따라서 쾌나 불쾌의 정서를 감지할 수 있다. 또한 눈썹이 위로 치켜 올려졌는지의 여부도 정서를 진단해준다. 때에 따라 어떤 얼굴 표정을 지어야 하는지를 나타내는 제시규칙도 있다. 예컨대 장례식에서는 입술의 양 끝이 위로 올라간 입보다는 아래로 쳐진 입이 더 적절하다.

응시, 혹은 타인의 얼굴 부위를 바라보는 것은 흥미를 나타내는 방식이며 얼굴의 정보를 수집하는 방식이기도 하다. 여성들은 남성들보다 응시의 모든 측정치에서 시각적으로 더 주의깊다(Argyle, 1983; Henley, 1977). 게다가, 응시의 문화차도 있다. 아랍 세계, 라틴 아메리카 및 남유럽과 같은 '접촉 문화권'에서는 응시의 양이 많다. 이들 문화권에서 응시가 너무 적으면 불손하고 불성실한 것으로 보인다. 그러나 북미, 북유럽 및 아시아와 같은 '비접촉' 문화에서는 응시가 너무 많으면 위협으로 지각된다(Watson, 1972).

시선 접촉은 흥미, 분노 혹은 성적 매력과 같은 메시지를 전달하는 보다 더 직접적인 방식이다. 동공 확장은 눈 메시지의 또 다른 출처이다. 확장된 동공은 성적 매력을 나타낼 수 있다.

신체 자세를 통해 다양한 메시지가 전달될 수 있다. 자신감 있는 사람들은 당당한 자세로 걷는다. 자신감이 적은 사람들은 당당하게 서지 않으며 가슴을 활짝 젖히지도 않고, 혹은 어깨를 쫙 펴지도 않는다. 자신의 신체를 상대방 쪽으로 향하게 하는 것은 그에게 관심이 있다는 것을 의미한다. 또한 몸을 앞으로 혹은 뒤로 기울이는 것은 관심이나 무관심을 나타낼 수 있다. 신체 자세는 긴장과 불안의 정서를 전달할 수 있다. 예컨대, 팔과 다리를 꼬고 앉아 있는 자세는 정서적으로 초조함을 시사한다. 이완된 자세는 대체로 편안함을 전달해준다. Birdwhistell(1952)은 신체언어에 대한 연구를 통해서, 신체의 모든 운동들은 의미를 가지고 있으며, 어떤 운동도 우연적인 것은 없고 우리가 하는 모든 자세와 운동은 대부분 학습된 것이라고 하였다.

제스처도 정보나 정서를 전달할 수 있다. 예컨대 머리를 상하 혹은 좌우로 끄덕이는 것은 각각 '예'나 '아니오' 혹은 '좋다'나 '싫다'를 대신한다. 그러나 제스처는 문화에 따라 의미가 다르다. 그리스 사람들은 '아니오'라고 말할 때 머리를 뒤로 젖힌다. 북미에서는 '좋아요'의 뜻으로 엄지와 검지로 원을 만드는데, 이것이 프랑스와 벨기에에서는 '형편없는 사람'을 의미하고, 남부 이태리에서는 '지겨운 사람' 혹은 '당신은 항문성교를 원한다'는 것을 의미한다 (Ekman, Friesen, & Bear, 1984). 제스처는 성별에 따라 다르다. Eakins와 Eakins (1978)는 남성의 제스처는 더 크고, 움직임이 더 많고 강력한 반면, 여성의 제스처는 더 작고 더 억제되어 있다고 주장한다. 제스처는 그 자체만으로는 아무런 의미가 없고, 말과 기타 다른 단서들과의 종합에 의해서 의미를 갖는 경우가 많다.

사람들간의 물리적 거리(distance)도 정서 파악의 단서가 된다. 사람들 사이의 정상적 거리는 문화에 따라 분명히 다르다. 모든 문화에서는 대체로 정상적 대화에 적절한 것으로 생각되는 일정 거리 간격이 있다. 만약 어떤 사람이 평상시보다 한층 더 당신에게 가까이 서 있다면 그것은 공격성이나 성적 의미를 나타낼 수도 있으며 정상 대화 거리보다 더 멀리 떨어져 있으면 위축이나 반감을 나타내기 쉽다. 사람들은 자신이 좋아하는 사람들 가까이 있으려 하며, 물리적으로 가까이 있는 시간이 많으면 호감이 발전하는 경향이 있다.

구사하는 목소리의 크기나 말의 속도, 말소리의 고저, 떨림, 말을 더듬음, 주저함 등 음성을 사용하는 방식도 감정을 전달해 준다. 숙련된 관찰자들은 타인들이 경험하는 감정의 종류와 양을 잘 감지한다. 한편, 자신의 감정에 어두운 일부 사람들은 자신이 구사하는 말이 강한 감정을 표현함에도 불구하고, 흔히 따분하고 단조로운 방식으로 말한다. 다른 사람들은 너무 크고 강한 목소리로 다가옴으로써 자신의 불안을 드러낸다.

외현적 행동도 비언어적 단서가 될 수 있다. 문을 소리나게 닫으면 방을 나서는 사람이 화가 났다는 것을 알 수 있다. 등을 두들기거나 포옹을 하는 행위, 혹은 악수의 강도와 시간 등도 상대방에 대한 감정을 전할 수 있다. 그러나 외현적 행동은 정서의 단서가 될 수 있지만 항상 정확한 것은 아니다. 예컨대 울음과 웃음이 비슷하게 들릴 때도 있고, 울음의 이유도 여러 가지 정서들에 귀인될 수 있다. 또한 위장된 행동으로 정서를 표현할 수도 있으며, 때로는 무심코 한 행위가 상대방에게는 특정 정서를 감지하게 하기도 한다.

사람들은 비언어적 단서를 가지고 정서를 표현하거나 감지하는 능력에서 차이가 있다. 연구 결과에 의하면, 대체로 여성들이 남성들보다 비언어적 단서를 일관성있게 더 잘 이해하였다. 그러나 정신의학자, 심리학자, 정신병원의 보조원 및 교사 등과 같이 양육적 직업에 종사하는 남성들은 여성들과 유사한 수준으로 비언어적 단서를 잘 이해하였다. 또한 비언어적 단서에 대한 민감성은 연령과 더불어 증가한다. 이것은 사람들이 나이 들면서 비언어적 단서의 관찰 경험을 보다 많이 축적하기 때문일 것이다.

앞에서 기술한 바와 같이 비언어적 단서가 정서의 표현과 이해에 많은 것을 제공해 주지만, 개별적인 비언어적 단서들 그 자체는 정서나 내적 상태를 충분히 전달하지 못할 수 있다. 따라서 타인의 감정과 같은 내적 상태를 충분히 이해하기 위해서는 언어적 단서 및 여러 가지 비언어적 단서들을 복합적으로 인식하는 것이 필요하다.

◆ 생각해 볼 문제

1. 동기와 정서는 무엇인가?
2. 추동감소이론은 무엇인가?
3. Maslow의 동기의 위계는 무엇인가?
4. 섭식 동기의 조절기제는 무엇인가?
5. 성 동기에 영향을 주는 것은 무엇인가?
6. 소속 동기의 기능은 무엇인가?
7. 성취 동기가 높은 사람들은 어떤 특징이 있는가?
8. 내재적 동기와 외재적 동기는 무엇인가?
9. 정서 발생을 설명하는 이론들에는 어떤 것들이 있는가?
10. 정서의 표현과 이해에 사용되는 비언어적 단서들은 무엇인가?

제10장

인간의 심리와 지능의 측정

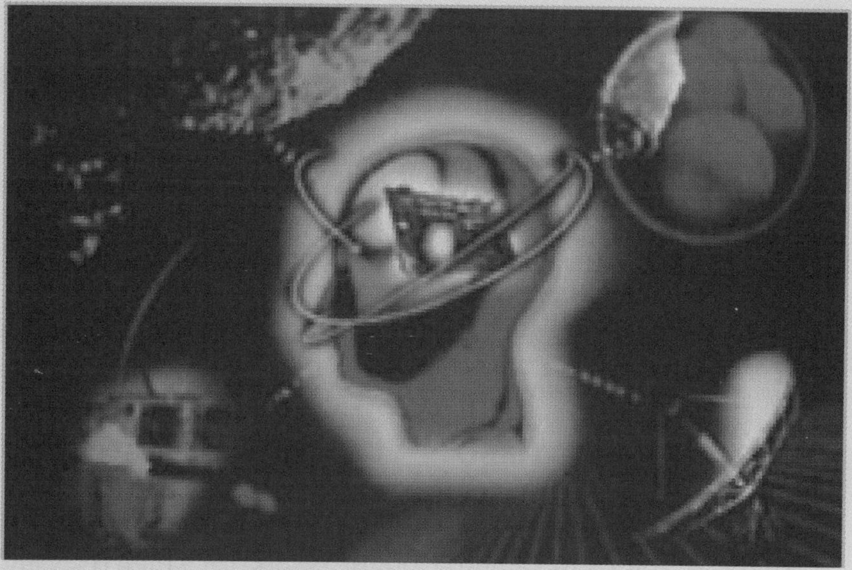

사람의 성격이나 지능을 어떻게 알아낼 수 있을까? 심리검사는 개인의 심리적 속성을 측정해서 그 검사결과를 점수로 나타내는 도구를 의미한다. 심리검사의 종류는 매우 다양해서 우리가 이미 알고 있는 지능검사, 성격검사, 적성검사 등을 포함해서 학교에서 실시하는 많은 시험 등도 포함된다. 이 장에서는 먼저 이러한 심리검사의 종류를 실제 문항 예를 토대로 설명하고, 다음은 심리검사가 어떻게 발달되어 왔고 어떤 상황에서 활용될 수 있는지에 대해서 설명하고자 한다. 심리검사가 사회에 미치는 영향에 대해서도 법률적인 측면에서 검토하고자 한다. 다음은 심리검사가 잘 만들어졌는지 아닌지를 판단하기 위하여 검사의 신뢰도와 타당도에 관해서 설명하고자 한다. 마지막으로 심리검시 가운데 일반인들이 가장 많이 사용하고 있고, 관심이 많은 지능검사에 관해 자세하게 다루고자 한다.

1. 심리검사란?

심리검사는 개인의 심리적 속성을 측정해서 그 검사결과를 점수로 나타내는 도구이다. 예를 들어 지능검사는 사람의 지능을 측정해서 그 결과를 IQ라는 점수로 나타내며, 사람의 내향성을 측정하는 성격검사의 경우도 검사를 받은 수검자의 내향성 점수가 어느 정도나 되는지를 나타내준다. 키나 몸무게와 같은 물리적 속성을 측정하는 도구는 거의 100% 정확하지만, 지능이나 성격과 같은 심리적 속성은 직접적으로 관찰 가능한 것이 아니기 때문에 심리적 상태를 추론해서 측정하게 되며, 따라서 이를 측정하는 심리검사는 아무리 잘 만든다 하여도 100% 정확한 것은 아니다. 그러나 대부분의 심리검사가 과학적인 절차를 거쳐서 만들어지기 때문에, 그 결과를 100% 맹신할 필요는 없지만 나름대로 그 정보를 믿고 충분히 검토하여 자신에게 도움이 되는 방향으로 활용할 필요가 있다.

심리검사의 중요성 심리검사가 중요한 이유는 한마디로 검사결과가 사람들에 대한 중요 결정을 내리는 데 사용되기 때문이다. 예를 들어 수능시험 성적에 따라 어느 대학에 들어가느냐가 결정되고, 기업체에서 실시하는 성격이나 적성검사 결과에 따라 그 기업의 합격 여부가 결정되며, 행동장애를 보이는 사람을 대상으로 성격검사를 실시해서 그 검사결과에 따라 정신병원 입원 여부가 결정된다. 또한 고등학생 및 대학생에게 흥미검사나 적성검사를 실시하여 이들에게 어떠한 직업을 택하는 것이 바람직하다는 조언을 해 줄 수도 있다.

이러한 상황에서 만약 만들어진 심리검사가 엉터리라고 가정해 보자. 아마 상상할 수 없을 정도의 혼란이 벌어질 것이다. 실력도 없는 학생이 수능시험에서 높은 점수를 받아 좋은 대학에 특차로 들어갈 수 있고 정상적인 사람이 정신장애자로 몰려서 정신병원에 수용될 수 있으며, 대학생에게 전혀 적성에 안 맞는 직업을 안내하여 정신적 고통을 겪게 하는 등의 엄청난 사회적 혼란이 야기될 수 있다.

2. 심리검사의 종류

다양한 종류의 심리검사만큼이나 심리검사를 분류하는 방법 또한 다양하다. 이러한 분류방법에 따라서 다양한 심리검사를 살펴보도록 하자.

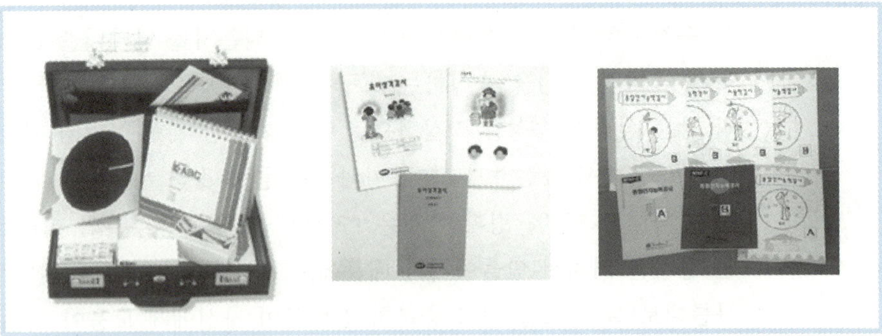

심리검사의 종류 인간의 마음과 행동을 정확히 측정하기 위해 다양한 종류의 심리검사가 개발되고 있다.

(1) 검사 수행양식에 따른 분류

검사를 유형별로 나누는 데 있어서 가장 중요한 분류방법은 검사에 답하는 방식에 따라 극대수행(maximum performance)검사와 습관적 수행(typical performance)검사로 나누는 방법이다.

1) 극대수행검사

극대수행검사란 보통 능력검사라고도 하는데, 일반적으로 일정한 시간이 주어지고 그 주어진 시간 내에 수검자가 자신의 능력을 최대한 발휘해서 답하도록 만들어진 검사이다. 이러한 유형의 검사는 각 문항마다 정답이 있어서 수검자의 점수는 주어진 시간 내에 몇 문제나 맞추었는지에 따라서 결정된다. 지능, 적성 및 성취검사 등이 이러한 유형의 대표적 검사이다. 이러한 검사를 좀 더 자세히 살펴보면 다음과 같다.

가) 지능검사

지능이란 일반적으로, 새로운 것을 학습하는 능력 또는 복잡하고 추상적인 자료를 적절히 취급하는 능력이라고 정의된다. 대개 아동용과 성인용으로 구분되며, 한 번에 한 명만 실시하는 개인용과 한 번에 많은 사람에게 실시하는 집단용으로 구분된다. 지능검사의 문항은 이 장의 마지막 부분의 지능에 관한 설명에서 소개하고자 한다.

나) 적성검사

주로 산업체나 학교에서 많이 사용되며, 대부분 특수한 직종에 맞는 사람을 선발할 목적으로 사용된다. 적성검사란 특정 직업 또는 분야에 능력이 있는지를 측정하기 위한 검사로서, 적성이란 단어를 가장 잘 나타내 주는 다른 단어는 바로 능력이다. 적성검사는 일반적성검사와 특수적성검사로 나눌 수 있다. 일반적성검사는 다양한 종류의 직무를 수행하는 데 포괄적으로 요구되는 기본 능력을 측정하며, 특수적성검사는 사람들이 특수한 직종에 요구되는 적성을 가지고 있는지를 측정한다(예: 사무, 기계 및 운동적성 등).

많은 적성검사 가운데 가장 많이 알려진 적성검사는 일반적성검사(General Aptitude Test Battery: GATB)라고 할 수 있다. GATB는 크게 인지요인(어휘력, 수리력, 일반학습능력), 지각요인(공간지각, 형태지각, 사무지각) 및 정신운동(psychomotor)요인(예: 운동협응, 손가락 민첩성 등)을 측정하고 있다. 여기서는 국내에서 실시되고 있는 적성검사 가운데 GATB와 유사한 적성종합검사(코리안테스팅센터에서 발간)에서 나오는 문항의 예를 들어보기로 한다.

예

가. 언어추리

다음 문제는 낱말과 낱말의 뜻의 관계를 나타내는 문제들이다. 앞의 (　　)에는 ①, ②, ③, ④ 중에서 가장 적당한 낱말 하나를 고르고, 뒤의 (　　)에는 ㄱ, ㄴ, ㄷ, ㄹ 중에서 하나를 고르시오.

1. (　　): 시 간 = 저 울: (　　)

① 흐르다	② 시 계	③ 정 확	④ 과 거
ㄱ. 무 게	ㄴ. 추	ㄷ. 가볍다	ㄹ. 재 다

나. 수리력

다음 문제는 다양한 계산능력을 알아보기 위한 문제이다. 정답을 골라 번호에 동그라미 하시오.

1. $K^2 = 1 - P^2$, $P = 1/2$일 때 K=?

① 1/2 ② $\sqrt{3}$ ③ 3/4 ④ 9/16 ⑤ 없음

다. 추리력

다음의 글자 줄은 어떠한 순서에 따라 적은 것이다. 각 줄마다 어떠한 순서로 되어 있는지를 파악한 후에, 제일 끝의 글자 다음에 올 글자를 골라 답안지에 표시하시오.

1. 15 16 14 17 13 18

① 16 ② 15 ③ 14 ④ 13 ⑤ 12 ⑥ 11

라. 지각속도

아래의 문제에서 왼쪽과 오른쪽 양쪽의 숫자, 글자, 그리고 그림의 순서와 모양이 같은지 또는 다른지를 빠르고 정확하게 가려내어 답하시오.

1. 8263528702—8263528102 같다 다르다

마. 어휘력

이 검사는 여러분이 짧은 시간 내에 얼마나 많은 낱말을 생각해 낼 수 있는지를 알아보기 위한 것입니다. 예를 들면 'ㄴ'으로 시작되는 낱말에는 '나무' '냄새' '느긋한' '날아간다' '넘어' 등과 같이 어떤 것이든 상관없다. 그러나 어미변화를 시켜서 한 낱말을 여러 개로 만들어서는 안되고 또한 인명과 지명 등의 고유명사도 사용할 수 없다.

1. 문제: 'ㅁ'으로 시작되는 낱말을 적으시오

바. 수공능력

이 검사는 여러분이 주어진 동그라미 안에 점을 얼마나 정확하고 빨리 찍는지를 알아보기 위한 것입니다.

○ ○ ○ ○ ○ ○ ○ ○ ○ ○

사. 공간지각

1. 아래의 그림에서 왼편에 펼쳐 그려 놓은 그림을 오려 접으면 오른편에 있는 네 개의 그림 중 어느 것이 되는지 정답에 동그라미 하십시오.

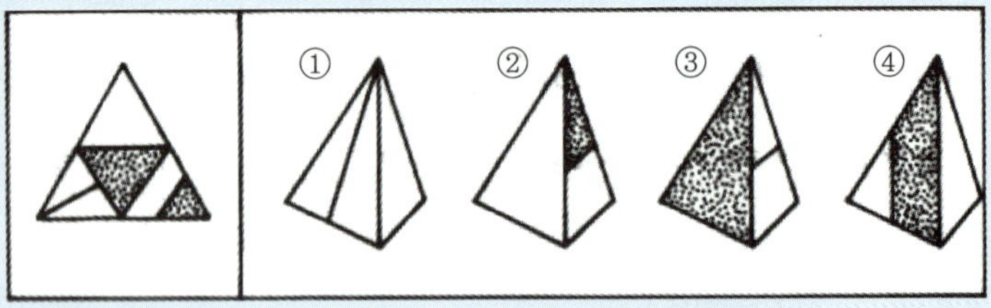

2. 아래와 같이 크기와 모양이 꼭 같은 나무토막을 쌓아 놓은 그림에서 나무토막이 몇 개나 되는지 정답에 동그라미 하십시오.

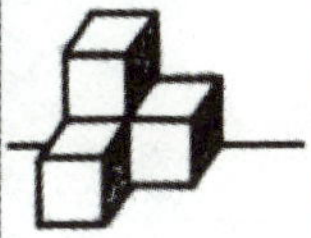

①	②	③	④
1	2	3	4

다) 성취검사

주로 특정 교육 및 훈련의 성과를 알아보기 위하여 실시하는 검사로서 학교에서 실시하는 다양한 형태의 시험 및 대입수능시험 등이 이에 포함된다.

2) 습관적 수행검사

습관적 수행검사란, 사람들이 특정 분야에서 얼마나 잘하는지 또는 얼마나 많이 알고 있는지의 능력을 측정하는 것이 아니라, 이들이 평소에 습관적으로 어떠한 행동을 보이는지를 측정하기 위한 검사이다. 예를 들어 한 개인이 정직성이 무엇을 의미하는지 아무리 잘 안다고 해도 그러한 지식이 그 사람이 평소에 정직하게 행동함을 보장하지는 못한다. 습관적 수행검사는 사람들이 평소에 얼마나 정직한 행동을 보이는지를 측정하기 위한 검사이다.

이러한 유형의 검사에는 성격검사, 흥미검사 및 각종 태도조사 등이 포함되며, 위의 능력검사와는 달리, 대개 일정한 시간 제한이 없고 각 문항에서 정답 또는 오답이 없다. 문항형식은 하나의 진술문이 주어지고 사람들이 그 진술문에 대해서 어떻게 생각하는지(맞다 또는 틀리다, 또는 얼마나 동의하는지의 정도)를 답하게 된다. 이 유형에 속하는 검사들을 좀더 자세히 살펴보면 다음과 같다.

가) 성격검사

개인이 가지고 있는 성향이나 기질 등을 측정하는 검사로서, 대표적인 검사로는 Cattell이 개발한 16개의 성격요인을 측정하는 16성격요인검사(16 Personality factors: 16PF), 캘리포니아주립대에서 만들어낸 캘리포니아 심리검사(California Psychological Inventory: CPI), 그리고 행동장애가 있는 비정상인들을 구분하기 위해서 만들어 낸 미네소타 다면성격검사(Minnesota Multiphasic Personality Inventory: MMPI) 등이 있다. 이들 검사는 주어진 문항에 대해서 "예" 또는 "아니오"로 답하게 되어 있다. 그러나 주제통각검사(Thematic Apperception

tion Test: TAT)나 로샤검사(Rorschach Test)와 같이 그림을 보고 자신의 생각을 기술 또는 말한 후에, 전문가가 반응자들의 응답내용을 분석해서 성격유형을 측정하는 주관식 반응유형검사도 있다.

성격검사의 전반적 문제점은 사람들이 솔직하게 응답하지 않고 자신의 행동을 왜곡해서 사회적으로 바람직하다고 생각되는 방향으로 반응하는 경향이 있다는 점이다. 사람들이 이러한 왜곡반응을 했는지를 조사하기 위하여 심리학자들은 많은 노력을 기울이고 있다. 예를 들어 MMPI에서는 거짓말 척도를 만들어 응답자들이 얼마나 진실하게 응답했는지를 조사한다.

MMPI는 지금까지 가장 널리 사용되고 가장 많이 연구된 성격검사라고 할 수 있다. 이 검사는 모두 566개 문항으로 10개의 임상 척도로 구성되어 있다. 이 임상 척도들은 ① 건강염려증(Hypochondriasis, Hs), ② 우울증(Depression, D), ③ 히스테리(Hysteria, Hy), ④ 반사회성(Psychopathic Deviate, Pd), ⑤ 남성성-여성성(Masculinity-Femininity, Mf). ⑥ 편집증(Paranoia, Pa), ⑦ (Psychasthenia, Pt), ⑧ 정신분열증(Schizophrenia, Sc), ⑨ 경조증(Hypomania, Ma), 그리고 ⑩ 내향성(Social Introversion, Si)로 이루어져 있다.

MMPI의 문항과 반응에 대한 지시사항을 예를 들면 다음과 같다.

예

아래의 문항을 읽고 각 문항이 자신을 잘 나타내고 있거나 자신의 생각과 같으면 "그렇다"에 자신을 잘 나타내지 않거나 자신의 생각과 다르면 "아니다"에 까맣게 칠하십시오(▨).

1. 기계에 관한 잡지를 좋아한다.
2. 식욕이 좋다.
3. 아침에 일어나면 대개 기분이 상쾌하고 몸이 거뜬하다.
4. 도서관에서 일했으면 한다.
5. 조그만 소리에도 쉽게 잠이 깬다.
6. 목에 무언가 꽉 막힌 것 같은 때가 많다.

나) 흥미검사

흥미는 특정 개인이 좋아하거나 싫어하는 활동으로 정의된다(Strong, 1943). 대부분의 흥미검사는 취미, 여가활동, 직업 및 기타 여러 활동에 대해 개인이 좋아하는지 또는 싫어하는지를 표시하도록 하고 있다. 이러한 정보를 토대로 흥미검사는 개인이 만족할 만한 직업을 찾도록 도와 주는데 큰 기여를 한다. 대표적인 흥미검사로는 Strong과 Campbell이 개발한 스트롱-캠벨 흥미검사(Strong-Campbell Interest Inventory: SCII)와 직업선호검사(Vocational Preference Inventory: VPI) 등이 있다.

검사 문항은 대개 다양한 활동이나 직업을 나타내는 진술문이 주어지며, 주어진 활동이나 직업을 좋아하면(흥미가 있으면) “예”, 좋아하지 않으면(흥미가 없으면) “아니오”의 방법으로 답하게 되어 있다. 단순히 어떠한 분야 이외에 특정 직업에 관한 정보도 제공함으로써 적성검사와 더불어 사람들이 직업 선택을 하는 데 도움을 줄 수 있다.

위에서 적성검사는 개인이 어떤 직업이나 분야에 능력이 있는지를 측정하는 검사인 반면, 흥미검사는 개인이 어떤 직업이나 분야를 좋아하는지를 측정하는 검사이다. 따라서 두 검사 결과에서 제공되는 직업은 다르게 나타날 수 있다. 예를 들어 어떤 사람이 교수가 하는 일을 좋아한다면 흥미검사 결과 교수가 제시될 있지만, 교수가 될만한 적성(즉 능력)이 부족하다면 적성검사 결과에서는 교수가 제시되지 않을 가능성이 높다. 장래 직업을 결정하고자 할 때, 가장 이상적인 것은 두 검사 결과가 일치하는 직업이나 분야를 선택하는

예

가. 1부: 직업(131개 문항)

아래의 다양한 직업에 대해 여러분이 그러한 종류의 일을 좋아할 것이라고 생각되면 응답지의 ①에, 싫어할 것이라고 생각되면 ②에, 좋아하지도 싫어하지도 않는다면 ③에 동그라미 하십시오.

(1) 배우　(2) 목수　(3) 신문기자　(4) 웨이터　(5) 심리학자

나. 2부: 학교 교과목(36개 문항)

아래의 다양한 과목에 대해 여러분이 좋아하면 ①에, 싫어하면 ②에, 둘 다 아니면 ③에 동그라미 하십시오.

(1) 농학　(2) 경제학　(3) 물리학　(4) 심리학　(5) 통계학

다. 3부: 직업활동(51개 문항)

아래의 여러 활동에 대해 여러분이 좋아하면 ①에, 싫어하면 ②에, 둘 다 아니면 ③에 동그라미 하십시오.

(1) 연설　(2) 요리　(3) 바느질

(4) 경쟁적 활동　(5) 사업계획수립

것이다.

흥미검사의 대표적 검사인 Strong의 흥미검사는 모두 325개 문항으로 구성되어 있는데, 문항의 예를 들면 앞에서와 같다.

다) 태도조사

종업원들의 직무만족 또는 조직몰입을 측정하거나, 대학생들의 성의식을 알아보려는 것과 같은 태도조사도 넓은 의미의 심리검사에 포함된다.

태도조사를 하는 데 가장 널리 사용되는 방법은 Likert(1932)가 제안한 방법이다. 이 방법은 측정하려는 구성개념에 관한 긍정 또는 부정의 내용을 담은 문항을 제시하고 응답자들은 이 문항에 대해서 어느 정도나 동의하는지를 5점 또는 7점(전적으로 동의함에서부터 전혀 동의하지 않음까지)척도를 이용해서 답하게 된다. 예를 들어 설명하면 아래와 같다.

예

다음은 여러분의 성의식이 얼마나 개방적인지를 알아보려는 검사입니다. 주어진 문항에 대해서 얼마나 동의하는지 아래 방식에 의거 적당한 번호에 동그라미 하십시오.

1: 전혀 동의하지 않는다
2: 동의하지 않는 편이다
3: 그저 그렇다 (동의하지도 동의하지 않는 것도 아니다)
4: 동의하는 편이다
5: 전적으로 동의한다

① 결혼전 순결은 반드시 지켜야 한다. 1 2 3 4 5
② 사랑과 결혼은 별개의 문제다. 1 2 3 4 5
③ 사랑하면 혼전 성관계를 가져도 무방하다. 1 2 3 4 5

(2) 검사 인원수에 따른 분류

검사를 실시할 때 검사를 받는 인원수에 따라서 집단검사와 개인검사로 분류할 수 있다. 개인검사는 검사를 실시할 때 한 명만을 대상으로 실시하는 검사를 말한다. 프랑스의 심리학자인 Binet가 개발한 Binet 지능검사와 미국의 웩슬러(Wechsler)가 개발한 성인용(Wechsler Adult Intelligence Scale: WAIS) 및 아동용(Wechsler Intelligence Scale for Children: WISC) 지능검사가 여기에 속한다. 개인검사는 좀더 정확하게 측정할 수 있다는 장점이 있으나 한 번에 한 명밖에 실시할 수 없기 때문에 많은 시간과 비용을 요구한다는 단점이 있다. 집단검사는 대부분의 성격, 지능 및 적성검사 등과 같이 검사를 한 번 실시할 때 많은 인원들을 한 장소에 모아 놓고 집단으로 실시하는 검사이다.

집단검사의 효시는 Army alpha라는 지능검사로 미국의 심리학자인 Yerkes 등이 중심이 되어서 제1차 세계대전중 군인선발을 위해 만들어진 검사이다. 이들은 많은 인원을 대상으로 검사를 실시해야만 했기 때문에 한 번에 집단으로 실시할 수 있는 검사를 개발하는 데 관심을 두고 Army alpha를 만들게 되었다.

(3) 검사도구에 따른 분류

심리검사는 검사도구에 따라서 지필검사(paper-and-pencil test)와 도구검사로 나눌 수 있다. 대부분의 심리검사는 지필검사로 볼 수 있는데, 이 유형의 검사는 응답자들에게 질문지를 나누어 주고 질문지 문항에 답하게 하는 방식을 취한다. 질문지와 연필만 있으면 검사를 실시할 수 있기 때문에 지필검사라고 부른다.

반면에 도구검사는 단순히 종이와 연필이 아닌 다른 도구나 장비를 이용해서 검사하는 방법을 말한다. 예를 들어 Purdue Pegboard 검사는 손가락의 민첩성과 같은 운동능력을 측정하기 위해서 만들어졌는데, 판 위에 구멍이 나있고 주어진 시간 내에 얼마나 많은 핀을 구멍에 끼우는지를 계산해서 점수화한다.

3. 심리검사의 역사 및 활용

(1) 심리검사의 기원

본격적인 심리검사의 개발은 1905년 프랑스의 심리학자인 Alfred Binet가 동료인 Simon과 함께 프랑스 정부의 지원을 받아서, 공립학교에서 지능이 떨어지는 학생들을 파악해 반편성을 따로 하기 위한 목적하에, 개발한 지능검사로부터 시작되었다고 볼 수 있다. Binet의 지능검사는 주로 어휘력을 측정하는 문항들로 구성되었는데, 종래의 검사들보다 진일보한 몇 가지 특징점을 갖고 있다. 먼저, 종래의 검사는 문항을 만드는 과정에서 머릿속에서만 논리적으로 생각해서 만들었으며 과학적인 형태의 문항분석을 시도하지 않았다. 이에 반해, Binet는 많은 문항을 만들어서 다양한 연령층의 아이들에게 실시해 보고, 각 연령층에 있는 아이들을 변별해 주는 문항만을 선택하는 방법을 택했다. 따라서 각 연령층에서 풀 수 있는 문제유형을 파악해 내어 실제 연령(chronological age)이 낮은 아이들이 쉽게 풀 수 있는 문제에서 시작하여 실제 연령이 높은 아이들이 풀 수 있는 문제를 만들어 내었다.

다른 특징점은 각 연령층에서 풀 수 있는 문항이 평균 몇 개나 되는지를 계산한 일종의 규준표를 만들었다는 점이다. 검사를 받으러 온 아이들은 처음부터 문제를 맞추기 시작해서 자신이 맞추지 못하는 문제가 나오면 검사를 그만두게 된다. 이때 검사자는 아이가 몇 개를 맞추었는지를 파악해서 규준표를 보고 그 아이의 정신연령(mental age)이 몇 살에 해당되는지 알 수 있다. 어떤 아이의 실제 연령은 7세이어도 9세 정도가 맞추는 정도의 문항들을 맞춘다면, 이 아이의 정신연령은 9세라고 할 수 있다. 현재 검사개발자가 검사를 만들 때 사용하는 문항분석 및 규준의 작성은, 비록 전과 비해서 상당히 정교해진 측면은 있지만, Binet가 사용했던 방법에서 크게 벗어나지 않는다. Binet검사는 여러 나라에서 번안, 출판되었는데, 가장 많이 알려진 것은 미국 스탠포드대학의 Terman과 동료들이 번안한 스탠포드-비네검사(The Standford-Binet Intelligence Scale)이다.

앞에서도 잠시 언급했듯이, Binet의 지능검사는 한 번에 한 사람에게만 실시할 수 있는 개인용 검사라는 단점이 있다. 한 번에 많은 사람에게 실시할 수 있는 집단용 검사는 미국에서 본격적으로 개발되기 시작했다. 20세기 들어서 Cattell과 Thorndike 등에 의해서 심리검사의 이론이 발전하게 되었는데, 특히 Thorndike가 1904년 검사이론에 관한 최초의 책인 "정신 및 사회 측정이론 입문서"(*An Introduction to the Theory of Mental and Social Measurements*)를 발간한 이후 검사이론에 관한 연구가 활발하게 진행되었다. 이러한 움직임에 힘입어, 마침내 1917년 Yerkes 등이 중심이 된 젊은 심리학자들은 미국 정부의 재정적 지원을 받아 최초의 집단검사인 Army alpha를 만들어내게 되었다. 이 검사는 주로 군인들을 선발하는 데 사용되었으며, 장교훈련에 적합한 지원자들을 가려내거나 정신적 능력이 떨어지는 군인들을 제대시키는 데도 사용되었다. 후에 영어를 잘 읽지 못하는 사람들에게도 실시할 수 있도록 그림을 많이 추가한 Army beta라는 집단검사가 개발되었다.

집단검사가 개발되기 시작하면서 적성검사, 성격검사, 흥미검사 등 다양한 유형의 심리검사가 등장하기 시작해서 개인의 적성, 성격 및 흥미 등을 측정하는 데 많은 도움을 주고 있다.

국내에서 심리검사의 발전은 주로 외국의 유명한 검사를 번안한 후, 우리나라 실정에 맞게 표준화작업을 거쳐 출판하면서 시작되었는데, 1960년대 들어서면서 본격적인 검사의 제작이 이루어졌다. 지능검사로는 1970년 고려대학교의 전용신이 고대-비네검사란 이름으로 비네검사의 한국판을 출판하였는데, 만 4세부터 만 14세까지의 아동의 지능을 측정하도록 만들어졌다. 1963년에는 중앙교육연구소에 있던 전용신, 서봉연, 이창우가 함께 한국판 성인용웩슬러지능검사(Korean Wechsler Intelligence Scale: KWIS)를 만들었으며, 이 검사는 만 12세부터 만 64세까지의 지능을 측정하였다. 1992년 한국임상심리학회에서 KWIS를 개정하여 성인용 개인지능검사를 재표준화하였다. 재표준화된 이 한국판 웩슬러지능검사(Korean-Wechsler Adult Intelligence Scale: K-WAIS)는 KWIS와 달리 16세 이상의 성인의 지능을 측정한다. 1974년에는 이창우와 서봉연이 아동용으로 한국판 아동용웩슬러지능검사(Korean Wechsler Intelligence Scale for Children: KWISC)를 만들었다. 1991년 한국교육개발원에서 개정된 한국판 아동용웩슬러지능검사를 제작하였다. 이 개정된 지능검사(Korean Educational Development Institute-wechsler Intelligence Scale for Children: KEDI-WISC)는 5세부터 15세까지의 아동의 지능을 측정한다. 집단용으로는 1950년대에 서울대학교의 교육심리연구실에서 정범모를 중심으로 집단지능검사를 개발하기 시작했고, 현재 여러 유형의 검사들이 제작, 판매되고 있다.

성격검사의 경우도 1965년 정범모, 이정균, 진위교 등이 MMPI를 번안, 표준화해서 사용하고 있다. 이 검사는 1989년 한국임상심리학회에서 새롭게 표준화하여 사용되고 있다.

최근 들어 노동부에서 실업자들의 구직활동을 돕기 위하여 이들에게 직업정보를 제공해 줄 수 있는 검사를 개발하는 데 앞장서고 있다. 이러한 재정적 지원을 통해 1998년 고대 행동과학연구소에서 개인의 흥미를 측정하는 선호도

검사를 개발하였으며, 이 검사는 인터넷상의 work-net에 접속하여 무료로 검사를 실시하고 결과를 받아볼 수 있다. 또한 2000년에는 탁진국, 유태용, 서용원, 김명소, 강혜련 등이 노동부의 지원을 받아 성인용 직업적성검사를 개발하였으며, 이 검사도 노동부 산하 사무소에서 무료로 실시하고 있다.

(2) 심리검사의 활용

심리검사는 다양한 분야에서 활용되어 사람들이 의사결정하는 데 도움을 주고 있다. 교육분야에서는 성취검사를 통해서 대학입학허가 및 학년 진급 등을 결정하는 데 이용하고 있으며, 흥미 및 적성검사를 통해서 학생들의 미래 진로를 상담하는 데 도움을 주고 있다. 학습 미진아를 미리 파악해서 따로 교육시키는 것도 심리검사를 실시해서 응용할 수 있는 분야이다.

교육분야 이외에도 심리검사는 산업체 및 정부기관 등에서 인사선발용으로 많이 사용되고 있다. 이때 주로 사용되는 검사는 적성검사, 성격검사 및 흥미검사 등이다. 선진국에서는 오래 전부터 이러한 검사를 이용해 사람들을 선발해 왔는데, 한국에서도 최근 들어 대기업에서 신입사원 채용 시 전공시험이나 상식시험 대신 적성 및 성격검사를 많이 실시하고 있는 실정이다.

한편, 심리검사는 상담 및 임상장면에서도 많이 사용되고 있다. 다양한 상담기관에서 여러 종류의 성격검사를 실시해서 정신적으로 안정을 이루지 못하는 사람들을 상담한다거나 또는 정신병원과 같은 임상장면에서 정신적으로 문제가 심각한 환자를 가려내어 그에 맞는 정신치료를 하는데, 심리검사는 커다란 도움을 주고 있다. 예를 들어 상담 및 임상장면에서 많이 사용되는 미네소타 다면성격검사(MMPI)는 정신분열, 우울 및 강박 등의 10가지 행동장애 요인을 측정하여 어떠한 정신적 장애가 있는지를 파악하는 데 큰 기여를 하고 있다.

4. 심리검사와 사회

심리검사가 사회에 미치는 영향과 관련된 주제는 다양하다. 그 가운데서도 많이 논의가 되는 내용은 검사의 사용이 법률적으로 저촉되지 않는지에 관한 것이다. 한국에서는 아직 이러한 주제가 심각하게 논의되지 않고 있으나 앞으로 충분히 논의될 소지가 있기 때문에 선진국의 실태를 간단히 알아보기로 한다.

만약 어떤 조직에서 자체 개발한 적성검사를 사용해서 신입사원을 선발했는데 불합격한 사람이 회사에서 실시한 적성검사가 문제가 있다고 소송을 제기하면 어떻게 될까? 한국에서는 아직 이러한 문제 때문에 소송이 걸린 경우가 없다. 그러나 최근 들어 많은 기업에서 필기시험 대신 성격이나 적성검사를 통해서 신입사원을 선발하고 있으며, 이 경향은 앞으로도 계속될 전망이기 때문에 심리검사가 올바로 만들어졌는지에 대한 법률적 해석을 필요로 하는 상황이 곧 온다고 볼 수 있다. 따라서 현재 미국에서는 이러한 문제가 생길 경우 어떤 과정을 거쳐서 처리가 되는지를 알아볼 필요가 있다.

미국에서 신입사원을 선발할 때 사용하는 심리검사가 법률적 관점에서 조명되기 시작한 때는 1964년 시민법(Civil Rights Act)의 제정 이후라고 볼 수 있다. 본래 시민법의 제정은 여러 분야에서 차별을 받는 미국 내 소수민족을 보호하기 위한 것이었다. 예를 들면 교육, 선발, 주거 등의 다양한 분야에서 소수민족에 대한 차별을 막기 위해서 만들어졌는데, 특히 시민법 제7장(Title VII)은 조직에서 사람을 고용할 때 특정 집단을 차별하지 않고 공정하게 선발할 것을 명시하고 있다. 이 조항은 민간기업뿐 아니라 국영기업 모두에 적용된다.

미국에서는 시민법을 효과적으로 집행하기 위해서 고용기회균등위원회(Equal Employment Opportunity Commission: EEOC)를 구성하여 조직에서 사용한 고용절차(심리검사, 면접 등)가 얼마나 타당성이 있는지를 평가하는 기준을 마련하도록 하고 있다. 이러한 기준을 마련하기 위해 EEOC는 1966년 EEOC 지침서(Guidelines)를 만들었는데(1970년과 1978년에 개정됨), 이 지침서에는 특정 고용방법이 시민법을 위배하는지를 결정하기 위해 EEOC가 사용하는 원칙과 절차가 자세히 설명되어 있다. 따라서 조직에서 선발용으로 사용하는 심리검사가 시민법상 문제가 있는지의 여부를 결정하는데도 이 지침서에 의존하게 된다(Arvey, 1979).

EEOC에서 하는 일을 좀더 자세히 살펴보면 특정 조직에서 사용하는 심리검사 또는 다른 선발도구가 자신을 포함한 특정집단에 불리하게 작용해서 결과적으로 차별했다고 판단할 경우(승진의 경우에서도 적용됨) EEOC에 제소할 수 있다. EEOC는 해당 조직의 최고경영자에게 그 사실을 알린 후, 그 제소가 타당하며 법률적 소송이 될 수 있는지를 자체적으로 분석한다. 만약 제소할만한 합리적인 근거를 찾지 못하면 제소를 취하한다. 만약 합리적인 근거가 있다고 판단되면 법적 소송을 걸기 전 제소를 한 자와 고용주가 서로 합의 조정할 수 있는 기회를 마련한다. 이러한 시도가 실패로 돌아갈 경우 EEOC는 고용주를 상대로 시민법을 위반했다는 소송을 제기하게 된다. 물론 EEOC가 첫 단계에서 제소를 취하할 경우 개인은 사설 변호사에게 의뢰하여 소송을 제기할 수도 있다.

조직에서 고용과 관련해서 사용하는 심리검사에 대한 법적 소송이 걸리고 세인의 주목을 받게 된 최초의 판례는 Griggs v. Duke Power Co.(1971)이다. 이 판례는 Duke Power社가 종업원을 관리직으로 승진시킬 때 사용하는 일종의 지능검사인 Wonderlic Personnel Test와 Bennett Mechanical Comprehension Test에서 흑인들이 전반적으로 낮은 점수를 받아 승진하기가 어려워지자 이들이 두 심리검사가 해당 직무를 수행하는 데 필요한 능력을 측정하지 못한다고 주장하며 소송을 제기한 것이다. 고용주는 이 검사를 실시함으로써 극소수의 흑인만이 승진 또는 고용되고 있음을 인정했으나 이들을 차별하려는 의도는 없었다고만 주장하였고, 원고측은 실제 흑인과 백인을 비교할 때 승진비율에서 유의한 차이가 있음을 입증하는 자료를 제시하면서 이 심리검사가 흑인들에게 불리하게 작용함을 주장하였다. 대법원은 만장일치로 원고승소 판결을 내렸는데 판결문의 내용 가운데 획기적인 지침을 마련한 부분은 공정한 검사란 무엇을 의미하는지를 밝혔다는 점이다. 그 내용을 살펴보면 공정한 검사란 특정 직무에서 필요로 하는 지식이나 능력을 공정하게 측정해야 하며, 검사점수가 직무와 관련된 작업 행동과 유의하게 관련이 되어 있음을 보여 주어야 한다는 것이다. 이 판결문 내용은 바로 EEOC 지침서에 나와 있는 규정에 입각한 것이다.

다시 정리하자면 심리검사가 특정 집단에 불리하게 작용했다는 소송이 걸렸을 경우 법원에서 판결하는 데 가장 중점을 두는 내용은 과연 그 검사가 실제 직무를 수행하는 데 필요한 능력을 얼마나 정확하게 측정하는지의 여부다. 즉 검사의 타당도가 얼마나 높은지에 관한 것이다. 예를 들어 소방공무원 선발시험에서 응시자의 신체적 힘을 측정하는 검사를 실시한다고 가정해 보자. 소방공무원의 직무를 제대로 수행해 나가기 위해서는 불이 났을 때 무거운 소방

호스를 들고 뛰어야 하고 부상당한 사람을 업고 나오는 등 일정 수준 이상의 신체적 힘을 필요로 한다. 물론 검사를 실시할 경우 여성은 남성에 비해 전반적으로 신체적 힘에서 떨어지기 때문에 여성에게는 불리하게 작용할 것이다. 그럼에도 불구하고 이 검사는 소방공무원이 된 후 직무를 수행하는 데 필요한 부분을 제대로 측정하고 있기 때문에 소송이 걸린다 하더라도 소방기관에서 승소할 가능성이 높다.

미국의 경우, 인사선발 시 심리검사를 사용할 때 적용되는 이러한 규제 때문에 각 조직에서는 심리검사가 제대로 만들어졌음을 입증할 수 있는 자료를 가지고 있어야 한다. 이를 위해서 심리검사는 반드시 신뢰도와 타당도 분석을 거쳐야만 하며, 이러한 분석을 위해서는 전문적인 지식을 가지고 있는 산업심리학자 또는 일반심리학자의 도움이 필요하다. 그만큼 심리학자가 이바지할 수 있는 외적 환경이 조성되어 있다고 볼 수 있다.

이와 같은 과정을 거쳐서 부적절한 검사를 없애고 올바른 검사를 사용하는 풍토를 조성해 나가는 것은 바람직한 일이다. 위에서도 잠시 언급했듯이 한국에서도 최근 기업에서 인사선발시 심리검사를 사용하는 경우가 많아지고 있다. 그러나 많은 기업에서 신뢰도나 타당도가 충분히 입증되지 않은 심리검사를 그대로 사용하고 있는 실정이다. 멀지 않은 미래에 한국에서도 미국에서와 같이 기업이 사용하고 있는 심리검사를 두고 법적 소송이 제기될 소지는 충분히 있다. 이때를 대비해서라도 기업에서는 심리검사가 제대로 만들어졌음을 객관적으로 입증할 수 있는 자료를 가지고 있어야 할 것이다. 법률적인 문제를 떠나서라도 자신의 회사에서 선발용으로 사용하고 있는 검사가 선발 후 직무수행을 얼마나 잘 할 수 있는지를 말해 줄 수 없다면, 무엇 때문에 심리검사를 사용하는 데 많은 돈과 시간을 들일 필요가 있는지 곰곰이 생각해 봐야 할 것이다.

5. 신 뢰 도

대부분의 검사에서 검사가 본래 측정하려고 하는 속성은 변화하지 않음에도 불구하고 검사를 여러 번 실시할 때마다 검사점수가 계속 변화하는 경우가 있다. 만약 초등학교 5학년인 길동이가 학기 초에 아동용 지능검사를 받았는데 지능지수가 120이 나왔다고 하자. 길동이가 한 달 후에 동일한 지능검사를 받았더니 이번에는 135가 나왔고, 다시 한 달 후에는 105가 나왔다고 하자. 아동의 지적 능력이 짧은 시간에 이와 같이 큰 폭으로 변화할 수 있는 것인가? 물론 매번 측정시 오차 때문에 동일한 점수를 얻기는 어려울 것이다. 그러나 이와 같이 검사점수의 변화가 클 경우, 길동이의 부모는 틀림없이 이 지능검사가 엉터리라고 생각할 것이다. 이 결과를 전문적 용어로는 심리검사의 신뢰도가 낮다고 표현한다. 심리검사의 신뢰도란 검사 점수가 시간의 변화에 따라 얼마나 일관성 있게 나타나는지의 정도를 의미한다.

검사의 신뢰도는 검사가 제대로 만들어졌는지를 판단하는 데 가장 기본이 되는 분석이다. 만약 검사의 신뢰도가 매우 낮게 나타난다면 검사의 타당도를 분석할 필요 없이 그 검사를 사용하지 않는 것이 바람직하다.

검사의 신뢰도가 높은지 또는 낮은지를 추정하는데는 여러 가지 방법이 있다.

(1) 검사-재검사법(test-retest method)

이 방법은 사람들이 하나의 검사에 대해 서로 다른 시점에서 얼마나 일관성 있게 반응하는지를 알아봄으로써 신뢰도 추정치를 구하는 방법이다. 먼저 새로 개발된 검사를 한 집단에게 실시하고, 동일한 검사를 일정한 시간이 경과한 후 동일한 집단에게 다시 실시한 뒤, 두 검사 점수간의 상관계수를 구하면 이 계수가 바로 신뢰도 추정치가 된다. 상이한 시점에서 실시된 두 검사 사이의 상관계수이기 때문에 안정도계수(coefficient of stability)라고도 부른다.

(2) 동형법(alternate form methods)

이 방법은 연구자가 개발한 검사와 가능한 여러 면에서(내용, 반응과정, 통계적 특성: 예, 일반 지능 검사의 다양한 유형) 동일한 다른 검사를 개발하고, 두 검사점수간의 상관계수를 구해서 검사의 신뢰도를 알아보는 방법이다. 완전하게 동질적인 검사를 만들어냈다면 사람들의 두 검사점수는 동일해야 한다. 만약 점수에서 차이가 있다면 그것은 측정오차에 기인한 결과라는 결론을 내리게 되고, 측정오차가 어느 정도나 되는지를 추정함으로써 검사의 신뢰도를 구한다.

신뢰도를 구하는 과정은 먼저 개발한 검사 A를 한 집단에게 실시하고, 동형의 검사 B를 바로 이어서 응답자들이 피곤을 느끼지 않을 정도의 시간을 주고 동일 집단에게 실시한 후, 두 검사점수 사이의 상관계수를 구하면 이 계수가 바로 신뢰도 추정치가 된다. 이 계수를 동등계수라고도 하며, 이 계수가 클수록 두 검사를 상호교환해서 사용할 수 있다.

(3) 반분법(split-half methods)

검사-재검사법이나 동형검사법은 검사의 신뢰도 추정치를 구하기 위해서 모두 동일 또는 동형의 검사를 재실시해야 한다는 단점이 있다. 검사를 한 번만 실시해서 신뢰도 추정치를 구할 수 있다면 시간과 비용 면에서 상당한 절약을 할 수 있을 것이다.

반분법은 바로 이러한 목적을 위해 사용하는 방법으로서, 먼저 검사를 한 집단에게 실시하고 전체 검사문항들을 반으로 나누어서 하위검사 1, 2로 만든 다음, 모든 사람들이 두 하위검사에서 얻은 점수 사이의 상관계수를 구하는 방법이다.

(4) 내적일관성 방법(internal consistency method)

반분법이 검사를 반으로 나누는 방식의 수만큼이나 신뢰도 추정치가 많아진다는 문제점이 발생한다. 이러한 문제점을 제거하고, 단일 추정치를 계산해내기 위한 방법들이 모색되었는데 내적일관성 방법은 바로 이에 대한 해답을 제공한다.

반분법은 반으로 나누어진 하위검사 2가 하위검사 1과 동형이라는 가정하에 신뢰도계수를 구하였다. 따라서 동형법과 동일한 개념하에서 이해할 수 있다. 내적일관성 방법도 문항 하나 하나를 검사로 생각하면 동형법과 같은 개념으로 이해할 수 있다. 검사의 신뢰도란 검사를 실시할 때마다 사람들의 점수가 얼마나 일관성 있게 나타나는지의 정도를 뜻한다고 했다. 만약 문항들이 동질적이라면 사람들이 각각의 문항에 얼마나 일관성 있게 답했는지를 파악함으로써 검사의 신뢰도를 추정할 수 있을 것이다. 물론 각 문항에서 사람들의 점수가 일관성 있게 나타날수록 그 검사의 신뢰도는 높을 것이다.

6. 타 당 도

앞에서 검사의 신뢰도에 관해 설명하였다. 검사의 신뢰도가 높다고 해서 그 검사가 완성 단계에 이른 것은 아직 아니다. 앞에서도 설명했듯이 높은 신뢰도가 의미하는 바는 검사를 여러 번 실시했을 때 단지 검사점수가 일관되게 나온다는 것이다. 완전한 심리검사가 되기 위해서는 신뢰도 이외에 검사의 타당도를 분석해야 한다. 검사의 타당도란 그 검사가 원래 측정하려 했던 것을 실제로 잘 측정하는 정도를 말한다. 예를 들어 새로운 지능검사를 개발했을 경우, 그 검사가 지능이란 특성을 제대로 측정하는지 아니면 지능과는 무관한 특성을 측정하는지를 말해 준다.

검사의 신뢰도와 타당도 사이에는 밀접한 관련이 있다. 많은 경우에 검사의 신뢰도가 높으면 타당도도 높게 되나, 반드시 그렇지 않다는 사실에 주의해야 한다. 검사의 신뢰도가 높아도 타당도는 낮게 나올 수 있다. 예를 들어 성인의 지능을 측정하기 위한 검사를 만드는 데 지능과는 관련이 없는 성격특성을 묻는 문항들로 검사를 만들었다고 하자. 이 경우 검사의 신뢰도는 높을 수 있지만 타당도는 낮게 된다. 왜냐하면 이 검사는 원래 측정하려 했던 지능이 아닌 성격특성을 재고 있기 때문이다. 따라서 심리검사가 얼마나 잘 만들어졌는지를 평가하기 위해서는 검사의 신뢰도 분석만 가지고는 충분하지 못하다. 반드시 검사의 타당도를 분석해야 한다. 엄격히 말해 심리검사의 경우에는 검사의 타당도 분석을 한다고 해도 그 검사가 본래 측정하려 했던 특성을 얼마나 제대로 측정하는지를 평가할 명확한 외적 기준은 없다. 물리적 특성을 측정하는 경우 이러한 기준은 존재한다. 예를 들어 30cm 자를 만든다면 그 자가 정확한지는 쉽게 평가할 수 있을 것이다. 그 자를 정부에서 인정하는 공신력 있는 기관에 가서 기존의 정확한 자와 비교해 보면 되기 때문이다. 그러나 심리검사의 경우 예를 들어 지능검사를 길동이에게 실시하여 지능지수 110이 나왔다면 이 점수가 정확한 것인지를 평가할 직접적인 외적 기준은 없다. 따라서 심리학자는 간접적인 방법을 통하여 심리검사의 타당도를 분석하게 된다. 이와 같이 간접적인 방법을 통해서 심리검사의 타당도를 평가하기 때문에 한 가지 방법보다는 다양한 방법을 통하여 분석한 뒤 그 분석자료를 종합하여 최종 결정을 내리는 것이 바람직한 방법이라 하겠다.

검사의 타당도를 분석하는 방법에는 여러 가지가 있다. 크게 나누어 내용타당도(content validity), 구성타당도(construct validity) 및 준거관련타당도(criterion-related validity)의 세 가지로 구분된다. 검사의 특성과 검사가 사용되는 상황에 따라 더 중요한 타당도 분석방법이 존재할 수 있으나 일반적으로 가장 이상적인 방법은 이 세 가지 분석방법을 다 사용해서 검사의 타당도를 조사하는 것이다.

(1) 내용타당도(content validity)

내용타당도는 검사문항들이 측정하고자 하는 내용 영역(domain)을 얼마나 잘 대표하는지의 정도를 평가하는 방법이다(Crocker & Algina, 1986). 예를 들어 초등학교 저학년을 대상으로 실시하는 수학시험에서 미분과 적분 공식을 적용해야만 풀 수 있는 문제보다는 10 더하기 15는 얼마인지를 묻는 문제가 초등학생의 수학능력을 더 정확하게 평가할 수 있다. 이 경우 수학전문가가 아닌 일반인이 문제를 살펴보기만 해도 어떤 문제가 더 타당한 내용을 포함하고 있는지 쉽게 알 수 있을 것이다. 물론 검사의 내용타당도 분석은 검사가 측정하려는 내용 영역에 관해 지식이 있는 전문가들의 판단에 의존하게 된다. 전문가들이 검사문항을 보고 각 문항이 검사가 측정하려는 전체 내용을 적절하게 나타내고 있는지를 평가하게 된다.

(2) 구성타당도(construct validity)

예를 들어 심리학자가 성인용 지능검사를 개발하려 한다고 하자. 지능이란 물리적으로 존재하는 것이 아니며 따라서 객관적으로 관찰 가능한 대상이 되지 못한다. 지능은 추상적인 개념을 뜻한다. 지능뿐 아니라 심리학에서 측정하려는 많은 직무만족, 동기 또는 내향성과 같은 성격특성 모두 추상적 개념이며 이러한 개념을 구성개념(construct)이라 한다. 이 구성개념은 직접적으로 관찰할 수 없지만 개인의 행동을 이해하고 예측하는 데 중요하다. 구성개념 자체가 본질적으로 추상적이기 때문에 이를 측정하는 심리검사의 타당도를 분석하는 방법 또한 복잡하다. 심리검사가 심리적 구성개념을 제대로 측정하고 있는지를 평가하는 방법을 구성타당도 분석이라고 한다.

구성타당도를 분석하는 방법 중의 하나는 연구자가 새로 개발한 검사를 동일하거나 유사한 특성을 측정하는 기존의 검사들과 비교해서 두 검사간의 상관계수를 구하는 방법이다. 만약 새로운 검사의 구성타당도가 높다면 이미 신뢰도와 타당도가 입증된 기존의 유사 검사들과의 상관계수가 높게 나타날 것이다. 예를 들어 새로 개발한 지능검사를 기존의 지능검사와 비교해서 두 검사간의 상관계수가 높게 나타났다면 새로운 지능검사는 지능이라는 구성개념을 제대로 측정하고 있다는 간접 결론을 내릴 수 있다. 이때 이 검사의 수렴타당도(convergent validity)가 높다고 한다. 만약 두 검사간의 상관계수가 낮게 나왔다면 새로운 지능검사의 수렴타당도는 낮을 것이다. 여기서 명심해야 할 것은 새로운 검사와 비교되는 기존 검사의 신뢰도와 타당도가 반드시 높아야 한다는 점이다. 기존의 검사가 좋지 않다면 그 때문에 두 검사간의 상관계수가 낮게 나타날 가능성이 있기 때문이다.

또 다른 방법은 변별타당도(discriminant validity) 분석으로서, 이 방법은, 위의 수렴타당도 분석과는 달리, 새로운 검사를 이와는 다른 특성을 측정하는 기존의 검사와 비교해서 두 검사간의 상관계수를 구해서 분석하는 방법이다. 만약 새로운 검사의 구성타당도가 높다면 다른 특성을 측정하는 검사와의 관련성은 낮아야 한다는 가정을 세울 수 있다. 이 가정이 입증되었을 경우 새로운 검사의 변별타당도가 높다는 결론을 내릴 수 있다. 예를 들어 새로운 지능검사를 개인의 신장과 비교해서 둘간의 상관계수를 구하려 한다고 하자. 개인의 키가 크거나 작을수록 지능이 높거나 낮다는 가정을 할 만한 근거는 전혀 없기 때문에 지능과 신장간의 관련성은 낮을 것으로 가정할 수 있다. 따라서 둘 사이의 상관계수가 낮게 나온다면 이러한 가정은 맞게 되고 검사의 변별타당도가 높다는 결론을 내리게 된다. 만약 상관계수가 높게 나온다면 이는 지능검사가 지능을 제대로 측정하지 못했기 때문에 나타난 결과로 결론을 내릴 수 있다.

(3) 준거관련타당도(criterion-related validity)

심리검사의 타당도를 평가하는 또 다른 방법은 준거관련타당도 분석을 실시하는 것이다. 준거관련타당도란 간단히 말하면 심리검사와 준거와의 관련성을 분석하는 방법이다. 준거란 검사를 평가하기 위한 기준을 의미한다. 심리검사를 개발하는 연구자는 응답자의 심리검사 점수를 통해서 그 사람이 다른 행동 준거에서 어느 정도의 수행을 보일 것인지를 예언하는 데 큰 관심이 있다. 예를 들어 대학입학수능시험을 개발한 연구자들은 그 시험성적이 대학에 들어와서 학생들의 학업성적을 얼마나 잘 예언해 줄 수 있는지에 큰 관심을 갖고 있을 것이다. 또한 적성검사를 사용해서 신입사원을 선발하는 조직에서는 그 적성검사 점수가 신입사원이 들어와서 일을 잘 하는지 또는 못하는지를 얼마나 잘 예언해 줄 수 있는지에 큰 관심을 갖게 된다. 이 예에서 학업성적과 직무수행이 검사의 타당도를 평가할 수 있는 기준이 된다. 이 상황에서 심리검사를 사용하는 주요 이유는 심리검사에서 높은 점수를 받은 사람이 준거에서도 높은 점수를 받을 수 있다고 생각하기 때문이다.

특히 조직에서 사용하는 성격검사나 적성검사의 경우 바로 특정 성격이나 적성이 조직에 들어와서 일을 하는 데 중요한 특성이라고 판단되었기 때문에 신입사원 선발시 그러한 검사를 사용하는 것이다. 따라서 검사가 본래 측정하려 했던 성격이나 적성을 제대로 측정하고 있다면, 즉 타당도가 높다면, 검사에서 높은 점수를 받은 사람은 직무에서 요구되는 성격이나 적성을 갖고 있는 셈이며 이러한 성격이나 적성을 가진 사람은 조직에 들어와서 맡은 일을 잘 해낼 수 있을 것이다. 예를 들어, 회사에서 기계직에 필요한 사람을 선발하기 위하여 기계적성을 측정할 수 있는 검사를 개발했다고 하자. 이 검사가 정말로 기계적성을 제대로 측정한다면, 우리는 이 검사에서 높은 점수를 얻은 사람이 낮은 점수를 얻은 사람에 비해서 선발된 후 맡은 일을 더 잘 해나가리라 기대할 수 있을 것이다. 이 경우 검사성적과 직무수행간의 관계는 일정하게 나타날 것이다.

이와 같이 검사와 준거간의 관계를 분석해서 검사의 타당도를 평가하는 방법을 준거관련타당도 방법이라 한다. 이 경우 검사와 준거간의 상관계수를 구하게 되는데 이를 타당도계수라 한다. 타당도계수가 높으면 검사의 준거관련타당도는 높고 타당도계수가 낮으면 검사의 준거관련타당도는 낮다는 결론을 내릴 수 있다.

7. 규준(norms)과 규준집단

개발한 검사의 신뢰도 및 타당도를 분석한 결과 모두 높게 나타났다면 그 검사는 완전한 검사가 된 것이고 다음 단계는 그 검사를 사람들에게 실시하는 일이다. 검사를 실시한 후에 해야 할 일은 응답자들의 점수를 해석하는 것이다.

한 개인의 점수를 다른 사람들의 점수와 비교해서 해석할 때, 비교가 되는 점수들을 규준(norm)이라 하며, 비교대상이 되는 집단을 규준집단(norm group)이라 한다. 예를 들어, 길동이가 다섯 분야의 적성(언어적성, 기계적성, 수리적성 등)을 측정하는 적성검사를 받았을 경우, 길동이는 각 하위검사에서의 점수를 얻게 된다. 길동이가 궁금한 것은 단지 각 분야에서의 점수가 아니라, 과연 자신이 받은 점수가 다른 사람들(즉, 규준집단)과 비교했을 때 얼마나 높은 점수인지, 또는 낮은 점수인지에 관한 정보이다. 이러한 정보가 있어야만 자신이 어느 분야의 적성이 높은지를 알게 되고, 이를 통해 그 분야와 관련된 직업을 택하는데 도움을 받을 것이다. 이와 같이 길동이에게 실시한 적성검사의 점수를 해석하기 위해서, 검사개발자는 자신이 개발한 검사를 먼저 규준집단에게 실시하여 모든 사람들의 점수가 일목요연하게 나타나는 표를 만들어야 한다. 이를 규준표(norm table)라고 한다. 규준표의 간단한 예를 들어보면 규준집단에 속한 모든 대학생들의 점수를 가장 높은 점수로부터 낮은 점수의 순으로 배열해 놓고 그 점수 옆에 각 점수에 해당하는 백분위(percentile)를 기록하면 된다. 예를 들어 95가 가장 높은 점수라면 이는 백분위 100에 해당하고 50이 중간 점수라면 백분위 50에 해당한다. 이와 같은 표를 가지고 있으면, 나중에 적성검사를 길동이에게 실시해서 얻은 점수를 이 표와 비교함으로써 길동이가 또래의 다른 대학생들에 비해 어느 정도의 위치에 있는지를 쉽게 알 수 있게 된다.

8. 지 능

지금까지 심리검사 전반에 걸쳐 간단하게 살펴보았다. 지금부터는 다양한 심리검사 가운데 하나이며, 일반 대중들이 가장 많은 관심을 갖고 있는 지능검사에 관해서 좀더 자세히 알아보기로 한다.

(1) 지능의 개념

지능은 일반적으로, 새로운 것을 학습하는 능력 또는 복잡하고 추상적인 자료를 적절히 취급하는 능력으로 정의된다.

지능검사를 과학적으로 측정해서 IQ(지능지수)를 산출해 낸 최초의 사람은 앞의 심리검사의 역사에서도 잠시 설명했던 프랑스의 비네(Binet)란 사람이다. 비네는 아동의 정신연령을 실제연령으로 나눈 후 그 값에 100을 곱하여 IQ점수를 계산해 내었다. 예를 들어 어떤 아동의 실제 연령은 8세인데, 지능검사에서 10세 정도의 정신연령에 해당될 정도로 문제를 많이 맞추었다면 이 학생의 지능지수는 125가 된다.

비네의 지능검사 이 후 개발된 지능검사들은 지능지수를 계산하는 방식에 있어서 비네의 방식과는 다른 방법을 채택하고 있다. 대부분의 지능검사들은 수검자들이 문제를 맞춘 원점수를 점수 분포의 평균이 100, 표준편차가 15인 정상분포상의 점수로 환산하여 지능지수를 산출하고 있다. 따라서 대부분의 지능검사에서 지능지수가 100이 나왔으면 이는 자기 또래의 사람들 중 지능지수가 평균에 해당됨을 의미하는 것이다. 만약 지능지수가 115라면 평균보다 1 표준편차 위의 점수를 받은 것이며, 이는 정상분포상에서 계산해 보면 상위 약 16% 정도에 해당하는 점수이다.

그러나 이러한 지능지수는 자신의 연령과 비슷한 사람들과 비교해서 계산된다는 점을 인식하는 것이 중요하다. 지능지수는 지능검사에서 더 많은 문제를 맞출수록 점수가 더 높아지게 되는데, 그렇다면 어른이 아이보다 더 많은 문제를 맞출 수 있기 때문에, 나이가 들면서 지능지수가 높아질 것으로 생각할 수 있다. 그러나 어렸을 때는 비슷한 연령의 어린 아이들과 비교해서 지능지수가 계산되고 성인이 되어서는 비슷한 연령의 성인과 비교해서 지능지수가 계산되기 때문에, 지능지수는 큰 변화가 없게 된다.

여기서 잠깐 지능검사의 문항에 관해 소개하고 넘어가기로 하자. 여기서는 개인용 지능검사인 웩슬러 성인지능검사(Wechsler Adult Intelligence Scale: WAIS)를 소개하고자 한다. 웩슬러 성인용지능검사는 1955년 웩슬러에 의해 만들어진 세계적으로 가장 많이 사용되는 개인용 지능검사로서 1981년 개정(Wechsler Adult Intelligence Scale-Revised: WAIS-R)되었으며, 1997년 제3판 WAIS-Ⅲ(Wechsler Adult Intelligence Scale-Third Edition)가 개발되었다. WAIS-R은 모두 11개의 하위검사로 구성되어 있으며, 크게는 언어성검사(Verbal Scale)와 동작성검사(Performance Scale)로 구분된다. 언어성검사는 모두 6가지의 하위검사로 구성되어 있고 동작성검사는 모두 5가지의 하위검사로 구성되어 있다. WAIS-Ⅲ는 WAIS-R에 3개의 소검사를 추가하여 14개 하위검사로 이루어져 있다. 이 검사는 언어성지능, 동작성지능, 전체지능뿐만 아니라 언어이해력, 지각적 조직력, 작입기억 그리고 처리속도에 대한 지수도 제공한다. 국내에서는 한국임상심리학회가 1992년 WAIS-R을 토대로 한국실정에 알맞는 내용으로 문항을 보완하여 K-WAIS를 개발하였다. K-WAIS에 포함된 11가지 하위검사에 대한 문항을 간단히 소개하면 다음과 같다.

예

가. 언어성검사

1. 기본지식문제(29개): 개인이 갖고 있는 기본지식의 정도를 측정한다.
   ① 운명교향곡의 작곡자는 누구입니까?

2. 숫자외우기(14개): 청각적 단기기억과 주의력을 측정하는 검사로서, 검사자가 숫자를 불러 주면 수검자가 이를 바로 따라서 말하거나 거꾸로 따라서 말하면 된다.
   ① 5-3-1-4-9

3. 어휘문제(35개): 학습능력과 일반개념의 정도를 측정하는 검사로서 검사자가 단어의 뜻을 물어보면 수검자는 이에 답하도록 되어 있다.
   ① 목도리

4. 산수문제(16개): 수개념의 이해와 주의집중력을 측정한다.
   ① 한 시간에 3km 걷는 사람이 24km를 걷는 데 몇 시간이 걸립니까?

5. 이해문제(16개): 일상경험의 응용능력이나 도덕적, 윤리적 판단능력을 측정한다.
   ① 옷은 왜 빨아서 입습니까?
   ② 사람들은 왜 세금을 내야 합니까?

6. 공통성문제(14개): 유사성의 관계 파악능력과 추상적 사고능력을 측정한다.
   ① 사과와 복숭아의 공통점은 무엇입니까?

나. 동작성검사

1. 빠진 곳 찾기(20개): 사물의 본질적인 부분과 비본질적인 부분을 구별하는 능력과 시각적 예민성을 측정하는 검사로서, 수검자는 하나의 그림이 나와 있는 카드를 보고 그림에서 무엇이 빠져있는지를 맞추어야 한다.
   ① 예: 꼬리가 없는 돼지 그림 카드 제시

2. 차례맞추기(10개): 전체상황에 대한 이해력과 계획능력을 측정하기 위한 검사로서, 수검자는 순서가 뒤섞인 여러 장의 그림카드를 보고 올바른 순서대로 배열해야 한다.
   ① 예: 이 그림들은 인부가 집을 짓고 있는 이야기입니다. 그런데 그림의 순서가 잘못되어 있습니다. 이야기가 되도록 바른 순서대로 배열하십시오.

3. 토막짜기(9개): 지각구성능력과 시각-운동 협응능력을 측정하기 위한 검사로서, 수검자는 모두 9개의 토막(각 토막에는 빨간 색 또는 흰 색이 칠해져 있음)을 이용해서 검사자가 보여 준 카드의 모양대로 만들어야 한다.

4. 모양맞추기(4개): 지각능력과 재구성능력, 시각-운동 협응능력을 측정하는 검사로서, 수검자는 배열된 여러 조각들을 이용해서 올바른 모양으로 만들어야 한다.

5. 바꿔쓰기(93개): 단기기억능력 및 민첩성, 시각-운동 협응능력을 측정하는 검사로서, 수검자는 주어진 숫자 바로 밑의 공란에 그 숫자를 다른 기호(예, '1'은 'ㅡ', '2'는 'ㅗ')로 바꾸어 써야 한다.

(2) 지능검사의 타당도

"지능검사는 학업성적과는 높은 상관이 있는 것으로 나타나고 있다. 대부분의 연구에서 .6~.7 정도의 상관이 나타나고 있다. 상관계수의 크기가 .0~1.0

사이의 값을 갖는 것을 고려할 때, 이러한 수치는 심리학 연구에서 매우 높게 나타나는 것이다. 실제 학업장면에서는 성실성과 같은 성격요인보다도 지능이 성적에 미치는 영향이 더 높게 나타나고 있다.

그러나 일상생활에서 사람을 대하는 데 있어서 또는 직장에서 업무를 처리하는 데 있어서는 지능지수가 큰 관련이 있는 것으로 나타나지 않는다. 이러한 결과가 나타나는 가장 큰 이유는 현재 대부분의 지능검사가 학업성적과 관련이 깊은 언어력이나 수리력 등만을 측정하고, 대인관계능력이나 일상생활에서 문제해결능력을 측정하고 있지 못하기 때문이다.

이러한 점에서 기존의 지능검사에 대한 비판이 제기되고 있으며, 이 문제에 관해서는 다음 절에서 논의하기로 한다.

(3) 지능의 구성요인

1) Spearman의 2요인 이론

Spearman(1927)은 지능은 일반지능 요인과 특수지능 요인의 2요인으로 구성되어 있다고 주장하였다. Spearman은 학업성적이 우수한 아이들이 산술능력, 일반지식, 어휘력과 같은 검사에서 모두 높은 점수를 얻었기 때문에, 일반지능이란 요인이 존재한다고 주장하였다.

한편 Spearman은 수학시험에서 점수가 좋거나 나쁜 아이들이 어휘력이나 일반 지식검사에서 반드시 똑같이 잘하거나 못하는 것이 아니라는 것을 발견했다. 즉 한 검사에서는 잘 하는데 다른 검사에서는 못할 수 있고, 반대로 한 검사에서는 못하는데 다른 검사에서는 잘 할 수 있는 경우가 나타났다. Spearman은 이와 같이 검사마다 차이가 나타나는 결과를 설명하기 위하여 특수지능 요인이 존재하며, 사람에 따라서 어떤 검사에서 잘 할 수 있는 능력이 있음을 주장하였다.

2) Thurstone의 기본정신능력

Thurstone(1938)은 지능은 하나의 일반 지능 요인이 아니라 서로 독립적인 다양한 요인들로 구성되어 있다고 주장하면서 일곱 가지 기본정신능력을 제시하였다. 지능을 구성하는 일곱 가지 능력요인들은 단어유창성, 언어이해력, 공간능력, 지각속도, 수리능력, 귀납적 추리, 기억이며 대부분의 지능검사들은 이러한 능력을 측정하기 위한 문항으로 구성되어 있다.

3) Sternberg의 3요인 이론(triarchic theory of intelligence)

지금까지 지능을 측정하기 위한 접근방법은 수검자가 검사에서 문항을 얼마나 많이 맞추었는지에 초점을 두어 왔으며 문제를 맞추는 인지적 과정에는 관심을 두지 않았다. 최근 들어 인지심리학자들은 사람들이 문제를 해결하기 위해 생각하는 인지전략에 관심을 두기 시작하였다.

이 가운데 Sternberg(1985)은 지능의 세 가지 요인을 구분하였다. 첫번째 요인은 요소지능(componential intelligence)으로서 어떤 문제에 관해 생각할 때 머릿속에서 이루어지는 정보처리전략을 의미한다. 즉 문제를 인식하고, 문제해결을 위한 전략을 선택하고, 전략을 실행하며, 최종 결과를 평가하는 능력을 의미한다. 요소지능이 높은 사람은 일반 지능검사에서 높은 점수를 받을 가능성이 높다.

두 번째 요인은 경험지능(experiential intelligence)으로서 새로운 상황에서의 문제를 잘 해결할 수 있는 능력을 의미한다. 경험지능이 높은 사람은 새로운 것에 대처를 잘 하고 새로운 과제를 빠르게 학습한다. 반면에 이 지능이 부족한 사람은 일부 상황에서만 제대로 해나갈 수 있게 된다. 예를 들면 어떤 학생이 학교에서는 성적이 좋았으나 졸업 후 직장에서는 제대로 일을 해 나가지 못하는 경우가 있다. 이는 학교와 직장의 상황이 다르기 때문이다. 학교에서는 구체적인 과제 제출 일자가 정해져 있고, 과제물에 대한 피드백을 빨리 받을 수 있었으나 새로 취직한 직장에서는 자기 나름대로 일정을 정해 업무처리를 해 나가야 하고 일을 제대로 처리하고 있는지 상사가 피드백을 제대로 주지 않기 때문이다.

세 번째 요인은 맥락지능(contextual intelligence)으로서, 실생활에서 자신이 처한 상황을 잘 해결해 나갈 수 있는 능력을 의미한다. 이러한 맥락지능이 높은 사람은 자신이 처해 있는 환경에 필요한 능력을 개발해 나가는 적응능력이 뛰어나고(예: 상사가 자신을 싫어한다고 느낄 때 좀더 아부를 한다), 현재의 환경이 자신과 맞지 않을 때 이를 변화시키는 능력이 뛰어나며(예: 처음에는 초등학교 교사가 되려 했으나 아이들과 같이 지내는 것을 즐기기 어렵다는 판단하에 다른 직업으로 전환함), 새로운 환경을 선택하기가 쉽지 않을 경우 현 상황을 자신의 요구에 적합하게끔 고치려는 능력(예: 부인과 사이가 좋지 않을 경우 같이 결혼상담전문가에게 가서 상담을 한다)이 뛰어나다.

대부분의 지능검사는 경험과 맥락 지능을 측정하지 못한다. 그러나 이러한 지능이 일상 생활 및 직장생활에서의 성공에 큰 영향을 미친다는 것은 부인하기 어려운 사실이다. 예를 들어 맥락 지능이 낮은 경우 주어진 환경에서 성공하는 데 중요한 묵시지(tacit knowledge)를 제대로 이해하지 못하게 된다. 예를 들어 대학생에게 중요한 묵시지는 강의시간에 노트를 어떻게 해야 하는지, 시험준비를 어떻게 해야 하는지, 과제물을 어떻게 준비해야 하는지 등에 관한 지식이며, 이러한 지식이 대학생활을 잘 해나가고 성적을 높이는 데 중요한 영향을 미치게 된다(Sternberg & Wagner, 1989). 그러나 현재의 지능검사를 통해서는 이러한 묵시지를 제대로 측정하지 못한다는 문제점이 있다.

4) Gardner의 다지능이론(the theory of multiple intelligence)

Gardner(1983)는 기존의 지능요인이 주로 교실에서 요구되는 행동만을 다루고 있다고 비판하고, 좀더 다양한 요인을 포함할 필요가 있다고 주장하면서 일곱 가지 지능영역을 제시하였다. 이 영역은 언어, 논리-수리, 공간(측량사나 건축설계사가 가지고 있는 지능), 음악, 신체-근육(운동선수나 무용선수들이 가지고 있는 지능), 개체내(intrapersonal, 자신에 대한 통찰력), 그리고 대인관계(타인에 대한 이해)를 포함하고 있다. 이러한 지능영역은 서로 독립적이서, 예를 들어 자폐증 환자의 경우 다른 영역에서는 잘 하지 못하지만 음악이나 수리 영역에서는 뛰어남을 보이는 경우가 있다.

이 일곱 가지 지능영역 가운데 개체 내와 대인관계는 최근에 많은 논의가 되고 있는 정서지능(emotional intelligence)과 관련이 있다. 정서지능은 자신과 타인의 정서를 잘 파악하고, 자신의 정서를 분명하게 표현하며, 자신과 타인의 정서를 조절할 수 있는 능력을 의미한다. 정서지능이 부족한 사람은 자신의 정서에 혼돈스러워 하는 경우가 많다. 예를 들면 소리를 지르고 문을 꽝 닫는 상황에서도 자신이 화가 나지 않았다고 우기는 경우가 있다. 또한 정서를 부적절하게 표현해서, 슬프거나 불안할 때 폭력적으로 행동하는 경우가 있다. 타인의 정서를 제대로 읽지 못하기 때문에 상대방이 따분해하는 데도 계속 자신의 문제에 관해 장시간 떠드는 경우가 있다.

그러나 Gardner의 다양한 지능영역을 측정하기 위한 검사(예: 음악, 대인관계 등)는 아직 제대로 개발되지 못하고 있다. 또한 각 지능영역의 적용한계가 분명하지 않다는 문제점도 있다. 예를 들어 신체-근육 지능의 경우 이러한 지능이 높은 사람이 축구도 잘하고, 무용도 잘하고, 보디빌딩도 잘 할 수 있는지가 명확하지 않다.

(4) 지능과 창의성

사람들이 지능과 관련해서 가지고 있는 많은 의문 가운데 하나는 지능이 높은 사람은 창의성도 높은지에 관한 것이다. 일반적으로 창의성은 지능과 관련 있지만 완전한 상관관계가 있는 것은 아니다. 특정 영역에서의 지능은 창의성의 필요조건은 되지만 충분조건은 되지 못한다. 예를 들어 수학이나 건축분야의 능력이 부족한 사람은 해당 분야에서 창의적으로 문제를 해결해 나가기 어려울 것이다. 그러나 지능이 높은 수학자나 건축학자라고 해서 혁신적인 생각을 쉽게 낼 수 있는 것은 아니다.

일반적으로 IQ가 120 이하인 사람은 그 이상인 사람보다 창의적 사고를 할 가능성이 낮지만 120 이상이 되면 지능과 창의성은 거의 관련이 없는 것으로 나타나고 있다(Feldman, 1980; Wallach, 1985). 재미 있는 것은 Terman이 천재아동들을 40년 후에 추적하여 그들의 하는 일을 조사한 연구에 따르면 그들 중 한 명도 높은 창의성을 요구하는 일에 종사하는 사람이 없는 것으로 나타났다(Terman & Oden, 1959).

(5) 지능과 유전

지능이 높은 사람은 유전적으로 타고나는 것일까? 아니면 후천적으로 환경적인 요인에 의해서 영향을 받는 것일까? 많은 심리학자들이 이 문제에 관해 논쟁을 벌여 왔으며, 여기서는 유전적인 영향을 중시하는 학자들과 환경적인 영향을 중시하는 학자들의 주장을 간략하게 설명하기로 한다.

1) 유전학적 관점

지능의 유전적 요인을 중시하는 학자 가운데 대표적인 사람은 Jensen이다. Jensen은 1969년도 Harvard Educational Review 논문집에 실은 논문에서 1,200명의 캘리포니아주 학생들 중 흑인이 백인보다 IQ가 16점이나 낮게 나온 사실을 밝히면서 이러한 차이가 나는 것은 유전적 요인이 크게 작용하기 때문이라고 주장하였다. 이후에도 Jensen은 지능의 발달에 유전적인 요인이 환경적인 요인보다 더 중요한 영향을 미친다는 연구결과를 발표했다(Jensen, 1977, 1980).

2) 환경론적 관점

지능에 환경적인 요인이 큰 영향을 미치는지를 알아보기 위한 연구들은 대부분 태어난 뒤 서로 떨어져 양육된 쌍생아를 연구대상으로 한다. 이 쌍생아들은 동일한 유전적 요인을 가지고 있으며, 만약 이들간의 지능지수에서 차이가 난다면 그것은 환경의 영향 때문이라고 결론지을 수 있을 것이다.

[표 9-1]은 쌍생아들을 대상으로 이들이 함께 양육되었는지 아니면 어렸을 때 따로 떨어져 양육되었는지에 따라서 이들의 IQ가 얼마나 비슷한지를 보여 준다. 상관계수의 값이 클수록 이들의 IQ가 서로 비슷함을 말해 준다. 만약 유전적인 요인이 지능에 영향을 미치는 유일한 요인이라면, 쌍생아가 함께 또는 따로 양육되었는지에 상관없이 이들간의 상관계수는 1.0(즉 쌍생아간의 IQ 점수가 동일함)이 되어야 할 것이다. 그러나 [표 9-1]의 결과는 그렇지 않다. 또한 쌍생아이건 형제나 자매이건 따로 양육했을 경우 상관계수가 낮아지며, 이는 이들간의 IQ가 더욱 더 달라짐을 말해 주는 것이다.

한편, Schiff, Duyme, Dumaret 및 Tomkiewicz의 연구(1982)에 따르면 낳은 부모가 일반 근로자이나, 입양한 부모가 높은 사회경제적 수준에 있는 경우 아이들의 IQ점수는 14점이나 증가하였다.

[표 10-1] 쌍생아간의 IQ상관

	상관계수의 중앙값	
	연구 1	연구 2
함께 양육한 일란성 쌍생아	.88	.85
따로 양육한 일란성 쌍생아	.75	.67
함께 양육한 이란성 쌍생아	.53	.58
함께 양육한 형제나 자매	.49	.45
따로 양육한 형제나 자매	.46	.24
함께 양육한 입양아(친 형제나 자매가 아님)	.17	.30

연구 1: Loehlin, Lindzeg 및 Spuhler(1975).
연구 2: Bouchard와 McGue(1981).

이러한 결과들은 환경적인 요인이 지능지수를 결정하는 데 중요한 영향을 미침을 말해 주는 것이다.

(6) 지능과 연령

연령이 증가함에 따라 IQ도 같이 증가하는 것일까? 아니면 어느 정도 나이가 되면 더 이상 IQ는 증가하지 않는 것일까? Schwartzman, Gold, Andres, Arbuckle 및 Chaikelson(1987)은 260명의 남성 성인을 대상으로 이들이 제2차 세계대전 때 군대에 들어갔을 때 지능검사를 실시하고 동일한 검사를 40년이 지난 뒤에 다시 실시하였다. 40년이 지난 후 이들의 평균 나이는 64.7세였으며, 군 제대 후 13%만이 교육을 더 받았다. 이들은 제대 후 10년과 20년이 지난 후 동일한 지능검사를 또 받았다. 연구결과 이들의 지능지수는 40세 정도까지는 조금 증가하다가 점차적으로 50대에 들어서는 감소하기 시작했다. 40년이 흐른 다음에도 이들의 인지 능력은 비교적 안정적으로 남아 있었다.

따라서 지능지수는 일단 성인이 되면 크게 변화하지 않고 그대로 유지되는 것으로 결론지을 수 있다. 그러나 유아나 아이들의 IQ는 안정적이지 못하고 변화하는 경향이 있어서 나중에 어떻게 될지 정확히 예측하기가 어렵다.

(7) 남녀간의 차이

남녀간에 특정 과제를 처리하는 데 있어서 어떤 차이가 있는 것일까? 즉 여성이 남성보다 본래부터 더 잘하는 과제가 있을까? 또는 남성이 여성보다 날 때부터 더 잘하는 과제가 있을까? 전통적으로 심리학자들의 공통적인 견해는 여성이 언어과제에서 남성보다 더 우수하다는 것이었다. 이와 같은 차이가 나는 이유는 유전적인 요인도 있지만, 주변의 기대도 중요하게 영향을 미치는 요인이다. 예를 들면, 부모와 선생님은 남성이 여성보다 공간이나 기계과제에서 더 잘할 것을 격려하는 경우가 많다.

그러나 최근 들어 부모들은 남자나 여자아이에 상관없이 수학, 언어 그리고 공간과제에서 모두 잘 할 것을 요구하고 기대하고 있기 때문에 이러한 차이들이 점차 없어지고 있다. 또한 남자와 여자간의 인지능력의 차이도 매년 감소되고 있는 추세이다.

Hyde와 Linn(1988)이 언어능력에서의 성차이에 관한 165개의 연구를 검토한 바에 따르면 여성이 다소 우수했으나 그 차이는 매우 작았다. 최근에는 단지 특정한 집단의 경우에만 이러한 차이가 나타나고 있다. 예를 들면 수학능력이 매우 뛰어난 아이들 중에는 남자가 더 많다(Benbow & Stanley, 1983). 그러나 일반적으로 남자와 여자간의 차이는 점차 사라지고 있다고 말할 수 있다(Feingold, 1988).

◆ 생각해 볼 문제

1. 심리검사가 중요한 이유는?
2. 극대수행검사와 습관적 수행검사의 차이는?
3. 심리검사와 법률은 어떠한 관련이 있는가?
4. 신뢰도란 무엇을 의미하는가?
5. 타당도란 무엇을 의미하는가?
6. 규준과 규준집단은 무엇이며, 심리검사에서 중요한 이유는?
7. 지능은 어떠한 요인으로 구성되어 있는가?
8. 지능은 유전 및 환경요인과 어떻게 관련되어 있는가?

제11장

사람마다 성격은 어떻게 다른가?

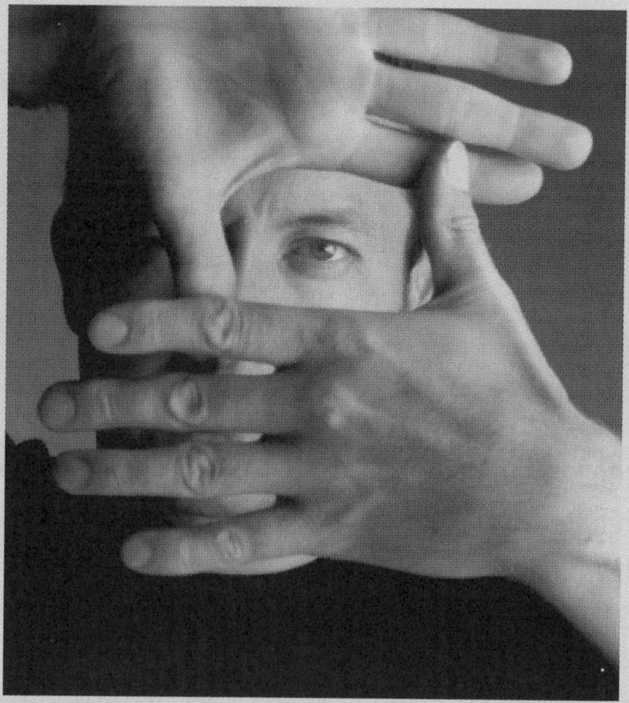

1. 성격이란 무엇이며 왜 관심을 갖게 되나?
2. 성격의 형성
3. 성격이론
4. 성격의 평가
5. 건강한 성격이란 어떤 것일까?

◆ 생각해 볼 문제

성격이란 무엇이며 우리는 왜 자신이나 남의 성격에 관심을 갖게 되는가? 성격이라는, 사람들 사이의 개성적 차이는 어디에서 유래하는가? 같은 부모 밑에서 태어나면 성격이 더 유사한가? 함께 하는 경험을 많이 할수록 성격이 더 비슷해지는가? 성격의 원재료는 무엇이라 할 수 있을까? 보통 사람들과 심리학자들이 성격에 대해 이야기하고 성격을 활용하는 방식에는 어떤 차이를 보일까? 성격이론이 왜 필요한가? 정신분석, 인본주의, 특성론, 행동주의 및 정보처리적 접근 등의 여러 성격이론이 있다고 하는데, 이 이론들은 서로 어떻게 다른가? 현실문제를 해결하기 위해 한 가지 성격이론을 골라야 한다면, 어떤 기준으로 서로를 비교 · 평가할 수 있는가? 사람들 사이의 성격의 차이를 양적이거나 질적으로 보다 엄밀하게 평가하기 위해서는 어떤 방법을 사용하는가? 어떻게 성격의 변화를 시도할 수 있을까? 그리고 건강한 성격이란 어떤 특징을 가진 것일까? 이 장에서는 위의 여러 의문에 대한 답을 구해 보려 한다.

1. 성격이란 무엇이며 왜 관심을 갖게 되나?

결혼이라는 중요한 인생 문제를 고려할 때 대부분의 사람들은 자신과 잠재적 결혼 상대자의 성격을 중요하게 생각한다. 결혼뿐만 아니다. 기업에서 사원을 채용하거나 학교에서 학급 반장을 선출할 때 혹은 하숙집을 구하려 할 때도 관련되는 사람의 성격을 유심히 살피려 하는 경향이 있다. 사람들은 왜 그렇게 자신과 남의 성격에 대해 많은 관심을 보일까? 남과 다른 자신의 개성이나 다른 사람들의 개성에 대해 본원적으로 흥미를 느껴서 그럴 수 있다. 그러나 성격에 대한 관심의 더 큰 출처는 인간다움이나 생활의 질이 사회적 동물이라는 인간의 실존적 특성에 크게 의존해 있기 때문일 것이다. 자신과 밀접한 관계에 있을수록 그리고 자신의 복지에 더 큰 영향력을 미치는 사람일수록 상대의 행동을 예측할 수 있을 때 얻는 이점이 많다. 사람들의 행동이 성(남-여)이나 직업(예, 군인-예술가), 계급(예, 양반-상인), 혹은 역할(예, 최고관리자-중간관리자) 등의 집합적 성질에 따라서만 전적으로 결정되지 않고 개개인의 개성에 따라 결정되는 경향이 커질수록 성격에 대한 관심은 더욱 커질 것이다.

어떤 사람의 성격을 묘사하는 작업은 그 사람의 정수(精髓)를 찾는 일과 유사하다. 즉, 그 사람에 대해 알고 있는 여러 가지 낱낱의 개별 지식들로부터 그 사람의 핵심적인 무언가를 도출해 내는 작업이다. 성격을 파악하는 단서는 그 사람이 말하고 행동하는 것을 여러 차례 관찰해서 얻을 수 있다. 이럴 때 사람들은 심리학자와 비슷해진다. 보통 사람과 심리학자의 중요한 차이는 그 초점에 있다. 일반인들이 특정한 사람(예: 철민이)의 특정한 성격(예: 진지함)에 초점을 맞추는 경향이 있는 반면, 심리학자들은 모든 사람들에게 적용할 수 있는 추상적 개념으로서의 성격에 초점을 맞춘다. 성격은 사람들이 자신들의 편리를 위해 발명하고 만들어낸 심리적 구성개념이다.

그렇다면 사람들은 성격이라는 구성개념을 어떤 용도로 사용하는가? 사람들이 성격이라는 말을 쓸 때는 특정한 사람에 관한 '일관성'이나 '연속성'의 의미를 전달하려는 의도를 가지고 있다. 여러 시기에 걸쳐 연속성을 관찰했을 수도 있고(예: 철민이는 수지를 처음 만났을 때도 말을 많이 했고 군대에 갔다온 뒤에도 여전히 대화를 주도하려 한다), 여러 상황에 걸친 일관성을 관찰했을 수도 있다(예: 철민이는 동아리 모임뿐만 아니라 집안 모임이나 학과 야유회에서도 주위 사람들에게 이렇게 저렇게 하라는 명령조의 말을 자주 한다). 성격이라는 말을 쓸 때 전달되는 또 다른 의미는 '그 사람의 행동이 내부로부터 유래한다'는 것이다. 즉, 성격이라는 말은 바로 '개인 내부에 있는 일관성이나 연속성'을 나타내기 위해 사용한다. 이 밖에도 성격이라는 말에는 '다른 사람에 비해 그 사람이 어떤 사람인가에 대한 요약'이라는 의미가 있다. 예를 들어 철민이가 외향적인 성격이라고 말할 때, 다른 사람과 구분되는 철민이의 여러 특징들 중에서 외향적이라는 특성이 철민이를 가장 잘 대표하거나 그의 지배적인 속성이라는 의미가 들어 있다. 우리가 누군가를 묘사하려고 할 때 가장 먼저 떠오르는 단어가 그 사람에 대한 요약으로서의 성격일 가능성이 높다. 이 밖에도 "성격이 좋다 혹은 나쁘다"라는 표현에서 볼 수 있듯이, 원만한 대인관계를 잘 유지해 가는 사회적 기술이나 타인에 대한 우호적인 태도 등의 '대인관계적 적응력'이라는 의미도 있다.

심리학에서는 성격이라는 용어를 보다 명시적으로 규정해 사용한다. 사람들이 일상적으로 사용하는 성격의 의미를 포함해서 현재 심리학에서 많이 사용하고 있는 성격의 정의를 중심으로, 본 장에서 사용할 성격의 개념을 정의해 본다. 본 장에서 사용하는 성격의 정의는 Allport(1961)의 성격에 대한 정의를 Carver와 Scheier(2000, p. 5)가 일부 수정한 것이다.

> "성격은 그 사람의 행동과 사고 및 감정들의(비교적 일관되거나 안정된: 필자가 첨가한 부분임) 특징적 양상을 만들어내는, 그 사람 내부에 있는, 심리생리적 체계들의 역동적 조직이다."

위 정의에 포함되어 있는 몇 가지 중요한 특징들을 지적하자면:

가) 성격은 개별 낱낱의 특징들을 단순히 모아놓은 것이 아니라 조직(organization)이다.

나) 성격은 적극적이고 능동적인 과정이다.

다) 성격은 심리적인 개념이지만, 생리적 측면과 긴밀히 연결되어 있다.

라) 성격은 그 사람이 세계와 어떻게 관계를 맺는가를 결정하는 내부의 원인적 힘이다.

마) 성격은 행동과 사고 그리고 감정 등 여러 가지 방식으로 드러날 수 있다.

바) 성격은 양상(patterns)—반복과 일관성으로 표현되는—으로 드러난다.

위의 성격에 대한 정의에는 두 가지 주요 성분이 어느 정도 대극적(對極的)인 상태로 공존하고 있다. 그 하나는 "비교적 일관되거나 안정된 특징적 양상"으로 표현되고 있는 '안정된 개인차'에 관한 것이며, 다른 하나는 "그런 특징적 양상을 만들어내는 심리생리적 체계들의 역동적 조직"이라는 말로 표현되는 '개인내 과정'에 관한 것이다. 현재 심리학에는 성격을 설명하려는 여러 가지 이론들이 공존하고 있는데, 개별 성격 이론들은 흔히 개인차나 개인내 과정 중 어느 하나에 설명의 초점을 맞추고 있다.

성격은 인격이라는 용어로 대치되기도 하는데, '인격'이라는 용어는 정신의학 영역에서 주로 사용하고 있다. 심리학에서 '인격'이나 '인성' 혹은 '인품' 등의 용어는 개인차 성분들 중에서 도덕이나 사회적 가치의 면에서 좋은 평가를 받은 부분만을 지칭하는 데 사용하는 반면, 성격은 가치 평가를 개입시키지 않고 모든 개인차를 취급하는 용어로 사용되는 경향이 있다. '성실하다'거나 '책임감이 있다'거나 '성숙하다' 혹은 '원만하다'는 등의 성격 측면들은 사회적으로 바람직하다는 평가를 받은 인격이나 인성 혹은 인품으로 지칭할 수 있을 것이다.

한편, 기질(temperament)은 생래적으로 타고난 성격의 원재료라는 측면에서 성격과 구분할 수 있다. '지능'이나 '체격'뿐만 아니라 '정서적 안정성', '활동 수준', '사회성' 및 '충동성' 등에서 출생 후부터 상당히 안정적으로 지속되는 개인차가 발견되고 있다.

2. 성격의 형성

성격은 어떻게 형성되는 것일까? 인간 행동의 다른 측면과 마찬가지로, 성격은 선천적이며 기질적 요소인 생물학적 요인과 후천적이고 경험적인 요소인 환경적 요인의 복잡한 상호작용을 통해 형성될 것이다.

무력해 보이지만 신생아는 많은 잠재력을 가지고 태어나며 여러 가지 면에서 안정된 개인차를 보인다. 눈동자나 머리카락 색깔 혹은 신체의 골격 등

많은 신체의 특징들은 수정되는 순간에 결정되며 지능과 특정한 지적 잠재력(예: 음악이나 미술적 재능) 등도 유전에 의해 크게 결정된다. 출생 직후부터 신생아들은 활동 수준이나 주의 집중의 폭, 환경의 변화에 대한 적응력과 정서적 민감성, 충동성 및 사회적 접촉을 추구하는 정도 등에서 안정된 차이를 보인다. 이런 기질상의 차이는 부모나 주변 사람들이 아이에게 보이는 반응의 차이를 만들어내기도 한다.

개인이 타고난 기질적 소질들은 성장 과정의 경험을 통해 강화되거나 새롭게 변화해 간다. 출생 직후부터 사회적 관계를 맺고 있는 부모를 비롯한 주위 사람들의 양육 특성들이 일차적으로 아동의 성격 형성에 영향을 미칠 것이다. 아울러 하위 문화집단이 지닌 규범이나 가치관 혹은 역사적 사건 등의 공통적 경험과 개인이 성장하면서 만나게 되는 형제나 친구, 교사 등과의 상호작용 경험들이 성격 형성에 영향을 줄 것이다. 성격의 형성은 타고난 기질이라는 원재료가 환경과의 만남을 통해 어떻게 조형되어 가는가? 하는 문제로 바라볼 수 있다. 물론 이 과정에 본인의 의지나 의도도 작용할 수 있을 것이다. 원재료에 해당하는 생물학적 요인과 환경적 경험 요인에 대해 좀더 자세히 알아보자.

(1) 생물학적 요인

1) 유전적 요인

신생아들의 기질 차이는 유전이 성격에 영향을 미치고 있음을 시사한다. 성격 형성이 유전에 의해 얼마나 영향을 받는가를 연구하는 방법으로, 일란성 쌍생아와 이란성 쌍생아들 사이의 성격 유사성을 비교하는 방법이 흔히 쓰인다. 일란성 쌍생아는 하나의 접합자가 둘로 나누어지면서 발생하기 때문에 유전적으로 동일하다. 이에 반해 이란성 쌍생아는 2개의 난자에서 발생하기 때문에 이들 사이의 유전적 유사성은 보통 형제들 사이의 유사성(50%)과 같다. 일란성 쌍생아와 이란성 쌍생아들이 공유하게 되는 환경적 경험이 별 차이가 없다고 가정할 수 있다면, 이란성 쌍생아들에 비해 일란성 쌍생아들 사이에 유사성의 정도가 높을수록 유전이 미치는 영향력이 크다는 것을 시사한다.

Buss와 Plomin(1975)은 평균 55개월 된 139쌍의 동성인 이란성과 일란성 쌍생아 및 그 어머니들을 대상으로 유전이 성격에 미치는 영향을 연구했다. 쌍생아의 어머니에게 자기 자녀들에 대해 '정서적 반응성', '활동 수준' 및 '사회

[표 11-1] 일란성과 이란성 쌍생아들의 성격 유사성 정도의 비교(Buss와 Plomin, 1975)

	남자 쌍생아		여자 쌍생아	
	일란성	이란성	일란성	이란성
정서적 반응성	.68	.00	.60	.05
활동성	.73	.18	.50	.00
사회성	.65	.20	.58	.06

성'을 평가하도록 했다. [표 11-1]에서 볼 수 있듯이, 남자와 여자아이들 집단 모두에서 일란성 쌍생아 집단의 상관계수(성격의 유사성 정도를 나타내는 지수)들이 이란성 쌍생아들 집단의 상관계수에 비해 상당히 높다.

그러나 일란성 쌍생아들 사이의 유사성이 완전하게 일치(상관계수가+1.0)하지 않는 한, 성격 형성이 유전에 의해서만 결정된다고 할 수 없다. 또 일란성 쌍생아들은 체격이나 외모에서 이란성 쌍생아들보다 더 비슷하기 때문에 더 유사하게 양육될 수 있고 성격의 유사성은 그런 경험의 유사성에서 유래한 것일 가능성도 있다. 이런 문제를 극복하기 위한 방법으로 태어나자마자 서로 격리되어 전혀 다른 환경에서 살아온 일란성 쌍생아들 사이의 유사성을 살펴볼 수 있다. 그러나 상당한 기간의 환경적 격리가 성격적 유사성을 감소시킨다는 증거는 찾기 어려웠다.

극단적인 예는 오스카와 잭이라는 일란성 남자 쌍생아 사례연구에서 찾을 수 있다. 유태계 아버지와 독일계 어머니 사이에 태어난 이들은 서인도제도에서 태어난 직후 47년 동안 서로 떨어져서 접촉 없이 생활해 왔다. 오스카는 어머니를 따라 독일로 가서 나치 당원이 되었고, 잭은 아버지와 함께 이스라엘의 키부츠로 가서 젊은 시절을 보냈다. 이들은 47세 때 처음 만났다. 이 때 둘은 똑같이 콧수염을 기르고 있었고, 금테 안경을 끼었으며, 달콤한 알콜성 음료와 버터를 듬뿍 바른 빵과 커피를 좋아했고, 부인에게 크게 소리를 지르는 경향이 있었다.

쌍생아 연구를 통해 성격 형성에서 유전적 요인의 영향을 잘 살필 수 있지만, 성격 특성들이 단일 유전자에 의해 결정된다는 증거는 찾기 어렵다. 성격 형성이 유전에 의해서 영향을 받는다면 아마 특정 유전자보다는 생리적 특성(예: 체격, 내분비선 혹은 신경 구조나 기능에서의 특성 등)이라는 매개를 통해서일 가능성이 높다.

2) 생리적 요인

체격이 성격과 관련이 있다는 생각은 오랫동안 내려온 고정관념에 잘 반영되고 있다. 예를 들어, "뚱뚱한 사람은 사교적이고 이완되어 있으며 유머를 좋아한다"거나 "근육질의 사람은 강인하고 자기주장적이며 정력적이다"라거나 "마른 사람은 수줍어하고 내성적이며 지성적이고 생각하기를 좋아한다"는 등의 고정관념이 널리 퍼져 있다. 이런 고정관념들이 실증적 연구를 통해서 입증되지는 못했지만, 체격 특성이 간접적 경로를 통해서라도 성격 형성에 영향을 미칠 것이라는 점은 자명해 보인다. 예를 들어 체격이 우람하고 키가 큰 사람은 왜소한 체격의 사람에 비해 사회적으로 기대받는 역할(예: 신체적 용감성이나 지배-복종)이나 다른 사람들의 반응(예: 공손함이나 무시)에서 상이할 것이고, 이런 기대와 반응이 그 사람의 성격 형성에 영향을 미칠 것이다.

뇌의 생리적 과정이나 내분비 물질 분비 수준에서의 차이가 성격 형성에 영향을 미칠 것이라는 이론이나 지지 증거들도 적지 않다. 예를 들어 Eysenck (1967, 1981)는 내향적이거나 외향적인 성격의 차이가 뇌의 상행망상활성체계 (Ascending Reticular Activating System: ARAS)에서의 차이에 기인한다고 주장한다. 상행망상활성체계는 대뇌 피질 부분을 활성화시키거나 탈활성화시키는 역할을 하는 뇌의 한 부분이다. 그래서 이 체계가 높은 수준에서 기능할 때 사람들은 기민하고 신경이 날카로워지며, 낮은 수준에서 기능할 때면 나른하거나 졸림을 느낀다. Eysenck는 외향적 성격에 비해 내향적 성격의 사람들은 ARAS의 평소 활동 수준이 높다고 제안한다. 그래서 평소 각성의 기초수준이 높은 내향적 사람들은 외부 자극에 대해 쉽게 과잉 각성이 되며, 특히 스트레스 자극에 처하게 되었을 때 과잉 각성되는 것을 막기 위해 사회적 자극을 피하고 자기 내부의 세계로 도피하게 된다고 본다. 외향적 사람들의 경우는 이와 반대되는 과정이 일어나고 사회적 자극을 목말라하게 된다.

한편, Gray(1981, 1987)는 접근동기와 회피동기를 관할하는 뇌의 두 가지 체계에서의 민감성이 사람들의 성격 차이를 결정한다고 주장한다. 그의 이론에서 회피동기체계는 행동억제체계(Behavioral Inhibiting System: BIS)로, 접근동기체계는 행동활성화(혹은 접근)체계(Behavioral Approach or Activating System: BAS)로 불린다. 행동억제체계는 처벌 신호에 민감하며 부정적이거나 고통스런 결과를 초래하는 행동을 억제시킨다. 따라서 BIS 민감성이 높은 사람들은 불안관련 단서에 매우 민감하며 공포나 불안 혹은 슬픔이나 좌절 등의 정서를 빈번하게 경험한다. 이에 반해 행동활성화체계는 보상 단서에 민감하며 긍정적인 결과를 가져올 것으로 기대되는 목표를 향해 나아가게 한다. BAS 민감성이 높은 사람은 보상 단서에 매우 민감하며 행복이나 희망과 같은 정서를 빈번히 경험한다. 이 밖에도 뇌 속의 모노아민옥시다제(MAO)라는 효소 수준이 '감각 추구'나 '스릴 추구' 혹은 '충동성' 등의 수준을 결정한다는 증거가 발견되기도 했다. 그래서 바둑이나 독서 등 낮은 수준의 자극을 추구하는 사람과 행글라이딩이나 번지점프 등 높은 수준의 자극을 추구하는 사람들 사이의 차이가 뇌 속의 MAO 수준에 의해 결정될 수 있음을 시사하고 있다. 내분비 호르몬의 수준에 따라 정서 경험이나 에너지 수준이 달라진다는 증거 또한 많이 확보되어 있다.

그러나 현재로서는 이런 생리적 요인들의 차이 중, 어느 정도가 유전에 의해 결정되고 그리고 어느 정도가 인생 과정의 경험으로부터 유래하는지를 결론짓기는 어렵다. 아마도 유전적 소질이 인생 경험과 영향을 주고받으며 함께 작용한다는 주장이 실제에 더 가까울 것이다.

(2) 환경 경험적 요인

1) 공통 경험

모든 경험은 궁극적으로는 개인적이겠지만 객관적 상황이 공통적으로 제공되는 정도가 높다는 점에서 공통 경험과 개인(혹은 사적) 경험을 구분해 성격 형성에 미치는 영향을 접근할 수 있다. 특정 문화권에서 함께 성장하는 아이들은 그 문화권에 공통된 특정한 신념과 관습 및 가치관 등으로 대표되는 문화의 옷을 자신도 모르는 사이에 입게 된다고 할 수 있다. 아울러 같은 시기를 사는 사람들은 공통 경험(예: 보릿고개나 6·25 혹은 군부독재 등)을 함께 하게 된다. 문화나 사회적 격변이 개인 개인에게 지각되고 작용하는 과정들은 다양하겠지만, 이런 공통 경험들을 함께 한 사람들은 그렇지 않은 사람들에 비해 서로 더 유사한 성격을 보일 가능성이 높다. 4·19 세대나 386 세대 혹은 N 세대 등의 이야기에는 세대별 고정관념도 작용하겠지만, 유사한 경험을 공유한 사람들 사이의 실제적 유사성도 반영되어 있을 것이다. 아울러, 미국이나 일본 혹은 중국 사람들과 한국 사람들 사이의 국민성 차이에도 서로 다른 환경과 문화를 공유하는 사람들끼리의 유사성과 차이가 반영되어 있다. 지리 생태적 환경의 차이 역시 사람들의 성격을 결정하는 근본적 원인으로 작용할 것이다. 동남아시아처럼 농경 문화가 발달하기 좋은 지리적 환경과 몽고나 시베리아 등지의 유목 문화가 발달하기 좋은 조건의 사람들 사이의 행동을 비교해 보면 이를 잘 알 수 있다. 물론 생태적 환경은 그 위에 축적되어 온 문화적 영향과 역사적 사건 등에 의해 다르게 조절되어 그 영향의 방향이나 강도가 달라질 것이다. 유사한 생태적 환경에서 비슷한 시기를 함께 사는 사람들 사이에서도 남자와 여자들은 서로 다른 문화적 환경에 노출되어 서로간에 차이를 보이기도 한다. 이런 차이는 흔히 '성 역할' 기대에서의 차이에서 유래한다고 한다. 환경이나 공통적 사건 경험과 문화가 유사한 성격을 형성하는 데 일조를 하지만 유사한 환경에서 자란 사람들도 모두가 서로 다른 개성을 보인다. 이런 차이는 기질에서의 개인차와 개별 경험에 기인하는 것으로 생각할 수 있다.

2) 개별 경험

부모의 사망이나 불화 혹은 부모의 유별난 자식 사랑, 학업에서의 성공이나 실패, 심각한 질병이나 아동기 학대, 혹은 이사 경험 등 개인이 특유하게 경험하는 환경적 영향은 그 사람의 독특한 성격 형성에 큰 영향을 미칠 것이다. 각 개인은 나름대로 독특한 방식으로 환경이나 문화적 영향력에 반응한다. 사람들의 개성을 더욱 조장하는 것은 동일한 외적 자극도 각자의 마음속에서는 각기 다르게 지각되고 해석된다는 사실이다. 어머니의 엄격함이 한 자녀에게는 사랑을 담은 규율로 지각되는가 하면 다른 자녀에게는 성질이 모질거나 이기적인 데서 나오는 고집으로 해석될 수 있다. 아울러 그 개인만이 경험하는 독특한 사건(예: 초등학교 소풍에서 혼자 미끄러져 다리를 부러뜨림)을 특유한 맥락(예: 부모가 싸워서 마음을 졸이고 있고 나쁜 성적표를 받은 그 다음날)에서 경험하기도 한다.

앞서의 이야기를 요약하면, 개인의 공통 경험과 개별 경험이 부모로부터 물려받은 잠재적 특성들과 어떻게 상호작용하는가가 개인의 성격 형성에 중요하다고 말할 수 있다. 그런데 많은 성격 이론들은 어릴 적 경험이 다른 시기의 경험보다 성격 형성에 더 중요하거나 결정적인 영향을 미칠 것이라고 가정하고 있다. 어릴 적 경험과 성격 특성이 어떻게 관련되는가를 알아본 연구의 실제 예를 하나 살펴보자.

여기에서 소개하려는 연구는 부모의 양육 방식이 자녀의 성격에 미치는 영향을 조사한 것이다. Baumrind(1967)는 3~4세의 아이들을 대상으로 그들의 유아원 교사에게 '자기 통제력', '새로운 상황에 호기심과 열성을 가지고 접근하는 정도', '생동감', '자립심' 및 '친구와 사이좋게 지내는 능력' 등의 다섯 가지를 평정하게 했다. 아이들은 세 가지 유형의 집단에 분류할 수 있었는데, 집단 1은 위의 다섯 가지 평정에서 모두 높은 점수를 받은 아이들로 이들은 낯선 상황에서도 기쁨과 호기심이 넘치며 자기 통제력과 자립심이 높은 성숙한 특징을 지녔다. 집단 2는 '자기 통제력'과 '자립심'은 비교적 높으나 '생동감'이나 '호기심과 열성' 및 '친구들과 사이좋게 지내는 능력' 정도는 낮아서 성숙 정도는 높으나 기쁨과 호기심은 부족한 특징을 보였다. 끝으로 집단 3은 다섯 가지 평정에서 모두 낮은 점수를 보이는, 자제력과 독립심이 낮아 미숙하고 새로운 상황에서 움츠러드는 특징을 지녔다. Baumrind는 이번에는 아이들의 부모들을 대상으로 집에서 아동을 어떻게 양육하는가를 관찰하고 면담해서 다음과 같은 네 가지 측면을 평정했다: 부모가 아동의 활동을 미리 정한 규율에 따라 '통제'하는 정도; 아이의 연령에 알맞은 '성숙을 요구'하는 정도; 부모가 아이와 의견과 감정 그리고 규율이나 상벌의 이유에 대해 '의사소통'하는 정도; 그리고 아이의 성취에 대해 기쁨을 표현하고 따뜻하게 지지해 주는 '애정'의 정도. 세 집단의 아이들은 부모들의 양육 방식에서 의미 있게 다른 양상을 보였는데, 이를 [그림 11-1]에 나타내었다.

그림의 결과를 보면, 기쁨과 호기심이 넘치며 성숙한 아이들은 아이의 행동 기준에 대해 확고한 기준이 있고 일관된 원칙을 적용하며, 나이에 알맞은 성숙을 요구하고, 아이가 이해할 수 있는 방식으로 규율이나 감정에 대한 의사소통을 분명하게 하고, 따뜻하게 지지해 주는 부모의 양육방식에서 길러짐을 알 수 있다. 이에 반해, 통제는 어느 정도 하지만 의사소통이나 애정의 표현은 부족한 방식으로 양육하는 경우는 자기통제력과 자립심은 어느 정도 있으나 위축되고 기쁨과 호기심이 부족한 아이들을 길러내는 경향이 있었다. 통제나 성숙에 대한 요구도 낮고 의사소통도 낮은 방식으로 양육하지만 애정은 어느 정도 보이는 부모 밑에서 자라는 아이들은 자제력이 부족하고 의존적이며 기쁨과 호기심이 부족한 성격 특징을 보이고 있다. 그러나 위 연구의 결과를 부모의 양육방식이 아이들의 특성을 결정한 것이라고만 일방적으로 해석할 수는 없다. 어떤 경우는 아이들의 특성(예: 위축되고 의존적임)이 부모가 아이를 대

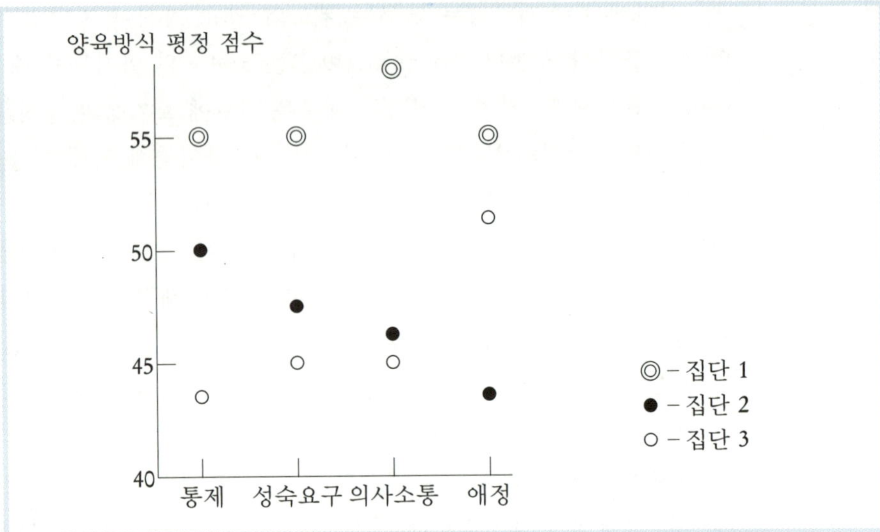

[그림 11-1] 부모의 양육방식과 아이들의 성격 특성 사이의 관계(Baumrind, 1967)

하는 방식에 영향을 끼쳤을 가능성도 있다.

3. 성격이론

우리는 복잡하고 낯선 무언가를 설명하려 할 때 흔히 우리가 이미 잘 알고 있거나 보다 단순한 것에 비유해서 의사소통을 용이하게 하려 한다. 인간의 성격은 매우 복잡해서 이를 보다 쉽게 이해하고 의사소통하기 위한 비유가 사용되리라 짐작할 수 있다. 이런 비유의 보다 공식적 형태가 모형이나 이론이라 할 수 있다. 예를 들어, 인간의 사랑이라는 복잡한 현상을 우리가 이미 잘 알고 있는 삼각형에 비유하여 쉽게 이해하고 의사소통하려 한다. 심리학에서는 인간 행동과 마음에 대한 과학적 이해를 구하려 한다는 점에서, 성격에 관한 이론들도 과학적 이론을 추구하려 한다고 볼 수 있다. 과학적 이론은 구성개념과 구성개념들 사이의 관계에 관한 진술의 두 가지 중요한 요소로 구성된다. 구성개념은 관찰을 통해 복잡한 관찰 현상들을 보다 쉽게 설명하기 위해 만든 추상적 개념이다. 성격 역시 인간 행동과 마음 현상을 설명하려는 의도로 만들어진 구성개념이다. 에너지나 원자나 소립자 등의 구성개념들이 물리 현상을 설명하기 위해 사용되듯이, 불안이나 공격성, 추동, 특성, 자기개념 혹은 성취동기 등의 구성개념들이 성격을 설명하기 위해 사용된다.

성격이론은 매우 많다. 그만큼 성격이라는 현상이 복잡하고 다면적 속성을 지니고 있고 이를 바라보는 관점도 매우 다양하기 때문일 것이다. 여러 이론들이 동시에 공존하고 있으면 서로를 비교하고 취사선택하거나 종합해야 할 상황이 자주 발생한다. 홍숙기(2000)는 성격이론을 집에 비유한다. 어떤 성격이론에서 사용하는 구성개념은 집을 짓는 기초재료에 해당하는 벽돌에 비유할 수 있고 구성개념들 사이의 관계에 관한 진술은 벽돌 사이의 관계로 만들어내는 방이나 거실 등, 건축물을 짓기 위한 설계도면에 비유할 수 있다는 것이다. 좋은 집은 튼튼하고 쓸모 있고 아름답다. 성격이론의 튼튼함은 경험적 연구에 의해서 잘 확인될 수 있고, 쓸모 있음은 중요한 생활 문제에 관련되는 성격 문제를 잘 설명하고 예측하고 개입해서 바라는 방향의 변화를 초래할 수 있는 정도로 평가할 수 있으며, 아름다움은 이론 그 자체로 흥미를 유발하고 연구나 새로운 이론을 촉발하는 정도로 알아볼 수 있을 것이다. 튼튼함과 유용성과 아름다움의 세 박자를 고루 잘 갖춘 이론이라면 말할 나위 없겠지만, 어느 하나에 치중하면 다른 면들은 흔히 소홀히 되거나 부족할 가능성이 높다. 또 집을 평가하는 관점도 사람에 따라 달라서 어느 사람은 아름다움을 가장 강조하는 반면 다른 사람은 쓸모 있음에 가장 큰 의미를 둘 수도 있다. 따라서 성격이론은 평가하려는 관점에 따라 혹은 그 이론을 사용하려는 용도에 따라서도 달리 평가될 수 있음을 알 수 있다. 본 절에서는 대표적 현대 성격이론들의 주장에 대해 그 요점을 소개하려 한다.

(1) 정신분석(정신역동)[1] 이론

정신분석(psychoanalysis) 혹은 정신역동(psychodynamics) 이론은 Sigmund Freud(1856–1939)로 대표된다. 정신분석이라는 말은 심리적 과정, 특히 무의식적 측면을 탐색하고 문제를 치료하는 방법과 절차를 의미하기도 하며 성격이론의 한 분파를 지칭하기도 한다. 정신역동은 마음이 안정된 상태에 머물러 있

1) 필자는 정신분석과 정신역동이라는 용어 대신 심리분석과 심리역동이라는 용어를 사용하기를 원하지만, 이 장에서는 psyche를 정신이라는 우리말로 옮기는 일반적 용법을 따른다.

지 않고 여러 힘들이 함께 작용하는 긴장을 띤, 변화하기 쉬운 상태에 있음을 의미한다.

Freud는 신경증 환자들과 자신을 예리하게 관찰해서 이를 토대로 정신분석 이론을 주창했다. 그는 인간의 행동이 주로 무의식에 의해 결정되고 그 무의식을 움직이는 중요한 성분은 성적이거나 공격적인 추동이라고 주장한다. 인간은 폐쇄된 에너지 체계며 한 사람의 타고난 심리적 에너지는 전체 양은 변화하지 않지만 어떤 곳에 머무르는가는 달라질 수 있다고 보며 그에 따라 개인 행동의 특성이 크게 달라진다고 본다. Freud는 초기에는 추동을 자기보존 경향에 해당하는 '자아 추동'과 종족보존과 관련되는 '성 추동'으로 나누기도 했으나, 후기에는 이 둘을 '삶 추동(eros)'으로 묶고 '죽음 추동(thanatos)'을 삶 추동에 대비시켰다. 죽음 추동은 죽음과 파괴(무질서: entropy)를 향하게 하는 힘의 근원이다. 동일한 행동(예: 먹기)에 삶 추동(에너지를 얻고 생명을 유지하려는)과 죽음 추동(음식물을 자르고 부수는 등으로 반영되는)이 동시에 공존한다고 보았다.

추동은 신체적 근원(예: 호르몬이나 성감대 등)에서 유래하며 불유쾌한 긴장을 초래케 하고, 심리적인 감정(예: 불안)이나 생각(얄미운 동생) 등으로 욕구의 형태로 나타나며 욕구가 행동을 일으킨다. 흔히 성적이거나 공격적인, 이기적인 추동은 사회와의 갈등 때문에 직접적인 긴장감소를 이루기가 쉽지 않다. 즉, 성과 공격 추동은 사회적 목표를 해치지 않는 승인된 방식으로 방향을 틀어 표현되어야 한다. 그렇지 못했을 때는 부모로 대표되는 사회와 갈등을 일으킬 수밖에 없다. 이런 갈등은 '원초아', '자아' 그리고 '초자아'라는 마음속 세 성분들 사이의 역동으로 나타난다.

1) 성격의 구조

Freud는 마음이 의식, 전의식 및 무의식으로 나누어질 뿐만 아니라 원초아, 자아 및 초자아의 3중 구조로 구성되어 있다고 보았다. 이를 그림으로 나타낸 것이 [그림 11-2]이다.

가) 원초아(id, es)

원초아는 생물학적으로 타고난 모든 것, 신체구조에서 나오는 추동을 의미하며 나로 여겨지지 않는 마음의 부분이다. 성과 공격을 중심으로 하는 모든 추동이 여기서 유래하며, 현실(혹은 외부)과의 접촉이 없어서 외부상황과는 무

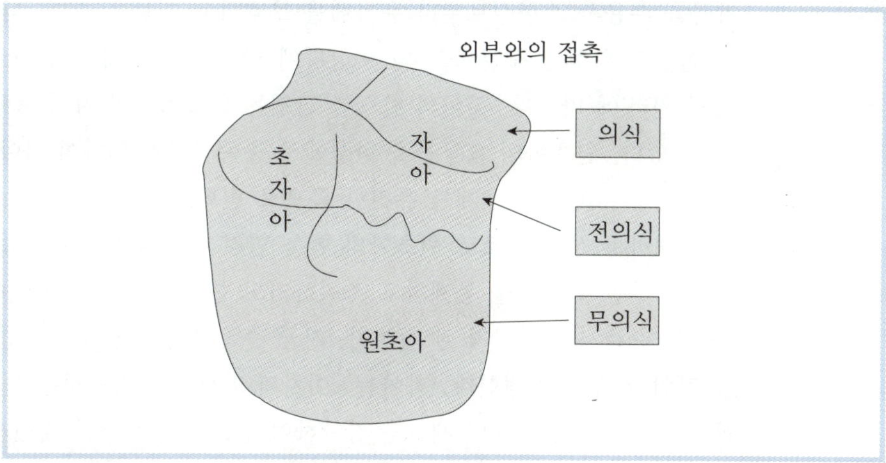

[그림 11-2] 성격의 구조

관하게 고통을 피하고 즐거움을 추구하려는 '쾌락원리'를 따른다. 또한 현실과 마음속의 환상 사이를 구분하지 못하고 즉각적으로 추동에 따라 긴장을 방출하는 욕구충족 방식인 '일차과정'적으로 작동한다. 즉, 원초아는 추동이 생기면 현실과 환상을 구분하지 못하고 추동에 따른 욕구를 즉각적으로 충족시키는 방식으로 작동한다. 예를 들어, 배고픔의 욕구가 생긴다면 즉각적으로 배고픔의 욕구에서 유래하는 긴장을 실제 음식을 먹거나 예전에 먹었던 음식에 대한 심상을 만들어서 방출하려 한다.

일차과정적 사고 양식은 비합리적이고 시각적인 심상에 의존하며 시간의식이 없다. 꿈이나 백일몽 또는 정신분열증환자의 망상에서 이러한 사고양식이 드러난다고 본다. 인간이 태어날 때는 원초아만 있어서 현실과 환상을 혼동하며 나와 외부세계를 구분하지 못한다. 따라서 주위의 각별한 보살핌이 없다면 원초아만으로는 생존이 불가능하다. 좌절 경험을 통해 아이는 욕구를 근원적으로 충족시켜 주는 것은 외부에 있는 대상이며, 욕구 충족의 대상이 그 당장에는 없을 수도 있음을 배우게 된다. 이런 과정에서 원초아에서 자아가 분화 발달한다.

나) 자아(ego, ich)

자아는 나로 인식되는 마음의 부분이며 원초아로부터 발달해서 어느 정도 독립적인 성격의 부분이 된다. 현실과 마음속의 환상을 구분할 수 있으며 세상과 나를 구별한다. 보고 듣고 기억하고 감정을 느끼며 판단을 내린다. 현실의 자극을 수용하고 현실로부터 유기체를 보호하는 기능을 한다. 나와 외부 그리고 현실과 환상을 구분하고 외부 상황에 맞고 안전하게 욕구를 충족시키려는 '현실원리'에 따른다. 자아의 중요한 과제는 현실검증과 자기 욕구의 조절이라 할 수 있다. 원초아의 요구들을 현실에서 충족시키기 위하여 자아는 적당한 자극을 찾아내고 외부 세계를 유리한 쪽으로 변화시키기를 배운다. 자아는 현실을 상대하는 성격 구조로 원초아의 힘을 빌려서 발달하지만 차츰 원초아에 대항해서 추동 요구들을 통제하고 조절하기도 한다. 그래서 자아는 초자아의 요구들을 충족시킬 것인지 말 것인지, 지금 충족시킬 것인지 아니면 나중으로 미룰 것인지 등을 결정한다. 자아는 '이차과정'적으로 작동하는데, 이는 현실과 환상을 구분하며 현실의 제약을 감안하여 원초아의 요구를 지연시켜서 안전하고 효과적인 방법으로 만족을 추구하는 방식이다. 이를 위해서 자아는 기억, 지각 및 사고 기술 등을 발달시키고, 현재뿐만 아니라 미래를 생각하며 장기적으로 볼 때 무엇이 더 좋은가를 생각하고, 문제를 분석하고 추상적으로 생각하며 논리와 추리 등의 고등 정신기능을 사용하기도 한다.

인간이 욕구를 충족하려 할 때 고려해야 할 외부 세계는 물리적인 세상에만 국한되지 않는다. 성인이 되기까지 오랜 기간의 사회적 보살핌이 필요하고 다른 사람과의 관계가 매우 중요하기 때문에 사회적 측면에 대한 고려 역시 필수적이다. 법이나 사회적 규범 혹은 도덕에 따라야 할 필요가 있으며 이런 영향력들이 부모의 사회화 교육을 통해 내면화되는 부분이 성격의 제3의 구조로 발달한다.

다) 초자아(super ego, über ich)

초자아는 자아로부터 분리 발달하며 나를 넘어선 부분으로 인식되는 성격의 독립적 성분이 된다. 부모에게 의존하는 아동기가 유난히 긴 인간은 부모로부터 큰 영향을 받으며, 이런 부모의 영향을 내면화하여 생기는 성격의 도덕적이고 윤리적인 손에 해당한다. 두 가지 성분으로 나뉘는데, 나쁜 행동에 대한 부모의 처벌을 통해서 형성되는 '양심'의 부분과 착하게 행동할 때 보여 주는 칭찬을 통해 형성되는 '자아이상'이 그것이다. 이런 부분들이 초자아의 부분으로 내면화되어 성격의 구조가 되면, 양심을 범하는 행동을 했을 때 비록 처벌하는 부모가 존재하지 않더라도 스스로 양심의 가책을 느끼게 된다. 이는 마치 아이가 잘못해서 종아리를 맞을 때 느끼는 아픔과 유사하다. 자아이상은 흔히 그 사람의 목표와 이상이 되며 이를 달성했을 때는 자긍심을 느끼게 된다. 초자아도 원초아처럼 현실검증 능력이 없다. 그래서 실제 행위에 대해서뿐만 아니라 생각이나 의도만으로도 칭찬하거나 질책한다. 심지어 내가 의식하지 못하는 나쁜 생각에 대해서도 스스로를 나쁜 사람이라고 비난하며 죄책감에 시달린다. 우연히 일어나는 듯한 사고나 실패 등이 이런 무의식적 과정에서 기인할 수 있다. 초자아는 흔히 실제로 부모가 모범을 보여 준 것보다 더 엄격하게 그들이 행사하던 기능을 계속하여 나를 감시하고 명령하고 판결하며 칭찬하거나 처벌을 한다고 위협한다. 초자아는 이상과 완벽을 추구하고 현실을 감안하거나 용서가 없는 '절대' 혹은 '도덕' 원리에 따라 움직인다.

아이가 태어났을 때는 원초아만 존재하다가 현실의 제약과 요구들에 직면하면서 자아가 발달하고, 뒤이어서 사회를 대표하는 초자아가 자아로부터 발달한다. 성격의 세 가지 구조는 이 중에서 어느 것이 강해지면 다른 것은 약해지는 관계에 있다(전체 에너지는 보존되지만). 현실이나 사회적 규범을 무시하고 자기 욕망을 즉각적으로 채우는 데만 몰두해 있는 사람이 있는가 하면, 현실만 따지며 지극히 논리적인 컴퓨터 같은 사람도 있고, 자기의 욕구나 현실을 무시한 채 옳고 그름만을 따지는 성인군자 같은 사람도 있다. 세 성분 중, 집행 역할을 하는 것은 자아다. 자아는 원초아, 초자아 및 현실이 서로 다른 것을 요구할 때, 그 갈등을 견디고 타협점을 찾아내는 역할을 한다. 세 성분의 조화와 일치는 예외에 해당하며, 자아가 탄력 있고 충분히 강해야 현실과 마찰하지 않으면서 내적인 평화를 유지할 수 있다. 성격 특성은 작동방식이 상충되는 내부의 세 성분들 사이에 이루어지는 역동적 작동을 반영한다.

자아가 원초아와 초자아 및 현실의 요구들을 감당하기 어려울 때 자아는 '불안'으로 반응한다. 원초아로부터의 위협은 '신경증적 불안'이라고 하며, 초자아로부터의 위협은 '도덕적 불안 혹은 죄책감' 그리고 현실로부터의 위협은 '현실 불안 혹은 공포'라고 구분한다. 불안은 위험이 임박해서 대책을 강구해야 한다는 경고신호에 해당하며, 자아 강도가 약하면 더 빈번하고 강하게 불안을 경험할 수밖에 없다. 그러면 왜 사람들은 서로 다른 성격을 보이며 정신분석이론에서는 이를 어떻게 설명하고 있는가를 알아보자.

2) 성격의 발달

정신분석이론은 성격 발달에 대해 명시적으로 기술하고 있다. Freud는 성격 특성들이 심리성욕의 발달 역사에 따라 결정된다고 본다. 그는 몸이 자극을 받아 느끼는 즐거움을 성적(sexual)이라고 부르며 출생 직후부터 성생활이 있다고 본다. 시기에 따라 관능적 감각에 특히 예민한 신체의 부분들이 달라지는데, 처음에는 입에서 시작을 해서 항문과 성기로 차례로 옮겨간다. 아동의 성생활은 아주 어릴 때부터 시작해서 5세 말경에 절정에 달하고, 그 이후 휴지기가 이어지며 최종적으로는 사춘기 이후의 타인으로부터 만족을 얻는 단계에 이른다.

심리성욕의 발달이 부드러우려면 각 단계에서 욕구의 자유로운 표현이 사회(부모)로부터 제약당하지 말아야 한다. 특정 단계에서 심리성욕의 충족이 너무 부족하면 아이는 다음 단계로 넘어가기를 두려워하고, 이와 반대로 충족이 너무 많아도 마찬가지 현상이 일어난다. 이를 일러 '고착(fixation)'이라 한다. 고착은 두 가지 결과를 초래하는데, 자아가 감당하기 어려운 스트레스를 경험할 때 고착된 단계로 '퇴행'하는 경향이 생길 수 있다. 예를 들어, 새로 동생을 보아서 어머니의 사랑을 빼앗긴 아이가 오래 전에 졸업했던 오줌 가리기를 못하고 손가락을 다시 빨기 시작할 수 있다. 고착의 보다 지속적인 결과는 성격 특성으로 자리잡는다. 어느 단계에 고착되는가에 따라 특정한 성격 특성이 형성되어 어른이 되어서까지 유지된다고 본다. 심리성욕의 발달 단계에 관한 설명은 이 책 가운데 "제7장 인간은 어떤 과정을 거쳐서 발달하는가?"에서 볼 수 있다.

Freud의 이론에 대한 많은 비판이나 수정 시도가 있었다. Freud 이론의 장점으로는 '매우 자극적이고 창의적인 이론으로 무의식이나 심리성욕 등을 통해 인간을 달리 이해할 수 있는 새로운 지평을 열었다는 점', '정신질환에 구체적이고 적용가능한 치료법을 개발했다는 점', '일관성이 높고 체계적이고 포괄적이며 경제성이 높은 이론이라는 점' 및 '예술이나 문학 등 여러 분야에 폭넓은 영향을 미쳤다는 점' 등을 들 수 있다. 단점으로는 '문학적이고 추상적 진술로 검증가능성이 낮고 사후설명적이라는 점', '실증 연구로부터의 지지증거가 부족하다는 점', '생물학적 성분인 원초아의 추동을 지나치게 강조하고 아동기에만 발달을 국한시키고 있다는 점', '과학적이기보다 권위적 접근을 하고 있다는 점' 등을 꼽을 수 있다.

한편, Freud 이론의 문제점을 수정·확장하려고 한 시도들 중, Erik Erickson(1902–1994)의 심리사회 발달이론을 소개한다. Erickson은 Freud의 딸인 A. Freud의 제자였다. 성 추동이 아니라 '열등감을 극복하려는 권력이나 우월에 대한 추구'를 강조한 Adler나 '집단 무의식과 중년기의 성격 변화와 통합'을 강조한 Jung이 Freud와 자신들의 접근법을 독립적 학파로 보려는 데 반해, Erickson은 자신의 이론을 Freud의 이론에 대한 강조점이 달라진 것이라고 생각한다.

그는 자아가 원초아나 초자아의 노예가 아니라 외부 환경에 적극적이고 창조적으로 적응하는 주인이라고 보았다. 그는 인간의 자아와 심리적 특징들은 우리의 신체 발달이 그러하듯이 생물학적으로 정해진 청사진에 따라 발달한다고 보았다. 또 사회는, Freud의 이론에서처럼 개인과 갈등적이기만 하지 않고, 개인들이 특정 시기에 당면하는 핵심적 문제(위기)들을 잘 해결하도록 돕는 장치나 제도를 마련한다. 예를 들어, 인생의 초기 단계들에서 위기해결에 결정적으로 중요한 가정이라는 울타리를 법과 관습을 통해 보호하며, 학교라는 제도적 장치를 통해 학동기 아동의 자아 발달을 돕는다. 물론, 이런 사회적 장치가 반드시 순기능만을 하지는 않겠지만 말이다. Erickson 이론의 확장은 크게 세 가지 방향으로 일어났다. 그는 우선 성격 형성과 발달에서 사회 · 문화적 영향력을 강조했다. 또한 원초아 대신 자아의 기능과 역할을 강조했다. 마지막으로 그는 남근기 이후에도 성격의 발달이 계속되어 노년기까지 계속 발달한다는 평생 발달적 관점을 가졌다.

Erickson의 심리사회 발달 단계를 Freud의 것과 비교하여 [표 11-2]에 제시했다. Freud의 심리성적 발달 단계가 5개인 데 비해 Erickson의 심리사회적 발달 단계는 8개다. Erickson 이론에서 각 단계는 중심적으로 해결해야 하는 과제가 있고 이를 잘 해결하면 긍정적 결과가 자아 특성으로 남는 반면 잘 해결하지 못하면 부정적 결과가 흔적을 남긴다. 각각의 단계는 잠재력과 취약성 모두가 크게 증가하여 위험이면서 동시에 기회가 되는 위기로 작용한다. 예를 들어, 초등학교에 들어간 시기의 아이들은 새로운 기술들을 신속하게 익히지만, 그와 동시에 실패하면 열등감을 느끼기도 쉽다. 잠재적 가능성이 어떻게 나타나느냐는 내적인 힘뿐만 아니라 사회문화적 영향력에 의해 결정된다.

표에서 각 심리사회적 위기의 결과는 긍정적인 것과 부정적인 특성으로만 대비되어 있지만, 실제로는 양쪽이 섞이게 되며 부정적인 특성들도 적응에 도움을 줄 수 있다. 예를 들어 모든 것을 다 신뢰하기만 한다면 많은 위험에 직면하게 될 터이므로 생존과 적응에는 적절한 불신도 필요하다. 또한 솔선만이 아니라 죄책감도 어느 정도 있어야 타인들에 대해 책임 있는 행동을 할 수 있

[표 11-2] Erickson의 심리사회 발달단계와 심리사회적 위기 및 덕성

단계와 대략적 시기	심리성적 측면	심리사회적 위기	발달하는 덕성
1. 유아기(0-1)	구강-감각적	신뢰 대 불신	희 망
2. 이른 아동기(1-3)	항문-근육적	자율 대 수치 · 회의	의 지
3. 놀이 나이(3-6)	유아-성기적, 운동적	솔선 대 죄책	목 적
4. 학교 나이(6-12)	"잠복기"	근면 대 열등	능 력
5. 청년기(12-20)	사춘기	정체 대 정체 혼미	충 성
6. 초기 성인기(20-30)	성기기	친밀 대 고립	사 랑
7. 성인기(30-65)		생성 대 정체	배 려
8. 노년기(65-)		통합 대 절망	지 혜

을 것이다. 어느 한 단계에서의 위기가 잘 해결되면 성격에 그 단계에 해당하는 덕성이 포함되고 다음 단계의 위기를 잘 해결하는 데 도움이 된다. Erickson은, Freud가 아주 이른 시기(6세 경에 끝나는 남근기 정도까지)에 성격이 형성되어 그 영향이 성인기까지 지속된다고 보는 데 반해, 사춘기 이후의 시기에도 발달이 계속 이루어진다고 생각한다. 그는 특히 청년기를 공들여 분석했다.

(2) 인본주의 이론

Abraham Maslow(1908~1970)와 Carl Rogers(1902~1987)는 인본주의 전통을 대표하는 학자들이다. 인본주의는 인간의 존엄성과 성장 잠재력 및 자기실현을 강조하는 견해를 일컫는다. 임상이나 상담 분야에서 큰 영향력을 떨치던 정신분석학의 인간에 대한 비관적 관점과 일반 심리학 분야에서 위세를 떨치던 행동주의의 기계적이고 수동적인 인간관에 반대하며 인간의 긍정적이고 적극적인 측면, 즉 성장과 자기실현, 창의성 및 사랑과 같은 주제들에 깊은 관심을 보인다. Maslow의 이론이 인본주의와 더 밀접히 연관되는 반면, Rogers의 이론은 '현상학적 관점'이라는 이름으로 알려지기도 했다. 그 이유는 무의식이나 객관적 자극에 대한 반응이 아니라, 지금-여기에 대한 주관적 체험과 해석, 개인의 의식적 선택 등 철학의 현상학(phenomenology)에서 중시하는 개념들이

인간의 행동을 결정한다고 보기 때문이다. 먼저 Maslow의 성격 이론부터 알아보자.

1) Maslow의 인본주의 성격이론(혹은 욕구 위계설)

Maslow는 인간이 여러 측면의 복잡성을 지니고 있는 존재지만 근본적으로 선하고 건설적이며 창조성을 타고 난다고 보았다. 또 선택을 통해서 자신의 본질을 창조해 갈 수 있는 존재라고 가정했다. 인간 본성에 대한 성선설이라 할 수 있다. 그는 인간을 통합된 전체로 다루어야 인간다움의 모습이 제대로 드러나며 동물 연구나 부적응한 환자들에 대한 분석 결과만으로 인간의 본 모습을 그려낼 수 없다고 보았다. 그래서 그는 주로 건강한 사람들의 연구에 노력을 쏟았다.

Maslow는 인간이 끊임없이 부족과 결핍을 느끼는 동물이며 행동은 그 당시에 지배적인 욕구의 산물이라고 보았다. 따라서 인간의 성격을 알려면 그 사람의 지배적인 욕구가 무엇인지를 파악하면 된다고 보았다. 그는 인간의 욕구가 여러 문화권에 걸쳐 공통되며 일정한 위계서열을 이루고 있다고 가정했다. 욕구가 위계서열을 이루고 있다는 것은 아래 욕구가 충족되어야 그 상위의 욕구가 생겨나고 중요해진다는 것을 의미한다. 그는 욕구 위계서열에서 더 상위에 있는 것들은 아래에 있는 것보다 계통발생이나 진화적으로 혹은 개인의 발달에서도 더 늦게 나타난다고 보았다. 욕구 위계서열에서 아래에 있는 것일수록 신체적 생존과 더 직결되며 결핍되었을 때 더 강력한 영향력을 행사한다. Maslow의 욕구 위계설의 구체적인 설명은 "제8장 인간의 동기와 정서 심리"에 있다.

아래 위계에 있는 욕구(존중의 욕구까지)들이 결핍에 의해 생겨나며 그 충족도 자신보다는 남에 크게 의존해 있는 반면, 위계 꼭대기의 두 욕구는 결핍보다는 존재 그 자체에서 생겨나며 충족도 자신에게 주로 달려 있다. Maslow는 전자를 '결핍욕구' 후자를 '성장욕구'라 구분해 부른다. 결핍은 긴장을 유발하며 그 욕구의 충족은 긴장 감소를 가져온다. 결핍 상태가 너무 오래 가거나 극단적이 되면 몸과 마음에 병이 든다. 이때 마음의 병은 신경증이나 성격장애 같은 것이 된다. 성장욕구는 결핍보다는 존재에서 생겨나며 그 욕구의 충족도 긴장 감소가 아니라 긴장의 증가를 초래한다. 이 긴장은 즐거운 긴장이다. 결핍욕구의 충족은 낮은 기쁨과 만족, 현상유지 및 질병 없는 상태를 가져오지만, 성장욕구의 충족은 높은 기쁨과 행복, 성장 그리고 적극적 의미의 건강을 초래한다. Maslow는 건강을 병이 아닌 소극적 상태로 보지 않고 자기에 충실한 존재 상태인 성장욕구를 충족하는 자기실현의 면에서 조망한다. 성장욕구가 충족되지 못하면 결핍욕구가 충족이 되는 경우에도 존재나 의미의 병이라 할 수 있는, 권태, 허무감, 절망으로 경험되는 '상위병리(metapathology)'가 생길 수 있다.

Maslow가 추정하기에 1950년대 미국의 경우에도 자기실현의 욕구는 10% 정도만 만족된다고 보았다. 왜 인간은 잠재력을 실현할 가능성이 높은 존재인데도 자기실현을 이루기가 어려울까? 그는 그 이유를 무엇보다도 기본적 욕구의 충족을 어렵게 만드는 사회적 조건들에서 찾았다. 기본 욕구들의 충족이 가능하려면 표현의 자유가 보장되어 있고 집단들 속에 공정함, 정직, 질서, 정의 등이 있어야 하는데, 그러한 이상 사회가 존재하기 어렵다는 것이다. 한편 개인도 자신의 잠재력을 인식하지 못하거나 성장의 위험을 감수하기보다는 안전욕구에 얽매이는 결정을 하는 등으로 자기잠재력의 실현을 방해한다. Maslow는 개인의 성격 특성은 그 사람에게 지배적인 욕구의 형태가 무엇인가에 따라 결정된다고 보았다.

2) Rogers의 현상학적 성격이론(혹은 인간중심이론)

Rogers는 인간을 미래와 자기 지시적인 목적을 지향하고 있는 에너지로 충만한 존재로 본다. 그는 인간에게 유기체를 실현하려는 선천적 경향성이 있으며, 방해만 없다면 인간은 스스로 분화와 자기책임, 협동, 성숙의 방향으로 진전해 간다고 가정한다. 그는 개인의 행동은 특정 순간에 개인이 체험하는 것의 총체인 '현상적 장'에 의해 결정된다고 보았다. 개인의 세계는 느끼고 지각하는 체험의 세계며 이를 현상적 장이라 부른다. 이때 체험은 의식되는 것만을 의미하지는 않는다. 예를 들어, 어떤 일에 몰두해서 배고픔을 잊어버릴 수 있지만 배고픔은 여전히 체험의 일부다. 체험의 주체는 '유기체(organism)'다. 유기체는 생명체나 몸으로 이해할 수 있다.

유기체는 자신을 유지 또는 고양시켜 주는 방향으로 그것의 모든 역량을 발달시키려 하는 선천적 경향성인 '유기체적 실현경향'을 지니고 태어난다. 이 욕구는 모든 생명 있는 존재들의 공통된 성질이며, 인간의 경우 성욕이나 공격욕구도 이 욕구를 표현하는 한 방식으로 볼 수 있다. 순간 순간의 체험들은 실현경향을 기준으로 좋고 나쁨이 평가되는데, 이를 '유기체적 평가과정(organismic valuing process)'이라 한다. 즉, 유기체를 유지 또는 고양시키는 것으로 지각되는 체험들은 좋게, 그리고 그에 역행하는 것으로 지각되는 체험들은 나쁘게 평가된다.

유기체적 평가과정만 따라가면 건강과 성장을 이룰 수 있지만, 많은 경우에 우리는 자신에게 기쁨을 주는 것만 하면서 살지는 못한다. 고기를 좋아하는 사람이 채소가 몸에 좋다고 하여 채소만 먹거나 음악연주나 연극을 좋아하는 사람이 입시에 매달려 책만 붙잡고 있는 경우가 많다. 사회에서는 나를 무조건적으로 존중해 주는 것이 아니라 특정한 조건을 충족시키면 조건적으로(예: 좋은 성적을 받으면 혹은 얌전하고 도덕적으로 행동하면) 존중해 주는 경우가 많다. 실현경향성 외에도 인간은 '긍정적 존중에 대한 욕구'도 타고 나기 때문에 사회에서 내거는, 존중을 받기 위한, 가치의 조건에 동조해서 유기체적 평가과정을 따르지 못하는 경우가 많다.

유아기에는 주로 유기체 차원에서 산다고 할 수 있다. 아기들은 배고프면 울고, 배가 부르면 먹기를 중단한다. 아기에게는 체험이 곧 현실이 되지만 점차 자라면서 엄마와 내가 분리되고, 현상적 장의 일부가 나와 연결된다. "나는 배가 고프다"거나 "나는 엄마가 밉다"와 같은 느낌이나 생각을 '자기체험'이라 한다. 이러한 자기체험이나 지각들이 조직화되어 나에 관한 안정된 견해를 이루는 것이 '자기(self)'다. Rogers의 자기는 각자가 지각하는 나, 즉 '자기개념'이다. 아이는 "나는 어떻다"는 자기 외에 "나는 어떻게 되고 싶다"는 '이상적 자기(ideal self)'도 발달시킨다.

Rogers는 인간의 성숙과 적응 혹은 정신건강이 자기와 유기체의 일치 정도에 달려 있다고 본다. 유기체의 체험은 운동을 좋아하는데 "나는 운동을 싫어 한다"가 되거나 동생이 얄미워 때려주고 싶은데 "동생을 미워하는 것은 나쁘다"라는 자기개념이 지배적이어서 그 욕구를 감추거나 무시하게 된다면 자기와 유기체가 불일치하는 것이다. 유기체의 유지와 고양에 도움이 되는가가 아니라 타인들이 나를 사랑하고 인정해 주는가가 평가의 기준이 되면 자기와 유기체는 불일치하게 된다. 자기와 불일치하는 체험은 위협적으로 지각되어 불안과 방어를 초래한다. Rogers의 성격 이론은 성장과 방어에 초점을 맞춘 것이며 특정한 발달 단계를 두거나 성격 특성의 형성을 설명하려는 시도는 없다.

Maslow와 Rogers의 이론은 사적 경험의 중요성과 인간의 긍정적이고 전체적인 측면에 대해 강조함으로써 정신분석이론과 행동주의의 부정적이거나 기계적인 인간관의 편향을 균형 잡게 하는 기여를 했다. 그러나 정신분석이론의 경우와 유사하게 이론의 개념과 주장을 검증하고 타당화하는 데 어려움이 있다. 주로 대학생 등 건강한 집단을 자기보고식 자료를 통해 연구한 점도, 동물이나 부적응한 사람 집단만을 연구했다고 비판받는 것과 마찬가지로 편향된 표본과 방법이라는 비판을 받을 수 있다.

(3) 특성론(trait theory)

사람들의 지속적인 개성을 표현하는 데 사용하는 가장 일반적인 용어는 유형(type)이나 특성(trait)이다. 이제마의 사상의학에서 사람들을 체질 유형으로 나누어, '소음', '소양', '태음', '태양'으로 구분한 것이나, 히포크라테스의 4대 체액론에 근거한 '다혈질(혈액)', '우울질(흑담즙)', '담즙질(황담즙)', '점액질(점액)'의 구분 등은 유형론의 대표적 예다. 이 밖에도 Jung(1875~1961)의 내 · 외향성의 구분이나 Freud의 '구강적 성격'이나 '항문적 성격' 등도 이런 예에 속한다. 유형론은 이해하기는 쉬우나 실제 사람들의 성격의 복잡성이 그렇게 단순하게 질적으로 구분되는 유형으로 파악하기가 어렵다는 문제에 부닥친다.

유형론이 사람들을 질적으로 구분되는 비연속적인 범주들의 집합으로 구분하려는 데 반해, 특성론에서는 특성들의 연속선상의 어느 한 지점에 개인을 위치시킬 수 있다고 본다. 유형론에서 사람들은 특정한 유형에 소속하지만 특성론에서는 특정한 특성을 얼마만큼 지닌다고 표현할 수 있다. 흔히 유형론에서는 소수의 성격 범주들로 사람을 구분하지만, 특성론에서는 보다 많은 수의 특성 차원들에서 개인의 위치를 조합한 양상(pattern)으로 기술하려 한다. 혈액형에 따른 성격의 구분이나 Jung의 성격 이론을 적용한 MBTI 검사 등의 성격유형 검사가 여전히 인기가 있으나, 현대 심리학자들은 특성론적인 접근을 더 선호한다.

특성론의 대표적인 학자들로 Gordon Allport(1897~1967)와 Raymond Cattell (1905~1998)을 들 수 있다. Allport는 인간의 성격을 기술하고 설명하기가 기존 용어로는 불충분하다고 생각하고 trait라는 용어를 만들었다. 그는 특성이 다양한 상황을 기능적으로 유사하게 받아들이고 또 유사한 형태의 표현적 행동을 하게 만드는 개인 내부에 실재하는 신경 · 심리적 구조로 보았다. 예를 들어 성취 지향적인 특성이 매우 높은 사람은 '기말시험', '학생회장 선거', '야유회', '배추 농사' 등 서로 다른 상황들을 모두 성취의 기회로 유사하게 받아들이고 '높은 목표 세우기', '지속적으로 노력하기', '다른 의견을 가진 사람 설득하기', '사전 계획 세우기' 등의 성취에 도움이 되는 기능적으로 유사한 행동을 한다. 이와 같이 성취욕이라는 특성은 다양한 자극을 유사한 의미로 받아들이게 하고 다양한 행동 반응을 기능적으로 유사하게 묶는다.

Allport는 특성이 행동의 원인이 되며, 특정 상황을 초월하여 비교적 일반적이고 지속적인 성질을 지닌다고 보았다. 그는 특성을 몇 가지 방식으로 분류하는데, 그 하나는 특성이 개인의 행동에 영향력을 발휘하는 정도에 따라 주 특성과 중심 특성 및 2차 특성로 나누는 것이다. '주 특성'은 그 사람 행동의 전반에 걸쳐 강력한 영향을 미치는 것으로, 히틀러(권력욕)나 슈바이처(생명에 대한 경외) 등 소수의 사람들만 주 특성을 보인다고 생각한다. '중심 특성'은 주 특성보다는 덜하지만 상당한 범위에 걸쳐 행동에 영향을 미치는 것으로 보통 사람들의 성격 비교의 기본 재료가 된다. 대학생을 대상으로 한 연구에서 평균 7.2개 정도의 중심 특성 형용사(예: 개방적이다, 성실하다, 사교적이다, 소심하다 등)를 얻을 수 있었다. '2차 특성'은 일반성과 일관성이 앞의 두 특성에 비해 상대적으로 낮고, 특정 상황의 특정한 행동에만 영향을 미치는 것으로 아주 가까운 사람들만이 알 수 있는 특정 음식에 대한 기호나 특정 상품에 대한 태도 등을 말한다. Allport는 공통 특성과 고유 특성을 나누기도 했다. '공통 특성'은 특정 문화권 내의 모든 사람들에게 공통적으로 존재하고 상호 비교가 가능한 것으로 흔히 정상분포를 이룬다. 반면 '고유 특성'은 개인 각자에게 고유한 것으로 그 사람의 참 모습을 이루며, 사례연구나 일기 혹은 편지 등의 개인고유의 자료를 통해 파악할 수 있다. Allport는 개인의 성격은 고유하며, 그 참 모습은 그 사람의 고유 특성에 대한 파악을 통해서 비로소 가능하다고 보았다. 그는 특성에 초점을 강조하는 외에도 성숙되고 건강한 성격과 동기의 기능적 자율성을 중시해서 건강한 성인은 과거의 동기에 매달려 있지 않고 현재와 미래가 중요하다고 보았다.

Allport가 특성을 찾고 연구하는 데 개인의 사례사나 소설 혹은 일반인들의 성격에 대한 진술 등의 방법을 사용한 데 반해, Cattell은 여러 출처(예: 생활기록부, 질문지 검사, 자기에 대한 자기보고 등)에서 나온 자료를 요인분석이라는 통계적 방법을 통해 성격을 기술하기 위한 특성을 찾는 데 사용했다. 그는 겉으로 드러나 보이기에 공통 주제에 관련되는 것처럼 관찰되는 행동들의 집합(예: 미소짓기, 인사하기, 응답하기 등은 '친절성'이라는 특성에 해당)을 뜻하는 '표면 특성'과 행동의 실제적 원인이 되는 저변 구조로 개인들 행동의 일관성을 결정하는 '근원 특성'을 구분한다. 그는 표면 특성이 아니라 근원 특성을 찾는 것이 성격 연구에서 중요하며 요인분석을 통해 근원 특성을 찾아낼 수 있다고 보았다. 그는 수많은 요인분석적 연구를 종합해서 인간의 성격이 16개의 근원 특성으로 기술될 수 있다고 주장했으며, 이를 측정하기 위한 16성격요인(16PF) 검사를 만들었다.

성격에 대한 특성론적 접근은 사람들의 성격을 구성하는 기본 특성이 무엇인가를 밝혀내고 이를 어떻게 측정할 수 있는가의 문제를 해결할 수 있다면 사람들의 성격을 매우 정밀하게 수량적으로 기술하고 연구할 수 있는 장점을 가졌다. 이는 성격과 같은 매우 복잡한 대상에 대해 부족한 자료를 가지고 섣불리 설명이론을 만들어 접근했을 때 생길 수 있는 문제에서 벗어나 관찰 자료에 충실할 수 있는 장점도 있다. 그러나 연구자에 따라 특성의 수나 종류를 각기 다르게 주장하고 있어 혼란스러우며, 이론이 기술적 수준에 머물러 성격이 어떻게 형성되고 변화 · 발달하는가에 대해 아무런 답을 줄 수가 없다는 취약점이 있다. 최근에 여러 문화에서 이루어진 연구 결과들을 보면 인간의 성격 특성이 다섯 개의 큰 요인(Big Five Factor)으로 수렴되고 있다는 증거가 늘고 있어 희망적 기대를 가질 만하다. Costa와 McCrae(1992)의 성격 5요인 모형에서는 5개의 상위 요인에 각기 6개의 하위 요소들이 소속되는 위계적 구조로 성격 특성을 나타낸다. 5개의 성격 요인은 ① 정서적 불안정성과 낮은 좌절 인내 능력으로 특징지어지는 '심리적 민감성(Neuroticism)', ② 대인간 상호작용의 선호와 높은 활동 수준으로 특징지어지는 '외향성(Extraversion)', ③ 경험의 적극적 추구와 감상으로 특징지어지는 '개방성(Openness to experience)', ④ 세상과 타인에 대한 신뢰와 불신 혹은 적대의 정도로 특징지어지는 '호감성(Agreeableness)', 그리고 ⑤ 자기조절과 인내 및 목표 지향적인 행동에 대한 동기화로 특징지어지는 '성실성(Conscientiousness)'이 속한다. 한국 사람들이 성격을 기술할 때도 이 다섯 요인들이 핵심이 된다는 연구결과가 한덕웅, 이기범 및 Ashton(Hahn, Lee, & Ashton, 1999)에 의해서 보고되었다. 5요인 성격 모형을 측정하는 검사인 NEO-PI-R의 한국판은 민병모, 이경임 및 정재창(1997)

과 유태용, 김명언 및 이도형(1997)에 의해서 연구된 바 있다.

(4) 행동주의 및 정보처리적 접근

앞서 살펴본 정신분석, 인본주의 및 특성론적 접근들에서는 모두 행동을 결정하는 원인이 개인 내부에 있는 안정된 특징이라고 본다. 그러나 행동주의 이론에서는 행동을 결정하는 힘은 외부에서 온다고 본다. 즉, 환경적 영향에 따라 행동이 어떻게 변화해 가는지를 학습이론을 통해 설명하려 한다. 따라서 '개인 내부에 있는 행동을 결정하는 원인'이라는 의미의 성격에 대한 이론은 행동주의적 접근에서는 찾기 어렵다. 그러나 개인에게 환경적 영향력이 유사한 양상으로 작용한다면 행동의 일관성을 관찰할 수 있을 것이다. 행동주의 이론에서는 성격이 그 사람의 강화의 역사에 의해 형성된다고 주장한다.

Skinner(1904~1990)는 인간이 특정 행동을 한 후 어떤 결과가 따라오느냐에 따라 앞선 행동이 더 빈번히 발생하거나 사라지며, 그 원리가 인간의 행동을 설명하는 기초가 된다고 주장한다. 즉, 자기주장이 강한 성격은 자기 의견을 주장한 뒤에 보상적인 결과(예: 인정이나 칭찬 혹은 목표 달성 등)가 일관되게 따라나올 경우에 형성된다. 이에 반해, 수줍은 성격은 자기 의견을 표명하지 않고 뒤로 숨는 행동을 했을 때 보상적인 결과(예: 인정이나 수용 혹은 책임면제 등)가 따라나와서 형성된다는 것이다. 서로 상반되는 성격 특성이 행동 뒤의 보상적(혹은 처벌적) 결과라는 공통적 원인에 의해 조성된다고 할 수 있다. Skinner는 그의 조작적 조건형성의 원리들을 적용해서 개인의 일관된 행동 특성을 설명하고 있다. 그의 학습 이론에 관한 세부적 내용은 이 책의 앞부분에 있는 학습에 관한 장을 참고할 수 있다.

Bandura(1925~)는 Skinner에 비해 학습 과정에서 인간 내부(인지) 과정의 능동적 영향을 고려하는 덜 극단적인 행동주의 이론을 주장한다. 그는 개인과 그의 환경 및 행동이 상호 영향을 주고받으며 서로의 결정 요인으로 작용한다고 보았다. Bandura는 자신이 직접 경험하는 강화뿐만 아니라 타인의 행동과 그 결과를 관찰해서 복잡한 행동을 학습하는 관찰학습이 인간 행동을 결정하는 데 중요하며, 강화의 출처도 외부뿐 아니라 자기 스스로에게서도 올 수 있음을 지적한다. 예를 들어, 내가 직접 주장적인 행동을 하고 보상을 받는 경험을 통해 자기주장적이 되는 외에도, 다른 사람이 주장적인 행동으로 좋은 결과를 얻는 것을 관찰함으로써 자기주장적인 행동을 하게 되고 나아가 자기주장적인 성격이 될 수 있다. 또 외부에서 유래하는 강화보다 자기 스스로 일정한 기준(기말고사 수학시험에서 80점)을 정해서 그 기준 이상이면 보상을, 그렇지 못하면 처벌하는 자기강화가 성인의 행동에 더 큰 영향을 미칠 수 있다. Bandura는 '특정한 과제를 이루는 데 필요한 행동을 수행할 수 있다는 능력감'에 해당하는 '자기효능감(self-efficacy)'이 인간의 목표 지향적 행동에 결정적으로 중요한 영향을 미친다고 강조하고 있다.

정보처리적 접근에서는, 현상학적 이론과 유사하게, 개인이 자기자신, 타인들 및 세상을 지각하고 해석하는 방식에 성격이 반영된다고 본다. 현상학과 정보처리적 접근을 구분하는 일차적인 근거는 시대적인 것이라 한다(홍숙기, 2000). 정보처리적 접근은 인지심리학의 영향이 퍼지기 시작한 1970년대 이후에 시작되었다고 할 수 있다. 컴퓨터의 발전에 힘입어 인간을 자극에 대한 수동적으로 반응하는 학습 기계가 아니라 능동적인 정보처리 장치로 조망하고, 그 정보처리 과정을 과학적 방법으로 연구하려는 인지적 접근법이 심리학 전반에 영향을 미치고 성격심리학에도 스며들었다. 주된 초점은 사회적 상황을 선택, 해석하고 반응함에 있어 인지과정이나 내용의 개인적 특성들이 어떻게 표현되는가를 밝히는 데 있다. 자신이나 타인, 중요한 상황 혹은 사건과 관련되는 정보를 어떤 내용으로 어떻게 표상(represent)하는가?의 차이로 개인차를 설명하려 한다.

Carver와 Scheier(2004)는 인간행동이 본원적으로 목표 지향적이라는 견해를 제안한다. 그래서 인간은 단순히 정보처리를 하는 컴퓨터라기보다는 특정한 목표를 지향하는 로봇이나 유도 미사일과 더 유사하다고 생각한다. 로봇이나 미사일은 하나(혹은 몇 개)의 충족하려고 하는 목표를 갖는다. 로봇은 목표들의 표상을 가지고 있으며, 그 표상을 향해 움직이며, 움직임이 제 방향으로 가고 있나 검색하여 현재의 방향을 수정해 간다. 성격에 관해 이런 관점을 갖는 사람들은 사람도 이와 매우 유사하다고 가정한다. 즉, 목표를 설정하고 그리고 그 목표를 향해 나아가려 한다. 이런 특징을 잘 나타내기 위해 자기조절(self-regulation)이라는 용어가 등장했다. 인간행위는 이런 혹은 저런 목표를 추구하기 위한 계속되는 노력이다. 인생은 자신이 구성한 목표들의 연결망을 향해 나아가는 끝없이 계속되는 과정으로 볼 수 있다.

자기조절 모형은, 행동이 그 사람의 내부에서 유래하는 목표로부터 직접 발생한다고 가정한다. 행동을 기초하고 있는 목표는 '인생과제'나 '현재의 관심사'로 부를 수 있는 것으로 "자기개념(self concept)"과 밀접하게 관련된다. 어떤 행동을 위한 목표가 설정되면, 환류과정(feedback process)을 통해 자기조절이 일어난다. 참조가(reference value; 혹은 목표)는 현재의 상태와 비교된다. 만약 둘 사이에 차이가 있다면 행동은 수정되고, 이는 새로운 지각과 비교를 유발한다. 많은 목표들은 역동적이고 진화해 가는 성질을 갖는데, 이는 자기조절이 끝없는 과정이라는 점을 강조한다. 인간을 설명하기 위한 환류 시스템은 목표의 추상성이 높고 범위가 넓은 상위로부터 구체성이 높아지고 범위가 좁아지는 하위 시스템들의 연결로 위계적으로 조직화되어 있다고 가정하며, 상위 시스템은 하위 시스템의 참조가(목표)를 결정한다고 본다.

자기조절 체계에서 정서는 개인의 목표에 우선순위를 매기는 역할을 하는 것으로 볼 수 있다. 정서는 또한, 개인이 목표를 향해 얼마나 잘 진행하고 있는지를 주관적으로 확인할 수 있게 해 주는 역할을 한다. 정서는 이런 식으로 정보를 전달하고, 다른 정보들과 동일한 방식으로 기억 속에 저장된다. 사람들이 어떤 목표를 향해 노력하던 중에 장애를 만나게 되면, 자기조절은 일시적으로 중단되고, 성공하게 될지 실패하게 될지를 고려한다. 만약 기대가 충분히 긍정적이라면, 그 사람은 계속해서 시도할 것이고, 만약 그렇지 않다면, 그 사람은 노력하지 않고 포기하게 될 것이다. 포기가 때로는 적응적인 반응일 수 있으나, 사람들은 때때로 너무 빨리 포기할 수도 있다. 인간을 자기조절 체계의 관점에서 바라본다면, 자기조절과정이나 내용에서의 안정된 개인차가 성격의 핵심이 될 것이다.

행동주의나 정보처리적 접근은 모두 과학적 엄밀성과 실증적 연구 증거들을 많이 확보하고 있다. 핵심 개념들을 관찰과 분명하게 연결시킬 수 있게 정의하고 개념들 사이의 관계에 관해 관찰 자료를 통해 검증할 수 있게 구체적으로 진술하고 있다는 강점이 있다. 아울러, 행동수정이나 인지치료 등의 예에서 알 수 있듯이 실용성과 치료법에 대한 구체적 지침을 제공할 수 있다는 장점도 갖추고 있다. 그러나 행동주의적 접근의 경우, 인간을 너무 기계적이고 수동적으로 바라보고 있다거나, 이론이 결여되어 있으며, 특히 학습된 행동들이 전체 성격 구조에 어떻게 통합되는지에 대한 진술이 없고 인간의 인본적이고 실존적인 측면을 무시하고 있다는 등의 비판을 받기도 한다. 성격에 대한 정보처리적 접근에 대해서는 충분한 평가를 하기에 아직 이른 면이 있다.

4. 성격의 평가

일상생활에서 우리는 타인의 성격을 평가할 기회를 자주 갖는다. 그러나 성격 평가에서는 평가하는 사람의 고정관념이나 관찰의 비체계성 때문에 편파되거나 정밀하지 못한 평가가 되기 쉽다. 심리학에서는 보다 객관적이고 편견에 많이 좌우되지 않으며 정밀한 성격 평가를 위해 다음과 같은 방법들을 사용한다.

(1) 관 찰 법

자연스러운 상황이나 실험 혹은 면접 상황 등에서 미리 훈련을 받은 관찰자나 평정자가 피험자의 행동을 관찰하고 평가하는 방법이다. 관찰자들은 사전에 행동의 어떤 측면을 어떻게 평가하는가에 관해 미리 정하고 훈련받는다. 예를 들어, 유치원에서 어떤 아동이 친구들과 노는 장면을 관찰해서 어떤 내용의 이야기를 어떻게 하며, 놀이에서 다툼이 생겼을 때는 어떻게 해결하는지 등을 관찰해서 그 아동의 성격을 파악할 수 있다. 기업에서 사원을 채용할 때 면접관들이 응시자의 몸짓이나 표정 및 질문에 응답하는 방식 등을 관찰해서 지원자가 제출한 공식적인 서류자료나 시험성적 등에서 얻을 수 없는 지원자의 성격 측면을 파악하기도 한다. 관찰법은 사회적 고정관념이나 후광효과 등에 의해 영향을 받을 가능성이 크다는 단점도 있으나 자연스런 행동을 관찰할 수 있다는 장점도 있다.

(2) 질문지법

개인이 자신에 대해 평가한 것을 기초로 질문지에 답하는 방법이다. 응답자는 질문지의 내용을 읽고 자신이 느끼는 감정이나 나타낼 것 같은 행동을 자기 스스로 보고한다. 성격 평가를 위한 질문지는 '불안'이나 '공격성' 등의 특정한 성격 특성에 초점을 맞추는 경우도 있으나, 여러 가지 성격 특성들을 함께 측정하기도 한다. 후자에 해당하는 대표적인 성격검사로는 미네소타 다면

적 인성검사(MMPI), 캘리포니아 성격검사(CPI), 성격요인검사(16PF), MBTI 및 성격 5요인 검사(NEO-AC) 등이 있다. 이런 자기보고식 질문지 검사는 응답자들이 솔직하게 응답하지 않고 자신의 인상을 특정한 방향으로 꾸미는 데 취약하고, 성격의 단면들에 대해서는 정보를 주지만 전체적으로 통합된 성격의 모습을 파악하기 힘들며, 자신이 잘 인식하기 어려운 성격의 측면에 대해서는 알 수 없다는 등의 단점이 있다. 그러나 사용하기 편리하고 한번에 많은 응답자의 반응을 얻을 수 있어 경제적이며 성격에 관한 계량적 정보를 얻을 수 있다는 장점이 있다.

(3) 투 사 법

투사법은, 응답자가 자신이 보이는 특정 반응이 무엇을 의미하는가를 알기 어려워 반응의 의도적 왜곡이 적고, 자신이 인식하지 못하는 무의식적이거나 갈등적인 측면들이 잘 드러날 수 있게 구성한 성격 평가법이다. 이 방법은 정신분석(혹은 정신역동) 이론에 기초해서 만들어진 것인데, 로르샤하(Rorschach) 검사와 주제통각검사(TAT) 등이 대표적이다. 로르샤하 검사는 실에 잉크를 적

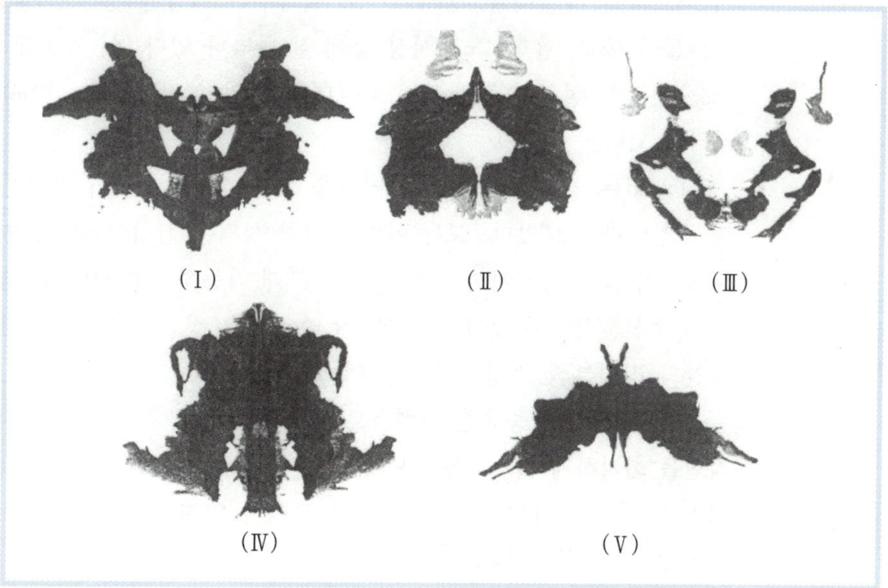

로르샤하 응답자의 무의식적이거나 갈등적인 성격측면들을 평가하는 투사법의 하나이다.

셔서 가운데를 접은 종이에 끼웠다가 빼내는 과정에서 만들어진 모호한 그림을 보고 "무엇처럼 보이느냐?"에 대한 응답을 분석한다. 주제통각검사는 사진 형태의 그림을 보고 "이 그림에서 어떤 일이 일어났고, 앞으로 어떻게 될 것 같으며, 사람들 사이의 관계는 어떤가?" 등에 대한 응답자의 반응을 분석한다. 투사법은 응답자들의 의도적인 반응 왜곡을 줄일 수 있고, 성격의 심층적이고 무의식적인 측면에 접근할 수 있으며, 성격의 전체적 모습을 파악하기 좋다는 장점이 있는 반면, 검사가 신뢰롭고 타당한가에 대한 지지증거가 부족하고 검사를 잘 사용하기 위해서는 임상적 경험과 전문성이 요구된다는 등의 단점이 있다.

5. 건강한 성격이란 어떤 것일까?

건강한 성격이란 어떤 것일까? 이 질문에 대한 대답은 성격 이론마다 다를 수 있다. 더욱 중요한 점은 시대와 문화에 따라서 건강한 성격을 보는 관점이 다르다는 사실이다. 동양에서도 일찍부터 건강한 성격을 설명하는 심리학 이론들이 불교, 유학, 노장사상 등에 잘 나타나 있다. 이 가운데 유학사상에서 보는 건강한 성격에 관해서는 김성태(1989)와 한덕웅(1994, 1996)의 연구에 잘 나타나 있다.

Freud는 일과 사랑에서 즐거움을 느낄 수 있는 것이 건강한 성격의 핵심적 특징이라고 보았다. 그는 이런 건강한 성격은 심리성욕이 초기 발달 단계에 고착되지 않고 성기기까지 잘 발달했을 때 가능하다고 보았다. 그는 성격의 변화를 정신분석에서 찾고 있는데, 잘 훈련받은 정신분석가와 환자가 오랜 기간 동안의 정신분석 과정을 통해 비로소 성격 변화가 가능하다고 보았다. Adler는 건강한 성격의 중요한 특징으로 실패에 대한 공포나 자신의 참 모습에 대한 직면을 회피하지 않는 '용기'와 삶을 현실적으로 조망하고 책임을 지는 '상식' 그리고 자신의 이해 관계를 넘어서 사회적 완전과 우월을 추구하는 '사회적 관심'을 들고 있다. 사회적 관심에 대한 강조가 두드러진다.

Rogers는 완전하게 기능하는 사람을 건강한 성격의 전형으로 보고 있는데, 이런 사람들은 경험에 대한 개방성이 높고, 자유롭게 선택하고 책임지는 실존적 삶의 태도를 보이며, 자기를 신뢰하고, 높은 창조성을 보인다고 한다. 그는 건강한 성격을 구현할 수 있는 잠재력이 우리 누구에게나 갖추어져 있다고 본다. 따라서 성격의 변화도 우리의 내부에 원래부터 갖추어져 있는 이 잠재력이 개발될 수 있는 조건을 갖추어주면 자동적으로 일어난다고 본다. 그는 무조건적 긍정적 태도, 정확한 공감 그리고 진솔함 등의 성장을 조장하는 인간관계적 태도가 변화를 위한 필요충분조건이라고 생각한다. Maslow는 건강한 성격의 사람을 '자기실현자'로 표현하고 있는데, 이들의 특성은 결핍 욕구에 얽매이지 않고 성장 욕구를 추구하는 것이다.

마지막으로 건강한 성격 연구에 노력을 기울여 온 Allport가 보는 건강한 성격의 특성들을 열거해 본다.

가) 넓게 확장된 자기의식을 가졌다 자신만의 이익에 사로잡히지 않고 직업이나 가족, 사회적 문제 및 종교 등에 적극적으로 관여하고 있다. 사회적 관심이 높다.

나) 타인과 우호적인 관계를 유지하고 있다 소유욕이나 시기심이 없는 상대에 대한 배려와 사랑 및 인간 조건(예: 생로병사)에 대한 깊은 이해에서 유래하는 친족감 등으로 특징지워지는 따뜻한 대인관계를 맺고 있다.

다) 정서적으로 안정되고 자기수용이 높다 긍정적인 자기개념을 지니며 약점을 포함해서 고유한 인간으로서 자신을 수용하고 있다. 타인의 복지를 손상시키지 않고 자신의 신념이나 감정을 표현하며 타인의 부당한 영향에 위협받지 않는다.

라) 현실적으로 지각하고 문제 중심적이다 자신의 욕구에 따라 현실을 편향되게 바라보지 않고 문제 중심적이 된다.

마) 유머 속에서 자기를 객관화하고 통찰한다.

바) 일생을 통해 추구하려는 의미 있는 과업에 개입하고 통합된 삶의 철학이 있다.

본장에서는 지면의 제한으로 성격의 정의와 이론 및 평가 등을 간략하게 다루었다. 성격심리학에 대한 보다 포괄적인 이해를 원하는 독자는 민경환(2002)의 '성격심리학', 홍숙기(2000, 2003)의 '성격심리(상·하)' 및 노안녕과 강영신(2002)의 '성격심리학' 등 국내도서에서 많은 도움을 받을 수 있을 것이다.

◆ 생각해 볼 문제

1. 성격이란 무엇이며 우리는 왜 자신이나 남의 성격에 관심을 갖게 되는가?
2. 성격이라는, 사람들 사이의 안정된 차이는 어디에서 유래하는가?
3. 같은 부모 밑에서 태어나면 성격이 더 유사한가? 함께 하는 경험을 많이 할수록 성격이 더 비슷해지는가?
4. 성격의 원재료는 무엇이라 할 수 있을까?
5. 보통 사람들과 심리학자들은 성격에 대해 이야기하고 성격을 활용하는 방식에서 어떤 차이를 보일까?
6. 왜 성격이론이 필요한가?
7. 정신분석, 인본주의, 특성론, 행동주의 및 정보처리적 접근 등의 여러 성격이론이 있는데, 이 이론들은 서로 어떻게 다른가?
8. 현실 문제를 해결하기 위해 한 가지 성격이론을 골라야 한다면, 어떤 기준으로 서로를 비교 · 평가할 수 있는가?
9. 사람들 사이의 성격의 차이를 양적이거나 질적으로 보다 엄밀하게 평가하기 위해 어떤 방법을 사용하는가?
10. 어떻게 성격의 변화를 시도할 수 있을까?
11. 건강한 성격이란 어떤 특징을 가질까?

제12장

대인관계에서의 인간의 심리와 행동

1. 사회적 사고
2. 사회적 영향
3. 사회적 관계
◆ 생각해 볼 문제

이 장에서는 사회심리학의 주요 연구 주제들 가운데 특히 개인간 과정을 중심으로 살펴본다. 사회심리학은 사회적 상황에서 나타나는 개인의 사고, 감정 및 행동을 연구하는 과학이다. 사회적 상황이란 친구들과 생맥주를 마신다거나, 군대간 애인을 그리워한다거나 또는 대통령 후보의 TV 연설을 시청하는 경우처럼 두 사람 이상이 개입되어 있는 상황을 말한다. 우리의 삶 자체가 사회적 상황에서 이루어진다는 점에서 사회심리학은 인간 이해에 중요한 의미를 지닌다. 사회심리학은 다른 사람들 속에서 행동하는 개인이나 10명 이하의 소집단을 대상으로 삼아서 실험 위주로 연구하는 전통을 이어오고 있으며 사회심리학은 사회적 현상을 기술하고 설명하는 기초과학의 측면과 다양한 사회문제들의 해결에 초점을 두는 응용과학의 측면을 모두 강조하고 있다. 근래에는 사회행동을 이해하는 데 있어서 문화적 요인의 중요성이 부각되면서 한국에서도 서구의 사회심리학 이론들을 그대로 답습하는 경향을 탈피하여 한국인의 고유한 심리와 행동을 반영하는 연구와 이론화가 적극적으로 시도되고 있다. 이 경향의 대표적 예로서 한덕웅(1994, 2003)은 퇴계의 유학사상을 비롯하여 한국의 유학사상과 유교문화를 심리학 관점에서 재해석하고 있으며, 최상진(2000)은 정(情)이나 체면과 같은 한국인의 심리적 특성을 밝히는 데 주력하고 있다. 조긍호(2000)는 한국과 같은 집단주의 국가의 국민들은 의존성과 자기억제를 강조하기 때문에 타인지향동기와 욕구통제동기가 강하며, 서구의 개인주의 국가의 국민들은 자율성과 자기주장을 강조하기 때문에 개인지향동기와 환경통제동기가 강하다고 주장한다.

1. 사회적 사고

열길 물 속은 알아도 한길 사람 속은 모른다고 하지만, 사람들은 끊임없이 자기와 타인에게 호기심을 가지고 알고자 노력하고 있다. 타인을 이해하는 일은 인간의 기본적 욕구 중의 하나로서 안전하고 여유있는 생활을 하는 데 중요한 문제이기도 하다. 사람들이 자기와 타인을 이해하는 과정을 다루는 분야가 바로 사회적 사고이다. 구체적으로 타인에 관한 추론이나 평가 등 정보처리과정을 분석하는 타인 지각이나 타인의 행동 원인을 추론하는 귀인의 문제를 다루고 있다.

(1) 타인 지각

우리는 두세 시간 정도의 짧은 미팅 후에도 나름대로의 확신을 가지고 처음 본 상대에 대한 분명한 인상을 형성한다. 짧은 만남을 통해 알 수 있는 것은 상대의 외모나 학력과 같은 피상적 정보에 지나지 않음에도 불구하고 어떻게 그의 인물 전반에 관한 확고한 결론에 이르게 되는가? 또 그러한 결론은 얼마나 정확한가?

1) 인물 정보들의 추론

일반적으로 사람들은 타인의 외모나 행동을 통해서 그의 성격이나 기타 특성들을 추론한다. 사람들이 인물 정보를 추론하여 통합적 인상을 형성하는 과정을 살펴보면 다음과 같다. 먼저, 외모, 직업, 고향 등과 같은 소수의 피상적인 정보를 바탕으로 다수의 미확인 정보들을 추리해 내고, 이 정보들 중에서 인상판단에 필요하다고 여겨지는 정보를 선별한 다음, 이들을 일정한 방식으로 통합하여 타인에 관한 전반적인 인상을 형성하게 된다.

인물 정보의 추론은 개인이 지니고 있는 도식(schema)에 크게 의존한다. 도식이란 어떤 대상이나 개념에 관한 조직화되고 구조화된 신념들로서 여러 유형이 있는데 타인지각에 큰 영향을 미치는 도식으로는 고정관념(stereotype)과 내현성격이론(implicit personality theory)을 들 수 있다.

여성에 대한 고정관념 암벽등반을 즐기는 이 여성의 모습은 약하고 소극적이라는 여성에 대한 고정관념을 바꾸는 데 도움이 된다.

고정관념은 어떤 집단이나 사회적 범주에 속하는 구성원들의 전형적 특성에 관한 신념을 말한다. 키가 큰 남성은 싱겁고, 눈이 큰 여성은 겁이 많다는 고정관념은 우리가 익히 들어온 예들이다. 눈이 큰 모든 여성이 다 겁쟁이인 것은 아니지만 일단 이와 같은 고정관념을 갖게 되면 그 범주의 모든 구성원이 그런 특징을 공유한다고 과잉 일반화하게 된다. 예를 들어 한 여성이 자신과 맞선을 볼 남성이 자동차 세일즈맨이며, ROTC장교 출신이며, 경상도 출신의 장남이라는 점을 알았다면, 세일즈맨, ROTC, 경상도 사람 및 장남에 대한 각각의 고정관념을 통해서 많은 인상 정보들을 추론하게 된다. 이를 바탕으로 그 남성에 대한 전반적 인상을 형성할 수 있게 된다. 그런데 부정적인 내용의 고정관념은 흔히 편견으로 발전하여 인종차별이나 지역감정과 같은 폐해를 낳기도 한다.

내현성격이론은 성격 특성들간의 관련성에 관한 개인의 신념으로서 보이지 않는 성격을 판단하는 틀로 이용된다. 예를 들어, 어떤 사람과 대화를 통해서 그가 유머리스함을 알게 되었나면 개인이 지닌 내현성격이론에 따라서 그가 사교적이고, 낙천적이며, 부드러운 사람이라는 추론이 가능해진다.

2) 도식적 정보처리

타인지각을 포함하여 환경 속에서 사회적 정보를 해석, 추리 및 판단하는 과정은 많은 오류와 편향을 지니는 비논리적이고 비합리적인 과정임이 밝혀지고 있다. 사회심리학자들은 이러한 오류와 편향이 생기는 원인을 사람들이 주어진 정보를 신속하게 처리하려는 경향이 강해서 정보처리의 정확성이 떨어지기 때문이라고 해석한다. 사람들은 사회적 정보처리 과정에서 지름길로 질러가고 노력을 최소화하려고 하는데, 이러한 경향을 빗대어 인간을 '인지적 구두쇠(cognitive miser)'라고 부르기도 한다(Taylor, 1981). 즉, 우리는 사람이나 사건을 추론하거나 판단할 때 최소한의 정보만을 취하는 경향이 있어서 필요한 모든 정보를 다 탐색하기보다는 대략적인 윤곽이 잡히면 더 이상의 정보탐색을 멈추고 결론을 내리곤 한다. 따라서 정보처리가 신속해지는 반면에 부정확해지는 위험이 있다.

그러나 필요한 경우에는 시간이 걸리더라도 꼼꼼하고 정확한 정보처리를 하기도 한다. 즉, 사람들은 자신의 동기에 따라서 면밀하게 정보처리를 하거나 혹은 인지적 구두쇠처럼 추론하는데, 인간의 이런 특징을 일컬어 '동기적 책략가(motivational tactician)'라고 한다(Fiske, 1993).

신속한 정보처리를 위해서 사람들은 여러 방법을 동원하는데 그 가운데 대표적인 방법이 도식을 적용하는 것이다. 앞에서 소개한 고정관념과 내현성격이론 이외에도 사람들은 특정 인물, 자기 자신 또는 사회적 역할 등에 대해서도 도식을 가질 수 있다. 음악회에 처음 간 사람이 극장에서 표를 사고 좌석을 찾던 경험이 있으면 공연장에서도 자연스럽게 행동할 수 있듯이 도식은 환경을 해석하고 이에 따라서 행동할 때 매우 중요한 역할을 한다.

가) 도식적 정보처리의 장점

첫째, 회상을 용이하게 한다. 자신이 이미 지니고 있는 도식과 일치하거나 상반되는 정보는 도식과 무관한 정보보다 더 잘 기억되고 더 쉽게 회상된다.

둘째, 정보처리에 걸리는 시간을 단축시킨다. 어떤 대상에 대해서 도식을 지닌 사람들이 지니지 않은 사람들보다 그 대상에 관한 정보를 더 신속하게 처리한다.

셋째, 누락된 정보를 메워 준다. 도식은 명료하지 못하거나 빠진 사항들에 관해서 자신있게 추론하도록 도와 주기 때문에 빠진 정보를 도식에 따라서 메워 넣음으로써 사고의 갭을 보충하는 역할을 한다.

넷째, 규범적 기대를 제공해서 장차 일어날 수 있는 일을 예측하고 대비할 수 있게 한다. 또한 기대는 실제 결과를 평가하는 비교 기준이 되기도 한다.

나) 도식적 정보처리의 문제점

도식적 정보처리 과정에서 생기는 문제점들은 주로 상황을 과잉 단순화하여 추론하기 때문에 비롯된다.

첫째, 도식에 부합되는 정보만을 수용한다. 둘째, 도식에 일치되는 정보만으로 사고의 갭을 메운다. 셋째, 잘 맞지 않는 경우에도 도식을 무리하게 적용한다. 마지막으로, 일단 형성된 도식은 잘 변화시키지 않으려는 경향이 강하다.

도식적 처리의 장단점을 종합해 보면 신속하고 경제적인 처리가 보장되는 반면에, 처리의 정확성이 훼손되어서 결론을 내릴 때 오류가 생길 가능성이 커진다.

다) 도식적 정보처리와 행동의 관계

도식은 우리의 사고에 영향을 줄뿐만 아니라 자기 행동과 나아가서 타인의 행동에도 영향을 미친다. 사람들은 타인에 대해서 어떤 기대나 신념을 지니면 그로 하여금 이 기대와 일치하는 행동을 하도록 유도하여 자신의 기대를 확증시키는 경향이 있는데, 이를 자성예언(自成豫言, self-fulfilling prophecy)이라고 한다. 즉, 사람들은 자신의 도식과 일치하는 방식으로 타인을 다룸으로써 결과적으로 자신의 도식을 집요하게 유지하는 경향이 있다.

Snyder, Tanke 및 Berscheid(1977)는 남자 대학생들에게 매력적이거나 매력적이지 않은 여대생의 사진을 보여 준 다음에 그녀와 10분간 전화통화를 하도록 하여 내용을 녹음하였다. 녹음 내용의 분석 결과를 보면 매력적인 여대생과 통화한다고 믿은 남학생들이 매력 없는 여대생과 통화한다고 믿은 남학생들보다 더 부드럽게 통화했으며, 상대 여성의 반응 역시 더 우호적이었다. 결국 매력적인 여성이 성격도 좋다는 정확하지 않은 고정관념이 자성예언을 통해서 확증된 셈이다.

3) 타인지각에서 나타나는 편향들

가) 후광효과

한 가지를 보면 열을 안다는 속담처럼 사람들은 타인을 내적으로 일관되게 평가하려는 경향이 있는데 이를 후광효과(halo effect)라고 한다. 어떤 입사

지원자의 단정한 외모를 좋게 본 면접관은 그 지원자가 예의바르고, 인간성이 좋으며, 능력도 뛰어날 것이라고 추론하여 후한 점수를 주게 된다. 이와 반대로 어떤 단면을 부정적으로 보았다면 나머지 단면들도 모두 부정적으로 인식하는 경향이 있다.

나) 긍정성 편향

사람들은 타인을 대체로 좋게 평가하는 경향이 강하다. 이와 같이 일반적으로 타인에 관한 부정적 평가보다는 긍정적 평가가 더 우세한 경향을 긍정성 편향(positivity bias)이라고 한다.

다) 부정성 효과

어떤 남성이 똑똑하고, 잘생겼으며, 친절하다면 독자들은 상당히 긍정적인 인상을 가질 것이다. 그런데 그가 거짓말을 잘한다는 사실을 추가로 알게 되면 어떻게 될까? 아마 단 하나의 부정적 정보로 인해서 부정적인 인상으로 반전되었을 것이다. 이 예에서 알 수 있듯이 타인지각에서 부정적 정보는 긍정적 정보보다 더 큰 영향을 미치는데, 이를 부정성 효과(negativity effect)라고 부른다. 이는 결과적으로 한번 형성된 부정적 인상은 긍정적 인상보다 변화되기가 더 어렵다는 사실과도 연관된다. 인기 절정의 연예인이나 정치인이 추문에 휘말리면 대중은 중립적으로 평가하기보다 금방 그를 외면해 버리고 예전의 인기를 만회하기는 거의 불가능한 경우를 우리는 자주 보아왔다.

(2) 귀 인

사람들은 호기심이 많아서 재벌 회장들은 어떻게 해서 그렇게 많은 돈을 벌었으며, 자신은 왜 이성에게 인기가 없는지 원인을 알고자 요모조모 따져서 분석하곤 한다. 이처럼 타인이나 자신의 행위가 어떤 원인 때문에 나타났는지 추론해서 인과적 설명에 이르는 과정을 귀인(歸因, attribution)이라고 한다. 귀인은 환경을 예측하고 통제하는데 도움을 주고, 타인과 자신에 대한 태도와 행동에 영향을 주기 때문에 사회심리학의 중요한 주제로 자리잡아 왔다.

1) 귀인의 차원 및 방식

가) 귀인 차원

Heider(1958)는 일반인들이 일상적 사건의 원인을 설명하는 방식을 이른바 상식심리학에 따라서 분석하여 사람들이 내부 혹은 외부의 2가지 원인들 가운데 하나로서 행동을 설명한다고 정리했다. 행위 당사자의 성격, 태도, 동기 또는 능력과 같은 성향적 특성에 귀인하는 경우는 내부귀인이라고 하고, 환경, 운, 타인 또는 과제 난이도처럼 행위 당사자와 직접 관련이 없는 상황 요인에 귀인하는 경우를 외부귀인이라고 한다. 대체로 귀인은 기대 밖으로 좋지 않은 결과가 나타났을 때 흔히 이루어진다. 그리고 타인의 행동이 사회적으로 바람직하지 못하거나, 그에게 주어진 역할과 일치하지 않거나, 그가 자발적으로 선택한 것이거나 또는 행동한 사람의 성향에 관한 지각자의 사전지식이나 기대와 일치하면 대체로 내부귀인된다.

귀인의 내용들을 묶어서 살펴보면 내부-외부의 귀인 차원 이외에도 비교적 영속적 원인(예: 능력, 과제 난이도)이거나 혹은 유동적 원인(예: 노력, 운)으로 분류하는 안정성-불안정성 차원, 그리고 개인이 통제할 수 있는 원인인지 아닌지에 따라서 구분하는 통제가능성 차원도 제안되었다(Weiner, 1982).

나) 공변모형

어떤 원인이 있을 때만 어떤 효과가 나타나서 원인과 효과가 공변하면 그 효과를 그 원인에 귀인하게 되며, 이를 공변원리(covariation principle)라고 한다. Kelley(1967)는 공변원리를 정교화하여 사람들이 인과추론할 때 세 종류의 정보들을 사용하여 판단한다는 공변모형(일명 입방체 모형)을 제안하였다. 이 모형에 따르면 사람들은 일관성(consistency), 독특성(distinctiveness) 및 합치성(consensus)의 3가지 정보를 검토하여 귀인에 이르게 된다. 즉, 행위자의 특정 행동은 다른 때나 다른 맥락에서도 항상 나타나는가(일관성), 그 행동은 특정 대상에게만 독특하게 나타나는가(독특성), 그리고 다른 사람들도 그 상황에서 그렇게 행동하는가(합치성)라는 물음을 통해서 특정 행동과 상황들, 자극대상들 및 행위자들간의 공변관계를 확인한다. 위의 세 정보들을 수집한 결과로 모든 물음들에 대하여 긍정적 대답이 나오면 외부귀인하며, 일관성 여부에 관해서만 긍정적 대답이 나오고 나머지 두 물음에 관해서는 부정적 대답이 나오면 내부귀인하게 된다. 'GOD'에게 열광하는 여중생 '현주'의 행동이 나타난 원인을 이 공변모형에 따라서 분석해 보면 [그림 12-1]과 같다.

Kelley는 초기에 사람들이 일관성, 독특성, 합치성의 3가지 정보들을 모두 고려하여 합리적으로 귀인한다고 가정하였으나 수정된 이론에서는 한번 관찰한 행동이나 세 정보들 가운데 어떤 정보가 빠지더라도 원인을 추론하는 도식

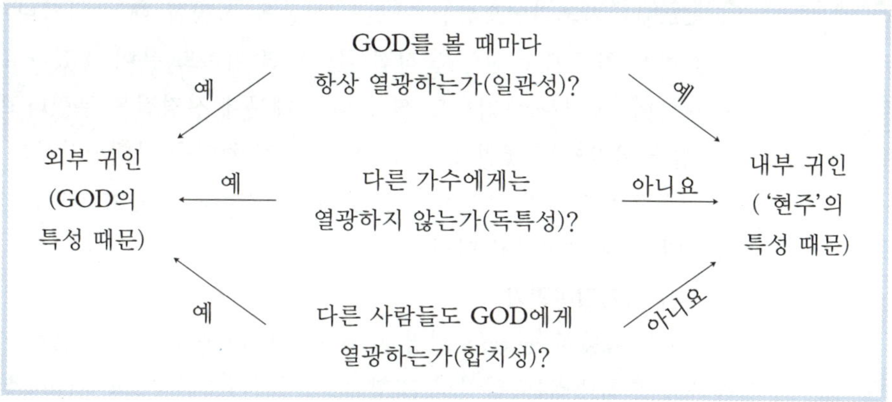

[그림 12-1] 공변모형에 따른 행동원인분석의 예

을 사용하여 귀인을 할 수 있다고 보았다. 나은영과 차재호(1988)는 한국에서 수행한 연구에서 세 가지 정보들을 모두 지니지 못한 경우에도 빠진 정보들을 추론하여 원인을 설명할 수 있음을 입증하였다.

2) 귀인편향

행동의 원인이 합리적으로 추론된다는 생각과는 달리 실제 귀인과정에서는 많은 편향된 추론들이 발생된다. 이 현상도 인간이 인지적 구두쇠라는 점을 시사한다. 행동의 원인을 추론할 때 나타나는 편파된 경향을 귀인편향이라고 부른다. 대표적인 귀인편향들은 다음과 같다.

가) 기본귀인오류

우리는 친구가 장학금을 받게 된 원인을 설명할 때 그가 운이 좋았다기보다는 노력했기 때문으로 생각하며, 동사무소 직원의 불친절은 더운 날씨 때문이 아니라 그의 못된 성격 탓으로 돌린다. 이와 같이 타인의 행동을 설명할 때 상황의 영향은 과소평가하고 개인 특성이나 태도처럼 행위자의 영향은 과대평가하는 경향이 강한데, 이를 기본귀인오류(fundamental attribution error)라고 부른다. 이 원리를 이해하면 독자들이 신문의 사회면에 나온 범인들의 행동을 쉽사리 내부귀인하는 이유도 알 수 있다. 이경성과 한덕웅(2000)이 배우자의 긍정적 및 부정적 행동에 대한 귀인을 조사한 결과를 보면 행위자귀인 비율이 69%로서 외부귀인이나 부부양자귀인의 비율보다 더 높아 부부관계에서도 기본귀인오류가 나타남을 확인하였다.

그러나 기본귀인오류는 자신의 행동을 설명할 때는 나타나지 않는다. 장학금 받은 친구에게 원인을 직접 물어보면 아마도 운이 좋았다고 겸손해 할지도 모르며, 동사무소 직원도 찜통 더위 때문에 신경질을 부렸다고 변명할 것이다. 결국 관찰자는 행위자인 타인의 성향적 원인을 과대평가하는 반면에, 행위자 스스로는 오히려 상황적 원인을 과대평가하는 경향이 있다. 이 현상은 행위자–관찰자 편향이라고 한다.

나) 자기기여편향

자기 행동의 원인을 설명할 때 나타나는 현상으로 자신을 호의적으로 지각하고 드러내려는 일련의 경향들을 자기기여편향(self-serving bias)이라고 한다. 자기기여편향은 '잘되면 내 탓, 잘못되면 조상 탓'이라는 속담에 잘 나타나 있다. 이 속담 가운데 잘 되면 내 탓이라는 부분은 자신의 성공을 내부귀인하는 경향을 나타낸다. 이 현상은 자기고양귀인이라고 한다. 반면 잘 못되면 조상 탓이라는 부분은 자신의 실패를 외부귀인하는 경향을 의미한다. 이 현상만을 부를 때는 자기방어귀인이라고 한다. 미국 문화에서 자신의 성공을 내부귀인하여 자존심을 높이고 실패는 외부귀인하여 자존심을 방어하는 경향이 높았다. 그러나 동양 사람들은 겸손을 미덕으로 여기기 때문에 귀인편향이 덜 나타난다. 그리고 때로는 자신의 성공이 부모나 가족 때문이라고 보는 겸양을 보이기도 한다. 조긍호와 김소연(1998)의 연구에서는 한국의 직장인들이 자신의 성공은 외부귀인하며, 실패는 내부 귀인하는 이른바 겸양편향(modesty bias)이 나타나서 문화 차이를 확인하였다.

또한 미국 사람들은 Kelley가 제안한 세 가지 정보 중 합치성 정보를 잘 사용하지 않는 경향이 있다. 이로 말미암아 자신의 의견이나 바람직하지 않은 행동이 타인에게서도 나타난다고 보편성을 과대추론하는 거짓합치성효과(false consensus effect)와 이와는 반대로 자신의 능력이나 바람직한 행동의 보편성은 과소평가하는 거짓특이성효과(false uniqueness effect)가 나타난다. 담배를 피우는 사람은 흡연 인구를 실제보다 더 많게 추정하고, A학점을 받은 사람은 A학점 취득자 수를 실제보다 더 적게 추정할 것이다. 즉 미국 사람들은 자신의 장점은 희귀하고, 단점은 일반적이라고 생각하는 경향이 있다. 그러나 한국 사람들은 귀인할 때 타인과의 합치성 정보를 중요하게 여기는 경향이 있다(남기덕과 차재호, 1985).

3) 통제력 착각

사람들은 자신의 운명 통제력을 실제보다 더 크게 지각하는 경향이 있다. 자신이 통제력을 전혀 발휘할 수 없는 제비뽑기조차도 더 좋은 결과를 얻을 수 있었다며 아쉬워하는 사람들이 많다. 이처럼 세상에 대한 개인의 통제력을 과대평가하고 우연이나 통제불가능한 요인들의 영향력을 과소평가하는 경향을 통제력 착각(illusion of control)이라고 한다.

위에서 살펴본 귀인편향들은 모두 사실을 왜곡한 귀인이기는 하지만 때로는 상당한 적응적 가치를 지니기도 한다. 자신의 실패를 불운 때문이라고 귀인한 사람은 능력의 부족으로 귀인한 사람에 비해서 자존심을 보호하고 재기의 희망을 계속 유지할 수 있기 때문이다.

2. 사회적 영향

거리를 휩쓰는 유행의 물결에 초연한 사람은 많지 않다. 특히 젊은 사람이나 어린이들은 인기스타가 등장하는 신제품 광고를 보고 그 상품을 사는 경우가 많다. 비록 자신은 자각하지 못한다고 하더라도 사람들은 이처럼 늘 누군가로부터 영향을 받고 있는 동시에 누군가에게 영향을 주고 있다. 여기서는 대표적인 사회적 영향 현상들이 일상생활에서 어떻게 작용하고 어떤 효과를 갖는지 살펴본다.

(1) 태도와 태도변화

태도는 어떤 사람이나 대상에 대한 신념, 감정 및 행동의도를 총칭하는 개념으로서 사회심리학의 가장 핵심적인 주제로 다루어져 왔다. 사회심리학자들이 태도에 주목한 이유는 태도와 행동간의 밀접한 연관성을 가정했기 때문이다. 즉, 어떤 사람의 태도를 알면 그의 행동을 예측할 수 있으며, 나아가서 그의 태도를 변화시키면 행동도 변화된다고 믿었다. 그러나 사람들은 자신의 생각대로 행동하지 않는 경우가 많아서 태도와 행동의 관계는 애초의 가정보다 훨씬 더 복잡한 것이 사실이다.

1) 태도와 행동의 관계

가) 태도를 통한 행동의 예측

태도가 행동을 결정한다는 가설은 지지 증거와 반대 증거가 혼재하고 있다. 백인 교수였던 LaPiere(1934)는 젊은 중국인 대학원생 부부와 미국의 250개 호텔과 식당을 방문했는데, 당시 미국인이 동양인에 대해 강한 편견과 차별을 했음에도 불구하고 단 한 곳에서만 입장을 거절당했다. 여행이 끝난 후 그는 방문했던 업소에 중국인을 받을 것인지를 편지로 물어본 결과, 답신의 92%가 정중히 거절하여 태도와 실제 행동이 일치하지 않음을 발견하였다. 그러나 이 결과와는 달리 1952년부터 1964년까지 네 번의 미국 대통령 선거 기간 동안에 이루어진 유권자 표본 조사에서는 표본의 85%가 자신이 지지하는 정당에 투표했다고 밝힘으로써 태도와 행동이 대체로 일치하는 경향을 보였다(Kelly & Mirer, 1974).

오늘날 대부분의 연구자들은 개인의 태도와 행동의 일치 정도가 상황에 따라서 달라짐을 인정하고 있다. 대체로 다음 상황들에서는 태도와 행동이 일치하기 때문에 태도를 알면 행동을 예측할 수 있다고 본다.

첫째, 태도가 강하고 명료할수록 태도와 일치하는 행동이 나타날 가능성이 크다. 직접 경험을 통해서 태도가 획득되었거나, 자신의 태도를 남들에게 표현한 적이 있거나, 또는 자신의 이득과 직결되는 경우에 태도는 강하고 명료해진다. 이 경우에는 태도와 일관되는 행동이 나타날 가능성이 높다. 예를 들어서 친구들 앞에서 담배를 끊겠다고 공언한 사람은 마음속으로만 금연 결심을 한 사람보다 실제로 담배를 피우지 않을 가능성이 더 크다.

둘째, 태도는 불안정해서 시간에 따라서 변하기 때문에 태도와 행동이 거의 동시에 측정될 때 일치할 가능성이 커진다. 선거에서 여론조사 결과는 투표일이 가까워질수록 실제 투표행동을 더 정확하게 예언할 수 있다.

셋째, 일반적 태도보다 행동과 구체적으로 관련된 태도를 측정하면 행동과 더 일치하게 된다. 예를 들어, 새치기 행동은 공중도덕에 관한 일반적 태도보다는 새치기에 대한 태도와 더 일치하게 된다.

넷째, 대개의 상황에서 어떤 행동은 여러 태도들과 관련되어 있는데 당시에 가장 특출한 태도에 따라서 행동이 결정된다. 앞의 LaPiere의 연구에서 중국인에게 음식을 제공한 식당 주인은 돈벌고 싶다는 태도와 중국인은 싫다는 태도 중 전자의 태도가 더 특출했을 수 있다.

마지막으로, 태도와 행동 각각에 미치는 상황적 압력들이 적을수록 둘간의 일관성은 증가한다. 부모의 반대가 없다면 사랑(태도)하는 연인들이 결혼(행동)할 가능성은 더 커진다. 만약 LaPiere라는 권위 있는 교수가 동행하여 묵시적으로 압력을 가하지 않았다면 중국인 대학원생 부부는 호텔이나 식당에서 거절당했을 것이다.

나) 행동을 통한 태도의 예측

태도가 행동을 결정하는 경우보다 역의 인과관계, 즉 행동이 태도를 결정하는 경우가 오히려 더 일반적이다. 어떤 사람에게 호의를 베풀면 그에 대한 호감이 증가하고, 파렴치한 절도범은 자신의 행위가 불가피했다고 믿는다. 이처럼 행동 후에 그 행동과 일관되는 태도를 갖게 되는 경우를 흔히 볼 수 있다.

Festinger(1957)의 인지부조화이론(cognitive dissonance theory)은 이 현상을 잘 설명하고 있다. 이 이론은 사람들이 심리적 일관성을 추구하는 경향이 있다고 가정하고, 태도와 행동이 불일치되어서 인지의 부조화가 생기면 불편감을 경험하기 때문에 조화를 이루려는 동기가 유발된다고 주장한다. 그런데 만약 행동을 취소하거나 변경할 수 없으면 사람들은 주로 태도를 행동과 일관되도록 변화시킴으로써 부조화를 감소시키게 된다. 결국 인지부조화이론은 사람들이 자신의 행동을 합리화하는 경향이 있으며, 부조화의 감소 과정이 곧 행동의 합리화 과정이라고 본다. 따라서 어떤 행동 후의 태도는 그 행동과 일치하도록 조정된다. 이런 경향을 꼬집어 Festinger는 인간이 합리적 동물이라기보다 합리화하는 동물이라고 갈파한 바 있다.

Festinger와 Carlsmith(1959)는 인지부조화를 줄이고자 자기 합리화하는 현상을 실험으로 검증한 바 있다. 그들은 피험자들에게 아주 지루한 일을 하도록 한 후 대기중인 다른 피험자들에게 재미있는 일이라고 전해 주는 대가로 1불 또는 20불을 주었다. 그런 다음 피험자들에게 실제로 그 일이 얼마나 재미있었는지를 물어본 결과, 1불을 받은 피험자들만이 과제가 재미 없다는 사전 태도를 변화시켜서 재미 있었다고 대답하였다. 20불을 받은 피험자들은 과제에 대한 태도에 변화가 없었다. Festinger는 20불을 받은 사람들의 경우에는 태도와 상반되게 진술을 하더라도 큰 돈을 받았기 때문이라고 정당화할 수 있어서 인지부조화를 별로 느끼지 않았으므로 여전히 일이 재미 없었다는 생각을 유지했다고 해석했다. 반면에 1불을 받은 피험자들은 거짓말을 정당화하기엔 불충분한 보상이었기 때문에 부조화를 크게 경험해서 결국 그 일이 재미 있었다고 바꾸어 생각함으로써 자신의 행동을 정당화했다고 보았다.

이와 같이 사람들은 자신의 태도와 상반된 행동을 했거나 의사결정 후에 그 결정을 후회하는 부조화를 경험하는데, 그런 상황에서 사람들은 태도를 행동이나 결정과 일치하도록 바꿈으로써 부조화를 경감시키고 심리적 안정을 되찾는다.

2) 태도변화

한 사람의 태도를 변화시키는 방법으로는 설득이 가장 자주 사용된다. 설득의 효과는 설득자, 설득 내용, 설득 대상 및 설득 상황의 4가지 요인에 따라서 달라진다.

가) 설 득 자

설득 대상이 설득자를 호의적으로 평가할수록 설득의 효과는 커진다. 구체적으로 설득자가 설득하는 내용에 관해서 전문성을 갖추고 있거나, 사심이 없고 객관적이어서 신뢰감을 주거나, 또는 매력적인 사람이면 태도변화의 가능성이 커진다.

나) 설득 내용

설득하고자 하는 내용은 우선 설득 대상의 기존 태도와 적당히 차이가 있어야 한다. 지나치게 차이가 크면 설득 대상은 메시지 자체를 거부하거나 무시하게 되어서 설득당하지 않는다. 그리고 객관적 통계치 등을 제시하는 이성적 내용보다 기분을 좋게 하거나 적절한 수준으로 공포를 유발하는 등 상대의 감성에 호소하는 내용이 대개 더 효과를 보일 수 있다. 또한 설득력이 좋을수록 대체로 설득이 잘 되지만 이 효과는 다음 절에서 살펴볼 설득 대상 요인에 따라서 달라진다.

다) 설득 대상

설득자와 설득 내용의 효과는 설득 대상의 자아관여(ego involvement) 수준에 따라 달라진다. 이와 관련된 이론이 정교화가능성이론(elaboration likelihood theory, Petty & Cacioppo, 1986)으로서, 이 이론에서는 설득 주제가 설득 대상에게 중요한 의미를 지니고 있어서 관여 수준이 높으면 대상은 설득 내용을 면밀히 검토하여 심사숙고한 반응을 하고, 반면에 관여 수준이 낮으면 설득자의 매

설득자 효과 스타를 이용한 광고들은 스타의 대중적 인기가 자사 제품에 전이되어 제품매출이 증가하리라는 기대를 바탕으로 하고 있다.

력과 같은 주변적 단서에 의해서 설득 효과가 좌우되는 경향이 있음을 밝혔다. 예를 들어, 자동차와 같은 고가의 제품을 구매하려는 사람은 여러 차종의 성능을 비교하고 소비자들의 평가를 확인하는 등 철저한 정보수집과 검토를 거친 후 결정을 내리게 된다. 이 경우에 설득 대상은 설득 내용을 깊이 생각하기 때문에 쉽게 설득되지 않는다. 만약 배우자를 선택하거나 집을 사려고 한다면 다른 사람의 주장을 어찌 꼼꼼히 따져보지 않겠는가? 반면에 중요하지도 않고 별로 지식이 없다면 설득 대상의 기분이나 설득자에 따라서 설득 효과가 나타난다. 목이 말라 음료수를 사려는 사람은 자신이 좋아하는 연예인이 광고하는 제품을 망설임 없이 구매한다. 볼펜이나 티셔츠를 사려한다면 누가 선전하는지 혹은 광고 장면이 멋있는지에 따라서 구매에 큰 영향을 미치게 된다. 요약하면 이 이론에서는 설득 대상에 따라서 설득 내용을 치밀하게 생각하는 수준이 달라진다고 주장한다.

그리고 예방주사를 맞고 질병에 대한 면역을 기르는 과정과 마찬가지로 설득 대상이 자신의 태도에 대해 약한 공격을 받고 방어한 경험이 있어서 이른

바 태도면역(attitude inoculation)되어 있으면 더욱 강한 설득 메시지에도 저항력이 생겨서 잘 설득되지 않는다.

라) 설득상황

조용한 음악이 흐르고 옆사람들의 대화소리가 간간이 들리는 커피숍처럼 주의가 다소 분산되는 분위기에서 설득이 이루어지면 효과적이다. 왜냐하면 아무도 없는 사무실처럼 설득 대상이 설득 메시지에 주의 집중할 수 있는 상황에서는 메시지에 대한 반대 주장을 떠올리기가 더 쉽기 때문이다. 그러나 주의를 지나치게 분산시키게 되면 설득 내용을 기억조차 하기 어려워서 설득 효과가 떨어진다.

(2) 동조와 복종

1) 동　　조

유행을 따르거나, 남이 장에 가니 나도 장에 가는 것처럼 타인들이 어떤 행위를 하기 때문에 자의적으로 그 행위를 따라서 수행하는 현상을 동조라고 한다. 동조는 줏대 없고 기회적인 행동일 경우도 있고, 반대로 환경에 대처하는 적응적인 행동일 수도 있다. 미국문화에서는 대체로 동조가 주체성 없는 행동이라고 평가되는 경향이 있고, 한국이나 동양문화에서는 타인들과 조화를 유지하는 적응 방식이라고 보는 경향이 있다.

명확한 결정을 내리기 애매한 상황에서 사람들은 흔히 타인의 판단을 기준으로 삼는다. 그런데 Asch(1955)는 진실이 분명한 상황에서 나타나는 동조 현상을 확인하는 실험을 수행했다. [그림 12-2]와 같이 표준 선분과 동일한 길

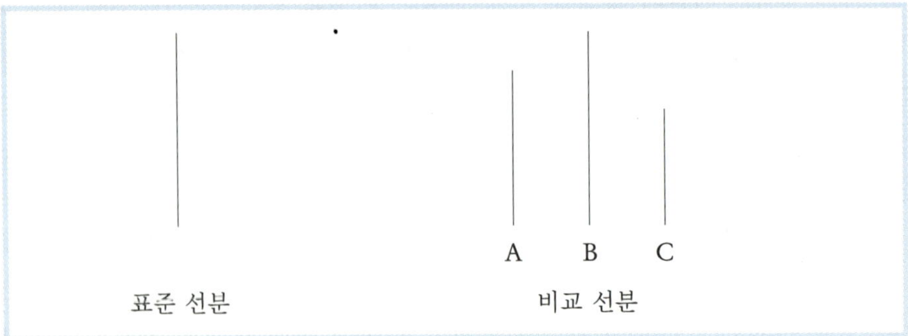

[그림 12-2] Asch의 실험에서 사용된 자극

이의 선분을 3개의 비교선분들 중에서 찾는 매우 쉬운 과제를 5명의 피험자를 모아 놓고 차례로 실시하였다. 먼저 대답하는 4명은 실제로는 Asch의 지시대로 반응하는 실험협조자였으며, 마지막에 대답하는 1명만 순수한 피험자였다. 4명의 협조자들이 모두 정답을 A라고 틀리게 대답하자 정답이 너무나 명백함에도 불구하고 피험자의 35%가 틀린 대답에 동조하였다. 그러나 실험 종료 후 피험자들에게 개별적으로 다시 판단하도록 한 결과, 모두 정답(B)을 제시하였다. 이와 같이 사람들은 공개적으로 반응하게 될 때는 자신의 소신과 일치하지 않더라도 다수의 입장에 동조하는 경향이 강하다. 비록 이 실험 상황과는 다르지만 공개적으로 반응할 때보다 비공개적으로 반응하면 동조의 크기가 작아지는 현상은 한국에서 한덕웅과 공동연구자들(한덕웅, 1994; 정지숙, 한덕웅, 1993; 김금미, 한덕웅, 1993; 한덕웅, 최훈석, 1994)에 의해서도 반복적으로 보고된 바 있다.

동조의 정도는 개인과 타인들간의 유대가 강할수록 커지며, 타인들 중에서 한 명이라도 다른 견해를 표명하면 크게 감소한다. Asch의 후속 실험들에서 실험협조자들의 대답이 만장일치일 경우에 비해서 이탈자가 한 명만 있어도 동조량은 4분의 1로 격감하였다. 그리고 타인의 수가 많을수록 대체로 동조량이 증가하지만 4–5명 정도면 최대의 동조를 이끌어낼 수 있다.

사람들은 두 가지 이유로 타인의 행위에 동조한다. 첫째, 타인의 행동이 현실 판단에 유용한 정보가 되기 때문이다. 바닷가재 요리를 처음 먹어보는 사람은 자주 먹어본 사람들이 하는대로 눈치껏 따라하는 행동이 쓸모가 있다.

둘째, 사람들은 타인으로부터 인정받거나 거부당하지 않으려고 타인의 입장에 동조한다. 이런 경우 자신의 속마음과는 달리 표면적으로만 동조하는 경우가 많다. 평소에 정장을 싫어하는 사람이 예식장에 갈 때 정장차림으로 격식을 갖추는 행위나 Asch의 실험 결과는 모두 다른 사람들과 다르게 행동하면 타인들로부터 배척받을 위험을 느끼기 때문으로 볼 수 있다.

2) 소수의 영향

동조는 다수가 소수에게 영향을 미치는 과정이라면 반대로 참신하거나 독특한 관점을 지닌 소수가 다수의 입장을 변화시킬 수도 있다. 일상생활에서 다수가 지니는 태도나 행동들은 대부분 최초에는 소수의 사람에 의해서만 나타났다. 과학 지식들도 처음에는 소수의 학자들이 주장하고 다수가 수용하여 발전하게 된다. 최근에 많이 연구되고 있는 소수영향에 관한 연구들은 소수가 다수를 효과적으로 움직이기 위해서 충족되어야 할 몇 가지 조건을 제시하고 있다.

먼저, 소수의 주장과 행동양식이 일관되어야 하며, 제시방식은 융통성이 있어서 다수가 받아들일 조건을 마련해야 한다. 이 경우 소수는 유능하고 정직하다고 평가되어서 다수에게 영향력을 발휘할 수 있게 된다. 둘째, 소수의 주장은 논리나 합리성을 지녀서 다수가 설득을 통해서 내면적으로 받아들일 수 있어야 한다. 셋째, 소수의 주장이 당시의 사회적 분위기와 일치하여야 한다. 지난 2000년도의 총선에서 소수 시민단체인 총선시민연대의 낙선운동은 깨끗한 정치를 원하는 다수 국민의 열망과 통했기 때문에 크게 호응을 받을 수 있었다. 마지막으로, 문제되는 행동이나 태도를 제외한 다른 측면들에서는 소수가 다수와 유사하면 더 효과적이다.

소수 영향과 다수 영향의 본질적 차이에 관해서 Moscovici(1985)는 다수는 소수로 하여금 표면적 변화를 가져오게 하지만 반드시 내면적 변화까지 초래하지는 못하며, 이와 반대로 소수는 다수의 외견상 변화를 일으키지는 못하지만 사적인 태도를 변화시킬 수 있다고 하였다.

이 견해를 지지하는 국내 연구로서 최훈석과 한덕웅(1994)은 X자의 배경화면에서 O자의 개수를 찾는 컴퓨터 지각 과제를 이용하여 피험자들에게 다수 또는 소수의 응답을 보고 나서 익명 또는 공개적으로 자신의 응답을 밝히도록 하였다. 그 결과 다수의 응답을 참고한 피험자들은 익명 조건보다 자신의 신분이 드러나는 공개 조건에서 다수의 응답과 더 유사한 응답을 하였다. 이와 달리 소수의 응답을 본 피험자들의 반응은 공개 조건보다 익명 조건에서 소수의 응답과 더 유사하였다. 따라서 다수는 공적 반응에 영향을 미치고, 소수는 사적 반응에 영향을 미침을 알 수 있다.

3) 권위에 대한 복종

사람들은 권위 인물의 명령에 대체로 잘 복종한다. 심지어 권위 인물의 요구가 자신의 소신이나 사회적 규범에 어긋나더라도 맹목적으로 복종하는 경향이 있다. 히틀러의 하수인이었던 아이히만은 복종해서는 안 될 명령 한마디에 수백만의 유태인을 학살한 바 있다.

Milgram(1963)의 유명한 실험은 권위에 맹종하는 인간의 모습을 잘 보여 준다. 그는 피험자들에게 처벌이 학습에 미치는 영향을 연구한다고 일러주고, 2명(1명은 실험협조자)을 한 조로 하여 추첨으로 '선생'과 '학생'의 역할을 정하였다. 학생은 단어를 암기하여야 하고, 선생은 학생이 틀리면 전기 쇼크를 집행하는데, 피험자는 항상 선생 역할을 맡게 되었다. 두 사람은 칸막이된 방에서 서로 얼굴을 볼 수 없었으며, 실험 시작 전에 선생(즉 피험자)에게 약한 쇼크라고 알려 주고 상당히 아픈 표본 쇼크를 경험하도록 하였다. 실험이 진행되면 학생은 사전에 계획된대로 계속 오답을 하게 되고, 선생은 실험자로부터 쇼크 강도를 점차 높여 학생의 학습을 독려하도록 지시받았다. 전기 쇼크는 15V부터 450V까지의 강도로 가해졌는데, 학생은 120V에서 고통을 호소하기 시작하여 강도를 높일수록 더 큰 비명을 질렀다. 그러나 실제로는 전기가 통하지 않았으며, 학생의 불평과 비명은 사전에 녹음하여 들려 준 것이었다.

독자가 만일 선생 역할을 한다면 어느 정도까지 전기 쇼크를 주겠는가? Milgram의 실험 결과는 놀랍게도 피험자의 63%가 최대 강도인 450V까지 사용함으로써 인간의 강한 복종 경향을 보여 주었다. 이 실험과 다른 조건에서 대학생들과 정신과 의사들에게 자신이 어느 정도의 쇼크를 사용하겠는지 질문했을 때는 실험과 현저하게 다른 결과가 나타났다. 이들은 대부분 200 이상은 사용하지 않겠다고 대답했다. 이 사실에서 보는 바와 같이 인간은 이성적으로 판단할 때와 달리 실제로 복종이 강요되는 상황에 당면하면 비록 부당하더라도 명령에 따르기 쉽다.

이 실험은 피험자에게 신체적 및 심리적 고통을 주는 등의 가혹한 절차로 말미암아 심리학 실험의 윤리에 관한 논쟁을 촉발하여 미국심리학회에서 심리학자 윤리강령을 제정하는 계기를 제공하였다.

권위에 무조건 복종하는 현상은 다음과 같은 상황에서는 상당히 감소될 수 있다. 첫째, 피해자의 고통이 매우 심하다고 판단되면 복종이 줄어든다. 둘째, 피험자가 근접해 있어서 서로의 얼굴을 확인할 수 있으면 복종 경향은 줄어든다. 셋째, 권위 인물의 합법성이나 동기가 의문시되면 복종이 줄어든다. 넷째, 자신의 행위에 대해서 개인적인 책임감을 느낄 때도 잘 복종하지 않는다. 마지막으로 동조와 마찬가지로 불복종하는 사람이 있게 되면 복종은 현저히 감소한다.

3. 사회적 관계

우리는 많은 사람들과 다양한 관계를 맺으며 살고 있다. 누군가와 관계를 맺고 있다는 사실은 두 사람이 서로 의존하고 있으며 영향을 주고받고 있음을 의미한다. 관계의 양상은 때로는 긍정적이고 때로는 부정적이다. 여기서는 긍정적 대인관계로서 친밀한 관계, 그리고 부정적 관계를 이루는 데 크게 기여하는 편견과 차별에 관해서 살펴본다.

(1) 친밀한 관계

1) 매력의 결정 요인들

우리는 어떤 사람을 좋아하는가? 처음 만나는 사람들의 인간관계를 연구한 사회심리학자들은 다음 4가지 요인들이 매력의 가장 중요한 결정 요인임을 밝히고 있다.

가) 근 접 성

한 동네에 살거나 같은 학교에 다니는 등 물리적으로 가까이 있는 사람을 좋아하게 될 가능성이 크다. 기혼 학생 아파트에서 학생들의 교류 패턴을 조사한 미국의 한 연구에서 바로 옆집 사람과 가장 친하다는 응답을 한 사람이 전체의 41%로서 가장 많았다(Festinger, Schachter, & Back, 1950). 군대간 애인을 쉽게 잊거나 학교를 졸업하여 서로 만나지 못하면 급우들과 관계가 서먹서먹해지는 현상을 보면 '눈에서 멀어지면 마음도 멀어진다'는 서양 속담이나 '이웃 사촌'이라는 한국 속담이 사실임을 알 수 있다.

근접성이 매력을 증가시키는 이유로는 첫째, 자주 만날 수 있어서 친숙해지기 때문이다. 열 번 찍어 안 넘어가는 나무가 없듯이 낯선 자극을 가까운 거리에서 반복해서 접하게 되면 호감이 증가하는 경향이 있다. 자주 볼수록 좋아지는 이런 현상을 단순접촉효과(mere exposure effect)라고 한다. 다만 첫인상이 부정적이면 단순접촉효과가 나타나지 않는 것으로 알려져 있다. 둘째, 가까이 있는 사람은 쉽게 만날 수 있어서 만남에 따르는 시간이나 노력 등 부담이 적기 때문에 자주 만나고 친해지게 된다. 셋째, 가까이 있는 사람과 사이가 나쁘면 불편하기 때문에 서로 행동을 조심해서 좋아질 가능성이 높아진다.

나) 개인적 특징

사람들은 남녀노소를 불문하고 잘 생긴 사람을 좋아한다. 우리가 외모에 그토록 관심을 가지는 이유도 바로 이 때문이다. 외모는 특히 동성보다는 이성 간의 관계에서, 그리고 관계의 초기에 상대적으로 더 큰 영향력을 지닌다. 잘 생긴 사람을 좋아하는 이유는 잘 생긴 사람은 똑똑하고 성격도 좋다는 등 다른 특징들도 대체로 긍정적일 것이라고 추론하는 후광효과 때문이다. 또한 잘 생긴 사람과 함께 있음으로 해서 자신의 이미지도 고양되는 미모의 발산효과도 한 가지 이유가 된다.

다음으로 상대방의 성격에 따라서도 매력이 크게 좌우된다. 한덕웅(1992)은 785개 성격 특성의 호오도를 대학생들에게 평정시킨 결과, 여성이 선호하는 남성 성격은 '책임감 있다', '인격적이다', '인간적이다', '슬기롭다' 및 '포용력 있다'의 순이었으며, 남성이 선호하는 여성 성격은 '정숙하다', '슬기롭다', '청결하다', '상냥하다' 및 '성실하다'의 순으로 나타났다.

그리고 개인의 능력도 중요해서 무능한 사람보다 유능한 사람을 더 좋아한다. 그러나 지나치게 뛰어난 사람에게는 인간미를 느끼지 못해서 뛰어난 사

신체적 매력 사람들은 남녀노소를 불문하고 잘생긴 사람을 좋아한다.

람이 사소한 약점을 보이는 경우보다 호감이 오히려 떨어지는 것으로 나타났다.

다) 유 사 성

'유유상종'이란 말처럼 사람들은 태도, 가치관, 성격 또는 배경 등이 자신과 비슷하다고 지각되는 사람을 좋아한다. 그리고 사소한 특징보다는 중요한 특징의 유사성이 매력에 미치는 영향력이 더 크다. 누군가가 자신과 유사한 견해를 가지고 있다는 것은 곧 자신의 견해가 타당함을 인정받는 셈이며, 그와 편하게 공동 활동을 할 기반이 마련될 수 있기 때문에 유사한 사람을 좋아하게 된다.

사람들이 유사한 사람을 좋아한다는 주장은 유사성-매력 가설이라고 한다. 유사한 사람들이 서로 좋아하는 현상은 흔히 볼 수 있기 때문에 이 주장은 더 이상 연구할 필요가 없는 가설이라고 생각할 수 있다. 그러나 당신이 친구와 서로 유사하기 때문에 좋아졌는지 혹은 서로 친해져서 함께 지내다보니 유사해졌는지 대답해 보라. 유사성-매력 가설은 유사성이 높은 점이 원인이 되어서 결과적으로 매력이 높아진다는 설명이므로 유사성 수준을 달리할 때 과연 가설대로 매력이 높아지는지 증명하여야 한다.

유사성 대인관계에서 자기의 외모나 기호 등이 비슷하다고 생각하는 사람에 대해 더욱 호감을 갖는다.

이 가설은 Bryne(1980)이 최초로 체계적으로 검증하여 지지하는 결과들을 제시하였다. 그런데 이 연구에도 문제점이 있다. 사람들은 대체로 자신을 긍정적으로 보기 때문에 자신과 유사한 타인 역시 유사하지 않은 사람보다 긍정적 속성을 지닌다고 보게 된다. 그러므로 유사성이 높다는 사실이 실제로는 사회적으로 바람직한 성질을 많이 지녔음을 의미하기 때문에 유사한 사람을 좋아하게 되었을 수도 있다. 이 문제를 해결하기 위한 이상욱과 한덕웅(1993)의 연구에서는 사회적으로 바람직한 수준을 제거하고 유사성에 관한 정보를 받더라도 유사한 사람을 더 좋아한다는 결과를 얻었다.

유사성-매력 효과는 앞에서 살펴본 외모나 능력의 효과보다 더 우세하다. 즉 사람들은 일반적으로 잘생긴 사람이나 유능한 사람을 좋아하지만 궁극적으로는 자신과 유사한 수준의 외모나 능력을 지닌 사람에게 더 끌린다. 결국 자기 처지를 고려해서 상대를 고르게 된다. 연애나 결혼에 있어서 외모나 기타 특성이 유사해서 자신과 걸맞는 상대를 선택하는 경향을 걸맞추기 현상(matching phenomenon)이라고 한다. '미녀와 야수'는 미녀의 미모와 야수의 어떤 특성이 걸맞아서 사랑하게 된 것일까?

라) 상대의 호의

호감은 주고받게 되는 경우가 많아서 대체로 사람들은 자신을 좋아하고 긍정적으로 평가하는 사람을 좋아한다. 자신에게 호의를 보이는 상대를 좋아하는 이유는 무엇보다 상대의 호감이 나에게 보상이 되기 때문이다. 그러나 자신을 좋게 평가하는 사람과 서로 좋아하게 되는 이유는 상대에게 동일한 정서로 보답하려는 일종의 의무감을 느끼게 되기 때문이라고 볼 수 있다. 새로 산 옷을 입고 학교에 갔을 때 새 옷을 알아보지 못하는 무신경한 친구보다는 빈말이라도 잘 어울린다고 칭찬해 주는 친구에게 더 고마움과 애정으로 보답하게 되는 것이다.

그런데 늘 자신을 칭찬하거나 관심을 보이는 사람보다는 처음에는 무관심하다가 차츰 호의를 보이는 사람을 더 좋아하게 된다. 마찬가지로 일관되게 비난하는 사람보다는 좋아하다가 태도를 돌변하여 비난하는 사람을 더 싫어한다. 이와 같이 상대의 예상하지 못한 칭찬이나 비난이 호감에 더 큰 영향을 미치는 현상을 **득실효과**(gain-loss effect)라고 한다. 상대방이 최초에 보인 태도가 기저선이 되어서 이보다 많거나 적은 보상의 차이가 영향을 미친다는 의미에서 득실효과라고 명명되었다.

2) 관계의 발전

두 사람이 첫 만남부터 친한 사이로 발전하는 과정은 친밀성과 상호의존도가 증가함을 의미하기도 하고(Levinger & Snoek, 1972), 상대에 관해서 더 많이 알게 되어 그의 내면으로 침투해 들어가는 과정으로 볼 수도 있다(Altman & Taylor, 1973). 친밀한 관계로 진전되기 위해서는 자신의 사적(私的)인 측면들을 상대에게 드러내 보이는 자기노출(self-disclosure)이 결정적인 역할을 한다.

자기를 상대에게 노출함으로써 자신을 명료화하고, 자신의 입장이 타당화되며, 감정의 정화(catharsis)를 경험할 수 있다. 또한 노출을 받은 사람은 상대를 이해하고 신뢰하게 되며, 자신도 상대에게 노출하게 되어서 두 사람은 친밀한 관계로 발전하게 된다(김교헌, 1992).

일반적으로 관계가 진전될수록 두 사람은 더욱 내밀하고 광범위한 정보를 교환하게 되어 노출의 깊이와 폭은 점차 증가한다. 그러나 자기노출은 대등한 수준으로 상호 교환되고 점진적으로 이루어져야 한다. 한덕웅과 공동연구자(한덕웅, 1984; 한덕웅, 이상욱, 1987)는 대학에서 처음 만난 사람들이 18개월 동안 친구로서 우정을 계속 유지할 경우에는 친구관계가 깨진 경우와는 달리 점차 자기노출 수준이 높아지고 서로 유사한 수준으로 자기노출하게 됨을 보고하였다. 그러나 상대의 호응이 없는 일방적인 자기노출은 오래지 않아 중단되며, 처음 만난 상대에게 대뜸 사랑을 고백하는 것처럼 성급한 노출은 상대로 하여금 불편과 방어를 유발하게 되어서 관계의 발전을 가로막는다.

자기노출이 문화나 성별에 따라서 달리 나타난다는 사실도 밝혀졌다. 대체로 동양에서는 서양보다 자기노출하는 수준이 낮다. 또한 여성들이 남성들보다 자기노출 수준이 높다.

자기노출은 타인과 가까워질 수 있는 거의 유일한 방법이다. 상대를 제대로 알지 못하고서는 그를 사랑할 수 없듯이 내가 누구인지를 상대에게 보여 주지 않고 어떻게 사랑받을 수 있겠는가?

3) 사　　랑

이성간의 사랑(romantic love)은 호감과는 달리 실증적 연구의 어려움으로 인해서 근래에 와서야 과학적으로 연구되었다. Rubin(1973)은 사랑을 강렬한 형태의 호감으로 여기던 종래의 입장을 뒤엎고 사랑과 호감이 질적으로 다른 차원임을 입증하였다. 즉 어떤 사람을 매우 좋아하지만 사랑하지 않을 수 있으며, 반대로 누군가를 열렬히 사랑하지만 호감은 그리 높지 않는 경우도 있을 수 있다. 그는 또 사랑과 호감의 수준을 각각 측정하는 척도를 개발하기도 하였다.

Sternberg(1986)는 사랑의 삼각형이론(triangular theory of love)을 제안한 바 있다. 그의 이론에서 사랑은 열정, 친밀감 및 의사결정/개입이라는 세 요소로 이루어지며, 이 세 요소가 각각 충분한 강도로 균형을 이루어서 면적이 넓은 정삼각형을 이룰 때 바람직한 사랑이 된다고 주장하였다.

열정은 신체적 매력이나 성적 흥분과 관련된 욕망을 말하는데, 관계 초기에 급격히 타오르다가 얼마 가지 못해서 식는다. 열정이 고조된 상태에서는 상대를 이상화하며 상대에게 푹 빠진 느낌이 든다. 오늘날의 많은 젊은이들은 열정을 사랑으로 착각하기도 한다.

친밀감은 서로 가깝게 맺어져 있다는 느낌으로서 친밀감을 지닌 관계에서는 서로 의지하고, 존중하며, 이해한다. 그리고 의사결정/개입은 누구를 사랑하려는 결정 및 그 관계를 유지하려는 의지로서 사랑의 이성적 측면과 행동 요소를 의미한다. 이 세 요소 중 친밀감과 의사결정/개입은 관계 초기에는 깊이 있게 형성되지 않으므로 진정한 사랑을 경험하려면 어느 정도의 시간이 지난 후에야 가능하다고 하겠다. 사랑도 뿌리내릴 시간이 필요하고 뿌리내린 사랑은 흔들리지 않을 것이다.

4) 관계의 붕괴

우정이나 애정관계가 형성되고 지속되는 현상에 못지 않게 관계가 붕괴되는 현상도 최근에 많이 연구되고 있다. 특히 결혼관계의 붕괴는 이혼으로 나타나는 경우가 대부분이므로 미국은 물론 한국에서도 큰 사회문제가 되고 있다. 미국의 부부는 약 50%가 이혼한다고 알려져 있다. 한국에서도 최근에 이혼율이 급증하는 추세를 보이고 있다.

관계의 발전과 붕괴를 설명할 때 관계만족, 관계에 투자해서 생기는 몰입 수준, 그리고 현재 관계 이외에 다른 대안이 있는지 여부가 자주 연구된다. 대체로 관계만족과 몰입 수준이 낮고, 현재 관계 이외에 대안이 있으면 관계를 중단할 의사가 높고 실제로 이혼 등으로 관계가 붕괴될 가능성이 높다고 볼 수 있다. 이 세 요인들 가운데 대안 관계는 한국사회에서 교육 수준이 높은 여성들의 경우에 경제적으로 독립해서 살 수 있는 기회가 증가하면서 이혼률이 높아지는 현상을 설명하는 데도 적용될 수 있다. 이경성(1999)이 한국 부부들을 대상으로 수행한 연구에서 이 세 요인들이 이혼의도에 영향을 미친다는 사실이 밝혀졌다.

(2) 편 견

1) 편견의 본질

편견은 어떤 집단이나 집단 구성원에 대한 비합리적인 부정적 평가로 정의된다. 미국 사회에서 볼 수 있는 흑인에 대한 편견이나 전세계에서 주목받는 여성에 대한 편견이 대표적인 예이다. 편견은 객관적인 사실보다 누가 어떤 집단에 소속하고 있다는 점에 근거하여 발생되기 때문에 때로는 근거 없는 폐해를 초래하기도 한다. 편견을 지니면 개인의 판단, 귀인 및 행동 전반에 영향이 미치게 된다. 예를 들어 인종편견을 지닌 백인들은 흑인들의 빈민화를 그들의 의지 부족 때문으로 귀인하며, 흑인들과 사귀거나 결혼하려 하지 않는다.

흑인에 대한 편견과 여성에 대한 편견은 꾸준히 감소되어 왔다. 그러나 사람들은 흑인과 여성을 차별해선 안 된다는 일반원칙에는 동의하면서도 구체적인 행동의 실천에는 비협조적인 등 편견은 여전히 존재하고 있다. 한국의 지역편견 역시 고질적인 사회문제로 대두되어 있다.

편견과 유사한 개념인 고정관념은 어떤 집단이나 구성원의 특징에 관한 신념이라는 점에서 평가적 감정을 의미하는 편견과는 구별된다. 예를 들어 중국인이 게으르다는 생각은 고정관념이며, 그래서 중국인이 싫다는 감정은 편견이다.

2) 편견의 발생 원인

가) 사회적 학습

편견은 당시의 사회상을 반영하는 일종의 사회적 규범이라고 볼 수 있다. 편견은 대체로 아동기부터 부모나 교사 등 주위 인물들과 매체 등의 영향으로 사회화 과정을 통해서 학습된다. 김혜숙(1988)은 부모가 전라도 또는 경상도 출신이지만 서울에서 성장한 대학생들이 지니는 고정관념과 편견이 전라도 또는 경상도에서 성장한 대학생과 유사한 경향을 보여서 한국인의 지역편견이 2

세에게 그대로 전수되는 현상을 보고하였다. 대중매체에서도 여성은 주로 가사에 전념한다거나, 특정 지역 사투리를 쓰는 인물의 성격을 획일적으로 묘사하는 등으로 고정관념과 편견을 은연중에 전파하고 있다. 초중고의 교과서 역시 남성 위주의 인물 편성과 전통적 여성상을 강조하여 고정관념과 편견의 학습에 일조하고 있다.

나) 현실적 집단갈등

이스라엘과 팔레스타인의 영토 분쟁처럼 한정된 자원을 놓고 두 집단이 경쟁할 때 서로 적대감을 가지고 상대를 부정적으로 평가하게 된다. 1992년에 미국 L.A에서 발생했던 흑인들의 코리아타운 습격 사건도 한-흑간의 상권 확보를 둘러싼 현실적 집단갈등에 기인하였다고 볼 수 있다. 그러나 이 현실적 이해의 갈등과 아울러 흑인과 미국에 거주하는 한국인에 관해서 지니고 있는 고정관념과 편견 역시 크게 작용했다고 볼 수 있다.

다) 사회적 불평등

불평등한 지위나 분배는 만족스런 쪽과 불만스런 쪽 모두 상대에 대하여 고정관념과 편견을 갖도록 만든다. 지위나 분배에 불만을 지닌 개인이나 집단은 상대적 박탈감을 느껴서 자신보다 더 혜택을 받았다고 생각되는 개인이나 집단에 분개하고 편견을 가지게 된다.

한편 혜택받은 집단 또는 강자도 역시 자신에게 유리한 불평등이나 차별을 합리화하고 정당화하기 위해서 상대적으로 박탈된 집단 또는 약자에 대한 고정관념과 편견을 조장하고 차별을 심화시킨다. 일본은 조선민족이 자립 능력과 의지가 없다고 주장함으로써 불법적인 식민통치를 정당화하려고 시도하였다. 현재까지도 일본의 일부 몰지각한 인사들이 한국인은 자치 능력이 없어서 일본의 식민통치를 통해서 민주발전의 기초를 닦았다는 망언을 떠벌리지 않는가!

라) 범 주 화

최근 고정관념, 편견 및 차별행동을 설명하는 이론들 가운데 가장 주목받고 있는 사회정체성이론(social identity theory, Tajfel, 1979, 1981)은 대인지각 과정에서 자연 발생하는 인지적 편향들을 강조하고 있다.

사람들은 타인을 남자와 여자, 젊은이와 늙은이 등 어떤 집단의 일원으로 범주화해서 지각하는 경향이 강하다. 범주화하면 정보를 신속하게 처리할 수 있는 장점이 있는 반면에 범주화된 집단을 고정관념적으로 처리하여 오류를 범할 우려가 있다. 특히 사람들을 '우리'와 '남들', 즉 내집단(ingroup)과 외집단(outgroup)으로 범주화하게 되면 내집단 구성원을 무조건 더 호의적으로 평가하고 대우하는 내집단편애 현상이 나타난다. 내집단편애는 결과적으로 외집단 구성원들에 대해서 편견을 갖고 차별대우를 하도록 만든다. Tajfel(1969)이 두 명의 화가에 대한 선호도를 기준으로 피험자들을 두 집단으로 나누고 각 집단을 평가하도록 한 결과, 피험자들은 집단 구성원들과 전혀 만난 적이 없음에도 불구하고 내집단을 더 호의적으로 평가하였다. 성한기(1994)와 이해경 및 이수원(1994)도 한국 고교생과 대학생의 내집단편애 현상을 입증하였다. 사회정체성이론은 집단간 고정관념, 편견 및 차별행동을 이해하는 데 크게 기여하였다. 이 이론에 관한 연구의 비판적 개관은 한덕웅(1996, 1997)의 연구에서 볼 수 있다.

3) 편견과 차별의 해소 방안

편견을 감소시키기 위해서는 적대적 집단 간의 직접적 접촉이 가장 중요하다. 흑백분리정책을 폐기하고 학교나 일반 사회에서 백인과 흑인이 한데 섞여 빈번한 접촉을 유도하는 정책을 시행한 결과, 미국 사회는 일부의 우려와는 반대로 인종편견과 인종간 갈등이 꾸준히 감소되고 있다. 그러나 단순한 접촉만으로는 성과를 기대하기 어렵고 다음의 4가지 조건이 충족되어야 한다(Brewer & Miller, 1984).

첫째, 가끔씩 만나기보다는 지속적이고 친밀한 접촉이 이루어져야 한다.

둘째, 공동의 위협에 대처하거나 공동 목표를 달성하기 위해서 협동적으로 상호 의존하여야 한다. 양 집단간에 축구 경기를 하는 등 경쟁을 통한 접촉은 오히려 역효과를 빚을 수 있다.

셋째, 동등한 지위로 접촉이 이루어져야 한다. 팔도 사나이들이 다 모여 있는 군대에서의 생활이 지역편견의 해소에 별 도움이 되지 않는다면 군대가 엄격한 계급사회여서 동등한 지위의 상호작용이 어려운 데 그 이유가 있을 수 있다.

넷째, 사회적 규범이 평등을 지지해야 한다. 편견을 은연중에 부추기고 접촉을 반대하는 사회적 분위기에서 강요된 접촉은 효과를 거두기 어렵다.

한국인의 지역편견에 관하여 김진국(1988)은 영남인이 호남인에 대해서 지니는 감정은 주로 호남인의 성격과 행동양식에 초점을 둔 상징적 감정이며,

호남인의 영남인에 관한 감정은 현실적 차별에 근거한 현실적 감정이라고 지적한 바 있다. 그는 지역편견의 해소 방안으로 첫째, 지역감정의 불합리성과 개선 필요성을 계몽하는 사회운동을 전개할 것. 둘째, 차별금지를 위한 제도적 장치를 마련할 것. 셋째, 지역감정의 실상을 파악하고 해소방안을 모색하며 효과를 평가하는 과학적 연구활동을 촉진해야 한다고 하였다. 그러나 편견은 어릴 때부터 습득되는 경우가 많으며 일단 습득되면 좀처럼 해소되기 어렵기 때문에 부모나 사회가 애당초 편견을 가르치지 않고 모범을 보이는 일이 무엇보다 중요하다.

◆ 생각해 볼 문제

1. 한국인의 사회행동은 서구인의 사회행동과 어떤 점에서 차이가 있는가?
2. 인상형성 과정에서 발생하는 편향들은 어떤 것이 있으며, 그러한 편향들이 실생활에 어떤 파급효과를 가져오는가?
3. '인간은 인지적 구두쇠'라는 의미는 무엇이며 어떤 경우에 인지적 노력을 아끼지 않게 되는가?
4. 여러 가지 귀인편향의 예를 일상생활에서 찾아 보자.
5. 설득자, 설득 내용, 설득 대상 등 설득의 결정요인을 고려하여 TV, 신문이나 잡지에 실린 광고들의 효과를 분석해 보자.
6. 사람들이 다수에 동조하는 이유는 무엇인가? 그리고 소수가 효과적으로 다수를 움직이기 위해서는 어떤 조건이 필요한가?
7. 사람들은 어떤 사람을 좋아하는가?
8. 한국의 지역편견을 해소할 수 있는 방안을 생각해 보자.

제13장

집단에서 인간행동은 어떻게 나타나는가?

1. 집단의 성질
2. 타인의 존재가 개인의 행동에 미치는 영향
3. 집단의 수행

◆ 생각해 볼 문제

우리는 여러 종류의 집단들에 소속되어서 일상생활을 하고 있다. 집단으로 중요한 과제들을 수행할 뿐만 아니라 집단에서 소속감이나 심리적 안전감 등 중요한 욕구를 충족시킨다. 그러나 집단이 그 기능을 원활히 수행하기 위해서는 집단의 구조가 잘 짜여져야 하며, 집단이 구조화된 정도에 따라서 집단이 구성원들의 행동에 미치는 영향도 달라진다. 한편, 여러 사람이 집단에서 과제를 수행하거나 의사결정을 하게 되면 개인 혼자일 때와 상당히 다른 행동들이 나타난다. 이는 집단이 구성원들의 사고와 행동에 영향을 미치는 영향력 때문이다. 이 장에서는 먼저 집단의 성질에 대해서 알아본 다음, 집단에서 타인의 존재가 개인의 행동에 미치는 영향을 살펴본다. 그리고 집단의 생산성에 영향을 미치는 요인들과 집단의 의사결정에서 나타나는 특징들을 중심으로 집단으로 과제를 수행할 때 볼 수 있는 현상들을 다룬다.

1. 집단의 성질

사회심리학에서 집단이란 용어를 사용할 때 사회적 상호작용을 통해서 서로 영향을 주고받으며 스스로를 집단의 구성원이라고 지각하는 둘 이상의 상호의존적인 사람들을 말한다(Forsyth, 1990; Levine & Moreland, 1998). 이 정의에서 '사회적 상호작용'이란 구성원간에 비교적 지속적이고 정기적인 접촉이 이루어지는 경우를 말한다. '상호의존적'이란 집단의 목표 달성을 위해서 구성원들이 서로 의존할 뿐만 아니라 집단에서 일어나는 일들이 집단 구성원들 모두에게 영향을 미침을 뜻한다. 따라서 건설 현장의 작업 집단, 소방서의 화재 진화반, 가족, 대학 동아리 등은 모두 집단으로 분류될 수 있는 반면, 연주회 입장권을 사기 위해서 줄을 서서 기다리고 있는 사람들은 집단보다는 일종의 집합체로 분류된다.

(1) 집단의 기능

사람들이 집단을 구성하고 이에 참여하는 근본적인 이유는 집단이 지니는 중요한 기능들과 밀접하게 관련되어 있다. 집단의 기능을 크게 나누어 보면 도구적 과업의 성취 및 사회정서적 욕구의 충족(Bales, 1970)이라는 두 가지로 볼 수 있다. 예를 들어, 불이 난 건물에서 인명을 구출한다거나 아파트의 철골 구조물을 짓는 과제들은 개인 혼자서는 불가능하거나 적어도 여러 사람이 함께 집단으로 작업할 때와 비교해 보면 성공할 가능성이 낮다. 그리고 집단은 우리에게 소속감, 타인으로부터의 인정, 우정 및 애정 등을 제공함으로써 중요한 사회정서적 욕구를 충족시킬 수 있는 기회도 제공한다.

집단의 사회정서적 기능과 관련하여 사람들은 특정 집단에 참여하고 그 집단의 구성원으로서 동일시함으로써 사회정체성(social identity)을 경험한다는 점이 중요하다. 사회정체성이란 개인으로서 지니는 특징이 아니라 특정 집단의 구성원으로서 정의된 자기를 말한다(예: "나는 심리학과 학생이다"). 종교, 출신지역, 직업, 학교 등의 다양한 사회적 범주에 소속함으로써 획득되는 이 사회정체성은 개인의 사고와 행동에 중요한 참조틀이 된다. 따라서 집단에서 개인의 사고와 행동은 사회정체성을 바탕으로 집단의 영향을 받아서 이루어진다고 볼 수 있다(Turner, Hogg, Oakes, Reicher, & Wetherell, 1987).

집단에서 경험하는 사회정체성이 개인의 사고와 행동에 미치는 영향은 다양한 장면에서 연구되었다. 예를 들어, 설령 동전 던지기처럼 전적으로 임의적으로 집단 소속이 결정되었을 때조차도 개인들이 특정 집단에 속하게 되면, 보상을 분배하거나 수행을 평가할 때 내집단을 선호하고 외집단을 차별하는 내집단편향이 나타난다(Tajfel, Billig, Bundy, & Flament, 1971). 이 내집단편향은 일상생활의 여러 장면에서 발견된다. 예를 들어, 사람들은 외집단보다 내집단 구성원의 성격 특징이나 행위 의도를 더 긍정적으로 평가하고(Schaller, 1992), 내집단 성원들과 더 협동하며(Sherif, Harvey, White, Hood, & Sherif, 1961), 내집단 구성원의 바람직한 행위는 내집단에서 흔히 볼 수 있다고 일반화하여 생각하는 반면 외집단 구성원의 바람직한 행위는 한 사람만의 특별한 경우로 생각하는 편향을 보이기도 한다(Maass, Salvi, Arcuri, & Semin, 1989). 이처럼 다양한 장면에서 내집단편향이 나타나는 근본 이유는 사람들이 내집단을 외집단보다 우월하다고 지각함으로써 자긍심을 경험하기 때문이다(Tajfel, 1982; Turner 등, 1987).

(2) 집단의 구조

앞에서 우리는 집단의 기능에 대해서 알아보았다. 이 집단의 기능을 수행하기 위해서 집단마다 누가 어떤 기능을 맡을지 정해서 나름대로 구조를 발전시킨다. 당신이 현재 속해 있는 몇몇 집단들(예: 대학 동아리, 월드컵 자원 봉사팀, 소속학과 학생회 등) 가운데 가장 원활하게 기능하고 있는 집단과 그렇지 못한 집단을 한 번 비교해 보고, 왜 그런지 생각해 보라. 아마도 그 이유는 각 집단이 얼마나 짜임새 있게 구조화되어 있는지와 관련이 있을 것이다. 아울러 이 집단들이 구조화된 정도에 따라서 당신이 각 집단의 구성원이라고 느끼는 자부심의 정도나 당신의 행동에 미치는 영향도 각기 다름을 알 수 있을 것이다. 이 절에서는 역할, 규범, 지위 및 집단 응집성의 네 가지 기본 요소를 중심으로 집단의 구조에 대해서 알아보자.

1) 역 할

집단에서 역할이란 집단 구성원들 각자가 지니는 권리와 의무에 대한 공유된 기대를 말한다. 일반적으로 집단에서 과제의 분할은 각 구성원이 맡은 역할에 따라서 이루어진다. 집단 구성원들의 역할이 명료하고 잘 구조화되어 있을수록 집단의 기능이 원활하고 집단의 생산성도 높다(Barley & Bechky, 1994). 반면에 집단에서 구성원들의 역할이 모호하거나, 구성원 각자에게 할당된 역할을 수행할 능력이나 동기가 결여되어 있거나, 구성원들에게 할당된 역할이 수시로 변하거나, 집단에서 한 사람이 수행하는 여러 가지 역할들간에 갈등이 심한 경우에는 구성원들이 직무에 대해서 지니는 만족도 낮고, 집단에서 갈등을 유발하며, 집단의 생산성을 저하시키는 결과를 초래한다(Jackson & Schuler, 1985).

2) 규 범

규범이란 집단에서 구성원들이 어떻게 행동해야 하는지 규정하는 행동의 규칙을 말한다. 집단들에는 대부분 개인의 행동을 규제하는 공식적 혹은 비공식적 규칙들이 있다. 이 규칙에 위배되는 행동에는 다양한 형태의 제재가 따르는 반면 이들 규칙에 부합되는 행동에는 보상이 따른다. 일단 확립된 집단의 규범은 집단 생활은 물론이고 개인의 행동에도 영향을 미칠 뿐만 아니라(Sherif, 1936), 집단 구성원들이 교체되어 집단의 구성이 바뀐 이후에도 비교적 오랫동안 유지되는 경향이 있다(Jacobs & Campbell, 1961).

집단들은 대부분 집단 소속의 전제 조건으로 집단 규범에 따르도록 직·간접적으로 요구한다. 따라서 특정 집단에 소속되기를 원하는 사람들이 이 규칙들에 동조하는 것은 어찌보면 당연한 일이다. 물론 집단 규범에 대한 구성원들의 동조가 집단의 기능에 미치는 영향은 집단 규범의 성질에 따라서 다르게 나타난다. 예컨대, 집단의 규범이 집단의 수행을 높이는 방향으로 정해져 있다면 집단의 기능에 긍정적 영향을 미치지만, 만약 집단의 규범이 이를 저해하는 방향으로 구조화되어 있다면 집단의 기능에 부정적 영향이 초래된다(예: Roethlisberger & Dickson, 1939).

3) 지　위

지위란 집단에서 구성원 개인이 점유하는 사회적 서열을 말한다. 집단에서 지위 체계의 발달은 보통 구성원들이 집단의 목표 달성에 기여하는 정도에 따라 이루어지지만, 개인의 기여도와는 상관없이 개인적 특성에 의해서 결정되는 경우도 적지 않다. Berger, Rosenholtz 및 Zelditch(1980)에 따르면 사람들은 집단을 구성하여 상호작용할 때 구성원 개개인이 장차 집단의 목표 달성에 얼마나 기여할 것인지에 대한 기대를 형성한다. 이 기대들은 구성원 각자의 능력이나 기술 수준 등 과제와 관련되는 특성들에 의해서 영향을 받기도 하지만, 연령 · 성(性) · 부(富) 등 과제와 관련이 없는 특성들에 의해서도 영향받는다. 따라서 집단의 과제 수행과 관련된 개인의 능력에 관계없이 타인들로부터 긍정적 기대를 유발하는 특성을 지닌 사람은 애초부터 집단에서 높은 지위를 차지하지만, 그렇지 못한 사람은 낮은 지위를 부여받게 된다.

이 점을 이해하기 위해서 이제 갓 구성된 남녀혼성 등산클럽을 하나의 예로 들어보자. 이 집단에서 돈이 많아 보이는 중년의 남자는 젊고 가난해 보이는 여자보다 높은 기대를 유발하며, 따라서 그는 애초부터 높은 지위를 부여받기가 쉽다. 과제와 관련이 없는 특징들에 기초하여 성립된 시초의 지위 체계가 나중에는 구성원들의 실제 기여도에 따라서 달라질 수도 있지만, 애초부터 부당하게 낮은 지위을 부여받은 사람이 이후에 자신의 능력을 인정받아서 높은 지위를 획득하려면 많은 어려움이 따른다. 이처럼 개인의 능력과는 관계없이 집단의 지위 체계가 확립되었을 때는 구성원들의 집단에 대한 만족을 떨어뜨리는 등 집단의 기능에 나쁜 영향이 초래된다(Ridgeway, 1982).

4) 집단응집성

집단의 응집성이란 구성원들을 하나로 결속시키고 구성원들로 하여금 집단에 계속 남아 있도록 만드는 힘을 말한다. 집단응집성에 영향을 미치는 선행요인들로는 다음과 같은 요인들이 중요하다. 첫째, 집단 구성원들 서로간에 느끼는 매력의 정도가 높을수록 집단 응집성도 높다. 따라서 구성원들의 유능성, 실제적 혹은 지각된 유사성, 및 지리적 근접성 등 구성원 사이에 매력을 증진시키는 요인들은 모두 집단응집성에 긍정적 영향을 미친다(Lott & Lott, 1965). 둘째, 구성원들이 집단으로부터 얻는 보상의 정도가 클수록 응집성도 높다. 여기서 보상이란 집단의 목표 달성처럼 객관적 성공 경험이나 구성원들이 집단의 활동에 참여함으로써 느끼는 유쾌함 등 주관적 경험을 모두 포함한다(Levine & Moreland, 1998). 셋째, 집단의 규모가 작을수록 집단의 응집성이 높다. 그 이유는 집단의 규모가 커질수록 구성원들의 참여도가 낮아지고, 집단내 영향력이 소수의 몇 사람에게 편중되며, 집단내 갈등이 증가하기 때문이다(Widmeyer, Brawley, & Carron, 1995). 넷째, 집단에 대한 외부의 위협이 있거나 집단 간 경쟁 등 집단이 처한 외부적 환경도 응집성에 영향을 미친다. 예를 들어, 구성원들이 하나의 집단으로서 외부의 위협에 효율적으로 대처할 수 있다고 믿으면 외부의 위협이 있거나 외집단과 경쟁할 때 집단응집성을 높이는 역할을 하기도 한다(Dion, 1979; Stein, 1976). 다섯째, 집단에 속한 사람들이 자기 집단의 일원으로 동일시하는 수준이 높으면 집단응집성이 높다.

이처럼 다양한 요인들에 의해서 결정되는 집단응집성은 집단에서 여러 가지 결과를 초래한다. 첫째, 집단의 응집성이 높을수록 집단 구성원들이 고립된 개인이 아닌 하나의 집단으로 생각하고, 느끼며, 행동하는 경향이 강해진다(Fine & Holyfield, 1996). 둘째, 집단의 응집성이 높을수록 구성원들은 집단에서 안전감을 경험하며 구성원들이 집단을 이탈하는 경우도 적다(Forsyth, 1990). 셋째, 집단응집성이 높을수록 구성원들에 대한 집단의 영향이 증가한다. 따라서 구성원들이 집단 규범에 동조하는 정도도 높고(Festinger, Schachter, & Back, 1950), 집단 규범을 위반하는 이탈자들에 대한 처벌의 정도도 강하다(Schachter, 1951). 넷째, 집단응집성은 집단의 수행과 밀접하게 관련되어 있는데 실제로 이 관련성은 매우 복잡한 양상을 띤다. Mullen과 Copper(1994)가 집단응집성과 수행간 관계를 다룬 연구들을 분석한 바에 따르면, 집단의 응집성이 집단의 수행에 미치는 효과와 아울러 이와는 반대로 집단의 수행 수준이 집단응집성에 미치는 효과가 모두 존재하여, 이들 둘간에 양방향적 인과관계가 나타난다.

집단응집성이 집단 수행에 미치는 영향은 집단 규범의 성질에 따라서도 달라진다. 앞에서 지적했듯이 집단응집성이 높을수록 집단 구성원들이 집단의 규범에 동조하는 정도도 강하다. 따라서 집단의 규범이 구성원들의 노력과 생산성을 촉진하는 방향으로 성립되어 있다면 집단의 응집성이 높을수록 구성원들의 집단 규범에 대한 동조도 높아지기 때문에 집단의 생산성을 증진시킬 수 있다. 이와는 반대로 집단의 규범이 생산성을 저하시키는 방향으로 성립되어 있으면 이 비생산적 규범에 대한 구성원들의 동조로 말미암아 집단의 수행은 떨어진다(McGrath, 1984). 끝으로 높은 수준의 응집성이 때로는 집단의 효과적 의사결정을 방해하여 집단으로 하여금 잘못된 의사결정을 내리도록 하는 역기능을 보이는 경우도 있다. 이에 대해서는 집단사고를 다루는 절에서 자세히 살펴보기로 한다.

(3) 집단의 발전

앞에서 우리는 집단의 구조를 이루는 기본 요소들과 이들이 집단의 기능에 미치는 영향에 대해서 알아보았다. 그런데 이 집단의 구조는 집단이 처음 생겨났을 때부터 존재하는 것이 아니라 비교적 장기간에 걸쳐서 일정한 패턴을 보이며 발전한다. 집단의 발전에 관한 전통적 견해에 따르면 집단의 발전은 몇 가지 단계를 거쳐서 이루어지기 때문에 집단 발전의 각 단계를 규정짓는 특징적 사건이나 구성원들의 행위 양식이 존재한다(Moreland & Levine, 1988). 집단 발전에 관한 여러 접근들 가운데 가장 잘 알려진 이론적 모형은 Tuckman (1965; Tuckman & Jensen, 1977)에 의해서 제안된 집단발전모형이다. 이 모형에 따르면 집단은 형성부터 해체에 이르기까지 다음의 다섯 단계를 거쳐서 발전한다.

집단발전의 최초 단계인 형성기(forming)에는 구성원 스스로 집단에 어느 정도나 부합되는지, 집단의 목표는 무엇인지, 그리고 집단에서 누가 중요한 위치를 점하고 있으며 상대적으로 덜 중요한 사람은 누구인지 등을 탐색하는 방향으로 구성원들 사이에 상호작용이 일어난다. 대체로 이 단계에서는 구성원들이 경험하는 불안 수준이 높고 집단의 리더에 대한 의존성이 높다. 다음 단계인 격동기(storming) 동안에는 구성원 개개인의 욕구에 부합하는 방향으로 집단을 변화시키기 위한 시도가 본격적으로 이루어진다. 이 때 구성원 각자의 욕구가 다를 뿐만 아니라 집단의 목표 달성을 위한 방법에 대해서도 의견의 불일치가 있기 때문에 종종 집단에서 갈등이 유발되고 구성원간에 적대관계가 형성되기도 한다. 다음 단계인 확립기(norming) 동안에는 구성원간 의견 불일치와 집단내 갈등을 해소하기 위해서 다양한 형태의 노력과 협상이 이루어진다. 이 과정에서 집단의 규범과 역할 구조가 명확히 정립되고 구성원들이 집단에서 느끼는 안전감과 집단 응집성이 높아진다. 이처럼 집단의 목표달성 방법에 대한 합의가 도출되고 집단의 규범이 정립되면 집단은 다음 단계인 수행기

(performing)로 발전한다. 이 단계에서는 집단의 수행을 최적화하는 데 구성원들의 관심이 모아지고 이를 위해 구성원들 사이에 협동이 증가한다. 또한 구성원들끼리 정보를 공유하고, 의견의 불일치는 생산적인 방향으로 해소되며, 집단의 목표 달성을 촉진하기 위해서 구성원 상호간에 주고받는 영향이 증가한다. 대부분의 집단들에서 나타나지만 특히 어떤 단기 목표를 성취하기 위해서 일시적으로 형성된 집단들은 집단의 목표 달성 후 궁극적으로 집단 발전의 마지막 단계인 해체기(adjourning)를 접하게 된다. 이 단계에서는 집단 구성원 간 의존성이 현저히 낮아지며, 집단의 활동에 대한 구성원들의 참여가 줄어들고, 집단내 사회적 관계로부터의 이탈도 빈번해진다. 이 단계에서 집단 구성원들이 맡았던 역할이 해체되고 집단의 과거에 대한 평가에 따라서 자부심이나 혹은 후회 등 정서적 반응이 우세해진다.

Tuckman의 모형은 집단 발전의 단계별 특징에 대한 연구를 촉진시키는 데 기여했다. 그러나 이 모형에서 기술하고 있는 각 단계별 특징들이 대부분 한시적 치료 집단이나 훈련집단에 대한 관찰을 중심으로 이루어졌을 뿐만 아니라, 집단 발전의 한 단계에서 다음 단계로의 전이를 촉발하는 요인들은 무엇인지 설명하지 못하는 한계를 지니고 있다(Moreland & Levine, 1988). 또한 집단 발전이 항상 이들 다섯 단계를 모두 거쳐서 전향적으로 일어나지 않는다는 연구 결과들도 보고되었다. 예를 들어 Gersick(1988)의 연구에 따르면, 집단의 수명이 애초부터 정해져 있는 프로젝트팀의 경우 Tuckman의 주장대로 형성기부터 해체기까지 일련의 발전 단계를 모두 거치기보다 프로젝트 마감 시한을 절반쯤 남겨놓은 시점에 이르러서야 집단의 과제 수행 책략 및 집단내 사회 관계 등에 급진적 변화를 도모하는 이른바 중간점 전이 현상이 나타나기도 한다. 그렇다면 집단도 개인처럼 중년의 위기를 경험하는 것일까? 집단이나 조직은 위기를 극복하고 더욱 발전하기 위하여 집단의 구성원을 내보내거나 구성원들을 받아들여서 집단의 기능을 개선하려고 한다. 특히 새로운 구성원들의 관점을 집단에서 수용하여 혁신을 이루려고 시도하기도 한다(Levine, Choi, & Moreland, 2002).

2. 타인의 존재가 개인의 행동에 미치는 영향

사람들은 타인들이 자신을 지켜 보고 있을 때나 집단에서 타인들과 함께 행동할 때 개인 혼자일 때와 다른 여러 가지 행동들을 보인다. 이 절에서는 집단에서 타인의 존재로 인해서 발생되는 여러 가지 현상들 가운데, 먼저 타인의 존재가 개인의 수행에 미치는 영향을 알아본다. 그리고 집단에서 개인이 정체성을 잃고 자신의 행동에 대하여 자각하는 수준이 낮아짐으로써 초래되는 현상에 대해서도 살펴보기로 한다.

(1) 타인의 존재와 개인의 수행

타인의 존재가 개인의 수행에 미치는 영향을 이해하기 위해서는 다음의 두 가지 상황을 구분할 필요가 있다. 먼저, 학교 체육시간에 여러 학생들이 각자의 줄로 줄넘기 연습을 하는 경우를 생각해 보자. 이 경우는 사람들이 집단으로서 어떤 공동의 목표를 달성하기 위해서 직접적으로 상호작용하는 경우와는 다르다. 즉 여러 사람이 동일한 과제를 각자 개별적으로 수행하고 있는 동일행동(coaction) 상황에 해당한다. 이와 달리 청군과 백군으로 팀을 나누어 줄다리기 시합을 하는 경우를 생각해 보자. 이 경우는 집단 구성원들 간에 직접 상호작용이 이루어지고 집단의 목표를 달성하기 위해서 구성원들이 협력하는 집합적 행위(collective action) 상황에 해당한다. 이들 두 가지 상황별로 타인의 존재가 개인의 수행에 어떠한 영향을 미치는지 알아보자.

1) 사회적 촉진

타인의 존재가 개인의 수행에 미치는 영향을 다룬 최초의 사회심리학적 실험은 Triplett(1989)에 의해서 행해졌다. Triplett은 싸이클 경주에서 여러 경주자들이 함께 주행할 때 개인 혼자서 주행할 때보다 좋은 기록을 낸다는 사실을 발견했다. 그는 사람들이 타인과 함께 과제를 수행할 때 경쟁본능이 자극되어서 수행이 증진된다고 생각했다. 그는 자신의 이 생각을 입증하기 위해서 아동들을 대상으로 실험실에서 낚싯줄감기 게임을 실시했는데, 그 결과를 보면

[그림 13-1] 사회적 촉진은 어떤 때 나타날까?

아동들이 혼자서 낚시줄을 감을 때보다 다른 아동들과 함께 낚시줄 감기를 할 때 그 속도가 더 빠르다는 사실을 발견했다.

그렇다면 타인의 존재는 항상 개인의 수행을 향상시키는가? Triplett이 믿었던 바와는 달리 이 질문에 간단하게 대답하기 어렵다. 타인의 존재가 개인의 수행에 미치는 영향을 다룬 초기 연구들에서는 비교적 단순하고 쉬운 과제이면 타인의 존재가 개인의 수행을 증진시켰다. 그러나 과제가 복잡하고 어려울 때는 오히려 타인의 존재가 개인의 수행에 방해가 된다는 결과가 일관되게 나타났다. 흥미롭게도 이 결과는 심지어 인간이 아닌 하등 동물들에서도 발견되었으며(예: Zajonc, Heingartner, & Herman, 1969), Triplett의 실험처럼 상황에 개입된 타인이 동일한 과제를 개별적으로 수행하는 동일 행동수행자(coactor)일 때뿐만 아니라 여러 사람이 지켜보는 앞에서 악기를 연주하는 경우처럼 타인들이 단지 개인의 수행을 지켜보는 관중일 때도 마찬가지로 나타났다(Bond & Titus, 1983).

이처럼 타인의 존재가 개인이 수행하는 과제의 성질에 따라서 차별적으로 영향을 미치는 원인은 무엇일까? 이 물음에 대한 답은 Zajonc가 제안한 타인의 단순존재에 관한 가설(mere presence hypothesis)에 의해서 체계적으로 시도되었다. 여기서 타인의 단순존재란 앞의 동일행동 상황에서 보는 대로 여러 사람이 동일한 과제를 개별적으로 수행하는 경우와 아울러 개인이 단순히 다른 사람들이 보는 앞에서 과제를 수행하는 경우를 모두 포함한다. Zajonc(1965)에 따르면 타인의 존재는 다음의 세 가지 단계를 통해서 개인의 수행에 영향을 미친다.

첫째, 인간을 포함한 모든 동물은 같은 종(種)에 속하는 구성원들에 노출되면 높은 수준의 생리적 흥분을 경험하는데, 이는 사람들이 진화의 과정 동안 타인들이 보상과 처벌의 중요한 원천이라는 점을 습득했기 때문이다. 둘째, 높은 수준의 흥분은 우세반응(dominant response)의 발생 가능성을 높인다. 여기서 우세반응이란 특정 자극에 대해서 가장 빨리 그리고 가장 쉽게 나타나는 반응을 말한다. 셋째, 타인의 존재는 과제의 난이도에 따라서 개인의 수행에 달리 영향을 미친다. 즉, 과제가 쉽거나 잘 학습된 것일 때는 정답 혹은 잘하는 반응이 우세반응일 가능성이 높고, 따라서 타인의 존재로 인해서 높아진 흥분 상태가 이 우세 반응을 강화시키기 때문에 개인이 혼자서 수행할 때보다 타인이 있을 때 수행이 좋아진다. 이와 반대로 과제가 어렵거나 잘 학습된 것이 아닐 때는 오답 혹은 잘 못하는 반응이 우세반응이어서 타인의 존재로 인해서 유발된 흥분상태가 이 우세반응을 강화시켜서 수행이 더 나빠진다. 예를 들면 농구에서 슛을 잘 하는 사람에게는 슛을 성공하는 일이 우세반응이기 때문에 다른 사람들이 있을 때 슛의 성공률이 높아진다. 그러나 농구를 처음 배우는 사람은 다른 사람들이 보고 있으면 성공률이 더 낮아진다.

타인의 존재에 관한 Zajonc의 주장을 요약하면, 타인의 존재는 개인의 흥분 상태를 높여서 잘하는 반응은 더욱 잘하도록 하지만 못하는 반응은 더욱 못하게 만든다고 볼 수 있다. 이처럼 타인의 존재로 인해서 개인의 우세반응이 강화되는 현상을 사회적 촉진(social facilitation)이라고 한다. 사회적 촉진현상을 설명하는 데 있어서 Zajonc의 제안대로 타인의 존재가 개인의 흥분 수준을 높인다는 점에 대해서는 학자들간에 의견이 일치한다. 그러나 이 흥분의 성질에 대해서는 다른 견해들이 제안되었다.

Cottrell과 그의 동료들(Cottrell, Wack, Sekerak, & Rittle, 1968)이 제안한 평가 우려설에 따르면, 타인의 존재로 인해서 높은 수준의 흥분이 야기되는 것은 Zajonc의 주장대로 단순히 타인이 존재한다는 그 자체 때문이 아니라, 자신의 수행이 타인들에 의해서 평가되기 때문에 염려가 생겨서 나타난다. 따라서 타인이 존재하기는 하지만 그들이 자신의 수행에 주의를 기울이고 있지 않거나 자신의 수행을 평가할 위치에 있지 않을 때는 사회적 촉진 효과가 나타나지 않는다고 주장한다. 이 가설을 입증하기 위해서 Cottrell 등(1968)은 피험자들이 혼자서 과제를 수행하는 조건과 두 사람의 관중들이 피험자의 수행을 지켜보고 있는 조건, 그리고 두 사람의 관중이 있기는 하지만 그들이 눈가리개를 하고 있어서 피험자의 수행을 평가할 수 없는 조건을 비교했다. 그 결과, 개인이 혼자서 과제를 수행할 때보다 두 사람의 관중들 앞에서 수행할 때 피험자들의 우세반응 발생빈도가 높게 나타나서 사회적 촉진 효과가 발견되었다. 그러나 두 사람의 관중이 눈을 가리고 있던 조건에서는 혼자서 수행한 조건과 비교할 때 우세반응에서 차이가 없어서 사회적 촉진 효과가 나타나지 않았다.

한편 Baron(1986)의 주의분산-갈등설에 따르면 개인이 과제를 수행할 때 타인이 존재하게 되면 자신이 수행하는 과제와 타인들 가운데 한 가지에 주의를 집중하지 못하고 분산된다. 이때 과제에 주의를 기울이려는 경향과 타인들에게 주의를 기울이려는 경향간에 갈등이 생기며, 그 결과로 인해서 흥분 수준이 높아진다. 따라서 타인의 존재 자체가 흥분 수준을 높이는 것이 아니라 타인이 존재할 때 생기는 주의분산으로 인한 갈등이 흥분을 일으키는 직접적인 원인이 된다. 이 견해에 따르면 과제 수행자의 주의를 분산시키는 자극은 무엇이든 우세반응을 강화시키는 효과를 지니므로 사회적 촉진 효과는 반드시 개인의 과제 수행 장면에 타인이 존재하는 경우에만 한정되는 현상이 아니다. 이 주장과 일치되게 소음이나 깜빡거리는 불빛 등 비사회적 자극 역시 개인의 우

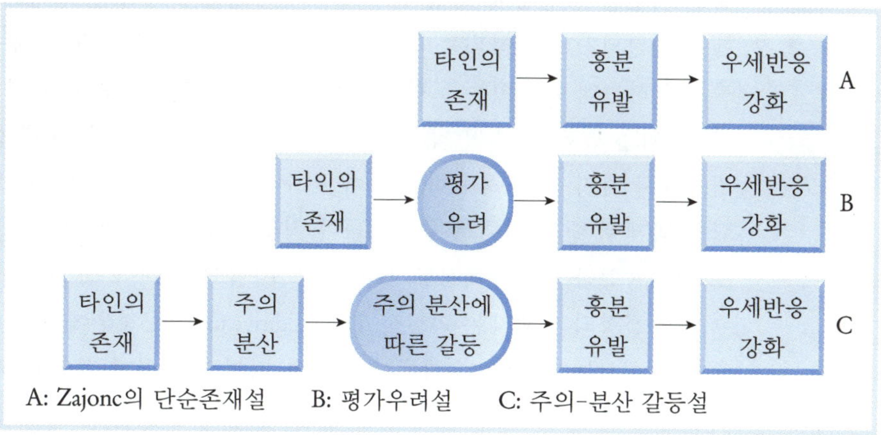

[그림 13-2] 타인의 존재와 사회적 촉진

세반응을 강화시키는 사회적 촉진 효과를 일으킬 수 있다는 증거도 보고된 바 있다(예: Sanders & Baron, 1975).

사회적 촉진에 관한 위의 세 이론들을 도식화하면 [그림 13-2]와 같다. 이 그림에서 보는대로 사회적 촉진은 타인의 단순존재, 평가우려, 그리고 주의분산으로 인한 갈등이라는 세 요인들이 개인의 흥분 수준을 높여서 나타나는 현상이라고 볼 수 있다. 물론 사회적 촉진을 흥분의 효과로 보는 견해에 반대하고 그 대신 타인들에게 자기를 과시하고자 하는 욕구에서 그 원인을 찾는 연구자들도 있다. 예컨대 Bond(1982)에 따르면 타인의 존재는 개인으로 하여금 자신을 과시할 수 있는 기회를 제공한다. 이때 과제가 쉽거나 잘 학습된 것이면 성공 가능성이 높기 때문에 다른 사람들에게 자신의 유능함을 과시하기 위해서 수행을 더 잘하게 된다. 반면에 과제가 어렵거나 잘 학습되지 않은 것이면 실패의 가능성이 높고 이에 수반하는 심리적 좌절감으로 인해서 오히려 과제수행이 방해된다. 개인의 자기과시 욕구에 기초한 이 관점은 사회적 촉진현상을 간결하게 설명한다는 장점이 있다. 그러나 이 관점이 앞에서 설명한 다른 세 이론들을 완전히 대치할 수 있는지에 대해서는 논란의 여지가 있다(한덕웅, 1995).

2) 사회적 태만

앞에서 살펴본 사회적 촉진에 관한 연구들은 개인 혼자서 수행할 때에 비해서 여러 사람이 동일한 과제를 개별적으로 수행하는 동일행동 상황이거나 혹은 타인들이 관중의 입장에서 개인의 수행을 지켜보는 상황에서 개인의 수행이 증진되거나 저하되는 현상을 다룬다. 따라서 이 상황에서는 개인이 과제를 수행하는데 기울이는 노력의 정도나 개인의 수행 수준이 쉽게 확인될 수 있다. 이와는 달리 스무 명씩 두 편으로 나뉘어 줄다리기를 하는 경우든지 축구경기에서 자기 팀을 응원하기 위해 박수를 치는 경우를 생각해 보자. 이는 집단의 과제 수행을 위해서 구성원들이 직접 상호작용하는 집합적 행위상황이라고 볼 수 있다. 그 중에서도 특히 여러 사람의 노력이 합산되어 집단 전체의 수행이 결정되는 과제는 가산적 과제(additive task)의 경우에 해당한다. 이 가산적 과제에서는 집단의 수행에서 개인별 기여도가 쉽게 확인되지 않기 때문에 사람들이 자신의 수행이 평가되는 것을 덜 우려하게 된다. 따라서 집단에서 책임감이 분산되어 결국 집단 구성원 개인별 수행 수준이 떨어지는 현상이 나타난다. 독자도 줄다리기에서 줄을 힘껏 당기지 않은 경험이나, 함성을 크게 지르라는 응원단장의 호소에도 불구하고 입만 벙긋거린 경험이 있을 것이다. 이처럼 개인 혼자일 때보다 집단으로 일할 때 개인들이 노력을 덜 기울여서 개인당 수행이 저하되는 현상을 사회적 태만(social loafing)이라고 한다.

사회적 태만에 관한 연구들을 개관한 Karau와 Williams(1993)에 따르면 사회적 태만 현상은 흔히 볼 수 있다. 집단에서 여러 사람이 함께 줄을 당기거나 진흙탕에 빠진 차를 밀어내는 등의 단순한 신체적 과제뿐만 아니라, 특정 사물의 용도를 생각해 내는 등의 인지적 과제, 집단 농장에서 일하는 공동 작업 등과 같이 일상 생활의 중요한 영역에서도 마찬가지로 발견된다. 아울러 집합주의적 성향이 강한 동양 문화권에서는 개인주의적 성향이 강한 서양 문화권에 비해서 사회적 태만의 정도가 약한 경향이 있었다(예: Earley, 1993). 또한 일부 학자들은 동양인들의 경우 사회적 태만이 나타나지 않는다고 보고하기도 했다(Price & Grapo, 1999). 현재 사회적 태만현상이 문화권에 관계 없이 나타나는 보편적 현상인지 대답하기 쉽지 않다. 여기서 한 가지 흥미로운 점은 타인의 존재로 인해서 사회적 촉진이나 사회적 태만이 모두 나타날 수 있다는 것이다. 즉, 개인이 평가 우려를 경험하면 개인의 우세반응이 강화되는 사회적 촉진이 나타나는 반면, 집단에서 여러 사람의 노력이 합산될 때는 평가의 우려가 줄어들고 이에 따라 사회적 태만이 나타난다. 따라서 사회적 촉진과 사회적 태만은 평가 우려의 유무에 따라서 달리 나타나는 현상이라고 볼 수 있다(Harkins & Szymanski, 1987).

위에서 지적한대로 사회적 태만이 매우 일반화된 현상이기는 하지만 다음과 같은 조건에서는 태만의 정도가 감소하기도 한다(Karau & Williams, 1993, 1997; Sheppard, 1993). 첫째, 집단 구성원들의 개인별 노력 정도가 쉽게 확인될 수 있으면 구성원들이 자신의 수행에 대한 평가를 우려하고 그에 따라 구성원들 간에 책임감 분산이 덜 일어나기 때문에 사회적 태만의 정도가 감소한다. 둘째, 집단 구성원들이 서로 매력을 느끼거나 중요하게 여기는 과제에서는 구성원들의 관여 수준이 높기 때문에 사회적 태만의 정도가 감소하는 경향이 있다. 또한, 어렵거나 복잡한 과제는 구성원들로부터 도전감을 유발하여 집단에서 사회적 태만을 감소시키기도 한다. 셋째, 구성원들 스스로 자신의 노력이 집단의 목표 달성에 필수 불가결하다고 믿을 때는 책임감 분산의 정도가 낮아서 사회적 태만 역시 감소한다. 넷째, 집단에 분명한 목표가 있고 목표 달성의 성패에 따라 보상이나 처벌이 제공되면 태만이 감소한다. 다섯째, 규모가 작은 집단일수록 개인의 기여도를 확인하기가 쉽기 때문에 대규모 집단보다 사회적 태만이 덜 나타난다. 끝으로, 응집성이 높은 집단에서는 집단의 목표 달성에 대한 구성원들의 관심이 높고 구성원 개개인의 노력 수준 역시 높은 경향이 있어서 태만의 정도가 낮다.

사회적 태만에 관한 연구들에 따르면, 사람들이 집단에서 일하면 혼자서 일할 때보다 노력을 덜하리라고 예상된다. 그러나 이와는 반대로 집단에서 일할 때 노력이 증가되는 경우도 있다. 예를 들어, 집단의 과제가 구성원들에게 중요하고 다른 사람들이 집단의 과제 수행에 기여하리라고 기대되지 않을 때는, 자신의 노력을 배가해서, 집단 전체 노력이 부족한 부분을 메우는 사회적 보상효과(social compensation effect)가 나타나기도 한다(Williams & Karau, 1991).

(2) 탈개인화

경기장의 관중 폭력 사태나 1992년에 미국 로스엔젤레스에서 일어난 흑인 폭동, 또는 2차 세계대전 동안 일본군이 저지른 양민 학살 등의 예에서 보는 대로, 사람들은 집단에서 타인과 함께 행동할 때 혼자서는 도저히 할 수 없는 비이성적 행동을 저지르기도 한다. 이처럼 극단적인 예가 아니더라도 개인이 군중 속에 묻힘으로써 개인 혼자일 때와는 상당히 다른 행동을 보이는 예는 우리 주변에 흔하다. 독자도 평소에는 준법 정신이 강한 사람이 유원지 행락객들에 둘러싸이기만 하면 금방 환경 파괴범으로 돌변하는 경우를 본 적이 있을 것이다. 사람들이 이처럼 집단에서 평소 혼자일 때와는 다른 행동을 하는 이유는 무엇인가? 이는 집단에서 사람들이 개인의 정체성을 상실하여 탈개인화(deindividuation)되는 현상과 밀접하게 관련되어 있다.

탈개인화는 주로 집단에서 구성원들이 개인적으로 식별되기가 어려워서 익명성이 높은 데 기인한다(Zimbardo, 1970). 이 점을 보이기 위해서 Zimbardo (1970)는 여대생 피험자들에게 폭력적 인종차별집단인 KKK단의 복장과 흡사한 옷을 입도록 하여 익명성이 높은 조건과 피험자들이 개인적으로 식별될 수 있어서 익명성이 없는 조건에서 그들이 가공 인물에게 가한 전기 충격의 양을 비교했다. 그 결과 익명성이 있는 조건에서 그렇지 않은 조건보다 더 강한 전기 충격을 가했음을 발견했다. 이와 유사한 결과는 Watson(1973)에 의해서도 보고되었다. 그가 24개 문화권의 인류학적 문헌들을 개관한 결과에 따르면 얼굴에 문신을 하거나 색깔을 칠해서 자신의 정체를 숨기고 전쟁터에 나간 병사들이 그렇지 않은 경우보다 포로를 살해하거나 고문하는 등의 가혹행위를 더 많이 하는 것으로 나타났다.

집단에서 익명성은 책임감 분산 현상과도 밀접하게 관련된다. 대체로 집단의 규모가 클수록 익명성도 높아서 구성원 개인들이 스스로의 행동에 대해서 느끼는 책임감이 감소하며, 이에 따라 구성원들이 탈개인화된 행동을 보이는 경향성도 증가한다. 예를 들어 Mann(1981)에 따르면 고층 건물에서 뛰어내려 자살하려는 사람을 구경하는 구경꾼들이 한 번 해보라든지 빨리 뛰어 내리라는 등 자살을 부추기는 무책임한 말을 서슴없이 하는 경우가 종종 있는데, 이처럼 무책임한 행동은 구경꾼의 규모가 작을 때보다 클 때, 그리고 낮보다는 밤에 더 빈번히 일어난다.

익명성 이외에도 탈개인화는 집단에서 구성원들이 높은 수준의 흥분을 경험하는 데 기인하기도 한다. 인기 가수들의 공연장에서 종종 일어나는 청소년들의 충동적 행위 등에서 보는 대로, 탈개인화는 종종 집단에서 사람들을 흥분시키고 주의를 끄는 몇몇 사소한 행위들에 의해서 촉발된다. 처음에는 차분한 분위기에서 공연을 관람하던 청소년들이 누군가 비명을 지르거나 무대 위로 무언가를 던지는 등의 충동적 행동을 하게 되면 한 순간에 집단 전체가 광란의 도가니로 바뀌어 버리는 경우를 우리는 자주 목격한다.

위에서 지적한 요인들 이외에 개인의 자각(self-awareness) 수준 역시 탈개인화를 일으키는 중요한 원인이다. 개인의 자각 수준이 높을 때는 자신의 가치관이나 행위 기준에 대해서 주의를 기울인다. 따라서 이 가치관이나 기준과 합치되는 방향으로 행동할 가능성이 높다. 반면에, 개인의 자각 수준이 낮을 때는 상황적 단서들에 주의가 기울여짐으로써, 자신의 가치관이나 행위 기준에서 어긋나는 행동에 대해서 통제력이 약해진다. 따라서 탈개인화는 집단에서 타인의 존재로 말미암아 개인의 자각 수준이 낮아져서 개인의 평소 가치관이나 행위 기준에서 벗어나는 행동을 억제하지 못하기 때문에 일어나는 현상이라고 볼 수도 있다(Prentice-Dunn & Rogers, 1989).

한편, 탈개인화가 항상 폭력적이고 비이성적인 행동만 유발하는 것은 아니다. 탈개인화가 일어나는 상황의 특징 역시 탈개인화의 결과에 영향을 미친다. 예를 들어, Johnson과 Downing(1979)은 피험자들에게 KKK단의 복장 혹은 간호원 복장을 입도록 한 다음, 이들이 실험 협조자에게 가한 전기 충격을 비교했다. 이 연구자들은 탈개인화된 조건에서 나타나는 행동은 탈개인화 상황의 특징, 즉 피험자들이 KKK단 복장을 했는지 혹은 간호원 복장을 했는지에 따라 달리 나타나리라고 예상했다. 이 예상과 일치되게 KKK단 복장을 한 피험자들보다 간호원 복장을 한 피험자들이 적은 전기충격을 가했다. 이와 유사한 맥락에서 일부 학자들은, 탈개인화가 집단에서 개인이 정체성을 잃고 자신이 누구인지를 망각하기 때문에 일어나는 현상이 아니라, 해당 상황에서 특출해진 집단의 규범에 구성원들이 동조한 결과로 생기는 현상이라고 주장하기도 한다. 이 견해에 따르면, 집단의 규범이 친사회적 행동을 촉진하는 경우에는 집단에서 탈개인화되면 오히려 친사회적 행동이 증가할 수도 있다(Postmes & Spears, 1998).

3. 집단의 수행

집단의 생존을 위해서는 집단의 과제를 성공적으로 수행하는 일이 무엇보다 중요하다. 실제로 제품의 생산, 문제 해결 및 의사결정 등의 중요한 활동들은 개인 혼자가 아닌 집단에서 이루어지는 경우가 많으며, 이는 집단이 개인보다 더 생산적이고, 효율적으로 문제를 해결하며, 보다 나은 의사결정을 내린다는 우리의 기대를 반영하는 것이기도 하다. 집단 수행과 관련된 사회심리학적 연구들은 크게 집단의 생산성에 영향을 미치는 요인들에 관한 연구와 사람들이 집단에서 의사결정을 내릴 때 나타나는 특징적 현상들에 관한 연구들로 나누어 볼 수 있다(Levine & Moreland, 1998).

(1) 집단생산성

집단은 과연 얼마나 생산적인가? 백지장도 맞들면 낫다는 말처럼 여러 사람이 함께 일하면 혼자서 일할 때보다 생산적인가? 아니면 사공이 많으면 배가 산으로 간다는 말처럼 여러 사람이 함께 일하면 오히려 생산성이 떨어지는가? 이 물음에 대한 답은 여러 각도에서 찾아볼 수 있다. 예를 들어 Hackman

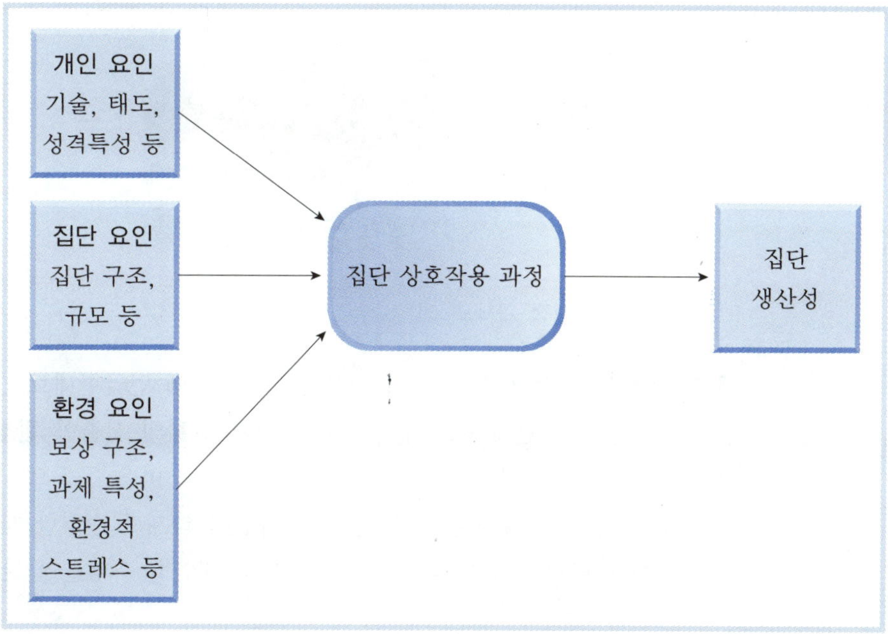

[그림 13-3] 집단 생산성의 결정 요인들(Hackman & Morris, 1975)

과 Morris(1975)의 집단생산성 모형에 따르면, 집단의 생산성에 영향을 미치는 투입 요인들은 크게 개인 요인(예: 구성원들의 기술 수준, 태도, 성격 특징 등), 집단 요인(예: 집단 구조, 집단 규모 등) 및 환경 요인(예: 보상의 구조, 과제 특성, 스트레스 유발 요인 등)으로 구분된다. 여기서 중요한 점은 이들 세 가지 투입 요소들이 집단 생산성에 미치는 영향은 집단의 상호 작용과정에 의해서 매개된다는 점이다. 즉 [그림 13-3]에서 보는 대로, 투입 요소들이 집단 생산성에 직접적으로 영향을 미치는 것이 아니라, 투입 요소들의 다양한 조합에 의해서 창출되는 집단내 상호작용 과정이 집단생산성을 결정한다. 따라서 개인, 집단 및 환경적 투입 요인들이 모두 잘 갖추어져 있다고 하더라도 집단내 상호작용 과정이 생산성을 저해하는 방향으로 이루어지면 집단의 생산성은 낮을 수밖에 없다.

집단의 생산성은 집단 과제의 성질에 따라서도 크게 영향받는다. 이 점은 Steiner(1972)에 의해서 체계적으로 논의되었다. 그가 제안한 집단 과제의 분류에 따르면, 대부분의 집단들이 수행하는 과제들은 크게 가산적 과제(additive task), 접합적 과제(conjunctive task) 및 비접합적 과제(disjunctive task) 중의 하나

[그림 13-4] 가산적 과제의 예

에 해당한다. 앞의 사회적 태만 현상을 논의 할 때 언급한대로 가산적 과제란 집단 구성원 개개인의 노력이 합산되어 집단 전체의 산출이 결정되는 과제를 말한다. 온 가족이 함께 집 앞의 눈을 치운다든지 마을 공동으로 모내기를 하는 경우 등이 이에 해당한다. 집단이 이 가산적 과제를 수행할 때는 사회적 태만 현상이 나타나서 집단의 수행은 구성원의 개인별 수행을 합한 수준에 미치

[그림 13-5] 접합적 과제의 예

지 못하는 경향이 있다. 그러나 사회적 태만의 정도가 극단적으로 높은 경우가 아닌 한, 이 과제에서 집단의 수행은 동일한 과제를 수행하는 개인보다는 우월하다(Latane, Williams, & Harkins, 1979).

한편, 접합적 과제란 구성원 모두가 자신에게 주어진 과제에서 성공해야만 집단도 성공할 수 있는 과제를 말한다. 예를 들어 세 사람이 팀을 이루어 암벽을 등반한다든지 특수 부대원들이 비밀리에 적진에 침투하는 일 등을 들 수 있다. 이 과제에서는 구성원 모두가 각자 맡은 임무에서 성공하지 못하면 집단 전체가 성공하기란 불가능하다. 접합적 과제에서 집단의 전체 수행은 집단에서 가장 수행이 낮은 사람에 의해서 결정되는데, 그 이유는 수행이 가장 저조한 구성원이 집단의 전체 수행을 전반적으로 끌어내리기 때문이다. 따라서 집단에서 가장 일을 못하는 사람의 수행 수준이 어느 정도인지에 따라서 집단의 수행이 동일한 과제를 수행하는 개인보다 낮게 나타나기도 한다(Steiner & Rajaratnam, 1961).

끝으로 비접합적 과제란 집단 구성원 가운데 능력이 가장 뛰어난 사람에 의해서 집단 전체의 수행 수준이 결정되는 과제를 말한다. 예를 들어 심리학개론 시험에 대비해서 친구들과 함께 예상 문제에 대한 답을 찾는 경우를 생각해 보자. 이 때는 구성원들 가운데 어느 한 사람만 정답을 알고 있어도 집단 전체가 성공하기에 충분하다. 이 비접합적 과제에서는 집단의 수행이 동일한 과제를 수행하는 개인보다 우월하리라 기대할 수 있다. 그 이유는 과제 수행에 참가한 사람들이 많을수록 능력이 뛰어나거나 주어진 문제에 관하여 전문적 지식을 지니고 있는 사람이 집단에 포함될 가능성이 높기 때문이다. 그러나 이쯤에서 독자도 짐작했듯이 비접합적 과제에서조차 집단이 항상 최적의 생산성을 보이는 것은 아니다.

비접합적 과제에서 집단의 생산성이 최적에 이르지 못하는 주된 원인은 집단내 상호작용 과정이 이를 방해하는 방향으로 이루어지는 데서 찾을 수 있다. 이처럼 집단의 최적 수행을 방해하는 집단내 상호작용에 따라서 집단 수행이 떨어지는 현상을 과정손실(process loss)이라고 한다(Steiner, 1972). 집단에서 과정 손실은 여러 가지 이유로 나타날 수 있다. 예를 들어, 집단에서 가장 유능한 사람이 누구인지를 찾아내기가 결코 쉬운 일이 아니다. 설령 누군가 주어진 문제에 대한 해답을 가지고 있다고 하더라도, 그 사람의 지위가 낮거나 집단내 정보소통 채널의 말단에 위치해 있으면, 집단의 다른 구성원들에게 영향을 미치기도 어렵다. 뿐만 아니라, 집단에서 구성원 개개인의 동기 수준을 저하시키는 요인들 역시 과정 손실을 일으키는 중요한 원인이다. 앞의 예에서 지적했듯이 접합적 과제에서는 집단 구성원들 가운데 어느 한 사람만 주어진 문제에 대한 답을 알고 있어도 집단 전체가 성공할 수 있다. 따라서 구성원 모두가 집단의 과제 수행을 위해서 노력하기보다는 누군가 능력이 있는 사람의 노력의 덕을 보려는 무임편승자(free-rider)들이 생겨난다. 이처럼 집단에서 자신의 노력에 무임편승하려는 사람들이 있다는 사실을 알게 되면, 혼자서 열심히 노력해 봐야 그들에게 이용만 당한다고 생각하여 오히려 자신도 노력을 덜하게 되는 현상도 빈번히 발생한다(Kerr, 1983).

비접합적 과제에서 나타나는 집단 생산성의 저하 현상은 위에서 지적한 과정 손실 이외에 집단에서 정보가 활용되는 양식과도 밀접하게 관련되어 있다. 흔히 집단에는 구성원들 모두가 알고 있는 공유 정보와 개인 혼자서만 알고 있는 비공유 정보가 모두 존재한다. 따라서 비접합적 과제에서 집단이 성공하기 위해서는 이들 공유 정보와 비공유 정보를 모두 균형있게 고려하여 최선의 답을 찾아야 한다([그림 13-6] 참조). 그럼에도 불구하고 집단이 과제를 수행할 때는 구성원들이 비공유 정보는 무시하고 공유 정보에만 지나치게 의존하는 경향이 강하게 나타난다. 이때 비공유 정보가 집단의 과제 수행에 결정적으

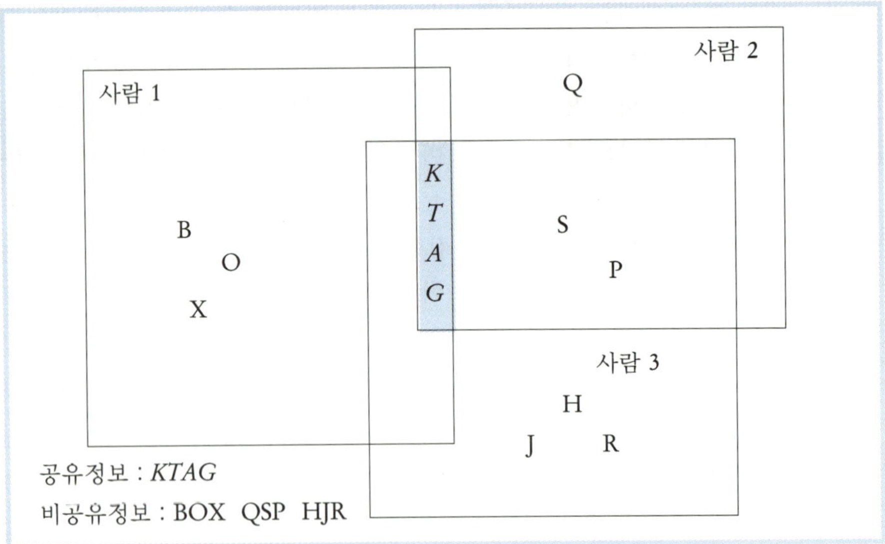

[그림 13-6] 집단에서 공유 정보와 비공유 정보

로 중요하다면, 이 비공유 정보가 무시됨으로 인해서 집단의 수행이 나빠질 수 밖에 없다. 연구들에 따르면 집단에서 여러 사람들이 알고 있는 공유 정보는 비공유 정보에 비해서 집단 토론시 언급될 가능성이 높다. 그러므로 집단 토론에서 단지 구성원들이 이미 알고 있는 내용을 되풀이하여 확인하는 데 그치거나 토론의 결과가 집단내 다수가 공유하고 있는 정보와 일치되는 방향으로 편중되는 현상이 생긴다(예: Gigone & Hastie, 1993; Stasser, 1992).

(2) 집단 의사결정

앞에서 우리는 집단이 개인에 비해서 항상 우월한 수행을 보이지 않음을 알았다. 그리고 집단의 생산성이 집단내 상호작용 과정에 영향을 미치는 여러 요인들에 의해서 달라진다는 점을 알았다. 그렇다면 집단의 의사결정은 개인의 의사결정과 어떻게 다른가? 우리가 종종 목격하는대로 때로는 집단에서 내려지는 잘못된 결정 때문에 국가나 조직에 커다란 재앙이 초래되기도 하는데, 그 이유는 무엇인가?

1) 집단극화

석씨는 중년의 나이에 두 아이와 아내가 있는 중소기업 사원이다. 석씨가 다니는 회사는 다른 회사에 비해서 봉급은 적지만 정년퇴임이 보장된 안정된 회사이다. 하루는 증권회사에 다니는 그의 친구가 한 제약회사에 관한 정보를 알려 주면서, 지금 이 회사에서 지금 획기적인 체중감량제를 개발중인데 만약 이 회사가 제품 개발에 성공하기만 하면 이 회사의 주식이 10배 이상 뛸 것이라고 귀뜸해 주었다. 그러나 동시에 그 친구는 만약 제품 개발에 실패하면 이 회사는 막대한 자금난을 극복하지 못하고 결국 도산할 것이며, 그렇게 되면 이 회사의 주식은 모두 종이조각이 될 수도 있다고 경고했다. 석씨는 지금 자신의 은행 예금을 털어서 그 주식을 살 것인지를 놓고 고민중이다.

앞의 예에서 당신이 석씨의 주식투자 결정과 관련하여 그에게 조언을 한다고 가정해 보자. 당신은 석씨가 이 주식투자에서 돈을 벌 가능성이 최소한 얼마나 되면 그에게 주식을 사라고 조언하겠는가? 10%? 50%? 아니면 90%? 이번에는 당신이 몇몇 친구들과 함께 이 문제를 놓고 석씨에게 어떤 조언을 하면 좋은지를 토론한다고 가정해 보라. 당신은 토론 후 내려진 집단의 결정이 토론 전 당신 혼자서 내렸던 결정과 같으리라고 생각하는가?

Stoner(1961)는 집단이 개인보다 조심스러운 결정을 내린다는 당시의 통념을 검증하기 위해서, 실험실에서 위의 예와 유사한 가상적 궁지 상황들을 이용하여 개인의 결정과 집단의 결정을 비교했다. 이 실험에서는 먼저 여러 가지 궁지 상황들에 대한 피험자들의 개인 의견을 수집한 다음, 피험자들로 하여금 집단토론을 통해서 이전에 개인 혼자서 답했던 상황들에 대해서 만장일치로 집단의 결정을 내리도록 했다. 그 결과, 집단에서 내려진 결정이 집단토론 전 개인별로 결정한 값들의 평균보다 모험적임을 발견하고, 이 현상을 모험이행(risky shift)이라고 불렀다. 그러나 이후 연구들에서는 집단이 개인보다 항상 모험적인 결정을 내리지 않는다는 사실을 알게 되었다. 경우에 따라서는 집단토론 후 내려지는 집단의 결정이 토론 전 개인들의 결정보다 오히려 조심스러운 방향으로 내려지는 보수이행(conservertive shift) 현상도 나타났다.

집단 의사결정에서 모험이행과 보수이행이 모두 나타나는 이유는 무엇일까? 모험이행이나 보수이행은 집단토론 전 개인들의 시초 태도가 집단토론을 통해서 강화되는 현상과 밀접하게 관련된다. 즉, 집단토론 전 개인들의 의견 평균이 모험적이면 개인들의 이 모험적 경향성이 집단토론을 통해서 강화되어 토론 전보다 모험적인 결정이 내려진다. 반면에, 토론 전 개인들의 의견 평균이 보수적이면 개인들의 이 보수적 경향성이 집단토론을 통해서 강화되어 토론 전보다 보수적인 결정이 내려진다. 이처럼 집단토론 전 개인들이 처음 지녔던 태도와 일치되는 방향으로 집단의 결정이 극단화되는 현상을 집단극화(group polarization)라고 한다(Moscovici & Zavalloni, 1969).

집단극화는 전통적으로 사회비교이론과 설득주장이론의 두 관점에서 설명되어 왔다. 그러나 최근에는 사회정체성이론에서 파생된 준거정보이론도 점차 설득력을 얻고 있다. 먼저 사회비교이론에 따르면 집단토론 동안 사람들은 자신의 의견과 타인들의 의견을 비교함으로써 집단이 전반적으로 얼마나 모험적 혹은 보수적인지를 파악한다. 이처럼 집단의 전반적 성향을 알고 나면, 사람들은 자신을 호의적으로 보이고자 하는 욕구 때문에 집단에서 바람직한 방향으로 자신의 의견을 조정한다. 즉, 집단이 진반적으로 모험적이라고 지각되면 집단토론 후 자신의 의견을 집단의 평균보다 약간 더 모험적인 방향으로 옮긴다. 그리고 집단이 전반적으로 보수적이라고 지각되면 집단토론 후 집단의 평균보다 약간 더 보수적인 방향으로 자신의 의견을 나타낸다. 결국 집단내 구성원들 모두가 이처럼 사회비교 과정을 통해서 집단의 평균보다 약간 더 극단적인 방향으로 자신들의 의견을 조정하게 되어서 결과적으로 집단 전체의 의견이 토론 전보다 극단화된다(Goethals & Zanna, 1979).

한편, 설득주장설에 따르면 집단토론 동안 구성원들은 해당 문제에 관해서 여러 가지 주장들을 접하게 되는데, 대체로 이 주장들은 집단의 전반적 성향과 일치하는 것들일 가능성이 높다. 즉, 토론 전부터 보수적이었던 집단에서는 보수적 결정을 지지하는 주장들이, 그리고 토론 전부터 모험적이었던 집단에서는 모험적 결정을 지지하는 주장들이 많이 교환된다. 이처럼 집단토론 동안 자신들의 기존 태도를 지지하면서 더 설득력이 높은 설득 주장들을 듣게 되어서 모험적이거나 보수적인 결정이 옳다고 확신하게 된다. 결과적으로 집단 전체가 토론 전보다 모험적 혹은 보수적인 방향으로 더 극단적인 결정을 내리게 된다(Vinokur & Berstein, 1974).

세 번째 관점으로 사회정체성이론에서 파생된 준거정보이론에서는 집단극화를 내집단 규범에 대한 동조 현상으로 본다. 이에 따르면 집단토론에서 구성원들은 내집단 소속감을 느끼고 이로 말미암아 구성원들이 집단의 규범에 동조하려는 경향이 강해진다. 그런데, 사람들은 내집단을 외집단과 차별적으로 지각하려는 동기가 있어서 내집단의 규범을 실제보다 극단적으로 지각하는 경향이 있다. 따라서 집단극화는 이처럼 극단화된 내집단 규범에 대해서 구성원들이 동조한 결과로 생기는 현상이라고 볼 수 있다(Turner & Oakes, 1989). 이 설명이 타당하다면 집단극화는 내집단 구성원들과 상호작용하거나 집단토론에서 교환되는 정보의 출처가 내집단일 때만 나타나야 한다. 성한기(1998)의 연구에서는 설득주장 또는 사회비교 정보의 출처가 내집단일 때만 집단극화가 나타나서 이 설명을 뒷받침하고 있다. 한편, 성한기와 한덕웅(1999)은 지각과제를 이용하여 내집단의 능력이 낮을 때보다는 높을 때 극화량이 더 크다는 결과를 얻었다. 이는 내집단의 성질에 따라서도 집단극화가 달리 나타날 수 있음을 시사한다. 집단극화를 설명하는 이론들을 비교하여 검증한 국내 연구로는 성한기(1994)의 연구를 참조하기 바란다.

집단극화는 앞에서 예로 제시한 가상적 궁지 상황에서 내려지는 모험적이거나 보수적 결정 이외에 다른 여러 가지 상황에서도 발견된다. 예를 들어 Myers와 Bishop(1970)은 개인의 편견이 집단토론을 통해서 더 강화되는 현상을 연구했다. 이 연구자들은 개인이 지니고 있는 인종적 편견 정도에 따라 백인 고등학생들을 편견이 높거나, 중간이거나, 낮은 유형으로 분류한 다음, 편견의 정도가 유사한 학생들끼리 집단을 구성해서 인종 문제를 토론하도록 했다. 그 결과 애초부터 편견이 낮았던 학생들은 자신들과 유사한 태도를 지닌 학생들과 토론한 후에 편견의 정도가 토론 전보다 약해졌다. 반면, 편견의 정도가 중간이거나 높았던 학생들을 집단 토론 후 편견의 정도가 더 강해짐을 알아냈다.

흥미롭게도 집단극화 현상은 테러리스트 집단들의 극단적 폭력 성향을 이해하는 데 중요한 단서가 되기도 한다. 세계 각국의 테러리스트 조직에 관한 McCauley와 Segal(1987)의 연구에 따르면, 이들 집단은 비교적 장기간에 걸쳐 구성원들의 태도가 극단화되는 경향을 보인다. 이는 외부 세계와 격리된 채 애초부터 공격적 성향을 지닌 사람들끼리 상호작용함으로 인해서 전체 집단의 공격적 성향이 갈수록 증폭되는 집단극화 현상의 예로 볼 수 있다. 한국에서 1994년 추석 무렵 수많은 사람들을 살해하며 전 국민을 경악시켰던 소위 지존파사건도 이와 유사한 맥락에서 이해할 수 있다.

문화권에 따라서 집단극화 현상이 달리 나타날 수 있음을 시사하는 연구들도 보고되었다. 예컨대 미국이나 서유럽문화권에서는 보수이행보다 모험이행이 더 자주 나타난다(Lamm & Myers, 1978). 반면에 한국에서는 모험이행보다 보수이행이 더 자주 나타난다(성한기, 1987; 한덕웅과 성한기, 1985).

2) 집단사고

집단극화 현상은 집단 의사결정에서 구성원들의 의견을 극단화시켜서 때로는 바람직하지 못한 결과를 초래할 수 있음을 시사한다. 집단 의사결정의 성질과 관련하여 또 한 가지 놀라운 점은, 집단이 개인보다 현명한 결정을 내린다는 상식의 기대와는 달리, 집단의 의사결정이 때로는 커다란 재앙으로 이어질 수도 있다는 사실이다. 예를 들어 1986년 미국 항공우주국(NASA)은 우주선 Challenger호의 발사 여부를 정하는 최종 회의에서 이 우주선의 폭발 가능성을 경고한 엔지니어들의 의견을 무시하고 발사를 결정했다. 그 결과, 발사 후 불과 73초 만에 이 우주선이 공중 폭발하는 참사가 일어났다. 이 사고는 발사 책임자들이 우주선 부품의 결함을 사전에 알았으면서도 발사를 지연하는 데 따르는 부담을 염려하여 발사를 강행했다는 점에서 세계를 놀라게 했다.

[그림 13-7] Challenger호 폭발 사고

앞의 Challenger호 폭발 사고의 예처럼 집단이 내린 잘못된 결정으로 말미암아 막대한 재정적 손실, 인명의 피해, 또는 자원의 낭비 등이 초래된 경우는 어렵지 않게 찾을 수 있다. 이 점에 착안하여 Janis(1972)는 미국 케네디 정권의 쿠바 픽스만 침공 실패, 존슨 정권의 베트남전 확전 결정 그리고 일본의 진주만 공습 가능성을 사전에 감지하고도 아무런 조치를 취하지 않았던 미해군의 실수 등을 분석했다. 그 결과, 이 사건들은 응집성이 매우 높은 집단에서 구성원들이 과도하게 합치점을 추구하려는 경향 때문에, 집단에서 이성적 사고나 현실 검증력 등이 저해되어 빚어졌다는 결론을 얻었다. Janis는 이처럼 구성원들이 과도하게 합치점을 추구하려는 경향을 집단사고(groupthink)라고 불렀다. 그가 제안한 집단사고의 선행 요인들과 집단사고의 행동적 증후들 및 집단사고의 결과 등을 차례로 요약하면 다음과 같다.

집단사고는 첫째, 집단의 응집성이 높고, 둘째, 집단이 외부 세계와 단절되어 있으며, 셋째, 효율적 의사 결정에 필요한 절차가 미비하고, 넷째, 집단의 리더가 지시적이며, 다섯째, 구성원들이 집단의 리더가 제시한 결정보다 나은 결정을 찾을 가능성이 희박하다고 생각하는 데서 오는 스트레스가 높을 때 발생한다.

이들 선행요인들의 영향으로 집단에서 무리하게 합치점을 추구하려는 집단사고 경향이 생겨나면, 집단에는 다음과 같은 행동적 증후들이 나타난다. 첫째, 내집단의 능력을 실제보다 과대평가하여 자신들의 결정이 잘못될 가능성이 희박하다고 믿는다. 둘째, 집단이 내린 결정을 합리화하고 집단결정의 타당성을 실제보다 과장하여 지각한다. 셋째, 외부로부터 제공되는 정보에 대해서 폐쇄적 입장을 취하며, 집단의 결정이 잘못되었을 수도 있음을 시사하는 정보들을 미연에 차단한다. 넷째, 집단에서 획일성을 추구하는 압력이 강해져서 소수 의견을 무시한다.

위와 같은 행동적 증후들은 결국 집단의 의사결정 과정에 중대한 결함을 초래하게 된다. 구체적으로 살펴보면 집단에서 가능한 대안이나 집단의 결정을 집행하는 데 따르는 위험을 제대로 평가하지 못하고, 해당 문제와 관련된 정보가 편파적으로 처리되며, 집단의 결정이 실패로 돌아갔을 때 어떻게 할 것인지 미리 계획을 마련하지 못하는 등의 문제가 생긴다.

그렇다면 집단사고를 사전에 예방하여 집단이 효율적으로 의사결정하도록 만들 방법은 없는가? Janis는 집단사고를 예방하기 위해서는 집단에서 정보를 주의 깊고 정확하게 처리하는 일이 무엇보다 중요하다고 보았다. 이를 위해서는 다음과 같은 조치들이 취해져야 한다고 주장한다. 첫째, 집단이 외부 정보로부터 차단되지 않도록 외부의 전문가들을 집단 의사결정에 참여시켜야 한다. 둘째, 리더는 구성원들이 집단의 결정에 대해서 자유롭게 비평할 수 있는 환경을 조성해야 한다. 셋째, 집단을 몇 개의 하위 집단으로 나누어 해당 문제를 토론하도록 한 다음, 다시 전체 집단이 한 자리에 모여 의견 차이를 조정한다. 넷째, 집단에서 적어도 한 사람은 집단의 결정을 무조건 비판하는 악역을 담당하도록 한다. 끝으로, 집단의 결정을 집행하기에 앞서 최종적으로 그 결정을 한 번 더 검토하는 모임을 갖는다.

집단사고 현상은 Janis가 그의 연구에서 분석의 대상으로 삼았던 권력 집단들의 경우에만 한정되는 것은 아니다. 예를 들어 1995년 발생한 삼풍백화점 붕괴 참사의 경우에서도 집단사고로 인해서 나타나는 전형적 증후들을 발견할 수 있다. 즉, 붕괴 사고가 일어나기 전에 회사에서 열린 백화점의 대책 회의는 회장과 그의 친인척을 중심으로 구성된 응집성이 매우 높은 집단이었다. 이 회의에서는 회장이 걱정할까봐 아무도 붕괴의 위험에 대한 대처나 영업 중지 등을 건의하지 않았다. 만약 백화점 건물이 붕괴하면 어떤 결과가 초래될지 등 중요한 문제는 심각하게 고려하지 않은 채 단지 부분적 보수 계획과 시기만이 집중적으로 논의되었다(주간조선, 1995년 7월 13일자).

인간은 집단을 떠나서 생활할 수 없는 만큼 집단심리를 이해하는 일이 모든 조직과 집단을 관리하고 인간의 복지를 증진하는 데 매우 중요하다. 또한 집단심리를 연구할 때 국가간 긴장, 지역간 관계, 성별간 관계처럼 집단간관계를 다루기도 한다. 이 분야의 연구들은 남북한관계, 영남과 호남의 관계, 성차별 문제에서 나타나는 고정관념, 편견 및 차별행동을 다룬다. 집단심리를 더 깊이 공부하고 싶은 독자는 한덕웅(1998ab, 2001, 인쇄중)과 서울대사회심리연구실(2000)의 역서를 참고하기 바란다.

◆ 생각해 볼 문제

1. 사람들은 왜 일생의 많은 부분을 집단에서 생활하는 데 할애하는가? 독자가 현재 속해 있는 집단들로부터 얻는 바는 무엇이라고 생각하는가?
2. 독자가 현재 속해 있는 집단들 가운데 하나를 들어 그 집단에서 독자의 행동을 제약하는 행동규칙들을 생각해 보라. 독자는 이 규칙들이 집단의 효율적 기능에 도움이 된다고 생각하는가 아니면 방해가 된다고 생각하는가? 만약 방해가 된다면 그 이유는 무엇이며, 독자 스스로 이 규칙들에서 벗어난 행동을 하기 어려운 이유는 무엇인가?
3. 독자가 현재 속해 있는 여러 집단들 가운데 응집성이 가장 높은 집단과 가장 낮은 집단을 비교해 보라. 이들 두 집단에서 전형적으로 나타나는 차이점은 무엇인가?
4. 독자는 혼자서 일할 때보다 다른 사람들이 있을 때 자신의 수행이 더 좋아지거나 오히려 나빠지는 경험을 한 적이 있는가? 만약 그렇다면 그 이유는 무엇이라고 생각하는가?
5. 독자가 속해 있는 집단들 가운데 사회적 태만 정도가 가장 심한 집단을 찾아 보고 그 이유가 무엇인지 생각해 보라. 또 이 집단에서 사회적 태만을 감소시키기 위해서 어떠한 노력들이 필요한지 생각해 보라.
6. 일상생활에서 나타나는 탈개인화 현상의 예를 찾아 보고, 각 상황에서 탈개인화가 일어나는 이유들을 나열해 보라.
7. 독자는 "백지장도 맞들면 낫다"와 "사공이 많으면 배가 산으로 간다"는 우리 속담들 가운데 어느 것이 더 타당하다고 생각하는가? 독자가 경험해 본 가산적 과제, 접합적 과제 및 비접합적 과제의 예들을 나열해 보고, 과제유형별로 집단의 수행이 개인의 수행보다 높거나 그렇지 않은 이유들에 대해서 생각해 보라.
8. 대학 기여입학제도를 놓고 이 제도에 찬성하는 사람들끼리 혹은 반대하는 사람들끼리 집단토론을 한다고 가정하자. 독자는 집단토론 후 이들 집단에 속한 구성원들의 태도가 어떻게 달라지리라고 생각하는가? 그 이유는 무엇인가?
9. 독자가 현재 속해 있는 여러 집단들 가운데 집단사고 경향을 보이는 집단은 없는가? 만약 있다면 그 집단에서 나타나는 전형적 특징들은 무엇인가? 그 집단에서 집단사고 경향을 제거하기 위해서 어떠한 조치들이 취해져야 한다고 생각하는가?
10. 독자는 이 장을 읽기 전과 읽은 후에, 집단 행동에 대한 독자의 생각이 달라졌다고 느끼는가? 만약 그렇다면 독자의 생각이 어떻게 달라졌으며 그 이유는 무엇인가? 만약 독자가 우리 사회에서 나타나는 다양한 유형의 집단 행동들을 연구한다면, 이 장에서 다루어진 주제들 이외에 특히 독자의 관심을 끄는 현상들은 무엇인가?

제14장

인간의 사랑과 성 심리

1. 사랑의 심리학
2. 성 심리학
◆ 생각해 볼 문제

사랑이란 무엇인가? 사랑은 인류의 가장 심오하고도 신비스러운 행위라고도 여겨져 왔다. 여기서는 먼저 삼각형의 세 꼭지점(친밀감, 열정, 책임감)으로 여러 가지 형태와 강도의 사랑을 그리고 있는 사랑의 삼각형 이론을 소개한다. 그 다음으로 사랑에는 낭만적인 사랑 등의 여섯 가지 종류의 양식이 있다는 사랑의 유형론을 들고, 세 번째로는 남성과 여성은 어떤 배우자를 좋아하는가?에 답변을 해 줄 사랑의 진화론을 제시해 본다. 끝으로, 자기 사랑의 중요성을 강조한다. 성의 심리학에서는 여성 생식기의 체계, 남성 생식기의 체계, 섹스와 젠더, 인간의 성 반응, 성 표현의 다양성, 성 장애 및 보다 안전한 성행위에 관하여 서술한다.

1. 사랑의 심리학

사랑이란 무엇인가? 사랑은 우리 인간역사에서 끊임없이 중요하게 다루어져 온 중요한 주제이면서도, 이에 대한 과학적 연구는, 적어도 심리학적 연구는 비교적 짧은 것이 사실이다. 이제는 누구나 사랑을 연구하는 것에 크게 이의를 제기하는 사람은 적다. 사랑을 연구한다고 해서 사랑이 훼손당한다고 생각하는 사람은 이제는 줄어들고, 오히려 도움이 된다고 생각하는 사람들이 늘어나고 있다. Fromm(1956)은 그의 저서 "사랑의 기술(*The art of loving*)"에서 사랑만큼 엄청난 희망과 기대를 가지고 시작해서 그렇게도 실패를 되풀이하는 활동이나 시도는 없을 것이라고 하면서, 사랑은 그냥 오는 것이 아니라 사랑하는 방법을 알아야 한다고 주장하였다. Maslow는 "우리는 사랑을 연구해야만 한다. 우리는 그것을 가르칠 수 있어야 하고 이해할 수 있어야 하며 예측할 수 있어야 한다. 그렇지 않으면 세계를 적대감과 의심으로 잃게 될 것이다" (Robin, 1990, p.59)라고 하였다. 예일대학교 심리학교수 Sternberg(1998)는 사랑에 대한 그의 최근 저서 "사랑은 한편의 얘기(*Love is a story*)"에서 새로운 관계이론을 모색하면서 수많은 우리들의 사랑 얘기를 분석하고 있다.

여기서는 사랑에 관한 많은 연구와 이론 중에서 Robert Sternberg(1988)의 사랑의 삼각형 이론, John A. Lee(1974)의 사랑의 유형 그리고 David Buss(1994)의 사랑의 진화론을 차례로 논의할 것이다. 이 모든 이론들에서 가장 중요하고 기본적인 것은 친밀성이며, 이 친밀성의 열쇠는 자기 자신을 좋아하고 사랑하는 것이다. Burns(1985)에 의하면 많은 사람들이 스스로를 고립되어 있고, 외롭고, 사랑스럽지 못하다고 느낀다. 겉으로 보기엔 잘 생기고, 침착하고, 사교적인 일부 사람들조차 실제로는 크나큰 절망감에 빠져 있다. 그들은 오직 사랑하는 파트너만이 우울과 권태로부터 그들을 구해 내어 그들에게 행복과 안전을 느끼게 해 줄 것이라는 잘못된 믿음을 갖고 있다. 그렇지만 자신의 고독감과 부적절감은 실제로 다른 사람들을 쫓아 버릴 수도 있다. 사람들은 처지가 딱한 파트너를 찾는 게 아니라, 다른 사람들의 삶에 흥분과 만족을 가져다 줄 만큼 충분히 확신에 찬 파트너를 찾는다. 사랑이란, 그래서, 스스로를 사랑하는 일부터 시작해야 한다.

[그림 14-1] 파블로 피카소(1881–1973) '키스'(1969년 작)

(1) 사랑의 삼각형 이론

사랑에 관한 삼각형 이론은 사랑이 삼각형의 세 꼭지점과 같이 세 가지 요소로 이해될 수 있다는 의미에서 붙여진 이름이다(홍대식, 1992; Sternberg, 1986, 1988 참조). 그 세 가지 요소는 친밀감, 열정 및 약속/책임감이며, 이 삼각형의 각 꼭지점들의 조합, 즉 친밀감과 열정의 조합, 친밀감과 약속/책임감의 조합, 열정과 약속/책임감의 조합 그리고 친밀감 · 열정 · 약속/책임감 모두의 조합으로 이루어질 수 있다. [그림 14-2]는 사랑의 세 요소를 보여 주고 있다.

1) 사랑의 세 요소

가) 친밀감 요소

친밀감 요소는 사랑의 감정적 측면이라고 할 수 있다. 이것은 사랑하는 관계에서 나타나는 가깝고, 연결되어 있고, 유대가 있다는 느낌을 말한다. 즉,

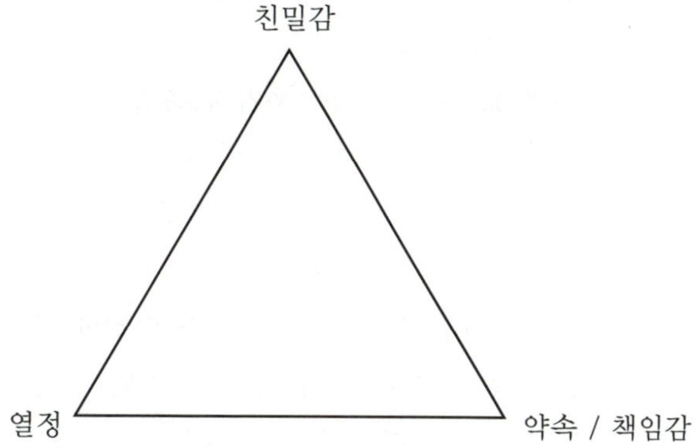

[그림 14-2] 사랑의 세 가지 요소

사랑하는 사이에서 겪는 따뜻함과 같은 감정들이다. Sternberg와 Grajek (1984)은 친밀감의 10가지 지표를 다음과 같다고 하였다: ① 사랑하는 사람의 행복을 증진시키기를 바라는 것, ② 사랑하는 사람과 함께 있을 때 행복을 느끼는 것, ③ 사랑하는 사람에 대해 높은 존중심을 갖는 것, ④ 필요할 때 사랑하는 사람에게 의지할 수 있는 것, ⑤ 사랑하는 사람과 서로를 이해하는 것, ⑥ 사랑하는 사람과 자신 및 자신의 소유물들을 함께 나눌 수 있는 것, ⑦ 사랑하는 사람에게서 정서적 지원을 받는 것, ⑧ 사랑하는 사람에게 정서적 지원을 제공하는 것, ⑨ 사랑하는 사람과 친밀한 의사소통을 하는 것, ⑩ 자신의 삶에서 사랑하는 사람의 가치가 높이 평가되는 것.

친밀성 기술을 개발하는 방법은 다음과 같을 수 있다(홍대식, 1992 참조):

- 자기 자신을 있는 그대로 받아들이도록 한다.
- 상대방을 그 자체로 인정한다.
- 자신을 표현하도록 한다. 즉, 친밀해지기 위해 보다 더 솔직하고, 친절하고, 관대하고, 참을성 있는 의사소통이 필요하다.
- 반응을 잘 다루도록 해야 한다. 감정이입(empathy)의 태도가 되도록 노력해야 한다.

친밀성을 다음과 같은 다섯 가지 형태로 분류하기도 하였다: 취미 및 오락적 친밀성, 사회적 친밀성, 지적 친밀성, 정서적 친밀성 및 신체적 친밀성 (Schaefer & Gaudy, 1980). 친밀성의 특징은 처음에는 천천히 증가하다가, 그 다음에는 더 천천히 성장하고, 마침내 안정상태로 된다.

나) 열정 요소

열정 요소는 사랑의 동기적 측면에 해당된다. 이는 사랑하는 관계에서 낭만, 신체적 매력, 성적 흥분 및 호감을 일으키는 욕망을 말한다. 자존심, 다른 사람들과의 친화, 타인에 대한 복종, 타인에 대한 지배 및 자기실현과 같은 욕구들이 열정경험에 기여하기도 한다. 열정의 특징은 급속한 발전 뒤에 습관화가 따르게 되면서, 한쪽 파트너가 이전에 주었던 것으로는 더 이상 자극을 주지 못한다는 것이다. 약물 중독도 이와 동일한 패턴을 따른다. 그러나 잃게 되면(약물이 제공되지 않게 되면) 우울증, 동요, 피로 등과 같은 금단 증상들을 경험한다.

다) 약속/책임감 요소

이 요소는 사랑의 인지적 측면이라고도 할 수 있다. 약속은 누구를 사랑하겠다는 결정으로 단기적 측면이며, 책임감은 그 사랑을 계속 지키겠다는 것으로 장기적 측면이라고 볼 수 있다. 이 둘이 반드시 함께 일어나는 것은 아니다. 이들 요소는 서로가 가까워짐에 따라 정비례로 증가하기 시작한다. 대개, 그 관계가 장기적인 것으로 되면, 처음에는 점차적이다가 그 다음에는 가속되고, 관계가 지속됨에 따라 책임감의 양은 대개 안정적으로 된다. 만일, 관계가 정지하기 시작하면 감소되고, 실패한다면 책임감 수준은 0으로 되돌아간다.

2) 사랑의 종류

사랑의 세 요소 각각과 각 요소들의 조합으로 [그림 14-3]과 같이 모두 일곱 종류로 나누어질 수 있다. 물론 이와 같이 뚜렷하게 극단적으로 나누어지지 않는 사랑도 얼마든지 있을 수 있다. 이러한 문제는 다음 절에서 서술하게 될 것이다.

가) 좋아하는 것(친밀감 요소만 있는 것)

좋아하는 것(liking)은 열정 요소와 약속/책임감 요소가 없이 친밀성 요소만을 경험할 때 있게 된다. 진정한 교우관계에서 볼 수 있다. 열정이나 책임감 없이도, 상대방에 대해서 가까움, 공유함, 도와줌, 의사소통을 느낄 수 있다.

나) 도취적 사랑(열정 요소만 있는 것)

첫눈에 반한 사랑 또는 상대를 있는 그대로가 아닌 이상화시켜서 사랑하게 되는 사랑으로 강박관념적으로(또는 상사병처럼) 바뀌게 되는 도취적인 사

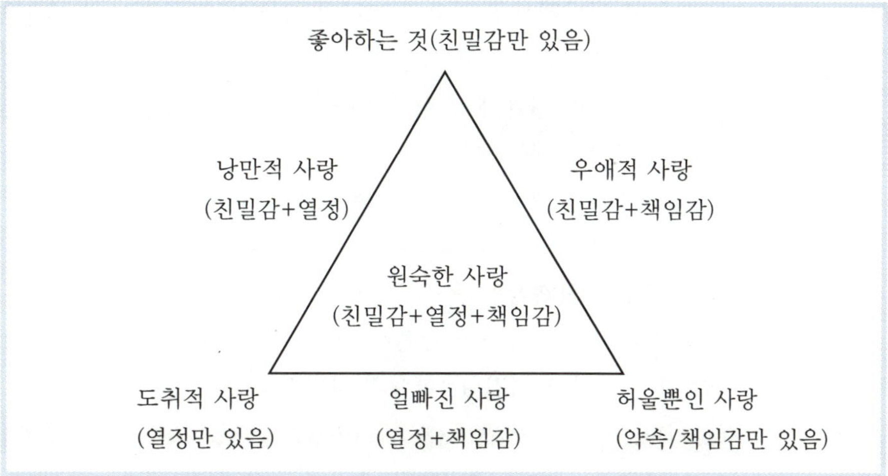

[그림 14-3] 사랑의 종류

랑이다. 도취적 사랑은 적어도 얼이 빠져 있는 당사자 이외의 사람들이 대개 눈치채기 쉽다. 열정적 흥분만으로 이루어지는 이 사랑은 갑자기 일어나서 어떤 환경에서는 갑자기 사라져 버릴 수도 있다. 또 높은 수준의 정신적, 육체적인 흥분을 갖는 특징이 있다. 이러한 도취에 일단 빠진 사람은 또 다른 도취성 사랑에 중복하여 빠져들지는 않는다.

이러한 도취적 사랑의 가장 큰 문제점 중의 하나로 당사자는 홀린 듯한 상태가 되어 사랑에 압도되고 소모되어서 다른 일에 투자해야 할 시간과 정력, 동기 등을 잃게 된다는 점이다. 또한 이것은 자신의 욕구가 단지 투사적으로 일어나기 때문에 도취적 사랑의 대상자를 불편하게 만들 수 있다. 이것은 일방적이기 때문에 그 일방성의 정도가 클수록 고통이 더 커지기 쉽다.

다) 허울뿐인 사랑(약속/책임감 요소만 있는 것)

이러한 사랑은 친밀감이나 열정도 없이 타인을 사랑하기로 약속(사랑에 대한 책임감)하여 생긴다. 몇 년 동안씩 서로간에 감정적 몰입이나 육체적 매력을 전혀 느끼지 못하는 침체된 관계에서 발견되는 사랑의 종류이다. 만일 사랑에 대한 책임감이 강하지 않다면, 이러한 사랑은 서서히 사라져 버릴 수 있다.

이러한 사랑은 어떤 관계가 최종적일 때 흔히 나타나지만, 결혼이 타의에 의해, 예컨대 부모에 의해 결정되어 버리는 사회에서는 관계의 처음부터 나타날 수도 있다. Lazarus(1985)는 결혼생활에서 책임감이 전부이고 다른 요소들이 모두 사라져 버렸을 때, 결혼 생활을 회복시키기는 매우 어렵다고 지적하였다. 그러나 일방적으로 한쪽 파트너가 다른 파트너에 대해 가까움과 유대의 순수한 느낌들을 계속 갖고 있을 수 있지만, 상대방은 단지 책임감만을 느낄 수도 있다. 이러한 관계에서 죄의식이 추가되어 어려운 관계가 될 수도 있다.

라) 낭만적 사랑(친밀감+열정)

낭만적 사랑(romantic love) 또는 연애는 사랑의 친밀감 요소와 열정 요소의 조합에서 생긴다. 즉, 육체적 매력이나 기타의 매력들이 합쳐진 좋아하는 감정이다. 연애란 신체적인 욕구 및 친밀한 감정으로 서로에게 끌리고 있는 것이다. 그러나 약속이나 책임감은 아직 없는 상태이다. 그것은 단지 미래에 다루어야 할 문제라고 여긴다. 한때의 낭만적 사랑이 끝나 버릴 수도 있는 것은 이 때문이다.

낭만적인 사랑은 로미오와 줄리엣 같은 문학 작품들에서 보는 사랑의 예들에서 보는 것과 같은 사랑이다. 때로는 도취적 사랑이 낭만적 사랑으로 발전할 수도 있다. 어떤 경우에는 친구로 좋아하다가 서로 열정적으로 끌리게 될 때 연애로 발전할 수도 있다.

마) 우애적 사랑(친밀감+책임감)

우애적 사랑 혹은 동반자애(companionate love)는 친밀감 요소와 약속/책임감 요소의 조합으로 생긴다. 이것은 오랜 결혼생활에서 신체적 매력은 사그라졌지만 오래된 우정 같은 사랑을 말한다. 그야말로 "인생의 친구"로서 함께 행복하게 살아가는 부부를 떠올리면 된다. 사실상 대부분의 낭만적 사랑은 차츰 우애적 사랑으로 바뀐다. 즉, 열정은 사그라지지만, 이 열정은 장기적이며 깊이 있는 책임감으로 대치될 수 있다.

우애적 사랑에 만족을 느끼는 정도는 모두 다르다. 어떤 사람들은 현재 관계를 그냥 지속하며, 어떤 사람들은 낭만적 연애를 추구하여 결혼생활을 지키면서 바람을 피거나, 새로운 낭만을 찾아서 결혼생활을 청산하기도 한다. 물론 그 새로운 관계도 종국에는 우애적 사랑으로 가게 된다.

바) 얼빠진 사랑(열정+책임감)

남녀가 어느 날 만나서 첫눈에 반하고 곧 약혼하고 결혼한다. 이것은 헐리우드 영화나 회오리바람과 같이 혼전 남녀관계가 급속히 진전되어 얼이 빠진 것처럼 발달하게 되는, 안정이 결여된 사랑을 말한다. 즉, 친밀하게 되는 시간적인 지속성이 결여된 채로 열정이 식으면 남는 것은 책임감뿐이기 때문에 그 다음에는 실망하고 고통을 당하기 쉽다. 왜냐하면 그 책임감도 얕으며, 서로 열정만을 토대로 한 기대감만 컸기 때문이다.

사) 원숙한 사랑(친밀감+열정+책임감)

이것은 사랑의 감정적 측면, 동기적 측면 및 인지적 측면을 모두 갖춘 성숙한 사랑을 말한다. 이것은 연애에서 우리 모두가 추구하는 사랑의 종류이다. 이러한 사랑은 도달하기 어려울 수도 있지만, 유지하는 것은 훨씬 더 어렵다. 모든 사람들이 원숙한 사랑을 추구하지는 않을지 모르지만, 가능하다면 이러한 사랑을 획득하기를 원한다. 즉, 사랑 삼각형의 세 꼭지점을 다리라고 본다면 세 다리로 균형을 잡는 삼발이처럼 세 다리가 있어야 안정된 채로 균형을 유지할 수 있을 것이다.

3) 사랑 삼각형의 기하학

사랑 삼각형의 기하학은 사랑의 강도와 균형에 달려 있다. 강도가 크면 삼각형의 면적은 더 넓어진다. 삼각형의 세 꼭지점이 모두 커진다면 이것은 강도가 센 넓은 균형된 삼각형이 된다. 그러나 세 꼭지점(친밀감, 열정, 책임감)이 불균형해지거나 그 강도의 여하에 따라서 여러 가지 형태의 불균형된 삼각형이 생겨난다. 이것은 사랑 당사자나 파트너에 의해서 결정이 된다. 따라서 다양한 사랑의 삼각형이 생겨난다.

실제의 삼각형과 자신이 그리는 이상적 삼각형이 다를 수도 있고, 자신의 삼각형과 상대방의 삼각형이 다를 수도 있다. 또한 서로의 삼각형에 대해 느끼는 정도가 다를 수도 있다. 그리고 머리 속에 생각하고 있는 삼각형과 그것을 실천하는 삼각형이 다를 수도 있다. 즉 자신의 감정(친밀감)이 전달되지 못하거나, 애정표현(열정)을 못하거나, 반지와 같은 선물(약속/책임감)을 못하게 될 때 생각과 행동이 다를 수 있는 것이다. Sternberg는 표현을 제대로 하지 못한다면 아무리 위대한 사랑도 살아남지 못한다고 주장하였다. 그러므로 원숙한 사랑을 원한다면 은행의 온라인 통장을 점검하듯이 사랑을 표현하는 양식들을 서로 항상 점검해야 할 필요가 있을 것이다. 즉 사랑관계들을 이해하고, 구축하고, 재구축하는 일을 계속 노력해야 할 것이다. 이것은 마치 아름다운 건축물을 잘 보존하는 것과 마찬가지이다. 건물이 스스로 수리되지 않는 것과 마찬가지로 사랑관계도 저절로 수리되지는 않는다. 자신의 사랑관계가 최적으로 유지되는 데는 그만한 주체적인 책임이 있어야 한다. 자신의 위치를 점검하고(진단), 변화가 필요하면 이를 지적하고(치료), 서로의 차이를 이해하고 상호

존중해야 할 것이다. 실천이 없는 道는 道가 아니듯이 사랑 삼각형, 즉 사랑의 道에서도 실천이 중요하다.

(2) 사랑의 유형

사랑의 본질을 이해하기 위한 많은 이론들이 있어 왔는데(예: Fromm, 1956; Sternberg, 1986), Lee(1974)는 사랑에 대한 개념적 구조를 제시하기 위해 색환과 유사한 여섯 가지 사랑 양식에 관한 유형론을 개발하였다(고선주 · 이경희 · 조은숙 · 최연실, 1994; 김중술, 1994; 박정윤, 2000; 홍대식, 1992; Lee, 1970 참조). 여섯 가지 주요 사랑의 양식들은 다음과 같다.

첫째, 에로스(eros, 낭만적 사랑) 양식의 사랑을 하는 사람들은 주로 신체적 매력에서 상대방에게 매력을 느끼며, 자신의 이상에 맞는 상대를 만나면 첫눈에 반해 버린다. 또한 상대방이 자신에게만 몰두하기를 바라지만 소유하려 하지 않으며, 경쟁자의 존재도 두려워하지 않는다. 어떤 새로운 상대를 처음 만난 직후에 키스하고 포옹하는 것을 좋아하며, 첫 키스에 대한 어떤 분명한 성

[그림 14-4] 프쉬케를 떠나는 에로스

기 반응을 보고한다.

둘째, 루두스(ludus, 게임식 사랑) 양식의 사람들은 사랑을 진지한 것으로 보기보다는 재미 위주로 간주한다. 이 양식의 사람들은 언제든지 상대방을 떠날 준비가 되어 있으므로 상대에 대해서도 매우 허용적이며, 한 상대에게만 몰입하지 않으므로 여러 상대를 동시에 사랑하기도 한다. 이들은 쉽게 그리고 신속하게 애정행위들을 하며, 자신의 애인을 골리는 것을 즐기며, 자신이 깊이 빠져들게 되는 것을 원치 않는다는 것을 알고 있을 때에라도 상대방과 함께 가끔 외출한다.

셋째, 스토르게(storge, 우정을 토대로 한 사랑) 양식은 전형적으로 사랑이 우정에서 생겨나며, 사랑하는 이들은 비슷한 흥미들을 함께 가져야만 되고, 동일한 활동들을 즐겨야만 된다고 생각한다. 이들에게서 애정이란 상대방에 대한 존경과 배려에서 생겨난다. 이들은 그 관계가 위협받고 있다는 느낌이 없이 오랜 기간의 이별을 참을 수 있으며 루두스 애인들처럼 그 관계에서 흥분을 추구하지 않는다.

넷째, 프래그마(pragma, 논리적이고 장보기 품목식 사랑) 양식은 현실적이고 실용적인 사랑관계를 중요시하는 양식이다. 이들은 자신의 애인이 훌륭한 부모가 될 것인지를 스스로 질문하고, 상대방의 장래 직업적 전망들을 평가한다. 이들은 그저 쇼핑목록을 작성하듯이 상대에게 원하는 실용적인 자질의 목록을 의식적으로 작성하고 계산하여, 사랑하기를 계획할 뿐이다. 이들은 현실적이며, 비낭만적이다.

다섯째, 매니아(mania, 소유적이고 의존적인 사랑) 양식은 의존성과 질투가 특징이다. 사랑의 기쁨에서 슬픔으로 변하는 감정의 기복이 심하고, 사랑받는 것에 대한 반복적인 확인욕구가 있다. 아들은 강박적이고 소유욕이 강하고 상대방은 전혀 고려하지 않는다. 따라서 대부분의 관계에 대해 만족을 얻지 못하고, 상대에 대해 더 많은 애정과 헌신을 요구한다.

끝으로, 아가페(agape, 모든 것을 주는, 이타적인 사랑) 양식은 이기심이 없고 자비로우며 간디, 부처 및 예수가 설교한 식으로 일반적으로 다른 사람들을 철저하게 사랑한다. 이것은 헌신적, 타인 중심적 및 자기상실적 사랑양식이다. 이 유형의 사람들은 상호성을 기대하지 않으며, 사랑을 의무로 여긴다. 즉 이들에게 사랑이란 감성이 아니라, 의지의 표현인 것이다.

이들 사랑의 양식에 성 차이가 발견되어 왔다(Hendrick & Hendrick, 1986).

즉 남성은 여성보다 유의하게 더 루두스적이었으며, 여성은 남성보다 더 스토르게적, 프래그마틱적 및 매니아적이었다. 에로스와 아가페에서 남녀 차이는 없었다. 이러한 결과는 선행연구(Hendrick, Hendrick, Slapino-Foote, & Foote, 1985)의 결과와도 매우 유사하였다. 한편 우리나라에서는 남자 대학생들이 여자 대학생들보다 유의하게 더 에로스적이고 아가페적이었다(손정락, 2001).

(3) 사랑의 진화론

남성은 어떤 여성을 좋아하는가? 여성은 어떤 남성을 좋아하는가? 이것은 진화론과 관계가 있을까? David Buss(1994)는 그의 책 "욕망의 진화(*Evolution of Desire*)"에서 사랑과 성의 진화론을 내어놓았다. 이에 관하여 "적응된 정신"의 공동편자인 John Tooby와 Leda Cosmides는 "그는 인간에게 존재하는 문화적 차이의 저변에 진화를 거치면서 형성된 공통된 심리들이 존재하고 있다는 사실을 발견하였다. 이는 세계 어느 곳에서든지 남녀의 성적 선택을 인도해 줄 수 있는 새로운 논리가 될 것이다. 욕망의 진화는 우리의 내면 깊은 곳에 존재하고 있는 갖가지 심리를 드러내어 인간의 성과 사랑에 관한 심리를 다시 한번 생각해 볼 수 있게 해 준다"고 하였다. 또 "사랑의 해부학"의 저자 Helen Fisher는 "David Buss는 진화심리학을 이용하여 인류의 가장 심오한(어쩌면 가장 신비하다고도 할 수 있는) 행위인 사랑의 문제를 밝혀 주고 있다. 그의 책을 읽고 나면 그 누구도 연애나 결혼 그리고 재혼을 다시는 전과 같은 눈으로 바라보지 않게 될 것이다"라고 말하고 있다. 즉, David Buss는 남녀의 성과 사랑의 심리에 대하여 문화 인류학적 접근으로써 진화론적 현상이라는 것을 밝히고 있다. Robert Wright도 "도덕적 동물: 진화심리학으로 들여다 본 인간의 본성"에서 섹스, 로맨스, 사랑에 관하여 같은 주장을 한 바 있다(참조, 박영준, 2003).

"사랑은 자연적으로 발생하는 행위들의 범주이다." "사랑 행위들은 자연선택에 의한 진화의 산물이라고 가정된다." "남성과 여성은 모두 유전자 복제를 최대화하기 위해 선택해 왔다." 이러한 말들에서 이미 David Buss의 결론을 엿볼 수 있다. 즉 사랑행위의 결과는 재생산에 있고, 사랑행위의 형태를 정하는 것은 진화론적 힘이라는 것이다. Buss는 이러한 문제를 전세계 37개 나라에서 만 명이 넘는 각 연령층 조사대상자들을 상대로 실시하여 인간의 성에 대한

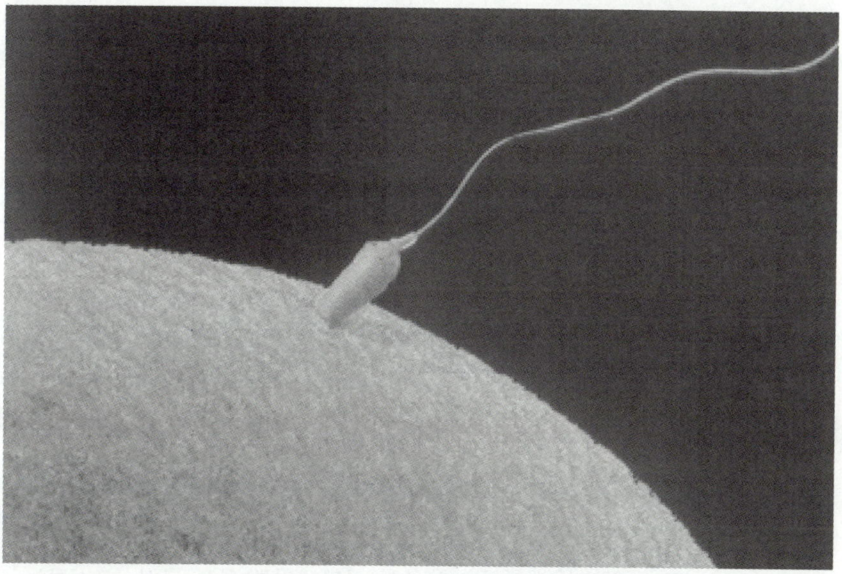

[그림 14-5] 수정의 순간; 정자가 난자와 결합되고 있다

그의 방대한 규모의 연구 결과를 내어놓았다. 이제 그의 연구 결과를 설명해 보자.

"사랑"이라는 범주에 포함된 행위들은 재생산과 관련된 기능을 돕고, 과업을 성취하고 목표를 달성하기 위해 진화된 것이다. 재생산과 관련된 직접 목표로 자원의 과시, 정절과 배우자 보호, 책임감 및 결혼, 성적 친밀감, 재생산, 자원의 공유 그리고 부모로서의 투자 등이 있다. 이 과업들은 ① 짝을 유혹하고, ② 그 짝을 보존하고, ③ 그 짝과 재생산을 하고, ④ 후손에 대해 부모로서 투자를 하는 순서로 진행될 수 있다. 이 과정에서 제일 우선적인 목표는 좋은 짝을 얻기 위한 자원의 과시일 것이다.

그런데 이러한 과정에서 남자와 여자의 사랑행위에서 성차가 일어날 수 있다. 예컨대 여성의 경우 자기가 생산할 수 있는 자손의 수에 제한이 있으므로 자녀에게 실질적인 자원을 투자할 능력과 의사가 가장 많은 짝을 선택해야만 한다. 즉, 여성들은 자원을 과시하는 남성을 더 빈번히 선택할 것이고, 그래서 남성의 사랑행위는 화폐와 그 외의 실질적인 자원을 투자할 의사와 능력이 있음을 표현하는 것이 될 수 있다. 대조적으로, 남성들은 재생산 능력에 분명한 한계가 있기 때문에, 재생산 능력이 있는 여성에게 접근하게 된다. 즉 남

성차	여성의 경우	남성의 경우
자원부족과 재생산에서의 제약	자손을 위한 자원과 보호	재생산 능력이 있는 여성에게 접근
짝 선택의 기준	자원을 가졌거나 가질 가능성이 있는 남성	연령과 건강상태가 재생산 능력을 나타내는 여성
평가의 단서	돈버는 능력, 야망, 근면성, 지위, 소유물	젊음, 건강, 미, 깨끗한 피부, 부드러운 피부, 윤기 있는 머리칼, 탐스러운 입술, 흰 치아, 생기 있는 걸음걸이
사랑의 행위들	여성들은 자원을 과시하는 사랑행위를 하는 남성을 선택함	남성들은 재생산 능력을 표시하는 사랑행위를 하는 여성을 선택함

[그림 14-6] 남성과 여성의 짝 선택과정에서의 차이

성들은 연령과 건강 상태 등을 기준으로 하여 부드러운 피부, 윤기 있는 머리칼, 생기 있는 걸음걸이를 과시하는 여성을 더 빈번하게 선택하게 된다. 이러한 관계를 [그림 14-6]에서 볼 수 있다.

남녀 모두 유전자 복제를 최대화하기 위해 자원을 과시한 결과로써 짝이 얻어지면, 그 짝을 유지하고 보호해야 한다. 이러한 목표가 배우자에 대한 정절과 배우자 보호이다. 여성의 부정은 상대 남성이 아이의 아버지임을 확신하는데 위협을 가한다. 남성의 부정은 자원이 다른 여성과 그 아이에게로 갈 가능성이 커진다. 그러므로 배우자에 대한 정절과 배우자 보호는 자신의 자원을 보존하기 위해서 진화된 것이다. 일반적으로 연구에서 다음과 같은 가설들이 검증되고 있다. 첫째, 여성이 남성보다 정절을 나타내는 사랑행위를 훨씬 빈번하게 할 것이다. 둘째, 여성은 남성보다 상대의 부정을 더 잘 용서할 것이다. 특히 그것이 심각한 관계가 아니고 우발적인 성관계일 경우에 그러할 것이다. 셋째, 배우자 보호 행위는 남성이 여성보다 더 잘 할 것이다.

재생산과 관련된 세 번째 목표는 책임감과 결혼이다. 결혼은 사랑행위에

서 하나의 목표이다. 결혼은 배우자에 대한 정절, 책임, 육아를 보장해 준다. 전통적으로 결혼제도에서 남성에게 자원을 보호하기 위해 직업이 소중하게 되고, 여성에게는 출산이 매우 중요하게 여겨져 왔다.

사랑에서 네 번째 목표는 성적 친밀감이다. 자손을 생산하는 목적을 가지는 성적 친밀감은 사랑행위의 중요하고 필수적인 목표가 된다. 일반적으로, 남성이 여성보다 더 주도적이다.

그 다음 목표는 재생산이다. 여기에는 임신과 출산뿐만 아니라 남성이 여성을 보호하고 물질을 공급하는 행동을 통해 여성과 태아는 자연의 공격이나 외부로부터 침해받지 않고 잘 지낼 수 있게 된다.

자원의 공유는 돈, 음식, 집, 토지 같은 자원을 공유함으로써 여성에게 안전감과 생존능력을 공급해 주며, 후손에게 투자되는 물자를 공급하는 목표를 성취한다. 자원의 결핍은 여러 가지 제약을 갖게 한다.

끝으로 부모로서의 투자는 후손을 먹여야 하고 보호하고 가르치고 사랑하는 미래의 재생산을 위한 투자라고 볼 수 있다. 부모의 자식에 대한 사랑은 매우 강하고 풍부하다. 여기에는 애정, 교육 뒷바라지, 시간투자, 자기희생 등이 포함된다. 부모의 사랑은 대를 이어 내려감으로써 자식은 또 그 자식에게 투자할 수 있게 되는 것이다.

요약하면 사랑과 성은 많은 문화권에서 확인되고 있듯이 재생산이라는 목표로 진화되어 왔다. 이러한 목표에는 자원의 과시, 정절과 배우자 보호, 책임감과 결혼, 성적 친밀감, 재생산, 자원의 공유 및 부모로서의 투자가 있다. 물론 이러한 관점은 경험적 연구로 확증되고 더 확대되어야 할 것이다. [그림 14-7]은 사랑행위들의 직접목표와 궁극적 목표의 관계를 나타내고 있다.

사랑의 심리학 절을 마치면서 친밀성의 열쇠는 자기 자신을 좋아하고 사랑하는 것을 배우는 것(Burns, 1985)이라는 것을 다시 한번 강조한다. 사랑이란, 스스로를 사랑하는 일부터 시작해야 한다. 자기사랑은 자신이 이기적이 된다거나 자만심이 강해지는 것을 의미하지 않는다. 자기사랑은 자신이 누구이고, 자신의 잠재력이 무엇인지를 헤아리는 것이다. 열등감이나 거부당했다고 느끼는 것을 그만두고 다른 사람들에게 매력을 줄 수 있는 자기확신을 계획하는 것이다. Burns(1985)는 다음과 같은 네 단계를 제안하였다: 자신에 대한 학대를 그만두고 삶에 몰두하라. 자신을 헐뜯는 것을 그만두고 온정어린 태도로 자신에 대하여 생각해 보아라. 자기패배적 태도를 버리고 더욱 긍정적인 자기

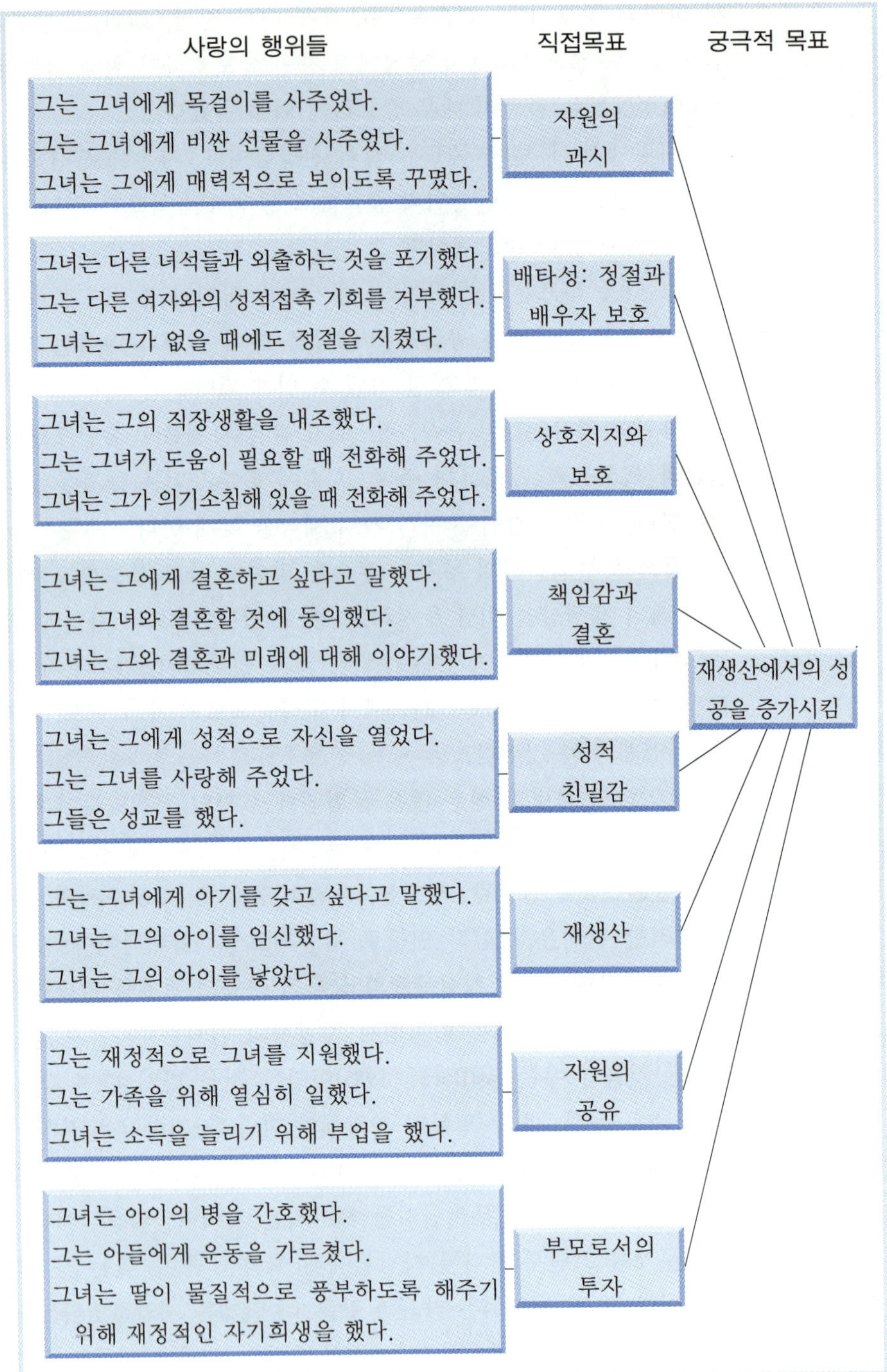

[그림 14-7] 사랑행위들의 직접목표와 궁극적 목표

체계를 발달시켜라. 혼자라는 두려움에 맞서 이겨라.

당신이 스스로를 긍정적인 감정에 끌어들이고 나면, 그 다음엔 다른 사람들을 끌어들일 수 있고, 그러면 다른 사람들도 당신을 끌어들일 것이다. 그래서, 자기사랑이 사랑의 시작이다.

2. 성 심리학

미국의 Kinsey연구소에서 1989년 가을에 미국의 성인 1,974명에게 기초적인 성지식 테스트를 1:1 인터뷰로 실시하였는데, 55%가 낙제 점수를 받았으며 A학점을 받은 응답자는 단지 5명에 불과하였다. 이것은 대부분의 사람들이 성에 대한 지식이 의외로 부족하다는 사실을 반영하고 있다. 즉, 성에 대한 관심은 여러 경로를 통하여 증대되고 있으나 정작 성지식에 대해서는 무지하다는 것을 말해 주고 있다. 이 절을 시작하면서 다음의 성지식 테스트를 해 봄으로써 자신이 성에 대해서 어느 정도 알고 있으며, 아름다운 성을 위해서 생각하는 기회로 삼고, 또한 보다 나은 섹슈얼리티(sexuality)를 위해서 어떤 점을 더

[표 14-1] 성지식 테스트

성기관의 구조와 기능에 관한 문항		예	아니오
1.	정자는 남성의 고환에서 생산된다.		
2.	정자는 사정시에만 방출된다.		
3.	전립선은 남녀 모두에게 있는 성기관이다.		
4.	남성 호르몬 테스토스테론은 남성에게서만 분비된다.		
5.	여성 호르몬 에스트로젠은 여성에게서만 분비된다.		
6.	G점은 여성의 질 안에서 발견된다.		
7.	처녀막은 첫 성교시에만 파열된다.		
8.	난소는 자궁의 좌우에 하나씩 있다.		
9.	여성은 일생 동안 배란할 난세포를 갖고 태어난다.		
10.	여성의 경우 요도와 질구는 다른 통로이다.		

성기관의 구조와 기능에 관한 문항		예	아니오
11.	남성의 경우 요도와 정액 분출로는 다른 통로이다.		
12.	정자나 난자 속에서 23개의 염색체가 있다.		
13.	남성은 일반적으로 2개의 Y염색체를 가지고 있다.		
14.	모든 여성은 처녀막을 갖고 태어난다.		
15.	일반적으로 여아가 남아보다 사춘기에 일찍 도달한다.		
16.	남성은 일생 동안 정자를 생산해 낸다.		
17.	여성은 일생 동안 계속하여 난자를 생산해 낸다.		
18.	음낭(불알)의 온도는 몸의 다른 부위에 비해 약간 높다.		
19.	남성의 음경과 여성의 음핵은 유사한 구조조직이다.		
20.	음경은 하나의 음경 해면체와 하나의 요도 해면체로 구성되어 있다.		
21.	여성의 성적 기능은 젖가슴 크기와 직접 관련 있다.		
22.	처녀막은 태어날 때부터 모든 여자에게 있다.		
23.	여성의 성기 구조상 질의 안쪽 깊은 곳이 더 민감하다.		

임신 및 출산에 관한 문항		예	아니오
1.	월경 주기의 중간 부분이 임신 가능 기간이다.		
2.	유방이 클수록 임신 가능성이 높다.		
3.	난자는 배란된 후 24시간 내에만 정자와의 수정이 가능하다.		
4.	아기의 성은 난자와 정자가 수정되는 순간에 결정된다.		
5.	임신을 위해서 여자는 성관계시 오르가즘을 느껴야 한다.		
6.	임신의 마지막 3개월 동안에 성관계를 하면 태아에게 해롭다.		
7.	일반적으로 아이가 태어날 때 머리가 먼저 나온다.		
8.	콘돔을 사용하면 완전한 피임이 보장된다.		
9.	여자는 매달 한 개의 난자를 성숙시켜 배란한다.		
10.	남성의 염색체는 정자의 꼬리 부분에 있다.		
11.	한 번의 성교만으로도 임신이 가능하다.		

임신 및 출산에 관한 문항		예	아니오
12.	인공 유산 후에 여성은 불임이 될 수 있다.		
13.	인공 유산은 수술을 받지 않고 조제약물로도 가능하다.		
14.	1회 사정시 정자의 수는 수만 개 정도이다.		
15.	출산 후 월경이 없는 기간에는 피임을 하지 않아도 된다.		
16.	정자의 생존 기간은 대략 48~72시간이다.		
17.	여자에게 있어 배란은 일반적으로 생리하기 직전에 일어난다.		
18.	여자로 하여금 임신하게 하려면 남자는 사정을 해야 한다.		

성건강에 관한 문항		예	아니오
1.	키스를 통해서는 성병이 전염되지 않는다.		
2.	한 번의 성교만으로도 성병에 감염될 수 있다.		
3.	헤르페스(허피스) 성병은 항생제로 완치될 수 있다.		
4.	임질은 항생제를 먹거나 주사를 맞으면 완치될 수 있다.		
5.	매독의 증상이 일시적으로 사라지는 잠복기간에는 타인에게 전염되지 않는다.		
6.	항우울제(신경 안정제 등)의 복용은 성기능 약화를 예방할 수 있다.		
7.	비만증은 발기 장애의 원인이 될 수 있다.		
8.	흡연은 성기능 장애의 원인이 된다.		
9.	비아그라는 최근 미국에서 개발한 남성 정력제이다.		
10.	여성이 경험하는 성기능 장애 중 가장 많은 것은 성욕상실이다.		
11.	여성의 오르가즘 장애는 치료되지 않는다.		
12.	성병에 걸렸던 사람은 불임이 될 수 있다.		
13.	성병에 감염된 산모는 신생아에게 성병을 감염시킬 수 있다.		
14.	성병에 한 번 걸린 후에 치료가 제대로 되지 않으면 죽을 수도 있다.		
15.	성병을 완치한 후에는 그 성병에 대한 면역성이 생긴다.		

성건강에 관한 문항		예	아니오
16.	성관계 전이나 후에 항생제를 먹으면 성병이 예방된다.		
17.	에이즈 감염자와 깊은 키스를 하면 에이즈에 감염될 수 있다.		
18.	에이즈의 주요 원인은 동성연애에 기인한다.		
19.	에이즈 감염자와 같은 방(교실, 사무실 등)을 쓰면 에이즈에 감염될 수 있다.		
20.	에이즈 감염자와 면도기를 같이 사용할 때 감염될 수 있다.		
21.	성관계 후 성기를 비누로 깨끗이 씻으면 성병에 걸리지 않는다.		
22.	임신 2개월 내의 인공 유산은 여성의 건강에 해롭지 않다.		
23.	발기 장애는 중년 이후의 남성에게만 일어난다.		
24.	몽정은 성적으로 문제가 있음을 말해 준다.		

성행위에 관한 문항		예	아니오
1.	남자는 사춘기 이전에 사정을 할 수 있다.		
2.	여성이 오르가즘을 느낄 때 질벽 근육에 강렬한 경련이 일어난다.		
3.	남성은 한 번의 성교에서 여러 번의 사정이 가능하다.		
4.	여성은 한 번의 성교에서 오르가즘을 여러 번 경험할 수 있다.		
5.	성관계시 남성의 흥분 속도는 여성보다 빠르다.		
6.	여성의 경우 성교를 하지 않아도 오르가즘을 경험할 수 있다.		
7.	여성의 경우 폐경기 이후에는 성적 욕구가 거의 없어진다.		
8.	남성의 발기력은 노인의 경우에도 유지된다.		
9.	자위행위는 일반적으로 건강에 해롭다.		
10.	자위행위는 남녀 누구에게나 자연스러운 현상이다.		
11.	남성은 여성에 비해 성적 욕구가 강하다.		
12.	출산 직후 여싱의 싱적 욕구는 증가된다.		
13.	아기에게 젖을 먹일 때 어머니가 성적 쾌감을 느낄 수 있다.		

성행위에 관한 문항		예	아니오
14.	남성은 완전히 발기해야 사정할 수 있다.		
15.	여성이 느끼는 오르가즘의 강도는 남성의 성기 크기와 직접 관련 있다.		
16.	정관 수술을 하면 오르가즘은 오를 수 있으나 사정은 하지 않는다.		

성적 성향에 관한 문항		예	아니오
1.	성적 성향은 이성애, 동성애, 양성애 세 가지이다.		
2.	동성연애는 성도착증의 일종이다.		
3.	개인의 성적 성향(예: 동성애)은 치료에 의해 쉽게 바뀔 수 있다.		
4.	동성애적 사랑을 한 번 경험하면 동성애자가 된다.		
5.	여성 동성애자들은 파트너와 비교적 안정적이고 지속적인 관계를 유지한다.		
6.	남성 동성애자들은 파트너와 비교적 안정적이고 지속적인 관계를 유지한다.		
7.	남자가 동성연애자가 되는 원인은 남성 호르몬이 부족하기 때문이므로 남성 호르몬 주사를 맞으면 치유될 수 있다.		

알아야 하고 바꾸어 나가야 할지를 아는 기회로 삼으면 좋을 것이다. 성지식은 건강한 생활을 위하여 매우 중요하다. 이 성지식 테스트는 홍성묵(1999)의 "아름다운 사람과 성"에서 발췌하였다. Kinsey연구소의 성지식 테스트는 이영식(1992)의 번역서인 "최신 킨제이 리포트"나 Williams와 Knight(1995)의 "건강한 삶(*Healthy for life*)"을 참조하면 될 것이다.

이 절에서는 여성생식기의 체계, 남성생식기의 체계, 섹스와 젠더, 인간의 성 반응, 성 표현의 다양성, 성 장애 및 보다 안전한 성행위에 대하여 알아본다. 성심리에 관한 더 다양하고 많은 주제에 관해서는 더 읽을거리를 참조하면 될 것이다.

(1) 여성 생식기의 체계

여성의 성기는 외성기와 내성기로 되어 있는데, 대부분의 생식조직은 체내에 있다. 이는 남성과 대조적이라 할 수 있다. 여성의 외성기 구조 전체를 외음부(vulva)라고 한다. 외음부는 치구(mons pubis 또는 vereries; 라틴어의 mons veneris는 비너스의 언덕을 의미한다), 대음순(major labia), 소음순(minor labia), 음핵(clitoris), 요도구(urethral opening) 및 질구(vaginal opening) 등을 포함하고 있다. 내성기는 질(vigina), 자궁경부(cervix), 자궁(uterus 또는 womb), 좌우의 나팔관(fallopian tubes) 및 2개의 난소(ovaries)로 되어 있다.

외성기에서 위에서부터 음핵, 요도구, 질구의 순서로 되어 있는 것을 잘 모르는 성인 남자들도 많이 있다. 또한 꽤 많은 남성이(어쩌면 일부의 여성들도) 음핵(클리토리스)의 기능을 이해하지 못하고 있으며 올바로 평가하지 않고 있다. 음핵은 여성 외성기의 전방 정점에 있다. 페니스와 마찬가지로 클리토리스는 자극에 대해서 매우 민감하며 성적흥분에 따라 어느 정도 팽창한다. 요컨대, 클리토리스의 유일한 기능은 성적 자극의 수용, 즉 여성의 외음부에서 가장 민감한 성감대인 것이다.

질이란 근육으로 된 가느다란 통(길이 약 7.5~10cm)으로 내벽은 구강의 안쪽과 같이 점막으로 덮혀 있으며 이 점막이 질의 윤활액을 생산한다. 여성이 성적으로 흥분하지 않는 한 질은 닫혀 있다. 여성이 성적으로 흥분하면 질의 벽은 매끄러운 액체를 분비하여 질은 페니스가 삽입되기 쉽게 벌어진다. 아이를 출산할 때도 질은 크게 벌어진다. 질에서 민감한 부분은 질 입구에서 1/3지점까지이다. 또한 질 입구에서 약 2.5~5cm의 거리 정도에 질 전벽(배꼽 쪽)에 크기와 모양이 팥과 유사한 조그만 조직덩어리가 있다. 이것을 G점이라고 부르는데, 독일의 산부인과 의사 Ernest Grafenberg의 이름을 딴 것이다. 이 부분은 성적 자극에 아주 민감하여 자극을 받으면 동전보다 약간 작은 크기가 된다고 한다. G점은 성적흥분이 최고조로 달할 때 액체를 생성하여 배출하는 선의 기능을 한다고 알려지고 있으며, 이를 여성의 사출이라고도 부르는데, 이는 개인차가 크며, 앞으로 더 연구가 필요하다.

자궁은 대체로 서양배 크기와 모양(길이 약 7.5cm, 폭 약 5cm)을 하고 있으나 이보다 훨씬 평평하다. 자궁은 근육으로 되어 있으며 특수한 조직의 내벽(자궁내막)을 가지고 있다. 자궁내막은 수태가 일어나지 않았을 경우에 생식

사이클에 따라 월경 때에 체외로 배출된다. 만일 수태가 일어난 경우에는 수정관은 난관을 통하여 자궁에 도달하여 자궁내막에 착상한다. 배의 초기 성장단계에서는 내막의 영양물을 사용한다. 조그만 자궁이 임신 9개월 동안 점점 커져 성장한 태아를 간직한다는 사실은 실로 경이적이다. 자궁경부는 자궁의 아래쪽을 말하며 질에 연결되어 있다. 자궁경부의 중앙에는 조그만 구멍이 있는데 이 구멍을 통해 자궁내막 물질이 질로 나오게 된다. 정자가 난자를 만나기 위해서는 질에서 이 구멍을 통해 자궁으로, 이윽고 난관으로 헤엄쳐 가지 않으면 안 된다. 출산시 이 구멍은 커져 아이가 통과할 수 있도록 크게 확장된다.

난자와 여성 호르몬을 생성하는 두 개의 난소는 각각 포도알 만한 크기(약 2.5×1.25cm)다. 출생시 이미 각 난소는 약 40만 개의 미숙한 난자를 가지고 있으며, 각 알은 난포라는 엷은 막으로 감싸여 있다. 이 숫자는 유아기와 소녀기를 거치면서 꾸준히 감소하여 여성의 생식능력을 갖추는 일생중의 약 35년(즉, 15세~50세 정도) 동안에는 단지 300~400개의 난포만이 성숙하게 된다. 나팔관(길이 약 10cm, 두께는 스파게티 1개 정도) 한쪽 끝은 자궁의 윗 부분에 연결되어 있으며, 다른 한쪽 끝은 난소 가까이에 매달려 있다. 난소에서 난자가 배란될 때 난관 깔때기는 흔들리며 난소를 에워싸 난자를 나팔관 안으로 끌어들인다. 나팔관 안쪽에는 난자를 자궁쪽으로 계속 이동하게 하는 가는 솜털이 줄지어 있다. 난자와 정자가 난관 안에서 만났을 때 수태가 일어나며 그 곳에서 배가 자란다. 즉, 나팔관 끝쪽의 1/3지점에서 주로 수정이 이루어진다. 때때로 나팔관의 내부에 수정란이 착상하기도 하는데, 이 현상이 바로 자궁외 임신이다.

질 입구 하단부에는 얇은 주름 조직인 처녀막(hymen)이 있는데 질의 입구를 부분적으로 막고 있다. 손상되지 않고 원상태로 남아 있는 처녀막이 때로는 처녀성의 상징인 듯 여겨지기도 했으나 이는 잘못된 생각이다. 물론 첫 성교로 인하여 처녀막이 파열되기는 하나 탐폰의 지속적인 사용이나 과격한 운동 등의 요인으로 처녀막이 파열되는 경우도 매우 흔하다. 여성 성기의 외부 모양과 구조도 개인에 따라 매우 다양하듯이 처녀막의 모양도 다양하다.

여성의 월경주기, 월경통, 월경 전 증후군(Premenstrual Syndrome: PMS) 및 폐경기에 관해서도 알아두어야 할 것이다. 문화에 따른 금기 현상도 매우 다양하게 나타나고 있다. 자세한 내용은 더 읽을거리를 참조하면 될 것이다.

(2) 남성 생식기의 체계

남성의 생식기관의 주요한 부분은 눈으로 볼 수 있고 신체의 외부에 있는 데 바로 페니스(penis)와 음낭(scrotum)이다. 페니스에는 하나의 요도 해면체(오줌과 정액을 나르는 도관)와 두 개의 음경 해면체로 된 세 개의 원통이 있으며, 음낭에는 두 개의 고환이 들어 있다. 신체 내부의 생식기관으로는 두 개의 정소(testicles), 좌우 양측으로 존재하는 부고환(epidymis), 정관(vas deferens), 저정낭(seminal vesicle), 사정관(ejaculatory tube), 전립선(prostate gland) 및 쿠우퍼씨선(Cowper's gland)이 있다.

페니스는 귀두와 몸체로 되어 있다. 골반 안쪽으로 페니스 몸체의 반 정도 길이 만큼의 뿌리가 있어 발기할 때 커진 성기의 무게를 잡아주고 강하게 지탱해 준다. 많은 남성들은 자신의 페니스가 작다고 생각한다. 그리고 자신의 성기를 위에서 내려다보니까 작게 보일 수도 있다. 그러나 발기 후의 페니스는 대부분의 사람들에서 거의 같은 크기가 된다. Masters와 Johnson에 따르면 발기 전에 작은 성기는 큰 성기보다 팽창력이 강해서 발기가 되면 더 커지게 된다. 그리고 중요한 것은 성기의 크기와 성 만족은 별개라는 것이다. 왜냐하면 여성의 질은 질 입구로부터 1/3지점까지만 민감하기 때문에 남성의 성기가 아무리 크더라도 여성에게 더 큰 성적 감흥을 주지 못한다. 또한 여성의 오르가즘에는 음핵의 자극과 G 반점의 자극이 매우 중요하기 때문이다. 여성들은 남성의 페니스 크기에 관심을 같지 않은 반면, 남성들은 과학적인 근거에도 불구하고 성기에 관해서 부정적인 컴플렉스를 갖는 경향이 있다. 귀두에는 해면조직으로 꽉 차 있으며 말초신경조직이 집중적으로 섬세하게 몰려 있어 자극에 매우 민감하다. 남성이 성적으로 흥분되면 쿠우퍼씨 선은 요도를 원활하게 하는 몇 방울의 액체를 사정 전에 분비하여 여성의 질에서 분비되는 액체와 함께 성교 때에 윤활작용을 한다. 이 투명한 액체에는 이미 정자가 들어 있을 수 있다. 페니스 몸체와 귀두 사이에는 조직이 융기되어 있으며 성교 때에 피스톤운동을 하는 과정에서 여성의 질벽을 강하게 자극해 주는 역할을 한다. 귀두의 가장 윗 부분은 화관 모양으로 생겼는데, 이를 코로나(Corona)라고 한다. 포경수술을 하지 않은 남성은 페니스를 덮고 있는 피부가 귀두를 덮을 만큼 늘어져 있으나 귀두에 부착되어 있지는 않다. 이 신축 가능한 피부를 포피라고 한다. 이 포피는 여러 가지 장점을 가지고 있다. 따라서 포피를 원형 그대로 보존하는 것이 성기능을 최대한으로 발휘하는 데 큰 도움이 된다(홍성묵, 1999 참조). 포경수술은 귀두를 덮고 있는 여분의 포피를 제거하여 귀두를 노출시키는 것을 말한다. 포경수술은 원시사회에서나 현대사회에서나 매우 일반적인 의식처럼 인식되어 왔다. 어떤 종족에서는 성인식의 한 의식으로, 유태교에서는 종교행사의 하나로 포경수술을 하기도 한다. 오늘날은 성기를 위생적으로 관리하고 성교 때 발기가 신속히 되고 사정을 조절하는 능력도 더 우세하다고 믿어서 이 수술을 해 왔으나, 연구들은 성기능 향상에 전혀 도움이 되지 않으며 오히려 귀두부분이 항상 노출되어 있어서 성적 예민감이 둔화된다고 한다. 위생적인 사유로 포경수술을 할 경우에는 어린 나이에 해 주어야 성기의 성장발육에 나쁜 영향을 미치지 않는다. 포경수술을 한 남성은 하지 않은 남성보다 부인에게 자궁암을 덜 발생시킨다는 연구결과가 있다(홍성묵, 1999). 그러나 이와 같은 찬반양론에도 불구하고 우리나라에서는 아동기 때에, 심지어는 신생아 때에, 포경수술을 하는 것이 예방의학상 바람직하다는 주장이 더 우세한 것 같다. 포경수술을 하지 않은 남성은 항상, 특히 성행위 직전에 성기를 깨끗하게 씻어 주어야 한다.

음낭은 페니스의 하부에 늘어져 있는 느슨한 피부 주머니인데, 이 안에 두 개의 고환이 들어 있다. 고환은 타원형 모양으로 작은 계란 정도인데 서로 무리하게 부딪히는 것을 피하기 위해 서로 어긋나게 놓여 있으며 한쪽이 다른 쪽보다 조금 더 크다. 몸 밖으로 나와 있는 음낭은 고환의 온도 조절에 결정적인 역할을 하고 있다. 즉, 고환의 정소에서 정자가 만들어지는데 체온과도 밀접한 관련이 있다는 것이다. 남성의 체온과 고환의 온도를 인위적으로 증가시켜 보았더니, 정액 속의 정자 숫자가 현격히 감소한다는 사실이 밝혀졌다. 고열이 지속되면 불임상태가 되기도 한다. 정상적인 정자형성에는 체온보다 더 낮은 온도가 필요하다. 따라서 꼭 끼는 바지나 팬티 등은 고환의 온도에 영향을 미칠 것이다. 고환에서는 또한 남성의 성장과 성적 기능에 필요하며 2차 성징의 특질을 나타내 주는 호르몬인 테스토스테론(testosteron)이 생성된다.

건강한 남성의 경우 정자가 만들어지는데 약 72시간이 소요되며, 하루에도 수백만 개의 정자가 생산된다. 정자의 생성 과정은 사춘기에서 죽음에 이르기까지 계속된다. 정자형성의 모든 단계가 끝나고 완전히 성숙된 정자가 만들어지면, 정소를 떠나 부고환에 연결된 정관 통로로 이동을 한다. 정관은 양쪽 부고환에서 뻗어난 좌우의 관으로 길이 약 50cm이며 윗 부분에 저정낭이 있는

데 이곳에 성숙한 정충이 저장되고 있다. 사정관은 정관과 저정낭이 합쳐지면서 형성된다. 좌우의 사정관이 전립선의 소엽들 사이를 지나 요도까지 내려옴으로써 내용물인 정액을 체외로 배출할 수 있게 한다. 전립선은 밤톨 크기의 조직으로 정액을 생성하여 정자의 운동을 용이하게 한다. 즉, 정자는 전립선에서 만들어진 정액을 만나 오르가즘 때에 요도를 통해 분출하게 되는데 이것을 사정(ejaculation)이라고 한다. 사정 때가 되면 방광과 요도의 안쪽 끝 사이에 위치한 개구부는 닫혀지기 때문에 배뇨의 기능을 막고 사정만을 하게 된다.

1회 사정 때 정자의 수는 약 3억 마리이다. 정액의 빛깔은 보통 흰색, 노랑 또는 회색이다. 그 감촉은 사정 직후에는 보통 크림 모양으로 진득진득하다. 시간이 지나면 정액은 보다 느슨해지고 공기 속에 방치되면 말라버린다. 정액의 화학 성분은 그 사람의 식사, 건강 상태, 사정의 빈도에 따라 다소 다르지만, 화학적으로 말하면, 평균적 정액은 주로 단백질, 구연산, 당화합물, 염화나트륨을 함유한다. 또한 보다 소량의 암모니아, 아스코르빈산, 과린산 석회, 칼슘, 이산화탄소, 콜레스테롤, 크레아틴, 그 밖에 미네랄 및 많은 다른 화학물질도 포함되어 있다.

(3) 섹스(sex)와 젠더(gender): 섹슈얼러티(sexuality)와 성적 성향

섹스는 생물학적면에서 남자(male)와 여자(female)를 구분하는 용어이다. 즉, 섹스는 해부학적으로 결정되는 남녀를 말한다. 이에 비해 젠더는 심리적인 면에서 남녀를 구분하는 남성성(masculinity)과 여성성(femininity)을 나타내는 용어이다. 즉, 젠더는 대체로 사회적 학습이나 문화에 의해 결정되는 남성다움이나 여성다움을 나타낸다. 또한 후천적으로 남성성과 여성성이 합해진 상태를 안드로지니(androgyny)라고 한다. 섹슈얼러티는 종족보존은 물론이고 성적 쾌락의 추구 등 성행동과 관련된 심리적 · 문화적 요소까지 포함하며, 또한 성적인 존재 및 성별 등을 나타내는 포괄적인 의미로 사용된다. 성적 성향에는 이성애(heterosexuality), 양성애(bisexuality), 동성애(homosexuality) 및 성전환증(transsexuality)이 있다. 동성애와 양성애 성향은 사회적 학습과 유전적 토대를 모두 갖고 있을 수 있다. 동양에서는 性을 마음(心)과 몸(生)을 동시에 표현하고 있으며, 性은 전체적인 인간 그 자체를 뜻하는 것이며 결코 성행동이나 성적 쾌락만을 의미하지 않는다(윤가현, 1998). 동양의 태극 사상에서, 음은 여성

[그림 14-8] 음 양 도

을 양은 남성을 나타내는데, 각각은 서로에게 포함되어 있기도 하다. 또한 전체를 이루는 데 필요한 부분이다. 여성에서 남성의 근원이 있으며, 남성 안에서 여성이 있다. 그리고 남성에서도 음양이 존재하며, 여성에서도 음양이 존재한다. 즉, 양중음, 양중양, 음중음, 음중양 등으로 이해된다.

남성 혹은 여성이 되는 것은 많은 요인에 달려있는데 특히 성염색체와 호르몬에 달려 있다. 그러나 수정시에 유전적 성이 결정되었다고 하더라도 그 후의 신체적인 성 분화와 뇌의 성 분화가 자동적으로 진행되는 것은 아니다. 성 분화에 관여하는 중요한 호르몬으로는 안드로젠(androgen), 에스트로젠(estrogen), 프로제스테론(progesteron)이 있는데, 남자와 여자 모두에서 분비된다. 그러나 남성은 에스트로젠이나 프로제스테론 보다 테스토스테론을 더 많이 분비하고, 여성은 프로제스테론이나 테스토스테론보다 에스트로젠을 더 많이 분비한다. 이러한 호르몬들의 작용으로 첫째 관문인 태생 제8주경부터 정소가 안드로젠을 분비하게 되며 태아는 남성화해 간다. 여성의 경우는 성선이 분화해서 난소가 형성되기 시작하는 시기는 11주 경이다. 그 다음 외성기의 성분화에서는, 남성은 태생 제 10주 경에 시작되고, 여성은 20주 경에 일어난다.

한편 뇌의 성 분화 과정에서는 정소에서 분비되는 남성 호르몬에 뇌가 노출되면 남성의 뇌로 방향지어지고, 노출되지 않으면 여성의 뇌가 되어 간다. 뇌의 성 분화기는 인간에 있어서 태생 4개월에서 7개월 사이의 3개월간이며 대부분의 뇌의 성 분화는 이 시기에 시작되어 출생 후까지 계속된다. 뇌의 성은 유전자의 성, 즉 생식기의 성과는 관계가 없다. 뇌의 성분화가 중요한 것은 그 방향성에 차질이 생기면 유전적인 성, 성의 자기인식, 성행동의 3자간에 심한 틈이 생기기 때문이다. 유전적으로는 남성으로 페니스도 가지고 자신을 남성으로 자인하면서도 성 대상으로 남성을 선택한다든가, 해부학적으로는 여성이면서도 행동은 남성과 같아서 성의 대상으로 여성을 선택하는 비극에 직면하게 된다(하재청 등, 1992). 사람의 성에는 여러 원인에 의하여 해부학적인 성과 뇌의 성이 일치하지 않는 일도 생긴다.

또 성 분화에서는 심리적 영향과 사회적 영향도 매우 강력하다. 아동들은 생후 18개월이 되면 강한 젠더 정체감을 발달시키기 시작한다. 이러한 문화적인 영향의 예로 양성구유 혹은 자웅동체(hermaphrodite)로 태어난 사람은 길러진 방식대로 남성성 혹은 여성성을 발달시켜서 남성 혹은 여성 어느 쪽으로도 될 수 있다.

성적 성향은 앞에서 언급한 바와 같이 네 종류로 기술되고 있다: 이성애는 말 그대로 성적으로, 감정적으로, 사회적으로 이성에게 매력을 느끼는 것을 말하는데, 대부분의 사람들이 여기에 해당된다. 미국의 경우는 남성의 75%, 여성의 85%가 이성애자들이다(Crooks & Baur, 1990). 동성애는 동성에게 성적, 감정적, 사회적으로 끌리는 것을 말하는데, 남성 동성애를 게이(gay)라고 하며 여성 동성애를 레즈비언(lesbian)이라고 한다. 때로는 게이를 남성 · 여성 동성애 모두를 지칭하는 용어로 쓰이기도 한다. 동성애의 원인은 여러 가지이며, 확실한 것은 아직 밝혀지지 않고 있다. 남성의 2%, 여성의 15%가 동성애 취향을 가지고 있다(Crooks & Baur, 1990). 양성애는 양성(남성과 여성 모두)에 성적, 감정적, 사회적 매력을 느끼는 것을 말하는데, 미국에서는 남성의 23%, 여성의 14%가 이에 해당되는 것으로 추산된다(Crooks & Baur, 1990). 성전환증은 극히 드물게 보이고 있다. 자신의 생물학적 성과 반대가 되는 성으로 살아가고 싶은 사람을 말한다. 즉, 생물학적으로는 전혀 이상이 없음에도 불구하고 자신에게 유전적으로 주어진 성별에 만족하지 못하고 수술을 통하여 반대의 성별로 전환하는 현상을 일반적으로 성전환이라고 부른다. 이의 원인은 아직 분명하지는 않다. 그런데, Kinsey 등(1948)은 개인의 성적 성향을 전적으로 이성애(0)에서 전적으로 동성애(6)까지의 성적 선호도를 갖는 연속체 선상의 어느 한 부분에 해당된다고 제안하였다. 즉, 0이나 6에 해당되는 사람들은 드물고 대부분의 사람들은 그 중간의 어느 부분이라는 것이다.

대부분의 현대 사회는 이성애가 동성애보다 더 자연스럽고 우월하다고 믿는 가치체계가 존재한다. 동성애자들의 생활이나 사고 구조에 대하여 매우 부정적으로 반응하는 현상을 동성애 공포증(homophobia) 또는 혐오증이라고 하는데, 심리치료 전문가 Weinberg가 1967년 사용한 용어이다(윤가현, 1998). 동성애를 받아들이는 정도는 문화권마다 다르다.

끝으로 섹슈얼러티에 관한 발달에서는 다음의 아홉 가지를 생각해 볼 수 있다(이영식, 1992):

① 염색체의 성: 염색체가 xx=여성형이냐, xy=남성형이냐.
② 성선의 성: 정소를 갖느냐, 난소를 갖느냐.
③ 호르몬의 성: 남성 호르몬 또는 안드로젠을 보다 많이 갖느냐, 여성 호르몬 또는 에스트로젠과 프로제스테론을 보다 많이 갖느냐.
④ 내성기의 성: 전립선을 갖느냐, 자궁을 갖느냐.
⑤ 외성기의 성: 페니스를 갖느냐, 클리토리스를 갖느냐, 음낭을 갖느냐, 음순을 갖느냐.
⑥ 뇌의 성: 뇌가 남성적 구조를 갖느냐 여성적 구조를 갖느냐, 화학 물질의 수준은 어떤가.
⑦ 출생시에 인정된 성: 의사가 신생아를 본 순간 '아들'이라고 했느냐, '딸'이라고 했느냐.
⑧ 젠더: 성의 주체성-'나는 남자다'라고 생각하느냐, '나는 여자다'라고 생각하느냐, 또 남이 '저 아이는 남자아이다'라고 생각하느냐, '저 아이는 여자아이다'라고 생각하느냐.
⑨ 성의 방향성: 동성의 상대에 끌리느냐, 이성의 상대에 끌리느냐, 또는 동성의 상대와 사랑에 빠지느냐, 이성의 상대와 사랑에 빠지느냐.

(4) 인간의 성반응

인간의 성반응은 네 단계—흥분단계, 흥분고조단계, 절정(오르가즘)단계, 해소단계—로 진행된다(Masters & Johnson, 1966). 이는 성별에 따라, 개인에 따라 유사성과 차이가 존재한다. 특히 오르가즘의 경우에 그렇다. 인간의 성반응에 관한 서적은 무수히 많이 있으나, 여기서는 산부인과 의사 Masters와 심리학자 Virginia Johnson의 연구결과를 소개한다.

첫째, 흥분단계에서는 성적자극(생각, 접촉, 맛, 시각, 청각)으로 신체적 반응이 일어난다. 남녀 모두 호흡이 거칠어지고, 심장박동이 빨라지고, 젖꼭지가 빳빳해지며, 전신으로 혈관이 충혈되고, 근육의 긴장이 일어나는 등 유사한 반응을 보인다. 남성의 경우, 페니스가 발기되고, 고환이 올라가고, 크기도 커진다. 성적흥분에 대한 남성의 처음 신체적 반응은 발기이다. 여성의 경우, 대음순은 양쪽으로 벌어지고, 클리토리스와 소음순이 부풀어 오른다. 질의 윤활작용이 시작되고, 질 내부의 길이와 폭이 확장된다. 여성의 성적흥분에 대한 처음 반응은 질의 윤활작용으로 촉촉하게 젖는 것이다.

둘째, 흥분고조단계에서는 성적흥분과 긴장 상태가 상승된 채로 계속된다. 이 단계에서는 약간만 자극해도 오르가즘에 도달할 수 있는 단계이다. 혈압과 심장박동은 계속해서 상승하고, 호흡은 더욱더 거칠어진다. 남성의 경우, 페니스는 최대한 발기되고, 음낭에서 고환이 계속해서 부풀어지고 올라간다. 요도에서 몇 방울의 맑은 액체가 분비된다. 여성의 경우, 클리토리스의 머리 부분이 숨어 들어가고, 기둥이 클리토리스 포피쪽으로 이동된다. 질 입구의 1/3지점까지 근육이 팽팽해지고, 그 안의 2/3는 더욱 넓어진다.

셋째, 절정(오르가즘)단계에서는, 성감각 중에서 가장 황홀경에 빠지는 최고의 쾌감을 느끼는 단계이다. 오르가즘은 최고조(climax) 또는 도래(coming)로 불리기도 한다. 혈압, 심장박동 및 호흡이 최고 수준에 이르고, 몸 전체에 불수의적인 근육수축이 일어난다. 이 모든 것이 단지 몇 초간 지속된다. 오르가즘의 강도는 경험, 장소, 상대, 기대 및 불안 수준에 따라 다양하다. 남성의 경우, 두 단계로 사정하게 된다. 먼저 전립선, 저정낭 및 정관이 요도로 정액을 방출하게 되는데, 이때가 더 이상 참을 수 없다는 느낌을 주는 때이다. 그 다음 몇 초 뒤에, 요도와 페니스 밖으로 정액을 사정하게 되는데, 운도와 페니스의 기저부 및 회음부의 근육수축이 동반된다. 여성의 경우, 질의 괄약근, 회음근 및 오르가즘대가 0.8초 간격으로 리드미칼한 수축이 일어난다. Masters와 Johnson(1966)은 세 가지 패턴을 확인하였다; ① 흥분고조단계 이하로 떨어짐이 없는 한번 이상의 오르가즘, ② 오르가즘이 없는 채로 계속되는 흥분고조, ③ 흥분고조 단계 없는 오르가즘 단계로의 빠른 상승. 연구에 의하면, G반점이 여성의 오르가즘과 관련이 있으며, 이때 사출현상이 있다고 한다.

넷째, 해소단계는 흥분되지 않는 신체 상태로 되돌아가는 것을 말한다. 심장박동, 혈압, 호흡, 근육긴장 및 젖꼭지 발기 등이 모두 흥분 이전상태로 되돌아간다. 남성의 경우, 페니스의 발기가 흥분되지 않은 상태로 되돌아가고,

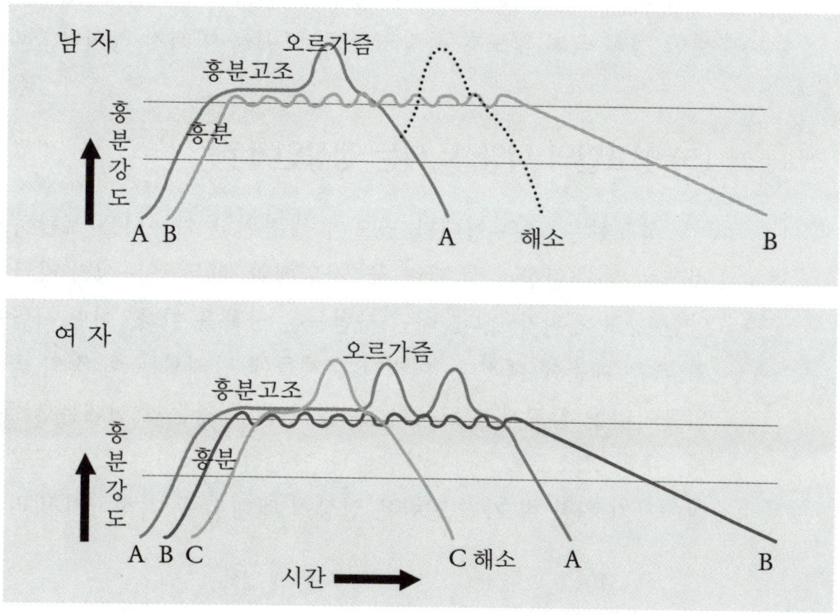

[그림 14-9] 인간의 성반응

고환은 정상으로 되돌아간다. 심리적으로는 뿌듯한 기분과 만족감을 느끼게 되며, 상대방에 대한 친근감과 육체적 피로감을 동반하게 된다. 대부분의 남성은 일정한 시간이 지날 때까지 발기나 사정을 할 수 없게 된다. 연령이 많아질수록 회복기간이 더 길어진다. 여성의 경우, 클리토리스, 자궁, 질 등이 평상시의 흥분되지 않은 상태로 복원된다. 여성의 회복 속도는 남성보다 느리기 때문에 자극으로 오르가즘을 다시 느낄 수도 있으며, 후희가 필요하다. 따라서, 여성은 여러 차례 오르가즘을 경험할 수도 있게 되는 것이다.

한편 감각 자극과 성적 흥분에서 남녀의 차이가 발견되고 있다. 남성들은 시각적인 자극에 영향을 크게 받으며, 여성들은 청각이나 정서적 자극에 더 민감하다고 알려져 왔다. 이러한 남녀간의 차이 때문에 성교 직전에 남성들은 방을 밝게 하려고 하는 반면, 여성들을 방을 어둡게 하려고 한다. 남성들이 밝은 빛을 원하는 것은 시각 자극에서 흥분을 느끼기 때문이며, 또 여성들이 어두운 것을 원하는 것은 수치심 때문일지 모르나 무엇보다도 촉각을 비롯한 정서적 자극을 기대하기 때문이다. 이러한 남녀간의 차이를 이해한다면, 부인은 남편에게 시각적으로 신선한 자극을 제공하기 위하려 화장술이나 복장, 성생활의 분위기, 장소, 체위 등을 변화시키는 노력을 해야 한다. 남편 역시 아내에게 따뜻한 정이 식지 않도록 사랑의 감정 표시를 아끼지 않아야 한다(윤가현, 1998).

(5) 성표현의 다양성: 나는 정상인가?

성표현은 많은 형태가 있으며 광범위한 가능성을 포괄하고 있다. 이러한 것에는 성적 환상과 성 관련 꿈, 자위행위, 애무, 입-성기 자극, 항문자극 및 다양한 성교 체위가 있다. 어떤 사람들은 금욕을 한다. 어떤 사람들은 포르노그라피 혹은 매춘에 빠진다. 이러한 문제들에 관해서는 이 장의 끝 부분에 있는 더 읽을거리를 참고하면 도움이 될 것이다. 성활동의 형태는 너무나 많고 다양하다. 우리 스스로를 다른 사람들과 단순히 비교하는 것은 도움이 되지 못한다. 살아가기 위한 한 가지 전략은 정상에 대해 너무 걱정하지 말라는 것이다.

(6) 성 장 애

미국 정신의학회(1994)에서 발간된 DSM-Ⅳ에서 "성적 및 정신 성적 정체성 장애(*Sexual and Gender Identity Disorders*)"로 분류하고, 크게 세 가지 범주로 나누었다: 첫째, 성기능 장애(Sexual Dysfunction), 둘째, 성 도착증(Paraphilia), 셋째, 성 정체성 장애(Gender Identity Disorder)이다.

성기능 장애는 성 반응 주기의 네 단계 성욕, 흥분, 오르가즘 및 해소에 따라 분류되었다. 여기에는 ① 성욕장애: 성욕 감퇴 장애, 성적 혐오 장애, ② 성적 흥분 장애: 여성 성적 흥분 장애, 남성 발기 장애, ③ 오르가즘 장애: 여성 오르가즘 장애, 남성 오르가즘 장애, 조루증, ④ 성교통증 장애: 성교통증, 질경련증, ⑤ 일반 의학 상태로 인한 성 기능 장애, ⑥ 물질로 유발된 성기능 장애가 있다.

성 도착증에는 노출증, 물품 음란증, 마찰 도착증, 소아기호증, 성적 피학증, 성적 가학증, 의상도착 물품음란증, 관음증 등이 있다.

성 정체성 장애에는 아동 성 정체성 장애와 청소년 혹은 성인 성 정체성 장애(성 전환증)가 있다.

(7) 보다 안전한 성행위

안전한 성행위를 어떻게 확신할 수 있는가? 확신할 수 없다. 그렇지만 위험을 줄이기 위해 할 수 있는 일들이 있다. 성병(sexually transmitted disease: STD) 즉, HIV와 같이 성 접촉으로 감염된 질병은 매우 위험하다. HIV(인간 면역결핍 바이러스)는 AIDS(후천성 면역결핍 증후군)를 일으키는 유기체이다. 1975년경에 나타난 AIDS는 이제 해가 거듭됨에 따라 성행위를 하는 모든 이들이 걸릴 수도 있는 질병이 되었다. HIV는 놀라울 만한 성병 중의 하나인데 이의 발생률은 매독, 클라디미아, 음부혹, 음부 포진 및 기타 STD들을 앞서고 있다. UN이 추정 집계한 전세계 HIV/AIDS 환자(2000년 말 현재)는 3,610만 명이며, AIDS에 노출된 어머니는 180만 명이다. 임질 혹은 클라디미아가 원인인 골반 염증, 음부 혹 및 B형 간염은 계속해서 심각한 문제들이다. 미국의 경우, Alan Guttmacher 연구소의 1993년 보고서에 의하면 모든 미국인들 5명 중 1명 이상이 성적으로 유발된 바이러스성 질병에 감염되어 있다. 약 1,200만명의 새로운 성병 감염 사례가 매년 늘어나고 있으며, 그 중 2/3는 25세 이하에서, 1/4은 10대에서 일어나고 있다.

바이러스에 의하여 발생하는 성병은 많은 경우에 통제될 수는 있지만 치유될 수는 없다. 바이러스성 STD들에는 B형 간염(헤파타이티드), 음부 혹 및 HIV감염이 있다. 음부 혹과 같은 일부 질병은 여성들에 있어서 자궁경부암의 위험을 증가시키는 것과 관련이 있다. 자궁경부암의 경우 남성들이 성교 전 페니스를 깨끗하게 씻는 것이 중요하다는 주장도 있다. 박테리아에 의해 유발된 STD들(예: 임질, 클라디미아, 매독)은 치유될 수 있다. 불행하게도 그것들은 분명한 증상이 없다는 점이다. 따라서, 심각한 건강 문제들을 계속해서 일으킬 수 있으며, 다른 성 상대에게 계속해서 전염시킬 수 있다. 치유되지 않은 감염은 특히 가임 여성들에게서 심각한 합병증을 유발할 수 있다. 예로 나팔관 임신, 만성통증 및 태아문제들이 있다.

다음은 "최신 킨제이 리포트"(이영식, 1992)에서 추천한 '당신도 할 수 있는 (성 간염)예방책'이다. AIDS의 감염에 대처하기 위해 '보다 안전한 성교 가이드 라인'이 작성되었다. AIDS 바이러스(HIV)감염을 막기 위한 이러한 가이드 라인은 동시에 다른 성 감염증에서 몸을 지키기 위해서도 필요하다. 단지 안전한 성행위라고 하지 않고 보다 안전한 성행위라고 하는 이유는 그것으로 절대 안전하지 못하기 때문이다. 그러나 이러한 지침은 올바르게 사용하면 분명히 위험성을 줄일 수 있다.

보다 안전한 성교 가이드 라인:

1) 할 수 있는 한 성교를 참는다. 절대 안전한 것은 금욕뿐이다.
2) 성적 파트너의 수를 줄인다. 성적 파트너가 적으면 적을수록 성감염증에 걸릴 위험성은 줄어든다.
3) 혼외정사를 하지 않으면 성감염증에 걸릴 위험성이 적다. 즉, 당신과 당신의 파트너 사이에서만 성교를 한다. 둘 다 성감염증에 걸려 있지 않다는 것이 확인되면 두 사람이 어떤 성적 행동을 해도 안전하다.
4) 새 파트너가 될 가능성이 있는 사람에 대해서는 알 수 있는 데까지 알아둔다. 다만 상대의 대답을 그대로 받아들여서는 안 된다. 유감이지만 몇 사람의 파트너를 가졌었다는 것에 대해서 종종 거짓말을 한다는 것이 조사에 의해 밝혀진 바 있다. 어떤 조사에서는 남성의 47%, 여성의 42%가 데이트 상대에게 과거에 가진 파트너의 수를 실제보다도 적게 말하고 있는 것이 확인되었다. 동성애적 행동, 매춘부와의 성, 불법적인 마약 사용에 대해서는 거짓말을 하는 수가 더 많을 것이라고 연구자들은 보고 있다.
5) '나는 이성애다'라든가 '동성애다'라고 말하는 것을 그대로 받아들여서는 안 된다. 일반 남성을 대상으로 한 조사에서는 30% 이상, 즉 세 명 중 한 사람이 사춘기 이후 적어도 한 번은 남성을 상대로 성적인 경험을 가진 적이 있다. 동성애 남성에 관한 세 가지 조사에서는 조사 대상의 62~79%가 이성과 성교를 행한 경험을 가지고 있다고 보고된 바 있다. 다른 네 가지 조사에서는 동성애의 15~26%가 이성과 결혼 경험이 있다는 것이 판명되었다. 킨제이 연구소의 최근 조사에서는 동성애 여성의 74%는 18세 이후에 적어도 한 번은 이성과 성교를 경험한 것으로 알려졌다. 따라서 동성애 여성 파트너가 보다 안전하다든가 결코 다른 남성과 성교한 적이 없다고 믿어서는 안 되는 것이다. 또 사람의 거동이나 모양을 보고 그 사람의 성의 방향을 짐작할 수 있다는 등 어리석은 생각을 해서는 안 된다. 킨제이 연구소에서 미국인들을 대상으로 행한 성지식 테스트의 조사결과에서는 미국인 성인의 세 명 중 한 사람은 겉모양으로 짐작할 수 있다고 생각하고 있으나 사실은 그렇지 않다.

6) 당신의 파트너가 성감염증에 걸려 있지 않다는 확증을 얻을 때까지는 성적인 행동을 피한다. 가장 위험성이 높은 행동은 무방비의 항문 성교 및 무방비의 질 성교다. 무방비란 말은 콘돔 및 노녹시놀-9 혹은 옥토시놀을 포함하는 살정자제를 사용하지 않음을 가리킨다. 또 당신이나 당신의 파트너도 비감염자임이 확실하지 않은 이상 무방비의 구순 성교, 페팅(항문 또는 질 속에 주먹을 삽입함), 항문키스(항문에 구순 또는 혀의 접촉)도 삼간다. 사람의 혈액, 정액, 질분비물, 월경 피, 오줌, 똥, 타액 속에 전염성 바이러스가 있기 때문이다. 무분별한 성행위를 하는 사람과의 이러한 성행동은 높은 위험 부담이 있다. AIDS 바이러스와 그 밖의 성감염증 병원체는 구강, 질, 항문의 점막을 침범하며 피부의 작은 상처를 통해서도 침입하는 수가 있다.

7) 음경-항문 성교를 하려면 콘돔 및 노녹시놀-9 혹은 옥토시놀이 함유된 살정자제를 사용하는 경우에 성감염증에 대한 확실한 방비가 된다. 항문은 천연의 윤활액을 분비하지 않으므로 질에 비해서 조직의 손상을 받기 쉽다. 수성 윤활제 사용이 추천되고 있다.

8) 음경-질 성교를 하려면 콘돔 및 노녹시놀-9 혹은 옥토시놀이 함유된 살정자제를 사용하는 일이 많은 성감염증에 대한 훌륭한 방비가 된다. 콘돔은 감염 부위가 덮여 있지 않으면 방비가 되지 않는다. 즉 페니스의 헤르페스 부위가 콘돔으로 덮여지지 않는다면 소용없는 일이다.

9) 구순 성교(페니스의 오럴 섹스)를 하려면 한쪽이 감염된 경우에 콘돔을 사용하면 확실한 방비가 된다. 구강, 구순 혹은 혀로 페니스에 접촉하기 전에 콘돔을 사용하라.

10) 커니링거스(여성의 외성기에 대한 오럴 섹스)를 하려면 어느 쪽인가 감염된 경우는 여성의 외성기에 치과용 방습댐을 대면 확실한 방비가 된다. 치과용 방습댐이란 것은 치과 의사가 치료 때 감염부위를 덮기 위해 사용하는 라텍스 고무제의 엷은 판으로, 이것을 사용하지 않으면 안 되는 사람은 의료 기구점에 문의해 볼 수 있다.

11) 일부 사람이 성적 흥분을 강화하기 위해서는 사용하는 방법의 하나로 바이브레이터, 인공 페니스, 그 밖의 '어른용 장난감'을 사용하는 것이다. 이것들은 즐거움과 만족을 주는 수가 있으나 비누와 물로 철저하게 씻은 것이 아니면 다른 사람과 함께 사용해서는 안 된다. 삽입할 경우

에는 피부나 질, 항문 조직에 상처를 주지 않도록 충분히 윤활제를 사용하여 부드럽게 다룬다.

12) 질, 항문, 구순에는 접촉하지 않고 서로의 몸을 애무하는 것도 또 에로틱하고 보다 안전한 행동이다. 다만 정액이나 질액이 점막이나 피부의 상처에 닿지 않도록 해야 한다.

13) 상호 자위행위도 정액이나 질액이 깨끗하며 상처가 없는 피부에만 접촉하는 이상 즐겁고 보다 안전한 행동이다. 그러나 잊어서는 안 될 점은 AIDS바이러스나 대부분의 성감염증 병원체는 아주 작아 눈에는 보이지 않고 그것들이 인체에 침입하는 경로 역시 눈에 보이지 않을 정도의 상처이다.

14) 함께 샤워를 하거나 목욕을 하는 것도 또 정액, 질액이 깨끗한 피부에만 접촉하는 한 고도로 에로틱하며 '보다 안전한' 성행동이다.

15) 서로의 애무, 포옹, 마사지도 또한 에로틱하고 보다 안전한 성행동이다. 단지 어느 쪽이나 몸, 구강, 구순으로 열린 상처가 없는 부위에서만 허용된다.

16) 친밀한 속삭임이나 성적 공상을 갖는 것도 두 사람에게 안전하고 매우 에로틱하다.

사랑과 성은 우리들의 아름다운 이야기이다. 그러나 그 이야기는 서로 다

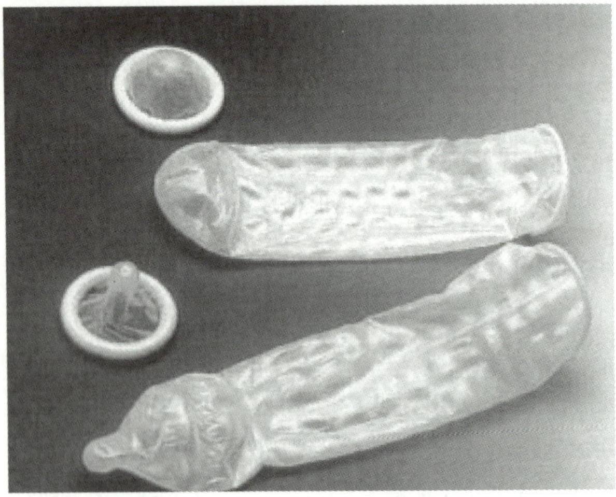

[그림 14-10] 콘 돔

른 요인들에 의해서 무수히 많은 얘기가 되어, 우리와 함께 있었고, 있고 또한 있게 될 것이다. 사랑과 성은 아름다워야 한다. 그러기 위해서는 우리의 많은 노력이 필요하다. 사랑과 성(性)은 성의를 다해(誠), 이루어 나가면(成), 성스럽게(聖) 될 수 있다. 그것은 우리 자신의 손에 달려 있다.

◆ 생각해 볼 문제

1. 자기사랑의 중요성을 논의하라.
2. 친밀성을 정의하고, 친밀한 관계의 다섯 가지 형태를 설명하라.
3. 사랑의 삼각형 이론에 비추어 자신의 지금까지의 사랑관계를 분석해 보라.
4. 사랑의 유형을 구분하라. 자신은 어떤 유형이며, 어떤 유형을 바라는가?
5. 사랑행위는 과연 진화되었는가?
6. 여성과 남성의 생식기 체계의 주요 부분을 기술하고, 그 기능, 위치 및 관련 문제를 기술하라.
7. 월경이란 무엇인가? 이와 관련된 문제(월경 전 증후군, 폐경 등)도 논의하고 문화권에 따른 금기도 설명해 보라.
8. 성적 성향에 대하여 설명하라.
9. Masters와 Johnson이 기술한 인간의 성 반응 단계와 각 단계에서 일어나는 변화를 기술하라.
10. 성병을 설명하고, AIDS등 성병에 걸릴 위험을 줄여 주는 주된 요인들을 논의하라.

제15장

스트레스와 신체건강

1. 스트레스란 무엇인가?
2. 건강이란 무엇인가?
3. 스트레스와 건강간의 관계
◆ 생각해 볼 문제

건강은 동서 고금, 남녀 노소를 막론하고 희구되어 온 가치이다. 최근 연구에 의하면 현대인의 건강을 위협하는 가장 최대의 적은 스트레스로서 나타나고 있다. 예컨대, 과거에는 전염성 질병이 주요 사망 원인이었으나, 최근에는 비전염성 질병 또는 성인병이 주요 사망 원인으로 나타나고 있다. 그리고 이러한 성인병은 주로 스트레스와 불건전한 생활방식에 기초하고 있다. 본 장에서는 건강을 유지하고 증진시키기 위하여 우선 스트레스를 다룬 후, 이어서 건강을 다루고자 한다. 그리고 마지막으로는 스트레스와 건강간의 관계를 종합적으로 다루고자 한다. 이때 건강에 미치는 스트레스의 직접 효과와 함께 간접 효과(흡연, 음주 등)를 아울러 기술하겠다. 이때 비록 본 장에서는 구체적인 기술을 생략하였으나, 건강심리학적 연구를 중심으로 기술하고자 한다. 참고적으로 건강심리학이란 최근에 전세계적으로 급성장하고 있는 학문으로서 건강과 질병에 관한 심리학적 지식과 기법을 적용하는 학문이다. 아마도 대부분의 독자들은 건강심리학에 대하여 생소하므로 건강—특히 신체 건강—이라는 단어를 듣게 되면 의학(동양의학, 서양의학)이나 간호학 등을 떠오르게 될 것이다. 하지만 건강을 유지하고 증진시키기 위해서는 건강심리학적 접근이 반드시 필요하다는 점을 이 장을 읽으면서 부분적으로 느끼게 될 것이다.

1. 스트레스란 무엇인가?

(1) 건강한 삶을 위하여 왜 스트레스를 다루어야 하는가?

흔히 "현대인의 바이러스는 스트레스"라고 한다. 이 말은 다음과 같은 최근의 상황을 지칭하고 있다. 우선, 1차 의료기관을 찾는 환자의 75%에서 90%는 스트레스로 인한 문제로 고생하고 있다고 추산되고 있다. 더 나가서 스트레스는 주요 질병을 야기할 뿐만 아니라, 이로 인한 조기 사망을 초래하고 있다.

실제로, 최근의 사망원인 형태를 살펴보면 과거와 매우 다름을 알 수 있다. 즉, 과거에는 대부분의 사람들이 전염성 질병에 의하여 목숨을 잃었으나, 최근에는 전염성 질병보다는 소위 성인병에 의하여 조기 사망이 초래되고 있다. 예컨대, 국내 주요 사망원인을 살펴보면(통계청, 2003), 암(1위, 130.7명/10만명, 이하 동일 단위임), 뇌혈관질환(2위, 77.2명), 심장질환(3위, 37.2명), 당뇨병(4위, 25.1명) 및 만성하기도질환(5위, 22.6명)으로 나타나서 전염성 질병보다는 성인병 또는 잘못된 생활습관에 의하여 사망이 초래됨을 보여 주고 있다.

이와 같은 사망 원인의 변화는 각종 전염성 질병에 대한 의학적 발전이 큰 역할을 하였다. 특히 예방 주사의 발전으로 말미암아 대부분의 전염성 질병이 퇴치된 바 있다. 사실, 우리나라만 하더라도 이전에는 폐결핵, 콜레라, 이질, 장티푸스 등을 비롯한 수많은 전염성 질병으로 인하여 사람이 죽어갔으나, 최근에는 이로 인한 사망이 드물다.

반면에, 최근에 성인병이 주요 사망 원인으로 나타나고 있는 배경에는 성인병에 대한 의학적 접근이 그다지 효과적이지 않음을 시사하고 있다. 실제로, 대부분의 성인병은 주로 개인의 심리·행동적 요인—심리적 스트레스, 불건전한 생활 방식 및 부정적 정서 경험—이 기여하는 바가 크다.

그렇다면 과연 현대인의 사망 원인에 있어서 개인의 심리·행동적 요인은 얼마나 중요한가? 사망 원인을 크게 구분해서 선천적인 생물학적 요인, 후천적인 환경 요인 그리고 개인의 심리·행동적 요인으로 나눌 경우, 주요 사망 원인에 차지하는 각 요인의 비율을 살펴보면 [표 15-1]에서 제시된 바와 같다.

[표 15-1]에서 보듯이 현대인의 사망 원인에서 개인의 심리·행동적 요인

[표 15-1] 주요 사망원인에 미치는 행동적, 환경적 및 생물학적 요인

사망원인	건강습관·생활 방식	환경요인	생물학적 요인
심장병	54.0	09.0	28.0
암	37.0	24.0	29.0
뇌혈관계 질환	50.0	22.0	21.0
자동차 사고	69.0	18.0	00.6
기타 사고	51.0	31.0	04.0
독감 및 폐렴	23.0	20.0	39.0
당뇨병	26.0	00.0	68.0
자살	60.0	35.0	02.0
평균	48.9	18.7	23.3

주. Center for Disease Control, *Public Health Service*, 1979(Snynder, 1989에서 재인용).

이 매우 중요하다. 실제로, 이러한 중요성은 의사들이 환자들을 치료할 때 다음과 같은 조언에서 잘 나타나고 있다: "스트레스를 받지 않아야 됩니다." "담배를 끊는 것이 좋겠습니다." "체중을 조절하십시오." 문제는 환자가 이러한 조언에 대하여 "어떻게 하면 되겠습니까?"라는 질문을 할 수 있는바, 이에 대하여 대부분의 의사들은 그리 시원한 해답을 갖고 있지 못하다. 왜냐하면, 이러한 문제의 해결은 개인 행동의 수정, 정서의 조절 및 스트레스 관리 등과 관련한 전문적 지식과 기법이 요구되기 때문이다. 그리고 이러한 주제들은 넓은 의미에서 심리학자 그리고 좁은 의미에서 건강심리학자들에 의하여 가장 전문적으로 제공될 수 있다.

한편, 미국에서 노화 연구의 대가인 로이젠(Roizen) 박사에 의하면(1999), 건강과 장수를 위해서는 스트레스 관리가 가장 중요함을 지적하고 있다. 우선, 로이젠 박사는 동료들과 함께 최근에 수행된 연구 가운데 신뢰할 수 있는 임상적 연구 2만 5천여 건의 연구 결과를 분석하였다. 그 결과, 125가지의 요인이 건강과 장수에서 매우 중요함을 알게 되었다. 그리고 이러한 125가지 요인에 기초하여 아래와 같은 주요 지침을 제시한 바 있다.

[표 15-2]에서 보듯이, 다른 어떤 방법으로 건강관리를 하더라도 스트레스 관리를 잘 하지 못하면 아무런 소용이 없음을 잘 알 수 있다(Roizen, 1999). 이와 같이 현대인의 건강을 다루기 위해서는 스트레스에 대한 이해와 관리가 매우 중요하다.

[표 15-2] 건강과 장수에 이르는 11가지 수칙(Roizen, 1999)

1. 비타민을 복용하라(6년 젊어진다)
2. 담배를 끊으라(8년 젊어진다)
3. 혈압을 관리하라(15년 젊어진다)
4. 치아-잇몸을 관리하라(6.2년 젊어진다)
5. 운동을 하라(9년 젊어진다)
6. 안전벨트를 매라(3.4년 젊어진다)
7. 단일한 상대방과 건전한 성생활을 즐겨라(8년 젊어진다)
8. 건강 검진을 정기적으로 하라(12년 젊어진다)
9. 호르몬 대체 요법을 받아라(8년 젊어진다)
10. 평생 공부하는 자세를 가져라(2.4년 젊어진다)
11. 스트레스 관리를 하라(32년 젊어진다)

(2) 스트레스란 무엇인가?

1) 스트레스의 개념

스트레스의 어원은 라틴어의 strictus 또는 stringere라는 말에서 유래되었다. 여기서 strictus라는 말은 팽팽한(tight), 좁은(narrow) 등의 뜻을 가졌으며, stringere라는 말은 팽팽하다(tighten) 등의 의미를 가지고 있다. 이러한 스트레스의 어원은 개인이 스트레스를 경험할 때 느끼는 마음과 몸의 긴장, 즉 답답한 느낌이나 근육의 긴장 등을 반영하고 있다. 이후 스트레스란 말은 환경에서 오는 어려움, 경제적 곤란 등을 의미하였으며, 17세기에 이르러서 비로소 물리학과 공학에서 현대적인 의미로 사용되기 시작하였다. 이때 스트레스는 물체에 가해지는 외부적인 부하(load)와, 이러한 외적인 부하가 한 단위 면적(예: 1 평방 미터)에서 측정되는 힘인 스트레스(stress), 그리고 외적인 부하에 의하여 물체 내부에서 발생하는 형태의 변화를 스트레인(strain)으로 구분하였다. Hans Selye는 20세기에 이르러 이와 같은 물리학과 공학적인 개념을 의학적인 개념으로 사용하면서 보다 많은 사람들이 스트레스라는 단어를 사용하게 되었다. 참고적으로 Mason(1985)에 의하면, 스트레스라는 용어를 현대적으로 처음으로 사용한 사람은 Selye가 아니라 Cannon이다.

스트레스의 정의에 대하여는 아직 일치되고 있지 않으나, 몇 가지 주요한 정의를 소개하면 다음과 같다:

초등학생 스트레스

스트레스는 개인의 자원에 부담이 되거나 초과되어 개인의 안녕을 위협한다.

• 스트레스란 어떤 요구에 의해서도 신체에 부과되어서 나타나는 비특이적 반응이다(Selye, 1956).

• 스트레스란 개인과 환경간의 특별한 관계로서 자신의 자원에 부담이 되거나 초과되고 자신의 안녕을 위협하는 것으로 평가되는 관계성이다(Lazarus & Folkman, 1984).

• 스트레스란 지각된 요구에 대하여 적절하게 반응할 수 없다는 예견, 그리고 부적절한 반응에 대한 부정적인 결과의 예견을 수반하는 반응을 지칭한다(McGrath, 1970).

2) 스트레스의 주요 이론

가) Selye 이론

Selye는 초기 연구에서 새로운 난소 호르몬의 규명을 위하여 소의 난소에서 추출된 물질을 쥐에게 주사한 결과, (1) 부신선의 피질이 확장되고, (2) 갑상선, 췌장, 림프절, 그리고 모든 림프 구조가 수축되고, (3) 위와 십이지장의 상부에서 깊은 출혈성 궤양이 나타났다. 이러한 반응은 후속적인 연구에서도 다양한 독성 물질(예: 추위, 더위, 전기쇼크, 약물 등)에 대하여 동일한 형태로서 나타났다. Selye는 이러한 다양한 실험에 기초하여 자극에 관계 없이 스트레스 반응이 비특정적으로 발생된다고 결론을 내렸다.

그는 자신의 실험 결과를 1936년 Nature라는 잡지에 기고하였다. 이 논문은 '다양한 유독물질에 의하여 발생하는 증후군'이라는 제목의 짧은 논문으로서 그의 이론의 핵심이 되고 있는 소위 일반적응 증후군(general adaptation syndrome)이라는 개념을 발표하였다. 이제 이 논문과 이후에 발표된 저서에서 그가 강조하고 있는 일반적응 증후군을 간략히 살펴보기로 하자.

일반적응 증후군에서 일반(general)이란 스트레스 반응이 신체 전신에 걸쳐서 영향을 미치고 있다는 점을 지칭하고 있다. 참고적으로 Selye는 일반적응 증후군과 구별되는 국소적응 증후군(local adaptation syndrome)을 가정하고 있는 바, 염증은 침입한 병균을 둘러쌓기 위한 신체의 일부에서 나타나는 국소적응 증후군이다. 적응(adaptation)이란 스트레스 반응이 우리의 방어체계를 자극하고 신체를 단련시킴으로써 생명을 유지시키는 적응적인 반응이란 점이다. 그리고 증후군(syndrome)이란 각 반응들이 연관되어 있어서 한 가지 이상의 반응이 늘 경험된다는 점을 의미한다.

Selye에 의하면 일반적응 증후군은 3단계로 진행된다. 첫번째 단계는 경보반응 단계(alarm reaction stage)로서 스트레스 자극에 대하여 유기체가 반응을 하게 된다. 이러한 경보반응 단계는 다시 2개의 하위 단계로 나누어지는데, 초기에는 충격기(shock stage)로서 스트레스 자극에 대하여 유기체가 일시적으로 위축되는 시기를 의미하며, 후기는 역충격기(counter-shock stage)로서 스트레스 자극에 대하여 유기체가 갖고 있는 적응 에너지(adaptation energy)를 사용하여 반격이 시도되는 기간이다. 구체적으로는 신체 내부에 있는 아드레날린과 코티졸의 분비로 인하여 혈압, 심장 박동, 호흡, 포도당 등의 증가와 내장 기관의 위축 등의 현상이 나타난다. 만약 방어체계가 성공적으로 작동하면 신체는 정상적 수준으로 돌아간다. 따라서 대부분의 단기적 스트레스는 첫 단계에서 종료된다. 하지만, 스트레스 자극이 계속 존재할 경우 그 다음 단계인 저항단계로 이행된다.

두 번째 단계인 저항단계(resistance stage)는 첫번째 단계와 전혀 반대의 양상으로 나타난다. 예컨대, 경보반응 단계에서 부신 피질의 세포는 저장했던 분비성 과립(secretory granules)을 혈류에 방출함으로써 콜티코이드 함유 지방질(corticoid-containing lipid)이 고갈하게 된다. 반면에, 저항 단계에서는 분비성 과립이 매우 풍부하게 된다. 저항단계에서의 특징은 유기체가 스트레스 자극에 대하여 나름대로 적절한 대처를 하게 됨에 따라서 신체적으로 특별한 반응상태가 나타나지 않으며, 겉으로 보기에는 유기체가 스트레스 상황에 대처해서 잘 적응을 하고 있는 것처럼 보인다. 이 단계에서 스트레스 자극이 사라지면 유기체는 다시 정상적인 수준으로 복원이 가능하다. 하지만, 만약 지속적인 스트레스 상황에 놓이게 되면 유기체는 마지막 단계인 탈진상태에 이르게 된다.

마지막 단계는 탈진단계(exhaustion stage)로서 앞에서 설명한대로 지속적인 스트레스에 의한 결과이다. Selye는 이러한 변화를 적응 에너지의 고갈로 설명하고 있다. 즉 유기체가 소유하고 있는 적응 에너지는 무한하지 않기 때문에 지속적인 스트레스 상황은 종국적으로는 에너지의 탈진을 초래하게 된다. 이때 대부분의 질병과 사망은 바로 이 마지막 단계에서 나타나게 된다. 하지만, 비록 매우 드문 경우이긴 하나, 때로는 경보반응 단계에서 유기체는 스트레스

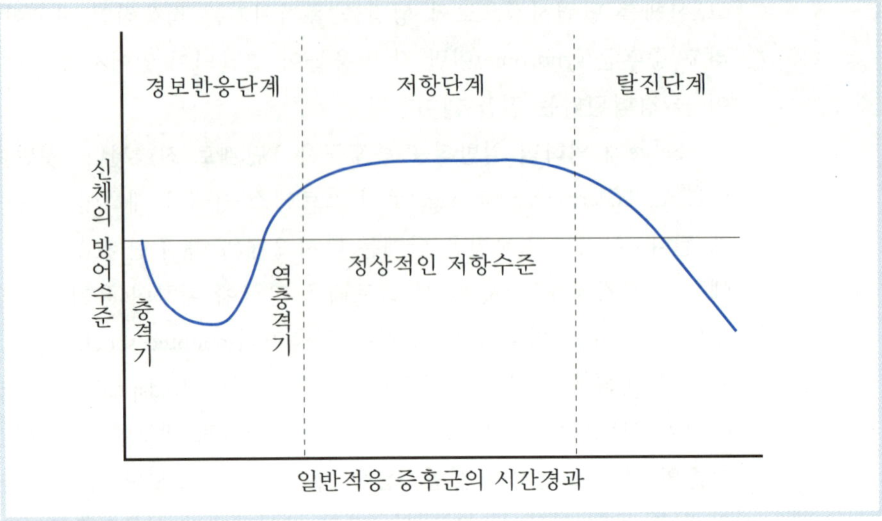

[그림 15-1] 일반적응증후군

를 이겨내지 못하고 1-2시간 이내에 사망(예: 쇼크사)으로 나타날 수 있다.

나) Homles와 Rahe 이론

앞에서 소개한 Selye는 주로 동물을 대상으로 실험실 연구에 기초한 생물학적 연구에 치중하였다. 그 결과 인간이 실제 생활에서 경험하는 스트레스에 대하여 유익한 지식이 축적되지 못하였다. 달리 말하면, 다른 동물(예: 쥐)과 인간은 종의 차이로 인하여 스트레스 경험이나 그에 대한 저항력에서 다르다. 또한 대부분의 실험실 연구에서 사용하던 전기 쇼크 등은 인간이 실제로 경험하는 스트레스와 거리가 멀다. 이러한 제한점을 극복하는 데 획기적인 기여를 한 연구자들은 워싱턴 대학 정신과에 재직중이던 Holmes와 Rahe(1967)이다. 즉, 그들은 1967년 SRRS(social readjustment rating scale)를 발표함으로써, 인간이 실제 생활에서 경험하는 스트레스를 손쉽게 측정할 수 있는 도구를 제시하였다. 그리고 이러한 그들의 노력으로 인하여 스트레스 연구는 이후에 인간을 대상으로 하는 스트레스 연구에서 소위 생활 스트레스(life stress) 연구로 바뀌도록 공헌하였다.

사실, 생활 스트레스 연구는 이미 1930년대에 Adolf Meyer라는 유명한 정신과학자가 생활 도표(Life chart)를 이용하여 환자의 정신병 내력을 탐문한 바 있다. 그는 심리생물학적 입장을 신봉하였던 관계로, 인간의 건강이나 질병과 관련된 3가지의 학문—심리학, 생물학, 그리고 사회학—간의 관계에 대하여 깊은 관심을 갖고 있었다. 따라서 그는 이러한 생활 도표를 사용하여 생활 상황(발달, 성장, 성숙 등에 관한 경험)과 이러한 경험에 대한 개인의 정서적 반응 등을 기록하였다. 한편, Wolff는 1950년에 생활 스트레스(life stress)라는 개념을 처음으로 사용하였다. 하지만, 이러한 선임 연구자들의 노력을 토대로 생활 스트레스를 양적으로 측정할 수 있게 한 점은 Holmes와 Rahe의 큰 공헌이다(참고적으로 그들은 생활 스트레스를 생활 사건으로 개념화하였다).

Homes와 Rahe 연구의 핵심적인 주제는 생활 스트레스와 질병의 발생간의 연관성이었다. 그들의 가정에 의하면 생활 사건(life events)은 개인에게 변화(change)를 초래하고, 이러한 변화는 재적응 에너지(readjustment energy)를 요구하게 된다. 그런데 개인이 보유하고 있는 재적응 에너지는 한정되어 있기 때문에 너무 많은 생활 사건 또는 생활 스트레스는 결과적으로 질병으로 유도되기 쉽다고 가정하였다.

Homes와 Rahe는 위와 같은 가정을 검증하기 위하여 다음과 같은 3단계로 나누어서 연구를 진행하였다. 첫번째 단계는 임상적 사례연구 단계로서 약 5,000명 정도의 환자의 병력을 관찰하여 대표적인 생활 사건을 추출하였다.

두 번째 단계는 실험적 방법이었다. 즉, 이 단계에서는 임상적 사례를 통하여 얻어진 가정에 대하여 실험적인 방법을 사용하여 검증하는 일이었다. 물론 엄격한 의미에서의 실험적 방법은 윤리적인 측면에서 불가능하다. 예컨대 생활 스트레스가 환자에게 두통을 발생시킨다는 점을 검증하기 위해서는 환자에게 의도적으로 생활 스트레스를 제공한 후, 그에 따른 결과를 측정해야 한다. 하지만, 이러한 연구는 윤리적 측면에서 어려우며, 따라서 그들의 접근방법은 엄밀하게는 준실험적 방법이라고 볼 수 있다.

예컨대, Holmes, Treuting 및 Wolff(1951)는 경미한 건초열(hay fever)로 고생하고 있는 환자를 대상으로 연구를 수행한 바 있다. 이 연구에서 연구자가 알고 싶었던 점은 환자에게 영향을 미치고 있다고 여겨지는 두 가지 요인의 효과를 검증하는 것이었다. 여기서 두 요인은 꽃가루와 가정 문제였다. 이 연구의 초기 단계에서 환자는 일단 평온하고, 안전하고, 이완된 상태에서 놓이게 한 후, 비강 점막 상태를 관찰하였다. 이후, 환자로 하여금 꽃가루가 있는 방으로 안내하였다. 그 결과 경미한 건초열을 나타냈다. 한편, 약 20분 정도가 지난 후, 두 번째 요인으로 간주되던 가정 문제에 대하여 면접을 시작하였다. 그러자 환자는 긴장하고 무력한 상태를 나타냈다. 이러한 상황에서 환자의 비

[표 15-3] SRRS 척도

순위	주요 생활사건	생활 변화 단위
1	배우자의 사망	100
2	이혼	73
3	부부의 별거	65
4	감옥에 구금	63
5	가까운 가족이나 친척의 사망	63
6	개인적 상해나 질병	53
7	결혼	50
8	해고	47
9	부부간의 화해	45
10	은퇴	45
11	가족의 건강이나 행동에서의 큰 변화	44
12	임신	40
13	성생활 문제	39
14	새로운 식구의 증가	39
15	사업에서의 주요 재적응	39
16	재정 상태에서의 주요 변화	38
17	친한 친구의 사망	37
18	부서 이동	36
19	배우자와의 다투는 횟수에서의 큰 변화	35
20	1만불 이상의 저당이나 융자	31
21	저당권 상실	30
22	직장에서의 책임의 변화	29
23	자녀의 출가(예: 결혼, 대학 입학 등)	29
24	시댁 또는 처가와의 갈등	29
25	두드러진 개인적인 성취	28
26	아내가 직장일을 새로 시작하거나 중단함	26
27	학교를 시작하거나 중단함	26
28	생활 환경에서의 주요 변화	25
29	개인적 습관의 변화	24
30	상사와의 갈등	23
31	직장 시간이나 조건에서의 주요 변화	20
32	주거에서의 변화	20
33	새로운 학교에 대한 변화	20
34	취미 활동에서의 주요 변화	19
35	교회 활동에서의 주요 변화	19
36	사회 활동에서의 주요 변화	18
37	1만불 이하의 저당이나 융자	17
38	수면 습관에서의 주요 변화	16
39	가족 모임 횟수에서의 주요 변화	15
40	식사 습관에서의 주요 변화	15
41	휴가	13
42	크리스마스	12
43	사소한 법률 위반(예: 교통 위반 등)	11

강 점막은 과민한 활동을 나타냈고 건초열 징후가 함께 나타났다. 약 30분 정도의 민감한 가정 문제가 논의된 후, 면접의 방향을 바꾸어서, 재확신과 지지, 그리고 이해를 제공하였다. 그러자 재확신과 정서적 지지로 구성된 "심리치료"의 효과는 명백하게 나타났다. 비록 꽃가루는 실험실에 아직도 존재하였으나, 환자의 급성적인 반응은 가라앉았다. 이러한 결과는 환자의 가정 문제가 건초열과 관련이 있음을 보여 주고 있다.

세 번째 단계는 사회학적 조사였다. 즉 그들은 시애틀을 4지역—빈민가 지역, 노동자 지역, 사무원 지역, 상류 지역—으로 구분한 후, 폐결핵 사망률과의 상관을 산출하였다. 그들은 이와 같은 다각적이고 체계적인 노력에 의하여 질병 발생과 연관이 있는 것으로 가정되는 43가지의 대표적 생활사건을 구성하게 되었다. 뿐만 아니라, 이렇게 구성된 43가지 생활사건에서 필요한 재적응 정도를 측정하기 위하여 394명을 대상으로 수량화 작업을 시도하였다. 즉, 만약 결혼이라는 생활사건에서 요구되는 재적응을 500이라고 가정할 경우, 나머지 42가지 생활사건에 필요한 재적응 정도를 각각 추산하도록 요구하였다. 그리고 이러한 반응들에 기초하여 각 생활 사건에 대한 재적응 정도를 수량화하였다. 이때 최종적인 평균 반응의 단위를 줄이기 위하여 다시 10으로 나뉘었으며, 이렇게 얻어진 점수가 각 생활사건에 대한 생활 변화 단위(life change unit)이다([표 15-3] 참조).

더 나가서 이렇게 구성된 척도에 기초하여 다양한 참여자를 대상으로 후속적인 연구를 수행한 결과, 일반적으로 지난 1년 동안 생활 변화 단위의 총합이 300 이상이 될 경우, 그 다음 해에 어떤 질병이 발생할 확률이 80% 정도로 나타났다. 그리고 150-299에 속할 경우에는 발병할 확률이 50% 정도, 그리고 150 이하일 경우에는 발병할 확률이 30% 정도로 나타났다. 달리 말하면, 일정한 기간 안에 생활 스트레스를 많이 경험할수록 어떤 질병에 걸릴 확률이 높아진다. 실제로 암, 고혈압, 심장병, 뇌졸중, 당뇨 등으로 고생하게 되는 사람을 주의 깊게 관찰해 보면, 발병 이전 몇 년 사이에 충격적인 생활사건이 있음을 쉽게 볼 수 있다.

다) Lazarus 이론

Selye의 이론이 생물학적 관점을 강조하고, Holmes와 Rahe 이론이 사회학적 관점을 강조하고 있음에 비하여, Lazarus 이론은 심리학적 관점을 강조하고 있다. 또한 앞의 두 이론이 스트레스의 반응과 자극을 각각 강조하고 있음에 비하여, Lazarus 이론은 단순한 자극이나 반응을 강조하는 대신에 환경에서 오는 자극을 개인이 어떻게 평가하고 해석하는가를 강조하는 상호역동적 교섭을 강조한다. 즉 개인이 경험하는 스트레스는 객관적인 스트레스 자극이 중요한 것이 아니라 유기체가 그 자극을 어떻게 평가(appraisal)하고 해석하는가에 따라서 결정된다.

Lazarus의 이러한 관점은 Selye가 수행한 수많은 연구 결과를 새롭게 해석함으로써 이루어졌다. 즉 Lazarus에 의하면, Selye가 발표한 수많은 스트레스 연구 결과들은 물리적 스트레스 자극 자체(예: 추위, 더위 등)에 의한 반응이기보다는, 유기체가 그러한 자극이나 상황을 위험한 것으로 평가했기 때문에 발생한다고 보았다.

실제로, 의식이 없는 동물들의 경우, 일반적응 증후군의 심리내분비 기제의 활성화로 인한 신체적 손상이 나타나지 않았다. 예컨대, Symington, Currie, Curran 그리고 Davidson(1955)의 연구 결과에서 보듯이, 의식의 상실 상태나 마취 상태는 심리적 스트레스에 의한 부신의 확장 효과가 나타나고 있지 않았다. 또한 신체 손상이나 질병으로 인해 사망한 환자들을 검시한 결과, 만약 그들이 의식상실 상태에서 사망했을 경우, 부신 피질이 정상적인 상태임을 보여주고 있었다. 반면에 의식이 있는 상태에서 죽었을 경우에는, 부신 피질에서의 변화를 나타내고 있었다(Lazarus, 1975, p.555).

Lazarus와 그의 동료들(Speisman, Lazarus, Mordkoff, & Davison, 1964)은 이러한 가설을 검증하기 위하여 호주 원주민들이 남성 성인식의 한 부분으로서 성기의 앞부분을 절단하는 끔찍한 광경을 담은 영화를 이용하였다. 이 연구에서 그들이 가정한 것은 만약 생리적 스트레스 반응이 위협이라는 심리적 평가에 의존한다면, 자극 사건에 대한 기대를 바꿀 경우 심리 생리적 스트레스 반응이 감소될 것이라는 점이었다.

보다 구체적으로는 무성 영화에 삽입된 자막을 3가지의 서로 다른 내용으로 구성함으로써, 영화에서 묘사된 사건이 서로 다른 각도로 해석되거나 생각되도록 고안하였다. 첫번째 자막은 "외상적"으로 명칭되었는바, 그 자막에서는 통증, 신체의 절단, 수술을 받은 희생자에게 발생될 수 있는 질병 등을 주로 묘사함으로써 성인식의 해로운 측면이 강조되었다. 두 번째는 "부인"으로 명명되었는바, 수술을 하더라도 상해가 발생하지 않을 것이라는 점이 주제를 이루었다. 통증과 질병의 위험은 부인되었고, 사춘기 소년은 그가 이제 비로소 부족의 일원으로서 수용된다는 점에서 이러한 절차를 행복하게 바라고 있는 것으로 묘사되었다. 세 번째는 "주지화"로서 명명되었는바, 이 경우에 제공된 조망은 인류학자가 기묘한 관습을 흥미를 가지고 바라보면서 이 사건을 정서적 개입 없이 기술함으로써 사건에 대하여 절연된 태도로서 묘사되었다(Lazarus, 1966, p. 46). 그 결과 동일한 영화 내용임에도 불구하고 '외상' 집단에 비하여 '부인' 집단과 '주지화' 집단에서 스트레스적 반응이 유의하게 감소되어서 나타났다.

이제 Lazarus의 이론을 간략히 기술해 보도록 하자. 그는 인지적 평가를 1차 평가(primary appraisal)와 2차 평가(secondary appraisal), 그리고 재평가(reappraisal)로 구분하고 있다. 1차 평가란 사건을 자신의 안녕과의 관계에서 평가하는 것이다. 즉 발생한 사건이 자신의 안녕과 관련이 없을 경우에는 무관한 평가(irrelevant)로, 만약 자신에게 유익할 경우에는 이로운 평가(beneign-positive)로, 그리고 자신에게 해로운 경우에는 스트레스적(stressful)인 평가로 내려진다. 예컨대 C 학점은 학생의 처지에 따라서 무관하게(졸업장 취득만을 목적으로 다니는 학생의 경우), 이롭게(평소에 성적이 매우 나쁜 학생의 경우), 또는 스트레스적으로(취업 등의 이유로 반드시 A 학점이 필요한 학생의 경우) 평가될 수 있을 것이다.

한편 스트레스적인 평가는 다시 3가지로 나눈다. 첫째는 발생한 사건이 자신의 안녕에 대하여 상해 또는 상실(harm/loss)로서 평가될 수 있을 것이다. 두 번째는 발생한 사건이 자신의 안녕에 대하여 위협(threat)으로서 평가될 수 있을 것이다. 이때 상해/상실과 위협의 차이는 상해/상실의 평가가 현재 또는 과거에 초점이 놓여있는 반면에, 위협은 미래에 초점이 놓여 있다. 끝으로 스트레스적인 사건은 하나의 도전(challenge)으로 해석될 수 있을 것이다. 이때 도전은 상해/상실, 그리고 위협이 부정적인 의미를 함축하고 있음에 비하여, 도전은 대처 여부에 따라서 긍정적인 의미를 함축하고 있다.

한편, 2차 평가는 발생한 스트레스 사건에 대하여 가용할 수 있는 대처 자원과 관련된 평가이다. 달리 말하면, 1차 평가에서는 그 사건이 '나에게 어떤 의미를 주는가?'에 초점이 놓여 있는 반면에, 2차 평가에서는 '내가 스트레스 사건에 대하여 무엇을 할 수 있는가?'에 초점이 놓여 있다. 끝으로 재평가(reappraisal)란 발생한 문제가 해결될 때까지 개인과 환경간의 역동적 교섭 관계에서 지속적으로 평가를 반복하는 것을 의미한다.

Lazarus 이론에서 대처는 매우 중요한 위치를 차지한다. 그에 의하면, 개인이 일생을 살아가는 동안에 누구나 스트레스를 경험하게 되는데, 문제는 스트레스에 대한 대처가 효과적인가 아닌가에 따라서 개인의 건강이 결정된다. Lazarus와 Folkman(1984)은 대처를 크게 문제중심적 대처와 정서중심적 대처로 구분한다. 여기서 문제중심적 대처란 스트레스 문제 자체에 대한 대처를 지칭하며, 정서중심적 대처란 문제 상황 자체보다는 문제 상황과 관련해서 일어나는 정서 상태를 조절함에 의하여 대처하는 것을 지칭한다. 예컨대, 상사와의 관계에서 스트레스를 경험하고 있는 사원이 상사와의 대화를 통하여 또는 상사가 요구하는 것을 잘 이행하거나 대항함에 의하여 대처를 한다면 이는 문제중심적 대처이다. 반면에, 상사와의 갈등 장면에서 발생하는 불안, 분노 등을 감소하기 위하여 상사와의 관계가 직장 생활에서 그다지 중요하지 않다고 생각을 바꾸거나, 상사와의 갈등을 잊기 위하여 술을 마시는 행동 등은 스트레스와 관련해서 발생되는 정서를 조절하는 것이므로 정서중심적인 대처가 된다.

현재까지 연구에 의하면, 일반적으로 문제중심적인 대처가 보다 효율적인 것으로 나타나고 있다. 하지만, 보다 세분화해서 살펴보면, 통제 가능한 문제 상황에서는 문제중심적 대처가 더 효과적인 반면에, 통제 불가능한 문제 상황에서는 정서중심적인 대처가 더 효과적인 것으로 나타나고 있다(Lazarus & Folkman, 1984). 또한 시간적으로 살펴보면, 단기적으로는 정서중심적 대처가 더 효과적일 수 있으나, 장기적으로는 문제중심적 대처가 더 효과적인 것으로 나타나고 있다(Suls & Fletcher, 1985).

(3) 스트레스 이해를 위한 부가적 측면

1) 역기능적 스트레스, 순기능적 스트레스

일반적으로 스트레스는 부정적으로 받아들여진다. 하지만 스트레스 연구의 대부로 간주되는 Selye는 스트레스원(stressor)이 부정적으로 작용할 수도 있고 긍정적으로 작용할 수 있음을 지적하고 있다: "우리가 당면하게 되는 외부 자극이나 상황이 유쾌하게 될지 아니면 불쾌하게 될지는 대수롭지 않다. 결국 중요한 점은 적응과 순응에 대한 요구의 강도이다(Selye, 1974, pp. 28-29)."

Selye에 의하면, 스트레스의 원천이 부정적인 사건(파면당하거나 사랑에서 버림받은 사건 등)인 경우 역기능적 스트레스원으로 지칭할 수 있으며, 그 결과는 역기능적 스트레스 또는 불편감(distress)으로서 지칭할 수 있다. 그리고 이러한 불편감이 과도하게 되면 일반적으로 질병으로 유도된다. 반면에 스트레스의 원천이 긍정적인 사건(사랑에 빠져 있거나 승진되는 사건)인 경우 순기능적 스트레스원으로 지칭할 수 있으며, 그 결과는 순기능적 스트레스 또는 좋은 스트레스(eustress)로 불리울 수 있다. 이러한 순기능적 스트레스는 보다 적응을 잘 할 수 있도록 도움이 된다. 인생을 살아감에 있어서 역기능적 스트레스 사건을 완전하게 예방할 수는 없다. 하지만, 우리는 그러한 스트레스원을 인식할 수 있으며, 그에 대한 우리의 반응을 이해하고, 더 나가서는 관리할 수 있을 것이다. 이러한 각도에서 볼 때 앞에서 언급하였듯이 스트레스원 자체보다는 스트레스에 대하여 어떻게 대처하는가가 매우 중요한 주제로 연구되고 있다(Lazarus & Folkman, 1984).

2) 생활 스트레스, 정서적 스트레스

앞에서 보았듯이 생활 스트레스 연구가 스트레스 연구에서 큰 영향을 미친 바 있다. 하지만, 건강과 질병과 관련해서 살펴보면 생활 스트레스보다는 정서적 스트레스가 가장 핵심적인 개념임을 알 수 있다. 이러한 견해는 Cannon(1914), Mason(1975), Lazarus(1993, 1999)에서 잘 대변되고 있다. 예컨대, Holmes와 Rahe 척도에 의하면 '배우자의 죽음'이 가장 충격적인 생활 스트레스로서 언급되고 있다. 하지만, 만약 배우자의 죽음이 정서적 스트레스(예: 슬픔, 분노, 죄책감 등)로서 경험되지 않는다면 건강이나 질병에 영향을 미치는 효과는 매우 미미할 가능성이 높다. 이러한 각도에서 보면 생활 스트레스는 건강과 질병에 대하여 원격 요인(romote factor)으로 작용하는 데 비하여, 정서적 스트레스는 근접 요인(proximal factor)으로 작용한다고 볼 수 있다. 따라서 아래에서는 가능하면 정서적 스트레스를 중심으로 소개하고자 한다.

2. 건강이란 무엇인가?

(1) 건강관의 변화

서구 역사를 살펴보면 건강의 개념이 바뀌어 왔다. Dubos(1959; Bloom, 1988에서 재인용)에 의하면 건강은 서구 역사에서 크게 두 가지 의미로서 사용되어 왔다. 그 첫번째는 그리스의 건강의 여신인 Hygiea의 입장이다. 즉 이 관점에 의하면 건강이란 사람들이 건전한 생각을 갖고 올바른 삶을 살아가면 유지된다. 두 번째 관점은 그리스의 유명한 의사로서 알려지고 있는 Aesculapius의 입장이다. 두 번째 관점에 의하면, 건강은 살아가는 동안에 질병에 의하여 상실될 수 있으며, 이러한 상실이 의사에 의하여 회복될 때 누릴 수 있는 상태이다. 이 두 가지 입장의 근본적인 차이는 전자가 건강을 유지하기 위한 예방적 측면을 강조하는 반면에, 후자는 치료적 입장을 강조하고 있다. 환언하면, 두 번째 관점에서 볼 때 건강이란 결과적으로 질병 상태의 부재—병에 걸려 있지 않으면 건강한 상태—로서 인식하는 경향성이 있다.

한편 세계 보건기구(WHO)는 1946년에 건강을 다음과 같이 정의를 내린 바 있다: "건강이란 질병의 부재라기보다는 완전한 신체적, 정신적, 그리고 사회적 안녕 상태를 의미한다." 더 나가서 최근 논의에 의하면 신체적, 정신적, 사회적 및 영적 안녕 상태로서 건강을 정의하려는 경향이 있다. 이와 유사하게 Sigerist(1980; Bloom, 1988에서 재인용)는 건강을 긍정적이고 적극적인 상태로서 정의하고 있다: "건강이란, 단순한 질병의 부재가 아니다: 건강이란 인생에 대하여 어떤 긍정적이고, 즐거운 태도를 의미한다. 그리고 인생에서 요구되는 책임을 개인이 유쾌하게 수용하는 태도를 의미한다." 한편, 이와 같은 예방적이고 전인적 건강을 강조하는 현대의 경향은 건강심리학적 접근과 맥락을 같이 하고 있다.

(2) 질병관의 변화

질병관은 시대와 문화에 따라서 달라진다(한덕웅, 1997, 2000, 2001; 전겸구, 2000). 이 절에서는 서구에서 진행된 질병관의 변화를 간략히 살펴보기로 한다. Hippocrates로부터 19세기에 이르는 동안 체액설(Humoral theory)과 독기설(Miasma theory)이 우세한 질병관이었다. 체액설이란 신체 내에 있는 체액(혈액, 황담즙, 흑담즙, 그리고 점액)의 균형이 깨질 경우 질병 상태가 된다고 보는 관점이다. 또한 독기설(Miasma theory)이란 쓰레기나 노폐물에서 발생한 나쁜 공기가 질병을 유발한다고 보는 관점이다. 한편, 19세기 후반에 들어서면서 질병관이 독기설과 체액설로부터 세균설(germ theory)로 이행되었다. 이 새로운 관점에 의하면 각 질병은 세균에 의해 감염된 결과로 보며 현재 서구에서 가장 영향력 있는 질병관으로 되어 있다.

한편, 최근에는 위에서 언급한 세균설의 한계에 대하여 비판이 제기되고 새로운 관점이 대두되고 있다. 즉, 특정한 병원균과 단일한 원인론에 의하여 질병을 이해하고 치료하고자 하는 전통적인 생물의학적 관점(biomedical model)에 대하여 많은 행동과학자들과 심지어 의학자들이 비판을 하기에 이르렀다(Engel, 1977). 예컨대, 현대인의 주요 사망 원인인 고혈압, 심장병, 뇌졸중, 당뇨, 암 등의 경우, 각 질병에 대한 특별한 병원균이 없으며, 단일한 원인으로 이해하기가 매우 어렵다. 따라서 Engel(1977)은 현대인의 건강과 질병에 대한 이해, 예방 및 치료를 위해서는 전통적인 생물의학적 모형(biomedical model) 대신에 보다 포괄적인 생물심리사회적 모형(biopsychosocial model)이 필요하다고 주장한 바 있다. 이후 이와 같은 포괄적 관점은 많은 연구자들로부터 공감을 받고 있다(Leigh, 1983; McHugh & Vallis, 1986). 이러한 질병관의 변화와 함께 전통적으로 의학자 중심으로 신체 질병이 다루어져 왔으나, 최근에는 의학 이외의 다른 전문가 집단들이 보다 적극적으로 관여하고 있는 실정이다. 실제로 미국과 같은 선진국에서는 건강심리학자들이 종합 병원의 다양한 분야—심장내과, 소아과, 재활의학과, 가정의학과, 종양학과, 산부인과, 외과, 통증 치료소—에서 전문가로서 활동하고 있다(Millon, 1982; Hanson & Gerber, 1990).

3. 스트레스와 건강간의 관계

앞에서 스트레스와 건강을 각각 살펴보았으므로, 이 곳에서는 스트레스와 건강간의 관계를 살펴보기로 하자. 이때 지면 제약상 스트레스가 건강에 직접적으로 미치는 일부 효과와 스트레스가 불건강한 행동(예, 흡연, 음주 등)에 영향으로 미침으로서 결과적으로 건강에 해로운 영향을 미치게 되는 간접 효과를 함께 살펴보고자 한다.

(1) 스트레스가 건강에 미치는 직접 효과: 정서적 스트레스와 건강

정서적 스트레스와 건강간의 밀접한 관계는 아주 오래 전부터 인식되어 왔다. 예컨대, 이미 30년에 "공포와 분노 그리고 다른 심적 상태는 자주 맥박을 흥분시키는 경향이 있다"는 관찰이 기록되어 있다(Dembroski, MacDougall, Eliot, & Buell, 1983). 한편, 동양 의학에서도 7정(七情) 스트레스와 신체 건강간의 관계가 매우 밀접함을 잘 인식하고 있다(한덕웅, 2001; 전겸구, 2000). 우선 동양 의학에서는 일반적으로 인간이 경험하는 7정(七情)이 모두 5장(五臟)에 근원을 두고 있다고 가정한다. 즉, 칠정이 과다하게 되면 내장의 생리적 기능에 영향을 주어 오장의 병리적 변화를 일으키게 된다. 예컨대, 황제 내경의 [素問, 陰陽應象大論]에는 화가 나는 것이 과하면 간장을 손상시키고, 기뻐하는 것이 과하면 심장을 손상시키고, 생각하는 것이 과하면 비장을 손상시키고, 근심하는 것이 과하면 폐장을 손상시키고, 무서워하는 것이 과하면 신장을 손상시킨다고 하였다[素問, 陰陽應象大論: '怒傷肝. . . 喜傷心. . .思傷脾. . .憂傷肺. . . 恐傷腎']. 이제 아래에서는 정서적 스트레스와 건강간의 관계성 가운데 비교적 많은 연구가 수행되고 있는 분노와 심혈관계 질환 그리고 우울과 암간의 관계를 살펴보기로 하자.

1) 분노와 심혈관계 질환

당신은 얼마나 자주 분노를 경험하고 있는가? Averill(1982)에 의하면, 분노 경험을 주의 깊게 기록하게 한 결과, 대부분의 사람들은 일주일 동안에 경미한 분노를 포함시킬 경우 수차례에 걸쳐서 분노를 경험하고 있는 것으로 나타났다. 그리고 특히 상대방이 잘못했다고 지각했을 때 가장 많이 분노를 경험하는 경향이 있었다.

분노는 우리가 경험하는 정서 가운데 가장 대표적인 정서 가운데 하나이다. 인류의 발전 역사를 살펴보면 분노는 매우 긍정적인 측면이 있다. 예컨대,

많은 유명 인사들은 개인적으로나 사회적으로 잘못된 상황에 대하여 분개하고 시정하고자 노력한 결과 소위 성공하게 되었음을 고백하고 있다. 또한 분노 표현을 적절히 할 경우 대인관계가 좀더 발전될 수도 있다. 즉, 분노를 표현함에 따라서 서로간에 좋아함과 싫어함을 쉽게 알게 됨으로써 추후에 유사한 갈등 장면을 피해 갈 수 있게 된다. 반면에 분노는 인간이 경험하는 정서 가운데 가장 폭발적이고 파괴적일 수 있다. 실제로, 애초에는 작은 말다툼이지만 분노의 폭발로 인해서 끔찍한 사건(예: 살인)이 발생할 수 있음을 자주 보게 된다.

분노와 건강간의 관계에서 연구자들에게 가장 관심을 불러일으킨 주제는 심혈관계 질환과의 관계성이다. 우선, 이 둘간의 연관성은 정신신체 의학의 대부인 Alexander(1939)에 의하여 정신신체의학 초기에 이미 제안된 바 있다. 그에 의하면 개인이 분노를 표출하지 못하고 분노를 억제하게 되면, 자율신경계와 심혈관계에서 만성적 활성화가 초래되며, 이러한 상태의 지속은 결과적으로 고혈압이 된다고 가정하였다. 이후 수행된 실험실 연구에서도 분노가 심혈관계에 유의하게 영향을 미치는 것으로 나타났다. 예컨대, Funkenstein, King 및 Drolette(1954)는 분노 표현과 관련된 고전적인 연구에서 건강한 대학생을 대상으로 분노-유발적인 실험실 연구를 실시하였다. 이 연구에서 분노를 경험할 때 실험자나 또는 실험실 상황에 대하여 분노를 표현하는 참여자(분노-표출, anger-out, 집단)와, 분노를 억제하거나 분노를 자신에게 표현하는 참여자(분노-억제, anger-in, 집단)로 구분하였다. 그 결과, 분노-억제 집단의 맥박율이 분노-표출 집단에 비하여 3배 이상 높게 나타났다.

분노와 심혈관계 질환에 대한 보다 본격적인 연구는 소위 'A 행동 유형' 연구와 관련이 있다. 즉, 초기 연구에 의하면 A 행동 유형이 관상동맥 질환에 대하여 유의한 위험 요인으로 나타났다. 하지만, 후속적인 연구 결과, 관상동맥 질환에 영향을 미치는 핵심적 위험 요인은 A 행동 유형 자체가 아니라 A 행동 유형의 하위 요소 가운데 분노와 적개심으로 나타났다. 예컨대, Dembroski와 MacDougall(1985)의 연구에 의하면, A 행동 유형의 하위 요소 가운데 분노-억제와 잠재적 적개심이 관상 동맥 경화증과 유의한 정적 상관 관계로 나타났다. 반면에, A 행동 유형의 또 다른 하위 유형으로 간주되던 폭발적인 언어 습관은, 분노-억제와 잠재적 적개심 수준을 통계적으로 통제한 결과, 오히려 관상 동맥 경화증과 부적 상관 관계를 보였다. MacDougall, Dembroski, Dimsdale 및 Hackett(1985)의 연구에서도 분노-억제와 잠재적 적개심이 관상

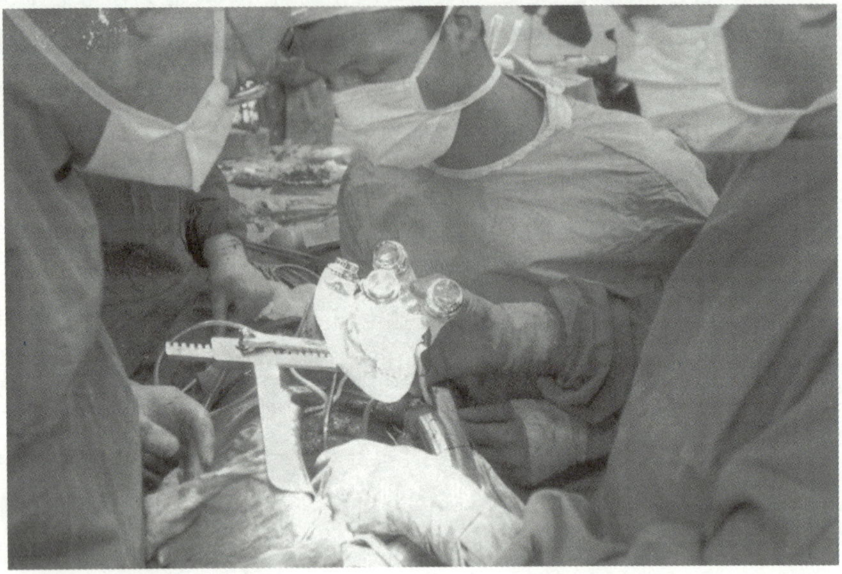

분노와 심혈관계 질환 분노는 심혈관계에 지대한 영향을 미친다.

동맥 경화증과 유의한 정적 상관을 나타낸 반면에, A 행동 유형의 또 다른 속성으로 간주되던 시간적 절박감은 부적 상관을 보였다.

그렇다면 분노는 어떠한 기제에 의하여 건강에 손상을 주는가? 지금까지 제안된 가설들에 의하면 몇 가지 가능성이 존재한다. 첫째, 분노는 신체에 직접적으로 해로운 효과를 발생한다. 예컨대, 분노는 혈관을 수축시키고, 심박출량을 증가시키고, 콜레스테롤 수준을 증가시키고, 혈전 응고 작용을 증가시킴으로써 심혈관계 질환의 위험율을 증가시킨다. 둘째, 분노는 대인관계를 악화시킬 가능성이 높다. 이러한 좋지 못한 대인관계는 일상 생활에서 일반적으로 하나의 스트레스로서 작용되기 쉽다. 더 나가서 분노를 자주 표출하는 사람은 타인으로부터 사회적 지원을 받기가 어렵기 때문에 어려운 상황이 닥칠 때 다른 사람들에 비하여 건강을 해칠 가능성이 더 높다. 셋째, 분노는 음주와 흡연 행동 같은 불건강한 행동을 증가시킴으로써 결국은 건강을 해치게 만든다. 요약하면, 분노는 다양한 경로를 통해서 심혈관계 질환에 위험 요소로 나타나고 있다.

뿐만 아니라, 분노는 심혈관계 질환 이외에도 두통과 암 등에 대하여도 해로운 영향을 미치고 있음이 밝혀지고 있다. 일전에 Williams라는 Duke 대학의 교수는 "분노가 사람을 죽인다(*Anger Kills*)"라는 책을 통하여 분노의 해로움과 그에 대한 분노 관리를 소개한 바 있다. 흔히 "一怒一老 一笑一少"라는 말이 있지만, 이 격언은 현대적인 연구에서 진리임을 보여 주고 있다. 아울러 분노를 경험할 때 엄청난 수의 뇌세포가 죽게 됨으로써 치매에 걸릴 가능성이 높아짐을 암시하고 있다. 외국 사람 눈에 비친 한국인의 특징 가운데 하나는 화를 잘 내는 경향이 있다는 점이다. 따라서 건강을 유지하고 증진시키기 위해서는 오늘부터 분노 관리를 잘 하면서 사는 지혜가 필요하겠다.

2) 우울과 암

일반적으로 분노가 심혈관계 질환에 대하여 밀접한 정서적 스트레스임에 비하여, 우울은 암과 유의한 연관성이 있음을 암시하고 있다. 실제로, 이러한 연관성은 이미 아주 오랜 전에 관찰된 바 있다. 예컨대, Galen은 이미 2세기 때 우울한 여성일수록 자궁암에 걸리는 경향이 있다는 보고를 하고 있다.

뿐만 아니라, 최근 연구에서도 우울이 암 환자에게서 자주 수반되어서 나타나고 있다. 예컨대, 그 동안에 수행된 100명 이상의 암 환자 유병률을 조사한 주요 연구 결과(Newport & Memeroff, 1998)에 의하면, 암 환자의 9%에서 38% 범위로 우울이 나타나고 있다. 이와 같은 결과는 일반인이 한 시점에서 경험하는 우울증의 유병률이 여자인 경우 5%에서 9%로 나타나고 있고, 남자의 경우 2%에서 3%로 나타나고 있는 점과 비교해 볼 때, 매우 높은 유병률임을 보여 주고 있다.

우울이 암에 대하여 미치는 영향은 보다 세련된 방법인 전향적 연구에서도 잘 나타나고 있다. 보다 구체적으로는 지금까지 수행된 8개의 주요 전향적 연구 가운데 6개의 연구에서 우울이 암에 대하여 밀접한 요인으로 나타났다(전겸구, 2000). 예컨대, Shekelle, Raynor, Ostfeld, Garoon, Bieliauska, Lie, Maliza 및 Paul(1981)에 의하면, 17년간에 걸친 전향적 연구를 수행한 결과, 우울 집단이 비교 집단에 비하여 암으로 인한 사망률이 2배 이상 높게 나타났다. 이러한 결과는 암의 발생 부위나 종류에 관계없이 나타났으며, 연령, 흡연, 음주량, 가족력 등과 같은 다양한 위험 요인을 통제한 후에도 나타났다. 뿐만 아니라, 20년간에 걸친 추후 연구에서도 우울에서 높은 점수를 받았던 사람들이 암으로 인한 사망률에서 높게 나타났다(Persky, Kempthorne-Rwson, & Shekelle, 1987). 유사한 맥락에서 최근에 수행된 전향적 연구에서도(Pennix, Guralnik, Pahor,

Ferrucci, Cerhan, Wallace, & Havlik, 1998), 만성적인 우울로 인한 암 발생 위험 요인의 증가는 대부분의 암에서 일관적으로 나타났다.

우울은 암의 진행에서도 중요한 심리적 요인으로 나타나고 있다. 예컨대, Greer, Morris 및 Pettingale(1979)의 연구 결과에 의하면, 유방암에 대하여 무력감이나 절망감으로 반응한 환자 집단일수록 유방암에 대하여 투쟁적 정신으로 반응한 환자 집단에 비하여 5년 후에 상태가 나쁘게 나타났다. 뿐만 아니라, 이러한 결과는 3년 이후에 수행된 추수 연구에서도 동일하게 나타났다(Greer, Pettingale, Morris, & Haybittle, 1985).

요약하면, 전반적으로 볼 때, 우울과 암간에 유의한 연관성이 나타나고 있다. 특히 이러한 연관성은 우울이 면역체계의 저하를 유도하고, 면역 체계의 저하가 암의 발생과 진행에 밀접한 연관이 있음을 암시하고 있다. 하지만, 일상 생활에서 경험되는 우울로 인하여 암이 발생하지 않을지에 대하여 너무 과도하게 걱정할 필요는 없다. 왜냐하면, 앞에서 언급한 Pennix와 그의 동료들(1998)이 지적하고 있듯이, 한 시점에서 측정한 우울과 암간에 유의한 연관이 나타나지 않고 있어서, 일시적인 상태 우울은 암에 대하여 그다지 핵심적인 요인이 되지 않음을 암시하고 있다. 달리 말하면, 일상 생활에서 경험되는 일시적 우울 상태는 암과 연관이 없으며, 오직 만성적이고 지속적인 우울이 암과 관련이 있음을 암시하고 있다.

(2) 스트레스가 건강에 미치는 간접 효과

스트레스는 종종 불건강한 행동으로 유도되기 쉽다. 스트레스는 특히 건강에 해로운 4가지 생활 방식—흡연, 음주, 식사, 운동—에 영향을 주는 경향이 있다. 참고적으로 이러한 4가지 주제의 첫 글자가 SANE(영어로 sane의 뜻은 원래 '건전한'이란 뜻을 지칭함)이 되기 때문에 연구자들은 흔히 건강과 질병과 관련한 주요 생활 양식으로서 SANE을 다루는 경향이 있다. 식사행동과 관련된 연구는 이민규와 한덕웅의 연구들(1997, 1999, 2000, 2001)을 참고하기 바란다. 이제 이 곳에서는 지면제약상 흡연과 음주를 중심으로 살펴보기로 하되, 스트레스가 흡연과 음주로 유도되기 쉽다는 연구 결과는 생략하고, 곧바로 흡연과 음주가 건강에 미치는 효과를 중심으로 기술하고자 한다.

1) 흡 연

흡연은 흔히 만병의 근원이라고 말한다. 과연 흡연은 건강에 얼마나 해로운가? 우선 흡연과 관련한 몇 가지 사실을 살펴보자.

미국의 경우, 한 해 전체 조기 사망 인구의 15%에서 25%가 흡연에 의한 사망으로 추정되고 있다. 이러한 숫자는 흡연으로 인하여 1년에 발생하는 조기 사망 인구가 2차 대전 기간 동안에 사망한 전체 미국 군인의 숫자보다 많다.

많은 흡연가들은 자신에게 불리한 통계치를 믿으려 하지 않는다(이러한 현상을 오류적 정당화 또는 잘못된 정당화(false justification)라고 부른다). 예컨대, "담배로 인하여 나에게 나쁜 일은 발생하지 않을 것이다. 왜냐하면, 나는 행운아이기 때문이다." "암이 걸려서 죽는 것을 조심하더라도 나는 차 사고로 언제든지 죽을 수 있다." "우리 할머니는 지금도 담배를 피고 있으나, 아직도 건강하시다." 과연 흡연과 관련해서 실증적인 통계치는 어떻게 나타나고 있을까?

만약 당신이 매일 약 30~40 킬로미터 정도 통근을 한다고 가정해 보자(실제로 많은 사람들이 이 정도의 거리를 통근하고 있다). 이 경우에 차 사고로 사망할 확률은 매우 높아서 1년에 4,000 대 1 또는 일생 동안에는 60대 1이다. 그렇다면 흡연으로 인한 사망은 어떠할까? 만약 당신이 하루에 1갑 이상 흡연을 한다고 가정하면 1년에 사망할 확률이 200 대 1이다. 그리고 만약 당신이 50년 동안 하루에 한 갑을 피운다면 6대 1로 높아진다(실제로 당신 주위에 오랜 동안 담배를 피우면서 50대 이후에 건강한 사람이 얼마나 있는가 살펴보라).

흡연과 질병과의 관련성을 개괄적으로 살펴보면, 흡연은 전체 암 사망의

흡연 흡연은 만병의 근원이다.

30%, 특히 폐암으로 인한 사망의 85%가 관련있는 것으로 추정되고 있다. 이제 아래에서 흡연과 폐암, 그리고 흡연과 심혈관계 질환을 중심으로 살펴보기로 하자.

흡연은 다음과 같은 이유로 폐암에 대하여 매우 중요한 위험 요인이 된다. 만약 흡연자가 금연을 하게 되면 심장병으로 인한 사망 위험이 급격하게 감소하게 된다. 반면에 흡연자는 비흡연자에 비하여 폐암에 대한 위험이 10~20년 동안 지속된다. 위와 같은 사실은 흡연자의 금연 동기를 감소시킬 수 있을 것이다: "그렇다면 지금 금연하더라도 아무 소용이 없겠다"고 생각할 수도 있다. 하지만 금연은 결코 늦지 않다. 1990년 미국 공중 위생국 장관의 보고에 의하면 흡연자가 금연하게 되면 폐암의 위험은 해가 갈수록 감소하고 있다. 참고적으로 같은 보고에서 하루에 한 갑을 피우는 흡연자는 비흡연자에 비하여 폐암으로 사망할 확률이 남자의 경우에는 22배, 그리고 여자의 경우에는 12배 높게 나타나고 있다.

흡연은 심혈관계에도 치명적인 영향을 미친다. 특히 니코틴은 심장 박동률을 증가시키고, 혈관을 수축시키고, 혈압을 상승시킨다. 이러한 모든 현상은 심장에 과부하를 초래하며, 결과적으로 심장병에 걸릴 확률이 높게 된다. 구체적으로 흡연자는 비흡연자에 비하여 심장병이 걸릴 확률이 2~3배 높으며, 만약 하루에 25개 이상을 피울 경우 심장 발작의 위험이 비흡연자에 비하여 10배 이상 높게 나타나고 있다(La Vecchia, Franceschi, & Decarli, 1987). 더 나가서 흡연은 심장병에 영향을 미치는 다른 주요 위험 요인—고혈압, 높은 콜레스테롤—에 비하여 4배 이상 심장병에 치명적인 것으로 나타나고 있다. 한편, 뇌졸중과 관련해서도 흡연자는 비흡연자에 비하여 위험률이 2~3배 높게 나타나고 있다(Abbot, Yin, & Reed, 1986).

흡연자에게 한 가지 반가운 소식은 흡연자가 금연을 할 경우 심장병에 걸릴 확률이 1년 안에 반으로 감소하게 된다. 그리고 이러한 위험률은 금연을 계속함에 따라 지속적으로 감소하게 된다. 뇌졸중의 위험도 금연을 하게 되면 비흡연자들과 거의 흡사한 수준으로 감소하게 된다. 심지어 심장병으로 이미 고생하고 있는 사람의 경우에도 금연은 재발률을 감소시키기 때문에 큰 도움이 된다.

흡연은 담배를 피우지 않는 주위 사람들에게도 매우 해로운 영향을 미치게 된다. 흡연을 할 때에 흡연자는 일반적으로 1분 이내의 연기를 마시게 된다. 반면에 같은 방안에 있는 비흡연자는 10여 분 동안에 걸쳐서 담배 연기를 마시게 된다. 뿐만 아니라, 직접 흡연에서는 담배 연기가 담배 필터에 의하여 일부 제거되는 데 비하여, 간접 흡연에서는 그러한 여과 장치가 없다. 결과적으로 간접 흡연은 직접 흡연에 비하여 희석되어 있으나, 발암 물질을 더 흡수할 가능성이 높다. 결과적으로 미국의 경우 간접 흡연으로 인한 사망이 매년 53,000명으로 추산되고 있으며, 간접 흡연은 인간이 예방할 수 있는 사망 요인 가운데 직접 흡연과 음주에 이어서 세 번째로 중요한 위험 요인으로 간주된다. 이러한 사실을 달리 표현하면, 직접 흡연으로 인한 사망자 8명당 간접 흡연으로 인한 사망자 1명이 발생하게 된다. 특히 이러한 간접 흡연의 위해성은 아동에게 심각하다. 왜냐하면, 흡연자의 아동은 비흡연자의 아동에 비하여 호흡기 질환에 대한 위험성을 증가시키며, 폐염, 중이염 등을 증가시키기 때문이다(자녀를 사랑하지 않는 부모가 없겠으나, 자녀 앞에서 흡연하는 부모는 결과적으로는 자녀를 죽이고 있는 셈이다).

2) 음 주

술은 인간의 역사와 더불어 시작되었다. 오늘날 문명인이든 미개인이든 농업으로 생활하고 있는 사람들은 어떤 형태로든 술을 제조하고 있으며, 수렵채집에 의존하고 있는 종족조차도 술을 만들고 있다. 농업의 발명은 보다 풍부한 음식의 공급을 바라는 마음과 함께 술을 희구하는 마음에 의해 자극된 것이라고 생각하는 인류학자도 있다.

적절한 정도의 음주는 건강에 이로운 면도 있다. 하지만, 술을 다량으로 상용하면 간세포를 파괴하는 수가 있다. 술은 위장이나 소장에서 혈액 속으로 직접 흡수되며, 흡수된 90% 이상은 이산화탄소와 물로 분해된다. 이 분해 과정은 간장 속에서 일어나며, 나머지는 분해되지 않고 신장을 통해 오줌으로, 그리고 허파를 통해 호흡으로 배출된다. 간에 들어간 술은 제1단계로서 아세트알데히드로 변한다. 아세트알데히드는 술보다 독성이 강하지만 다행히도 곧 무해한 초산(식초에 포함되어 있는 것과 동일한 초산)으로 변화하고 만다. 반면에 간장에서 처리되지 못한 술은 혈액 속을 계속 순환하게 된다. 따라서 음주량이 간장의 능력을 초과하면 조만간에 취하게 된다. 일반적으로 술이 혈액 속으로 흡수되는 데에는 몇 분 안 걸리지만 혈액에서 제거되는 데에는 여러 시간이 걸린다.

술의 효과는 뇌의 기능을 둔화시키기 때문에 중추신경 억제제(depressant)

로 간주된다. 한편 술을 마시게 되면 사회에서 일반적으로 억제하는 규범(예, 성적, 공격적 규범)에 대하여 둔감하게 만들어 주기 때문에 결과적으로 술을 마시면 성욕과 정력이 증가된다고 생각하는 사람이 많다. 이러한 현상은 흔히 탈억제 현상(disinhibition effect)으로 지칭된다. 달리 말하면 술은 평상시에 억제적이었던 성욕이나 공격성 등을 억제함으로써 겉으로 보기에는 이러한 행동이 증가하는 것으로 보이기 쉽다.

술은 억제제이므로 다른 진정제와 함께 복용해서는 안 된다. 즉 술을 다른 중추 억제제(일부 두통약 또는 바르비트르산염)와 함께 사용할 경우에는 상승작용에 의하여 매우 위험할 수가 있다. 예컨대 과음을 한 후에 다량의 진정제를 복용하면 생명을 잃을 정도로 치명적인 결과가 초래될 수 있다.

지나친 음주는 간장병을 초래하기 쉽다. 특히 과도한 음주는 간경화를 초래하기 쉬우며, 일반적으로 알콜 중독자는 비알콜 중독자에 비하여 약 8배 높게 간경화 발생률이 나타나고 있다. 간경화란 건강한 간 조직이 손상됨으로써 섬유증을 수반하는, 정상적인 간 조직이 파괴되는 질환이다. Schmidt(1977)의 보고에 의하면 국가별 알콜 섭취량과 간경화로 인한 사망률을 살펴본 결과, 이 두 변인간의 상관이 .94로 나타나고 있어서 과도한 음주가 간경화에 치명적임을 보여 주고 있다.

또한 과다한 음주는 수많은 암과 관련이 있는 것으로 나타나고 있다. 그리고 이러한 연관성은 부분적으로 흡연과 관련이 있는 것으로 추정된다. 왜냐하면, 대부분의 경우 음주시에 과도한 흡연을 하는 경향이 있기 때문이다. 특히, 과음하는 여성의 경우 주의할 현상은 유방암과의 연관성이다. 예컨대 89,000명 이상의 간호사를 대상으로 수행된 연구에서 하루에 1잔 이상의 음주를 하는 여성 집단이 다른 집단에 비하여 유방암의 위험률이 높게 나타났다(Willett, Green, & Stampfer, 1987).

그 밖에도 지나친 음주는 위염 등과 같은 위장 질환이나 고혈압과 같은 심혈관계 질환과 관련되어 있다. 하지만, 적당한 음주는 아래 글에서 나타나고 있듯이 건강에 이로운 효과도 나타나고 있어서 흡연과 관련해서는 금연이 강조되는 반면에, 음주와 관련해서는 절주가 강조되고 있다.

음주와 장수 일반적으로 음주와 장수간의 관계는 J형태로서 나타나고 있다. 달리 말하면 음주를 전혀하지 않는 집단, 조금하는 집단, 그리고 많이 하는 집단으로 구분한 후, 각 집단의 장수를 비교하면 음주를 조금하는 집단에서 사망률이 가장 낮게 나타나고 있다(Ornstein & Sobel, 1989).

따라서 건강을 위해서는 절주하는 것이 필요하다. 아래에서는 절주를 위한 몇 가지 수칙이 제시되어 있다.

1) 아침은 물론 낮에는 술을 금한다.
2) 소화가 잘 되는 단백질 식품과 함께 술을 마신다.
3) 폭주, 폭음은 삼간다.
4) 혼자 마시지 말고 이야기, 잡담 등을 하면서 천천히 술을 마신다.
5) 공복 시에는 음주를 피한다.
6) 술 농도가 높은 술은 그냥 마시지 말고 희석하여 마신다.
7) 한계 주량을 넘지 않도록 한다.
8) 술을 마시기 전에 사탕이나 초콜렛 등 당분을 보급해 두면 간장이 술을 처리하는 데 도움이 될 수 있다.
9) 술은 마신 후의 된장국은 간 기능의 향상에 도움이 된다.

◆ 생각해 볼 문제

1. 흔히 이 시대를 스트레스의 시대라고 부르는 것에 대한 당신의 생각은 어떻습니까? 만약 이러한 진술에 동의하신다면 당신이 스트레스를 대처하거나 관리하기 위하여 어떠한 방법과 전략을 사용하십니까? 더 나가서 당신이 사용하고 계시는 스트레스 관리가 효율적인지 고찰해 보시기 바랍니다.
2. 건강이나 질병과 관련한 정서적 스트레스의 효과를 기술한 후, 당신 자신이 자주 경험하는 부정적 정서(예: 빈도, 강도, 영향)에 대하여 한 번 성찰해 보시기 바랍니다.
3. 건강이나 질병과 관련된 흡연과 음주에 대한 여러분의 상식은 어느 정도입니까? 아울러, 여러분의 일상 생활에서 건강한 생활을 위하여 계획을 세워 보시기 바랍니다.

제16장

인간의 심리장애와 치료

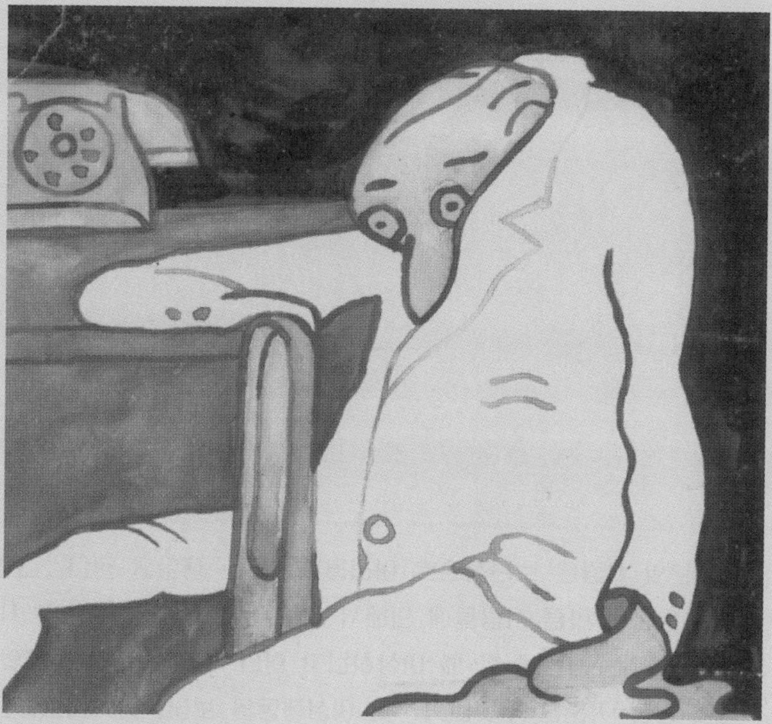

1. 이상행동의 정의
2. 이상행동의 원인
3. 심리장애의 분류 및 진단
4. 심리치료

◆ 생각해 볼 문제

대부분의 사람은 보편적으로 이해될 수 있는 행동을 한다. 그러나 어떤 사람의 행동이 다른 사람들에 의해서 이해될 수 없거나 보통의 사람들이 거의 보이지 않는 행동을 할 때 이상하다고 한다. 이상행동이란 무엇이며 이상행동의 판단 기준은 무엇인가? 왜 이상행동을 보이는가? 사람들은 다양한 심리장애나 이상행동을 보일 수 있다. 이상행동이나 심리장애를 이해하고 치료하기 위해서는 정확하게 평가하고 분류해서 진단을 내리는 일이 기본적인 절차다. 그렇다면 다음에 제시되는 사례에서 장아무개와 김아무개가 보이는 이상행동에 대해서 어떤 진단을 내릴 수 있는가? 심리학적인 지식과 방법을 이용해서 이 두 사례의 주인공이 심리적으로 평온을 되찾고 사회적으로 적응적인 행동을 하도록 도와 줄 수 있는 심리치료법은 무엇인가? 이와 같은 물음에 대한 답을 이 장에서 다룬다.

1. 이상행동의 정의

"장아무개는 평소 소심하고 깔끔한 성격의 30대 중반의 남성이며, 중매로 결혼을 하였다. 신혼여행에서 샤워를 2시간 동안이나 하고 때로 혼자 중얼거리는 모습을 보이기도 하였다. 신혼 초 집안 일을 할 때 걸레를 때하나 없이 빨고 방을 닦을 때도 모서리까지 다 닦으며 처의 속옷까지 깔끔하게 빨아놓곤 했다. 그렇지 않으면 불안했기 때문이었다. 그러나 일을 할 때 시간이 너무 많이 걸려 그 다음에 해야 하는 일을 하지 못하는 문제가 생겼다. 집안에서 일어나는 문제는 부부간의 사랑으로 극복할 수 있었다. 직장생활도 하였으나 일 처리가 늦고, 대인관계가 원만하지 못하여 다른 사람과 절대 도시락을 나누어 먹으려 하지 않았다. 또한 화장실에 오래 있었고 화장지를 많이 사용하여 직장 사람들이 이상하다고 수군거렸기 때문에 직장을 그만두었다. 직장을 그만둔 이후로 아침에 일어나 대변을 보는데 3~4시간이 걸렸다. 세탁을 할 때도 비눗물이 덜 빠진다며 수차례씩 세탁기를 돌리기도 하였다."

"김아무개는 패션 디자인을 공부한다고 프랑스에 간 20대 후반의 여성이다. 집안의 반대를 무릅쓰고 프랑스 남자와 결혼하였다. 결혼 후 남편이 마약을 복용한다는 사실을 알게되었다. 남편은 이 여성을 밖에 나가지 못하게 하였으므로 도망치다가 아파트에서 떨어져 다리가 부러지는 부상을 당했다. 그녀는 병원에 입원하였다. 이때 친정으로 전화하여 '프랑스 대통령이 자신을 좋아 한다'는 말이 들린다고 했으며, '남편이 독약으로 자신을 죽이려 한다'고 횡설수설하여 한국으로 돌아오게 되었다. 한국에 돌아온 후, 전직대통령(전두환, 노태우, 김영삼)이 자신을 사랑한다는 말이 들리고, 김대중 대통령이 이 여성에게 자기를 사랑해 달라고 하고 김대통령을 사랑해 주면 이 여성의 오빠나 동생이 잘 되게 밀어 주겠다는 말이 들린다고 하였다."

대부분의 사람들은 앞의 사례에서 장아무개와 김아무개의 행동이 이상하다고 판단하는 데 많은 시간이 필요하지 않을 것이다. 그렇다면 일반인들이 이들의 행동을 판단하는 데 사용한 기준은 무엇인가? 이상행동과 정상행동을 구분하기 위한 여러 기준들이 제안되었다. 이상행동을 정의할 때 보편적으로 사용하는 기준을 소개하면 다음과 같다.

(1) 통계적 기준

어떤 사람의 행동이 대다수 많은 사람들의 평균적인 행동과 비교하여 일탈되어 있을 때 이상행동이라고 한다. 예컨대 앞의 사례에서 장아무개가 화장실에서 3~4시간 대변을 보고 한 가지 옷을 세탁기에 넣어 수차례에 걸쳐 빨래를 하는 행동이나 김아무개가 프랑스 대통령이 자신을 사랑한다고 믿는 일은 대다수 많은 사람이 보이는 행동이 아니기 때문에 이상행동으로 볼 수 있다. 그러나 대다수 많은 사람이 보이는 평균적인 행동에서 어느 정도 일탈되어야 이상행동이라고 할 수 있느냐가 문제이다. 이에 대한 통계적 기준은 평균에서 2 표준편차 이상으로 벗어나면 이상행동이라고 규정한다. 예를 들어 대학생들에게 실시한 섭식억제(다이어트) 검사에서 평균이 50이고 표준편차가 10이 얻어졌다면, 다이어트 점수가 70 이상인 대학생은 이상행동을 보인다고 할 수 있다. 그러나 이 기준으로만 이상행동을 규정한다면 오류를 범할 수 있다. 예컨대 천재가 보이는 지적 수행이나 뛰어난 골프 선수가 보이는 골프 치는 행동은 대다수의 많은 사람들의 평균적인 행동에서 많이 일탈되어 있기 때문에 이 기준에 따라서 이들의 행동을 구분하면 이상행동으로 분류되는 오류를 범하게 된다. 따라서 문제가 되는 쪽 혹은 바람직하지 않는 방향으로 일탈된 경우로 제한해서 이 기준을 적용해야 한다.

(2) 문화적 규준(사회적 규범)

그 사회에 속한 사람이 준수해야 하는 사회적 규범에서 벗어난 행동을 이상행동으로 규정한다. 예컨대 길거리에서 옷을 완전히 벗은 채 나체로 다니는 행동이나 심리학 강의시간에 큰 소리로 노래를 하며 춤을 추는 행동은 사회적 규범에 벗어났기 때문에 이상행동으로 본다. 그러나 사회적 규범은 시대에 따라서 변화하고 문화에 따라 달라진다. 따라서 문화적 규준에 따라 이상행동을 규정하는 일은 상대적이다.

(3) 개인의 주관적 고통

개인이 자신의 생각이나 행동으로 인해서 심리적으로 불편해 하고 고통스러워 할 때 이상행동이라고 규정한다. 심리적 장애를 경험하는 대부분의 사람은 심리적 고통을 느끼지만, 개인이 주관적으로 고통을 경험하지 않는 경우도 있다. 앞의 사례에서 장아무개는 불안으로 고통을 받고 있고 불안으로부터 탈출하기 위한 방편으로 이상행동을 나타내고 있다. 그러나 김아무개의 경우 심리적으로 고통스럽기보다는 '대통령의 연인'으로 오히려 생에서 최고의 다복감을 느끼고 있을 수 있다. 김아무개의 경우는 자신보다 주위의 다른 사람에게 고통을 주는 경우라 볼 수 있겠다.

(4) 부적응 기준

개인의 행동이 자신과 사회에 해로운 결과를 가져와서 사회적, 학업적, 직업적 생활에 부적응을 초래할 때 이를 이상행동으로 규정한다. 앞의 사례에서 장아무개나 김아무개는 자신의 행동으로 인해서 사회적으로나 직업적으로 무능력한 상태가 되었다. 무능력이란 개인이 심리장애로 인하여 어떤 목표를 추구할 수 없는 상태를 말한다. 그러나 사회, 학업, 직업에서 부적응을 초래하는 행동이라고 해서 반드시 이상행동으로 볼 수 없을 때가 있다. 예컨대 사회의 부조리에 저항하는 행동 등으로 인해서 학교생활에 문제가 있고 적응을 잘 못할 수도 있지만 이를 이상행동으로 간주할 수는 없다.

지금까지 이상행동을 정의할 때 사용하는 보편적인 기준을 살펴보았다. 앞서 언급한 기준 이외에 예측불가능성, 다른 사람에게 피해를 주는 행동이나 이해될 수 없는 행동 등의 기준들이 사용될 수 있다. 정상행동과 이상행동을 명확하게 구분하는 일은 간단한 문제가 아니다. 어느 한 기준으로 이상행동을 규정하기보다 가능한 모든 기준을 다 적용하여 이상행동을 결정하는 방법이 바람직하다.

2. 이상행동의 원인

장아무개와 김아무개가 왜 이상행동을 하였을까? 두 주인공이 무엇 때문에 그런 행동을 하게 되었을까? 인간의 마음과 행동을 설명하는 심리학적인 관점이 곧 이상행동을 설명하는 관점이 될 수 있다. 따라서 심리학에 관한 5가지 관점에 취약성-스트레스 관점을 더한 6가지 관점으로 이상행동을 설명하고자 한다.

(1) 신경생물학적 설명

이 관점에서 볼 때, 장아무개와 김아무개가 보이는 이상행동은 신경화학적, 신체적인 원인 특히 뇌신경화학 과정이나 뇌손상 때문에 생겼다고 설명한다. 달리 말해서 이 관점은 심리장애를 병으로 보는 생물 · 의학적 모형으로서 신경생물학적, 신체적 원인에 의해서 심리장애가 생기고 이를 고치는 방법도 신경생물 · 의학적 치료를 해야 된다고 생각한다.

(2) 정신분석적 설명

이 설명에서는 이상행동을 이해하고 설명하기 위한 틀을 무의식적인 내적 갈등에서 찾는다. Freud는 사람의 성격 구조가 원초아(id), 자아(ego), 초자아(superego)로 구성되어 있으며 이 세 가지 구조간의 상호작용으로 개인의 행동이 결정된다고 보았다. 달리 말해서 주로 무의식적 욕구로 이루어져 쾌락의 원리에 따라 움직이는 원초아와 사회적 규범의 대변자이자 이상주의원리에 따라 움직이는 초자아간의 갈등관계를 현실주의의 원리에 따르는 자아가 잘 조절관리하면 건강한 상태가 유지되지만, 자아가 너무 약하거나 혹은 원초아의 힘이 지나치게 크거나 혹은 초자아의 세력이 커서 자아가 이들 구조간의 힘의 균형을 잘 조정하지 못하면 이상행동, 즉 심리장애가 유발된다.

(3) 행동주의적 설명

이 입장은 인간의 정상행동과 마찬가지로 이상행동도 학습원리에 의해서 학습된다고 본다. 물론 학습원리에는 고전적 조건형성뿐만 아니라 조작적 조건형성이 포함되고, 더 나아가서 관찰학습의 원리까지도 행동주의적 설명에 포함시키는 학자도 있다. 달리 말해서 이 설명에 따르면 앞의 사례에서 장아무개와 김아무개가 보이는 이상행동은 혐오자극에 연합된 무해한 자극으로 일어났거나(고전적 조건형성), 이상행동이 강화를 받아서 발생하였거나(조작적 조건형성), 또는 다른 사람의 이상행동을 관찰함으로써 모방되었을 수 있다(관찰학습). 따라서 행동주의적 설명에서는 이상행동이나 심리장애의 원인을 환경이나 잘못된 학습에서 찾는다.

(4) 인지적 설명

이 설명에서는 이상행동을 인지적 정보처리 과정의 문제로 본다. 달리 말해서 이상행동은 사람이 경험한 사건 그 자체보다 개인이 경험한 사건을 잘못 해석하거나 잘못된 신념체계나 역기능적 태도 때문에 일어난다. 부정적 사건이 이상행동을 유발하는 것이 아니라 그 사건을 어떻게 받아들이고 해석하는지, 즉 사건에 대한 그 사람의 신념체계에 따라서 이상행동이 유발된다. 예컨대 남학생이 여자 친구로부터 실연을 당했다고 하자. 이 일에 대해서 자기는 팔자가 사납고 못났고 능력도 없는 놈이라고 생각하는 학생과 이번이 또 다른 여자를 경험해 볼 좋은 기회라고 생각하는 학생, 또는 자기 팔자는 여자를 멀리하고 공부할 팔자라고 생각하는 학생이 있을 수 있다. 동일한 일에 대해서 어떻게 생각하느냐에 따라서(다른 인지적 해석) 다른 행동이 나타날 수 있다. 특히, 우울장애나 불안장애의 유발에 인지적 요소가 주요한 요인으로 주목받고 있다.

(5) 인본주의적 설명

이 설명에서는 인간을 자기실현과 성장 경향성을 지닌 존재로 가정한다. 따라서 이상행동이나 심리장애는 자기실현이 봉쇄된 결과로 나타난다. 즉 건강한 행동은 자신의 경험을 자기개념 내에 동화시킨 결과로 나타나고, 이상행동은 경험과 자기간의 불일치가 일어나 자신의 경험을 왜곡시키거나 부정한 결과로 나타난다. 달리 말해서 진정한 자신의 욕구, 생각, 관심에 일치하는 행동을 하지 못하면 고통을 겪게 되고, 이런 고통이 심하면 이상행동을 일으키게 된다.

(6) 취약성-스트레스 설명

이상에 살펴본 이상행동에 관한 설명들 가운데 한 가지 입장만으로는 이상행동의 원인을 충분히 설명하지 못한다. 취약성-스트레스(vulnerability-stress) 설명은 이상행동의 원인을 설명하는 여러 가지 설명적 접근을 통합하려는 시도로 제안되었다. 이 설명에서는 이상행동이 개인의 취약성과 자신이 경험하는 스트레스간의 상호작용에 의하여 일어난다고 가정한다. 즉 스트레스를 경험할 때, 이상행동을 일으킬지의 여부는 개인이 가지고 있는 신경생물적·심리적 취약성 정도에 달려 있다. 앞의 사례에서 장아무개와 김아무개는 다른 일반인들보다 이상행동을 일으키기 쉬운 신경생물적 · 심리적 취약성을 가지고 있다고 볼 수 있다.

3. 심리장애의 분류 및 진단

앞의 장아무개와 김아무개의 사례에서 보는 바와 같이 이상행동은 다양하게 표출된다. 다양한 이상행동을 유형별로 분류하는 일은 전문가간의 의사소통을 원활하게 하고, 이상행동들을 보다 간결하게 기술함으로써 이상행동의 원인, 경과 및 예후를 예측할 수 있으며 적절한 치료법을 적용할 수 있다. 또한 연구결과를 축적하여 이론적 연구를 발전시키는 데 도움을 준다.

현대 과학적인 입장에서 이상행동을 체계적으로 분류한 사람은 독일 정신과의사인 Kraepelin이다. 이 사람의 분류방식에 기초해서 체계적인 정신장애 분류체계가 발달되었다. 현재 널리 통용되고 있는 의학적 입장의 분류체계는 두 가지가 있다. 그 하나는 세계보건기구에서 만든 국제질병 분류체계(International Classification of Disease)에 포함되어 있는 정신장애 분류 체계로서 1992년 제10판이 발행되었다. 이를 ICD-10이라고 한다. 또 다른 하나는 미국정신의학회에서 만든 정신장애의 진단 및 통계편람(Diagnostic and Mannual for Mental Disorders)으로서 1994년 제4판이 나왔다. 이를 DSM-IV라고 부른다. DSM-IV는 심리장애를 17개의 주요한 범주로 나누고 그 하위 범주로 200여 개 이상의 장애를 기술하고 있다. 이런 심리장애 가운데 주요한 범주에 대해서 자세히 살펴보기로 한다.

(1) 유아기, 소아기, 청소년기에 처음 진단되는 심리장애

여기에 해당하는 장애를 분리해 둔 것은 소아심리장애와 성인심리장애간에 명확한 구분이 있어서 그런 것은 아니다. 성인의 경우도 이 진단이 가능한 경우도 있다. 전부는 아니지만 대부분 DSM-IV 있는 장애들은 소아, 청소년, 성인들에게 동일한 진단 기준을 적용한다. 이 범주에 속하는 심리장애를 소개하면 다음과 같다.

1) 정신지체(mental retardation: MR)

이 장애는 18세 이전에 발병하여야 하고 전체적인 지적 기능이 평균 이하(지능지수 70 이하)로 유의하게 낮아야 하고, 의사소통, 자기돌봄, 가정생활, 사회적 기술이나 대인관계기술, 지역사회 자원의 이용, 자기관리, 기능적 학업기술, 일, 여가, 건강, 안전 등의 영역들 가운데 적어도 두 영역 이상에서 적응기능에 심한 한계를 보인다.

정신지체는 장해 정도에 따라서 4등급으로 분류할 수 있다. 지능지수가 50–55에서 70까지를 가벼운 정도의 정신지체(mild MR)라 하며 이 범주에 속하는 사람은 '교육 가능한' 범주로 볼 수 있다. 대략 초등학교 6학년까지의 학습기술을 습득할 수 있다. 다음 지능지수가 35–40에서 50–55까지를 중간 정도의 정신지체(moderate MR)라 하고 이 범위에 속하는 개인은 교육적으로 '훈련할 수 있는' 수준이다. 사회적 기술과 직업적 기술 훈련으로 도움을 얻을 수 있지만 초등학교 2학년 수준 이상 넘어서기 어렵다. 다음은 심한 정도의 정신지체(severe MR)로 지능지수가 20–25에서 35–40까지 속하는 개인이 해당된다. 초기 소아기 동안 의사소통에 필요한 언어를 조금 배우거나 때로는 전혀 배우지 못하며 학령기 동안 말하는 것을 배울 수 있는 기초적인 자기-보살핌 기술을 훈련받을 수 있다. 성인기 동안 아주 밀착된 보살핌이나 지도감독하에서 단순한 작업을 할 수 있다. 마지막 등급이 아주 심한 정도의 정신지체(profound MR)이다. 이 범주에 해당하는 지능 수준은 지능 지수 20 또는 25 이하이다. 이 경우 확인된 신경학적 문제를 지니고 있고 초기 소아기 동안 상당한 감각운동기능 장애를 나타낸다. 매우 밀착된 보호와 지속적으로 도움을 필요로 한다.

2) 학습장애(learning disorders)

이 장애는 읽기, 산수, 쓰기를 평가하기 위해 개별적으로 시행된 표준화검사에서 나이, 학교교육 그리고 지능을 고려해서 기대되는 수준보다 성적이 현저히 낮게 나올 때 진단된다. 학습문제는 읽고, 계산하고, 쓰기를 요구하는 학업의 성취나 일상생활의 활동을 현저하게 방해한다. 현저하게 낮다는 것은 표준화 검사 성적과 지능지수사이에 2 표준편차 이상 차이가 날 때로 정의된다. 이 부분에 포함되는 장애들은 읽기장애, 산수장애, 쓰기장애, 달리 분류되지 않은 학습장애가 있다.

3) 광범위성 발달장애(pervasive developmental disorders)

이 장애는 사회적 상호작용과 의사소통 기술에 심각하고 광범위한 장해가 있거나 상동증적인 행동, 관심, 활동을 수반한다. 개인의 발달 수준이나 정신연령에 비해서 사회적 상호작용이나 의사소통기술이 현저하게 떨어진다. 이 장애 범주에는 사회적 상호작용과 의사소통이 현저하게 비정상적이고 활동과 관심의 종류가 현저하게 제한되어 있는 양상을 보이는 자폐성 장애, 출생 이후 정상적인 기간이 지난 후 다양하고 특정한 결함이 발달되는 Rett 장애, 적어도 2년 동안 명백한 정상 발달이 이루어진 후 여러 가지 기능 영역에서 현저한 퇴행을 보이는 소아기 붕괴성 장애, 사회적 상호작용에서 심하고 지속적인 장해와 제한적이고 반복적인 행동이나 관심, 활동을 보이지만 자폐성 장애와는 달리 임상적으로 심각한 언어 발달의 지연을 보이지 않는 Asperger 장애 등이 속한다.

4) 주의력 결핍 및 파괴적 행동 장애(attention-deficit and disruptive behavior disorders)

이 범주에는 동일한 발달 수준에 있는 다른 아이들에서 관찰되는 것보다 더 빈번하고 더 심하고 더 지속적인 부주의나 과잉행동-충동이 있는 주의력 결핍 및 과잉행동장애(attention-deficit/hyperactivity disorder), 다른 사람의 기본적인 권리를 침해하거나 자기 나이에 해당하는 사회적 규범이나 규칙을 위반하는 행동을 지속적이고 반복적으로 하는 품행장애(conduct disorder), 권위 있는 인물에 대해 거부적, 도전적, 불복종적, 적대적 행동을 적어도 6개월 이상 지속하는 반항성 장애(oppositional defient disorder) 등이 있다.

5) 의사소통장애(commuication disorders)

이 범주에는 타인의 말을 이해는 하나 표현하여 나타내는 데 문제가 있는 표현성 언어장애(expressive language disorder; 제한된 말의 양, 어휘를 잘못쓰기, 단순한 문법구조, 문장의 중요한 부분의 생략, 이상한 어순사용 등의 특징이 나타남)와 단어, 문장 혹은 특정유형의 단어를 이해하는 데 어려움이 함께 나타나는 혼재수용-표현성 언어장애(mixed receptive-expressive lauguage disorder), 그리고 자신의 나이에 맞지 않는 말씨나 적합한 언어음을 사용하지 못하고, 잘못된 언어음을 생성, 사용, 표현하며 음의 생략과 같은 음의 구성에서 잘못이 나타나는 음성학적 장애(phonological disorder)가 있다. 또한 음이나 음절을 자주 반복하거나 길게하며, 들을 수 있거나 조용한 상태에서 말을 머뭇거리는 말더듬기(stuttering)가 있다.

(2) 정신분열병(schizophrenia)

정신분열병은 심리적 기능 손상이 매우 심한 심리장애이다. 이 장애의 중요한 특징적인 증상을 살펴보면 다음과 같다.

1) 정신분열병 환자는 사고 내용에서 망상(delusion)을 보인다. 망상은 통상적으로 잘못 해석된 지각이나 경험을 포함하는 잘못된 믿음이다. 망상의 내용은 다양한데, 그 중에서 자신이 괴롭힘을 당한다거나, 미행을 당한다거나, 함정에 빠진다거나, 감시당한다거나, 조롱당한다고 믿는 피해망상(persecutory delusion)이 가장 흔하다. 또한 관계망상(referential delusion)도 흔히 나타나는데, 관계망상은 어떤 특정한 태도, 말투, 문구, 신문, 노래가사 또는 다른 환경적 단서들이 특별히 자신을 겨냥하고 있다는, 즉 자신과 연관되어 있다는 잘못된 믿음이다. 또한 자신이 예수나 대통령이라고 생각하는 과대망상(grandiose delusion), 자신의 장기가 썩어가고 있다고 믿는 신체망상(somatic delusion) 등도 있다. 또한 더 기괴한 망상으로 자신의 생각이 외부의 어떤 힘에 의해 빼앗긴다고 믿는 사고축출(thought withdrawal), 외부의 생각이 자신의 정신에 들어온다고 믿는 사고주입(thought insertion), 또는 어떤 힘에 의해서 자신의 신체나 동작, 또는 정신이 조종된다는 잘못된다고 믿는 조종망상(delusion of control) 등

망상 잘못된 지각이나 경험을 포함하는 잘못된 신념으로 정신분열병의 주요한 증상이다.

을 보이기도 한다.

2) 정신분열병 환자는 지각장애를 보인다. 대표적인 지각장애가 환각(hallucination)이다. 환각은 외부 자극이 없는데도 불구하고 자기만 외부 자극을 지각하는 경우를 말한다. 환각은 어떤 감각형태(청각, 시각, 후각, 미각, 촉각)로도 나타날 수 있으며, 가장 흔한 환각이 환청이다. 환청(auditory hallucination)은 보통 목소리로 들리며, 특히 자신을 경멸하거나 위협하는 목소리가 흔하다. 둘 이상의 사람들이 대화하거나 자신의 행동과 생각에 대해 계속적으로 간섭하는 목소리도 많이 호소한다. 그리고 헛것을 보기도 하는데 이를 환시(visual hallucination)라고 한다. 환각은 감각이 정상적인 상태에서 나타나야 한다. 잠들 때나(입면성: hypnagogic) 또는 잠에서 깰 때(출면성: hypnopompic) 나타나는 환각은 정상적인 경험의 일부로 간주된다.

3) 사고과정에서 연상의 이완(loosening of association)이나 와해된 사고(disorganized thought)를 보인다. 정신분열병이 있는 사람의 언어는 매우 다양하게 와해되어 있다. 한 가지 주제에서 다른 주제로 벗어나는 사고 탈선(thought derailment) 또는 연상의 와해, 질문에 대한 대답이 조금 빗나가거나 전혀 엉뚱한 사고의 이탈(tangentiality), 언어가 너무 심하게 혼란되어서 거의 이해할 수 없을

정도인 지리멸렬(incoherence) 또는 말비빔(word salad) 등이 있다.

4) 정신분열병 환자는 심하게 와해된 행동을 보인다. 즉 와해된 행동(disorganized behavior)은 어린애 같은 바보짓에서부터 예측할 수 없는 초조감까지 다양하다. 목적 지향적인 행동을 할 수 없으며, 규칙적인 식사나 청결을 유지하는 등의 일상 활동을 수행하는 데 어려움을 보인다. 두드러지게 헝클어진 머리를 하고 있거나 이상한 옷차림을 하거나 공공연히 자위행위를 하는 등의 행동도 보일 수 있다. 또한 외적 유발 자극이 없는 상태에서 예기치 못한 초조감을 보일 수 있다.

5) 감정표현의 장애를 보인다. 눈 마주침이 없고 신체언어가 부족하며 무표정하며 반응이 없는 얼굴이 특징인 정서적 둔마(affective flattening)가 흔하다. 짧고 간단하며 공허한 대답이 특징인 언어의 빈곤(poverty of speech)이나 무논리증(alogia) 그리고 목적 지향적 행동을 시작하거나 유지할 수 없는 무욕증(avolition) 등의 음성 증상들도 보인다.

이런 증상들 가운데 2개 이상이 1개월중 상당 기간 동안 있어야 하고 적어도 6개월 이상 지속될 때 정신분열병 진단을 내린다.

정신분열병은 평가 당시에 현저하게 나타나는 증상에 따라서 하위 유형으로 분류한다. 하위 유형에는 5가지가 있다. 즉 현저한 긴장성 증상(부동증, 과다운동증, 극단적 거부증, 함구증, 반향언어, 반향운동, 자발적 운동의 기이성)이 있는 경우에는 다른 증상의 존재 유무와 상관없이 언제나 긴장형(catatonic type)으로 진단된다. 와해된 언어와 행동 그리고 둔마되거나 부적절한 행동이 현저할 경우에는 언제나 해체형(disorganized type)으로 진단된다. 이때 긴장성 증상이 없어야 한다. 망상형(paranoid type)은 망상에 대한 집착이 있거나 빈번한 환각이 현저한 경우에 진단되며, 긴장형 또는 해체형이 아니어야 한다. 감별불능형(undifferentiated type)은 활성기 증상이 긴장형, 해체형 및 망상형의 진단 기준을 충족시키지 않는 경우에 해당되는 잠정적인 범주이다. 잔류형(residual type)은 적어도 한번 이상 정신분열병 삽화가 있었으나 현재는 활성기 증상, 즉 현저한 망상, 환각, 와해된 언어 그리고 심하게 와해된 행동 또는 긴장된 행동이 없으며 음성증상(예: 둔마된 정동, 빈곤한 언어, 무욕증)이나 2개 또는 그 이상의 악화된 양성증상이 있어서 장해가 지속되고 있을 때 진단 내려진다.

(3) 기분장애(mood disorders)

이 장애는 기분 장해가 주요 특징인 장애들을 포함한다. 다양한 기분 장애를 이해하고 진단하기 위해서 필요한 기분 삽화(mood episodes)들을 먼저 기술한다. 기분 삽화에는 주요 우울증 삽화(major depressive episode), 조증 삽화(manic episode), 혼재성 삽화(mixed episode) 그리고 경조증 삽화(hypomanic episode)가 있다.

주요 우울증 삽화의 필수 증상은 적어도 2주 동안 우울 기분 또는 거의 모든 활동에서 흥미나 즐거움의 상실이다. 소아와 청소년의 경우 기분이 슬프다기보다는 기분이 쉽게 자극받게 되는 과민상태(자극에 쉽게 화를 내는 상태)가 나타난다. 식욕, 체중, 수면, 정신운동 활동에 변화가 일어나고, 에너지가 감소하고 피곤하고 나른하다. 자신이 무가치하다고 느끼며 죄책감이 들기도 한다. 생각하고, 집중하고, 결정을 내리는 데 어려움을 보이고, 죽음에 대해서 반복적으로 생각하고, 자살을 계획하거나 시도한다.

조증삽화는 비정상적으로 의기양양하고 과대적이거나 과민한 기분이 지속되는 기간으로 정의된다. 이러한 비정상적인 기분이 적어도 1주일간 지속되어야하고 기분장애는 다음의 부수증상 가운데 3가지 이상의 증상이 동반되어야 한다; 자존심이 팽창된다. 사고가 과대해진다. 수면욕구가 감소된다. 말이 많아진다. 사고의 비약이 있다. 주의가 산만해진다. 쾌락적인 활동(홍청망청 사들이기, 무모한 운전, 어리석은 사업투자, 비정상적 성행위 등)에 지나치게 몰입하여 고통스러운 결과를 초래한다. 활동이 지나치게 증가한다.

혼재성 삽화는 앞서 설명한 조증 삽화와 주요 우울증 삽화의 증상이 동반되면서 빠르게 교차되는 기분을 경험하는 경우를 말한다. 두 삽화의 기준을 모두 충족시키는 기간이 적어도 1주 이상 지속된다. 경조증 삽화는 비정상적으로 의기양양하고 과대한 기분이 적어도 4일간 지속되는 기간으로 정의된다. 비정상적인 기분이 있는 동안 자존심이 팽창되고 과장된 자신감을 보인다. 조증 삽화와는 달리, 경조증 삽화는 사회적, 직업적 기능에 있어서 눈에 띄는 장해를 유발하거나 입원을 요할 만큼 심각하지 않고 정신증적 양상도 동반하지 않는다.

기분장애는 우울장애(depressive disorders), 양극성 장애(bipolar disorders), 일반적 의학적 상태로 인한 기분장애(mood disorder due to a general medical condition) 그리고 물질로 유발된 기분장애(substance-induced mood disorder)로 나누어진다. 또한 우울장애 범주에는 앞서 설명한 주요 우울증 삽화가 한 번 이상 나타나는 주요 우울장애(major depressive disorder), 적어도 2년 이상 우울 기분이 없는 날보다 우울 기분이 있는 날이 더 많으면서 주요 우울증 삽화의 진단 기준을 충족시키지 않는 기분부전장애(dysthymic disorder)가 있다. 우울장애는 조증, 혼재성, 경조증 삽화의 과거력이 없다는 점에서 양극성 장애와 구별된다.

양극성장애에는 한 번 이상의 조증이나 혼재성 삽화가 있고 보통 주요 우울증 삽화가 동반되는 양극성 장애 I (bipolar I disorder), 한 번 이상의 주요 우울증 삽화가 있고 적어도 한번의 경조증 삽화가 동반되는 양극성 장애 II (bipolar II disorder) 그리고 적어도 2년간 조증 삽화의 진단 기준을 충족시키지 않는 상당 기간의 경조증과 주요 우울증 삽화의 진단 기준을 충족시키지 않는 상당 기간의 우울 증상에 의해 특징지어지는 순환성 장애(cyclothymic disorder)가 있다.

(4) 불안장애(anxiety disorders)

불안(anxiety)은 위협을 받거나 위험에 처했을 때 누구나 경험하는 정서상태다. 위협이 되는 상황에서 불안하고 긴장하지 않는다면 적응할 수 없다. 그러나 불안할 이유가 없는 데도 불안해지거나 과도하게 불안이 심하여 사회생활의 적응이 어려워지고 일상생활이 잘 안 될 정도가 되면 불안장애라고 할 수 있다.

불안장애 범주에 공황발작, 광장공포증, 특정 공포증, 사회공포증, 강박장애, 외상후 스트레스장애, 범불안장애 등이 속한다. 공황발작(panic attack)은 갑작스럽고 극심한 두려움, 공포감이 비정기적으로 일어나는 것으로, 곧 죽을 것 같은 느낌을 동반한다. 이러한 발작이 있는 동안 숨이 가쁘고 심장이 뛰며, 가슴이 답답하고 통증을 느끼며, 미칠 것 같은 두려움이나 자신을 조절할 수 없을 것 같은 두려움 등의 증상이 나타난다.

광장공포증(agoraphobia)은 즉각적으로 회피하기 어려운 장소나 상황에 처해 있거나, 공황발작이나 공황과 유사한 증상이 일어났을 때 도움받기 어려운 장소나 상황에 처해 있다는 데 대한 불안이나 회피라고 할 수 있다.

사회공포증(social phobia)은 사회불안장애(social anxiety disorder)라고도 하는

불안장애 불안할 이유 없이 불안하거나 과도하게 불안하여 일상생활의 적응에 어려움이 있는 경우, 불안장애라 한다.

데 어떤 특정한 사회적 상황이나 활동 상황에 노출되었을 때 심각한 불안이 유발되어 회피 행동을 보인다. 자신이 친숙하지 못한 사람들이나 타인이 주시하는 상황에서 두려움을 느끼고 이러한 상황에서 자신이 수치스럽거나 당혹한 행동을 보이지 않을까 두려워한다. 그리고 자신이 느끼는 공포가 너무 지나치거나 비합리적임을 인식한다.

강박장애(obsessive-compulsive disorder)의 주요 증상은 반복되는 강박적 사고(obsessions)나 행동(compulsions)으로서 가장 흔한 강박적 사고는 오염에 대한 반복적 생각, 반복적 의심(예: 문을 잠그지 않은 채로 나오지 않았는지 의심함), 물건을 질서 있게 정리정돈하고 싶은 욕구, 공격적이거나 두려운 충동(예: 교회에서 음담패설을 늘어놓음) 그리고 성적인 심상(예: 반복되는 호색적 상상) 등이다. 강박적 행동은 반복적인 행동(예: 손씻기, 정돈하기, 확인하기)이나 정신적 활동(예: 기도, 숫자세기, 마음속으로 단어 반복하기)으로서 불안이나 고통을 감소시킬 목적으로 일어난다. 강박장애를 지닌 성인들은 어떤 시점에서 강박적 사고와 행동이 지나치게 불합리하다는 점을 인식한다.

외상 후 스트레스 장애(posttraumatic stress disorder)는 극심한 외상성 스트레스 사건에 노출된 후 극심한 공포, 무력감, 두려움(소아는 지리멸렬하거나 초조한 행동을 보임)을 느끼고, 극심한 외상에 노출된 후 그 사건을 지속적으로 재경험한다. 이때 그 사건에 대한 반복적이고 집요하게 떠오르는 고통스런 회상, 사건에 대한 반복적이고 괴로운 꿈, 마치 외상성 사건이 재발하고 있는 것 같은 행동이나 느낌을 경험한다. 또한 외상과 관련된 자극을 지속적으로 회피하려하며 증가된 각성반응을 보인다.

범불안장애(generalized anxiety disorder)는 여러 사건이나 활동에 대한 지나친 불안이나 걱정을 보이는 것으로 안절부절못하고, 쉽게 피로해지며, 주의집중 곤란과 과민한 기분상태 그리고 수면장해 증상을 동반한다. 그리고 개인은 걱정을 조절하는 것이 어렵다는 것을 안다.

(5) 신체형 장애(somatoform disorders)

이 장애는 실제로 뚜렷한 신체적인 원인이 없는데도 신체적 증상을 호소하는 경우를 말한다. 이 장애는 자신의 증상을 고의로 꾸미는 꾀병과는 다르며 이 장애를 지닌 사람은 실제로 자신이 신체적 장애의 증상이 있다고 믿는다. 이 장애에 속하는 장애에는 자신의 몸에 사소한 신체적 변화만 생겨도 이를 심각한 병의 증거로 해석하고 걱정하며 여러 병원을 돌아다니며 진찰을 하는 건강염려증(hypochondriasis) 그리고 명백한 신체적 원인이 없는데도 신체적 운동기능이 상실되고 감각기능이 마비되는 등의 신체증상이 나타나는 전환장애(conversion disorder)가 있다.

30세 이전에 시작되고 수년에 걸쳐 지속되어 온 여러 신체적 호소에 대한 과거력이 있고, 이로 인해 치료를 받게 되거나 사회적 · 직업적 혹은 다른 중요한 기능 영역에 심각한 장해가 초래되는 신체화장애(somatization disorder)가 있다. 또한 외모의 결함이나 가벼운 신체적 이상에 지나치게 집착하여 사회적·직업적 또는 다른 중요한 기능 영역에서 심각한 고통이나 장해를 초래하는 신체변형장애(body dysmorphic disorder)가 있다. 그리고 통증이 임상 양상의 초점이 되고 통증 때문에 사회적, 직업적, 그리고 다른 중요한 기능 영역에서 심각한 고통이나 장해를 일으키는 동통장애(pain disorder)가 있다.

(6) 성격장애(personality disorders)

성격 특성이란 광범위한 사회적, 개인적 생활 속에서 나타나는 환경과 자기 자신에 대해서 지각하고 관계를 맺고 생각하는 지속적인 방식이다. 성격이 경직되어 있고 미숙하고 융통성이 없으며 이런 성격 특성으로 인하여 사회생활이나 직업활동에서 적응하지 못하는 경우를 성격장애라고 한다. DSM-IV에는 성격장애를 10가지 하위 유형으로 나누고, 또한 증상의 유사성에 따라서 A, B, C의 3군으로 분류하고 있다. A군은 괴상하거나 특이하고 엉뚱한 행동을 주된 특징으로 하는 성격장애들인 편집성, 분열성 그리고 분열형 성격장애가 여기에 속한다. B군은 극적이고 감정적이며 변덕스러운 정서가 주된 특징으로 반사회성, 경계성, 히스테리성 그리고 자기애성 성격장애가 있다. C군은 회피성, 의존성 그리고 강박성 성격장애로 불안과 두려움을 주된 특징으로 한다. 이 성격장애들을 설명하면 다음과 같다.

1) 편집성 성격장애(paranoid personality disorder)

이 장애를 지닌 사람은 타인의 동기가 악의에 찬 것으로 해석하는 등 타인에 대한 불신과 의심이 생활 전반에 광범위하게 퍼져 있다. 의심많고 고집세고 음흉하고 완고하며 규율에 대해 화를 내며 외롭고 불안전하고 불행하다는 생각에 빠져 지낸다. 소망이 이루어지지 않을 때는 시무룩하거나 까다롭고 험악해지는 경향이 있다. 다른 사람들의 태도에 예민하게 신경을 쓰고 행동을 과장하며, 타인들이 자신을 해치려 한다고 오해한다. 유머 감각이 없으므로 다른 사람들에게는 가끔 냉소적이거나 경멸적, 불평불만이 많고 감정이 상한 것처럼, 혹은 화가 난 것처럼 받아들여지기도 한다. 논쟁을 하거나 공격적으로 반응하며 타협할 줄 모른다. 다른 사람을 얕보고 비난하며, 특히 대인관계에서 특징적으로 시비조의 행동을 보인다. 노력, 소심함, 정확성, 즉 강박적 양상 때문에 매우 유능할 수도 있는 반면, 다른 사람에 대한 시기와 질투로 인해 대인관계의 자질이 손상되기도 한다. 권위적인 위치에서는 가끔 폭군적인 행동을 보인다.

2) 분열성 성격장애(schizoid personality disorder)

이 장애의 필수증상은 광범위한 사회적 관계로부터의 고립양상과 대인 관계상황에서의 제한된 감정 표현이다. 이런 행동양식이 성인기 초기부터 시작되고 여러 가지 상황에서 나타난다.

분열성 성격장애를 지니고 있는 개인은 친해지고자 하는 욕구가 없으며 친밀한 관계를 이룰 수 있는 기회에도 무관심하다. 이들은 다른 사람과 같이 있기보다는 혼자서 시간 보내기를 더 좋아한다. 타인의 칭찬이나 비난에 대해 무관심해 보이고 남들이 자기를 어떻게 생각하는가에 대해 별로 신경을 쓰지 않는다. 사회적으로 고립되어 있거나, "고독을 사랑하는 사람"이며 다른 사람과 함께 하지 않는 혼자만의 활동이나 취미를 선택한다. 대부분은 대인관계에서 열등감과 불편감을 느끼며 이성에 대해 무관심하다.

청소년기에는 보통 고집세고 순종하지 않으며, 주장적이고 까다롭고 완고하다. 또한, 병약한 기질을 지니고 쉽게 감정이 상해서 다른 이들의 충고나 감독, 간섭에 대해서 화를 낸다. 분열성 성격자는 "외로운 늑대"라고 불리워지며 타인과 강력한 유대없이 홀로 지내기 좋아한다.

3) 분열형 성격장애(schizotypal personality disorder)

분열형 성격장애의 주증상은 친밀한 대인관계를 맺지 못하며 인지적, 지각적 왜곡, 기이한 행동 등 광범위한 양상으로 나타난다. 때때로 착각, 이인감 혹은 이현실감을 경험한다. 언어가 이상하기도 하며 단어 사용이 정상적이지 않지만 지리멸렬하지도 않고 연상의 이완을 나타내지도 않는다. 사회적으로 고립되어 있으며 위축되어 있고 가끔 부적절한 감정의 교류 때문에 대인관계에 문제를 일으키기도 한다. 불안이나 다른 정동장애의 증거들이 나타나기도 하고 사회적 기능과 직업적 기능 모두에 한계를 가져온다. 생활에 심각한 장애가 생기면 단기반응성 정신증이 나타나기도 한다.

4) 반사회성 성격장애(antisocial personality disorder)

반사회적 성격장애를 가진 개인은 생활 전반에 걸쳐서 타인의 권리를 무시하거나 침해하는 행동을 보이며, 이런 행동은 소아기 또는 사춘기 초기에 시작되어 성인기까지 지속된다. 속임수와 조종이 반사회적 성격장애의 주요 특징이기 때문에 체계적이고 임상적 평가와 주변에서 모은 정보를 종합하는 것이 특히 중요하다. 또한 미래에 대한 계획을 세우지 못하는 충동적인 행동도 보인다.

5) 경계성 성격장애(borderline personality disorder)

이 장애의 주 증상은 대인관계와 자아상 및 정동(affect)에서의 불안정성 그리고 심한 충동성이 광범위하게 나타나는 것으로 성인초기에 시작된다. 버림받는 것에 대해서 불안을 느끼고 부적절하게 분노를 표출하기도 한다. 반복적으로 자살을 시도하기도 하고 현저한 기분변화를 보인다.

6) 히스테리성 성격장애(histrionic personality disorder)

이 장애의 주증상은 광범위하고 지나친 감정표현과 관심을 끄는 행동이다. 이 장애를 지닌 개인은 자신이 관심의 초점이 되지 못하면 불편을 느끼고 진가를 인정받지 못하고 있다고 느낀다. 또한 모습이나 행동이 상황에 어울리지 않게 성적으로 도발적이거나 유혹적일 때가 많다. 감정표현은 깊이가 얕고 쉽게 변화하며 용모를 이용하여 상대방의 호감을 사려하기 때문에 대부분의 시간, 정력, 돈 등을 옷이나 치장하는 데 쓴다. 히스테리성 성격자들은 감정표현이 불안하고 감정이 변덕스럽고 감정폭발을 잘 한다. 이 유형의 여성은 성적 행동에서 자극적이며 요염하고 비성적 관계를 성애화한다. 실제로 거세게 남성에게 항의를 하는 여성은 불감증과 성적 두려움이 있기도 하다. 관심을 끌려는 행동은 질적으로 의존 욕구와 갈망의 표현이다. 이 유형의 많은 여성들이 어린 시절에 응석을 부리고 과잉보호를 받으며 자랐다는 것은 고려해 볼 만한 점이다. 사회활동에 적극적으로 참여하기도 하지만 현실적으로 좌절될 때는 대처하지 못한다. 이러한 여성들은 성적 충동에 대한 두려움을 지니지만 그녀에게 열렬하게 구애하는 남자를 통해 안정감과 힘을 성취하려고 유혹적인 행동을 한다. 이들은 비밀스럽게 남자들을 정복하는 방법으로 남자들에게 대항하여 경쟁하고 여자들과는 배타적인 수단으로 대항한다.

7) 자기애성 성격장애(narcissistic personality disorder)

자기애성 성격장애의 필수증상은 자신의 중요성에 대한 과장된 지각, 칭찬에 대한 욕구, 감정이입의 결여 등이 광범위하게 나타난다. 이 장애가 있는 개인은 자신의 중요성을 과장되게 지각하고 자기능력을 항상 과대 평가하며 교만하고 으시댄다. 이들은 끝이 없는 성공에 대한 환상과 권력, 탁월함, 아름다움 또는 이성적 사랑에 대한 환상에 자주 사로잡혀 있다. 또한 이들은 자신이 우월하고 특별하고 독특하다고 믿고 타인들도 그렇게 인정해 주기를 기대한다. 그리고 일반적으로 지나친 찬사를 요구한다.

8) 회피성 성격장애(avoidant personality disorder)

이 장애의 주 증상은 사회적 위축, 부적절함, 자신의 부정적 평가에 대한 과민성이다. 회피성 성격을 지닌 개인은 비난, 꾸중 또는 거절의 두려움 때문에 대인 접촉이 많은 학교나 직장생활을 피한다. 그리고 자신을 비난하지 않고 인정해 주며 호감을 가져 주는 친구라는 확신이 생길 때만 친구를 사귄다. 이들은 자신이 사회적으로 무능하고 개인적인 배려가 없어서 스스로를 열등하다고 생각한다.

9) 의존성 성격장애(dependent personality disorder)

의존성 성격장애의 주 증상은 보호받고 싶어 하는, 광범위하며 지나친 욕구로서 복종적으로 되고 상대방에게 매달리며 헤어지는 것을 두려워한다. 이 장애를 지닌 개인은 타인의 많은 충고와 조언 없이는 일상적인 일에서도 결론을 내리지 못한다. 이들은 수동적이며 타인으로 하여금 주도권을 갖고 자신의 인생의 중요한 영역에 대한 책임을 감당하도록 한다. 이들이 보이는 대표적인 의존행동은 어디서 살아야 하며, 어떤 직업을 가져야 하고 어떤 사람과 사귀어야 하는지를 스스로 결정하지 못하고 부모나 배우자에게 의존하는 것이다. 이들은 의지할 사람을 잃을까봐 의존하는 상대에게 반대의견을 말하지 못한다.

10) 강박성 성격장애(obsessive-compulsive personality disorder)

이 장애의 필수증상은 정리정돈, 완벽주의, 마음의 통제와 대인관계의 통제 등으로, 융통성, 개방성, 효율성이 없다. 이 장애를 지닌 개인은 규칙, 사소한 세부사항, 절차, 목록, 시간계획이나 행동에 힘겹게 매달려서 조절감을 유지하려고 하지만, 그러다 보면 일의 큰 흐름을 잃고 만다. 그리고 이들은 계획한 일을 모두 완벽하게 성취하려 하기 때문에 끝내 그 계획을 완성하지 못한다. 또한 여가활동이나 친구와 만나는 시간을 희생하고 지나치게 일과 생산성에 전력을 쏟는다. 이런 행동은 꼭 경제적 필요성 때문만은 아니다. 또한 이들은 도덕, 윤리에 지나치게 양심적이고 고지식하며 융통성이 없으며 무가치한 물건을 버리지 못하고 타인에게 일을 맡기거나 함께 일하기를 꺼려한다.

(7) 섭식장애(eating disorders)

섭식장애는 섭식행동에서의 심한 장애로 특징지어진다. 섭식장애에는 신경성 식욕부진증(anorexia nervosa)과 신경성 폭식증(bulimia nervosa)이 있다. 신경성 식욕부진증 환자는 최소한 정상적인 체중을 유지하는 것을 거부하고 체중 증가에 대한 심한 공포를 느끼며 체형과 신체 크기에 대한 심각한 지각 장해를 보인다. 신경성 폭식증은 폭식 후, 구토를 스스로 유도해 내며, 하제나 이뇨제 또는 기타 약물을 남용하거나 단식이나 지나친 운동 등과 같은 부적절한 보상 행동을 반복적으로 하는 것이 특징이다. 폭식(binge eating)이란 2시간 이내에 대부분의 다른 사람들이 동일한 상황에서 먹는 것보다 더 많이 음식을 먹고, 먹는 데 대한 조절 능력이 상실된 경우를 말한다. 이 장애에서도 체형과 체중에 대한 지각 장애가 나타난다. 즉, 자신의 체중이 많이 나가지 않는데도 불구하고 비만이라고 여기거나 신체의 특정 부위가 너무 비만하다고 걱정한다.

(8) 치매(demantia)

치매의 필수증상은 기억장해와 실어증(aphasia: 사람과 사물의 이름을 말하는 데의 어려움), 실행증(apraxia: 운동기능, 감각기능 그리고 지시를 이해하는 기능이 정상인데 어떠한 운동행동을 실행하지 못하는 것), 실인증(agnosia: 감각기능이 정상인데 사물을 인지하거나 구별하지 못함), 실행기능의 장해(executive function disturbance: 계획, 조정, 유지, 추상적 사고능력) 등의 인지결함으로 인해서 사회적 기능이 장해를 받는 것이다. 그러나 이전의 인지결함이 병전 기능의 수준보다 저하되어야 한다. 이런 증상을 보이는 원인을 근거로 치매유형을 분류한다. 대표적인 유형으로 Alzheimer형 치매(demantia of the Alzheimer's type)가 있으며 이 치매의 진단은 치매증상이 서서히 발병하여 지속적인 인지기능의 저하를 초래하고, 치매의 직접적인 병리적 증거를 찾기 힘들 때 내려진다. 다음은 혈관성 치매(vascular demantia)로 이 치매의 진단은 치매의 원인이 뇌혈관 질환(즉, 국소적 신경학적 징후 및 증상 또는 검사소견)과 관련될 때 내려진다. 그리고 다른 일반적 의학적 상태(예: HIV, 두부외상, Parkinson병, Huntington병, Pick병, Creutzfeldt-Jakob병)로 인한 치매가 있다

(9) 다른 곳에 분류되지 않는 충동조절장애 (impulse control disorders not elsewhere classified)

이 범주에는 공격적인 충동을 통제하지 못해서 파괴적인 행동이나 물건 파손을 보이는 간헐적 폭발장애(intermittent explosive disorder), 개인에게 필요하거나 돈 때문이 아니라 훔치는 그 자체에서 느끼는 즐거움, 만족, 안정감을 위해서 물건을 훔치는 충동을 억제하지 못하는 병적 도벽(kleptomania), 그리고 금전적 이득이나 범죄행위를 숨기기 위해서, 또는 분노나 복수를 위해서가 아니라 방화 자체에서 즐거움을 느끼는 병적 방화(pyromania), 자신의 머리카락을 뽑는 데서 기쁨을 느끼고 이런 행동을 조절하지 못하는 발모광(trichotillomania)이 있다. 마지막으로 주기적으로 도박에 대해서 자기 통제력을 상실하고 도박과 도박으로 딴 돈에 대한 집착, 그리고 부정적인 결과에도 불구하고 계속해서 부적응적인 도박행동을 하는 병적 도박(pathological gambling)이 이 범주에 속한다. 특히 한국 사회에서 합법적 도박산업의 규모가 증가해짐에 따라 도박으로 인한 개인의 심리적 · 사회적 문제도 심각하게 나타나고 있다(김교헌, 2002; 김교헌 · 성한기 · 이민규, 2002; 김교헌, 2003a, 2003b; 김교헌 · 권성중, 2003; 이민규 · 김교헌 · 김정남, 2003).

(10) 문화특정적 증후군(culture-bound syndromes)

앞서 이상행동의 정의 가운데 하나의 기준으로 사회적 규범을 제시한 바 있다. 한 개인의 심리적 장애를 진단할 때 그 개인이 속한 민족적, 문화적 상황을 고려하는 일이 무엇보다 중요하다. 특정 진단 기준에 부합하든 하지 않든간에 반복해서 지역적으로 특정하게 나타나는 이상한 행동양상 및 고통스러운 경험을 문화특정적 증후군이라고 한다. 우리나라의 문화특정적 증후군은 홧병(hwa-byung)으로 영어로는 분노 증후군(anger syndrome)으로 번역되며, 분노를 억제함으로써 불면, 피로, 공황, 임박한 죽음에 대한 두려움, 우울한 감정, 소화불량, 식욕부진, 호흡곤란, 빈맥, 전신동통 및 상복부에 덩어리가 있는 듯한 느낌 등의 증상을 보인다. 또한 신병(shin-byung)은 초기에 불안과 신체적 호소(전신허약감, 어지러움, 공포, 식욕부진, 소화기계 문제)를 특징으로 하며, 뒤따르는 해리(의식이나 기억, 자신이 누구인지에 대한 지각, 환경에 대한 지각의 통합

기능의 붕괴)현상과 조상의 영혼에 의해 사로잡히는 한국의 민속적 증후군이다.

4. 심리치료

심리치료(psychotherapy)란 심리학적 지식을 활용하여 심리장애로 고통을 받고 있는 사람들의 문제를 해결해 나가는 과정을 말한다. 심리장애를 설명하는 관점에 따라서 다른 치료 방법을 사용할 수 있다. 여기서는 이상행동을 설명하는 신경생물학적 관점을 제외하고 널리 적용되고 있는 몇 가지 심리치료들에 대해서 살펴보고자 한다.

(1) 정신분석치료(psychoanalysis)

이 치료는 이상행동이나 심리장애가 주로 아동기의 억압된 충동과 갈등에서 생긴다고 가정한다. 따라서 치료자는 내담자의 억압된 무의식적 갈등을 의식화시켜 줌으로써 내담자는 그 갈등으로부터 자유로워질 수 있다. 따라서 이 정신분석 치료의 목적은 증상의 제거가 아니라 무의식적 충동이나 갈등을 의식화하여 현실적이고 자유로운 선택을 할 수 있는 능력을 배양하도록 하는 데 있다. 무의식적 갈등이나 좌절의 요소를 의식화하는 방법으로 자유연상, 해석, 꿈의 분석, 저항분석 그리고 전이의 분석 등을 사용한다. 치료 과정은 내담자와의 대화에서 정화로, 정화에서 통찰로, 통찰에서 무의식적 문제를 다루는 과정을 통해 성격의 변화를 유도하는 지적이고 정서적인 이해와 재교육의 목표를 향해 나가는 것이다.

(2) 행동치료(behavioral therapy)

이 치료는 심리장애를 학습된 것으로 보며 연합학습원리와 조작적 조건형성을 사용해서 심리장애를 교정한다. 달리 말해서 행동 치료의 목표는 심리장애에 수반되는 여러 가지 부적응적 행동을 소멸시키거나 바람직한 행동으로 바꾸는 일이다. 이 과정에서 행동을 직접 변화시키기보다 그 행동에 선행하는 조건이나 후속하는 조건을 변화시킴으로써 행동의 맥락을 변화시킨다. 행동치료에는 고전적 조건형성, 조작적 조건형성 그리고 사회학습이론에 근거한 기법들이 있다. 고전적 조건형성과 관련된 기법에는 문제 행동을 유발하는 자극과 새로운 반응을 연합시킴으로써 문제행동을 새로운 반응으로 대치하는 역조건화가 있다. 이 역조건화를 이용한 대표적인 기법이 체계적 둔감법이다. 이 기법은 비현실적인 불안을 일으키는 사건들을 단계적으로 이완반응과 연합시켜 불안을 극복하도록 한다. 또 다른 치료법으로 문제행동을 혐오자극과 연합시켜 문제행동의 빈도를 감소시키는 혐오치료가 있다. 혐오치료에는 다양한 혐오자극이 쓰이고 있는데 가장 보편적인 방법으로 전기충격을 사용한다. 즉 바람직하지 않는 행동, 사고 또는 어떤 자극을 쇼크와 적절히 연결시킴으로써 점차 그들에 대한 혐오반응이 생기게 하는 방법이다. 혐오치료는 윤리적인 문제가 따른다.

조작적 조건형성과 관련된 기법으로 토큰경제와 바이오피드백을 들 수 있다. 토큰경제기법은 여러 가지 바람직한 행동 및 습관을 미리 정해놓고 이를 토큰을 사용하여 체계적으로 강화한다. 즉, 바람직한 행동을 하면 토큰을 주어 이 토큰을 나중에 자신이 필요한 물건이나 행동(외박, 영화보기 등)으로 바꾸어 사용할 수 있게 한다. 바이오피드백은 사람이 의도적으로 통제할 수 없는 자율신경계통의 생리적 반응을 통제하는 것을 학습하는 기법이다. 치료과정에서 자신이 정상적으로는 인지할 수 없는 생리적 과정, 즉 뇌파, 혈압, 근전도, 심장박동 등에 대한 정보를 즉각적으로 그리고 계속적으로 받게 될 뿐만 아니라 자기 스스로 조절하는 방법을 익히게 된다. 바이오피드백은 긴장성 두통, 편두통, 위궤양, 기침, 고혈압, 순환장애 등과 같은 정신생리학적 장애의 치료에 효과적이다. 이 바이오 피드백은 일상적인 이완훈련과 결합하여 사용하면 매우 유용하다.

(3) 인지-행동치료(cognitive-behavioral therapy)

이 치료는 인간의 행동이 '인지' 즉, 생각이나 신념에 의해서 매개된다고 가정하고, 문제 행동과 관련된 내담자의 인지체계를 바꿈으로써 문제 행동을 변화시킨다. 인지치료는 내담자의 심리적 문제에 기여하는 인지적 왜곡을 바로 보게 하여 보다 정확한 평가와 해석을 하게 하는 과정이다. 인지치료는

Ellis(1979)의 합리적 정서치료와 Beck(1979)의 인지행동 치료로 대표된다.

합리적 정서치료의 목표는 문제행동을 만들어내는 비합리적이고 자기패배적인 신념을 극소화하고 삶에 대하여 보다 현실적이고 합리적인 가치관을 갖게 하는 데 있다. Ellis의 치료를 흔히 ABCDE 공식으로 설명한다. A(antecedent events)는 스트레스를 유발하는 선행사건을 의미하고, B(beliefs)는 선행사건에 대한 의미를 해석하는 인지적 과정을 뜻하며, C(consequence)는 그 결과로 나타난 정서적 행동적 상태를 의미한다. Ellis는 B의 과정에서 비합리적인 생각과 신념이 심리장애를 유발하는 중요한 원인이라고 보고 이러한 비합리적인 생각을 바꾸는 일이 치료의 중요한 요소라고 본다. 따라서 치료자는 내담자의 비합리적인 생각과 신념에 대해서 논박하게 되는데 이것이 D(dispution)이다. 그 결과 내담자는 보다 합리적인 신념으로 대체하게 되고 삶을 효율적으로 살아가는 철학을 갖게 하는 것이 E(efficient philosopy)이다. 사람들이 흔히 보이는 비합리적인 신념에는 '주위의 모든 사람들로부터, 항상 사랑과 인정을 받아야 한다.' '모든 면에서 반드시 유능하고 성공적이어야 한다.' '인간의 불행은 외부환경 탓이기 때문에 인간의 힘으로는 바꿀 수 없다.' '남의 도움 없이 스스로 할 줄 알아야 한다. 그렇지 않으면 존경이나 인정을 받을 가치가 없다' 등이 있다.

Beck(1979)의 인지행동 치료는 내담자로 하여금 자기패배적이고 역기능적인 신념 및 사고를 자각하고 변화하게 한다는 점에서 합리적 정서치료와 근본적으로 유사하다. 그러나 합리적인 정서치료가 매우 지시적이고 직면적인 데 비해서, 인지행동치료는 소크라테스식의 대화술을 강조하며 내담자가 자신의 잘못된 신념을 대화를 통해서 발견할 수 있도록 돕는다. 이 치료법은 우울장애, 불안장애, 섭식장애 및 신체형 장애에 널리 사용되고 있다.

인지행동치료의 절차를 구체적으로 살펴보면 다음과 같다. 먼저 내담자와의 치료동맹 관계형성(라포형성)이 무엇보다 중요하다. 따라서 치료자는 초기단계에서 내담자에게 기본적인 예절을 지키고 전문가적인 태도로 내담자의 말에 공감을 가져주어야 한다. 치료동맹관계가 형성된 후 내담자를 평가한다. 이때 내담자의 심리적 문제의 심각성, 자살위험도, 생활상의 문제, 일반적 건강상태, 심리적 문제의 촉발 또는 유지요인, 환경적 · 사회적 지지유무 등의 치료과정에 필요한 내용들을 평가한다. 그런 다음 인지행동치료의 원리와 치료과정을 설명해준다(인지치료교육). 치료자는 내담자의 생각이 기분과 행동에 영향을 미친 구체적인 예를 들어 설명하고 이 치료방법을 설명해 놓은 소책자를 이용하는 것이 좋다. 그런 후 초기단계에서 얻은 내담자의 정보에 기초해서 사례를 개념화(formulation)하여 치료가 나아갈 방향을 잡는다. 이때 문제목록을 만들어 핵심기제에 대한 가설을 세워서 현재 문제를 촉발시킨 다음 요인과 핵심기제를 관련시켜 보고 치료의 방해요인을 예상해 본다. 인지변화를 일으키기 위한 준비단계로 행동기법들을 사용하여 행동의 변화를 준다. 그런 후 내담자 자신의 생각에 주의를 기울이고 그 생각이 현실적으로 얼마나 타당한가를 검토하는 인지적 재구조화를 한다.

인지적 재구조화 과정의 첫 단계는 '자동적 사고(automatic thought)'를 파악하는 일이다. 자동적 사고는 특정상황에서 내담자에게 떠오르는 생각이나 심상을 말한다. 자동적 사고를 찾는 일은 어려운 일이므로 먼저 자동적 사고를 찾는 일을 연습하는 것이 필요하다. 어떤 상황 또는 일이 있었을 때 '그때 어떤 생각이 들었나요?' 등의 질문을 통해서 자동적 사고를 이끌어 낸다. 자동적 사고의 내용이 현실적으로 타당한지를 평가하기 위해서 소크라테스적 논답법을 사용한다. 그렇게 생각할 만한 근거가 무엇인지? 그 배경적 이유에 논리적 오류(흑백논리, 부정적 측면에 초점, 극단적 생각, 자기 탓, 당위진술, 감정적 추론 등)가 없는지 살펴보고, 다르게 생각할 수는 없는가? 다른 사람들이라면 그 상황을 어떻게 생각할까? 라고 물어 봄으로써 자기의 생각을 열린 마음으로 객관적으로 평가할 심리적 거리를 둔다. 만일 내담자 생각대로 일이 일어난다면, 결과가 과연 끔직할까? 어떻게 해 볼 도리가 없을까?라고 질문하는 것도 자동적 사고의 현실검증에 도움이 된다. 이외에 이득손실분석, '마치-처럼' 행동하기(acting "as if"), 행동실험(behavioral experiments) 등의 방법도 자동적 사고를 수정하는 데 사용된다.

자동적 사고를 현실적으로 검증한 후 어떤 특별한 상황이나 사건에 관계된 생각이 아닌 내담자의 생활 전반에 영향을 미치는 추상화된 가정이나 생각인 역기능적 태도를 재구성한다. 역기능적 태도는 자동적 사고보다 밝혀내기 어려우며 어느 정도 추론이 필요하다. 자동적 사고가 나무의 잔가지라면 역기능적 태도는 나무의 몸통이나 뿌리로 볼 수 있다. 자동적 사고의 수정방법들을 통해서 역기능적 태도도 변화시킴으로써 보다 핵심적인 신념을 재구성하여 재발 위험을 최소화할 수 있다.

마지막으로 치료를 종결하는 일인데, 이때 내담자와 치료자가 역할 바꾸기 절차(role-reversal procedure)를 통해서 앞으로 내담자에게 나타날 수 있는 문제에 대처하는 방법을 연습하게 하고, 때로 점진적으로 치료회기를 줄여갈 수도 있다.

(4) 인본주의적 치료

이 치료는 과거보다 현재를 강조하고 무의식적 경험보다는 의식적 경험을 중시하며 객관적 환경요인보다 주관적 심리요인에 관심을 가지고 정서를 통제하기보다 정서표현에 초점을 둔다. 인본주의적 치료방법에는 Carl Rogers(1942)가 창안한 인간중심치료(client-centered therapy), Fritz Perls(1948)가 창시한 게슈탈트 치료 그리고 1940년대와 1950년대 유럽의 몇몇 심리학자와 정신의학자에 의해서 생겨난 실존치료가 있다.

인간중심의 치료의 목표는 치료자가 내담자에게 진실성을 가지고 내담자를 조건 없이 긍정적으로 존중해 주고 정확한 공감적 이해를 해 줌으로써 한 개인이 충분히 기능하는 건강한 심리적 성장을 하도록 돕는 일이다.

게슈탈트 치료는 현상학적이면서 대화적이며 즉각적인 현재 경험을 더 명료하게 하며 자각을 증진시키는 데 초점을 둔다. 이 치료에서는 인간의 행동이 환경 속에서 각 요소들과 상호 역동적으로 관련되어 나타나는 하나의 전체라고 본다.

자각(awareness: 알아차림)이란 개체가 자기의 유기체적 욕구나 감정을 지각한 다음에 게슈탈트로 형성하여 전경으로 떠올리는 행위를 말하며, 전경으로 떠오른 게슈탈트를 해소하기 위해 환경과 상호작용하는 행위를 접촉이라고 한다(김정규, 1995). 내담자의 자각(게슈탈트의 형성)과 환경과의 접촉(게슈탈트의 해소)을 증진시키기 위해서, '신체자각', '언어자각', '과장하기', '반대로 하기', '머물러 보기'등의 기법들을 사용할 수 있다.

실존치료는 실존주의를 기반으로 나온 치료법으로 실존분석(dasein analysis)과 의미치료(logotherapy)가 있다.

(5) 가족치료

가족치료(family therapy)는 개인이 지닌 심리적 문제들의 주요 원인이 가족 간의 해결되지 않은 갈등에 있다고 전제하고, 가족구성원들간의 관계를 변화시킴으로써 개인의 문제 행동을 수정하는 치료방법이다.

가족치료의 형태는 다양하나, 치료과정의 다양한 측면 가운데 어떤 것을 강조하느냐에 따라서 크게 대상관계, 가족관계, 구조적 가족치료 그리고 전략적 개입으로 나눈다.

이 가운데 가장 널리 사용되고 있는 가족치료의 형태는 아르헨티나 출신의 Salvador Minuchin(1974)이 발전시킨 구조적 가족치료(structural family therapy)이다. 이 구조적 가족치료에서는 가족구성원들간의 유연성 있는 가족구조를 만들어 적응적이고 효과적인 관계로 변화시킨다.

달리 말해서 구조적 가족치료자는 가족관계에서 변화를 수용하고 가족구성원들간의 정서적 교류가 유연하게 되도록 가족을 재구조화시킨다.

(6) 여성주의 치료

여성주의 치료(feminist therapy)의 기본 복표는 개인 내담자와 사회 전체의 변화다. 개인적 수준에서, 여성주의 심리치료자들은 여성이나 남성이 자신의 개인적 힘을 인식하여 주장하고 받아들이도록 돕는다. 이런 과정을 통해서 성역할의 사회화에 따른 제약으로부터 자유롭게 되어 자신의 삶을 위한 자신만의 대안, 선택, 가치를 확정할 수 있다고 본다. 사회적 수준에서, 이 치료는 의식화된 정치적 시도다. 즉, 현재 가부장적 체제를 여성주의 의식으로 대치해 사람 관계에서 형평성을 중요하게 여기고, 여성이 사회요구에 의해 자신을 정의하지 않고 스스로 정의하도록 독려하는 사회를 만드는 것이다.

(7) 집단치료

집단치료는 한 명 또는 그 이상의 치료자가 여러 사람들로 이루어진 집단을 대상으로 치료하는 방법이다. 이 치료는 심리학에 관한 이론적 접근방식에 따라서 정신분석적 집단치료, 행동주의적 집단치료, 인지행동적 집단치료, 인본주의적 집단치료 등으로 구분된다.

집단치료는 다양한 목표, 기법 및 목적과 더불어 많은 형태와 크기로 이루어진다. 어떤 집단치료는 병원 장면에서 수행되기도 하며, 매일 혹은 주당 몇 차례씩 행해진다. 집단심리치료는 유사한 문제를 겪고 있는 사람들에게 유용한 정보를 제공하거나 대인관계 기술을 발달시키는 데 초점을 두기도 한다(손

심리치료 심리치료는 심리학적 지식을 활용하여 심리장애로 고통을 받고 있는 사람들의 문제를 해결해 나가는 과정이다.

정락, 2000). Yalom(1985)에 따르면 집단치료는 참가한 집단구성원에게 정보를 제공하고 걱정을 다루는 방법을 익힘으로써 희망을 주며, 다른 사람들을 도와주는 행동을 하게 함으로써 자존감과 확신을 향상시켜 준다. 또한 집단구성원들은 삶의 의미를 배우고 그 삶이 항상 자신의 계획처럼 되는 것이 아니며, 외로움을 느끼는 것이 일반적이라는 사실을 배운다.

◆ 생각해 볼 문제

1. 정상행동과 이상행동을 구별하는 기준은 무엇인가?
2. 이상행동의 원인은 무엇인가?
3. 유아기, 소아기, 청소년기에 처음 진단된 심리장애에는 어떤 것이 있는가?
4. 정신분열증의 특징적인 증상은 무엇일까?
5. 기분장애의 특징적인 증상은 무엇이며, 이 범주에 해당하는 장애들은 무엇일까?
6. 불안장애의 주 증상은 무엇이며, 어떤 장애들이 이 범주에 속할까?
7. 신체적 장애 범주에 속하는 장애에는 무엇이 있을까?
8. 성격장애가 무엇이며 어떤 유형이 있을까?
9. 섭식장애란 무엇일까?
10. 심리치료에는 어떤 방법들이 있고 각 심리치료 방법의 특징은 무엇일까?

제17장

조직생활에서 심리학의 응용

1. 준거개발
2. 직무분석
3. 인사선발
4. 직무수행 평가
5. 작업동기
6. 리 더 십
7. 직무만족 및 조직태도

◆ 생각해 볼 문제

심리학은 인간의 행동과 정신과정을 과학적으로 연구하는 학문으로 그 관심 분야가 매우 넓다. 그 중에서도 산업 및 조직 심리학(industrial & organizational psychology)은 정부 조직이나 기업조직 등의 산업 장면에서 나타나는 인간의 행동과 정신과정을 다룬다. 예컨대, 컴퓨터 프로그래머라는 직무를 효과적으로 수행하는 데 요구되는 인간의 능력과 성격 요인들은 무엇일까? 그러한 요인들을 적절히 측정하려면 어떻게 해야 하는가? 공무원 개개인의 직무수행 능력과 업적을 정확하고 공정하게 평가하기 위해서는 어떤 방법이 필요한가?(이상은 인사심리학; personal psychology). 직장인의 근로의욕과 사기가 저하되는 이유는 무엇인가? 그들의 직무수행 동기를 높이기 위해서는 어떻게 해야 하는가? 상사와 부하간의 갈등은 왜 발생하며, 상사가 효과적으로 리더십을 발휘하기 위해서는 어떤 요인들을 이해해야 하는가?(이상은 조직심리학; organizational psychology). 소비자들이 A제품보다 B제품을 더 선호하는 이유는 무엇이며, 그들의 제품 선호도를 높이기 위한 광고전략은 무엇일까?(이상은 소비자심리학; consumer psychology). 사람들이 사용하기에 편리하고 안전하도록 기계를 디자인하려면 먼저 인간의 어떤 측면들을 이해하고 있어야 할까?(이상은 공학심리학; engineering psychology). 이상과 같은 질문들에 대해서 과학적으로 그 답을 구하기 위해서는 다양한 심리학적 지식이 응용되어야 하며, 산업 및 조직 심리학은 이러한 관심사를 추구하는 심리학의 한 분야이다. 오늘날 기업들은 국가간 장벽이 없는 무역질서 속에서 세계경쟁(global competition)을 하고 있으며, 정보기술의 혁명, 산업 구조조정 등은 직장과 일의 세계를 급격히 변화시키고 있다. 이에 따라 조직을 관리하고 경영함에 있어서 산업 및 조직심리학적 지식들은 그 어느 때보다도 더 중요해지고 있으며, 산업 및 조직심리학자들은 여러 가지 조직의 문제들에 대해 과학적 분석과 연구 지식을 바탕으로 많은 도움을 제공하고 있다. 오늘날 대부분의 거대 다국적 기업들은 산업 및 조직심리학자들을 다수 고용하고 있으며, 대학, 병원, 공무원 조직 등의 비영리조직이나 소규모 기업에서는 산업 및 조직심리학자들의 자문을 빈번히 요구하고 있다.

1. 준거개발(criterion development)

산업 및 조직심리학에서는 개인의 능력이나 실적 또는 어떤 대상이나 절차를 평가하는 경우가 많은데, 이때 사용되는 평가의 기준을 준거(criteria)라고 한다. 예컨대, A와 B 두 지원자 중 누가 더 우수한 영업 사원의 자질을 보유하고 있는지를 파악하려면 적절한 준거가 먼저 개발되어야 한다. 준거에는 다시 세 종류가 있다. 실제로 측정할 수 없는 추상적 이론개념을 궁극적 준거(ultimate criteria)라고 하고, 궁극적 준거를 규정하는 하위 차원이나 요인들을 개념준거(conceptual ctiteria)라고 하고, 개념준거에 대한 측정치들을 실제준거(actual criteria)라고 한다. 위의 예에서는 우수한 영업 사원이라는 추상적 개념이 궁극적 준거가 된다. 우수한 영업 사원의 자질을 확인하려면 하위 개념들이 필요하다. 예를 들어, 지적 능력, 대인관계 능력, 설득력의 세 가지가 우수한 영업 사원에게 요구되는 능력이라면 그것들이 개념준거가 된다. 끝으로 이들을 실제로 측정할 수 있는 측정치들을 개발함으로써 준거개발이 완료하게 되는데, 예를 들어 지적 능력은 IQ점수나 학점으로 측정하고, 대인관계 능력은 학창시절의 교외 활동이나 지도교수의 추천서로 평가하고, 설득력은 입사 면접을 통해서 확인한다면 그것들이 실제준거가 된다.

동일한 인물에 대한 사람들의 평가는 서로 다를 수도 있는데, 그 이유는 각 사람이 평가에 사용하고 있는 개념준거가 서로 다르거나 또는 실제준거가 다르기 때문이다. 따라서, 모든 평가에 있어서는 먼저 적절한 준거의 개발이 가장 선행되어야 할 문제이다.

준거개발에 있어서 또 한가지 고려해야 할 점은 개념준거와 실제준거간의 차이에 관한 문제이다. 이 세상에 개념준거와 100% 일치하는 실제준거는 존재하지 않는다. 예컨대, 학점을 통해서 그 사람의 지적 능력을 가늠한다고 할 때, 학점이 곧 한 개인의 지적 능력을 100% 다 나타내 주지는 못한다는 것이다. 물론, 학점에는 지적 능력이 반영되는 부분이 있다. 이처럼 실제준거와 개념준거가 일치하는 부분을 준거 관련성(criterion relevance)이라고 한다. 학점에는 지적 능력 이외에도 개인의 노력과 성취동기가 반영된다. 이처럼 실제준거 중에서 개념준거와 관련 없는 부분을 준거오염(criterion contamination)이라고 한다. 지적 능력을 학점을 통해서만 평가한다면, 측정하지 못한 나머지가 상당히 많게 된다. 이처럼 개념준거 중에서 실제준거가 표현하지 못한 부분을 준거결핍(criterion deficiency)이라고 한다. 좋은 준거란 준거오염이나 준거결핍이 작고, 상대적으로 준거 관련성이 높은 준거를 말한다.

2. 직무분석(job analysis)

다음과 같은 상황들을 생각해 보자. 신입사원들을 모집하고 선발할 때 어떤 시험을 치르도록 할 것인가? 같은 공무원 중에서도 교사와 경찰관, 소방관의 월급 차이는 얼마나 두어야 할까? 각기 다른 직무를 수행하고 있는 직원들에게 알맞은 교육훈련은 무엇일까? 다양한 직무에 종사하고 있는 사람들의 직무수행 평가는 어떤 근거에 기초해야 하는가? 이상과 같은 질문들에 대해 적절한 답을 구하기 위해서는 무엇보다도 직무분석이 선행되어야 한다.

직무분석이란 직무를 성공적으로 수행하는데 요구되는 인간의 능력에 관한 직무요건들(job requirements)과 해당 직무에서 실제 수행되는 구체적인 과제 행동들에 관한 직무명세(job specification) 그리고 물리적, 기계적, 사회적 직무환경들(job environment)에 관한 정보를 분석하는 것이며 이상의 것들을 분석하여 기술해 놓은 것을 직무기술서(job description)라고 한다.

직무분석을 위해서는 위의 세 가지 정보들을 먼저 수집해야 하는데, 이를 위해서는 실제 직무 종사자들, 그들의 상사 또는 감독자 및 직무분석 전문가(산업심리학자)가 삼위일체를 이루어 협조해야 한다. 해당 직무에서 실제 수행되고 있는 과제 행동들을 중심으로 직무를 분석하는 것을 과제중심의 직무분석이라고 하며 그 절차는 다음과 같다. 먼저 직무 지침서, 종업원 및 감독자와의 면접, 직접 관찰 등을 통해 각각의 과제 행동들을 하나의 문장으로 표현한 진술문들을 수집한다. 그 다음 설문조사를 통해서 각 과제행동 진술문에 대한 빈도(그 행동이 해당 직무에서 얼마나 자주 수행되는가), 중요도(그 행동이 해당 직무에서 얼마나 중요한가) 및 난이도(그 행동이 상대적으로 얼마나 어려운가) 등을 평가한다. 이 결과를 통계적으로 정리하면 특정 직무에서 자주 하는 행동과 중요한 행동들을 기술해 놓은 과제 리스트(task list)를 작성할 수 있게 된다.

한편, 해당 직무를 성공적으로 수행하기 위해서 작업자에게 요구되는 지식(knowledge), 기술(skill), 능력(ability), 기타(others) 등의 특성들을 총칭하여 KSAO라고 일컬으며, KSAO를 중점적으로 분석하는 것을 작업자 중심의 직무분석이라고 한다. 이를 위해서는 먼저 면접, 관찰 등을 통해 각각의 요구특성을 하나의 문장으로 기술한 진술문들을 수집한다. 그 다음 설문조사를 통해 각 특성들의 중요도, 필요시기(입사 전부터 갖추고 있어야 하는 능력인지 아니면 입사 후에 교육훈련 등을 통해 습득될 수 있는 것인지의 시기) 및 과제 관련성(앞에서 얻은 과제 행동들 중에서 어느 과제행동과 관련이 있는 능력인지) 등을 파악한다. 이 결과를 통계적으로 정리하면 직무에서 요구되는 특성들을 나열해 놓은 KSAO 리스트를 작성할 수 있게 된다.

이렇게 해서 얻은 직무분석 정보는 모집과 채용 등의 선발결정, 직무의 상대적 가치를 평가하는 직무평가, 급여 및 보너스 정도를 결정하는 보상결정, 교육훈련의 필요성을 결정하는 요구분석, 직무수행 평가 및 직업상담 등의 거의 모든 인사결정(personnel decisions)에 기초자료로 활용되어진다.

3. 인사선발(personnel selection)

많은 지원자 중에서 고용주가 채용하고 싶은 사람은 맡은바 직무를 즐기면서 생산적으로 일을 하고 기업의 요구에 적응할 수 있는 사람이다. 산업 및 조직 심리학자들은 해당 직무에 제일 적합한 사람들을 가려낼 수 있는 구체적인 선발 절차들을 개발할 수 있는 전문 지식을 보유하고 있다. 기업에서 사용하고 있는 선발 기법들을 보면 심리검사와 면접뿐만 아니라 지원자의 과거경험, 흥미, 관심, 심지어는 사주와 관상에 이르기까지 실로 다양한 방법을 동원해서 적절한 지원자를 찾기 위해 노력한다. 그러나 연구결과에 따르면 가장 정확하고 과학적인 선발 방법은 정신능력 검사, 작업표본 검사, 정직성 검사 등이며, 이들을 함께 사용하면 선발절차의 예측률을 가장 높일 수 있다(Schmidt & Hunter, 1998).

일반 정신능력 검사에는 여러 형태가 있으며 대부분 지필검사 형식으로 개인 또는 집단을 대상으로 실시된다. 고도의 인지적 능력이 요구되는 직무에서는 지능검사 또한 널리 활용되고 있으며 이 밖에도 구체적으로 언어 능력이나 수리 능력을 측정하는 검사들도 활용되고 있다. 정신능력 검사들은 특정 직무에서의 성공을 예측해 주는 좋은 예언변인일 수 있지만 구체적인 직무 관련성이 적은 경우에는 안면 타당도(face validity)가 결여되어 있어서 지원자들에게 호감을 주지 못한다.

작업표본 검사(work sample test)는 직무에서 실제 수행되는 과제의 표본에 대한 시뮬레이션들로 구성되어 있다. 예를 들어 항공 관제사의 경우 작업표본을 통해 공간 능력을 측정하기도 하며 비서직의 경우는 지각 정확도, 소방관의 경우는 운동 능력을 측정하기도 한다. 관리직의 경우에는 지원자의 관리능력을 파악하기 위해 실제 관리 업무와 유사하게 구성된 서류함 검사(in-basket test)가 활용되기도 한다. 이처럼 작업표본 검사들은 지원자의 능력이 직무요건에 잘 맞는지를 가려내기에 좋은 방법이다.

정직성 검사(integrity test)에는 직무수행중에 있을 수 있는 정도의 약간의 절도 등에 대한 태도를 직접적으로 측정하는 방법과 의존성, 성실성, 긴장감 추구 정도들을 통해서 간접적으로 정직성을 알아보는 방법, 또는 MMPI 하위 척도를 통해 조사하는 방법 등이 있다. 정직성 검사의 사용에 대해서 유능한 지원자가 탈락될 수도 있다는 우려도 있지만 고용하는 입장에서는 사용하지 않는 것보다 훨씬 더 좋은 대안이라고 인정받고 있으며 그 사용도 점차 확산되는 추세이다(Camara & Schneider, 1994; Sackett, 1994).

인사선발 심리학자는 기업의 요구에 적합한 인재 선발을 위한 여러 검사들을 개발한다.

이 밖에도 오늘날과 같은 서비스 기반 경제에서는 고객만족을 극대화할 수 있는 종업원들을 원하기 때문에 창의성, 적응성, 배려성, 정보 기술에의 친화성과 같은 측면들을 중요시한다. 따라서 이러한 요인들을 측정할 수 있는 성격검사들의 사용도 늘고 있는 추세이다. 즉, 성격검사들은 이상 성격자를 가려내기 위한 목적보다는 특정 직무에 적합한 행동양식을 나타내는 사람들을 찾아내기 위한 목적으로 활용된다. 그러나, 모든 성격 요인들이 다 직무와 관련이 있는 것은 아니다. 예컨대, 외향적인 사람들은 대체로 판매직에 적합하다고 여기지만, 내향적인 사람들도 얼마든지 남을 설득하는 데 소질을 보일 수 있기 때문이다. 여러 가지 검사들은 지원자에 관한 정보를 수집하는 한 가지 방법일 뿐이다. 검사 이외에도 선발결정을 위해서는 지원서와 면접, 추천서 등을 통해 지원자에 관해 알아볼 수 있다. 그러나, 이러한 방법들은 과학적인 검사에 비해 일반적으로 문제가 더 많기 때문에 신중하게 사용할 필요가 있다. 예를 들어, 면접시에 대부분의 면접관은 지원자의 직무 능력과 관계없는 첫 인상에 좌우되는 경향이 있으며, 긍정적 정보보다는 부정적 정보가 면접관의 판단에 더 큰 영향을 주기도 하고, 면접이 진행되는 순서에 따라 판단기준이 종종 달라지기도 한다. 이러한 문제들을 개선하기 위해서는 모든 지원자에게 동일한 내용의 질문이 동일한 방식과 순서에 따라 적용되는 구조적 면접(structured interview)을 실시하는 등 신중을 기해야 한다(Arvey & Campion, 1982).

어떠한 선발 결정이든 100% 올바른 결정은 있을 수 없다. 즉 선발 결정이 일단 이루어지고 나면, 전체 지원자는 4개 집단으로 구분된다. 제대로 붙은 사람(true positive), 제대로 떨어진 사람(true negative), 잘못 붙은 사람(false positive) 그리고 잘못 떨어진 사람(false negative)이 그것이다. 예컨대, 잘못 붙은 사람이란 선발과정에서 점수가 높아서 앞으로 직무수행을 잘 할 것으로 예측했지만, 실제 입사 후에 보이는 직무수행이 저조한 경우를 말한다. 잘못된 결정은 반드시 있게 마련이며, 이는 조직의 관점에서 보면 비용을 초래하는 요인이 된다. 이러한 잘못된 결정을 줄이는 방법은 선발 절차의 예측률을 높이는 방법뿐이며, 이를 위해서는 객관적이고 과학적인 방법들을 사용해서 선발 결정을 내려야 하는 것이다.

4. 직무수행 평가(performance evaluation)

조직에서는 여러 가지 이유로 그 구성원의 직무수행 정도를 주기적으로 평가하게 된다. 예컨대, 직무수행 평가를 통해 조직에서는 승진과 보너스 지급과 같은 의사결정을 객관적으로 할 수 있고, 개인은 이를 통해 자신의 장단점을 파악할 수 있으며, 객관적이고 공정한 직무수행 평가는 종업원들로 하여금 조직을 신뢰하고 조직에 대해 애착을 갖게 하는 계기를 마련할 수 있다.

직무수행 평가에서 가장 큰 문제는 어떻게 하면 정확한 평가가 이루어지게 할 수 있느냐는 것이다. 사람들은 보통 정확한 평가를 하는 기술(skill)이 부족하고, 심지어 대부분의 상사들은 부하 직원들을 평가하는 것 자체를 매우 꺼리는 편이다. 뿐만 아니라, 평가자가 자신도 모르게 평가 오류에 빠지거나 의도적으로 평가를 왜곡하는 편파적인 평가도 비일비재하다. 따라서 산업 및 조직 심리학자들은 객관적이고 정확한 평가가 이루어질 수 있도록 여러 가지 평가 기준과 평가 도구들을 개발해 왔다.

평가에 사용되는 기준에는 크게 두 가지가 있다. 객관적 준거와 주관적 준거가 그것이다. 객관적 준거란 생산량, 판매량, 결근율, 불량품의 개수, 고객불만 접수 건수 등과 같이 평가자의 주관적 판단 없이 객관적 기록에서 얻어지는 자료를 말한다. 그러나 객관적 준거가 반드시 개인의 직무수행에 대해 정확한 지표라고는 볼 수 없다. 예컨대 자동차 판매 사원의 직무수행을 평가할 때, 그가 판매한 자동차 대수를 준거로 사용한다면 부자 동네의 판매 사원만 유리할 것이며(준거 오염의 문제), 또한 판매대수 한 가지만을 직무수행 평가 기준으로 사용한다면 판매사원의 다른 업무에 대해서는 평가가 이루어지지 않게 된다(준거 결핍의 문제).

주관적 준거란 평가하는 사람의 주관적 판단에 근거하여 얻어지는 자료를 말한다. 예를 들어, 동료 작업자와의 관계, 고객과의 관계, 일에 대한 책임감, 주인의식, 리더십 등과 같은 항목들은 객관적 기록으로 얻어질 수 있는 자료가 아니므로, 상사와 같은 평가자에게 주관적으로 평가를 내리게 할 수밖에 없다. 주관적 준거는 인간의 판단에 기초한 것이므로 어떤 업무 영역에 대해서도 적용할 수 있다는 장점이 있지만, 평가자가 여러 가지 평가 오류에 빠질 수 있다는 단점이 있다. 예를 들어, 어떤 평가자는 무조건 점수를 후하게 주는 경향이 있으며(관대성 오류; leniency error), 반대로 어떤 사람들은 점수를 매우 낮게 주는 경향이 있다(엄격성 오류; severity error). 경우에 따라서는 모두를 중간 정도로 평가해 버리는 중앙집중 오류(central tendency error)를 범하기도 한다. 뿐만 아니라, 많은 평가자들은 피평가자의 어느 한가지 측면에 대한 평가를 모든 측면에 대해 일반화시키는 경향도 자주 나타낸다(후광 오류; halo error). 예컨대 지각을 자주하는 사람을 모든 면에서 형편없다고 평가하는 경우가 그것인데, 지각을 잘 해도 업무의 창의성이 뛰어난 사람도 있는 것이다.

이러한 평가 오류들을 줄이려면 가급적 객관적으로 관찰 가능한 직무행동에 근거해서 판단할 수 있도록 해야 하며, 이를 위해 산업 및 조직 심리학자들은 평가 도구로서 행동 척도(behavioral scale)를 사용하도록 권장한다. 작업자의 직무수행을 평가함에 있어서 어떤 한 가지 준거만으로 만족스러운 평가를 얻을 수는 없으며 여러 가지 객관적 준거와 주관적 준거들을 복합적으로 사용할 때 평가의 정확성이 더욱 높아지게 된다.

5. 작업동기(work motivation)

부모의 입장에서는 자식들이 열심히 공부해 주기를 바라듯이, 관리자의 입장에서는 부하 직원들이 열심히 업무에 임해 주기를 기대한다. 그러나 열심히 하는 사람도 있지만 열심히 하지 않는 사람도 있다. 이러한 차이는 왜 나타나는 것일까? 어느 조직에서든 열심히 일하는 구성원들은 계속해서 열심히 일할 수 있도록 동기를 불어넣어 주고, 열심히 일하지 않는 사람은 그들의 작업동기를 높여줌으로써 신바람 나는 직장이 될 수 있도록 조직을 가꾸어 나가는 일은 대단히 중요하다. 작업동기 현상을 설명하는 데에는 여러 가지 이론들이 있으며 이 책에서는 그 중 몇 가지를 살펴보기로 하자.

(1) 2요인 이론(two-factor theory)

Herzberg, Mausner 및 Snyderman(1959)에 따르면, 작업자들로 하여금 일에 대해 만족을 느끼도록 하는 요인들과 불만족을 초래하는 요인들은 서로 다르다고 한다. 성취감, 인정, 책임감 등은 일 자체에 내재해 있는 요인들로서, 자신이 수행하는 직무를 통해 이런 것들을 경험할 수 있으면 작업자의 동기수준이 높아지게 되는 동기요인(motivator)으로 기능하게 된다. 반대로 봉급, 회사정책, 기술적 감독 등은 일 자체와는 별도로 직무환경에 관한 외재적인 요인들로서, 이런 것들이 잘 갖추어져 있다고 해서 작업자의 동기수준이 높아지는 것은 아니고 다만 직무에 대한 불만족을 감소시켜 주는 위생요인(hygiene factor)의 역할을 한다.

2요인 이론의 관점에 따르면, 작업자들이 자신의 직무에 열심히 임하지 않는 이유는, 분업의 원리에 따라 각 개인의 직무가 지나치게 분리(separation), 단순화(simplification), 표준화(standardization)되어 있어서 일을 통해서 성취감이나 도전감, 가치를 느끼지 못하고 단지 지루함, 피곤함, 비인간성만을 경험하기 때문이다. 따라서, 작업자가 열심히 일할 수 있도록 하려면 일에 대해 자율성, 의사결정 권한 등을 보다 많이 부여하고 직무를 통해 자신의 고차원적 성장 욕구들이 충족될 수 있도록 수직적으로 직무를 확대 설계하는 직무확충(job enrichment)이 필요하다.

(2) 형평이론(equity theory)

사람들은 누구나 공정한 대우를 받기를 원한다. 형평이론에 따르면 사람들은 일에 대해 자신이 투입한 것(input)과 일을 통해 자신이 얻은 성과(output)의 비율을 타인의 그 비율과 비교해 봄으로써 자신이 공정한 대우를 받고 있는지 아닌지를 판단한다고 한다. 여기서 투입이란 직무 수행에 투자한 자신의 노력, 능력, 시간, 지식, 학력 등이며 성과란 직무를 통해 얻게 되는 봉급, 승진, 보너스, 칭찬, 인정, 지위 등을 말한다. 예를 들어 A직원이 자신의 성과/투입 비율을 100/100으로 느끼는데 동료사원인 B는 150/100의 대우를 받고 있다고 느낀다면 투입한 것은 100으로 동일한데 B의 성과가 50만큼 더 크기 때문에 공정치 못하다고 느낄 것이다.

이처럼 두 비율이 같지 않으면 사람들은 불형평(inequity)을 지각하게 되며 불형평이 지각되면 심리적으로 긴장할 수밖에 없기 때문에 어떻게 해서든지 두 비율이 같아지도록 해서 형평을 회복하고자 동기화된다. 예를 들어, 위의 예처럼 타인의 비율이 더 크면 과소지급(underpayment)의 불형평을 지각하게 되며 이때는 분노감이 생기므로 분노감을 없애기 위한 행동을 하게 된다. 반대로 타인보다 자신의 비율이 더 크면 과다지급(overpayment)의 불형평을 지각하며 이때는 미안함이 생기거나 양심에 꺼리기 때문에 이를 피하기 위한 행동을 하게 된다(Adams, 1965).

불형평을 줄이고 형평을 회복하기 위한 방법에는 여러 가지가 있다. 우선 행동적인 방법으로는 자신의 투입이나 성과를 변경시키거나 또는 타인의 투입이나 성과를 변경시키려는 시도를 할 수 있고 이런 방법들이 다 불가능하면 직장을 바꿈으로써 비교 장면을 떠날 수도 있다. 이런 행동적인 방법 이외에 인지적인 방법도 가능한데, 예를 들어 자신이나 타인의 투입 또는 성과의 크기에 대한 생각을 바꾸어서 비율에 대한 판단을 심리적으로 왜곡하거나, 아예 비교대상을 다른 사람이나 과거의 자신 등으로 바꿀 수도 있다. 앞의 예에서 A는 자신의 성과를 100에서 150으로 늘려달라고 상사에게 요구하거나, 그것이 여의치 않으면 업무에 대한 노력을 100에서 67로 낮춤으로써 자신의 투입을 조절할 수도 있고, 상사가 어떤 일을 시키면 그것을 B에게 미룸으로써 B의 투입을 100에서 150으로 늘리게 할 수도 있다. 그것도 안되면 "그래, 다시 생각해보니 B가 나보다 더 열심히 한 게 사실이야"라고 B의 투입을 150으로 늘리거나, "그래도 옛날보다는 더 나은 편이야"라고 비교대상을 B에서 과거의 자신으로 바꿈으로써 자신을 위로하고 형평을 회복할 수도 있다. 이처럼 사람들은 어떤 방법을 통해서든 불형평으로 인한 분노나 미안함을 줄이고자 시도한다.

(3) 기대-유인가 이론(expectancy-valence theory)

Vroom(1964)은 모든 인간을 합리적인 의사결정자라고 가정하고 작업자의 직무수행 동기는 직무수행 경험에서 얻어지는 기대에 의해 결정된다고 보았다. 즉, 주어진 과제를 기꺼이 수행하고자 하는 의지와 능력이 있다면 그것을 얼마나 수행해서 업적을 내느냐는 세 가지 요인에 의해서 좌우된다고 한다. 첫째, 자신이 열심히 하면 높은 수행을 이루어 낼 것이라고 믿는 기대(expectancy)가 있어야 한다. 둘째, 자신이 높은 수행을 보이면 그에 상응하는 보상이 뒤따를 것이라고 믿는 도구성(instrumentality)을 지각해야 한다. 셋째, 그 보상들은 개인이 가치 있게 여기는 것들이어야 한다. 즉, 보상들의 유인가(valence)가 높아야 한다. 기대와 도구성은 확률적 지각이므로 0부터 1까지의 값으로 표현될 수 있으며, 유인가는 정적인 것과 부적인 것을 모두 포함하므로 −1부터 1까지의 값으로 표현될 수 있다. 따라서 어떤 활동을 위한 개인의 최종 동기적인 힘은 기대×(Σ도구성×유인가)로 표현된다. 예를 들어 어떤 사람이 맡은바 일을 열심히 하기보다 증권투자에 더 열을 올리는 이유는 노력해도 그 일을 잘 해낼 것 같지 않다고 보거나(낮은 기대), 그 일을 잘 해봐야 회사에서 승진이나 보너스 지급이 보장된 것이 아니라고 믿거나(낮은 도구성), 승진이나 보너스에 별 매력을 느끼지 못하는 경우(낮은 유인가)이다. 반대로, 증권투자에서 성공할 수 있다는 믿음이 크거나(높은 기대), 성공하면 큰 돈을 벌 수 있다고 보고(높은 도구성), 큰 돈에 대해 높은 가치를 부여하고 있다면(높은 유인가), 일보다는 증권투자에 더 몰입할 것이다.

위의 세 가지 요인들에 덧붙여 Lawler와 Poter(1967)는 역할 지각(role perception) 또한 중요하다고 보았다. 역할 지각이란 직무수행을 제대로 하기 위해 자신이 해야 할 역할이 무엇인지를 올바로 인식하고 있는 정도를 말한다. 사람들은 종종 능력이나 노력이 부족해서가 아니라 자신에게 기대되고 있는 것이 무엇인지, 또는 조직 내에서 힘을 얻는 방법이나 통제력을 확보하는 방법을 잘 몰라서 일을 잘 못하는 경우도 많다.

(4) 목표설정 이론(goal-setting theory)

사람들은 흔히 어려운 과제를 오랜 시간 동안 수행하기도 하는데, 이때 반드시 어떤 보상을 얻기 위해서가 아니라 단지 자기 스스로 정해 놓은 목표를 달성하기 위해서인 경우도 많다. 예를 들어 산을 좋아하는 사람들은 늘 새로운 산을 등반하기 위해 애쓰는데, 그 이유는 단지 그 곳에 산이 있기 때문에 정상까지 한번 가보기 위함이다. Locke(1985)의 목표설정 이론에 따르면, 목표가 이렇게 과제 수행을 촉진시키는 효과를 가지려면 세 가지 조건이 있어야 한다. 첫째, 목표가 도달 가능한 범위 내에서 가능한 어렵고 도전적인 목표일수록 그 효과가 크다. 너무 쉬운 목표나 불가능한 목표는 과제수행을 촉진하지 못한다. 둘째, 단지 최선을 다하라는 애매모호한 목표보다는 언제까지 무엇을 어떻게 끝마친다는 구체적인 목표일수록 바람직하다. 하지만 목표의 구체성은 어려운 목표임을 전제로 해야 한다. 셋째, 목표에 대한 수용(goal acceptance)이 전제되어야 한다. 자기가 스스로 설정한 목표는 당연히 목표수용 정도가 높을 것이며 목표수용은 목표가 어려울수록 감소하는 경향이 있다. 타인이 설정해 준 목표라도 그것이 일단 수용되기만 하면 목표효과가 나타날 수 있다.

정해진 목표를 달성해 내는 데 도움이 되는 또 한 가지 변수는 자기효능감(self-efficacy)이다. 자기효능감이란 어떤 구체적인 활동에 대해 자신이 그것을 충분히 해낼 수 있는 능력이 있다고 보는 신념이다. 자기효능감은 저절로 생기는 것이 아니라 자신이 그 활동을 실제로 잘 해 본 경험에 의해서, 또는 타인이 자신에게 충분히 할 수 있다고 설득해 줌으로써 얻어진다. 따라서 관리자들이 부하직원의 직무수행을 촉진하려면 해야 할 일의 과제 목표를 분명히 제시하고 그 일을 완수하는 방법을 구체적으로 알려 주며 부하직원이 자기효능감을 높게 가질 수 있도록 격려하면서 그에게 적당히 어려운 일을 제시해야 한다.

6. 리더십(leadership)

소규모 팀에서부터 거대조직에 이르기까지 어느 조직이나 리더가 필요하며 리더는 사람들을 설득하고, 격려하고, 고무시키면서 과업을 달성한다. 훌륭한 리더는 어떤 특성을 지니고 있는가? 왜 어떤 리더는 성공하고 어떤 리더는 실패하는가? 효과적인 리더십을 발휘하는 데 필요한 요인들은 무엇인가? 산업 및 조직심리학자들은 이런 물음에 대한 답을 구하고자 노력해 왔으며 여기서는 그 중 몇 가지 이론들을 소개하고자 한다.

(1) 특성이론(trait theory)

리더십을 이해하려는 초창기의 시도는 훌륭한 리더와 그렇지 못한 리더를 구분 짓는 특성을 밝히려는 시도였다. 예를 들어, 성공적인 리더는 보다 더 주장적이고, 권위적인가 아니면 설득적이고, 민주적인가? 그러나 성공적인 리더의 특성은 리더가 하는 일의 종류, 리더가 속한 조직, 리더가 처한 상황 등에 따라서 천차만별로 다르기 때문에, 초기의 이런 접근방법은 성과를 거두지 못했다. 따라서, 오늘날의 연구들은 리더의 일반적인 성격 특성보다는 리더의 구체적인 속성들을 다룬다. 예를 들어, 높은 열정, 스트레스에 대한 인내, 정서적인 안정성, 자기확신, 정직성 등은 성공적인 리더의 속성으로 자주 거론되는 것들이며 특히 기업조직에서는 오늘날과 같이 급변하는 경제환경에 잘 대처할 수 있는 유연성(flexibility)이 매우 중요시되고 있다.

(2) 행동이론(behavioral theory)

리더십 연구들은 그 후 리더가 부하와 상호작용하는 행동 유형을 밝히는 데 주력하였다. 수많은 조직에서 리더들이 실제로 부하에게 하는 행동들을 조사하여 분석한 결과, 리더의 행동은 크게 두 차원으로 나뉘어짐이 밝혀졌다. 인간중심 리더(person-oriented leader)들은 주로 부하가 자기존중감을 가질 수 있도록 격려하고, 자율을 부여하고, 부하의 개인적인 일까지 살펴주는 등 부하를 존중하는 배려 행동(consideration)을 많이 보인다. 반면에, 과제중심 리더(task-oriented leader)들은 일을 효과적으로 완수하기 위해 지시하고, 마감시간을 강조하는 등 과업구조화 행동(initiating structure)들을 주로 나타낸다. 배려 행동은 주로 부하의 불만율과 이직의도 등과 관계 있고 과업구조화 행동은 주로 생산성과 관계 있는 것으로 생각되었지만 연구결과, 이런 관계가 일관되게 검증되지는 못하였다. 행동이론들은 리더가 직무상황에서 하는 행동들을 두 차원으로 지나치게 단순화시켰다는 문제가 있지만 그 이후의 상황이론들에서도 리더행동을 이해하는 기본자료로 계속 활용되는 등 그 공헌점이 많다.

(3) 상황이론(situational theory)

리더행동의 효과성이 일관되게 검증되지 못하여 리더십 연구는 자연스럽게 상황이론으로 옮겨갔다. 상황이론에서는 상황에 따라 적절한 리더행동이 다르다고 가정하고 상황특성과 리더행동을 결합하여 리더십의 효과성을 설명하려고 한다.

Fiedler(1964, 1974)는 상황연계 이론(contingency theory)에 리더의 특성이나 행동은 시간에 따라서 변할 수 있으므로 효과적인 리더십은 상황에 맞는 행동을 보이는 것이라고 한다. 리더가 처해 있는 상황을 이해하려면 세 가지 변수가 필요한데, 리더와 부하간의 관계가 좋은지 나쁜지, 주어진 과제가 잘 구조화되어 있는지 아닌지, 끝으로 리더의 권한이 강한지 약한지가 그것이다. 만일 부하와의 관계가 좋고, 과제가 잘 구조화되어 있고, 권한이 강하다면 리더에게 유리한 상황이며, 그 반대는 불리한 상황이 된다. 상황연계 이론에 따르면 이처럼 리더에게 아주 유리하거나 반대로 아주 불리한 상황에서는 과제중심의 행동이 효과적이며, 아주 유리하거나 불리하지도 않은 중간 정도의 애매한 상황에서는 인간중심 행동이 효과적이라고 한다. 이 이론에 따르면 성공적인 리더란 자신이 처해 있는 상황을 잘 파악해서 그에 맞는 적절한 행동을 하는 리더이며 이는 결국 상황에 맞게 유연하게 대처하는 리더라고 하겠다.

(4) 세력이론(power theory)

리더에게는 부하 직원들을 이끌고 통솔해 나가는 힘이 있다. 그런데, 이 힘의 근원에 따라서 영향력의 효과가 달라진다. French와 Raven(1960)은 리더가 갖는 힘의 종류를 다섯 가지로 정리한다. 부하의 과업수행 정도에 따라 보상을 부여하는 보상적 힘(reward power), 부하에게 강압적으로 지시하거나 처벌할 수 있는 강제적 힘(coercive power), 조직에서 정당하게 리더의 지위를 부여해 준 것에서 나오는 합법적 힘(legitimate power), 리더가 과제수행에 필요한 전문지식과 능력을 보유한 것에서 나오는 전문적 힘(expert power), 끝으로 리더가 부하들에게 존중받을 만큼 귀감이 되는 행동을 하는데서 나오는 준거적 힘(referent power)이 그것이다. 이 가운데 보상적 힘, 강제적 힘, 합법적 힘의 세 가지는 리더의 직위에 따라 자동적으로 부여되는 것이므로 직위에 따른 힘(position power)이고 전문적 힘과 준거적 힘은 리더 개인마다 그 정도가 다르므로 개인적 힘(personal power)이다. 리더가 부하에게 얼마나 큰 영향력을 행사해서 주어진 과제를 달성하느냐는 개인적 힘의 효과가 더 크다. 예를 들어, 같은 과장이라면 과장이라는 직위에서 나오는 힘은 같지만, 그 중에서도 전문성을 더 많이 갖고 있고 부하들에게 존경받는 과장에게는 부하직원들이 더 지시에 잘 따르고 열성을 다해 일을 하려고 할 것이다. 따라서 효과적인 리더십을 발휘하기 위해서는 항상 새로운 지식을 구하여 전문성을 쌓고, 부하들에게 존경받을 수 있는 행동을 보여 주는 등 솔선수범하는 자세가 필요하다는 평범한 진리를 간과하지 말아야 한다.

(5) 변혁적 리더십(transformational leadership)

만일 어떤 사람이 조직이 나아갈 방향을 제시하고 종업원들에게 미래의 비전을 심어 주고 목표의 의미를 부각시킬 수 있다면, 그 사람은 오늘날과 같이 급변하는 경영환경에서 진정한 리더로 인정받을 수 있다. 변혁적 리더란 이렇게 조직을 끊임없이 변화시켜 나가고 조직에 새로운 활력을 끊임없이 불어넣는 리더를 말한다(Bass, 1985, 1997). 변혁적 리더가 이렇게 변화를 주도할 수 있는 이유는 그들이 부하들에게 영감을 불어넣고(inspiration), 지적 자극(intellectual stimulation)을 제공하며, 부하직원 개개인에게 개인적 관심(individualized consideration)을 항상 기울이기 때문이다. 이런 리더 밑에 있는 부하들은 평소와 다른 가외적인 노력을 기울이기를 주저하지 않는다.

변혁적 리더는 자신의 생각에 많은 사람이 따라오게 하는 힘이 있으며, 구성원들에게 개인의 이익보다 조직의 목표가 우선되어야 함을 깨닫게 하는 카리스마를 발휘한다. 이렇게 되면 구성원들은 새로운 아이디어와 가치를 갖게 되고 새로운 방식으로 일을 하기를 마다하지 않는다. 생산성과 이윤, 비용절감만을 최고의 가치로 삼고, 이를 목표로 부하들을 채근하며, 보상을 통해 부하들을 동기화시키는 전통적인 관점의 교환적 리더십(transactional leadership)과 확연히 구분되는 개념이 변혁적 리더십이다.

7. 직무만족 및 조직태도

만일 어떤 사람이 자신이 능력 있다고 믿고 있고, 자신의 하는 일의 대부분이 자신의 통제하에 있다고 느낀다면 그 사람은 자기 직무를 좋아하고 자기 일에 만족할 가능성이 높다(Judge 등, 1998). 직무만족은 직무동기와는 다르다. 동기는 항상 행동으로 표출되지만 직무만족은 일과 직장에 대한 개인의 태도이므로 행동으로 표출되지 않을 수도 있다. 경우에 따라서는 직무만족이 낮더라도 보수가 높아서 또는 맡은 바 일을 끝내야 한다는 사명감 때문에 열심히 일할 수도 있다. 그러나, 일반적으로 자기 일에 만족하는 사람이 실적을 많이 내며, 그 직장에 오래 남아 있을 가능성이 높다.

(1) 직무만족(job satisfaction)

직무에 대한 만족은 어디에서 비롯되는 것일까? 산업 및 조직 심리학자들은 대부분 다음의 다섯 가지를 꼽는다. 첫째, 작업 자체가 재미있거나, 도전할 만한 것이거나, 자신의 판단을 적용할 수 있거나, 자율적으로 일할 수 있을 때 만족이 높아진다. 둘째, 인정받을 기회가 많고, 보수가 형평에 맞고, 승진 가능성이 있고, 자기존중감을 가질 수 있을 만큼 지각된 보상이 적절할 때 만족이 높다. 셋째, 감독자가 격려와 지원, 도움을 제공하는 등 감독의 질이 높으면 만족이 높다. 넷째, 동료직원과 상호작용할 수 있는 기회가 많고, 동료의 도움을 잘 받을 수 있는 등 동료들의 지원이 있으면 만족이 높다. 다섯째, 직무환경이 안전하고 편안하며, 일하기에 충분한 정보와 장비가 제공되며, 회사 정책에 대해 영향을 미칠 수 있는 기회가 있는 등 작업환경이 좋으면 만족이 높다. 사람들은 이런 요인들에 대해 자기 나름대로의 요구나 기대, 가치수준에 따른 기준을 갖고 있으며, 직무의 여러 측면들이 이 기준에 가까울수록 만족을 느끼게 되며, 기준에 미달할수록 불만족을 느끼게 된다.

(2) 분배공정성(distributive justice)과 절차공정성(procedural justice)

분배공정성이란 보상과 같은 성과 또는 결과의 공정성을 말한다. 내가 남보다 월급이 적다든지, 또는 남은 승진하는데 나는 승진에서 탈락했다든지 하는 경우에 사람들은 그 분배결정이 공정한 것인지 아닌지에 대해 민감하게 따져 보려고 한다. 분배가 공정했는지를 판단하는데는 세 가지 규칙이 있을 수 있다. 첫째는 형평(equity) 규칙으로서, 누구나 자신이 기여한 만큼 그에 상응하는 보상을 받는 것이 공정하다는 판단이다. 둘째는 동등(equality) 규칙으로서, 누구든지 능력과 같은 요소에 관계 없이 동일하게 분배받을 기회가 있어야 한다는 판단이다. 셋째는 필요성(need) 규칙으로서, 보상의 분배는 그것이 얼마나 절실히 필요한가 하는 개인의 요구에 기초해야 한다는 판단이다. 어떤 규칙이 더 올바른 규칙인가에 대한 사람들의 생각은 문화권에 따라서 또는 상황에 따라서 다를 수 있기 때문에 절대적으로 올바른 규칙이란 존재하지 않는다. 예를 들어 개인주의 사회에서는 형평규칙을 더 선호하고 집합주의 사회에서는 동등규칙을 더 선호하는 경향이 있다. 따라서 보상 배분의 목적에 따라 여러 규칙을 혼합하여 사용하는 것이 바람직할 수도 있다. 대학에서 장학금을 지급할 때 무조건 전교생 중에서 학점이 제일 높은 학생에게 지급하지 않고, 모든 학과와 학년에 일정한 장학금액을 우선 나누어 주고(동등 규칙), 그 내에서는 학점이 높은 학생을 선택하거나(형평 규칙), 가정형편이 어려운 학생을 지원하는 경우(필요성 규칙)가 그 좋은 예이다.

절차공정성이란 어떤 결과나 결정이 이루어지는 과정에 사용된 절차가 과연 얼마나 공정했느냐는 문제이다. 세상을 살다보면 자신에게 유리한 결과가 생기는 경우도 있고 불리한 결정이 내려지는 경우도 있다. 물론, 어떤 결정이 자신에게 유리하면 기분이 좋고 불리하면 기분이 나쁘겠지만, 사람들은 분배 자체의 유리함과 불리함을 떠나 그 과정의 공정성에 대해 민감하게 따져 보게 된다. 예를 들어, 어떤 사람이 승진을 했는데 그 과정에 잡음이 많았다면 다른 동료에게 미안할 것이며, 공정한 과정 속에 깨끗하게 승진했다면 자부심이 더 커질 것이다. 반대로, 어떤 사람이 승진에서 탈락했는데 그 과정이나 절차에 아무런 하자가 없다면 겸허하게 그 결과를 수용하겠지만, 승진결정이 공정하지 않았다면 기분이 나쁜 정도를 넘어서 분노가 치밀어 오르고 결과를 수용하지 않고 저항할 것이다. 절차공정성에 대한 태도는 특히 불리한 결정이 내려졌을 때 그 결정을 받아들이게 하는 기본적인 힘이기 때문에 사회나 조직의 법과 제도, 질서를 보존시키는 버팀목의 역할을 한다.

그렇다면 사람들로 하여금 절차가 공정했다는 태도를 갖게 하려면 그 절차가 어떠해야 하는가? 다음의 여섯 가지 규칙들이 절차공정성을 확보하는 구조적 요소들이다. 첫째, 결정에 사용된 절차는 일관성이 있어야 한다. 둘째, 절차는 특정 대상에 대해 편파적이지 않아야 한다. 셋째, 정확한 정보에 근거해서 결정이 이루어져야 한다. 넷째, 결정이 이루어지기 전에 이해 당사자의 의견에 대해 발언기회(voice opportunity)가 주어져야 한다. 다섯째, 일단 내려진 결정이더라도 사후에 그 공정성에 대해 교정가능성(correctability)을 보장하는 장치가 있어야 한다. 여섯째, 결정이 내려지는 과정이 윤리성(ethicality)에 위배되지 않아야 한다.

(3) 조직시민행동(organizational citizenship behavior)

흔히 종업원이 자신의 본분을 다한다 함은 직무 기술서에 나와 있는 자신의 직무를 충실히 이행함을 일컫는 것이다. 그러나 어떤 종업원은 이보다 더 나아가서 자신에게 공식적으로 규정된 일 이상의 역할외 행동(extra-role behavior)을 스스로 알아서 함으로써 조직에 가외적인 기여를 하는 사람들이 있다. 조직시민행동에 속하는 행동들에는 다음의 다섯 가지 범주가 있다(Organ,

1988). 첫째는 이타행동으로 조직 내의 다른 사람의 일을 기꺼이 나서서 도와주는 행동이다. 둘째는 성실성으로 제반 규정을 잘 준수하고 남보다 지각이나 결근을 훨씬 더 적게 하는 행동이다. 셋째는 예의범절로 예의 바르게 행동하고 타인의 권리를 존중하는 일이다. 넷째는 스포츠맨십으로 작은 일을 부풀려서 침소봉대하지 않고 사소한 불평불만을 삼가는 것이다. 다섯째는 시민정신으로 회사 내의 여러 가지 돌아가는 사정에 주의를 게을리하지 않고 사내에서 발생한 중요 문제나 이슈에 대해 침묵하지 않고 자신의 견해를 밝히는 행동이다.

이상의 행동들은 조직의 구성원들에게 매우 필요한 행동이며 직무규정에 구체적으로 명시되어 있지 않다고 해서 모든 사람들이 만일 이를 행하지 않고 자기 이익만을 따라 행동한다면 조직은 정상적으로 운영될 수 없다. 구성원들이 조직시민행동을 보이느냐 아니냐는 크게 두 가지 요인에 의해 좌우된다. 첫째는, 개인 성향의 문제로서 성격적으로 성실성과 호감성이 높은 사람들이 조직시민행동을 많이 나타내는 경향이 있다. 둘째는, 상황적 요인으로서 만일 종업원들이 조직 내의 여러 가지 의사결정들이 공정한 절차에 의해서 이루어지고 있다고 절차공정성을 높게 지각하면 조직시민행동을 더 많이 한다(Moorman, 1991).

(4) 심리적 계약(psychological contract)

구성원들과 조직은 서로의 의무에 관해 묵시적인 약속을 마음속에 갖고 있는데 이것을 심리적 계약이라고 한다(Rousseau, 1995). 심리적 계약은 공식적으로 문서화되어 있는 것이 아니라 개인의 지각으로서 종업원들은 흔히 자신이 열심히 일하고 조직에 충성하는 대가로 조직이 고용 안정과 승진 기회를 제공하리라는 믿음을 갖고 있다. 이처럼 심리적 계약은 미래지향적이며, 미래에 대한 심리적 약속이 없이는 양측이 서로에게 기여하고 혜택을 제공할 이유가 없다. 그러나 심리적 계약의 내용에 관해서 양측이 반드시 일치하는 것은 아니며, 시간과 상황에 따라서 심리적 계약의 내용이 바뀌기도 한다. 예컨대 입사 2년 미만의 신입사원들은 조직이 자신들에게 더 많은 혜택을 주어야 한다고 보는 반면, 장기근속자들은 조직으로부터 많은 혜택을 받고 있다고 보는 경향이 높다.

심리적 계약에는 두 가지 유형이 있는데 단기적이며 주로 금전적 의무사항들에 대한 지각을 교환적 계약(transactional contract)이라고 하며, 장기적이며 충성, 총애 등의 사회정서적 측면에 대한 지각을 관계적 계약(relational contract)이라고 한다.

문제는 심리적 계약이 위반되는 경우이다. 어느 한 편이 상대방에서 심리적 의무사항들을 이행하고 있지 않는다고 지각하면 심리적 계약은 깨지게 된다. 이렇게 되면 호혜적인 관계가 약해지고 서로간에 신뢰가 붕괴되는 심각한 국면을 맞기도 한다. 조직에서 급작스럽게 정리해고를 단행하거나, 상사로부터 평소에 승진가능성에 대한 언질을 자주 받았는데 실제로는 승진이 이루어지지 않은 경우 등이 그 예이다. 특히 교환적 계약이 위반된 경우에는 그 파장도 단기적이고 쉽게 교정될 수도 있지만, 관계적 계약이 위반된 경우에는 그 파장도 길고 강렬한 정서적 반응이 야기된다. 뿐만 아니라, 계약위반의 책임소재가 조직에 있는 경우에는 회복하기 힘든 정서적 상처를 받게 된다. 계약 위반에 대한 전형적 반응은 양자간의 심리적 거리가 멀어지고 계약 자체가 보다 단기적인 교환적 계약 수준으로 변질된다는 것이다.

◆ 생각해 볼 문제

1. 준거를 개발할 때 고려해야 하는 문제들은 무엇인가?
2. 직무분석은 왜 필요하며, 직무분석의 방법에는 어떤 것들이 있는가?
3. 과학적인 선발 절차에는 어떤 것들이 활용되며, 선발 결정의 결과는 어떻게 나타나는가?
4. 공정하고 정확한 직무수행 평가가 이루어지려면 어떤 준거들이 사용되어야 하며, 각각의 문제점은 무엇인가?
5. 2요인 이론에 따라 작업자의 동기를 높이려면 어떤 방법이 사용될 수 있는가?
6. 형평 이론과 기대-유인가 이론의 공통점과 차이점을 비교한다면 어떤 점들을 논의할 수 있는가?
7. 효과적인 리더십이란 어떤 것이며, 이를 설명하는 이론들은 어떤 관점에서 차이를 보이는가?
8. 직무만족은 직무동기와 어떻게 다르며, 직무만족은 어떤 요인들에서 비롯되는가?
9. 분배공정성을 판단하는 규칙과 절차공정성을 판단하는 규칙들은 무엇인가?
10. 조직시민행동이나 심리적 계약이 조직에서 중요시되어야 하는 이유는 무엇 때문인가?

제18장

일상생활에서 심리학의 응용 분야

1. 법률 및 재판과정에서의 응용
2. 직장생활에서의 응용
3. 노인문제에서의 적용
4. 환경문제에서의 적용
5. 건강문제에서의 적용
6. 정부조직 및 공공기관에서의 적용
7. 군대에서의 적용
8. 스포츠 분야에서의 적용
9. 교통문제에서의 적용

◆ 생각해 볼 문제

심리학은 인간 및 동물의 행동과 정신과정을 과학적으로 연구하는 학문이다. 심리학자들은 인간이 있는 곳에서는 어디서나 인간의 마음과 행동에 관심을 갖기 때문에 심리학은 일상생활과 특수상황 모두를 포괄하는 영역에 관련된다. 이 장에서는 인간행동의 원리를 밝혀서 설명하려는 기초심리학의 범위를 넘어서 일상생활에 적용할 수 있는 심리학의 문제들을 다루고자 한다. 앞에서도 언급했듯이 심리학자들은 인간생활의 모든 측면에 다양한 방법으로 관여할 수 있다. 그러므로 일상생활에서의 심리학의 응용이라는 주제의 내용은 무궁무진하다. 이 장에서는 현대인의 일상생활의 중요한 영역인 법률 및 재판, 직장생활, 노인문제, 환경문제, 건강문제, 정부조직 및 공공기관, 군대, 스포츠, 교통문제 등 우리가 흔히 접하는 몇 가지 일상적 문제로 제한하여 심리학의 지식과 방법을 어떻게 응용할 수 있는가를 논할 것이다.

인간행동을 과학적으로 연구하는 심리학은 행동을 설명하고 예언하는 과학적 목표와 심리학 지식을 이용하여 우리 일상생활을 윤택하게 만들려는 응용의 목표를 지니고 있다. 지금부터 125여년 전에 Wundt가 심리실험실을 개설한 이후로 시작된 현대심리학의 역사는 비록 짧지만, 일상생활에 대한 기여는 심리학의 출발과 함께 일찍이 시작되었다. 그러므로 심리학은 실험실에서 이루어지는 엄격한 과학이거나 눈에 보이지 않는 마음을 헤아리는 신비한 탐구가 아니라 우리 생활 가운데서 일어나는 마음의 작용을 연구하는 과학인 것이다.

1900년대 초부터 응용심리학자들은 산업체 실무에 심리학의 지식을 적용하는 시도를 시작했다. 이처럼 심리학의 지식을 활용하려는 대상과 내용은 산업체로부터 학교, 군대, 병원, 정부 및 공공기관, 종교단체 등의 조직체뿐만 아니라 지역사회로까지 확대되어 왔다. 이런 과정을 통해서 응용심리학의 주제도 일상생활에 직접 관련되는 실제적인 내용들로 다양하게 확산되었다.

심리학자들의 다양한 관심은 심리학의 여러 하위분야들로 반영되어 왔다. 우리나라의 심리학자들의 기구인 한국심리학회에도 심리학자들의 관심과 연구 주제 및 방법에 따라서 2001년 현재 다음과 같은 11개 산하학회가 있다. 건강심리학회, 발달심리학회, 사회문제심리학회, 사회 및 성격심리학회, 산업 및 조직심리학회, 상담 및 심리치료학회, 생물 및 생리심리학회, 소비자 광고심리학회, 실험 및 인지심리학회, 여성심리학회, 임상심리학회이다.

심리학의 각 하위영역이 순수한 과학적 관심을 지닌 기초심리학의 분야인가 또는 일상생활에 적용하는 데 일차적 관심을 둔 응용심리학의 분야인가를 구분하는 것은 어렵고 불필요한 일이다. 각 분야는 모두 과학과 응용의 양 측면을 공유하고 있다. 그러므로 심리학의 어떠한 분야에서든 심리학의 지식이 우리 일상생활에 구체적으로 활용되는 구체적인 예들을 찾아볼 수 있다.

사회변화의 추세에 따라서 성 심리학, 정치심리학, 경제심리학, 문화심리학, 종교심리학, 음악과 예술심리학 등 심리학의 응용분야는 더욱 다양해지고 있다. 그러나 이 장에서는 심리학의 지식과 방법을 응용할 수 있는 다양한 일상생활의 장면들과 주제들 중에서도 법률 및 법정에서의 재판, 산업체, 정부 및 공공기관, 군대, 환경문제 및 노인문제, 건강문제, 교통문제, 그리고 스포츠 분야에서 심리학의 활용에 대해서 논하고자 한다.

1. 법률 및 재판과정에서의 응용

법은 인간행동에 대한 진실을 규명하고, 심리학은 인간행동에 대한 원리를 밝힌다. 그러므로 법과 심리학은 인간행동의 진실과 원리의 양면을 구성하고 있으며, 상호 보완적인 관계를 통해서 서로의 발전에 기여할 수 있다(박광배, 1995). 그러므로 심리학적 지식과 원리는 모든 형사 및 민사재판 과정에 적용될 수 있다. 범죄심리학, 사회범죄, 청소년 비행문제를 단순히 법률적, 사회질서 확립의 차원에서만 다루지 않고 심리학적, 정신의학적, 사회학 및 시회사업학적 관점에서 종합적으로 다루는 데서 잘 나타나고 있다. 이 분야에서의 구체적인 질문은 "수사과정의 심문, 증언, 판결과정에서 심리학적인 요인은 작용하지 않을까? 거짓말탐지기는 정말 믿을 만한가? 범죄자의 심리나 성격특성은 일반인들과 다를까? 이들을 어떻게 교정하고 재활을 도울 것인가?" 등이다.

심리학자들은 범죄행동의 원인 및 그에 관련된 변수들에 대한 연구를 통해서 범죄행동을 이해하고 예방 및 교정하고 치료할 수 있는 방안을 마련한다. 이런 노력의 결과로 개인의 정서 장애, 성격 이상, 정신질환 등이 범죄행동과 관련성이 높다는 사실들이 밝혀지고 있다. 따라서 범죄행동의 교정과 치료 및 범죄자들의 재활에 심리학적 지식과 원리를 적용할 필요성이 크게 인식되어 가고 있다. 법률, 재판절차, 범죄, 사회적 비행 및 청소년 비행 등에 대한 연구 및 교정과 치료 등의 문제는 법률적인 측면에서뿐만 아니라 심리학, 정신 의학, 사회학 및 사회사업학의 다면적인 관점을 동시에 고려하여 접근해야 한다. 재판절차에서 심리 전문가의 중요한 역할은 다음과 같다.

① 재판 이전단계: 심리검사를 통해서 피고인이 재판을 정상적으로 받을 수 있는가의 여부를 판정한다.

② 재판 단계: 심리검사를 통해서 피고인이 재판을 받을 만한 정상적인 상태가 아님을 증거하여 피고인을 변호한다.

③ 판결 과정: 판사가 피고인을 징역, 집행유예, 혹은 치료를 위한 정신병원 입원 등의 판결을 내리는 데 참고할 자료를 제공한다.

④ 교정 단계: 교도소 내에서 수감자들의 개인 및 집단 상담이나 치료, 행동수정 치료, 직업상담 등의 심리학적 서비스를 제공한다.

법정 또는 법 심리학자들은 비행청소년과 범죄자들의 재판과 교정 그리고 재활을 위한 형사 및 사법제도와 절차의 개선에도 크게 기여하고 있다. 구체적으로, 형사관계법의 개정, 교도소 제도 및 환경의 개선, 경찰 및 교도관들의 역할수행의 개선, 교정장면에서 준 심리전문가(예를 들면, 전과자, 만기출소자, 교정직 공무원 등)의 채용 및 훈련, 재판과정에서 전문적 증언, 사법기관 및 교정기관 직원 선발, 직무분석, 직무훈련 및 업적평가 등을 통해서 활동하고 있다.

(1) 사법기관에서 심리학자의 역할

검찰이나 경찰에서의 심리학자들의 역할은 두 가지로 구분해서 살펴볼 수 있다.

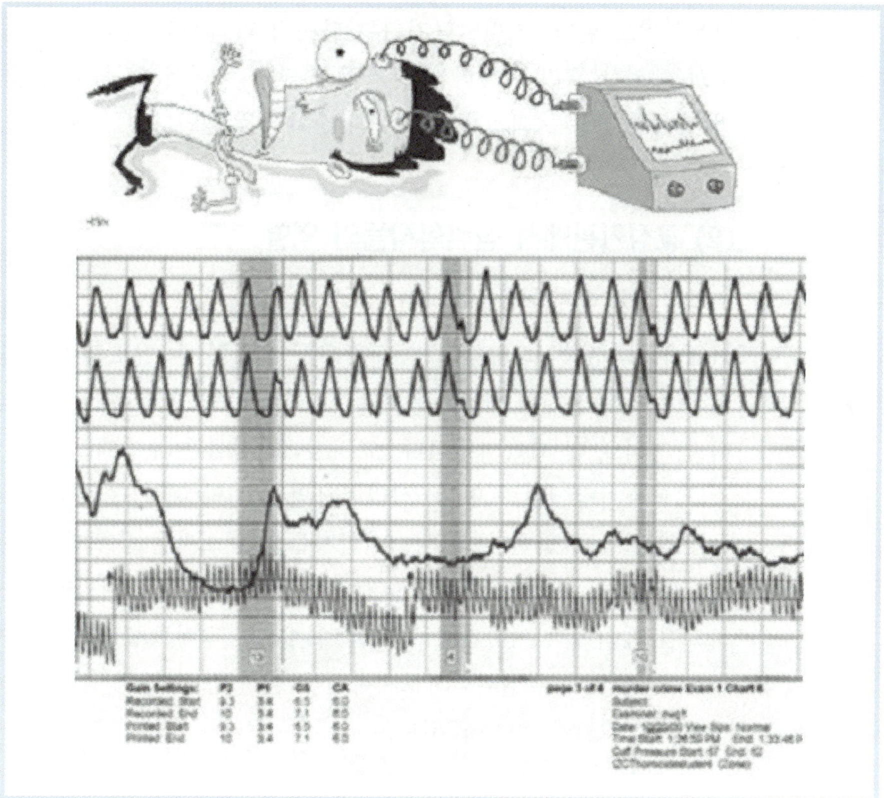

거짓말탐지기 범죄수사과정에서 피의자의 신체 · 생리적 반응을 측정하여 진술의 신빙성을 확보하는 데 거짓말탐지기를 사용한다.

1) 경찰관의 선발, 배치 및 훈련

경찰의 1차적 기능은 국민의 재산과 생명을 보호하는 것이다. 그러므로 경찰관 지원자들의 정신적 건강수준, 신체적 건강, 성격 이상, 직무기술 및 기능 수준 등을 평가하는 심리검사와 면접과정을 통해서 선발된다.

2) 행동과 범죄문제의 이해와 해결을 위한 심리학 지식의 제공

경찰은 항상 절도, 강도, 사기, 강간, 폭력 등 수많은 범죄문제에 직면하고 해결한다. 경찰관들은 사건 용의자들을 수사, 체포 및 구속하는 과정에서 과학적 지식을 활용하여 신중을 기해야 한다. 예를 들면 범인이 처한 상황을 이해함으로써 피해를 최소화하면서 범인을 체포하기 위해서는 심리학적 지식이 필요할 것이다. 경찰에서는 범죄수사에 전문가를 이용하여 거짓말탐지기를 활용하기도 한다. 거짓말탐지기는 단순히 피의자의 신체·생리적 반응을 측정해서 해석할 뿐만 아니라 전문가적 면담을 통해서 이들의 성격특성이나 심리적 방어기제 등을 파악하여 수사의 정확성을 높인다.

(2) 교정기관에서 심리학자들의 역할

교도소, 소년원, 감호소 등의 교정기관은 범죄자를 처벌하기 위한 장소라기보다는 이들이 다시 사회로 돌아가서 생활할 수 있도록 재활과 교정을 전담하는 기관이다. 즉, 재소자들을 사회로부터 격리시켜 처벌하는 수용소가 아니라 심리치료 및 교육기관이다. 교정심리학자들은 수감자들의 감별, 이들의 입소와 퇴소과정에서의 면담, 심리검사의 실시와 해석, 이에 따른 분류 및 판정 등의 역할을 담당한다. 교정심리학자들은 재소자들을 위한 개인 및 집단치료를 실시하며, 재소자의 보호관찰이나 가석방 결정과 재범방지를 위한 예방프로그램 계획에 참여하거나 자문할 수 있다. 그러므로 교정기관에서 심리학자들은 임상 및 상담심리학자로서뿐만 아니라 교정 행정가, 전문 연구원, 및 교사로서의 역할을 할 수도 있다.

(3) 가정법원에서 심리학자들의 역할

형사사건에서는 성인문제뿐만 아니라 청소년 문제에서 심리학자들의 역할이 특히 중요하다. 청소년 범죄와 관련해서 지능 및 성격검사를 통한 진단과 자문이 심리학자들의 중요한 역할 중의 하나이다. 또는 비행청소년의 가정배경, 학교생활, 활동 성향과 같은 행동특성, 주의장애와 같은 행동장애를 검사하기도 한다. 또는 가정법원에서 이혼관계 사전조정, 소년부 재판에서 참고진술, 정신감정 및 소견서 제출 등 비행청소년 문제와 가족관계 재판과정에도 관여된다.

심리학자들은 사법연수원이나 법무 및 교정직 공무원 연수과정에서의 교육, 경찰대학과 경찰종합학교, 교도관 학교 등에서도 심리학 관련 교육을 담당한다. 우리나라에서는 1985년에 한국형사정책학회와 1999년에 법 심리학회가 창립되어서 법학자, 판검사 등 법조계 실무자, 변호사, 심리학자, 사회학자 등 사회과학자 및 관계 전문가들이 형사, 범죄 및 법률문제 등을 상호 학문적 교류를 통해서 다루고 있다.

2. 직장생활에서의 응용

(1) 산업상담

직장생활은 시간상으로 우리 인생의 거의 3분의 1 이상을 차지하는 가장 중요한 생활분야이다. 개인적으로는 청소년기의 직업탐색과 선택과정을 통한 경력 정체성의 확립으로부터 직장에 대한 사회화 및 적응, 경력개발 및 정년퇴직으로 이어지는 과정에서의 심리적인 발달, 이 과정에서 직접 또는 간접적으로 심리학자들의 각종 개입으로부터 받는 영향들이 직장생활과 관련해서 심리학자들이 관심을 보이는 주제들이다.

일과 관련하여 작업자 개인이 경험하는 문제들을 진단하고 해결방법을 모색하도록 도와 주는 심리학의 응용분야인 산업상담은 상담심리학과 산업심리학의 협동분야이다. 산업상담가는 작업자가 직장에서 직면하는 다양한 문제들을 상담을 통해 잘 해결하고 돕는 일을 한다. 산업상담가는 개인이 가치 있고 만족스런 직업이나 직장을 선택하고 경력을 개발해 가며, 직장 내에서 일어나는 대인관계나 직무부담 등으로 인한 갈등과 스트레스를 해소하여 변화하는 직무환경에 잘 적응하도록 도와 준다.

사춘기에 들면서 개인은 신체 · 생리적 변화와 함께 심리적 위기를 맞이한다. 이제까지와는 다른 내가 누구인가에 대한 새로운 고민이 시작되는 것이다. 발달심리학자들은 이 과정을 심리 · 사회적 유예기간이라고 하여, 이 기간에 개인은 자기 정체성을 형성하는데, 이를 통해서 자신이 장차 감당해야 할 사회적 역할인 직업을 탐색하고 선택한다고 본다. 이렇게 해서 결정된 정체성을 경력 정체성이라고 하며 정체성을 형성하는 심리적 과제를 완수하지 못한 청년은 정체감의 혼미 상태에 빠지게 된다. 심리 · 사회적 유예기간에는 자신에 대한 과학적 이해와 분석을 통한 직업탐색 및 선택을 하며, 이를 위해서 심리학자의 도움으로 각종 심리검사를 이용하며 진로지도 전문가의 상담을 받기도 한다.

직업을 선택하고 취업이 되면 일반적으로 직장에서 직무를 수행하게 된

산업상담 산업상담심리학자는 일과 관련하여 작업자 개인이 경험하는 문제들을 진단하고 해결방법을 모색하는 데 도움을 준다.

다. 직장은 동료, 상사, 고객 등의 타인들과 더불어 일하는 새로운 생활환경이다. 개인은 새로운 심리적 생활공간에서 요구되는 행동양식을 배우고 시도하는 과정을 거쳐서 안정된 구성원으로서 받아들여지게 된다. 이 과정을 조직 사회화 과정이라고 한다. 새로운 행동규범을 사전에 탐색하고 준비하며, 받아들여서 내재화함으로써 사회화되어지는 적응과정은 취업준비, 사원선발 및 배치, 신입사원에 대한 오리엔테이션 및 훈련에 대한 산업심리학자들의 주된 관심분야이다(김정남, 2000).

직장인들이 경험하는 직장생활의 가장 큰 고민거리 중의 하나가 인간관계이다. 전통적으로 인간관계를 중시하는 우리 사회에서 직장에서의 상하관계는 직장생활의 만족이나 직무에서의 성공을 결정하는 매우 중요한 요인이다. 1920년대 중반의 호오손 연구로부터 시작된 직장에서의 인간관계에 대한 관심은 좋은 인간관계는 근로자들의 만족을 증대시키고, 결국 생산성을 높인다는 가정하에 주목을 받았다. 1950년대 이후의 '인간관계 운동'은 이런 관심으로부터 출발한 인간관계훈련 프로그램들로 이루어졌다. 심리학자들은 직장이라는 조직 안에서 이루어지는 대인관계의 기본과정에 관심을 갖는다. 대인매력, 대인지각, 귀인과정 등의 사회적 인지과정이 대인관계에 미치는 영향 등의 기초연구로부터, 대인관계를 향상시키고 개선하는 전략개발이나 훈련프로그램의 실시에 이르는 노력을 하고 있다.

우리나라에서도 개인의 직업발달을 지원하기 위해서 노동부에서 고안한 직업상담 자격제도가 1996년부터 시행되고 있다. 직업상담사는 직업안정기관이나 교육훈련기관, 인력관련기관, 기업의 상담실, 초 · 중등 및 대학교 등에서 직업선택, 직장결정, 직업전환, 직장적응, 실업위기, 재취업 및 은퇴 등의 과정에서 개인특성을 파악하고 평가하여 정보 및 자료를 제공함으로써 적합한 직업, 취업 및 경력관리 및 개발 전략의 대안 등을 탐색하는 데 도움을 준다. 국내의 직업안정기관은 1999년 현재 약 3,500개소이며 직업상담원은 2,200여 명에 이른다. 구체적으로 직업상담사는 노동부 지방관서, 고용안정센터, 인력은행, 공공안정직업훈련기관, 일하는 여성의 집, 노인복지협회, 장애인고용촉진훈련기관, 각급 학교의 취업보도실, 기업체의 인사부서와 고충처리상담실 등에 고용될 수 있다(한국 산업 및 조직심리학회, 2000).

(2) 인사실무에서 심리학의 응용

기업체에 응용되는 심리학의 분야를 산업 및 조직심리학이라고 한다. 1900년대 초기의 산업심리학자들은 작업장에서의 개인차에 관련된 문제들을 다루었다. 심리학자들은 직무 지원자들이 갖추고 있는 자질에서의 차이를 평가하고 직무훈련 실시 후 작업자들의 직무기술이나 능력 또는 태도에서의 변화된 차이를 측정하고, 작업자들의 직무성과에서 차이를 평가하여 임금이나 승진 등을 결정하는 실무에 관심을 두고 참여하였다. 이처럼 인사실무와 관련된 절차에 관심을 둔 초기의 산업심리학을 인사심리학이라고 칭한다.

직무는 그것을 수행하는 데 필요한 직무요건들을 갖고 있다. 직무분석을 통해서 밝혀지는 이런 직무요건 중에서 직무를 수행할 개인에게 요구되는 조건들을 인적요건이라고 한다. 직무 인적요인들로는 능력요인인 일반지능, 적성, 직무관련 기술과 기능과 성격, 직무태도 및 가치관, 직업흥미 등의 정의적 요인이 포함된다.

일찍이 심리학자들은 심리검사운동을 통해서 개인의 능력과 성격특성의 차이를 측정하여 진단하고 예언하는 도구인 심리검사나 면접절차 등을 제작하고 구성하여 실용화하였다. 직무요건을 갖춘 지원자를 가려내어 직무와 개인을 조화시키는 것이 산업체의 인사실무의 가장 중요한 관건이다. 국내에서는 노동부의 중앙고용정보관리소에서 심리학자들의 참여로 구직자들의 직업적성을 측정할 수 있는 검사를 개발하여 곧 사용할 예정이다(중앙고용정보관리소, 2000).

이런 점에서 직무에 개인을 일치시키려는 접근이 사원선발과정에서 개인의 능력과 성격을 평가하여 직무요건에 가장 적합한 지원자를 가려내는 것이다. 1차 세계대전 당시 미 육군에서 신병을 선발하기 위해서 지능검사인 군대알파 및 베타검사를 개발하여 사용한 이래로 산업체에서는 신입사원들을 선발하기 위해서 지능검사, 적성검사 및 성격검사를 활용하고 있다.

사원선발이 직무에 개인을 일치시키는 접근법이듯, 산업체훈련은 현직자가 직무를 잘 수행할 수 있는 능력과 기술, 자질을 갖추도록 변화시키는 노력이다. 산업체 훈련은 훈련계획 수립, 훈련의 실시 및 효과 평가의 단계로 진행된다. 훈련 프로그램의 효과를 측정하여 평가하는 것은 매우 중요한 과정이다. 많은 예산과 시간 그리고 인력을 투자한 훈련에 대한 정확한 평가가 없다면,

효과가 얼마나 있는지, 앞으로 지속적으로 훈련을 실시할 것인지 또는 기존훈련과정을 어떻게 개선할 것인지에 대한 결정을 할 수 없기 때문이다. 산업심리학자들은 이처럼 훈련프로그램 효과를 평가하는 과정에 참여한다. 훈련프로그램 평가과정에 참여하기 위해서는 전문적 지식을 갖추고 훈련과정을 거친다. 이들은 심리학과 사회과학 및 행동과학적 전문지식을 습득했다. 평가를 위한 측정자료를 분석하고 해석하기 위한 통계적 지식과 연구방법론에 대한 훈련을 받은 전문가들이다.

(3) 조직행동의 이해

직장조직에서 일하는 작업자들의 태도와 행동은 조직의 구조적 특징이나 집단과정에 의해서 영향을 받는다. 조직에서의 개인행동을 연구하는 조직심리학에서는 직무만족(김준곤, 1988; 김정남, 1995), 작업동기(한덕웅, 1983/1987), 조직몰입(탁진국, 1991), 조직 내 의사소통, 리더십, 조직개발, 노사관계(김준곤, 1995) 등의 문제들을 다룬다. 그러므로 조직심리학에서는 집단역학이나 태도에 관한 사회심리학적 관심이 적용된다(서울대 사회심리연구실, 2000; 한덕웅, 2001). 조직의 생존이나 효율성을 증진시키기 위해서 조직의 문제를 진단하고 처방하여 변화를 도입하고 그 효과를 평가하는 조직개발은 조직심리학의 중요 분야이다. 직무설계, 조직풍토, 조직문화 역시 조직심리학의 주제이다. 조직 내 이해가 대립되는 집단인 노사관계에서는 고용주와 노조원들간의 심리적 갈등, 단체교섭 및 협상 등의 집단역학의 문제를 다룬다. 노사관계를 다루기 위해서는 심리학적 지식 외에도 노동관련법에 대한 전문적 지식이 필요하므로 심리학자들은 이 분야 전문가의 도움을 받는다.

(4) 작업환경의 설계: 인간공학 심리학

작업행동 효율성을 높이기 위한 노력의 하나로 Taylor는 '시간-동작' 연구에 의해서 작업자들의 작업행동을 관찰했다. 시간-동작 연구는 작업장면에 실험심리학적 방법을 적용한 첫 시도였다. 그 결과, 작업행동을 '인간-기계' 체계로 이해했고 작업행동과정을 분업화, 표준화, 기능화하는 과학적 관리법을 고안했다.

그 후 2차 세계대전 당시에 조종사의 신체적 조건과 감각, 지각, 운동 및 학습능력 등에 최적하며 기계조작의 오류를 줄이고 효율적인 전투를 하도록 전투기 조종실 내부를 설계하는 일에 심리학자들이 참여하게 되어 본격적인 공학심리학이 발달하게 되었다. 이처럼 기계와 인간의 조화를 꾀하는 접근은 자동차, 전자제품의 안전하고 편리한 사용으로부터 실내 가구와 비품의 높이나 기능, 색채, 배치 등이 개인의 신체적 조건과 기능에 적합한가에 대한 소비자 보호의 문제로까지 확대되어 왔다.

공학심리학(인간공학 또는 인적요인)은 우주공학의 발전과 컴퓨터의 개발 등에 힘입어 새로이 확장되고 있으며 특히 응용 심리학자들의 진출이 돋보이는 분야이다. 우리나라에서 공학심리학자들이 현재 활약하고 있거나 앞으로 진출할 수 있는 구체적인 기관이나 분야를 보면, 교통안전관리공단, 도로교통협회, 교통관제센터, 도로공사, 특허청, 공업진흥청, 정보통신부, 노동부, 직업훈련관리공단, 내무부 치안본부, 국방과학연구소 및 각 시도 등 지방자치단체의 도시계획 담당 부서 등이 있다(이수원 외, 1987).

(5) 소비자 연구 및 광고분야에서의 심리학의 응용

현대인들은 누구나 제품이나 서비스를 생산하고 제공하는 생산자이자 상품을 사용하고 서비스를 제공받는 소비자이다. 실제로 우리의 일상생활은 타인들과 유형의 또는 무형의 무엇인가를 주고받는 행동을 통해서 이루어진다. 그런 점에서 인간행동은 상당히 소비행동이라는 관점에서 이해될 수 있다.

산업체에서는 상품이나 서비스를 생산하고 이를 위해서 인적 · 물적 자원을 관리할 뿐만 아니라, 생산된 상품이나 서비스를 소비자에게 공급하고 알리는 판매와 광고가 매우 중요하다. 20세기 중반 들어 대량생산체제로 전환되면서 시장개념(marketing concept)이 중시되어서 소비자에 대한 관심이 커지게 되었다. 따라서 산업체는 소비자에 대한 과학적 분석을 위한 연구를 필요로 하게 되었고, 자사 상품과 서비스에 대한 광고를 위한 노력에 힘쓰게 되었다(이창우 · 김상기 · 곽원섭, 1989).

이미 1900년대 초에 Scott라는 심리학자는 광고심리학의 체계를 수립하였다. 소비자 및 광고심리학에서는 소비자 행동을 이해하기 위해서 정보처리자인 소비자의 지각, 기억, 학습, 동기, 정서, 귀인, 태도형성 및 태도변화 등에 관한 심리학적 지식들을 적용한다.

소비자심리학은 광고, 소비자 행동, 마케팅 전략, 소비자의 기억과 지각 등의 심리적 요인, 구매행동과 관련된 의사결정과정 및 규칙, 구매행동에 영향을 미치는 심리 · 사회적 환경요인 등을 다룬다. 이러한 소비자의 인지적 정보처리과정들을 이해하기 위해서는 사회심리학과 인지심리학의 지식이 필수적이다(남승규, 1999).

3. 노인문제에서의 적용

의학과 식생활의 발전으로 평균수명이 증가함에 따라서 노인문제가 새로운 사회적 관심사가 되고 있다. 고령인구의 증가로 전체 사회가 노령화되고 있다. 우리 나라만 해도 평균수명이 70세 이상으로 연장되었고, 65세 이상 노인이 전체 인구의 6%를 넘어선 것으로 추산되고 있다. 미국이나 일본은 노령인구가 전체인구의 10%를 훨씬 넘어선 것을 보면 우리나라도 지속적으로 노인인구가 더 증가할 것으로 예상된다.

직장에서의 조기퇴직이나 정년 연령이 조기화되는 추세는 한참 일할 건강한 나이에 퇴직한 노인 아닌 노인들을 양산하는 사회적 문제를 야기하고 있다. 대부분의 기업에서는 정년이 50세 중반으로 규정되어 있고, 최근에는 50세가 되면 실질적으로 퇴직의 압박을 받는 현실이고 보면, 한창 일할 50대에 은퇴하는 것은 본인과 가족들에게 중대한 위협으로 받아들여지고 있다.

인구 노령화는 이 외에도 노인들의 신체적 건강과 의료보호, 사회복지 정책, 연금제도, 가족관계, 주거환경 등의 수많은 문제와 관련되어 있다. 그러므로 노인문제의 심각성은 발달심리학자들의 관심을 불러일으켰고, 구체적으로 노인심리학 분야를 체계화하도록 촉진시켰다. 노인문제는 심리학뿐만 아니라 의학, 생물학, 사회학, 사회복지학, 가정관리학, 간호학, 경제학 등 제반 관련 학문들의 상호 협력이 요구되는 분야이다. 노인문제에 대한 심리학자의 구체적 관심은 다음과 같은 연구주제나 실무적인 노력으로 실행되고 있다.

① 연령증가에 따른 생리 · 생물학적 변화: 유전적 소질, 뇌 기능의 변화,

신경계 및 내분비계 기능의 장애, 죽음 및 죽음에 대한 지각 등이 다루어진다.

② 생활환경과 심신의 건강상태가 노화과정 및 행동에 미치는 영향: 노화과정을 통해서 받는 스트레스 및 환경경험의 개인차, 문화차이와 사회구조 변화에 따른 노화과정의 차이.

③ 연령증가에 따른 지적 능력, 감각 및 지각기능의 변화, 인지과정의 변화: 동작성 지능과 언어성 지능의 변화, 반응시간의 둔화, 청각 및 시각 등 감각기능의 저하, 신체적 · 심리적 능력의 쇠퇴와 수명의 관계에 대한 실험심리학적 연구 등이 이루어진다.

④ 노화에 따른 성격 및 행동특성의 변화, 심리적 적응의 문제: 40대 이후 갱년기에 접어들면서 나타나는 조심성과 경직성의 증가와 같은 성격 및 행동특성의 변화, 우울증 성향의 증가, 노년기의 심리적 적응형태 등이 관심사가 된다.

노인 및 노령화에 대한 심리학자들의 관심은 실생활과 관련해서 노인의 지위향상, 세대간 격차와 갈등 해소, 주거환경의 개선, 경제적 빈곤문제 해결, 강제적인 정년퇴직제도에 대한 대책, 여가활동 프로그램의 개발, 사회적 고립을 방지하기 위한 네트워크 형성, 신체 및 정신건강 증진, 죽음에 대한 연구 및 서비스 제공 등의 구체적 문제로 다루어진다.

발달심리학자 특히 노인심리학자들은 노인들의 정신건강 증진을 위한 진단적 심리검사의 개발과 실시, 진단 및 치료, 상담 및 가족치료 등의 영역에 관여하게 된다. 특히 조기 정년퇴직자들에 대한 재사회화 및 재취업을 통한 제2의 취업을 도울 재교육 과정에 대한 연구와 실무적 노력이 요구된다. 심리학 또는 심리전문가들은 양로원, 노인병원, 평생교육기관, 노인촌이나 노인아파트, 노인 보호단체 등의 노인시설이나 관련기관에 적극적으로 참여할 필요성이 커지고 있다.

우리나라는 이미 노령화사회로 접어들었으므로 심리학자들은 노화과정과 노인문제에 적극적인 관심을 가져야 한다. 평균수명 연장과 가족계획으로 인한 노인인구의 급속한 증가, 대부분의 직종에서 정년퇴직이 55세 이하로 낮아지고 있다는 사실이 그 중요성을 더해 주고 있다. 노화과정에 따른 신체적 쇠약과 건강유지, 가족관계, 정신건강, 경제적 수입감소와 역할 상실, 노동력 손실과 제2의 취업, 노후 자녀와의 동거, 주거생활, 여가활동 등에 대한 연구가 활성화되어야 한다. 특히 심리학자들은 연령증가에 다른 인지능력이나 성격변화의 심리적 기제, 은퇴 준비와 교육, 노인복지를 위한 공공정책 및 제도를 개선하기 위해서 적극적으로 노력해야 한다.(윤진, 1985).

4. 환경문제에서의 적용

(1) 환경과 인간행동의 관계

심리학자들은 인간의 행동은 개인과 환경의 상호작용의 결과라는 점에 동의한다. 인간행동과 환경의 관계에 대한 관심은 최근에 산업화에 따른 자연환경 파괴와 훼손 및 오염 등 인간생활의 안전과 안락을 위협하는 환경조건이 많아짐에 따라서 더욱 커지게 되었다. 1993년과 1999년 두 차례에 걸친 우리나라 사회문제에 대한 조사연구(한덕웅과 강혜자, 2000)에 의하면, 환경문제가 매우 중요한 사회문제로 지적되고 있다. 환경문제로서는 개인의 사생활 보호, 영토 보존 행동, 개인적 공간 행동, 인구과밀뿐만 아니라 대기 및 수질 오염, 소음과 온도, 건축 설계 및 도시계획 등에 이르기까지 매우 다양하다. 환경과 행동의 관계에 대한 심리학의 연구는 몇 가지 측면이 있다.

가) 스트레스원으로서의 환경: 비행장이나 도심지 교차로 부근의 소음, 복잡한 상가지역의 인구밀집 등은 심한 심리적 스트레스를 유발하는 원인으로서 이 지역에 살고 있는 사람들은 조용한 다른 지역의 개인들과 다른 적응행동을 하도록 만든다.

나) 정서 · 생리적 각성촉발: 환경은 정서 및 생리적 반응을 유발한다. 환경자극의 강도에 따라서 개인은 긴장하거나 또는 이완되며, 호흡, 맥박, 혈압 등이 변화하고 행동의 효율성이 달라진다.

다) 정보과잉의 문제: 개인이 수용하여 처리할 수 있는 정보의 양은 한정되어 있다. 그러므로 외부로부터 한꺼번에 지나치게 많은 정보가 들어오면 처리능력 밖의 정보들은 무시되거나 제외된다. 사회행동에서의 예를 들면, 한적한 변두리 지역에서보다는 사람이 한꺼번에 붐비는 도심지역에서는 길거리에 쓰러져 있는 사람에 대해서 도와 주려는 이타행동이 더 적게 일어난다.

라) 자극과 변화추구행동: 사람들은 외부 환경으로부터 들어오는 자극을 적절하게 처리할 수 있는 적정수준(optimal level)을 지니고 있다. 그러므로 환경으로부터의 외부자극이 이 수준을 지나치게 되는 복잡하거나 강력한 자극에 대한 긴장이나 정보과잉에 의한 정보의 무시나 제외 이외에, 반대로 적정수준 이하의 외부 자극 조건에서는 오히려 더 많은 자극이나 변화를 적극적으로 추구하게 된다. 심리학자들은 자극박탈실험을 통해서 자극 추구 경향성을 확인했다. 지나치게 조용하고 자극이 없는 상황에서 실험 참가자들은 오히려 견디지 못하고 자극을 갈망하였으며 심지어는 물리적으로는 존재하지 않지만 적극적으로 내적 자극을 만들어 내는 것을 볼 수 있었다.

마) 개인행동에 대한 환경의 제약: 환경은 개인의 행동을 제한하고 속박하기도 한다. 비좁은 지하철이나 시내버스 안에서는 행동선택의 자유가 없어진다. 환경에 의한 행동의 속박이 일시적이라면 문제가 심각하지 않지만 이런 상황이 장기적이고 반복되며 개인의 의지로는 어쩔 수 없게 된다면 개인은 결국 학습된 무기력을 일으켜서 우울증이나 정신건강의 문제를 일으킨다.

인간행동에 대한 환경의 영향을 다루는 심리학의 새로운 분야인 환경심리학은 심리학뿐만 아니라 여러 분야들과의 종합적 관계를 이루고 있다. 실제로 환경심리학자들은 경제학, 지리학, 정치학, 사회학, 인류학 영역으로 진출하여 활동하고 있다. 또는 사회생태학, 인간환경관계 분야뿐만 아니라 건축학, 조경, 토목공학, 실내장식, 도시설계 등의 분야에서도 활동하고 있다. 주거 및 환경문제에 관한 환경심리학의 구체적인 관심영역은 다음과 같다.

(2) 도시 주거문제

환경심리학자들이 관심을 두고 다루어 온 주거문제들은 주거환경에 대한 주거자들의 지각, 주거 환경에서 인구밀집이 정서반응이나 공격성, 대인 매력 등에 미치는 효과, 개인공간, 영토보존 행동, 범죄예방 등으로 다양하다. 그러므로 대단위 건설회사, 건축설계 연구소, 시나 도의 관공서, 소방기관 또는 재해예방 기관 등에서 심리학자들이 전문가로서 일할 수 있게 되었다.

(3) 작업장의 환경문제

작업장에서 심리학자들은 휴식, 휴양시설 설계, 작업환경이 직무수행이나 만족, 스트레스, 신체적 건강 등에 미치는 효과 등을 연구한다. 사원들간의 대인관계 및 부서들간의 역동에 미치는 효과를 고려한 사무실 설계방법을 고안하는 심리학자들도 있다. 예를 들어서 개방된 사무실에서 근무하는 사원들은 낮은 벽으로 구분된 넓고 개방된 공간에서 일하며, 공간은 주로 사무실 집기나 화분 등으로 구분되어 있다. 이런 사무실 공간설계는 개인들간의 의사소통을 촉진하여 벽으로 막힌 전통적 사무실설계보다 작업 효과를 높이고 동기를 증진시킨다고 주장한다(홍대식, 1994).

(4) 학교 등 교육장면의 환경문제

교육장면에서는 학습자나 교육 대상자들이 효율적이고 안락하게 학습할 수 있는 교실공간의 설계 및 가구나 시설의 배치 등을 연구한다. 교실의 채광이나 벽면의 색깔, 공간 규모 및 책상과 걸상의 배치, 복도의 설계 등이 학습자에게 어떻게 지각되며 학습효과에 영향을 미치는가 등에 관한 연구를 한다.

(5) 주거환경과 범죄행동

환경은 범죄 발생 가능성, 비행청소년의 범행예방 등과 같은 주제와 관련하여 연구대상이 되기도 한다. 주거지역을 설계할 때에는 가능한 범죄 발생 가능성을 줄이기 위해서 가로등의 밝기, 낯선 사람의 감시를 용이하게 하는 주거지역 설계 등이 고려된다. 범죄자나 비행 청소년들이 수감되어 있는 교도소나 소년원 등 교정기관의 입지선정이나 건축 내부의 설계 등은 범죄 재발을 방지하는데 도움이 된다. 그뿐만 아니라 이런 시설의 인구밀도가 지니는 심리 및 사회적 효과에 대한 연구가 이루어진다.

(6) 교통환경과 안전

교통환경 심리학자들의 연구는 교통안전행동에 영향을 주는 교통환경에 관련되어 있다. 교통환경은 도로 교통환경, 의미 교통환경, 그리고 대인 교통환경으로 구분된다. 도로구조, 도로 폭, 노면상태, 중앙분리대, 도로의 기울기, 갓길정비, 인도와 보도의 상태 등이 도로교통 환경이다. 의미교통 환경이란 안전시설, 신호, 표지, 표시, 차로 구분 등의 약속이나 의미를 내포하는 물리적 환경을 말한다. 대인 교통환경은 운전자나 보행자의 행동이 서로에게 영향을 미치는 교통환경으로 작용하는 것을 의미한다. 운전자나 보행자가 이러한 교통환경에 적응하지 못할 때 교통 무질서와 사고를 유발한다(이순철, 2000). 그러므로 이러한 도로교통환경이 운전자의 안전행동과 어떤 관련을 지니는지 연구하는 것이 필요해진다.

(7) 공기 및 수질오염, 소음공해 등의 공해문제

환경오염이나 공해의 정도에 따른 주거자들의 심리 및 행동적 반응 및 정신, 신체적 건강이 환경심리학자들의 연구문제이다. 예를 들면 공항주변, 도심지 상가, 지하상가, 고속도로 주변의 주택가 등의 거주자가 경험하는 오염이나 공해와 이에 따른 개인의 반응에 대한 연구가 필요하다.

오염이나 공해와 관련된 주제로서 에너지의 이용과 폐기물 처리와 주민들의 반응도 환경심리학자들의 관심사이다. 핵발전소의 건설과 그에 다른 폐기물 처리, 도시 쓰레기 처리방식이 관련된 주민들의 인식과 집단적 행동에 영향을 미칠 수 있다.

5. 건강문제에서의 적용

현대인들은 무엇보다도 건강에 대한 관심이 크다. 신체적 건강뿐만 아니라 정신건강의 중요성이 강조되면서, 심리적 · 정신적 요인이 신체정신 건강에 미치는 효과에 대한 연구들이 심리학뿐만 아니라 건강관련 분야에서 각광을 받고 있다. 스트레스로 인한 각종 신체질환 연구나 스트레스 예방 및 대처방안에 관한 연구가 활발하다. 정신질환의 경우에도 신체 · 생리적 원인보다는 심리적 원인에 의한 발병률이 더 높은 것으로 밝혀짐에 따라서 의학계에서도 심리학적 접근의 중요성이 크게 인식되고 있다.

국내에서도 건강문제에 대한 심리학자들의 관심이 구체적으로 나타나고 있어서 1994년에는 건강심리학회가 창설되었다. 한국건강심리학회의 발기 취지문(한국심리학회, 1994)의 2항을 보면 건강심리학의 특성을 잘 알 수 있다.

> "건강심리학과 관련된 연구결과의 발표기회를 제공한다. 기존의 학회에서는 신체질환에 대한 진단, 예방 및 치료, 정상인들의 건강 유지 및 건강 증진, 생활양식의 수정과 관련된 사회심리학적 접근, 스트레스와 질병간의 생리학적 기제, 산업장면에서의 스트레스 관리, 치료자 준수사항의 개선, 의료 봉사 기구의 효과적인 운영 등에 관해서 연구하여 발표할 수 있는 협력의 구심체가 없다. 따라서 이러한 주제에 대한 연구와 응용상의 시사점을 발표하고 토론할 장을 마련한다"(p. 13)

이상에서 보듯이 건강심리학은 건강유지와 증진, 질병의 예방과 치료, 건강, 질병 및 이에 관련된 기능장애에 대한 병인론 및 진단적 정립 그리고 건강관리 체계와 보건정책 및 제도의 개선을 도모하기 위해서 심리학의 지식과 방법론을 적용하는 분야이다. 건강하든 병에 걸렸든, 모든 신체상태는 심리적·사회적 요인들의 영향을 받는다. 그 동안 건강에 대한 전통적인 의학적 모델에서는 간과되어 왔던 심리 · 사회적 요인들의 역할이 중요하다는 사실이 인식되면서 건강심리학자들의 활동범위도 점차 다양하고 넓어지고 있다.

건강심리학은 임상심리학과 유사하지만 차이점이 있다. 첫째, 정신병리를 강조하는 임상심리학과 달리 건강심리학은 신체적 병리에 일차적 관심을 지닌다. 임상심리학은 질병의 치료를 강조하는 반면, 건강심리학은 건강회복이나 질병치료뿐만 아니라 건강유지와 증진, 질병의 예방을 더 강조한다. 마지막으로 건강심리학은 다른 분야의 학문들과 협력을 강조한다. 건강심리학의 구체적인 연구분야의 예는 다음과 같다.

가) 스트레스와 신체질병간의 관계를 이해하여 효과적인 스트레스 대처방안을 마련한다.

나) 일상생활의 주요한 사건 및 변화가 심장질환, 호흡부진, 고혈압, 암 등의 질병에 미치는 효과를 연구한다. 성격유형과 심장질환의 관계를 파악하는데 심리학적 지식을 응용한다. 예를 들면, 스트레스는 심장질환과 밀접한 관계가 있다. 스트레스의 원인 중에 개인특성 요인으로서 A타입 성격이 있다. A타

입 성격 소유자는 승부욕이 지나치고 공격적이며 쉽게 분노하여 다른 사람보다도 스트레스를 더 많이 받아서 스트레스 경험이 크며, 그 결과 관상동맥질환에 걸릴 위험이 높다. 심리치료를 통해서 A타입행동을 줄이면 심리적 · 사회적으로 긍정적인 결과를 가져오며, 심장혈관질환에 걸릴 위험이 훨씬 적어진다는 연구결과가 많다.

다) 피부질환, 근육통, 호흡곤란, 순환계 질환, 소화계통 질환, 비뇨기계통 질환, 내분비선 계통 질환 등 생리 · 심리적 장애를 연구한다.

라) 입원환자들의 행동이 질병 치료에 미치는 영향, 환자의 행동이 의사, 간호사 등의 의료진에게 미치는 영향, 수술에 대한 두려움 극복 방법, 치료와 처방에 대한 환자의 순종행동 등을 연구한다.

마) 행동수정요법, 근육 이완법, 체계적 둔감법, 바이오피드백 등에 의한 인지적 행동적 치료법의 효과에 대한 연구

바) 최면, 침술, 인지적 책략 등에 의한 통증완화방법 연구

사) 비만 예방과 치료, 식사조절, 알코올중독이나 금연을 위한 치료법 등에 대한 연구를 한다.

(건강심리학에 관한 국내의 최근 연구들은 전겸구와 한덕웅(1994), 그리고 이 책의 "제14장 스트레스와 신체건강"을 참고하기 바란다.)

6. 정부조직 및 공공기관에서의 적용

다른 조직에서와 마찬가지로 정부나 공공기관 등에서도 심리학적 지식이 응용될 수 있다. 산업체, 군대, 학교 등의 조직에서와 마찬가지로 정부 및 공공기관 조직에서도 구성원의 선발, 배치, 훈련 및 업무성과의 평가, 작업설계나 조직개발, 리더십, 직무동기 등의 심리학적 지식이 그대로 적용될 수 있다.

최근에는 정부조직이나 공공기관에서도 조직의 효율성을 증가시키기 위해서 경쟁원리가 도입되어 조직개편이나 구조조정이 이루어지고, 공무원이나 사원들의 근무능력을 신장하기 위한 교육연수가 활발하게 이루어지고 있다. 따라서 산업 및 조직심리학적 지식들이 정부나 공공기관에서 더욱 활발하게 적용될 전망이다. 정부조직이나 공공기관에서의 심리학자들의 활동은 다음과

같이 간략하게 구분해서 기술할 수 있다.

(1) 공공정책 수립 및 실행계획

공공정책을 수립하기 위해서는 사회문제에 대한 심리적 본질을 찾아내는 것이 중요하다. 예를 들면 대기 및 수질오염, 노년층의 소외감, 청소년 범죄 및 비행, 교통문제, 인구문제에 내포된 심리적 원인이 무엇이며, 대입제도의 변화, 신도시 개발, 재소자의 재활 및 갱생보호제도의 강화, 중고교생의 두발 자율화 조치 등의 행정제도들이 국민생활에서 실제로 중요한 사회문제를 지각되는지 알아낼 필요가 있다. 한국사회의 사회문제를 다룬 한덕웅과 공동 연구자들(한덕웅, 1994; 한덕웅, 최훈석, 강혜자, 이경성 및 박군석, 1995; 한덕웅과 강혜자, 2000)의 연구에서는 한국 중산층의 20대와 50대 국민들이 환경오염, 정치인 부정부패, 교통문제, 교육, 범죄, 가치관 혼란, 지역차별 등을 중요한 사회문제들로서 지적하였다.

(2) 공공정책 수립 및 실행과정에 직접 적용

공공정책을 수립하거나 실행하는 과정에서 심리학의 기존 지식이나 원리가 직접 적용될 수 있다. 예를 들면, 정보통신부에서는 기억에 관한 실험에서 밝혀진 단기기억인 저장용량인 7 ± 2 항목을 적용하여 전화번호의 길이를 결정하는데 활용할 수 있다. 즉, 모든 전화번호의 자리 수를 단기기억 저장용량 범위를 벗어나지 않도록 만드는 것이다.

(3) 공공정책 실행 성과를 평가

사회복지정책, 교육정책, 의료보험제도 등의 다양한 공공정책들이 실행되고 개혁된다. 이런 정책실행이나 개혁의 성과를 평가해야만 공공정책의 성공 여부를 판단할 수 있을 뿐만 아니라 제도의 지속적 사용이나 또는 변화를 시도할 것인지를 결정할 수 있는 자료를 확보할 수 있기 때문이다. 심리학자들은 이런 분야에서 심리학의 지식과 원리뿐만 아니라 공공정책에 대한 국민과 사회구성원들의 반응과 평가를 얻어내는 방법론을 적용한다.

7. 군대에서의 적용

군대는 다른 조직체와 달리 위계질서와 명령체계를 중시하며 엄격한 행동통제를 요하는 특수한 조직이다. 그러나 군대조직의 목표는 분명하고 구성원들은 이 목표를 위하여 행동하기 때문에 다른 조직에서와 마찬가지의 집단역학 및 조직행동의 원리들이 적용될 수 있다. 군 인력자원 확보, 선발 및 배치, 인간공학, 교육 및 훈련, 인간관계, 적응 및 치료 등은 군대에서 심리학이 응용되고 있는 구체적인 주제들이다.

(1) 신병 선발과 배치

군 입대 대상이 되는 장정들은 신체검사뿐만 아니라 성격검사를 비롯한 각종 심리검사를 통해서 부적격자가 가려지고, 훈련소에서 실시하는 적성검사에 의해서 적재적소에 배치된다. 이러한 성격검사와 적성검사를 실시함으로써 군 생활에 잘 적응하고 자신의 적성과 특기를 살려서 복무함으로써 군 전력의 향상을 꾀할 수 있기 때문에 군대에서의 심리검사의 개발과 활용은 다른 어떤 장면에서보다 일찍이 시작되었다. 국내에서도 육군 선발용 성격검사를 심리학자들(원호택, 한덕웅, 박광배, 신응섭 및 이영호, 1998)이 제작하여 사용하고 있다.

(2) 훈련 및 교육

군인은 유사시의 임무를 잘 수행하기 위해서 평소에 끊임없이 훈련과 교육을 필요로 한다. 군대에서의 훈련과 교육은 단기적이며 목표가 분명하고, 훈련이나 교육 후 곧 바로 실무에 적용된다는 점에서 일반 학교의 교육과 차이가 있다. 그러므로 효과적인 교육훈련 프로그램 및 교재의 개발, 교수법과 지휘통솔법의 개발, 교육 및 훈련 성과의 측정이 매우 중요시된다.

(3) 사기 진작 및 효율적인 전투임무 완수

군인들의 동료애 및 단결력은 근대생활 적응을 원활히 하며, 전투상황에서는 공포 및 긴장을 감소시킴으로써 효율적인 행동을 수행하도록 돕는다. 이를 위해서 심리학자들은 군대에서의 집단역학, 태도형성 및 태도변화, 가치관 등에 관련한 사회심리학적 지식과 동기, 리더십, 만족 등의 조직심리학적 원리를 적용하였다. 심리전에 대한 교육과 훈련을 통해서 소대단위 전투임무의 수행의 효율성을 높일 수 있었다. 그리고 지휘관의 통솔력을 증진시키기 위해서 리더십 이론들을 활용하였다.

(4) 군 생활 적응을 위한 상담

군입대자들은 나이는 대개 10대 후반으로부터 20대 초반의 청년들로서 타인의 간섭과 통제에 매우 민감한 시기이므로 신병들의 군대생활 적응에 관심을 가질 필요가 있다. 군대란 명령과 지휘계통에 의한 복종이 요구되는 조직이므로 신병들이 집단생활에 적응하는 초기단계에 심리적 불안과 갈등으로 인한 병영 내에서의 총기사건이나 탈영 등의 부적응 행동이 나타나는 것이다. 그러므로 사병들의 불만이나 심리적 불안과 갈등 등 심리적 부적응에 대비해서 이들이 정신건강을 유지하고 적응하며 각종 사고를 예방할 수 있도록 전문적인 심리적 상담이나 임상심리학적 노력이 이루어져야 한다.

8. 스포츠 분야에서의 적용

소득이 증대하고 생활수준이 향상됨에 따라서 스포츠와 레저에 대한 관심이 높아지고 있다. 스포츠는 운동선수나 체육인들의 전유물이 아니라 관람자나 일반인들의 문제이다. 전통적으로 스포츠 심리학자들은 운동선수의 동기유발, 성격, 공격성과 폭력, 리더십, 집단역동, 운동연습과 심리적 안정, 운동경기에 대한 지각, 스포츠와 신체적 활동 참가의 여러 영역에 대해서 연구한다. 그리고 스포츠와 운동경험의 수행 향상을 목적으로 스포츠 심리학 과목을 지

스포츠 심리학 스포츠 경기의 승패는 운동선수의 심리적 요인에 큰 영향을 받는다. 따라서 스포츠 심리학자의 역할이 매우 중요하다.

도하고, 연구활동을 지도하며, 선수, 코치, 운동 참가자들과 함께 일하는 것이 스포츠 심리학자들의 역할이다(김민현 · 정용락, 1999). 스포츠에 대한 심리학의 관심은 다음과 같은 다양한 분야로 나타난다.

가) 사회심리학: 선수들간의 경쟁과 협동을 일으키는 요인이 무엇인지, 집단역학, 선수들의 사기를 높이기 위해서는 어떤 방법을 사용해야 하는지, 선수 개인 특성이나 상황에 따라서 지도자는 어떤 리더십을 발휘해야 하는지, 관중의 영향 및 사회적 촉진현상이나 모험이행에 관한 지식은 관중이 선수에게 미치는 영향을 이해하는 데 도움을 준다.

나) 발달심리학: 생애 초기경험이 운동기술 향상에 어떤 영향을 미치는지, 운동선수의 유전적 및 환경 요인이 운동이나 경기성적에 어떤 영향을 주는지, 운동종목에 따라서 운동기능을 학습하기에 최적한 연령은 언제인지, 운동기능에서 남녀 또는 연령에 의한 차이가 나는지 등을 다룬다.

다) 임상심리학: 부상을 자주 당하는 선수의 심리적 원인이 무엇인지, 승부욕은 강하나 항상 패하는 선수의 심리적 문제는 무엇인지, 선수의 경쟁불안의

원인과 그 결과는 무엇인지, 성적이 부진하거나 운동이나 단체에 적응하지 못하는 선수를 어떻게 관리할 것인지의 문제를 다룬다.

라) 성격심리학: 우수선수와 일반 선수의 성격특성의 차이, 다양한 운동종목에 따른 선수들의 성격이나 행동경향의 차이, 운동을 즐기고 적극적으로 참여하는 사람과 그렇지 않은 사람의 성격은 어떤 차이가 있는지 등을 다룬다.

마) 학습심리학: 운동연습과 휴식의 시간적 안배나 횟수 등에 관한 연습계획, 보강 계획과 보상의 사용, 운동을 하려는 동기를 유발하는 방법, 훈련에 의해서 습득한 기능을 경기장에서 어떻게 수월하게 전이시킬 것인가, 학습된 내용의 효과적인 기억 등에 심리학적 지식을 응용할 것이다.

바) 교육심리학: 효과적인 교수방법, 시청각교재 이용 효과, 운동기능 습득을 위한 훈련방법, 훈련에서의 문제해결방법 등의 문제를 다룬다.

스포츠 심리학 분야에는 두 가지 연구 경향이 있다. 하나는 운동선수에 대한 관심분야이고, 다른 하나는 선수가 아닌 관중이나 일반인들에 관한 관심이다. 전자는 경기력 향상을 위한 학습, 심리적 불안 극복, 자기개념 향상, 팀을 위한 협동과 단결 등을 위한 일반적인 훈련과 정신집중을 위한 명상이나 요가, 자신감을 키우기 위한 극기훈련 등의 주제를 다룬다. 운동선수의 경기력이나 성적에는 평소의 기량뿐만 아니라 운동상황에서의 심리적 요인이 작용하기 때문이다.

반면, 후자의 경우에는 스포츠를 관람하는 관중의 스트레스 해소, 응원과 사기 진작, 소속 집단이나 단체에 대한 애착심과 자부심의 함양 등에 관한 문제를 다룬다. 관중은 경기를 관람함으로써 스트레스를 해소하여 정신적 건강을 유지하며, 스포츠를 통해서 애국심이나 애사심, 애교심을 고취하는 문제를 다룬다.

우리나라에서도 문화체육부, 대한체육회, 선수촌, 스포츠과학연구소, 각종 스포츠 및 레저관련 기관이나 단체에 심리학을 전공한 전문가들이 진출하여 기여하고 있다.

1960년대 스포츠 심리학이 하나의 독립된 학문영역으로 출발한 이래로 스포츠행동에 대한 많은 사실들이 밝혀졌다. 그리고 초기 시도들과는 달리, 최근에는 스포츠심리학 분야에서의 측정도구와 기법들이 개발되고 있어서 앞으로 이런 방향으로의 연구가 활발해질 것으로 기대되고 있다(장동환, 1993).

9. 교통문제에서의 적용

자동차, 특히 자가용 보급이 급속히 증가함에 따라서 교통사고, 대기오염, 소음공해, 그리고 교통체증에 인한 운전자들의 스트레스 등의 문제들이 심리학적 관심사가 되고 있다. 교통심리학은 교통환경이 교통행동에 미치는 영향, 교통사고의 인적 요인 규명 그리고 운전자와 보행자의 무질서와 같은 교통행동을 연구하여 교통사고의 원인과 예방과 감소를 위한 방법을 다루는 심리학의 응용분야이다.

운전자와 보행자의 교통행동의 심리적 과정을 이해하기 위해서는 의도, 동기, 흥미, 경험, 피로 등의 개인요인과 대인관계, 규범 및 안전에 대한 의식 및 태도 등과 같은 사회 · 문화적 요인 등을 고려해야 한다. 그 외에도 도로조건, 교통안전 시설, 차량의 조건 등과 같은 교통환경 등이 개인의 준법정신, 안전에 대한 인식, 교통상황에 대한 적응, 안전운행 의지 등이 최종적인 교통행동에 영향을 준다. 교통심리학 연구의 주요한 분야는 다음과 같다.

(1) 도로 및 안전시설 등 교통환경이 운전자나 보행자의 행동에 미치는 영향을 다루는 연구분야

교통사고의 발생은 도로조건, 안전시설, 차량조건, 보행자나 다른 운전자의 행동 등의 교통환경에서 운전자나 보행자가 어떤 행동을 취하는가에 달려있다. 그러므로 교통환경을 도로교통환경, 의미환경, 대인교통환경 등으로 구분하여, 운전자와 보행자의 행동과 교통안전 및 사고 등에 미치는 영향 그리고 사고를 줄이고 교통안전을 높이기 위해서 교통환경을 어떻게 설계할 것인가 등의 주제들을 연구할 필요가 생긴다. 국내연구로는 이재식(1996; 1997)의 시뮬레이션을 이용하여 도로표지 정보들을 제공하여 운전자의 정보처리과정 및 운전행동에 미치는 효과를 검증한 연구가 있다.

(2) 운전자와 보행자의 의식이나 교통법규에 대한 태도가 교통행동에 미치는 영향

교통행동의 개인 요인과 사회 · 문화 요인은 운전 및 보행행동에 직접적으로 영향을 미치기보다는 안전의식, 태도 및 준법정신, 위험 감수성, 규범에의 동조행동, 운전자와 보행자가 생활하는 사회의 자동차 문화역사 등을 통해서 간접적으로 영향을 준다(도로교통안전관리공단, 1993; 한덕웅, 김승현, 심홍섭 및 전겸구, 1998). 운전자의 적성, 신념, 태도 및 행동에 관한 국내 연구를 구체적으로 예를 들어서 살펴보자. 먼저 운전자의 적성에 따라서 운전에 부적합한 사람들을 평가하고 관리하는 연구가 이루어지고 있다(한덕웅과 신용균, 2000). 또한 과속운전, 음주운전(한덕웅과 이민규, 2001), 주의소홀 운전, 안전벨트 착용 등 운전자의 행동에 관한 과학적 연구 결과를 활용하는 지혜도 중요하다.

(3) 교통사고의 원인을 분석하여 교통사고의 원인이 되는 교통행동 규명

교통사고의 원인을 과학적으로 규명하기 위해서 교통사고를 유발하는 교통행동 원인구조를 분석하며, 이에 따라서 사고방지의 과학적 대책을 마련한다. 교통사고의 발생은 도로조건, 교통안전 시설, 차량조건 등을 포함하는 교통상황 속에서 운전자와 보행자의 교통행동에 의해서 결정된다. 교통행동은 이 외에도 개인의 심리적 특성에 의해서도 영향을 받는다. 그뿐만 아니라 사회규범, 법률, 가치 등의 사회 · 문화적 배경도 교통행동에 영향을 미친다. 그러므로 교통사고는 교통상황과 교통행동 및 개인특성과 사회 · 문화적 요인들 간의 관련구조에 의해서 이해되어야 한다. 사고행동에 관련되는 개인적 요인으로는 지능, 성격, 감각운동, 연령, 경험, 훈련, 질병, 피로 등이 다루어진다. 환경요인으로는 가정, 직장에서의 인간관계, 조명, 온도 등의 기상관계, 작업강도, 작업시간, 휴식, 장비의 성능 등을 다룰 수 있다. 이 분야의 국내 연구로는 한덕웅(1996)과 신용균(1992)의 연구가 있다. 한덕웅의 연구에서는 사고를 경험한 사람들이 사고의 원인을 자신의 탓으로 귀인하기보다 타인, 교통환경, 자동차의 결함 등 외부 요인의 영향에 의해서 나타났다고 보는 경향이 높음을 알아냈다. 그리고 신용균의 연구에서는 사망교통사고 136건에 대한 경찰조사보고서에 나타난 가해자, 피해자, 목격자 및 경찰조서를 분석한 결과가 있다. 이

교통사고 심리학은 교통행동을 연구하여 교통사고를 감소시키고 예방하는 데 응용되고 있다.

연구에 의하면 사고원인을 39개로 요약했고, 이 중 교통사고 인적 요인 10개를 추출할 수 있었다.

◆ 생각해 볼 문제

1. 순수과학과 생활응용이라는 심리학의 두 가지 목표는 상호의존하는 동전의 양면으로 볼 수 있다. 심리학자들이 일상생활의 문제에 관심을 갖는 이유를 생각해 보자.
2. 법률이나 범죄행동, 재판절차 등과 관련된 신문이나 TV 기사 속에서 심리학자들이 연구한 결과를 반영하기 위한 구체적 역할을 찾아보자.
3. 직업이나 취업을 준비하는 과정에서 자신이 심리학적 지식을 활용할 수 있는 구체적인 방안에 대해서 생각해 보라.
4. 노령화 시대를 맞아 노인문제에 관련된 기관에서 심리학자들이 종사하는 직업들에 대해서 조사해 보라.
5. 환경오염 문제에 대해서 심리학자들이 구체적으로 어떻게 관심을 나타내는지 조사해 보라.
6. 자신의 건강증진을 위해서 심리학자로부터 도움을 받을 수 있는 프로그램에 대해서 생각해 보라.
7. 정부가 공공정책을 수립하거나 변경할 때 국민들의 요구를 잘 반영하기 위해서 심리학자들과 어떻게 협조할 수 있는지 생각해 보라.
8. 군대심리학자는 군 생활에 적응하지 못할 사병을 사전에 어떻게 진단해서 가려낼 수 있는지 알아보라.
9. 외국의 프로 스포츠에서 선수를 관리하는 심리학자에 관한 기사의 예를 찾아보라.
10. 우리나라에서 교통문제에 관여해서 일하는 심리학자들의 직업에 대해서 조사해 보라.
11. 이상의 주제 이외에도 심리학의 지식과 원리를 적용하여 해결할 수 있는 자신의 일상적인 생활문제를 열거해 보라.

학술용어 해설

Army alpha 미국 육군에서 집단으로 실시한 지능검사로서 세계 최초의 집단 검사.

Army beta 글을 잘 읽지 못하는 사람을 위해 Army alpha 문항의 일부를 수정하여 그림을 넣어 만든 지능검사.

Broca 실어증(Broca's aphasia) 좌측 전두엽에 손상을 입어서 말이 자주 길게 끊어지고 접속사를 생략하는 등 언어 산출에 문제가 있는 증상.

Cannon-Bard의 정서이론 정서와 신체 반응은 동시에 일어난다는 주장.

DSM-IV 미국정신의학회에서 만든 정신장애의 진단 및 통계편람으로서 1994년 개정된 제 4 판. 심리장애를 17의 주요한 범주로 나누고 그 하위 범주로 200여 개 이상의 장애를 기술.

G 반점(G-spot) 질 전벽(배꼽 쪽)에 동전보다 약간 작은 크기의 조그만 덩어리인데, 성 자극에 매우 민감하며 여성의 사출현상과 관련됨.

James-Lange의 정서이론 신체 부위의 변화와 자율신경계의 흥분이 정서를 결정한다는 이론.

KSAO 해당 직무를 성공적으로 수행하기 위해서 작업자에게 요구되는 지식(knowledge), 기술(skill), 능력(ability), 기타(others) 등의 특성들을 총칭하는 말.

WAIS 웩슬러가 개발한 성인용 지능검사로서 한 사람씩 실시하도록 되어 있음.

Weber의 법칙(Weber's law) 차이역의 크기는 기준자극의 일정 비율이라는 관계를 가지고 있다는 주장.

Wernicke 실어증(Wernicke's aphasia) 좌측 측두엽에 손상을 입어서 남의 말을 이해하는 데 문제가 있으며 말을 하더라도 전혀 의미가 통하지 않는 말을 하는 증상.

WISC 웩슬러가 개발한 아동용 지능검사로서 일대일 개인으로 실시하도록 되어 있음.

가산적 과제(additive task) 마을 공동으로 모내기를 하는 경우처럼 집단 구성원 개개인의 노력이 합산되어 집단 전체의 산출이 결정되는 과제.

가용성 간편추론법(availability heuristics) 확률을 추정할 때 사용되는 간편추론법의 하나. 얼마나 기억에서 그런 사례가 쉽게 인출되느냐에 따라서 확률을 추정. 인출이 잘 되는 사례의 확률을 높게 추정하기 때문에 오류를 범하기도 함.

가족유사성(family resemblance) 한 가족의 성원들이 모두 공유한 속성은 없지만 성원 중 누군가는 그 속성을 가지는 구조로 자연적인 범주의 대부분이 이런 특징을 갖음.

가족치료(family therapy) 가족 구성원들간의 관계를 변화시킴으로써 개인의 문제행동을 수정한다.

가학성 변태성욕(sadism) 성적 만족을 얻기 위해 성교 상대에게 굴욕을 주거나 신체적으로 상해를 주는 장애.

가현운동(apparent movement) 두 개 이상의 점이 시간 간격을 두고 점멸하면 물체가 운동하는 것으로 지각하는 현상.

각인(imprinting) 기러기나 오리와 같은 하등동물들이 태어나서 처음 본 움직이는 대상을 따라다니는 현상.

간섭이론(interference theory) 유사한 정보를 새로 학습하면 새 정보와 옛 정보 사이에 간섭이 일어나서 망각을 일으킨다는 이론.

간편추론법(heuristics) 모든 가능한 경우들을 다 따져보고 결정하는 것이 아니라 그럴싸한 것부터 따져보는 간편법. 발견법, 어림법 등으로도 불림.

감각기억(sensory memory) 대상을 순간적으로 감각적 이미지 형태로 기억하는 것.

감각운동기(sensorimotor stage) Piaget의 인지발달이론의 첫 단계로 생후 2년까지 시기. 자신의 감각 및 반사 능력을 통해서 세상에 관해서 알아가는 시기.

감각수용기(sensory receptor) 감각기관에 주어진 다양한 형태의 에너지를 전기에너지로 변환시켜 주는 기관. 눈의 원추체와 간상체, 귀의 모세포 등이 이에 속한다.

강박성 성격장애(obessive-compulsive personality disorder) 정리정돈, 완벽주의, 마음의 통제 및 대인관계의 통제 등으로 융통성, 개방됨, 효율성이 없는 증상을 보이는 사람.

강박장애(obsessive-compulsive disorder) 반복해서 계속되는 사고나 행동으로서 의도적으로 자제하기 어려운 증상. 가장 흔한 강박적 사고는 바이러스 감염에 대한 반복적 생각, 반복적 의심, 물건을 질서 있게 정리정돈하고 싶은 욕구, 공격적이거나 두려운 충동 그리고 성적인 심상 등이 지속되는 경우.

강화(reinforcement) 고전적 조건형성에서 USC가 CS와 유관하게 되는 절차. 도구적 조건형성에서 도구적 반응이 어떤 추구하는 결과와 유관해지게 하는 절차.

강화물(reinforcer) 반응률을 증가시키는 먹이처럼 반응을 강화시키는 것.

개념(concept) 여러 사례들을 포함하는 유목이나 범주. 많은 경우 개념을 사용하여 사고가 일어남.

개념준거(conceptual ctiteria) 궁극적 준거를 규정하는 하위 차원이나 요인들.

게슈탈트 치료(Gestalt psychotherapy) 현상학적이면서 대화적이며 즉각적인 현재 경험을 더 명료하게 하며 자각을 증진시키는 데 초점을 두는 치료로서 인간의 행동이 환경 속에서 각 요소들과 상호 역동적으로 관련되어 나타나는 하나의 전체라고 봄.

걸맞추기 현상(matching principle) 데이트나 결혼에 있어서 외모나 다른 특성이 유사해서 자신과 걸맞는 상대를 선택하는 경향.

검사-재검사법(test-retest method) 검사의 신뢰도를 계산하는 방법 가운데 하나로서 동일한 검사를 일정한 간격을 두고 두 번 실시한 후, 두 검사 점수 사이의 상관계수를 구해 이를 신뢰도 계수로 사용하는 방법.

결정적 시기(critical period; 임계기) 아이들이 어떤 기간 내에 언어에 노출되지 않는다면 언어를 획득하는 능력이 심각히 제한되는 시기.

결핍 욕구(deficiency need) 결핍의 충족을 지향하는 욕구로 충족되면 긴장감소를 초래. Maslow의 욕구 위계에서 '존중의 욕구' 이하에 있는 욕구들이 여기에 속하고 결핍 상태가 오래 가면 병이 생김.

경계성 성격장애(borderline personality disorder) 대인관계와 자아상 및 정동에서의 불안정성 그리고 심한 충동성이 나타나며 버림받는 것에 대한 불안과 부적절한 분노를 표출하기도 하는 성격특징을 지닌 장애.

경조증 삽화(hypomanic disorder) 비정상적으로 의기양양하고, 과대한 기분이 적어도 4일간 지속되는 경우.

경험지능(experimental intelligence) Sternberg가 주장한 지능의 한 요인으로서 새로운 상황에서 문제를 잘 해결할 수 있는 능력.

고용기회균등위원회(EEOC) 조직에서 행하는 고용 또는 승진 과정이 얼마나 공정하게 실행되었는지를 평가하는 위원회.

고전적 조건형성(classical conditioning) 이전까지는 중립적이었던 자극인 조건자극을 무조건 자극과 짝짓는 형태의 학습.

고정간격계획(fixed interval schedule) 강화 후 일정한 시간이 지나서 나타난 첫 번째 반응에 강화가 주어지는 강화계획. 봉급이 대표적 예.

고정관념(stereotype) 어떤 집단이나 사회적 범주에 속하는 구성원들이 지니는 전형적 특징에 관한 신념.

고정비율계획(fixed ratio schedule) 시간과 관계 없이 고정된 비율로 고정된 반응수에 따라서 강화가 주어지는 것.

고차 조건형성(higher-order conditioning) 어떤 자극을 이미 조건형성된 조건자극과 짝짓는 절차.

고환(testes) 남성의 생식기관인데, 정자와 테스토스테론을 생산.

공변원리(covariation principle) 어떤 원인이 있을 때만 어떤 효과가 나타나서 원인과 효과가 공변할 때 그 효과를 그 원인으로 보는 현상.

공황발작(panic attack) 갑작스럽고 극심한 두려움이나 공포감이 비정기적으로 일어나되 곧 죽을 것만 같은 느낌을 수반.

과대망상(grandiose delusion) 자신의 재산, 권력, 지식 또는 주체성을 과대평가하는 잘못된 믿음(예: 자신이 예수나 대통령이라고 생각하는 등).

과잉확장(overextension) 아이들이 새로운 대상이나 상황을 지칭할 때 기존에 알고 있던 단어를 적합하지 않은 대상에도 확대 적용하는 현상.

과정손실(process loss) 개인으로 수행량을 합산했을 때보다 집단 구성원들이 상호작용 과정을 거치게 됨으로써 집단의 최적 생산성이 낮아지는 현상.

과제중심 리더(task-oriented leader) 일을 효과적으로 완수하기 위해 지시하고, 마감시간을 강조하는 등 과업구조화 행동(initiating structure)을 주로 하는 리더.

관계망상(referential delusion) 어떤 특정한 태도, 말투, 문구, 신문, 노래가사, 또는 다른 환경적 단서들이 특별히 자신을 겨냥하고 있다고 체계적으로 잘못 생각하는 사고의 장애. 자신과 무관한 사물이나 사람들을 자신과 연관되어 있다고 보는 잘못된 믿음.

관대성 오류(leniency error) 평가할 때 무조건 점수를 후하게 주는 경향.

관음증(voyeurism) 성관계를 하고 있는 다른 사람을 보거나 나체를 몰래 엿보려는 증상.

관찰 학습(observational learning) 자신의 직접적 경험이 아니라 자신이 닮고 싶은 모형 인물의 행동과 결과를 관찰함으로써 자신의 행동이 변화되는 과정에 이르는 학습.

광장공포증(agoraphobia) 즉각적으로 회피하기 어려운 장소나 상황에 처해 있거나, 공황발작이나 공황과 유사한 증상이 일어났을 때 도움받기 어려운 장소나 상황에 처해 있을 때 나타나는 불안이나 회피.

구강기(oral stage) Freud이론에서 심리성적 발달의 첫 단계로서 생후 1년 6개월까지의 시기. 주로 어머니의 젖을 빨고 삼키는 행위를 통해서 쾌감을 얻는 시기.

구성주의(structuralism) 인간의 마음은 여러 요소들이 복잡하게 얽혀서 구성되어 있다는 관점. 예를 들어 레모네이드를 마실 때, 그 맛의 지각은 다양한 감각 요소들인 달콤하고, 시고, 시원함 등등으로 나뉠 수 있다는 관점. 따라서 심적 요소들이 어떻게 구성되는지 밝히는 데 초점을 둠.

구성타당도(construct validity) 타당도 분석방법의 하나로서 검사가 본래 측정하려 했던 심리적 구성개념을 제대로 측정하는 정도.

구체적 조작기(concrete operational stage) Piaget의 인지발달이론의 세 번째 단계로서 수나 양, 무게 등 다양한 유형의 보존개념을 획득하고, 구체적 대상에 대한 논리적 조작이 가능해지는 시기.

궁극적 준거(ultimate criteria) 실제로 측정할 수 없는 추상적 이론에 근거한 준거.

귀납추리(inductive reasoning) 여러 사례들에서 일반적인 원칙을 찾아내는 추리. 귀납추리로부터 확률적 결론이 생성됨.

귀인(attribution) 자신이나 타인의 행위에 관한 인과적 설명에 이르는 과정.

규범(norm) 집단에서 구성원들이 어떻게 행동해야 할지(또는 어떻게 행동하면 안되는지)를 규정하는 행동 규칙.

규준(norm) 한 개인의 점수를 다른 사람들의 점수와 비교해서 해석할 때 비교가 되는 점수들.

규준집단(norm group) 규준 작성시 비교대상이 되는 집단.

극대수행검사(maximum performance test) 보통 능력검사라고도 하며, 일반적으로 일정한 시간이 주어지고 그 주어진 시간 내에 수검자가 자신의 능력을 최대한 발휘해서 정답을 맞추도록 만들어진 검사(예: 지능과 적성검사).

긍정성 편향(positivity bias) 인상형성시에 나타나는 한 가지 편향으로서 타인들을 대체로 호의적으로 평가하는 경향.

기능성자기공명영상법(fMRI) 두뇌가 활동할 때 BOLD(blood oxygen level dependent) 신호를 반복 측정하여 뇌의 기능적 활성화를 측정하는 방법.

기능적 고착(functional fixedness) 물체를 일반적인 친숙한 기능으로만 지각하고 표상하는 경향. 이 결과 문제 해결에 실패함.

기능주의(functionalism) 구성주의와 같이 의식의 요소를 나누는 데 초점을 둘 것이 아니라, 어떻게 마음이 조직화되고 그것이 환경에 어떻게 적응하는지를 알아보는 데 초점을 둘 것을 주장한 관점.

기대(expectancy) 자신이 열심히 하면 높은 수행을 이루어 낼 것이라는 믿음.

기본귀인오류(fundamental attribution error) 타인의 행동을 설명할 때 상황의 영향은 과소평가하고, 개인 특성의 영향은 과대평가하는 경향.

기분장애(mood disorders) 기분 삽화가 주요 특징인 장애들. 기분 삽화에는 주요 우울증 삽화, 조증 삽화, 혼재성 삽화 그리고 경조증 삽화가 있음.

기억상실증(amnesia) 기억 담당 뇌 부분의 손상으로 인해 기억이 상실되는 경우.

기질(temperament) 생래적으로 타고나는 성격의 원재료.

깊이단서(depth cue) 물체의 상대적인 거리나 표면의 굴곡 등에 대한 정보를 준다고 생각되는 단서. 양안 부등, 단안단서(선조망, 상대적 크기, 중첩, 결 기울기), 운동시차 등이 있다.

나팔관(fallopian tubes) 자궁과 난소를 연결해 주는 기관, 배란이 일어나면 배출된 난자가 이 관으로 들어오는데 이 나팔관 끝 쪽의 약 1/3 지점에서 주로 수정이 이루어짐.

난소(ovaries) 난자를 생산하는 여성의 기관. 에스트로젠과 프로테스테론을 분비.

난자(ova) 여성의 난세포.

남근기(phallic stage) Freud이론에서 심리성적 발달의 세 번째 단계로서 성기에 대한 자극을 통해서 쾌감을 얻는 시기. 이 시기의 아동은 자신의 이성 부모를 향한 성적 애정을 보이는데 이를 통해서 동성 부모에게 동일시하게 됨.

낭만적 사랑(romantic love) 연애라고도 하는데, 신체적인 욕구와 가깝다는 감정으로 서로에게 끌리는 사랑. 그러나 친밀성, 약속이나 책임감과는 별도의 애정 상태.

내용타당도(content validity) 타당도 분석 방법의 하나로서, 검사문항들이 측정하고자 하는 내용 영역을 대표하는 정도.

내재적 동기(intrinsic motivation) 행동 그 자체를 즐기며 효과적으로 실행하려는 욕망.

내적일관성계수(internal consistancy coefficient) 검사의 신뢰도를 계산하는 방법 가운데 하나로서, 측정하려는 변인에 포함된 각 문항에 대해 얼마나 일관되게 반응하는지 계산하여(alpha 계수) 신뢰도 계수로 사용하는 방법.

내집단편애(ingroup favoritism) 외집단 구성원보다 내집단 구성원을 무조건 더 호의적으로 평가하고 대우하는 현상.

내현성격이론(implicit personality theory) 성격 특성들간의 상호 관련성에 관한 개인의 신념.

노출증(exhibitionism) 성적 흥분을 얻기 위하여 자신의 성기를 공공연하게 노출시키는 강박행동.

뇌량(corpus callosum) 뇌의 좌반구와 우반구를 연결하는 거대한 백질 섬유 다발.

뇌실(腦室, ventricle) 두개골 안에 있는 뇌의 빈 곳(이 안에 뇌척수액이 차 있음).

뉴런(neuron) 신경세포. 신경계의 기본단위.

다운증후군(Down's syndrome) 임신 순간에 수정체가 한 개의 염색체를 더 받아서 총 47개의 염색체를 가진 수정체가 되어서 생기는 기능 이상. 신체적 장애와 지적 장애를 수반함.

다의어(多意語)(ambiguous word) 우리가 흔히 동음이의어라고 부르는 '눈'처럼 의미에 따라 다른 형태소를 갖는 단어.

다지능이론(multiple intelligence theory) Gardner가 주장한 지능 이론으로서 기존의 인지능력을 측정하는 요인 이외에 음악, 대인관계, 신체 등의 요인도 포함시켜야 한다는 이론.

단기기억(short term memory) 작업기억을 포함하여 비교적 짧은 기간 동안 우리가 현재 기억을 유지하고 있는 동안의 기억.

단일단어(single word) 시기 생후 1년에서 1년 6개월 된 아이들이 한 개의 단어씩 말하는 시기.

대립과정설(opponent-process theory of color vision) 적녹체계, 청황체계, 흑백체계의 활동 양상에 따라 색채를 지각한다는 이론으로, 각 체계에서는 두 색이 서로 억제적으로 작용하는데, 이를 대립과정이라 부른다. 색채잔효, 색채대비 등을 잘 설명한다.

대상영속성(object permanence) 물체가 보이지 않더라도 여전히 공간 어디엔가 존재하고 있음을 아는 능력.

대표성 간편추론법(representative heuristics) 어떤 사건이나 사례가 특정 범주에 속할 확률을 추정할 때 사용하는 편의법. 해당 범주의 전형적인 사례와 유사한 정도에 비추어 추정함.

덩이짓기(chunking) 낱개 자극들을 몇 개씩 의미 있는 단위로 묶어서 부호화하기.

도구성(instrumentality) 자신이 높은 수행을 보이면 그에 상응하는 보상이 뒤따를 것이라는 믿음.

도구적/조작적 조건형성(instrumental/operant conditioning) 행동에 따르는 결과에 의해서 행동이 강화되거나 약화되는 현상. 즉 행동에 이어서 나타나는 결과와 관련성을 학습하는 것.

독립변인(independent variable) 실험적으로 조작할 수 있는 변인으로서 실험에서 원인이라고 가정하고 연구되는 변인. 연구자가 관심이 있는 결과를 일으킨다고 가정된 원인이 될만한 요인.

동기(motivation) 행동을 활성화시키고, 목표를 지향하도록 하며, 그 행동을 지속시키도록 하는 욕구나 욕망.

동기요인(motivator) 성취감, 인정, 책임감 등 일 자체에 내재해 있는 요인들로 작업자의 동기를 높이는 요인.

동일행동(coaction) 여러 사람이 동일한 과제를 개별적으로 수행하는 상황. 학교 체육시간에 여러 사람이 각자의 줄로 줄넘기하는 경우나 농구코트에서 여러 사람들이 각자 공을 가지고 자유투를 연습하는 경우 등이 이에 해당.

동질정체(homeostasis) 신체적으로 일정한 내적 균형 상태를 유지하려 기제.

동형검사법(alternate form method) 검사의 신뢰도를 계산하는 방법 가운데 하나로서, 개발한 검사와 동형인 검사를 만든 후, 두 검사를 실시하여 두 검사점수 사이의 상관계수를 신뢰도계수로 사용하는 방법.

되뇌임(rehearsal) 자극 내용들간의 새로운 연결이나 새로운 정보를 추가하지 않은 채 기계적으로 반복하여 되뇌이어 기억하는 것.

두 단어시기(two word period) 2세 경의 아이들이 두 개의 단어를 연달아 붙여서 말을 하는 시기.

두부외상으로 인한 치매(dementia due to head trauma) 두부 외상의 직접적인 병태생리적 결과로서 인지장해와 행동장해가 나타나며 기억상실과 지속적인 기억장해 그리고 운동 또는 감각 결손이 나타남.

득실효과(gain loss effect) 상대의 예상하지 못한 칭찬이나 비난이 호감에 더 큰 영향을 미치는 현상.

Rett장애(Rett's disorder) 출생 이후 정상적인 기간이 지난 후 다양하고 특정한 결함이 발달되는 장애.

망각(forgetting) 인출, 즉 기억해 내려 할 때에 주어진 또는 스스로 생성해 내는 인출 단서들이 이전에 목표자극을 부호화(학습)했을 때의 단서들과 일치하지 않기 때문에 일어나는 현상.

망상(delusion) 외부 현실에 대한 부정확한 추정에 근거한 잘못된 신념.

망상형 정신분열병(schizophrenia paranoid) 망상에 대한 집착이 있거나 빈번한 환각이 현저한 정신분열병.

맥락지능(context intelligence) Sternberg가 주장한 지능의 한 요인으로서, 실생활에서 자신이 처한 상황을 잘 해결해 나갈 수 있는 능력.

명시적 기억(declarative memory) 무엇이 어떠하다(what)에 대한 기억.

모형형성(modeling) 관찰학습(observational learning)이라고도 하며 어떤 모델의 행동을 관찰하고 강화받음으로써 그 행동을 모방하거나 하지 않게 되는 것.

무능력(disability) 개인이 심리장애로 인하여 어떤 목표를 추구할 수 없는 상태.

무욕증(avolition) 목적 지향적 행동을 시작하거나 유지할 수 없는 상태.

무조건반응(unconditioned response: UR) 고전적 조건형성에서 사전 훈련 없이 무조건자극에 의해 방출되는 반응.

무조건자극(unconditioned stimulus: US) 고전적 조건형성에서 무조건반응을 방출시키고 강화로도 사용되는 자극.

묵시지(tacit knowledge intelligence) 타인이나 환경의 큰 도움 없이 얻게 되고, 자신이 가치롭게 생각하는 목표의 달성과 관련이 있는 절차적 지식.

문법(grammar) 명사나 동사 같은 서로 다른 종류의 단어들을 결합하는 규칙.

문화특정적 증후군(culture-bound syndromes) 특정 진단 기준에 부합하든 하지 않든 간에 반복해서 지역적으로 특정하게 나타나는 이상한 행동양상 및 고통스러운 경험. DSM-Ⅳ에 한국의 문화특정적 증후군으로 홧병과 신병이 있음.

물품음란증(fetishism) 성적 흥분을 얻는 선호하는 방법이나 유일한 방법으로 인간이 아닌 대상에 의존하는 것.

미네소타 다면성격 검사(MMPI) 행동장애가 있는 비정상인들을 구분하기 위해서 만들어 낸 검사로서, 우울증, 정신분열증, 건강염려증 등 모두 10개의 임상

척도로 구성되어 있음.

미래계획의 기억(prospective memory) 미래 어떤 행위를 언제, 어떻게 할 계획을 기억하는 것.

바이오피드백(biofeedback) 사람이 의도적으로 통제할 수 없는 자율신경계통의 생리적 반응을 통제하는 것을 학습하는 기법.

반분법(split-half method) 검사의 신뢰도를 계산하는 방법 가운데 하나로서, 개발한 검사를 실시한 뒤, 전체 문항을 반으로 나누어 두 하위검사 점수 사이의 상관계수를 신뢰도 계수로 사용하는 방법.

반사회성 성격장애(antisocial personality disorder) 생활 전반에 걸쳐서 타인의 권리를 무시하거나 침해하는 행동을 보이며, 이런 행동은 소아기부터 시작하여 성인기까지 계속됨.

반항성 장애(oppositional defient disorder) 권위있는 인물에 대해 거부적, 도전적, 불복종적, 적대적 행동을 하는데 적어도 6개월 이상 지속함.

발기장애(male erectile disorder) 남성에게서 성기가 발기되지 않거나 유지하지 못하는 성적 무능력인데 성교불능(impotence)이라고도 함.

발달심리학(developmental psychology) 인간의 생명이 시작되는 수정의 순간에서부터 사망할 때까지 평생 동안 일어나는 모든 변화의 양상과 과정을 연구하는 학문.

배란기(the period of ovum) 수정 이후 수정체가 빠른 세포분열을 하면서 자궁벽에 착상하기까지 2주의 시기.

배아기(the period of embryo) 수정체가 자궁벽에 착상한 이후 8주까지 신체의 주요기관이 형성되는 태내 발달단계.

범주(category) 사례들의 집합. 일반 사람들의 생각과는 달리 많은 경우 범주를 정의하는 특징이 없으며 전형적인 사례들을 중심으로 표상됨.

변별타당도(discriminant validity) 새로운 검사를 이와는 다른 특성을 측정하는 기존의 검사와 비교해서 두 검사간의 상관계수를 구해서 분석하는 방법.

변형생성문법(transformational generative grammar) 한 문장의 의미인 심층구조(deep structure)에서의 표상을 말한 그대로의 형태인 표면구조(surface structure)로 전환시키는 규칙.

변화간격계획(variable interval schedule) 강화 후 평균적으로 일정기간이 지나서 강화가 주어지는 계획.

변화비율계획(variable ratio schedule) 평균적으로 정해진 반응수 뒤에 강화를 받는 것. 도박이 대표적 예.

보존개념(conservation) 어떤 대상 혹은 물체의 겉모양이 변해도 그 본질은 변화하지 않는다는 사실에 대한 이해.

본능(instinct) 유기체가 특정 상황에서 특정 방식으로 행동하도록 소인을 만드는 타고난 생물학적 힘.

부적 강화(negative reinforcement) 전기쇼크나 고통같이 자극이 반응뒤에 제거되거나 감소됨으로써 반응빈도를 증가시키는 절차.

부정성 효과(negativity effect) 인상형성에서 긍정적 특성보다 부정적 특성이 더 큰 영향을 미치는 현상.

부호화(encoding) 외부에서 들어오는 자극 내용을 정보화하여 기억에 넣는 과정.

부호화 합치성 원리(encoding specificity principle) 인출단서와 학습(부호화)단서가 같아야 기억이 잘된다고 보는 원리.

분배공정성(distributive justice) 보상과 같은 성과 또는 결과의 공정성.

분열성 성격장애(schizoid personality disorder) 공감이나 반응이 결여되어 있고 외로움을 느끼며 불완전하게 이해되어지고 소외당한다고 느끼는 성격장애.

분열형 성격장애(schizotypal personality disorder) 친밀한 대인관계를 맺지 못하며 인지적 · 지각적 왜곡, 기이한 행동 등 광범위한 이탈된 성격특징을 보이는 장애.

분할뇌(split-brain) 좌-우 두 개의 뇌 반구 사이가 차단되어 기능적으로 연결이 끊어진 뇌.

불안장애(anxiety disorder) 불안할 이유가 없는 데도 불안해지거나 과도하게 불안이 심하여 사회생활의 적응이 어려워지고 일상생활이 잘 안 되는 상태.

불형평(inequity) 일에 대해 자신이 투입한 것(input)과 일을 통해 자신이 얻은 성과(output)의 비율을 타인의 그 비율과 비교했을 때 두 비율이 같지 않다고 지각하는 것.

비접합적 과제(disjunctive task) 시험에 대비하여 여러 사람이 함께 예상 문제에 대한 답을 구하는 경우처럼, 집단 구성원들 가운데 능력이 가장 뛰어난 사람에 의해서 집단 전체의 수행 수준이 결정되는 과제.

사고(thinking) 목표 지향적인 인지활동의 총칭으로 추리, 판단, 의사결정, 문제해결 등으로 나뉘어지기도 함.

사고의 이탈(tangentiality) 연상의 와해, 질문에 대한 대답이 조금 빗나가거나 전혀 엉뚱한 것.

사고주입(thought insertion) 외부의 생각이 자신의 정신에 들어온다고 믿는 증상.

사고축출(thought withdrawal) 기괴한 망상으로 자신의 생각이 외부의 어떤 힘에 의해 빼앗긴다고 믿는 증상.

사고 탈선(thought derailment) 사고가 한 가지 주제에서 다른 주제로 벗어나는 것.

사랑(love) 두 사람에 의하여 공유되는 호감, 성적 매력 및 강한 정서적 반응.

사랑의 유형(style of love) 낭만적 사랑, 성애적 사랑, 의존적 사랑, 우애적 사랑 및 이타적 사랑과 같은 것으로 분류되는 사랑의 양식.

사랑의 진화론(evolution of love) 남성과 여성은 모두 유전과 복제를 최대화하기 위해 사랑의 상대를 선택하여 왔다는 이론.

사정관(ejaculatory duct) 저정낭 및 정관과 연결되어 있는 관.

사회공포증(social phobia) 사회불안장애라고도 하는데 어떤 특정한 사회적 상황이나 활동 상황에 노출되었을 때, 심각한 불안이 유발되어 회피행동을 보이는 증상.

사회적 규범(social norm) 사회에 속한 사람이 준수해야 하는 규범으로서 시대에 따라서 변화하고 문화에 따라 다름.

사회적 보상(social compensation) 사회적 태만과 반대되는 현상으로, 집단에서 자신의 노력을 높여서 집단 전체 노력의 부족분을 메우는 현상.

사회적 촉진(social facilitation) 타인의 존재가 개인의 우세 반응을 강화시키는 현상.

사회적 태만(social loafing) 혼자 일할 때보다 집단으로 일할 때 노력을 절감해서 개인당 수행이 저하되는 현상.

사회정체성(social identity) 어떤 집단에 소속하여 동일시함으로써 지니게 되는 자기개념.

산업 및 조직 심리학(industrial & organizational psychology) 정부 조직이나 기업 조직 등의 산업 장면에서 나타나는 인간의 행동과 정신과정을 다루는 심리학의 한 분야.

삶 추동(eros) 자기 보존과 종족 보존을 추구하려는 생물학적 힘.

삼원색설(trichromatic theory) 세 가지 색수용기세포의 상대적인 활동 정도에 따라 색채를 지각하게 된다는 이론. 색맹이나 색혼합 현상을 설명할 수 있음.

상위 병리(metapathology) 성장 욕구가 충족되지 못해 생기는 병리로, 권태나 허무감 및 절망 등의 증상으로 나타남.

상향처리(bottom-up process)와 하향처리(top-down process) 지각이 감각정보만을 토대로 일어나는 처리를 상향처리라 하고, 맥락이나 일반 지식 등의 영향을 받으면 하향처리라 한다.

서류함 검사(in-basket test) 관리자의 관리능력을 파악하기 위해 실제 관리 업무와 유사하게 만든 검사.

성(sex) 생물학적인 면에서 남자(male)와 여자(female)를 구분하는 용어.

성격(personality) 개인의 행동, 사고 및 감정들의 비교적 일관된 특징적 양상을 만들어내는 그 사람 내부에 있는 심리생리적 체계들의 역동적 조직.

성기기(genital stage) Freud이론에서 심리성적 발달의 다섯 번째 단계로 사춘기 이후의 시기. 이 시기는 심리성적 욕구가 이성에게로 향하게 되어 이성과 의 성행위를 통해서 쾌감을 얻음.

성기능장애(sexual dysfunction) 성 기능에 관한 보통의 신체반응의 상실이나 손상.

성도착증(paraphilias) 정상이 아니거나 잠재적으로 문제가 있는 것으로 보이는 성적 표현 유형을 기술할 때 사용되는 임상 용어.

성별(gender) 심리사회적인 면에서 남 · 녀를 구분하는 남성성(masculinity)과 여성성(femininity)을 나타내는 용어.

성병(sexually transmitted diseases; STDs) AIDS, 클라디미아, 매독 등과 같이 성 접촉으로 감염되는 질병.

성분재인이론(recognition by components theory) 물체의 3차원적 기본단위인 geon 중 어떤 geon이 있으며, 이들 geon이 어떻게 조합되었는지를 토대로 대상을 인식한다는 Biederman의 이론.

성숙(maturation) 상대적으로 경험에 의해서 영향을 받지 않고 유전적으로 정해진 생리적 성장과정—걷기 전에 서고 뛰기 전에 걷는 것—에 따라서 성장하는 것.

성욕(sexuality) 성 행동 및 성 행동과 관련된 심리적, 문화적 요소까지 포함하여 성적인 존재 및 성별을 나타내는 포괄적인 용어

성장급등(growth spurt) 신장과 체중의 급속한 증가 현상.

성장욕구(growth need) 결핍이 아니라 존재에서 생겨나며 욕구의 충족이 더 큰 긴장을 초래. Maslow는 성장 욕구의 충족이 기쁨과 행복 및 성장을 가져온다고 봄.

성취동기(achivement need) 중요한 성취를 하려 하고, 기술이나 아이디어를 숙달하려 하고, 통제를 하려 하고 그리고 높은 기준에 신속하게 도달하려는 욕망.

세부특징 분석 모형(feature analysis model) 대상을 인식할 때 기본적인 세부특징을 추출한 다음 어떤 세부특징이 있는지를 가지고 대상을 인식한다는 모형. Treisman은 두 가지 다른 처리과정이 있다는 것을 제안하였음.

소거(extinction) 무조건 자극 없이 조건자극만 여러번 제시했을 때 시행이 계속되면 조건반응이 점차 사라지게 되는 것.

소속동기(belongingness need) 타인들과 함께 지내고 소속 관계를 가지려는 욕망.

소아기 붕괴성 장애(childhood disintegrative disorder) 적어도 2년 동안 명백한 정상 발달이 이루어진 후 여러 가지 기능 영역에서 현저한 퇴행을 보이는 장애.

소아기호증(pedophilia) 성적 흥분을 얻는 선호하는 방법이나 유일한 방법으로

어린아이들과 성관계를 가지려는 욕망.

송과선(松菓腺, pineal gland) 제3뇌실(腦室)의 후부에 있는 작은 구상(構想)의 내분비기관, 7세까지 발달하여 성장을 촉진하다가 점차 없어짐.

수단목표분석법(means-ends anlysis) 문제 해결에서 가장 널리 사용되는 편의법의 하나. 현재 상태와 목표 상태의 차이를 줄이는 것을 하위목표로 삼고 그 하위목표를 달성하기 위한 조작자가 적용가능한지를 따져 위계적으로 문제를 해결하는 방법.

수렴타당도(convergent validity) 새로 개발한 검사를 동일하거나 유사한 특성을 측정하는 기존의 검사들과 비교해서 두 검사간의 상관계수를 구하여 타당도를 분석하는 방법.

습관적 수행검사(typical performance test) 사람들이 평소에 습관적으로 어떠한 행동을 보이는지를 측정하기 위한 검사(예: 흥미나 성격검사).

시각절벽(visual cliff) 유아의 깊이지각 능력을 판단하기 위하여 Gibson 등이 창안한 실험에서 사용된 장치. 투명한 유리를 이용하여 시각적 깊이 지각이 가능하도록 고안.

시냅스(synapse) 신경세포들이 서로간의 정보를 주고받는 곳.

신경성 식욕부진증(anorexia nervosa) 최소한 정상적인 체중을 유지하는 것을 거부하고 체중증가에 대한 심한 공포를 느끼며 자신의 체형이나 체중에 대해서 심각한 지각장해를 보이는 섭식 장애의 하나.

신경성 폭식증(bulimia nervosa) 폭식 후, 구토를 스스로 유도해 내며, 하제나 이뇨제 또는 기타약물을 남용하거나 단식이나 지나친 운동과 같은 부적절한 보상 행동을 반복적으로 하는 섭식장애.

신뢰도(reliability) 검사점수가 시간의 변화에 따라 일관되게 나타나는 정도.

신체망상(somatic delusion) 자신의 장기가 썩어가고 있다고 믿는 잘못된 생각.

신체형장애(somatoform disorder) 실제로 뚜렷한 신체적인 원인이 없는데도 신체적 증상을 호소하는 경우를 말하며 고의로 꾸미는 꾀병과는 다름.

신호탐지이론(signal detection theory) 자극을 탐지하는 데는 자극의 강도만이 중요한 것이 아니라 판단자의 판단기준도 영향을 미친다는 이론.

실독증(失讀症, alexia) 뇌의 좌측 반구의 일부에 이상이 있는 경우에 읽기(소리 내어 읽기 읽으며 이해하기)와 쓰기 모두 못하는 장애.

실어증(失語症, aphasia) 뇌의 좌측 반구의 손상으로 말을 하지 못하고 언어를 이해하지 못하거나 글을 쓰지 못하는 이상 증상.

실인증(agnosia) 두뇌의 손상으로 인해 대상 지각이 안 되는 증상. 대상의 모양을 지각 못하는 증상과 대상의 모양은 지각하는데 그 대상의 이름이나 의미와 연합되지 않는 증상들이 있음.

실제준거(actual criteria) 개념준거에 대한 측정치들.

심리사회적 발달이론(psychosocial development theory) Erikson이 Freud이론을 수정하여 만든 이론으로 자아가 전생애 동안 개인에게 부과된 사회적 요구들을 해결하는 과정을 중심으로 성격이 발달을 한다는 이론.

심리사회적 위기(psychosocial crisis) 자아와 사회문화적 영향을 강조한 Erickson이 주장하는 특정 발달 단계에서 자아가 직면하게 되는 위험과 기회.

심리성적 발달단계(psychosexual stage) Freud가 제안한 성격발달 단계로서 구강기, 항문기, 남근기, 잠재기 및 성기기의 다섯 단계.

심리적 계약(psychological contract) 구성원들과 조직이 서로의 의무에 관해 마음 속에 갖고 있는 묵시적인 약속.

심리치료(psychotherapy) 심리학적 지식을 활용하여 심리장애로 고통을 받고 있는 사람의 문제를 해결해 나가는 과정.

아동지향적 말(child-directed speech: CDS) 부모들이 아기들한테 말할 때 단어나 짧은 문장을 천천히 큰 소리로 말하며 중간에 쉬는 간격을 많이 두고, 억양도 과장해서 하는 말.

아스퍼거장애(Asperger's disorder) 사회적 상호작용에서 심하고 지속적인 장해와 제한적이고 반복적인 행동이나 관심, 활동이 발달되는 장애.

알쯔하이머형 치매(demantia of the Alzheimer's type) 치매증상이 서서히 발병하여 지속적인 인지기능의 저하를 초래하고, 치매의 직접적인 병리적 증거를 찾기 힘들 때를 말함.

암묵적 기억(implicit memory) 명료기억을 불러일으키는 검사에서는 나타나지 않지만 다양한 과제의 수행에서 입증되는 기억.

암순응(dark adaptation) 갑자기 어두운 곳으로 들어가면 점차 주변이 보선명하게 보이는 현상으로, 원추체와 간상체의 시각 색소물질이 재합성되는 데 걸리는 시간의 함수임.

양성성(androgyny) 남성의 성격 특징과 여성의 성격 특징을 모두 가지는 것.

애착(attachment) 출생 후 1년여 동안 아이와 돌보아 주는 사람과의 사이에 발전하는 긍정적인 정서적 유대.

약속/책임감(decision/commitment) 약속은 누구를 사랑하겠다는 결정이며, 책임감은 그 사랑을 지키는 것.

양극성장애 I(bipolar I disorder) 한 번 이상의 조증이나 혼재성 삽화가 있고 보통 주요 우울증 삽화가 있고 적어도 한 번의 경조증 삽화가 동반되는 양극성 장애.

양극성장애 II(bipolar II disorder) 한 번 또는 그 이상의 주요 우울증 삽화가 발생되고 최소한 한 번의 경조증 삽화가 동반되는 임상적 경과로서 조증 삽화나 혼재성 삽화는 한 번도 없음.

양전자방출단층촬영법(PET) 혈관 속에 방사선을 방출하는 무해한 물질을 소량 주입하여, 뇌의 각 부분에서의 이 화학물질의 흡수 정도, 활용하는 정도를 주사(scan)하여 측정하고, 그 결과로 뇌의 각 부분에서의 신진대사 양에 대한 지도(metabolic maps) 영상을 획득하여, 두뇌의 활동에 대한 진단.

언어상대성가설(linguistic relativity hypothesis) 언어는 사람들이 사고하는 방식을 결정한다는 언어학자 Whorf의 주장.

언어습득장치(language acquisition device: LAD) 인간이 태어날 때부터 갖고 있는 모든 언어의 문법 규칙.

엄격성오류(severity error) 평가를 할 때 점수를 매우 낮게 주는 경향성.

성적 흥분장애(female sexual arousal disorder) 성적으로 흥분하지 못하거나 만족감에 이르지 못하는 장애로서 불감증(frigidity)이라고도 함.

역조건형성(counterconditioning) 고전적 조건 형성된 조건반응을 약화시키는 절차. 조건반응을 방출시키던 자극을 이미 학습된 조건반응과 양립할 수 없는 다른 반응과 연합시킴.

역할(role) 집단에서 구성원들의 권리와 의무에 대한 공유된 기대.

역할지각(role perception) 직무수행을 제대로 하기 위해 자신이 해야 할 역할이 무엇인지를 올바로 인식하고 있는 정도.

연사이론(volley theory) 청신경세포들의 흥분 빈도에 의해 음 높이를 지각한다는 이론으로, 하나의 청신경이 아니라 일련의 청신경들이 하나의 단위로 작동한다고 주장함. 저주파의 음에 대한 지각은 잘 설명할 수 있음.

연속강화(continuous reinforcement) 모든 반응에 강화를 주는 것.

연역추리(deductive reasoning) 전제들에서부터 논리적으로 타당한 결론을 도출하는 추리. 전제가 참이면 연역추리의 결론은 항상 참, 삼단논법추리, 조건추리 등이 있음.

열정(passion) 사랑하는 관계에서 낭만, 신체적 매력, 성적 흥분 및 호감을 일으키는 욕망.

오르가즘(orgasm) 성적 극치감 혹은 절정감으로 번역되며 성적 쾌락이 절정에 이르는 것과 성적 긴장의 해방.

옹알이(babbling) 시기 생후 6개월 정도 된 아기들이 "맘맘맘"이나 "바바바"처럼 한 음절로 된 소리를 반복하는 시기.

와해된 행동(disorganized behavior) 어린애 같은 바보짓에서부터 예측할 수 없는 초조감까지 다양한 행동이 나타나는 것으로 목적 지향적인 행동을 할 수 없으며 규칙적인 식사나 청결을 유지하는 등의 일상 활동을 수행하는 데 어려움을 보이는 상태.

외상 후 스트레스 장애(posttraumatic stress disorder) 극심한 외상성 스트레스 사건에 노출된 후 극심한 공포, 무력감, 두려움, 반복적이고 괴로운 꿈, 외상과 관련된 자극회피 행동을 보이는 장애.

외재적 동기(extrinsic motivation) 약속된 외적 보상을 얻기 위해서 혹은 처벌의 위협을 피하기 위해서 행동을 수행하려는 욕망.

요소지능(component intelligence) Sternberg가 주장한 지능의 한 요인으로서, 어떤 문제에 관해 생각할 때 머릿속에서 이루어지는 정보처리전략.

우세 반응(dominant response) 특정 자극에 대해서 유기체가 가장 빨리 그리고 가장 쉽게 나타내는 반응.

우울장애(depressive disorder) 주요 우울 삽화가 한 번 이상 나타나는 주요 우울장애와 적어도 2년 이상 우울 기분이 없는 날보다 우울 기분이 있는 날이 더 많으면서 주요 우울증 삽화의 진단 기준을 충족시키지 않는 기분부전장애(dysthymic disorder)가 있음.

우울증 삽화(major depressive episode) 적어도 2주 동안 우울 기분 또는 거의 모든 활동에서 흥미나 즐거움이 상실되는 상태로서 기분이 쉽게 자극받게 되는 과민상태가 나타나거나 식욕, 체중, 수면, 정신운동 활동에서 변화가 일어나고, 에너지가 감소하고 피곤하고 나른하며 자신이 무가치하다고 느끼며 죄책감이 들기도 함.

우정(friendship) 큰 신뢰와 상호 지지가 포함된 두 사람간의 관계.

원초아(id) 성격구조 중, 생물학적으로 타고 나며 성과 공격을 중심으로 하는 추동을 발생시키는, 나로 여겨지지 않는 부분. 쾌락원리와 일차과정 사고를 따름.

월경 전 증후군(premenstrual syndrome: PMS) 여성에게서 월경 시작 7일 전 정도에서 일어나는 신체적 및 심리적 고통인데, 2주간 지속되기도 함. 증상으로는 기분변동, 초조, 짜증, 우울증, 근육통, 골반 경련, 젖가슴 팽창, 현기증, 복부 팽만감, 설사, 편두통 등이 있음.

위생요인(hygiene factor) 봉급, 회사정책, 기술적 감독 등 직무환경에 관한 외재적인 요인들로 직무 불만족을 감소시켜 주는 요인.

유기체적 평가과정(organismic valuing process) 유기체를 유지하거나 고양시키는 방향으로 이끌어 가는 타고난 성향으로 체험들이 유기체 실현 경향에 맞으면 좋게 그렇지 못하면 나쁘게 평가되는 과정.

유인(incentive) 접근이나 회피를 유도하는 외적 자극.

유인가(valence) 각각의 보상들을 개인이 가치 있게 여기는 정도.

유질처분(foreclosure) 충분한 자아정체감의 탐색 없이 지나치게 빨리 결정을 내림.

음낭(scrotum) 페니스의 뒤쪽 아래에 달려 있는 느슨한 피부 주머니인데 두 개의 고환이 들어있음.

음소(phoneme) 더 이상 잘게 분석할 수 없는 말소리의 최소단위.

음운론(phonology) 단어를 만들어 내는데 사용되는 말소리의 구조.

음핵(clitoris) 이성에게서 성적으로 가장 민감한 기관. 여성 외성기의 전방 정점에 있음.

의미기억(semantic memory) 일화적 경험이 쌓이고 이것이 추상화되어 이루어진 개념적 일반지식의 기억.

의사결정(decision making) 두 개 이상의 대안들 중에서 선택하는 것으로 규범적인 모형에서는 모든 대안들의 효용을 따져 본 다음 가장 효용이 큰 대안을 선택하는 것으로 본다. 그러나 사람들이 항상 논리적으로 의사결정을 하지는 않는다.

의상도착 물품음란증(transvestic fetishism) 성적 만족을 위해 이성의 옷을 입는 것.

의존성 성격장애(dependant personality disorder) 보호받고 싶어하는 광범위한 지나친 욕구로서 복종적으로 되고 상대방에게 매달리며 헤어지는 것을 두려워하며 수동적이며 의존적 성격.

이상행동(abnormal behaviour) 행동이 대다수의 많은 사람들의 평균적인 행동과 비교하여 일탈되는 행동.

이차과정 사고(secondary process thought) 안전하고 효과적으로 긴장을 방출하기 위해 적절한 자극을 찾고 욕구를 지연시키는 방식의 사고.

이차적 강화물(secondary reinforcer) 경험을 통해 강화의 성질을 획득한 강화물.

인간 면역 결핍 바이러스 병으로 인한 치매 HIV(Dementia due to HIV disease) HIV로 인해서 망각, 지연, 집중력 감퇴, 문제 해결의 장해가 특징적으로 나타나는 치매.

인간중심 리더(person-oriented leader) 부하가 자기 존중감을 가질 수 있도록 격려하고, 자율을 부여하고, 부하의 개인적인 일까지 살펴 주는 등 부하를 존중하는 배려 행동(consideration)을 주로 하는 리더.

인본주의심리학(humanistic psychology) 인간의 독특성을 강조하고, 인간의 주관적 경험과 인간의 가치를 강조한 심리학의 학파. 때로는 행동주의와 정신분석학에 비교하여 심리학의 제 3세력이라고 일컬어짐.

인본주의적 접근(humanistic approach) 인간의 주관적 경험, 자유 의지 및 자기실현을 향한 동기에 초점을 두고, 이러한 것들이 인간의 마음과 행동에 어떤 관련을 가지는지 연구하는 심리학의 접근법 중의 하나.

인본주의적 치료(humanistic therapy) 과거보다 현재를 강조하고 무의식적 경험보다는 의식적 경험을 중시하며 객관적 환경요인보다 주관적 심리요인에 관심을 가지고 정서를 통제하기보다 정서표현에 초점을 두는 치료를 말함.

인습수준(conventional level) Köhlberg의 도덕발달이론에서 3, 4단계로 가정 · 사회 등 집단의 기대를 따르는 것이 그 결과와는 상관없이 가치를 지니는 것이라고 판단하는 단계.

인습이전 수준(pre-conventional level) Köhlberg의 도덕발달이론에서 1, 2단계로 처벌을 피하거나 보상 또는 강화를 받기 위해서 타인들에 의해 만들어진 규칙이나 표준에 따라 행동하는 단계.

인습이후 수준(post-conventional level) Köhlberg의 도덕발달이론에서 5, 6단계로 도덕적 가치나 권위가 개인이나 집단의 권위와는 관계 없이 그 자체로서 타당성을 가짐을 깨닫는 단계.

인지(cognition) 일반적으로 사고의 능력을 의미하며, 넓은 의미에서 사고 이외에도 지각, 기억, 지능 및 언어 등을 포함하는 정신과정.

인지과학(cognitive science) 1970년대에 소개된 학문으로서 인간이 어떻게 지식을 획득하고 조직화하는지에 초점을 둠. 신경화학, 언어학, 철학, 수학 및 컴퓨터과학이 심리학에 더해짐.

인지신경과학(cognitive neuroscience) 인지의 신경적 기초를 연구하는 학문 분야.

인지심리학(cognitive psychology) 행동의 이해하는 데 있어서 심적 과정에 초점을 둔 심리학. 인간의 행동을 심적 표상의 수준에서 설명하고 이러한 심적 표상이 결과를 산출하는 데 있어서 작동하는 심적 과정에 초점을 둠.

인지적 접근(cognitive approach) 지각, 기억, 추론, 결정 및 문제 해결과 같은 다양한 인간의 심적 과정이 인간의 행동과 관련된다고 보고, 이러한 심적 과정을 연구하는 심리학의 접근법 중의 하나.

인지행동치료(cognitive behavioral therapy) 내담자의 심리적 문제를 일으키는 인지적 왜곡을 바로 보게 하여 보다 정확한 평가와 해석을 하게 하는 심리 치료방법.

인출(retrieval) 필요한 정보를 저장고에서 찾아내어 우리가 의식하거나 반응할 수 있게 하는 과정.

일반적성검사(General Aptitude Test Battery: GATB) 가장 많이 알려진 적성검사로 크게 인지요인, 지각요인 및 정신운동 요인을 측정.

일차과정 사고(primary process thought) 현실과 환상을 구분하지 못하고 추동에 따라 생긴 긴장을 즉각적으로 방출하는 욕구충족 방식의 사고.

일차적 강화물(primary reinforcer) 먹이처럼 특별한 학습 경험 없이도 행동을 강화시키는 강화물.

일화기억(episodic momory) 개인이 경험하는 각종 사건들, 일화들에 대한(그리고 그들 사이의 관계에 대한) 기억.

자궁(uterus) 여성 생식체계에서 서양배 크기와 모양(길이 약 7.5cm, 폭 약 5cm을 하고 근육으로 되어 있으며, 이 곳에서 수정된 배아가 착상을 하고 태아가 발육함.

자궁경부(cervix) 자궁의 아래쪽을 말하며, 질에 연결되어 있고, 중앙에 조그만 구멍이 있음.

자기(self) 자기체험이나 지각들이 조직화되어 각자가 갖게 되는 자기개념.

자기강화(self reinforcement) 자기 내부의 기준에 따라 자신이 스스로에게 주거나 박탈하는 강화.

자기공명영상(magnetic resomance imaging: MRI) 뇌조직의 원자 주위에 형성되는 전기장을 컴퓨터로 탐지하여 뇌를 영상화하는 방법.

자기기여편향(self serving bias) 자신을 호의적으로 지각하고 드러내려는 일련의 경향들.

자기노출(self disclosure) 자신의 사적인 측면들을 타인에게 공개하는 행위.

자기-사랑(self-love) 자기 자신을 소중히 여기며 좋아하고 사랑하는 것인데, 이는 친밀성의 기초가 됨.

자기애성 성격장애(narcissistic personality disorder) 자신의 중요성에 대한 과장된 지각, 칭찬에 대한 욕구, 감정이입의 결여 등의 행동이 주요 증상인 성격장애.

자기효능성(self efficacy) 어떤 구체적인 활동에 대해 자신이 그것을 충분히 해낼 수 있는 능력이 있다고 보는 신념.

자발적 회복(spontaneous recovery) 소거된 후 다시 조건자극을 제시했을 때 소거반응이 갑자기 다시 나타나는 현상.

자서전적 기억(autobiographical memory) 자기 자신의 과거 역사에 대한 기억.

자성예언(self-fulfilling prophecy) 타인으로 하여금 자신이 기대한 행동을 하도록 유도하여 자신의 기대를 확증시키는 현상.

자아(ego) 나로 인식되는 성격의 부분으로, 현실과 환상을 구분하고 외부 상황에 맞고 안전하게 원초아의 욕구를 충족시키는 기능을 함. 현실원리와 이차과정 사고를 따름.

자폐성 장애(autistic disorder) 사회적 상호작용과 의사소통이 현저하게 비정상적이고 활동과 관심의 종류가 현저하게 제한되어 있는 발달장애.

작업기억(working memory) 주어진 자극에 대해 주의를 기울여 정보처리(생각)를 하는 동안의 작업대와 같은 역할을 하는 기억.

작업표본 검사(work sample test) 직무에서 실제 수행되는 과제의 표본에 대한 시뮬레이션들로 구성된 검사.

잔류형 정신분열병(schizophrenia residual type) 적어도 한번 이상 정신분열병 삽화가 있었으나 현재는 활성기 증상 이 없으며 음성증상(에: 둔마된 정동, 빈곤한 언어, 무욕증)이나 2개 또는 그 이상의 악화된 양성증상이 있어서 장해가 지속되고 있을 때 진단 내려짐.

잠재기(latency stage) Freud이론에서 심리성적 발달의 네 번째 단계로 7세에서 12세까지의 시기. 이 시기에 아동은 심리성적 욕구는 억압되고 대신 새로운 환경에 적응하기 위한 지식과 기술을 학습하는 데 초점을 둠.

장기기억(long-term memory) 우리가 계속 의식하고 있지는 않지만 분명히 어떤 정보가 저장고 속에 오랫동안 남아 있어서 후에 이를 되꺼낼 수 있는 기억.

장소이론(place theory) 기저막이 가장 활발하게 진동하는 장소가 어디냐에 따라 음높이를 지각한다는 이론. 고주파 음에 대한 지각은 잘 설명할 수 있으나, 저주파의 음에 대한 지각은 설명하기 어려움.

저장(storage) 기록된 정보를 보유하여 유지하는 과정.

저정낭(seminal vesicle) 성숙한 정충이 저장되는 곳.

적성검사(aptitude test) 특정 직업 또는 분야에 능력이 있는지를 측정하기 위한 검사.

전경-배경 분리(figure-ground segregation) 주어진 자극의 일부를 물체로, 그리고 나머지는 배경으로 구분해서 지각하는 현상.

전립선(prostate gland) 방광의 아래쪽에 있으며 요도를 둘러싸고 있는 데 밤톨크기의 조직으로 묽은 우유 같은 알카리성 액체를 분비하여 정충의 운동이 보다 용이하도록 함.

전보문(telegraphic speech) 전보를 칠 때처럼 조사와 같은 기능어는 생략하고 의미를 나타내는 내용어들로만 이루어진 문장.

전조작기(preoperational stage) Piaget의 인지발달이론에서 두 번째 단계로서 상징적 표상을 사용하여 실제의 대상을 표현할 수 있게 되는 시기.

전형성(typicality) 어떤 범주를 잘 대표하는 정도.

절대역(absolute threshold) 어떤 감각 자극이 있는지 탐지하는 데 필요한 최소한의 자극 강도.

절차공정성(procedural justice) 어떤 결과나 결정이 이루어지는 과정에 사용된 절차가 과연 얼마나 공정했느냐의 여부.

절차기억(procedural memory) 무엇을 어떻게 하는가(how)에 대한 기억.

접합적 과제(conjunctive task) 여러 사람이 팀을 이루어 암벽을 등반하는 경우처럼, 구성원 모두가 자신에게 주어진 과제에서 성공해야만 집단도 성공할 수 있는 과제.

정교화(elaboration) 주어진 자극에 대해 우리가 알고 있는 지식을 동원하여 내용을 첨가하여 살을 붙이고, 가다듬고, 관련 내용을 의미 있게 조직화하는 등의 과정.

정보처리접근(information processing approach) 인간이 어떻게 외부의 정보를 내부로 받아들여 이를 처리하고 결과를 얻는가? 하는 과정을 컴퓨터 등의 정보처리 장치에 유추하여 연구하는 방식.

정서(emotion) 생리적 활성화, 표현 행동 및 의식적 경험을 포함하는 유기체의 반응.

정서의 2요인 이론 정서는 특정 자극에서 유발된 생리적 흥분과 그 흥분에 대한 명명(인지적 평가)이라는 두 요인에 의해서 결정된다는 주장.

정서적 둔마(affective flattening) 눈 마주침이 없고 신체언어가 부족하며 무표정하며 반응이 없는 얼굴을 말함.

정서지능(emotional intelligence) 자신과 타인의 정서를 잘 파악하고, 자신의 정서를 분명하게 표현하며, 자신과 타인의 정서를 조절할 수 있는 능력.

정신분석(psychoanalysis) 인간의 무의식적 측면을 탐색하고 문제를 치료하는 방법과 절차, 혹은 성격 이론이나 심리치료 이론의 한 분파를 지칭하는 말.

정신분석치료(psychoanalysis) 치료자가 내담자의 억압된 무의식적 갈등을 의식화시켜줌으로써 내담자의 갈등을 해결해 주는 치료로서 자유연상, 해석, 꿈의 분석, 저항분석, 전이분석을 사용함.

정신분열병(schizophrenia) 심리적 기능 손상이 매우 심한 심리장애로서 사고 내용에서의 망상과 지각장애, 연상의 이완이나 와해된 사고, 와해된 행동이나 감정표현의 장애가 나타남.

정적 강화(positive reinforcement) 먹이와 같이 반응 뒤에 이것이 주어지면 반응의 빈도가 증가되는 것.

정체감 획득(identity achievers) 자신이 추구하는 목표를 개인적으로 선택하는 데 성공한 사람들.

정체 혼미(identity diffusion) 정체감을 획득하지 못하는 것.

조건반응(conditioned response: CR) 원래는 중성적이었던 조건자극이 무조건 자극과 짝지워진 결과로 조건자극에 의해 방출된 반응.

조건자극(conditioned stimulus: CS) 고전적 조건형성에서 무조건자극과 짝지워져서 새로운 반응을 방출하게 된 자극.

조루증(premature ejaculation) 성적 극치감을 억제하지 못하는 남성의 무능력.

조작적 조건형성(operant conditioning) 특정 행동을 한 후 따라나오는 결과에 따라 그 행동의 발생가능성이 달라지는 학습의 원리에 해당하는 조건화.

조종망상(delusion of control) 어떤 힘에 의해서 자신의 신체나 동작, 또는 정신이 조종된다는 잘못된 믿음.

조증 삽화(manic episode) 비정상적으로 의기양양하고 과대적이거나 과민한 기분이 적어도 1주일간 지속되는 상태.

조직시민행동(organizational citizenship behavior) 직무기술서에 나와 있는 자신의 직무에서 더 나아가 자신에게 공식적으로 규정된 일 이상의 역할외 행동(extra-role behavior)을 스스로 알아서 하는 행동.

조형(shapping) 바라는 행동에 근접한 행동을 강화함으로써 완전히 새로운 반응이 나타나게 하는 방법.

종단적 설계(longitudinal design) 한 연령 집단을 표집하여 이들의 연령 증가에 따른 변화를 발달의 지표로 보는 연구 설계.

종속변인(dependent variable) 독립변인으로 인해서 영향을 받을 것이라고 가정되었거나, 실제로 영향을 받는 것으로 나타난 변인.

주요 우울증 삽화(major depressive episode) 적어도 2주 동안 우울 기분 또는 거의 모든 활동에서 흥미나 즐거움이 상실된 상태.

주의력 결핍 및 과잉행동장애(attention-deficit/hyperactive disorder) 동일한 발달 수준에서 관찰되는 것보다 더 빈번하고 더 심하고 더 지속적인 부주의나 과잉행동, 충동.

죽음 추동(thanatos) 죽음과 파괴(무질서)를 향하는 생물학적 힘.

준거 관련성(criterion relevance) 실제준거와 개념준거가 일치하는 부분.

준거결핍(criterion deficiency) 개념준거 중에서 실제준거가 표현하지 못한 부분.

준거관련타당도(criterion relevant validity) 타당도 분석 방법의 하나로서 검사가 준거와 관련된 정도.

준거오염(criterion contamination) 실제준거 중에서 개념준거와 관련 없는 부분.

중앙집중 오류(central tendency error) 모든 대상자들을 중간 정도로 평가해 버리는 경향성.

지각(perception) 감각기관에 들어온 자극을 정확하게 인식하고 변별하는 과정.

지각 집단화(perceptual grouping) 유사하거나 가까이 있는 요소들을 하나로 묶어서 지각하는 현상. 보다 단순하거나 닫힌 형태로 보는 측면도 있음.

지각 항등성(perceptual constancy) 조명 상태, 보는 각도, 거리와 같은 자극의 물리적인 조건이 달라져도 같은 물체로 지각하는 현상. 밝기항등성, 색채항등성, 크기항등성, 형태 항등성 등이 있다.

지능검사(intelligence test) 개인의 지적능력을 측정하는 검사.

지리멸렬(incoherence) 언어가 너무 심하게 혼란되어서 거의 이해할 수 없을 정도를 말함.

지위(status) 집단에서 구성원들 각자가 점유하는 사회적 서열.

지필검사(paper and pencil test) 검사질문지를 나누어 주고 연필이나 펜을 이용하여 답하는 검사.

직무분석(job analysis) 직무를 성공적으로 수행하는 데 요구되는 인간의 능력에 관한 직무요건들(job requirements), 해당 직무에서 실제 수행되는 구체적인 과제 행동들에 관한 직무명세(job specification) 및 물리적, 기계적, 사회적 직무환경들(job environment)에 관한 정보를 분석하는 것.

질 경련증(vaginismus) 성적 흥분 동안에 여성이 질 외부에 불수의적 근육경련을 일으켜 성교가 불가능하게 되는 것.

질(vagina) 여성 생식체계에서 자궁의 밑 부분인 자궁 경부(cervix)에서 더 아래로 연결된 근육질의 관. 질벽은 부드러운 결합조직으로 이루어져 있는데, 고도의 확대, 확장이 가능.

집단(group) 사회적 상호작용을 통해서 서로 영향을 주고받으며 스스로를 집단의 구성원이라고 지각하는 둘 이상의 상호 의존적인 사람들.

집단극화(group polarization) 집단 토론 전 개인들의 태도와 일치되는 방향으로 토론 후 집단의 의사결정이 극단화되는 현상.

집단사고(groupthink) 응집성이 높은 집단에서 초래될 수 있는 비합리적이고 비생산적인 결정이나 판단.

집단응집성(group cohesiveness) 집단에서 구성원들을 하나로 결속시키고 구성원들로 하여금 집단에 계속 머물도록 만드는 힘.

차이역(difference threshold, just noticeable difference) 두 개의 자극이 강도가 다르다는 것을 구분하는 데 필요한 최소한의 강도 차이.

처녀막(hymen) 질입구 하단부를 부분적으로 덮고 있는 얇은 주름 조직.

처리깊이이론(depth processing theory) 어떠한 자극에 가하여진 정보처리의 수준 또는 깊이가 깊을수록 그 자극은 더 잘 기억된다는 이론.

체계적 둔감화(systematic desensitization) 다양한 자극과 연결된 불안을 없애기 위한 행동치료의 한 방법. 공포와 양립할 수 없는 반응과 점진적으로 역조건형성시킴. 불안위계에 따라 자극을 심상으로 유발하는 데 덜 무섭거나 덜 두려운 자극을 먼저 역조건형성하고 점차 더 무서운 자극으로 역조건형성함.

초기억 과정(meta-memory process) 기억 자체의 처리 과정들을 모니터하는 과정.

초자아(super ego) 성격의 도덕적이고 윤리적인 손에 해당하는 부분으로 양심과 자아이상의 부분으로 나뉘며 도덕원리를 따름.

최적각성이론(optimal arousal theory) 유기체는 각성이 너무 높으면 그것을 감소시키려 하고 너무 낮으면 그것을 증가시킴으로써 최적의 각성 상태를 유지하려는 경향이 있다는 주장.

추동(drive) 생리적 조직의 결핍 상태인 요구(need)의 심리적 결과.

추동감소이론(drive reduction theory) 어떤 생리적 요구가 흥분된 심리적 상태를 유발하고, 이것이 유기체에게 그 요구를 감소시키는 행동을 하도록 추진시킨다는 것.

측면제거법(elimination by aspect) 여러 대안들의 측면들을 모두 따져보고 선택하는 것이 아니라 가장 중요하다고 생각하는 측면에서부터 순차적으로 대안들을 탈락시키는 편의법.

치구(mons pubis) '비너스의 언덕'이라고도 불리며 치골 위에 지방 조직으로 형성된 부드러운 언덕 같은 부위. 사춘기 이후에 음모로 덮혀짐.

치매(demantia) 여러 가지 원인으로 유발되는 것으로 필수 증상은 기억 장해와 인지 장해를 최소한 1개 이상을 포함하는 복합적인 인지 결손의 발생.

친밀성(intimacy) 사랑하는 관계에서 나타나는 가깝고 친근하고 따뜻함과 같은 감정들.

카우퍼씨 선(Cowper's glands) 남성 온도로 방출되는 두 개의 작은 선. 성적 흥분의 처음 단계에서 요도를 윤활하게 하는 투명한 액체를 분비.

컴퓨터단층촬영(computerized axial tomography: CAT) 뇌의 단면에 X선을 투과시켜 통과하는 방사선의 양극 측정하여 2차원적 뇌그림을 그려내는 방법.

코로나(corona) 페니스 귀두의 가장 윗 부분의 화관 모양.

쾌락원리(pleasure principle) 외부 상황과 무관하게 고통을 피하고 즐거움을 추구하는 원초아의 작동 원리.

크로이츠팰트-야콥 병(Creutzfeldt-Jakob disease) 슬로우 바이러스 또는 프리온이라고 알려져 있는 감염성 원인에 의해 나타나는 질환으로 치매, 불수의 운동, 그리고 주기적인 뇌파 활동의 3가지를 나타냄.

타당도(validity) 검사가 원래 측정하려 했던 구성개념을 실제로 잘 측정하는 정도.

탈개인화(deindividuation) 집단 내에서 구성원들이 개인의 정체성을 상실하고 자신의 평소 행위 기준에 어긋나는 행동들에 대한 개인적 정체감과 책임감을 상실하여 집단 행위에 민감해지는 현상.

태도면역(attitude inoculation) 태도에 대해서 약한 공격을 가하여 더 강한 공격에도 설득당하지 않는 저항력을 배양하는 과정.

태아기(the period of fetus) 수정 후 3개월 이후에서 출산까지의 태내 발달단계.

통사론(syntax) 단어들이 결합되어 구나 문장을 형성하는 내부구조.

통제력 착각(illusion of control) 세상에 대한 개인의 통제력을 과대평가하고 우연이나 통제 불가능한 요인들의 영향력을 과소평가하는 경향.

통찰학습(insight learning) 문제 상황에서 문제의 요소들을 재구성함으로써 갑작스럽게 문제 해결이 이루어지는 통찰을 통해 이루어지는 학습.

특성(trait) 성격을 기술하기 위해 만들어진 용어로, 다양한 자극을 기능적으로 유사하게 만들고 유사한 형태의 표현적 행동을 유발하게 하는 신경심리적 구조.

틀효과(framing effect) 주어진 대안이 손실로 이해되느냐 이득으로 이해되느냐에 따라 선택이 달라지는 현상. 이득에서는 위험을 회피하고, 손실에서는 위험을 택함.

파킨슨병(Parkinson's disease) 서서히 진행되는 신경학적 상태이고 진전, 강직, 운동지연 그리고 자세 불안정이 특징.

품행장애(conduct disorder) 다른 사람의 기본적인 권리를 침해하거나 자기 나이에 해당하는 사회적 규범이나 규칙을 위반하는 행동을 지속적이고 반복적으로 함.

편의법(heuristics) 모든 가능한 경우들을 다 따져보고 결정하는 것이 아니라 그럴싸한 것부터 따져보는 간편법. 발견법, 어림법 등으로도 불린다.

편집증 성격장애(paranoid personality disorder) 의심 많고 고집 세고 음흉하고 완고하며 규율에 대해 화를 내며 외롭고 불안전하고 불행하고 생각에 빠져 지내는 성격 장애.

폭식(binge eating) 2시간 이내에 대부분의 다른 사람들이 동일한 상황에서 먹는 것보다 더 많이 음식을 먹고, 먹는 데 대한 조절 능력이 상실된 상태.

표상(representation) 각종 자극에 대한 정보들이 부호화되어 기억에 저장되는 것.

피크병(Pick's disease) 피크 병은 특히 전두엽과 측두엽을 손상하는 뇌의 변성 질환으로 인격변화, 사회적 기술의 장해, 감정의 둔마, 행동의 탈억제와 뚜렷한 언어 이상이 특징.

피학성 변태성욕(masochism) 정서적 고통 혹은 신체적 고통이 수반되지 않고는 성교를 즐길 수 없는 장애.

피해망상(persecutory delusion) 괴롭힘을 당한다거나, 미행을 당한다거나, 함정에 빠진다거나, 감시당한다거나, 조롱당한다고 믿는 잘못된 생각.

항문기(anal stage) Freud이론에서 심리성적 발달의 두 번째 단계로서 배설물의 보유와 배설을 쾌감을 얻는 시기.

해마(hippocampus) 장기 기억 형성에 중요한 역할을 하는 피질 하위 영역.

해체형 정신분열병(schizophrenia disorganized type) 와해된 언어와 행동 그리고 둔마되거나 부적절한 행동이 현저한 정신분열병. 이때 긴장성 증상이 없어야 함.

행동적 접근(behavioral approach) 관찰가능한 인간의 행동을 연구하며, 이러한 인간의 행동을 일으킨 원인도 뇌나 다른 신경 체계처럼 눈에 보이지 않는 것에 관련시키는 것이 아니라, 관찰가능한 자극과 관련시켜서 연구하는 심리학의 접근법 중의 하나.

행동주의(behaviorism) 심리학이란 행동을 연구하는 학문이라고 정의하고 심리학의 영역을 관찰가능한 행동에만 국한하여 연구하고자 한 심리학의 학파. 행동주의의 가장 고전적인 주장은 현대 행동주의적 관점보다 그 영역이 더욱 제한적.

행동치료(behavioral therapy) 심리장애를 학습된 것으로 보고 조작적 조건형성을 사용해서 심리장애를 교정하는 치료.

헌팅턴병(Huntington's disease) 인지, 정서, 행동에 있어서 점진적인 변성을 일으키는 유전질환을 말하고 남성과 여성에서 모두 나타남.

현실원리(reality principal) 나와 외부, 현실과 환상을 구분하고 외부 상황에 맞고 안전하게 욕구를 충족시키는 자아의 작동 원리.

혈관성 치매(vascular demantia) 치매의 원인이 뇌혈관 질환(즉, 국소적 신경학적 징후 및 증상 또는 검사소견)과 관련될 때를 말함.

혐오치료(aversion therapy) 어떤 공포를 제거하기 위해 조건형성원리를 이용하는 것이 아니라 해로운 상황을 피하게 하기 위해 공포를 학습시키는 치료방법. 바람직하지 않은 행동을 하면 혐오적인 자극을 주는 방법을 사용하는 행동치료법.

형식적 조작기(formal operational stage) Piaget의 인지발달이론에서 네 번째 단계로서 추상적 문제들에 대해서 논리적으로 사고가 가능해지는 시기.

형태론(morphology) 음소들을 결합하여 의미 있는 말소리나 단어를 만드는 체계.

형태소(morpheme) 의미나 문법적 기능을 전달하는 최소 단위.

형태주의심리학(gestalt psychology) 형태, 조직화, 전체 및 그 장의 특성에 일차적으로 관심을 둔 심리학의 학파 중의 하나.

혼재성 삽화(mixed episode) 조증 삽화와 주요 우울증 삽화의 증상이 동반되면서 빠르게 교차되는 기분을 경험하는 경우를 말하며 1주 이상 지속됨.

화용론(pragmatics) 언어가 맥락에 따라 그 쓰임새나 암묵적 의미가 달라지는 방식.

확인편향(confirmation bias) 사람들이 가설이나 결론을 확인해 주는 사례들을 주로 탐색하는 경향.

환각(hallucinations) 외부 자극이 없는데도 불구하고 자기만 외부 자극을 지각하는 경우를 말함.

환청(auditory hallucinations) 소리에 대한 지각과 관련되는 환각으로 대부분 음성을 지각함.

홧병(hwa-byung) 분노를 억제함으로써 불면, 피로, 공황에 대한 두려움, 우울한 감정, 소화불량, 식욕부진, 호흡곤란, 빈맥, 전신동통 및 상복부에 덩어리가 있는 듯한 느낌 등의 증상을 나타내는 한국문화 특정적 장애.

회피성 성격장애(avoidant personality disorder) 사회적 위축, 부적절함, 자신의 부정적 평가에 대한 과민성이 주증상으로 대인접촉이 많은 학교나 직장생활을 피함.

횡단적 설계(cross-sectional design) 한 시점에서 여러 연령 집단을 동시에 표집하여 이들 집단에서 얻은 자료를 사용하여 얻은 연령 집단간 차이를 발달에 따른 변화의 지표로 보는 연구설계.

효과의 법칙(law of effect) 반응 후 보상이 오면 그 반응이 반복되고 반응 후 불만족스러운 결과가 오면 반응이 사라지는 경향. 즉, 반응이 일어날 확률은 그 반응이 환경에서 초래하는 효과에 달려 있는 현상.

후광오류(halo error) 피평가자의 어느 한 가지 측면에 대한 평가를 모든 측면에 대해서 일반화시키는 경향성.

후광효과(halo effect) 초기 평가에 의존하여 사람들을 내적으로 일관되게 평가하려는 경향.

후천성 면역결핍증후군(Acquired Immune Dificiency Syndrome: AIDS) HIV(human immunodeficiency virus, 인간 면역결핍 바이러스)에 의하여 발병되는, 흔히 성적으로 감염되는 질병. 인체 면역 체계가 역전할 수 없을 정도로 손상.

흥미검사(interest test) 개인이 좋아하거나 싫어하는 활동, 과목 등을 조사하는 검사로써 개인에게 적합한 직업을 안내해 주는 데도 사용.

히스테리성 성격장애(histronic personality disorder) 광범위하고 지나친 감정표현과 관심을 끄는 행동을 보이며 감정표현이 얕고 불안하고 변덕스럽고 감정폭발을 잘하는 특징을 지닌 성격장애.

참고문헌

강혜자 · 한덕웅(1994). 정서의 공발생 경험 구조. **한국심리학회지: 일반**, 13(1), 207-218.

김교헌(1992). 자기노출의 기능. **한국심리학회지: 일반**, 11(1), 81-107.

김교헌(2002). 심리학적 관점에서 본 중독. **한국심리학회지: 건강**, 7(2), 159-179.

김교헌 · 성한기 · 이민규(2002). 도박성 게임 이용자의 심리사회적 특성과 문제성 및 병적도박자의 예측요인 분석. **도박중독 예방 및 치유 프로그램 수립을 위한 기초 연구**, 5-72. 주식회사 강원랜드.

김교헌(2003a). 한국형 문제성 도박 식별 지침의 개발과 적용. **한국도박중독센터 개설 2주년 기념 심포지엄 자료집**, 41-99.

김교헌(2003b). 병적 도박선별을 위한 K-NODS의 신뢰도의 타당도. **한국심리학회지: 건강**, 8(3), 487-509.

김교헌 · 권선중(2003). 병적 도박자의 심리적 특성 및 예측 요인. **한국심리학회지: 건강**, 8(2), 201-277.

김기석(1990). **학습과 행동**. 서울: 교육과학사.

김민식 · 정찬섭(1989). 한글의 자모구성 형태에 따른 자모 및 글자 인식. **인지과학**, 1, 27-75.

김민현 · 정용락(1999). **응용 스포츠 심리학**. 서울: 도서출판 홍경.

김성태(1989). **경(敬)과 주의**. 서울: 고려대학교 출판부.

김용석 · 민현경(1995). **욕망의 진화**. 서울: 백년도서.

김은주(1994). 노부모의 성인자녀와의 결속과 자아존중감에 관한 연구. **전남대학교 교육대학원 석사학위논문**.

김정규(1995). **게슈탈트심리치료**. 서울: 학지사.

김정남(1995). 9장, 태도 및 직무만족. **산업 및 조직심리학**, 성균관대학교 산업심리학과 편, 325-362, 서울: 박영사.

김정남(2000). **직장과 심리학**. 진주: 경상대학교 출판부.

김정오 · 김재갑(1992). 한글 단어재인에 있어서 글자처리와 낱자의 지각. **한국심리**

학회지: 실험 및 인지, 4, 36-51.

김준곤(1988), 직무만족의 측정과 관련변인들의 영향, **한국심리학회지: 산업 및 조직, 제1권, 제1호**, 55-78.

김준곤(1995). 12장, 노사관계. **산업 및 조직심리학**, 성균관대학교, 산업심리학과 편, 413-444. 서울: 박영사.

김중술(1992). **사랑의 의미**. 서울: 서울대학교 출판부.

김진국(1988). 지역감정의 실상과 그 해소방안. 한국심리학회 편, **심리학에서 본 지역감정**. 서울: 성원사.

김청택 · 한민희(2003). 확률에 대한 표상이 틀효과에 미치는 영향-확률분포와 위험지각-. **한국심리학회지: 실험, 15권 2호**, 181-202.

김태련(1988). 노인의 삶과 죽음에 대한 태도. **한국심리학회지: 발달**, **1**, 30-47.

김태련 · 장휘숙(1992). **발달심리학**. 서울: 박영사.

김향은 · 정옥분(1992). 정년퇴직을 앞둔 중년남성의 심리적 불안-퇴직예정자의 상태특성불안과 현행 정년제도에 대한 시각을 중심으로-. **대한가정학회지**, **30**(2), 159-169.

김형태(1989). 청소년기 자아정체감의 발달 및 측정에 관한 연구. **충남대학교 대학원 석사학위논문**.

김혜경(1988). 은퇴전후간 신체적 및 심리적 건강지각도 차이연구. **동아대학교 교육대학원 석사학위논문**.

김혜숙(1988). 지역간 고정관념과 편견의 실상. 한국심리학회편, **심리학에서 본 지역감정**. 서울: 성원사.

김혜숙(1995). 귀인상황의 공개성과(집단) 자아존중이 자기고양 귀인과 집단고양 귀인에 미치는 영향. **한국심리학회지: 사회**, **9**(1), 45-63.

나은영 · 차재호(1988). 함축차원으로 본 합의성, 특이성 및 일관성 정보간의 상호함축관계. **한국심리학회지: 사회**, **7**(1), 25-41.

남기덕 · 차재호(1985). A test of Kelley's cube theory of attribution: A cross cultural replication of McArthur's study. *Journal of Korean Social Science.*

남승규(1999). **소비자심리학**. 서울: 학지사.

노안녕 · 강영신(2002). **성격심리학**. 서울: 학지사.

도경수(2000). 후건의 표현양식과 조건문의 내용이 선택과제의 수행에 미치는 영향. **한국심리학회지: 실험 및 인지, 12권 1호**, 77-94.

도로교통안전협회(1993). **교통질서 및 안전에 관한 운전자의 의식조사**.

민경환(2002). **성격심리학**. 서울: 법문사.

민병모 · 이경임 · 정재창(1997). **NEO 인성검사**. 서울: PSI 컨설팅.

박광배(1995). **법 심리학**. 서울: 정민사.

박소현 · 김문수(2001). **동기**. 서울: 시그마 프레스.

박영준 역(2003). **도덕적 동물**. 사이언스북스.

박정윤(2000). 사랑의 요인분석. **성신여자대학교 대학원 석사학위청구논문**.

서봉연(1975). 자아정체감 형성에 대한 심리학적 일연. **경북대학교 대학원 박사학위 논문**.

성한기(1994). 집단극화에서 집단 정체성, 설득 주장 및 사회 비교의 영향. **성균관대학교 대학원 박사학위 청구논문**.

성한기 · 한덕웅(1999). 정보출처의 집단범주 및 능력과 반응유형에 따른 집단극화 효과. **한국심리학회지: 사회 및 성격**, **13**(2), 107-129.

성한기(1998). 정보출처와 정보유형이 집단극화에 미치는 영향. **대구효성가톨릭대학교 연구논문집**, **58**, 317-342.

손정락(2000). **현대 임상심리학**. 서울: 시그마프레스.

손정락(2001). **대학생들의 사랑의 양식과 개인적 구성 개념 체계**. 미발표논문.

송설희(1993). 가족유형과 지각된 부모의 수용-거부와 청소년의 자아정체감에 미치는 영향. **충남대학교 대학원 박사학위논문**.

신용균(1992). 사망사고 요인분석. 도로교통안전관리공단. **교통안전연구논집**, **11**, 173-180.

신현정(2000). 개념과 범주화. 서울: 아카넷.

안서원 · 도경수(2003). 불확실성의 표현방식에 따른 방향성 지각이 선택에 미치는 영향: 숫자 대 어휘 표현. **한국심리학회지: 실험**, **15권 2호**, 161-179.

원호택 · 한덕웅 · 박광배 · 신응섭 · 이영호(1998). **육군선발용 성격검사개발 연구보고서**. 국방부.

유태용 · 김명언 · 이도형(1997). 5요인 성격검사의 개발 및 타당화 연구. **한국심리학회지: 산업 및 조직**, **10**(1), 85-102.

윤진(1985). 13회 국제노년학회에 다녀와서. **심리학회보**, **제45호**, 4쪽.

이관용 · 김기중 · 김재갑 · 이태연 역(1990). **심리학개론**. 서울: 도곡출판 율곡.

이민규(2000). 섭식억제 수준, 사전 음식섭취 및 자기주의에 따른 음식섭취행동. **성균관대학교 대학원 박사학위논문**.

이민규 · 한덕웅(1997). 식사관련 행동과 생활적응. **한국심리학회 건강심리학회 춘계발표회**, 10.

이민규 · 한덕웅(1999). 섭식억제와 자기주의에 따른 음식섭취행동. **한국심리학회 건강심리학회 학술발표대회**, 14-27.

이민규 · 한덕웅(1999). 섭식 억제척도의 개발. **한국심리학회 연차학술대회 학술발표 초록집**, 122-124.

이민규 · 한덕웅(2000). 섭식억제, 사전음식섭취 및 사적자기주의에 따른 음식섭취

행동. **한국심리학회지: 건강**, **5**(2), 265-286.

이민규 · 한덕웅(2000). 섭식억제수준, 사전음식섭취 및 공적 자기주의에 따른 음식 섭취 행동. **한국심리학회 연차학술대회 학술발표초록집**, 10-11.

이민규 · 한덕웅(2000). 섭식 억제와 자기 주의에 따른 음식 섭취 행동. **건강심리학회 '99동계학술발표논문집**, 14-28.

이민규 · 한덕웅(2001). 섭식억제, 사전음식섭취 및 공적자기주의에 따른 음식섭취 행동. **한국심리학회지: 건강** **6**(1), 209-233.

이민규 · 한덕웅(2001). 섭식억제 척도의 개발. **한국심리학회지: 임상**, **20**(4), 795-807.

이민규 · 한덕웅(2001). 섭식억제 행동을 예측하는 모형의 검증: 계획된 행동이론의 수정모형의 탐색. **한국심리학회지: 건강**, **6**(2), 173-190.

이민규 · 김교헌 · 김정남(2003). 도박 중독 실태와 도박 중독자의 심리사회적 특성: 지역별 비교를 중심으로. **한국심리학회지: 건강**, **8**(2), 399-414.

이상욱 · 한덕웅(1993). 태도 유사성과 기대 확정에 따른 대인 매력 효과. **장동환교수 정년퇴임기념논문집**, 210-240.

이수원 외(1987). **심리학-인간의 이해**. 서울: 정민사.

이순철(2000). **교통 심리학**. 서울: 학지사.

이재식(1996). 운전자의 속도통제와 정보처리에서의 인간요인: 운전자의 눈높이와 인지부하의 효과. **한국심리학회지: 실험 및 인지**, 8(2), 345-366.

이재식(1997). 자동차내 항법 시스템의 정보 제공 형태에 따른 운전자의 정보처리와 운전통제: 정보의 감각양상과 제시 빈도의 효과. **한국심리학회지: 실험 및 인지**, **9**(2), 43-61.

이정모(2001). **좋은 학습자와 사고자의 특성**. 미발간원고

이정모(미발간원고). 좋은 학습자와 사고자의 특성. **미발간원고**-구판에서는 2001로 되어 있음.

이창우 · 김상기 · 곽원섭(1989). **광고심리학**. 서울: 성원사.

이춘재 · 오가실 · 정옥분(1991). 사춘기 신체성숙시기와 심리사회적 발달. **한국심리학회지: 발달**, **4**(1): 89-101.

이해경 · 이수원(1994). 사회적 범주화, 가치 선호 및 내집단 편애. **한국심리학회지: 사회**, **8**(2), 108-123.

장동환(1993). 최근 스포츠심리학 연구 개관. **장동환 교수 정년퇴임 기념논문집**, 86-152.

전겸구(2000). 정서와 건강간의 관계: 문화적 접근. **한국심리학회: 사회문제**, **6**(3), 175-199.

전겸구 · 김교헌(1995). **신비로운 마음과 몸의 치유력**. 서울: 학지사.

전겸구 · 한덕웅(1993). 건강심리학의 발전, 과제 및 전망. **한국심리학회지: 일반, 12(1)**, 88-133.

정지숙 · 한덕웅(1992). 확실/불확실 과제 수행상황에서 다수와 소수의 영향. **한국심리학회지: 사회**, 6(2), 109-122.

조긍호(1999). **유학심리학**. 서울: 도서출판 나남.

조긍호(2000). 문화유형과 동기의 차이: 한국인의 동기 이해를 위한 시론. **한국심리학회지: 사회 및 성격**, 14(2), 83-122.

조긍호(2003). **한국인 이해의 개념틀**. 나남출판.

조복희 · 현은강(1994). 한국부모의 부모역할 만족도. **대한가정학회지**. **12**. 83. **주간조선**. 1995년 7월 13일자.

중앙고용정보관리소(2000). **성인용 직업적성검사 개발 2차년도 최종보고서**. 노동부 중앙고용정보관리소.

지연경(1990). 내외동제성 및 은퇴로 인한 스트레스 지각과 생활 만족도-은퇴한 남자 노인을 중심으로-. **이화여자대학교 대학원 석사학위논문**.

최상진(1993). 문화심리학적 관점에서 본 한국인의 자기. **한국심리학회지: 사회**, 7(2), 24-33.

최상진(2000). **한국인 심리학**. 서울: 중앙대학교 출판부.

최상진 · 윤호균 · 한덕웅 · 조긍호 · 이수원(1999/2001). **동양심리학**. 서울: 지식산업사.

최정훈 · 이훈구 · 한종철 · 윤진 · 정찬섭 · 오경자(1995). **인간행동의 이해: 심리학**. 서울: 법문사.

최훈석 · 한덕웅(1994). 내/외집단 범주화된 다수와 소수의 사회적 영향. **한국심리학회지: 사회**, 8(2), 124-141.

탁진국(1991). Job involvement and organizational commitment: Are they distinct concept? **한국심리학회지: 산업 및 조직, 제4권, 제1호**, 62-85.

통계청(2003). 사망원인 통계 연보.

한국 산업 및 조직심리학회(2000). **직업심리 및 상담**. 서울: 학지사.

한국심리학회(1994). **심리학회보, 제83호**.

한규석(1991). 사회심리학 이론의 문화특수성: 한국인의 사회심리학 연구를 위한 고찰. **한국심리학회지: 사회**, 6(1), 132-155.

한덕웅(1981). 자기 노출이 매력에 미치는 영향. **성균관대학교 논문집**, **30**, 109-137.

한덕웅(1983/1987). **조직 행동의 동기 이론**. 서울: 법문사.

한덕웅(1985). 우정의 형성과 발전에 관한 종단적 연구. **사회심리학연구**, 2(2), 169-192.

한덕웅(1986). 우정 관계 진전에 따른 행동적 사건의 변화. 한국심리학회, **사회심리**

학연구, 3(1), 37-72.

한덕웅(1992). 성격특성용어의 사용빈도, 호오도 및 사회적 바람직성. **한국심리학회지: 일반**, 11(1), 147-171.

한덕웅(1994). 한국 사회 문제에 대한 국민의 지각. **한국심리학회지: 사회문제**, 1(1), 20-53.

한덕웅(1994). 내집단 정체성, 영향원 규모 및 과제 모호성에 따른 사회적 영향. **한국심리학회지: 사회**, 8(1), 191-203.

한덕웅(1994/1996). **퇴계 심리학: 성격 및 사회 심리학적 접근**. 서울: 성균관대학교 출판부.

한덕웅(1995). 집단 행동 이론의 비판적 개관(Ⅰ): 집단내 행동 이론을 중심으로. **한국심리학회지: 사회**, 9(2), 1-27.

한덕웅(1996). 집단 행동 이론의 비판적 개관(II): 집단간 관계 이론을 중심으로. **한국심리학회지: 사회**, 10(1), 39-84.

한덕웅(1996). 교통질서 및 안전에 관한 국민 여론 및 행동 지표 조사Ⅰ:교통사고 유발 행동의 결정 요인. **도로교통안전협회**.

한덕웅(1996a). 대인관계에서 4단7정 정서의 발생 경험. **한국심리학회 연차학술대회 학술발표논문집**, 389-409.

한덕웅(1997). 질병 표상 연구의 비판적 개관. **한국심리학회지: 건강**, 2(1), 1-20.

한덕웅(2000). 신체 질병에 관한 한국인의 사회적 표상. **한국심리학회지: 건강**, 5(1), 24-42.

한덕웅(2001). 한국의 전통의학 사상에서 정서와 신체질병의 관계를 설명하는 가설들. **한국심리학회지: 건강**, 6(1), 1-22.

한덕웅(2003). **한국유학심리학**. 시그마프레스.

한덕웅 · 강혜자(2000). 한국 사회에서 사회문제의 지속과 변화: 1994년과 비교. **한국심리학회지: 사회문제**, 6(2), 17-38.

한덕웅 · 김승현 · 심흥섭 · 전겸구(1998). 자동차 운전적성검사 개선을 위한 검사지 개발 연구. **도로교통안전협회**.

한덕웅 · 박광배 · 신응섭 · 원호택 · 이영호(1998). 군인성검사개발 최종보고서. **국방부**.

한덕웅 · 성한기(1985). 선택이행에 관한 2요인설의 검증. 고려대학교 행동과학연구소, **행동과학연구**, 7, 173-185.

한덕웅 · 이민규(2001). 계획된 행동이론에 의한 음주운전 행동의 설명. **한국심리학회지: 사회 및 성격**, 15(2), 141-158.

한덕웅 · 이상욱(1988). 우정 관계의 진전과정에 관한 다면 인과적 접근. 한국심리학회, **사회심리학연구**, 4(1), 111-153.

한덕웅 · 최훈석 · 강혜자 · 이경성 · 박군석(1995). 한국 사회 문제의 지각 차원. **한국심리학회지: 사회 및 성격**, 9(1), 99-111.

홍대식(1992). **인간관계의 심리 : 호감, 우정, 사랑, 행복**. 서울: 양영각.

홍대식(1994). **사회심리학**. 서울: 양영각.

홍대식 편저(1998). **현대 심리학개론**. 서울: 청암미디어.

홍성태(1994). **소비자 심리의 이해**. 서울: 나남출판.

홍숙기(2000). **성격심리(상)**. 서울: 박영사.

홍숙기(2003). **성격심리(하)**. 서울: 박영사.

Abbott, R. D., Yin, Y., Reed, D. M., & Yano, K. (1986). Risk of stroke in male cigarette smokers. *New England Journal of Medicine, 315*, 717–720.

Adams, G. R., & Gullota, T. (1983). *Adolescent life experiences.* Monterey, CA: Brooks/Cole.

Adams, J. S. (1965). Inequity in social exchange. In L. Berkowitz (Ed.), *Advances in experimental social psychology* (Vol. 2, pp. 267–299). New York: Academic Press.

Ainsworth. M. D. S. (1979). infant–mother attachment. *American Psychologist, 34*, 932–937.

Alexander, F. G. (1939). Emotional factors in essential hypertension: Presentation of a tentative hypothesis. *Psychosomatic Medicine, 1*, 175–179.

Allison, M. G., & Ayllon, T. (1980). Behavioral coaching in the development of skills in football, gymnastics, and tennis. *Journal of Applied Behavior Analysis, 13*, 297–314.

Allport, G. W. (1961). *Pattern and growth in personality.* New York: Holt, Rinehart, & Winston.

Altman, I., & Taylor, D. (1973). *Social penetration: The development of interpersonal relationships.* New York: Holt, Rinehart & Winston.

American Psychiatric Association (1994). *Diagnostic and statistical manual of mental disorders* (4th ed.) (DSM-Ⅳ). Washington, D.C.:Author.

Anderson, N. H. (1965). Averaging versus adding as a stimulus combination rule in impression formation. *Journal of Experimental Psychology, 70*, 394–400.

Anderson, N. H. (1968). A simple model for information integration. In R. P. Abelson et al. (Eds.), *Theories of cognitive consistency: A sourcebook.* Chicago: Rand McNally.

Anrep, G. V. (1920). Pitch discrimination in the dog. *Journal of Physiology, 53*, 367–385.

Argyle, M. (1983). *The psychology of interpersonal behaviour* (4th ed.). Harmondsworth: Penguin.

Argyle, M., & Furnhaum, A.(1983). Sources of satisfaction and conflict in long-term relationships. *Journal of Marriage and Family Counseling, 45,* 481–493.

Arvey, R. D. (1979). *Fairness in selecting employees.* Reading, MA: Addison Wesley.

Arvey, R. D., & Campion, J. E. (1982). The employment interview: A summary and review of recent research. *Personnel Psychology, 35,* 281–322.

Asch, S. E. (1946). Forming impressions of personality. *Journal of Abnormal and Social Psychology, 41,* 258–290.

Asch, S. E. (1955). Opinions and social pressure. *Scientific American, 19,* 31–35.

Atkinson, R. C., & Shiffrin, R. M. (1968). Human memory: A proposed system and its control processes. In W. K. Spence & J. T. Spence(Eds.), *The psychology of learning and motivation: Advances in research and theory*(Vol. 2, pp. 89–195). New York: Academic Press.

Averill, J. R. (1982). *Anger and aggression: An essay on emotion.* New York: Springer-Verlag.

Baddeley, A. D. (1990). *Human memory: Theory and practice*. Hove: Lawrence Erlbaum Associates.

Bahrick, H. P., & Bahrick, P. O. & Wittlinger, R. P (1975). Long-term memory: Those unforgettable high-school days. *Psychology Today, 8,* 50–56.

Bales, R. F. (1970). *Personality and interpersonal behavior.* Fort Worth, TX: Holt, Rinehart & Winston.

Bandura, A. (1965). Influence of models' reinforcement contingencies on the acquisition of imitative responses. *Journal of Personality and Social Psychology, 1,* 589–595.

Bandura, A., Ross, D., & Ross, S. A. (1961.) Transmission of aggression through imitation of aggressive models. *Journal of Abnormal and Social Psychology, 63,* 575–582.

Barley, S. R., & Bechky, B. A. (1994). In the backrooms of science: In the work of technicians in science labs. *Work and Occupations, 21,* 85–126.

Baron, R. S. (1986). Distraction-conflict theory: Progress and problems. In L. Berkowitz (Ed.), *Advances in experimental social psychology* (Vol. 19, pp. 1–40). New York: Academic Press.

Bass, B. M. (1985). *Leadership and performance beyond expectations.* New York: Free Press.

Bass, B. M. (1997). Does the transactional-transformational leadership paradigm transcend organizational and national boundaries? *American Psychologist, 52(2),* 130–139.

Baumeister, R. F., & Leary, M. R. (1995). The need to belong: Desire for interpersonal attachments as a fundamental human motivation, *Psychological Bulletin, 117,* 497–

529.

Baumrind, D. (1967). Child care practices anteceding three patterns of preschool behavior. *Genetic Psychology Monographs, 75,* 43–88.

Beck, A. T., Rush, A. J., B. F., & Emery, G. (1979). Cognitive *Therapy for Depression.* New York: The Guilford press.

Beck. A. T. (1976). *Cognitive therapy and the emotional disorders.* New York: International University Press.

Benbow, C., & Stanley, J. (1983). Sex differences in mathematical reasoning ability: More facts. *Science, 222,* 1029–1030.

Berger, J., Rosenholtz, S. J., & Zelditch, M. (1980). Status organizing processes. *Annual Reivew of Sociology, 6,* 479–508.

Berkman, L., & Syme, S. (1979). Social network, host resistance, and mortality: A nine-year follow-up study Alameda County residents. *American Journal of Epidemiology, 109,* 186–204.

Berkowitz, L. (1989). The frustation-aggression hypothesis: An examination and reformulation. *Psychological Bulletin, 106,* 59–73.

Biederman, I. (1987). Recognition-by-components: A theory of human image understanding. *Psychological Review, 94,* 115–147.

Birdwhistell, R. L. (1952). *Introduction to kinesics.* Louisville, Ky.: University of Louisville Press.

Bloom, B. L. (1988). *Health psychology: A psychosocial perspective.* Englewood Cliffs, NJ: Prentice Hall.

Bond, C. F., Jr. (1982). Social facilitation: A self-presentational view. *Journal of Personality and Social Psychology, 42,* 1042–1050.

Bond, C. F., Jr., & Titus, L. J. (1983). Soical facilitation: A meta-analysis of 241 studies. *Psychological Bulletin, 94,* 265–292.

Bond, M. H. (1986). *The Psychology of the Chinese People*. Hong Kong: Oxford University Press.

Bootzin, R, R., Brower, G. H., Crocker, J., & Hall, E. (1991). *Psychology today.* NY: McGraw-Hill, Inc.

Bottini, G., Corcoran, R., Sterzi, R., Paulesu, E., Schenone, P., Scarpa, P., Frackowiak, R. S. J., & Frith, C. D. (1994). The role of the right hemisphere in the interpretation of figurative aspects of language: A positron emission tomography activation study. *Brain, 117,* 1241–1253.

Bouchard, T. J., Fr., & McGue, M. (1981). Familial studies of intelligence: A review.

Science, 212, 1055–1058.

Bower, G. H., Karlin, M. B., & Dueck, A. (1975). Comprehension and memory and for pictures. *Memory and Cognition, 2,* 216–220, 1975.

Bowlhy, J. (1973). *Attachment and Loss: Vol. 2. separation.* New York: Basic Books.

Bowmaker, J. K. & Dartnall, H. J. A. (1980). Visual pigments of rods and cones in a human retina. *Journal of Physiology, 298,* 501–511.

Brewer, M. B., & Miller, N. (1984). Beyond the contact hypothesis: Theoretical perspectives on desegregation. In N. Miller & M. B. Brewer (Eds.), *Group in contact: The psychology of desegregation.* New York: Academic Press.

Broderick, C. B. (1982). Adult sexual development. In B. B. Wolman(Ed.), *Handbook of developmental psychology.* Englewook Cliffs, NJ: Prentice-Hall.

Broderick, C. B.(1982). Adult sexual development. In B. B. Wolman(Ed.), *Handbook of developmental psychology.* Englewook Cliffs, NJ: Prentice-Hall.

Brown, G., & Harris, T. (1978). *Social origins of depression.* London: Tavistock.

Bruce, V., & Green, P. R. (1990). *Visual perception: physiology, psychology, and ecology*(2nd Ed.). Hillsdale, NJ: Erlbaum.

Buck, L., & Axel, R. (1991). A novel multigene family may encode odorant receptors: A molecular basis for odor recognition. *Cell, 65,* 175–187.

Burns, D. D. (1985). *Intimate connections.* New York : Signet.

Buss, A. H., & Plomin, R. (1975). A *temperament theory of personality development.* New York: Wiley.

Buss, D. (1994). *The evolution of desire.* Basic Books.

Camara, W. J., & Schneider, D. L. (1994). Integrity tests: Facts and unresolved issues. *American Psychologist, 49,* 112–119.

Campbell, A. (1976). Subjective measures of well-being. *American Psychologist, 31,* 117–124.

Cannon, W. B.(1914). The interrelations of emotions as suggested by recent physiological researches. *American Journal of Psychology, 25,* 256–282.

Cannon, W. B. (1929). *Bodily changes in pain, hunger, fear and rage.* NY: Banford.

Carver, C. S., & Scheier, M. F. (2004). *Perspectives on personality* (5th ed.). Boston: Allyn & Bacon.

Chomsky, N. (1957). *Syntactic Structures.* The Hague: Mouton.

Chomsky, N. (1972). *Language and mind.* New York: Harcourt Brace.

Cialdini, R. B., Eisenberg, N., Green, B. L., Rhoads, K., & Bator, R. (1998). Understanding the undermining effect of reward on sustained interest. *Journal of Applied*

Social Psychology, 28, 249–263.

Clark, E. V. (1993). *The lexicon in acquisition.* Cambridge: Cambridge University Press.

Chumlea, W. C. (1982). Pysical growth in adolescence. In B. B. Wolman(Ed), *Handbook of developmental psychology*. Englewood Cliffs, N. J.: Prentice-Hall.

Cohen. G. D. (1988). *The Brain in Humanaging.* New York: Springer.

Cohen, G. (1989). *Memory in the real world.* Hove, UK: Psychology Press

Cole, M., & Scribner, S. (1974). *Culture and thought.* New York: Wiley.

Coren, S., Porac, C., & Ward, L. M. (1978). *Sensation and perception.* New York: Academic Press.

Costa, P. T., Jr., & McCrae, R. R. (1992). *Revised NEO Personality Inventory(NEO-PI-R) and NEO Five Factor Inventory(NEO-FFI) Professional Manual.* Odessa, FL: Psychological Assessment Resources.

Cottrell, N. B., Wack, D. L., Sekerak, G. J., & Rittle, R. H. (1968). Social facilitation of dominant responses by the presence of an audience and the mere presence of others. *Journal of Personality and Social Psychology, 9,* 245–250.

Corsini, R. J. (1979). *Current Psychotherapies.* (2nd ed). F. E. Peacock publishers, inc.

Craik, F. I. M., & Lockhart, R. S. (1972). Levels of processing: A framework for memory research. *Journal of Verbal Learning and Verbal Behavior, 11,* 671–684.

Crespi, L. P. (1942). Quantitative variation in incentive and performance in the white rat. *American Journal of Psychology, 55,* 467–517.

Crockner, L., Algina, J. (1986). *Introduction to classical and modern test theory.* New York: Holt, Rinehart and Winston.

Crooks, R., & Baur, K. (1990). *Our sexuality* (4th ed). CA: Benjamin/Cummings.

Crosby, F. J. (1982). *Relative deprivation and working women.* New York: Oxford University Press.

Cutrona, C., Russell, D., & Rose, J. (1986). Social support and adaptation to stress in the elderly, *Journal of Personality and Social Psychology, 4,* 525–531.

D' Alton, M. E., & DeCherney, A. H. (1993). Prenatal diagnosis. *New England Journal of Medicine, 328,* 114–118.

Damasio, A. R. (1996). The somatic marker hypothesis and the possible functions of the prefrontal cortex. *Philosophical Transactions of the Royal Society London Series B, 351,* 1413–1420.

Davis, S. F., & Palladino, J. H.(1997). *Psychology* (2nd ed.). Englewood Cliffs, NJ: Prentice Hall, Inc.

DeCasper, A. J., & Fifer, W. P. (1980). Of human bonding: Newborns prefer their mother's voice. *Science, 208,* 1174–1176.

Deci, E. L., & Ryan, R. M. (1987). The support of autonomy and the control of behavior. *Journal of Personality and Social Psychology, 53,* 1024–1037.

Dembroski, T. M., & MacDougall, J. M. (1985). Beyond global Type A: Relationship of paralinguistic attributes, hostility, and anger-in to coronary heart disease. In T. Field, P. McCabe, & N. Schneiderman (Eds.), *Stress and coping.* Hillsdale, NJ: Erlbaum.

Dembroski, T. M., MacDougall, J. M., Eliot, R. S., & Buell, J. C. (1983). Stress, emotions, behavior, and cardiovascular disease. In L. Temoshok, C. V. Dyke, & L. S. Zegans (Eds.), *Emotions in health and illness.* New York: Grune & Stratton.

Dion, K. L. (1979). Intergroup conflict and intragroup cohesiveness. In W. G. Austin & S. Worchel (Eds.), *The social psychology of intergroup relations* (pp. 211–224). Pacific Grove, CA: Brooks/Cole.

Doug-Woong Hahn, Kibeom Lee, & Michael C. Ashton.(1999). A factor analysis of the most frequently used Korean personality trait adjectives. *European Journal of Personality, 13,* 261–282.

Duncker, K. (1945). On problem solving. *Psychological Monographs, 58* (5, whole no. 270).

Dweck, C. S., & Elliott, E. S. (1983). Achievement motivation. In P. Mussen & E. M. Hetherington (Eds.), *Handbook of child psychology* (Vol. IV). NY: Wiley.

Eakins, B. W., & Eakins, R. G. (1978). *Sex differences in human communication.* Boston: Houghton Mifflin.

Earley, P. C. (1993). East meets West meets Mideast: Further explorations of collectivistic and individualistic work groups. *Academy of Management Journal, 36,* 319–348.

Ekman, P., Friesen, W. V., & Bear, J. (1984). The international language of gestures. *Psychology Today, May,* 64–69.

Ekman, P., Friesen, W. V., & Ellsworth, P. (1972). *Emotions in the human face.* NY: Pergamon.

Ellis, A. (1979). Rational Emotive therapy. In R. J. Corsini(Ed.), *Current Psychotherapies, 2nd ed.* Itasca, IL: Peacock.

Engel, G. L. (1977). The need for a new medical model: A challenge for biomedicine. *Science, 196,* 129–136.

Evans, J. St. B. T., Barston, J. L., & Pollard, P. (1983). On the conflict between logic and belief in syllogistic reasoning. *Memory and Cognition, 11,* 295–306.

Eysenck, H. J. (1967). *The biological basis of personality.* Springfield, IL: Charles C.

Thomas.

Eysenck, H. J. (1981). *A model for personality.* Berlin: Springer-Verlag.

Feingold, A. (1988). Cognitive gender differences are disappearing. *American Psychologist, 43,* 95–103.

Feldman, D. H. (1980). *Beyond universals in cognitive development.* Norwood, NJ: Alex.

Festinger, L. (1957). *A theory of cognitive dissonance.* Evanston, IL: Row & Peterson.

Festinger, L., & Carlsmith, J. M. (1959). Cognitive consequences of forced compliance. *Journal of Abnormal and Social Psychology, 58,* 203–210.

Festinger, L., Schachter, S., & Back, K. (1950). *Social pressures in informal groups.* New York: Harper.

Festinger, L., Schachter, S., & Back, K. (1950). *Social pressures in informal groups: A study of human factors in housing.* Stanford University Press.

Fiedler, F. E. (1964). A contingency model of leadership effectiveness. In L. Berkowitz (Ed.), *Advances in experimental social psychology* (Vol. 1). New York: Academic.

Fiedler, F. E. (1974). Personality, motivational systems, and behavior of high and low LPC persons. *Human Relations, 25,* 391–412.

Field, T., & Others. (1986). Effects of tactile/kinesthetic stimulation on perterm neonates. *Pediatrics, 77,* 654–658.

Fine, G. A., & Holyfield, L. (1996). Secrecy, trust, and dangerous leisure: Generating group cohesion in voluntary organizations. *Social Psychology Quarterly, 59,* 22–38.

Fiske, S. T. (1993). Social cognition and perception. In M. R. Rosenzweig & L. W. Poter (Eds.), *Annual Review of Psychology, 44,* 2–23.

Forsyth, D. R. (1990). *Group dynamics* (2nd ed.). Pacific Grove, CA: Brooks/Cole.

French, J. R. P., & Raven, B. (1960). The basis of social power. In D. Cartwright &A. F. Zander (Eds.), *Group dynamics* (2nd ed.). Evanston, IL: Row & Peterson.

Fromm, E. (1956). *The art of loving.* New York : Harper.

Funkenstein, D. H., King, S. H., & Drolette, M. (1954). The direction of anger during a laboratory stress-inducing situation. *Psychosomatic Medicine, 16,* 404–413.

Galanter, E. (1962). Contemporary psychophysics. In R. Brown, E. Galanter, E. Hess, & G. Maroler(Eds.), *New directions in psychology.* New York: Holt.

Ganong, W. F. (1980). Phonetic categorization in auditory word perception. *Journal of Experimental Psychology: Human Perception and Performance, 21,* 260–281.

Garcia, J., Kimeldorf, D. J., & Koelling, R. A. (1955). A conditioned aversion towards saccharin resulting from exposure to gamma radiation. *Science, 122,* 157–158.

Gardner, H. (1983). *Frames of mind: The theory of multiple intelligences.* New York: Basic Books.

Gersick, C. J. G. (1988). Time and transition in work teams: Toward a new model of group development. *Academy of Management Journal, 31,* 9–41.

Gibson, E. J., & Walk, R. D. (1960). The "visual cliff". *Scientific American, 202,* 64–71.

Gigone, D., & Hastie, R. (1993). The common knowledge effect: Information sharing and group judgment. *Journal of Personality and Social Psychology, 65,* 959–974.

Gilligan, C., Lyons, N. P., & Hanmer, T. J.(Eds). (1990). *Making connections: The relational worlds of adolescent girls at Emma Willard School.* Cambridge, MA: Harvard University Press.

Glaser, R., & Chi, M. T. H. (1988). Overview. In M. T. H. Chi, R. Glaser, & M.J. Farr (Eds.), *The nature of expertise. Hillsdale,* NJ: Erlbaum.

Godden, D. R., & Baddeley, A. D. (1975). Context-dependent memory in two natural environments: On land and underwater. *British Journal of Psychology, 66.* 325–331.

Goethals, G. R., & Zanna, M. P. (1979). The role of social comparison in choice shifts. *Journal of Personality and Social Psychology, 37,* 1469–1476.

Goldiamond, I. (1965). Self-control procedures in personal behavior problems. *Psychological Reports, 17,* 851–868.

Goldstein, E. B. (1999). *Sensation & perception*(5th Ed.). Pacific Grove, CA: Brooks/Cole.

Goorney, A. B., & O'Connor, P. J. (1971). Anxiety associated with flying: A retrospective survey of military aircrew psychiatric casualties. *British Journal of Psychiatry, 119,* 159–166.

Gorn, G. J. (1982). The effects of music in advertising on choice behavior: A classical conditioning approach. *Journal of Marketing, 46,* 94–101.

Gray, J. A. (1981). A critique of Eysenck's theory of personality. In H. J. Eysenck(Ed.), *A model for personality.* Berlin: Springer-Verlag.

Gray, J. A. (1987). Perspectives on anxiety and impulsivity: A commentary. *Journal of Research in Personality, 21,* 493–50.

Greenough W. T., Black, J. E., & Wallace, C. S.(1987). Experience and brain development. *Child Development, 58,* 539–559.

Greer, S., Morris, T., & Pettingale, K. W. (1979). Psychological response to breast cancer: Effect on outcome. *Lancet, 2,* 785–787.

Greer, S., Pettingale, K., Morris, T., & Haybittle, J. (1985). Mental attitudes to cancer: An additional prognostic factor. *Lancet, 3,* 750.

Guilford, J. P. (1967). *The nature of human intelligence.* New York: Scribner.

Guttentag, R. E.(1985). Memory and aging: Implications for theories of memory *Developmental Review, 5,* 56–82.

Hackman, J. R., & Morris, C. G. (1975). Group tasks, group interaction process, and group performance effectiveness: A review and proposed integration. In L. Berkowitz (Ed.), *Advances in experimental social psychology* (Vol. 8, pp. 47–99). New York: Academic Press.

Hall, R. V., Lund, D., & Jackson, D. (1968). Effects of teacher attention on study behavior. *Journal of Applied Behavior Analysis, 1,* 1–12.

Halpern, D. F. (1997). Sex differences in intelligence: Implications for education. *American Psychologist, 52,* 1091–1102.

Handrik, C., & Handrik, S. (1986). A Theory and method of love. *Journal of Personality and Social Psychology. 50,* 392–402.

Handrik, S., Handrik, C., Slapion-Foote, M. J., & Foote, F. H. (1985). Gender differences in sexual attitudes. *Journal of Personality and Social Psychology, 48,* 1630–1642.

Hanson, R. W., & Gerber, K. E. (1990). *Coping with chronic pain.* New York: Guilford Press.

Harkins, S. G., & Szymanski, K. (1987). Social loafing and social facilitation: Old wine in new bottles. In C. Hendrick (Ed.), *Group processes and intergroup relations* (Vol. 9, pp. 167–188). Newbury Park, CA: Sage.

Harlow, H. F., & Zimmerman, R. R.(1959). Affectional responses in the infant monkey. *Science, 130,* 421–432.

Hayes, J. R. (1989). *The complete problem solver* (2nd Ed.), Hillsdale, NJ: Erlbaum.

Heider, F.(1958). *The psychology of interpersonal relations.* New York: John Wiley.

Henley, N. M. (1977). *Body politics: Power, sex and nonverbal communication.* Englewood Cliffs, NJ: Prentice-Hall.

Herrnstein, R. J. (1966). Superstition: A corollary of the principle of operant conditioning. In W. K. Honig (Ed.), *Operant behavior: Areas of research and application.* New York: Appleton-Century-Crofts.

Herzberg, F., Mausner, B., & Snyderman, B. (1959). *The motivation to work.* New York: Wiley.

Hendricks, J., & Hendricks, C. D.(1977). *Aging in mass society: Myths and realities.* Cambridge, MA: Winthrop.

Hoffman, M. L. (1984). Parent discipline, moral internalization and development of prosocial motivation. In E. Staub. D. Bar-Tal, J. Karylowski, & Reykowski(Eds.). *Development and maintenance of prosocial behavior.* New York: Plenum.

Holmes, T. H., & Rahe, R. H. (1967). The Social Readjustment Rating Scale. *Journal of Psychosomatic Research, 11,* 213–218.

Homme, L. W., deBaca, P. C., Devine, J. V., Steinhorst, R., & Rickert, E. J. (1963). Use of the Premack principle in controlling the behavior of nursery school children. *Journal of the Experimental Analysis of Behavior, 6,* 554.

Horn. J. C., & Meer, J.(1987). The vintage years. *Psychological Today, 21,* 88–90.

Hyde, J. S., & Linn, M. C. (1988). Gender differences in verbal ability: A meta-analysis. *Psychological Bulletin, 104,* 53–69.

Irwin, D. B., & Simons, J. A. (1994). *Lifespan developmental Psychology.* Wisconsin: Brown & Benchmark.

Izard, C. E. (1971). *The face of emotion.* NY: Appleton-Centry-Crofts.

Jackson, S. E., & Schuler, R. S. (1985). A meta-analysis and conceptual critique of research on role ambiguity and role coflict in work settings. *Organizational Behavior, 36,* 16–78.

Jacobs, R. C., & Campbell, D. T. (1961). The perpetuation of an arbitrary tradition through several generations of a laboratory microculture. *Journal of Abnormal and Social Psychology, 62,* 649–558.

Janis, I. L. (1972). *Victims of groupthink.* Boston: Houghton Mifflin.

Jensen, A. R. (1977). Cumulative deficit in IQ of blacks in the rural South. *Developmental Psychology, 3,* 191–194.

Jensen, A. R. (1980). Can we be neutral about bias? *Contemporary Psychology, 25,* 868–871.

Johnson, R. D., & Downing, L. L. (1979). Deindividuation and valence of cues: Effects of prosocial and antisocial behavior. *Journal of Personality and Social Psychology, 37,* 1532–1538.

Johnson-Laird, P. N., Legrenzi, P., & Legrenzi, M.S. (1972). Reasoning and a sense of reality. *British Journal of Psychology, 63,* 395–400.

Jones, M. C. (1965). Psychological correlates of somatic development. *Child Development, 36,* 899–911.

Judge, T. A., Locke, E. A., Durham, C. C., & Kluger, A. N. (1998). Dispositional effects on job and life satisfaction: The role of core evaluations. *Journal of Applied Psychology, 83*(1), 17–34.

Jusczyk, P. W., & Hohne, E. A. (1997). Infants' memory for spoken words. *Science, 277,*

1984–1986.

Kao, H. S. R., & Sinha, D. (Eds.) (1997). *Asian perspectives on psychology*. New Delhi: Sage Publications.

Karau, S. J., & Williams, K. D. (1993). Social loafing: A meta-analytic review and theoretical integration. *Journal of Personality and Soical Psychology, 65,* 681–706.

Karau, S. J., & Williams, K. D. (1997). The effects of group cohesiveness on social loafing and compensation. *Group Dynamics: Theory, Research, and Practice, 1,* 156–168.

Kail, R. V. & Wicks-Nelson, R. (1993). *Developmental Psychology*(5th ed.). Englewood Cliffs, NJ: Prentice Hall.

Kelley, H. H. (1967). Attribution theory in social psychology. In D. Levine(Ed.), *Nebraska Symposium on Motivation.* Lincoln: University of Nebraska Press.

Kelly, S. Jr., & Mirer, T. W. (1974). The simple act of voting. *American Political Science Review, 68,* 572–592.

Kerr, N. L. (1983). Motivation losses in small groups: A social dilemma analysis. *Journal of Personality and Social Psychology, 45,* 819–828.

Kinsey, A., Pomeroy, W., & Martin, C. (1948). *Sexual behavior in the human male.* Philadelphia : Saunders.

Kohler, W. (1927). *The mentality of apes* (rev. ed.). London: Routledge & Kegan Paul.

La Vecchia, C., Franceschi, S., Decarli, A., Pampallona, S., & Tognoni, G. (1987). Risk factors for myocardial infarction in young women. *American Journal of Epide-miology, 125,* 832–843.

Lacey, J. I., Smith, R. L., & Green, A. (1963). Use of conditioned autonomic responses in the study of anxiety. *Psychosomatic Medicine, 17,* 208–217.

Laird, J. D. (1974). Self-attribution of emotion: The effects of expressive behavior on quality of emotional experience. *Journal of Personality and Social Psychology, 29,* 475–486.

LaPiere, R. T. (1934). Attitudes vs. actions. *Social Forces, 13,* 230–237.

Larson, R., Mannell, R., & Zuzark, J. (1986). Daily wellbeing of older adults with friends and family. *Psychology and aging, 1,* 117–126.

Latan , B., Williams, K., & Harkins, S. G. (1979). Many hands make light the work: The causes and consequences of social loafing. *Journal of Personality and Social Psychology, 37,* 822–832.

Lawler, E. E., & Porter, L. W. (1967). Antecedent attitudes of effective managerial performance. *Organizational Behavior and Human Performance, 2,* 122–142.

Lazarus, A. A. (1971). *Behavior therapy and beyond.* New York: McGraw-Hill.

Lazarus, A. A. (1985). *Marital myths.* San Luis Obispo.

Lazarus, R. S. (1966). *Psychological stress and the coping process.* New York: McGraw-Hill.

Lazarus, R. S. (1982). Thoughts on the relationship between emotion and cognition. *American Psycholgist, 37,* 1019–1024.

Lazarus, R. S. (1991). *Emotion & adaptation.* New York: Oxford University Press.

Lazarus, R. S. (1993). From psychological stress to the emotions: A history of changing outlooks. In *Annual Review of Psychology* (pp. 1–21). Palo Alto: Annual Reviews.

Lazarus, R. S. (1999). *Stress and emotion: A new synthesis.* New York: Springer.

Lazarus, R. S., & Folkman, S. (1984). *Stress, appraisal, and coping.* New York: Springer.

Lee, J. A. (1970). *A typology of love.* Unpublished thesis. University of Sussex.

Lee, J. A. (1974). *The styles of loving.* Psychology Today.

Lee, J. A. (1993). *Colors of love.* Toronto: New Press.

Leigh, H. (1983). The clinical applications of the biopsychosocial model. In A. J. Krakowski, & C. P. Kimball (Eds.), *Psychosomatic medicine.* New York: Plenum.

Lepper, M. R., Greene, D., & Nisbett, R. E. (1973). Undermining children's intrinsic interest with extrinsic rewards: A test of the overjustification hypothesis. *Journal of Personality and Social Psychology, 28,* 129–137.

Levine, J. M., Choi, H-S., & Moreland, R. L. (2002). Newcomer innovation in work teams. In P. Paulus & B. Nijstad (Eds.), *Group creativity.* New York: Oxford University Press.

Levine, J. M., & Moreland, R. L. (1998). Small groups. In D. Gilbert, S. T. Fiske, & G. Lindzey (Eds.), *Handbook of social psychology* (4th ed., pp. 415–469). New York: McGraw-Hill.

Levinger, G., & Snoek, J. G. (1972). *Attraction in relationship: A new look at interpersonal attraction.* Morristown, NJ: General Learning Press.

Lewis, D. J., & Duncan, C. P. (1956). Effect of different percentages of money reward on extinction of a lever pulling response. *Journal of Experimental Psychology, 52,* 23–27.

Lewis, R. A., & Spanier, G. B. (1979). Theorizing about the quality and stability of marriage. In W. Burr, R. Hull, F. Nye, & I. Reiss(Eds.), *Contemporary theories about the Family.* New York: Free Press.

Likert, R. (1932). A technique for the measurement of attitudes. *Archives of Psychology, 140,* 44–53.

Lindsay, P. H., & Norman, D. A. (1977). *Human information processing*(2nd Ed.). New

York: Academic Press.

Locke, E. A. (Ed.). (1985). *The generalizability of laboratory experiments: An inductive study*. Lexington, MA: D.C. Heath.

Loehlin, J. C., Lindzeg, G., & Spuhler, J. N. (1975). *Race differences in intelligence.* San Francisco, CA: Freeman.

Loftus, E. F. (1977). Leading questions and the eyewitness report. *Cognitive Psychology, 7,* 560–572

Lott, A. J., & Lott, B. E. (1965). Group cohesiveness as interpersonal attraction: A review of relationships with antecedent and consequent variables. *Psychological Bulletin, 64,* 259–309.

Lowenthal, M. F., & Haven, C. (1968). interaction and adaptation: Intimacy as a critical variable. *American Sociological Review, 33,* 20–30.

Lynch, J. (1977). *The broken heart.* NY: Basic.

Maass, A., Salvi, D., Arcuri, L., & Semin, G. (1989). Language use in intergroup contexts: The linguistic intergroup bias. *Journal of Personality and Social Psychology, 57,* 981–993.

MacDougall, J. M., Dembroski, T. M., Dimsdale, J. E., & Hackett, T. P. (1985). Components of Type A, hostility, and anger-in: Further relationships to angiographic findings. *Health Psychology, 4,* 137–152.

Malone, T. W., & Lepper, M. R. (1986). Making learning fun: A taxonomy of intrinsic motivation for learning. In R. E. Snow & M. J. Farr (Eds.), *Aptitude, learning, and instruction: III. Cognitive and affective process analysis.* Hillsdale, NJ: Erlbaum.

Mann, L. (1981). The baiting crowd in episodes of threatened suicide. *Journal of Personality and Social Psychology, 41,* 703–709.

Maslow, A. W. (1970). *Motivation and personality* (2nd ed.). NY: Harper & Row.

Mason, J. W. (1975). A historical view of the stress field. *Journal of Human Stress, 1,* 6–12.

Masters, W. H., & Johnson, V. E. (1966). *Human sexual response.* Boston: Little, Brown.

McCauley, C. R., & Segal, M. E. (1987). Social psychology of terrorist groups. In C. Hendrick (Ed.), *Group processes and intergroup relations: Review of personality and social psychology* (Vol. 9, pp. 231–256). Newbury Park, CA: Sage.

McClelland, D. C. (1958). Methods of measuring human motivation. In J. W. Atkinson (Ed.), *Motives in fantasy, action and society: a method of assessment and study.* NY: Van Nostrand.

McGrath, J. E. (1970). *Social and psychological factors in stress.* New York: Holt,

Rinehart & Winston.

McGrath, J. E. (1984). *Groups: Interaction and performance.* Englewood Cliffs, NJ: Prentice-Hall.

McHugh, S., & Vallis, M. (1986). Illness behaviour: Operationalization of the biopsychosocial model. In S. McHugh & T. M. Vallis (Eds.), *Illness behavior: A mulitidisciplinary model.* New York: Plenum.

McKenzie, B. E., Tootel, H. E., & Day, R. H. (1980). Development of size constancy during the 1st year of human infancy. *Developmental Psychology, 16,* 163–174.

McNamara, H. J., Long, J. B., & Wike, E. L. (1956). Learning without response under two conditions of external cues. *Journal of Comparative and Physiological Psychology, 49,* 477–480.

Milgram, S. (1963). Behavioral study of obedience. *Journal of Abnormal and Social Psychology, 67,* 371–378.

Millon, T. (1982). On the nature of clinical health psychology. In T. Millon, C. Greeen, & R. Meagher (Eds.), *Handbook of clinical health psychology.* New York: Plenum.

Minuchin, S. (1974). *Families and family therapy.* Cambridge, Mass.: Harvard University Press.

Moorman, R. H. (1991). Relationship between organizational justice and organizational citizenship behaviors: Do fairness perceptions influence employee citizenship? *Journal of Applied Psychology, 76,* 845–855.

Moreland, R. L., & Levine, J. M. (1988). Group dynamics over time: Development and socialization in small groups. In J. E. McGrath (Ed.), *The social psychology of time: New perspective* (pp.151–181). Newbury Park, CA: Sage.

Morris, C. G. (1988). *Psychology; An Introduction.* sixth edition.

Moscovici, S. (1985). Social influence and conformity. In G. Lindzey & E. Aronson (Eds.), *Handbook of social psychology,* 3rd ed.(Vol. 2). New York: Random House.

Moscovici, S., & Zavalloni, M. (1969). The group as a polarizer of attitudes. *Journal of Personality and Social Psychology, 12,* 124–135.

Mullen, B., & Copper, C. (1994). The relation between group cohesiveness and performance: An integration. *Psychological Bulletin, 115,* 210–227.

Murdock. B. B. Jr. (1961). The retention of individual items. *Journal of experimental Psychology.*

Murray, H. A. (1938). *Explorations in personality.* NY: Oxford University Press.

Myers, D. G. (2001). *Psychology.* Worth Publishers.

Myers, D. G., & Bishop, G. D. (1970). Discussion effects on racial attitudes. *Science, 169,*

778–789.

Nelson, K. (1981). Individual differences in language development: Implications for development and language. *Developmental Psychology, 17,* 170–187.

Newell, A., & Simon, H. A. (1972). *Human problem solving.* Englewood Cliffs, NJ: Prentice Hall.

Newport, D. J., & Memeroff, C. B. (1998). Assessment and treatment of depression in the cancer patient. *Journal of Psychosomatic Research, 45,* 215–237.

Nisbett, R. E., & Ross, L. (1980). *Human inference: Strategies and shortcomings of social judgment.* Englewood Cliffs, NJ: Prentice-Hall.

Organ, D. W. (1988). *Organizational citizenship behavior: The good soldier syndrome.* Lexington, MA: Lexington Books.

Ornstein, R., & Sobel, D. (1989). *Healthy pleasure.* New York: Addison-Wesley.

Ottinger, D. R., & Simmons, J. E. (1964). Behavior of human neonates and prenatal maternal emotions. *Psychological Reports, 14,* 391–394.

Palmer, S. (1975). The effects of contextual scenes on the identification of objects. *Memory & Cognition, 3,* 519–526.

Paul, G. L. (1969). Outcome of systematic desensitization Ⅱ: Controlled investigations of individual treatment, technique variations, and current status. In C. M. Franks (Ed.), *Behavior therapy: Appraisal and status.* New York: McGraw-Hill.

Penninx, B. W., Guralnik, J. M., Pahor, M., Ferrucci, L., Cerhan, J. R., Wallace, R. B., & Havlik, R. J. (1998). Chronically depressed mood and cancer risk in older persons. *Journal of the National Cancer Institute, 90,* 1888–1893.

Persky, V. W., Kempthorne-Rawson, J., & Shekelle, R. B. (1987). Personality and the risk of cancer: a 20-year follow-up of the Western Electric Study. *Psychosomatic Medicine, 49,* 435–439.

Peskin, H. (1973). Influence on the developmental schedule of puberty on learning and ego functioning. *Journal of Youth and Adolescence, 2,* 273–290.

Peskin, H.(1967). Pubertal onset and ego functioning. *Journal of Abnormal psychology, 72,* 1–15.

Petty, R. E., & Cacioppo, J. T.(1986). *Communication and persuasion: Central and peripheral routes to attitude change.* New York: Springer-Verlag.

Phillips, E. L. (1968). Achievement place: Token reinforcement procedures in a home-style rehabilitation setting for "pre-delinquent" boys. *Journal of Applied Behavior Analysis, 1,* 213–233.

Piaget, J. (1971). The theory of stages in cognitive development. In D. Freen, M. Ford, &

C. Flamer (Eds.), *Measurement and Piaget* (pp. 1–11). New York: McGraw–Hill.

Pinker, S. (1994). *The language instinct: How the mind creates language.* New York: Morrow.

Pion, G. M. (1991). Psychologists wanted: Employment trends over the past decade. In R. R. Kilburg (Ed.), *How to manage your career in psychology.* Washington, D. C. : American Psychological Association.

Plutchik, R. (1980). *Emotion: A psychoevolutionary synthesis.* NY: Harper & Row.

Postmes, T., & Spears, R. (1998). Deindividuation and antinormative behavior: A meta–analysis. *Psychological Bulletin, 123,* 238–259.

Premack, D. (1965). Reinforcement theory. In D. Levine (Ed.), *Nebraska Symposium on Motivation, 13.* Lincoln: University of Nebraska Press.

Prentice–Dunn, S., & Rogers, R. W. (1989). Deindividuation and the self–regulation of behavior. In P. B. Paulus (Ed.), *Psychology of group influence* (2nd ed., pp. 87–109). Hillsdale, NJ: Erlbaum.

Rachlin, H., & Green, L. (1972). Commitment, choice, and self–control. *Journal of the Experimental Analysis of Behavior, 17,* 15–22.

Ratcliff, R. & McKoon, G. (1988). A retrieval theory of priming in memory. *Psychological Review, 95,* 385–408.

Raymond, M. J. (1964). The treatment of addiction by aversion conditioning with apomorphine. *Behaviour Research and Therapy, 1,* 287–291.

Reason, J. T. (1979). Actions not as planned : Th price of automatisation. In G. underwood, & R. Stevens(Eds), *Aspects of consciousness: vol 1. Psychological issues.* London : Academic Press

Retting, K. D., & Bubolz, M. M. (1983). Interpersonal resource exchanges as indicators of quality of marriage. *Journal of Marriage and the Family, 45,* 497–509.

Ridgeway, C. L. (1982). Status in groups: The importance of motivation. *American Sociological Review, 47,* 76–88.

Roethlisberger, F. J., & Dickson, W. J. (1939). *Management and the worker: An account of a research program conducted by the Western Electric Company, Hawthorne Works.* Chicago. Cambridge, MA: Harvard University Press.

Rogers, T. B., Kuiper, N. A. & Kirker, W. S. (1977). Self–reference and the encoding of personal information. *Journal of Personality and Social Psychology, 35,* 677–688.

Rosch, E. (1973). On the internal structure of perceptual and semantic categories. In T.E. Moore (Ed.), *Cognitive development and the acquisition of language.* San Diego, CA: Academic Press.

Rosch, E. (1975). The nature of mental codes for color categories. *Journal of Experimental Psychology: Human Perception and Performance, 1,* 303–322.

Rousseau, D. M. (1995). *Psychological contracts in organizations.* Thousand Oaks, CA: Sage.

Rollins, B. C., & Feldman, H.(1970). Marital satisfaction over the life cycle. *Journal of Marriage and the Family, 32,* 20–28.

Rubin, D. C. (1986). *Autobiographical memory.* New York: Cambridge University Press.

Rubin, Z. (1970). Measurement of romantic love. *Journal of Personality and Social Psychology, 16,* 265–273

Rubin, Z. (1973). *Liking and loving: An invitation to social psychology.* New York: Holt, Rinehart and Winston.

Russell, J. A. (1979). Affective space is bipolar. *Journal of Personality and Social Psychology, 37,* 345–356.

Ryan, E. D. (1980). Attribution, intrinsic motivation, and athletics: A replication and extension. In C. H. Nadedu, W. R., Halliwell, K. M. Newell, & G. C. Roberts (Eds.), *Psychology of motor behavior and sports*–1979. Champaign, IL: Human Kinetics Press.

Sackett, P. R., & Wanek, J. E. (1996). New developments in the use of measures of honesty, integrity, conscientiousness, dependability, trustworthiness, and reliability for personnel selectional. *Personnel Psychology, 49,* 787–829.

Sanders, G. S., & Baron, R. S. (1975). The motivating effects of distraction on task performance. *Journal of Personality and Social Psychology, 32,* 956–963.

Schachter, S. (1951). Deviation, rejection, and communication. *Journal of Abnormal and Social Psychology, 46,* 190–208.

Schachter, S., & Singer, J. E. (1962). Cognitive, social and physiological determinants of emotional state. *Psychological Review, 69,* 379–399.

Schaie, K. W. (1983). The Seattle longitudinal study: A twenty-one-year investigation of psychometric intelligence. In K. W. Sschaie(Ed). *Longitudinal studies of adult personality development.* New York: Guillford.

Schaller, M. (1992). Ingroup favoritism and statistical reasoning in social inference: Implications for formation and maintenance of group stereotypes. *Journal of Personality and Social Psychology, 63,* 61–74.

Schiff, M., Duyme, M., Dumaret, A., & Tomkiewicz, S. (1982). How much could we boost scholastic achievement and IQ scores? A direct answer form a French adoption study. *Cognition, 12,* 165–196.

Schmidt, F. L., & Hunter, J. E. (1998). The validity and utility of selection methods in personnel psychology: Practical and theoretical implications of 85 years of research findings. *Psychological Bulletin, 124*(2), 262–274.

Schmidt, W. (1977). Cirrhosis and alcohol consumption: An epidemiological perspective. G. Edwards & M. Grant (Eds.), *Alcoholism: New knowledge and new responses* (pp. 15–47). London: Croom Helm.

Schwartzman, A. E., Gold, D., Andres, D., Arbuckle, T. Y., & Chaikelson, J. (1987). Stability of intelligence: A 40-year follow-up. *Canadian Journal of Psychology, 41,* 244–256.

Selfridge, O. G. (1959). Pandemonium: A paradigm for learning. In D. V. Blake & A. M. Uttley(Eds.), *Proceedings of the symposium on the mechanization of thought processes.* London: HM Stationary Office.

Selye, H. (1936). A syndrome produced by diverse nocuous agents. *Nature, 138,* 32.

Selye, H. (1956). *The stress of life.* New York: McGraw-Hill.

Selye, H. (1974). *Stress without distress.* Scarborough: New American Library of Canada.

Shaefer, M. T., & Olson, D. H. (1981). Assessing intimacy : The pair inventory. *Journal of Marital & Family Therapy, 7,* 47–60.

Shaywitz, B. A., Shaywitz, S. E., Pugh, K. R., Constable, R. T., Skudlarski, P., Fulbright, R. K., Bronen, R. A., Fletcher, J. M., Shankweller, D. P., Katz, L., & Gore, J. C. (1995). Sex differences in the functional organization of the brain for language. *Nature, 373,* 607–609.

Shekelle, R. B., Raynor, W. J., Ostfeld, A. M., Garron, D. C., Bieliauskas, L. A., Liu, S. C., Maliza, C., & Paul, O. (1981). Psychological depression and 17-year risk of death from cancer. *Psychosomatic Medicine, 43,* 117–125.

Shepherd, R. N. (1967). Recognition memory for word, sentences, and pictures. *Journal of Verval Learning and Verval Behavior, 6,* 156–163

Sheppard, J. A. (1993). Productivity loss in performance groups: A motivation analysis. *Psychological Bulletin, 113,* 67–81.

Sherif, M. (1936). *The psychology of social norms.* New York: Harper.

Sherif, M., Harvey, O. J., White, B. J., Hood, W. R., & Sherif, C. W. (1961). *The Robber's Cave experiment: Intergroup conflict and cooperation.* Middletown, CT: Wesleyan University Press.

Siegel, O.(1982). Personality developmental in adolescence. In B. B. Wolman(Ed.), *Handbook of developmental psychology.* Englewood Cliffs, N. J.: Prentice-Hall.

Skinner, B. F. (1948). "Superstition" in the pigeon. *Journal of Experimental Psychology, 38,* 168–172.

Skinner, B. F. (1955). Freedom and the control of men. *American Scholar, 25,* 47–65.

Skinner, B. F. (1957). *Verbal behavior.* Englewood Cliffs, N. J.: Prentice-Hall.

Skinner, B. F. (1971). *Beyond freedom and dignity.* New York: Knopf.

Smith, G. H., & Engel, R. (1968). Influence of a female model on perceived characteristics of an automobile. *Proceedings of the 76th Annual Convention of the American Psychological Association, 3,* 681–682.

Snyder, J. J. (1989). *Health psychology and behavioral medicine.* Englewood Cliffs, NJ: Prentice Hall.

Snyder, M., Tanke, E. D., & Berscheid, E. (1977). Social perception and interpersonal behavior: On the self-fulfilling nature of social stereotyes. *Journal of Personality and Social Psychology, 35,* 656–666.

Spearman, C. (1927). *The abilities of man: Their nature and measurement.* New York: Macmillan.

Speisman, J. C., Lazarus, R. S., Mordkoff, A. M., & Davidson, L. A. (1964). The experimental reduction of stress based on ego-defense theory. *Journal of Abnormal and Social Psychology, 68,* 367–380.

Squire, L. R. (1986). Mechanisms of memory. *Science, 232,* 1612–1619.

Stapp, J., & Fulcher, R. (1981). The employment of APA members. *American Psychologist, 36,* 1263–1314.

Stasser, G. (1992). Pooling of unshared information during group discussion. In S. Worchel, W. Wood, & J. A. Simpson (Eds.), *Group process and productivity* (pp.48–67). Newbury Park, CA: Sage.

Stein, A. A. (1976). Conflict and cohesion: A review of the literature. *Journal of Conflict Resolution, 20,* 143–172.

Steinberg, L. (1993). *Adolescence* (3rd ed.). NY: McGraw-Hill, Inc.

Steiner, I. D. (1972). *Group process and productivity.* New York: Acadmic Press.

Steiner, I. D., & Rajaratnam, N. A. (1961). A model for the comparison of individual and group performance scores. *Behavioral Science, 11,* 273–283.

Sternberg, R. J., & Wagner, R. K. (1989). Individual differences in practical knowledge and its acquisition. In P. Ackerman, R. J. Sternberg, & R. Glaser (Eds.), *Individual differences.* New York: Freeman.

Sternberg, R. J. (1985). *Beyond I.Q: A triarchic theory of human intelligence.* New York: Cambridge University Press.

Sternberg, R. J. (1986). A triangular theory of love. *Psychological Review, 93,* 119–135.

Sternberg, R. J. (1988). *The psychology of love.* Yale University.

Sternberg, R. J. (1998). *Love is a story : A new theory of relationships.* Oxford University Press.

Sternberg, R. J. (1986). A triangular theory of love. *Psychological Review, 93,* 119–135.

Steiner, J. E.(1979). Facial expressions in response to taste and smell stimulation. In H. W. Reese & L. P. Lipsitt(Eds.), *Advonces child development and behavior*(Vol. 13). New York: Academic Press.

Stinnett, M., Carter, L. M., & Montgomery, J. E.(1972). Older person' perceptions of their marriage. *Journal of Marriage and the Family. 34,* 665–670.

Stoner, J. A. F. (1961). *A comparison of individual and group decisions involving risk.* Unpublished master's thesis, M. I. T., Cambridge, MA.

Strack, F., Martin, L., & Stepper, S. (1988). Proprioceptive determinants of emotional and nonemotional feelings. *Journal of Personality and Social Psychology, 54,* 768–777.

Stroebe, M., & Stroebe, W. (1983). Who suffers more? Sex differences in health risks of the bereaved. *Psychological Bulletin, 93,* 279–301.

Stromswold, K., Caplan, D., Alpert, N., & Rauch, S. (1996). Localization of syntactic comprehension by positron emission tomography. *Brain and Language, 52,* 452–473.

Strong, E. K., Jr. (1943). *Vocational interests of men and women.* Stanford, Cali.: Stanford University Press.

Suls, J., & Fletcher, B. (1985). Their relative efficacy of avoidant and non-avoidant coping strategies: A meta-analysis. *Health Psychology, 4,* 249–288.

Symington, T., Currie, A. R., Curran, R. S., & Davidson, J. N. (1955). The reaction of the adrenal cortex in conditions of stress. In *Ciba Foundations Colloquia on Endocrinology. Vol. 8.* Boston, Mass.: Little, Brown.

Tajfel, H. (1982). The social psychology of intergroup relations. *Annual Review of Psychology, 33,* 1–39.

Tajfel, H. (1969). Cognitive aspects of prejudice. *Journal of Social Issues, 25,* 79–97.

Tajfel, H., Billig, M. G., Bundy, R. P., & Flament, C. (1971). Social categorization and intergroup behavior. *European Journal of Social Psychology, 1,* 149–178.

Taylor, S. E. (1981). A categorization approach to stereotyping. In D. L. Hamilton(Ed.), *Cognitive processes in stereotyping and intergroup behavior.* Hillsdale, NJ: Erlbaum.

Taylor, S., Peplau, L., & Sears, D. (1994). *Social psychology* (8th ed.). Englewood Cliffs, New Jersey: Prentice-Hall.

Terman, L. M., & Oden, M. H. (1959). *Genetic studies of genius: Vol. 5. The gifted group at mid-life.* Stanford, CA: Stanford University Press.

Thibaut, J. W., & Kelley, H. H. (1959). *The social psychology of groups.* New York: Wiley.

Thompson, D. F., & Meltzer, L. (1964). Communication of emotional intent by facial expression. *Journal of Abnormal Psychology, 68,* 129–135.

Thondike, E. L. (1898). Animal intelligence. *An experimental study of the associative processes in animals Psychological Monographs,* 2(4). 1–109.

Thurstone, L. L. (1938). Primary mental abilities. *Psychometric Monographs, 1.* Chicago: Chicago University Press.

Thurstone, L. L. (1955). *The differential growth of mental abilities.* Chapel Hill: University of North Carolina Press.

Tolman, E. C. (1948). Cognitive maps in rats and men. *Psychological Review, 55,* 189–208.

Tolman, E. C., & Honzik, C. H. (1930). Introduction and removal of reward, and maze performance in rats. *University of California Publications in Psychology, 4,* 257–275.

Treisman, A. (1988). Features and objects: The Fourteenth Bartlett Memorial Lecture. *The Quarterly Journal of Experimental Psychology, 40,* 201–237.

Triplett, N. (1898). The dynamogenic factors in pacemaking and competition. *American Journal of Psychology, 9,* 507–533.

Tuckman, B. W. (1965). Developmental sequence in small groups. *Psychological Bulletin, 63,* 384–399.

Tuckman, B. W., & Jensen, M. A. C. (1977). Stages of small-group development revisited. *Group and Organization Studies, 2,* 419–427.

Tulving, E., & Thompson, D. M. (1973). Encoding specificity and retrieval processes in episodic memory. *Psychological Review, 80,* 352–372.

Tulving, E. (1972). Episodic and semantic memory. In E. Tulving, & W. Donaldson (Eds), *Organization of memory* (pp. 381–403). New York : Academic Press.

Turner, J. C. (1985). Social categorization and self-concept: A social cognitive theory of group behavior. In E. J. Lawler (Ed.), *Advances in group processes: Theory and research* (Vol. 2). Greenwich, CT: JAI Press.

Turner, J. C., & Oakes, P. J. (1989). Self-categorization theory and social influence. In P. B. Paulus (Ed.), *Psychology of group influence* (2nd ed., pp. 233–275). NJ:Lawrence Erlbaum Associates.

Turner, J. C., Hogg, M. A., Oakes, P. J., Reicher, S. D., & Wetherell, M. S. (1987).

Rediscovering the social group: A self-categorization theory. Oxford: Basil Blackwell.

Tversky, A. (1972). Elimination by aspects: A theory of choice. *Psychological Review, 79,* 281–299.

Tversky, A., & Kahneman, D. (1973). Availability: A heuristic for judging frequency and probability. *Cognitive Psychology, 5,* 207–232.

Tversky, A., & Kahneman, D. (1981). The framing of decisions and the psychology of choice. *Science, 211,* 453–458.

Vallerand, R. J., Fortier, M. S., & Guay, F. (1997). Self-determination and persistence in a real-life setting: Toward a motivational model of high school dropout. *Journal of Personality and Social Psychology, 72,* 1161–1176.

Vinokur, A., & Bernstein, E. (1974). Effects of partially shared persuasive arguments on group-induced shifts. *Journal of Personality and Social Psychology, 29,* 305–315.

Vroom, V. H. (1964). *Work and motivation.* New York: Wiley.

Wald, G. (1950). Eye and camera. *Scientific American, 183,* 32–41.

Walker, L. S., & Green, J. W. (1986). The social context of adolescent self-esteem. *Journal of Youth and Adolescence, 15,* 315–322.

Wall, P. D., & Melzack, R. (1989). *Textbook of pain*(3rd Ed.). Edinburgh, UK: Churchill Livingstone.

Wallach, M. A. (1985). Creativity testing and giftedness. In F. D Horowitz & M. O'Brien (Eds.), *The gifted and talented: Developmental perspectives* (pp. 99–123). Washington, D.C: American Psychological Association.

Wallas, G. (1926). *The art of thought.* New York: Harcourt Brace.

Walker, L. J., & Taylor, J. H.(1991). Stage transitions in moral reasoning: A longitudinal study of developmental processes. *Developmental Psychology, 27,* 330–337.

Wason, P. C. (1960). On the failure to eliminate hypotheses in a conceptual task. *Quarterly Journal of Experimental Psychology, 12,* 129–140.

Wason, P. C. (1966). Reasoning. In B. Foss (Ed.), *New horizons in psychology.* Harmondsworth: Penguin.

Watson, J. B., & Raynor, R. (1920). Conditioned emotional reactions. *Journal of Experimental Psychology, 3,* 1–14.

Watson, O. M. (1972). *Proxemic behavior: A cross cultural study.* The Hague: Mowton.

Watson, R. I., Jr. (1973). Investigation into deindividuation using a cross-cultural survey technique. *Journal of Personality and Social Psychology, 25,* 342–345.

Weiner, B. (1982). The emotional consequences of causal attributions. In M. S. Clark &

S. T. Fiske(Eds.), *Affect and cognition: The 17th annual Carnegie Symposium on Cognition.* Hillsdale, NJ: Erlbaum.

Weisstein, N., & Wong, E. (1986). Figure-ground organization and the spatial and temporal responses of the visual system. In E. C. Schwab & H. C. Nusbaum(Eds.), *Pattern recognition by humans and machines*(Vol. 2). New York; Academic Press.

West, R. L.(1986). Everyday memory and aging. *Developmental Neuropsychology, 2,* 323–44.

Whorf, B. L. (1956). Science and linguistics. In J. B. Carroll (Ed.), *Language, thought, and reality: Selected writings of Benjamin Lee Whorf.* Cambridge, MA: MIT Press.

Widmeyer, W. N., Brawley, L. R., & Carron, A. V. (1995). The effects of group size in sport. *Journal of Sport and Exercise Psychology, 12,* 177–190.

Willett, W. C., Green, A., Stampfer, M. J., Speizer, F. E., Colditz, G. A., Rosner, B., Monson, R. R., Stason, W., & Hennekens, C. H. (1987). Relative and absolute excess risks of coronary heart disease among women who smoke cigarettes. *New England Journal of Medicine, 317,* 1303–1309.

Williams, B. K., & Knight, S. M. (1995). *Healthy for life.* Monterey, CA: Brooks/Cole.

Williams, C. D. (1959). The elimination of tantrum behaviors by extinction procedures. *Journal of Abnormal and Social Psychology, 59,* 269.

Williams, K. D., & Karau, S. J. (1991). Social loafing and social compensation: The effects of expectations of co-worker performance. *Journal of Personality and Social Psychology, 61,* 570–581.

Wilks, J.(1986). The relative importance of parents and friends in adolescent decision making. *Journal of Youth and Adolescence, 15,* 323–334.

Wolpe, J., & Lazarus, A. A. (1966). *Behavior therapy techniques.* London: Pergamon.

Woodworth, R. S., & Sells, S.B. (1935). An atmosphere effect in formal syllogistic reasoning. *Journal of Experimental Psychology, 18,* 451–460.

World Health Organization (1948). Constitution of the World Health Organization. Adopted by *the International Health Conference,* New York.

World Health Organization. (1992). *The ICD-10 Classification of Mental and behavioral disorders.* Clinical descriptions and diagnostic guidelines. Geneva.

Yalom, I. D. (1985). *The theory and Practice of group psychotherapy* (3rd ed). New York: Basic Borky.

Yoon, J., & Choi, S. J. (Eds.) (1994). *Psychology of the Korean people: collectivism and individualism.* Seoul, Korea: Dong-A Press.

Zabrucky, K., Moore, D., & Schultz, N. R., Jr. (1987). Evaluation of comprehension in young and old adults. *Developmental Psychology, 22,* 39–43.

Zajonc, R. B. (1965). Social facilitation. *Science, 149,* 269–274.

Zajonc, R. B., Heingartner, A., & Herman, E. M. (1969). Social enhancement and impairment of performance in the cockroach. *Journal of Personality and Social Psychology, 13,* 83–92.

Zimbardo, P. G. (1970). The human choice: Individuation, reason, and order versus deindividuation, impulse, and chaos. In W. J. Arnold & D. Levine (Eds.), *Nebraska symposium on motivation, 1969.* Lincoln: University of Nebraska Press.

인명색인

S

T

V

W

Y

Z

사항색인

ㄴ

ㄷ

ㅅ

ㅈ

A

B

C

D

E

H

I

J

L

P

R

S

W

공저자소개

한덕웅
성균관대학교 심리학 박사
현재 성균관대학교 심리학과 교수

이정모
Canada Queen's University 심리학 박사
현재 성균관대학교 심리학과 교수

전겸구
Massachusetts University 심리학 박사
대구대학교 재활심리학과 교수 역임
현재 University of Utah 교수

손정락
성균관대학교 심리학 박사
현재 전북대학교 심리학과 교수

김정남
성균관대학교 심리학 박사
현재 경상대학교 심리학과 교수

김교헌
성균관대학교 심리학 박사
현재 충남대학교 심리학과 교수

도경수
Princeton University 심리학 박사
현재 성균관대학교 심리학과 교수

성한기
성균관대학교 심리학 박사
현재 대구가톨릭대학교 심리학과 교수

탁진국
Kansas State University 심리학 박사
현재 광운대학교 산업심리학과 교수

서용원
Nebraska University 심리학 박사
현재 성균관대학교 심리학과 교수

강혜원
University of Kansas 심리학 박사
현재 성균관대학교 응용심리연구소 연구원

이종구
성균관대학교 심리학 박사
현재 대구대학교 심리학과 교수

강혜자
성균관대학교 심리학 박사
현재 전북대학교 심리학과 교수

이경성
성균관대학교 심리학 박사
현재 성균관대학교 BK사업단 계약교수

이민규
성균관대학교 심리학 박사
현재 경상대학교 심리학과 교수

최훈석
University of Pittsburgh 심리학 박사
School of Management, University of Ottawa 교수 역임
현재 성균관대 심리학과 교수

제 3 판
인간의 마음과 행동

2001年 9月 10日 初版發行
2002年 3月 10日 개정판發行
2004年 3月 10日 제 3 판發行
2009年 8月 10日 重版發行

共著者 성균관대학교 응용심리연구소
發行人 安 鍾 萬
發行處 (株) 博 英 社
서울特別市 鍾路區 平洞 13-31番地
電話 (733)6771 FAX (736)4818
登錄 1959. 3. 11. 제300-1959-1호(倫)

www.pakyoungsa.co.kr e-mail: pys@pakyoungsa.co.kr

定 價 25,000원 ISBN 978-89-7189-011-0